国家社会科学基金一般项目成果（批准号：17BZJ015）

基于梵语波你尼语法的《唯识三十颂》研究

曹 彦 著

中国社会科学出版社

图书在版编目(CIP)数据

基于梵语波你尼语法的《唯识三十颂》研究/曹彦著. —北京：中国社会科学出版社，2023.7

ISBN 978 - 7 - 5227 - 2295 - 5

Ⅰ.①基… Ⅱ.①曹… Ⅲ.①梵语—语法—研究 Ⅳ.①H711.4

中国国家版本馆 CIP 数据核字(2023)第 136366 号

出 版 人 赵剑英
责任编辑 慈明亮 王 越
责任校对 周 昊
责任印制 戴 宽

出 版 中国社会科学出版社
社 址 北京鼓楼西大街甲 158 号
邮 编 100720
网 址 http://www.csspw.cn
发 行 部 010 - 84083685
门 市 部 010 - 84029450
经 销 新华书店及其他书店

印 刷 北京君升印刷有限公司
装 订 廊坊市广阳区广增装订厂
版 次 2023 年 7 月第 1 版
印 次 2023 年 7 月第 1 次印刷

开 本 787 × 1092 1/16
印 张 44
插 页 2
字 数 910 千字
定 价 269.00 元

目　录

绪　论…………1
第一颂…………13
第二颂…………39
第三颂…………63
第四颂…………87
第五颂…………109
第六颂…………128
第七颂…………153
第八颂…………178
第九颂…………199
第十颂…………219
第十一颂…………240
第十二颂…………266
第十三颂…………287
第十四颂…………312
第十五颂…………333
第十六颂…………350
第十七颂…………371
第十八颂…………395
第十九颂…………417
第二十颂…………438
第二十一颂…………462
第二十二颂…………493
第二十三颂…………522
第二十四颂…………542
第二十五颂…………566
第二十六颂…………595

绪　论

一　写作缘起

梵语（Saṃskṛta）——区别于俗语（Prākṛta）——实际上是为“婆罗门至上”服务的。古代一些重要的知识被汇编成梵语后，就只能落入少数精通梵语的婆罗门手中，并只在师徒间口耳相传。即使重要的知识为了流传而被书写下来，也常是采用非常简练的“经体”（Sūtra）创作的，如梵语语法著作《八章书》（*Aṣṭādhyāyī*，又称《波你尼经》），六派哲学原典《瑜伽经》《胜论经》等。这些经典不仅许多经句省略了好些文字，而且整部经典简略得就如同目录一样。没有导师亲自展开来讲解，这些经典对学生来说只能是“天书”。甚至可以说，梵语本身，就是知识的加密系统，梵语成为印度婆罗门防止知识向外扩散的高高的壁垒。

婆罗门教“经体”的写作风格，也影响到了大乘梵语论典的创作。如佛教顶尖梵语专家世亲创作的《大乘五蕴论》《唯识三十颂》等论典就是类似的作品。这些文本不仅篇幅极短，而且许多不为人知的哲学思想被加密到所用梵语词汇的词根、词缀中去了，即不仅存在字面意思，更有字内深意。这实际有利于与外道进行辩论时，给自己保留制敌的“后手”。

要理解或反驳佛教中的《唯识三十颂》等论典的思想，就要解开其中的层层密码。这就必须首先精通梵语语法集大成者波你尼（Pāṇini，约公元前 5 世纪）创立的传统古典梵语的语法体系。

在《八章书》中，波你尼创造了一套独特的术语和符号，并将所有纵横交错的梵语语法关系与现象概括成为将近四千句的电脑代码般的简短经文，从而使得语法变化的结果就如电脑程序那样是运算出来的。因此《八章书》被称为“人类智慧的最伟大的里程碑之一”。

由于《八章书》极为庞大复杂，故印度自古认为，只有梵语语法学家才具有最权威的文献诠释权。因此波你尼的梵语语法体系被珍视为“印度核心文化中的核心”，古时只在极少数婆罗门学者中传承。所以梵语波你尼语法不仅在中国是“绝学”，在印度也是“绝学”。

现当代大家乐于使用的欧美的梵语速成教材，实际是欧美语言学者出于“西方文化中心主义”，重新“格义”的描述性的简单梵语语法教程。由于套用了许多欧洲语言学的术语和原理，印度梵语的本有特色大量丧失，甚至造成了许多误解。故早期欧美日的印度佛教学者存在的许多“臆测”，又因为之后学者的梵语视野的局限而变得难以“证伪”。

为了不再重蹈以往学者的覆辙，笔者在北京大学梵语导师段晴教授的启发下，2012年C月赴印度德里大学梵语系专门深入学习了一年多的印度传统的、地地道道的波你尼梵语语法。印度天气非常的炎热，高达 48 摄氏度，但我牢牢记得段晴老师曾经说过的一句话，“中国印度学要想提升上去，必须有人去印度吃大苦”，故努力坚持了下来。

我们知道，现代西方语言学是在借鉴印度梵语体系的基础上发展起来的。他们同属于“印欧语系”，有许多相似之处，特别是德语。西方专门发展出通过比较英语、德语、意大利语、俄语、拉丁语、希腊语、梵语等语言的方式，来回溯和构拟印欧语系的词根。现在许多印欧语言学的期刊都属于权威的 A&HCI 期刊，而印度国内的梵语研究期刊，却没有一本进入 A&HCI 体系。印度梵语大家波你尼不仅创作了语法规则著作《八章书》，而且还汇总了梵语的所有词根，收录在其《界读》（*Dhātupāṭha*）一书之中。西方的印欧语言学界“有意”不认同波你尼的词根的权威，不认同《八章书》的语法权威，目的是为了建立西方语言学的话语体系。这种所谓的“语言科学”的学术偏见，严重影响了西方的印度学学界，也深深影响了日本和中国的学者。由于大多数西方语言专家没有精力掌握印度古老而博大精深的波你尼语法体系，所以不仅梵语水平停留在表层，其对应的印欧语言学的研究也往往有许多猜测成分。

而我们的汉传佛典许多是从古代印度地区流传和翻译过来的，受到的是波你尼创立的梵语文法学派的影响和限制。所以用当代西方印欧语言学的研究方法和结论来研究梵语佛典和汉传佛典，显然有点南辕北辙。

如上所述，梵语本质上是为了维护“婆罗门至上”的知识加密体系。而加密依据的规则是梵语语法大家波你尼的《八章书》，以及与其相关的《界读》《群读》等经典。任何的语法现象都是依据这些“电脑代码”一步一步如电脑程序那样被运算出来的。本书试图引入印度梵语文法学派（Vaiyākaraṇa）的传统学术规范（Śāstra），对《唯识三十颂》的各种梵语现象，给出达成结果的逻辑步骤及依据的经文条目。从而使读者可以自己查阅，自己核对，尽我所能保证研究的科学性、公开性、可信性。

二　与《唯识三十颂》相关的梵语语法哲学

梵本《唯识三十颂》作为佛教哲学著作，不仅涉及梵语语法问题，更涉及梵语语法哲学的问题。颂中的许多词的构词方法与《八章书》的 P.3.3.18 和 P.3.3.19 经文有关。对于这两句经文钵颠阇利（Patañjali，约公元前 2 世纪）在其《大疏》

（*Vyākaraṇamahābhāṣya*）中展开了语法哲学的讨论。

波你尼《八章书》经文“bhāve //（P.3.3.18）”的含义是：在表达行动（bhāva）含义时，任何词根后可加直接后缀（kṛt-pratyaya）ghañ。例如词根 pac（烧煮、成熟）加直接后缀 ghañ 后，就得到 pac+ghañ=pāka。pāka 作为行动其含义是“煮”。

钵颠阇利在《大疏》中指出，“kṛd-abhihito bhāvo dravyavad bhavati //”[①]，即任何以直接后缀（kṛt-pratyaya）为尾的词（abhihita），其所表达的行动（bhāva）可如同实体（dravyavat）看待，故是名词。[②]反过来说，词根后加动词语尾（tiṅ-pratyaya）形成的词，如 pacati，才是真正的动词。而且以 tiṅ 语尾为末的动词表达的是不具有任何实在性的存在（sattva-bhūta），故是行动（bhāva）。[③]之所以说加了直接后缀的词是如同实体看待的名词，波颠阇利提出了下面两个理由。

一方面，行动不能和行动走在一起，实体才与行动天然地走在一起。[④]如不能说“pacati paṭhati”[他在烧煮和阅读]，但可以说“pāko vartate”[在烧煮]。这是因为同一主体不能同时做两种行动。对此钵颠阇利的解释是：“tiṅ-abhihito bhāvaḥ kartrā saṃprayujyate kṛd-abhihitaḥ punar na saṃprayujyate //。”[⑤][tiṅ 为末的词对应的行动被一个主动者联系在一起。复次，kṛt 为末的词（对应的行动）没有被（主动者）联系在一起。]至于“paśya mṛgo dhāvati”[你看，鹿在跑]一句，其实存在两个主语。另外，Nāgojibhaṭṭa 在 *Uddyota* 进一步解释道：“bhāṣye kriyayā samavāyam iti / kriyā nirūpita-karma-ādi-saṃjñā-samāna-adhikaraṇa-śaktibhiḥ sambandhaṃ gacchati iti arthaḥ /。”[⑥][在《大疏》中说的“与行动走在一起”，其义是：行动与所见的业等概念的同一基体的诸效能走在一起。]也就是说，与动词词根相关联的名词性事物，作为造成行动的效能，是与行动有共同的基体，故说实体与行动走在一起。

另一方面，加直接后缀的词有名词的性和数。[⑦]Helārāja 在 *Prakāśa* 中指出：“ata eva eṣām akriyā-vacanatvāl liṅga-saṅkhyā-samanvaya-upapattau kṛd-abhihito bhāvo dravyavad

---

① F. Kielhorn, *The Vyākaraṇa-mahābhāṣya of Patañjali*, Vol. II, Bombay: Government Central Book Depot, 1906, p.57.

② 《八章书》的经文“kṛttaddhitasamāsāśca //（P.1.2.46）”指出：以直接后缀、派生词缀为尾的词，以及复合词，是名词词基（prātipadika）。

③ Nāgojibhaṭṭa 在 *Uddyota* 中指出：“tiṅvācyas tu na sattva-bhūta iti bhāva /。” Pt. Guruprasad Shastri, *Patañjali's Vyākaraṇa Mahābhāṣya with Kaiyaṭa's Pradīpa and Nāgojibhaṭṭa's Uddyota*, IIIrd Adhyāya, Delhi: Pratibha Prakashan, 1999, p.139.

④ “kiṃ idaṃ dravyavad iti // dravyaṃ kriyayā samavāyaṃ gacchati //…kriyā kriyayā samavāyaṃ na gacchati.” F. Kielhorn, *The Vyākaraṇa-mahābhāṣya of Patañjali*, Vol.II, 1906, p.57.

⑤ F. Kielhorn, *The Vyākaraṇa-mahābhāṣya of Patañjali*, Vol.II, 1906, p.57.

⑥ Pt. Guruprasad Shastri, *Patañjali's Vyākaraṇa Mahābhāṣya with Kaiyaṭa's Pradīpa and Nāgojibhaṭṭa's Uddyota*, IIIrd Adhyāya, 1999, p.141.

⑦ “liṅga-kṛtaḥ saṃkhyā-kṛtaś ca iti //.” F. Kielhorn, *The Vyākaraṇa-mahābhāṣya of Patañjali*, Vol.II, 1906, p.57.

ity ucyate /（III.14.436）。"[1][So such words are not really considered to be words expressive of action. That is why it has been said that an action expressed by words ending in a kṛt suffix is like a thing or substance. They can take gender and number.][2]即加了 kṛt 直接后缀的词和名词一样后面可加表示性和数的格尾。但我们也必须注意到，加 kṛt 直接后缀的词并非完全等同于实体性的名词。如 Nāgojibhaṭṭa 在 *Uddyota* 中指出："nanu liṅga-saṅkhyā-ādy-anvayitvam eva dravyatvam iti vatir anupapanno。" [3][并非其后跟随有性、数就说其有实在性。（dravyavat 的）派生词缀 vati 代表"不相关"。]

另外，伐致诃利（Bhartṛhari）在《句字篇》（*Vākyapadīya*）中指出：表动词不定式的直接后缀 tumun，和表独立式直接后缀 ktvā，他们所形成的词汇，虽然也是以直接后缀为尾的词，但主要表达的是行动的含义，故等同于不具有任何实体性的以 tiṅ 语尾结尾的动词。所以这些词后面不加代表性和数的格尾（sup-pratyaya），从而形成不变词（avyaya）的形态。[4]

回过来再来讨论依据《八章书》经文"bhāve //（P.3.3.18）"加直接后缀 ghañ 的词。对于此经文，《迦湿伽》（*Kāśikāvṛtti*）指出："yas tasya siddhatā nāma dharmaḥ tatra ghañ-ādayaḥ pratyayā vidhīyante /。" [5][对于表达（行动）处于已成就状态的名词所应加的（直接后缀等）法，其处 ghañ 等词缀被安排。]因此，《八章书》经文 P.3.3.18 提到的 bhāva（行动）指的是 siddha-bhāva（已成就的行动）。所以此类 bhāva 又可理解为行动完成后所处的"状态"[6]，而 siddha-bhāva 也可理解为"已成就的状态"[7]。如 Helarāja 在其著作 *Prakāśa* 中也指出："upasaṃhṛta-sādhana-vyāpāratvāt siddha-avasthā sādhyatva- abhāvān

---

① Pt. Raghunātha Śarmā, *Vākyapadīyaṃ [Part III]（Padakāṇda）（Vṛttisamuddeśa） With the Commentary 'Prakāśa'*, Varanasi: Sampurnanand Sanskrit Vishvavidyalaya, 1977, p.468.

② K. A. Subramania Iyer, *The Vākyapadīya of Bhartṛhari（Chapter III，pt. ii）English Translation*, Poona: Postgraduate and Research Institute,1971, pp. 324-325.

③ Pt. Guruprasad Shastri, *Patañjali's Vyākaraṇa Mahābhāṣya with Kaiyaṭa's Pradīpa and Nāgojibhaṭṭa's Uddyota*, IIIrd Adhyāya, 1999, p.141.

④ "ye ca avyaya-kṛtaḥ ke cit kriyā-dharma-samanvitāḥ / teṣām asattva-vācitvaṃ tiṅ-antair na viśiṣyate //3.14.437//." Pt. Raghunātha Śarmā, *Vākyapadīyaṃ [Part III]（Padakāṇda）（Vṛttisamuddeśa） With the Commentary 'Prakāśa'*, 1977, p.469.

⑤ Swami Dwarika Das Shastri & Kalika Prasad Shukla, *Nyāsa or Pañcikā Commentary and Padamañjarī on The Kāśikāvṛtti*, Part 3, Varanasi: Prachya Bharati Prakashan, 1965, p.22。同一页中 *Nyāsa* 的解释是："tasya dhātvarthasya siddhatā niṣpannatā nāma yo dharmas tatra ghañādayaḥ pratyayā vidhīyante, tato yuktaḥ pratyaya-arthasya liṅga-saṃkhyā-yogaḥ / tasya yo dharmas tasya sattvabhūtatvād ity arthaḥ /。"

⑥ "bhāva iti śabdena ity arthaḥ / yo 'rthaḥ siddha-avasthaḥ /." Pt. Guruprasad Shastri, *Patañjali's Vyākaraṇa Mahābhāṣya with Kaiyaṭa's Pradīpa and Nāgojibhaṭṭa's Uddyota*, IIIrd Adhyāya, 1999, p.296.

⑦ siddha 是由第四类动词词根"4.83 ṣidhu saṃrāddhau"加过去被动分词词缀 kta 构成的。该词根的含义是：使实现、使成功、克服。由于 siddha-bhāva 表达的是行动完成后，所实现的成果继续存在且发挥功用的状态，所以笔者将 siddha-bhāva 翻译为"已成就的状态"。需要指出的是，表"到达"的含义的第一类动词词根"1.48 ṣidha gatyām"加过去被动分词词缀 kta 时，要插入联系元音 iṭ，得到的词形是"sidhita"，故 siddha 无"已到达"的含义。

na kriyā（3.14.436）。”[1][停止完善的行为性的缘故，是已成就（siddha）的状态（avasthā），应成就性不存在，故不是行动（kriyā）。]

例如 pāka 一词，其中的词根是 pac（烧煮），词缀是 ghañ。*Pradīpa* 中指出，词根表达应成就（sādhya）[2] 的行动的含义，而词缀 ghañ 则表达的是达到实在状态（sattva-bhāva）的能立因（sādhana）。[3]

上面提到，在《大疏》中钵颠阇利提出动词可以分为两类：以动词语尾为末的词（tiṅ-abhihita），以直接后缀为末的词（kṛt-abhihita）。

而对于直接后缀为末的词，在 *Uttyota* 中又可以进一步分为：sādhyatva（应成就的状态）和 siddhatva（已成就的状态）这两类。[4] 动词语尾为末的词也属于 sādhyatva（应成就的状态）类的动词。

所以说所有的广义的行动（bhāva）可以分为两大类：应成就的（sādhyatā）行动和已成就的（siddhatā）行动两类，[5]或者说是 sādhya-bhāva（应成就的行动）和 siddha-bhāva（已成就的行动）两类。

对于“pāko vartate”（在烧煮）这一句之所以可以这么说的问题，*Pradīpa* 中的解释是：“sādhya-sādhana-bhāva-saṃbandha-saṃbhavād adoṣaḥ //。”[6] [未完成与已完成联系在一起没有错误。]即“pāko”是已成就的行动，“vartate”是应成就的行动，故“pāko vartate”指的是“正在为完成煮饭而行动着”。

总的来说，依据《八章书》经文 P.3.3.18 而加直接后缀 ghañ 形成的动词，表达的是已经完成的运动和行为。当该词与 bhavati、vartate 等表存在含义的动词一起时，则作为抽象的动名词来理解。该动名词由于可以加表达数、性的名词格尾，所以如同实体

---

① Pt. Raghunātha Śarmā, *Vākyapadīyaṃ [Part III] (Padakāṇda) (Vṛttisamuddeśa) With the Commentary 'Prakāśa'*, 1977, p.468.

② sādhya 是第五类动词词根“5.17 sādha saṃsiddhau”加必要分词词缀 ṇya 构成的。该词根的含义是：完成、实现、完善、成功。需要指出的是，第四类动词词根“4.83 ṣidhu saṃrāddhau”加表使役含义的 ṇic 词缀时，根据《八章书》经文“sidhyate-rapāralaukike //（P.6.1.59）”可知，可以形成“sādh+ṇic”的新词根。所以 sādhya 可以由“5.17 sādha saṃsiddhau”“4.83 ṣidhu saṃrāddhau”两个词根构成。再结合“siddha-bhāva”（已成就的状态）的翻译，笔者此处将 sādhya 翻译为“应成就”。

③ “tad uktaṃ hariṇā ‘ākhyāta-śabde bhāgābhyāṃ sādhya-sādhana-vartitā / prakalpitā yathā śāstre sa ghañ-ādiṣv api kramaḥ // sādhyatvena kriyā tatra dhātu-rūpa-nibandhanā / sattva-bhāvas tu yas tasyāḥ sa ghañ-ādi-nibandhanaḥ //’ iti // [bhāve]/.” Pt. Guruprasad Shastri, *Patañjali's Vyākaraṇa Mahābhāṣya with Kaiyaṭa's Pradīpa and Nāgojibhaṭṭa's Uddyota*, IIIrd Adhyāya, 1999, p.298.

④ “yataś ca kriyātvaṃ sāmānyam ubhayatra ’pi sādhyatva-siddhatva-kṛtaś ca pūrva-ukto viśeṣo dṛśyate tathā ’yam api /.” Pt. Guruprasad Shastri, *Patañjali's Vyākaraṇa Mahābhāṣya with Kaiyaṭa's Pradīpa and Nāgojibhaṭṭa's Uddyota*, IIIrd Adhyāya, 1999, p.142.

⑤ Rama Nath Sharma, *The Aṣṭādhyāyī of Pāṇini*, Vol. III, New Delhi: Munshiram Manoharlal Publishers Pvt. Ltd., 2002, p.483.

⑥ Pt. Guruprasad Shastri, *Patañjali's Vyākaraṇa Mahābhāṣya with Kaiyaṭa's Pradīpa and Nāgojibhaṭṭa's Uddyota*, IIIrd Adhyāya, 1999, p.141.

（dravyavat）看待，实际表达的是行动的结果实现后所处的“状态”的含义。

波你尼《八章书》的下一经文“akartri ca kārake saṃjñāyāṃ //（P.3.3.19）”的含义是：直接后缀 ghañ 加在词根之后，该词可作为专有名词（saṃjñā）使用。而且该词是由其词根表达的行为或运动引申出来的名词，但该词不能作为该行动的主动者（akartṛ）。

例如，prāsa 一词，表达的含义是“prāsyanti tam”[人们投掷它]，故 prāsa 作为专有名词是指“标枪”。prāsa 表达的是引发投掷行动的“业”（karman）这一造者（kāraka）的含义。

再如 āhāra 一词，表达的含义是“āharanti asmād rasam”[人们从其提取精华（来滋养自己）]，故 āhara 作为专有名词是指“食物”。āhāra 表达的是引发提取行动的“所从取者”（apādāna）这一造者（kāraka）的含义。

所谓的造者（kāraka）是指：某一事物所承担的协助词根表达的运动、行为得以发生的某种效能。在梵语体系中，造者总共具有六种：主动者（kartṛ），业（karman），作用具（karaṇa），受用者（sampradāna），所从取者（apādāna），场所（adhikaraṇa）。

《八章书》经文“akartri ca kārake saṃjñāyāṃ //（P.3.3.19）”规定，加直接后缀 ghañ 的专有名词，不能表达主动者的含义。对于主动者（kartṛ），八章书给出的解释是，“svatantraḥ kartā //1.4.54//”，即自由自在的是主动者。经中的 akartr 是由 ñan+kartṛ 构成的复合词。前部字 nañ 是带符号 ñ 的表否定含义的不变词 na。对于此处 nañ 的理解，或 akartṛ（非主动者）的理解，主要有以下三种含义。

一者，nañ 表禁止（pratiśedha）的含义。即加直接后缀 ghañ 的专有名词，不能表达主动者的含义。或者说，表主动含义的专有名词，不是加直接后缀 ghañ 构成的。如 meṣa（绵羊）是 miṣati（它看上去很无助）的主动者。meṣa 是由词根 miṣ 加直接后缀 ac 构成的。依据的《八章书》经文是“nandi-grahi-pacādibho lyuṇinyacaḥ //（P.3.1.134）”，即 miṣ 是属于 pac 为首的群中的词根，它们加直接后缀 ac 表主动者的含义。因此 meṣa 作为表主动者含义的专有名词“绵羊”，不是加直接后缀 ghañ 构成的。

二者，nañ 表暗示（paryudāsa）的含义。《八章书》P.3.3.19 经文的“akartṛ”可以指除了主动者之外的其他造者（kāraka）。如 praseva（麻袋）表达的含义是“prasīvyanti tam”[人们缝制它]，故 praseva 作为专有名词“麻袋”表达的是引发缝制行动的业（karman）这一造者（kāraka）的含义。①

三者，nañ 表相似（sadṛśa）的含义。在《大疏》中钵颠阇利指出：“nañ-iva-yuktam anya-sadṛśa-adhikaraṇe tathā hy artha-gatiḥ / nañ-yuktam iva-yuktaṃ ca anyasmiṃs tat-sadṛśe **karyaṃ** vijñāyate tathā hy arhto gamyate / tad yathā / abrāhmaṇamānayet yukte brāhmaṇa-sadṛśaṃ

① Rama Nath Sharma, *The Aṣṭādhyāyī of Pāṇini*, Vol.III, 2002, p.483.

puruṣamānayati na asau loṣṭamānīya kṛtī bhavati / eva iha apy akartari iti kartṛ-pratiśedhād anyasmin na kartari kartari-sadṛśo **kāryaṃ** vijñāsyate //。"① 这是说，加 ghañ 形成的专有名词，作为结果（kārya），所发挥的功用，整体效果上如同主动者（kartṛ-sadṛśa），但本身不是主动者（akartṛ）。

对于"如同主动者"的理解，钵颠阇利在《大疏》中进一步指出："dravyaṃ kriyā-abhinirvṛttau sādhanatvam upaiti / tadvac ca asya bhāvasya kṛd-abhihitasya bhavati /。"②[在行动结束时而成立的事物具有**能立性**（sādhanatva）。因此以直接后缀形成的词的（已成就）状态（bhāva）的事物是如彼（tadvat）的存在。]如果 tadvat 中的 tad 指的是 sādhana，那么该事物就可以如同能立者，故如同主动者（kartṛ-sadṛśa，kartṛvat）。

对于上面的"sādhana"一词，*Uddyota* 中也有不同理解："**dravyaṃ kriyā-abhinirvṛttau sādhanatvam ity** asya kāraka-śaktimattvam ity arthaḥ /。"③[在行动结束时而成立的事物具有**因性**（sādhanatva）。其含义是：事物作为因所具有的造者意义的能力。]

实际上，以上对 sādhana 的两种理解都对。如果把 sādhana 理解为纯粹的主动者（kartṛ），而翻译为"能立"，依据的是《八章书》经文"nandi-grahi-pacādibhyo lyuṇinyacaḥ //（P.3.1.134）"。即词根 sādh 属于 nandi 为首的群中的词根，该群中的词根加直接后缀 lyu，表达主动者的含义，故 sādhana 翻译为"能立"；另外，如果把 sādhana 理解为"因"，依据的是《八章书》经文"karaṇādhikaraṇayośca //（P.3.3.117）"。即词根 sādh 加直接后缀 lyuṭ 表作用具（karaṇa）的含义，故 sādhana 翻译为"因"。因此 *Uddyota* 中提出，在行动结束时而成立的作为结果的事物，可以进一步作为因（sādhana），从而发挥造者（kāraka）含义的功能（śakti）。由此可见，在《大疏》中，对"如同主动者"（akartṛ）的讨论，进一步深化为 sādhanavat 的讨论。即 sādhanavat 既可以理解为"如同因"，又可以理解为"如同能立者"。

另外需要注意的是，在《大疏》的"dravyaṃ kriyā-abhinirvṛttau sādhanatvam upaiti / tadvac ca asya bhāvasya kṛd-abhihitasya bhavati /"一句中，tadvat 一词，除了可以理解为 sādhanavat 外，还可理解为 dravyavat。也就是说，若某事物作为结果是在运动和行为完成时成立的话，那么该事物就如同实体看待，不是真正的实体。这是因为，有生必有灭，行动完成后产生的事物，必然也是会消失的。而真正的实体不仅不会消失，而且是永恒的。这就是说，实体应该在行动完成以前，就已经恒常性地存在着。对于实体的本质，在《大疏》中钵颠阇利也较早地做了定义："bhāvyate yaḥ sa bhāva iti / kriyā ca eva hi

① F. Kielhorn, *The Vyākaraṇa-mahābhāṣya of Patañjali,* Vol.II, 1906, p.145.

② F. Kielhorn, *The Vyākaraṇa-mahābhāṣya of Patañjali*, Vol.II, 1906, p.57.

③ Pt. Guruprasad Shastri, *Patañjali's Vyākaraṇa Mahābhāṣya with Kaiyaṭa's Pradīpa and Nāgojibhaṭṭa's Uddyota*, IIIrd Adhyāya, 1999, p.141.

bhāvyate svabhāva-siddhaṃ tu dravyaṃ /。" [①] 这即是说，实体由其自性（svabhāva）而成立的；而处于已成就的状态（bhāva）的事物是由行动（kriyā）所成立的，故不是真正的实体。

对于《八章书》P.3.3.19 经文之所以会有以上复杂的理解，除了对 akartṛ 存在多重理解外，还因为该经文的"ca"（和）字使得经文有多种释读。

一者：把 P.3.3.19 经文读成："akartri kārake saṃjñāyāṃ。"在这种情况下，由直接后缀 ghañ 形成的专有名词，不考虑是否如同实体看待，只考虑作为狭义的造者（kāraka）不能为主动者（akartri），只能是其他造者。如前面提到的 prāsa（标枪），表达的含义是"prāsyanti tam"（人们投掷它），即 prāsa 作为投掷行动的业（karman）。此时"标枪"具有实体性。

二者：把 P.3.3.19 经文读成："bhāve kartṛvat saṃjñāyāṃ。"由于原经文 P.3.3.19 中 ca 的作用，P.3.3.18 的 bhāve 被带入本经文。而且 akartṛ 理解为相似（sadṛśa）的含义，故写为 kartṛvat。此时 P.3.3.19 经文表达的含义是：事物作为行动完成状态下所成立的结果，作为加直接后缀 ghañ 形成的专有名词，可如同主动者看待。

三者：把 P.3.3.19 经文读成："bhāve akartri kārake saṃjñāyāṃ。"此时由于显得多余的 kārake 被加入，故重点要讨论作为造者（kāraka）问题。此时经文 P.3.3.19 表达的含义是：事物作为行动完成状态下所成立的结果（kārya），可进一步作为因（kāraṇa，sādhana），发挥造者含义的（多种）功能，但排除主动者含义的功能。此时该事物可作为加直接后缀 ghañ 形成的专有名词。

以上的第二种释读的"如同主动者看待"，其实与第三种释读有关。即所成立的结果进一步作为因发挥的多种功能时，其总体效果如同主动者。

此外，印度文法学派（Vaiyākaraṇa）认为"行动"本身是刹那性的，是不可被见的，本身具有六个阶段。如《大疏》指出在 *Nirukta* 中谈道："ṣaḍ bhāvavikārā iti ha smāha bhagavān vārṣyāyaṇiḥ / jāyate 'sti vipariṇamate vardhate 'pakṣīyate vinaśyati iti /。" [行动的六相为：生、住、变、长、衰、灭。][②]

因为运动和行为是刹那性的存在，所以它们是超越感官，不可被见的，只是通过推理而知道其存在。[③]刹那被认为是时间的最小单元，故不可再被分割。而且作为行动完

---

① F. Kielhorn, *The Vyākaraṇa-mahābhāṣya of Patañjali*, Vol.I, 1892, p.257.

② Hideyo Ogawa, *Process and Language*, Delhi: Motilal Banarsidass Publishers Private Limited, 2005, p.149.

③ Pradīpa 中解释道："dhātu-vācyasya samūhasya yugapada-saṃnidhānād apratyakṣatve 'py eka-ekasya tu kṣaṇasya pratyakṣatve buddhyā tān kṣaṇān saṃkalayya pacati iti prayujyante / yadā apy ekasmin kṣane pacati iti prayogas tadā tatra samūha-rūpāropaṇam / śabda-śakti-svabhāvāc ca ekaḥ kṣaṇo na eva dhatu-vācyaḥ /。" Hideyo Ogawa, *Process and Language*, 2005, p.110.

成状态下所成立的结果的事物，也是非永恒的，也是刹那性的存在状态。所以刹那相续的处于已成就状态（siddha-bhāva）中的事物，从时间的角度上来说，其实体（dravya）与功能（śakti）无法作出区分。由此我们认为该事物其实是纯粹的功能的集合体，不存在任何（恒常的）实体、基体。故该功能集合体只能如同实体（dravyavat）看待。

经过以上的分析我们明白：经文 P.3.3.18 产生的直接后缀为末的词，之所以如同实体（dravyavat）看待，主要是因为该词可以加表达性、数的格尾，如同名词。而依据经文 P.3.3.19 产生的专有名词，对应的事物之所以也可如同实体（dravyavat）看待，那是因为该事物作为能立因（sādhana）并非是实体，而只是效能性的存在。

如果参考佛教的义理，我们可以把《八章书》经文 P.3.3.19 的后两种释读理解为：在因缘和合的行动完满结束后而成立的事物，由于它的存在不是依据于自性（svabhāva）而本来就恒常地存在着，而是作为（有生故有灭的）的结果必然不具有实体那样的永恒性，故该事物只能如同实体看待。与此同时，该果法还可以作为因法进一步发挥多种功用，但无法发挥主动者意义的功用，故不是“我”（ātman）。可是所发挥的所有功用的总体效果，又可以如同主动者看待（kartṛ-sadṛśa）。由此不仅保证了因果相续的不断，而且解释了为何可以在世俗意义上施设“能”和“所”这对概念。还值得一提的是，因缘和合的行动完成后而成立的事物，由于只存在一刹那，所以体、用无法区分，故无须建立体（dravya）这一概念，果法本质是只是纯粹的存在状态（bhāva）或功能（śakti）。显然瑜伽行派只承认《八章书》经文 P.3.3.19 的后两种释读，而说一切有部则承认以上三种释读。故有部一方面认同有为法的自性是永恒地存在于未来、现在、过去三世之中，另一面又认为有为法发挥的作用是因缘和合的结果，故只存在于现在一刹那。

最后值得一提的是，正如在煮饭这一活动中，作为受用者（sampradāna）的吃饭的人不仅存在于 sādhya-bhāva（应成就的行动）的前一阶段，也存在于 siddha-bhāva（已成就的行动）的后一阶段，直到他把饭吃完为止。因此对于 P.3.3.19 经文中的提到的 kāraka（造者），不仅存在于因缘和合的缘起阶段，有些造者还继续存在于已成就的缘已生（的果法）阶段。因此 P.3.3.18 和 P3.3.19 经文对我们理解因果相续极为重要。

三 本书的主要发现

基于以上的梵语语法哲学，我们发现了梵本《唯识三十颂》中蕴藏了许多世亲的独到见解，笔者主要提以下四点。

（一）

欧美日学者一致认为，vijñapti 一词不能如玄奘那样翻译为“识”，而应该翻译为“了别”“表别”“施设”等。而且他们认为该词的词根是 jñā，并且具有使役的含义，从而插入 p 音。

笔者通过深入研究后发现：vijñapti 是由第十类动词词根 jñap 加上直接后缀 ktin 构成的。

解释直接后缀 ktin 的《八章书》（又称《波你尼经》）经文“striyāṃ ktin //（P.3.3.94）”在领句经文“bhāve //（P.3.3.18）”的控制之下，所以 vijñapti 可以作为表行为含义的阴性动名词，翻译为“了别”。由于“bhāve //（P.3.3.18）”指的是 siddhabhāva，表示行动的已成就状态，该动名词“了别”其实指的是某种状态，而非正在发生的行为。

另外，siddhabhāva 还可指行动结束后产生的事物，故可用作专有名词（saṃjñā）。所以 vijñapti 还可以作为专有名词“识体”来使用。由于 vijñapti 是因缘和合后所成的事物，属于造作所成之物，故不是本来就有的事物，更不是超越时间的永恒之物。因此，文法学家认为，属于 siddhabhāva 所成之物，只能如同实体（dravyavat）看待。

因此我们看到，诠释 ktin 直接后缀的经文 P.3.3.94 也在领句经文“akartari ca kārake saṃjñāyām //（P.3.3.19）”的控制和解释之下。即作为专有名词的事物时，vijñapti 可以作为词根所表达的运动和行为的造者（kāraka），但非为主动者（kartṛ）。此如同实体看待的 vijñapti 翻译为“识”，但该识不是认知行为的主动者，故符合佛教“诸行无常，诸法无我”的思想。

造者（kāraka）指的是事件的发生因或构成要素。所以 vijñapti 作为认知事件的造者时，可以指所从取者（apādāna），即认知产生的缘由、源头；另外也可作为受用者（sampradāna），即认知信息的承受者；还可作为认知的作用具（karaṇa），即作为认知中介的思维概念、智慧等。世亲之所以要创造 vijñapti 一词表示“识”这种个体，就是要表达：识体（vijñapti）是一种包含所从取者（apādāna）、作用具（karaṇa）、受用者（sampradāna）三重行相的认知单元。这种认知单元各自相续地只存在一刹那。刹那是不可再被分割的时间的最小单元。故该识体单元发挥“产生认知信息”，与“接受自身的认知信息”的功用时，并非分为前后两个阶段，而是同时进行的。否则就犯了刹那可以再被分割的错误。故 vijñapti 应采用“识体”这种理解。

（二）

对于佛教中传统的 vijñāna（识）一词，一般认为是由词根 jñā 加直接后缀 lyuṭ（ana）构成的中性名词。如称友（Yaśomittrā）在注疏《俱舍论》时指出，“vijānāty ālambanam iti vijñānam kartri lyuṭ /”[①][了知所缘者谓“识”（vijñāna），（该词的直接后缀是）表主动者含义的 lyuṭ]。但根据《八章书》经文，由直接后缀 lyuṭ 构成的 vijñāna 一词，表达的含义是：行为——“认知”；作用具（karaṇa）——符号、名称、心相、智慧等；场所（adhikaraṇa）——认知的主题（Subject）和领域（Field），即“知识”（Knowledge）。

① Swāmī Dwārikādās Śāstrī, *The Abhidharmakośa & Bhāṣya of Ācārya Vasubandhu with Sphutārthā Commentary of Ācārya Yaśomittrā*,Vol.I, Varanasi: Bauddha Bharati, 1998, p.164.

因此在婆罗门教体系中，vijñāna 无“识”这种认知主体之义，而且无法通过波你尼梵语语法的分析推导出“识（体）”这一含义。vijñāna 若要表达主动者（kartṛ）的含义，加的直接后缀应该是《八章书》经文“nandi-grahi-pacādibho lyuṇinyacaḥ //（P.3.1.134）”提到的 lyu。在该经文中波你尼指出，能添加直接后缀 lyu 的词根是以 nandi 起始的一群词根。可是在波你尼的《群读》（*Gaṇapāṭha*）的 nandyādi 群中并没有收录词根 jñā，而且由直接后缀 lyu 构成的词是阳性的词。

对于佛教中指代认知主体—— “识”（Consciousness）的专有名词 vijñāna，笔者认为这是佛教的特殊用法。故此词也许是佛陀创造的俗语词汇。因为婆罗门教中，作为认知主体的 citta、manas、ātman 等词都是表示有恒常实体的认知主体，不符合佛陀所主张的“诸行无常，诸法无我”的观点，故不适合引入到佛教体系中来。因此佛陀必须创造出一个全新的俗语词汇来表示无常的认知主体。现在看到的“识”含义的佛教梵语词汇 vijñāna，是在保持该佛教俗语词汇的原音的基础上引入的外来词汇。①故佛教梵语中的表达“识”含义的 vijñāna 是不可拆分（avyutpanna）的词。

由于佛教唯识宗与婆罗门教进行辩论时，当你主张一切唯识（vijñāna），对手就会根据波你尼的《八章书》做出语法学诠释，改变佛教中 vijñāna 的含义，从而造成佛教论辩方的失败。因此世亲必须根据波你尼梵语语法创造出一个内外共许的 vijñapti 来表达“认知个体”的含义。而且 vijñapti 既非实体，又非主体。

（三）

vijñaptimātra 中的 mātra 用的是“全部”（kārtsnya）和“限定”（avadhāraṇa）两重含义。故 vijñaptimātra 有“一切都是识”“识为其（限定、本质）范畴”的含义。

第十七颂的 vijñaptimātraka 是在多财释复合词 vijñapti-mātra 后加了不产生新意的 kap 派生词缀而产生的名词词基。该多财释复合词指向的是 idaṃ sarvaṃ，故与后者同性数格。

正因为表“唯识者”含义的多财释复合词 vijñaptimātra、vijñaptimātraka 指向的只能是 idam（此世间）和 sarva（一切），所以该复合词不宜单独使用，必须和 idam 或 sarva 连用。多财释复合词 vijñaptimātra、vijñaptimātraka 直译为“唯识者”，意译却是“一切”“此世间”。

能单独使用的是 vijñaptimātratā 或 vijñaptimātratva，两者的含义是“唯识性”。这两个词中的 vijñaptimātra 属于没有特殊术语的纯粹复合词（kevalasamāsa），含义是“唯识”，但往往要加上派生词缀 tva 和 tal 来使用，以区别于作为多财释复合词的 vijñaptimātra。

---

① 经请教后，Prof. Dipti Tripathi 指出，与佛教梵语词汇 vijñāna 发音类似，表“识”含义的俗语词汇有：Mahārāṣṭrī 语中的 viṇṇāna，Ardhamāgadhī 语中的 vinnāṇa。另外 Pāli 语大藏经中的 viññāṇa 也是例证。

（四）

《唯识三十颂》中的属于心所法的梵语词汇其实有两种含义：作为状态（bhāva）指的是心法的心理状态；作为造者（kāraka）指的是与心法相伴的，影响心法的心所法个体。

四 致谢

在印度学的学习道路上，我得到了许多恩师的指导和帮助。是北京大学哲学系的姚卫群老师 2001 年把我带进了印度宗教哲学的殿堂。在北大的硕士和博士学习期间，是王邦维老师、段晴老师、高鸿老师、陈明老师耐心地指导我学习梵语。2009 年毕业后得到了麻天祥老师和吕有祥老师的认可，来到武汉大学工作。2012 年 6 月至 2013 年 8 月赴印度德里大学梵语系公派访学，导师是 Prof. Dipti Tripathi。Prof. Dipti Tripathi 当时是印度文化部“National Mission for Manuscripts”的主管，工作非常繁忙，故委托印度“国家梵语研究院”（Rāṣṭriya-saṃskṛta-saṃsthānam）的首席语法专家 Prof. Pushpa Dikshit 来教我梵语。Prof. Pushpa Dikshit 是一位非常传统的婆罗门，不太懂英语。她非常慈悲地按照印度古老的传统教学方式，手把手地教我梵语波你尼语法 8 个多月，每天从上午 9 点到晚上 8 点，几乎没有“人身自由”。回国后，我三次邀请导师 Prof. Dipti Tripathi 来武汉大学作合作研究。每次她都在武大待上一个月，认真地给我讲授印度文法学派的梵语语法哲学（Vyākaraṇadarśana）原典。2020 年 1 月至 12 月我又赴德国莱比锡大学的印度学与中亚研究所公派访学，导师是所长 Prof. Eli Franco。Prof. Eli Franco 及其妻子 Prof. Karin Preisendanz 让我见识了西方学者在佛教因明学和印度正理派的顶级研究方法和研究状况。在离开德国的前一个月，德国华裔印度学专家胡海燕老师建议我把莱比锡大学图书馆的所有印度学的书都拿下来过一遍。这让我大大地开阔了眼界，收获巨大。

印度学不仅博大精深，而且在中国是冷门绝学，任何一点点的进步都来之不易。许多国内的前辈在印度学领域做出了卓越的成就，也都给予了我巨大的关怀和指导，如黄心川老先生、朱明忠老师、薛克翘老师、李建欣老师、孙晶老师、黄宝生老师、韩廷杰老师、张保胜老师、郁龙余老师、姜景奎老师等。

我也非常感谢妻子和女儿的陪伴与守护，感谢各位亲人和朋友的关心与支持。

本书出版后将成为梵本《唯识三十颂》研究的公开平台，各位专家与读者都可以来信告诉笔者本书存在的问题。欢迎批评指正。谢谢！

（Email：knightingale@163.com）

第一颂

आत्मधर्मोपचारो हि विविधो यः प्रवर्तते ।
विज्ञानपरिणामेऽसौ परिणामः स च त्रिधा ॥१॥[①]

ātma-dharma-upacāro hi vividho yaḥ pravartate /
vijñāna-pariṇāme 'sau pariṇāmaḥ sa ca tridhā //1//

玄奘译[②]**：**由假说我法，有种种相转。彼依识所变，此能变唯三。

真谛译《转识论》[③]**：**识转有二种：一转为众生，二转为法。一切所缘，不出此二。此二实无，但是识转作二相貌也。次明能缘有三种。

霍韬晦译[④]**：**我法施设相，虽有种种现；彼实识转化。此转化有三：

现译：正因依于识的转变状况上（有）我和法的假说，故（有）那种种相在流行。彼转变因以三种方式（存在）。

ātman

词根：第一类动词词根（bhvādigaṇa），1.38 ata sātatyagamane（at 永恒地游荡）[⑤]。

直接后缀：maniṇ。

演变过程：

---

① 《唯识三十颂》(*Triṃśikāvijñaptikārikā*) 的天城体文本参见 *Vijñaptimātratāsiddhi* 一书。Sylvain Lévi, *Vijñaptimātratāsiddhi Deux Traités De Vasuban Viṃśatikā Et Triṃśikā*, Paris: Librairie Ancienne Honoré Champion, 1925, pp.13-14. 为了提高清晰度，本书的天城体颂文拷贝于 *Seven Works of Vasubandhu* 一书。Stefan Anacker, *Seven Works of Vasubandhu*, Deli: Motilal Banarsidass Publishers Private Limited, 2005, pp.422-423.

② 所有玄奘译文引自《唯识三十论颂》。世亲菩萨造，玄奘译《唯识三十论颂》，大正新修大藏经，第 31 册，第 60 页上—61 页中。

③ 所有陈真谛译文引自《显识论》。真谛译《显识论》，大正新修大藏经，第 31 册，第 878 页下—882 页中。

④ 所有霍韬晦的翻译参见《安慧〈三十唯识释〉原典译注》，中文大学出版社 1980 年版，第 3—9 页。

⑤ 梵语词根参考波你尼的《界读》(*Dhātupāṭha*)。词根序号参考 Otto Böhtlingk 新编辑的 *Dhātupāṭha*。Otto Böhtlingk, *Pāṇini's Grammatik*, Vol.II, Delhi: Motilal Banarsidass Publishers Private Limited, 1998, pp.61-94.

at+**maniṇ**	sātibhyāṃ maninmaniṇau //（Uṇādisūtra[①] 4.152）	词根 at 后添加 maniṇ 直接后缀。
at+**maniṇ**	ārdhadhātukaṃ śeṣaḥ //（P[②].3.4.114）[③]	直接后缀 maniṇ 是半界词缀。
at+man	tasya lopaḥ //（P.1.3.9）	maniṇ 的符号[④]ṇ 由消隐替换。[i 音是为了发音方便。]
at+**iṭ**+man	ārdhadhātukasyeḍvalādeḥ //（P.7.2.35）	在以对收[⑤]val 为首位音的半界词缀前，插入联系元音 iṭ。[⑥]
at+man	neḍvaśi kṛti //（P.7.2.8）	在以 vaś 为对收的浊辅音起始的直接后缀前，不加联系元音 iṭ。[经文 P.7.2.8 是对 P.7.2.35 的禁止，故实际上没运行 P.7.2.35。]
at+man	yasmātpratyayavidhistadādi pratyaye 'ṅgam //（P.1.4.13）	其后安排了词缀的词，以此词为始，在词缀前叫词干。
āt+man	ata upadhāyāḥ //（P.7.2.116）	遇 ñ、ṇ 符号的后缀时，词干倒数第二的 a 音由三合元音替换。
ātman	kṛttaddhitasamāsāśca //（P.1.2.46）	直接后缀为末的 ātman 是名词词基。

小结：

名词词基 ātman 指的是：能穿越过去、现在、未来三世，不停地在六道之中游荡的轮回主体，即灵魂。也就是说，生活在前世的那个主体就是现在的自己，将来转生到未来另一世界生活的主体也正是现在的自己，并非是另一个人，故轮回中的主体就是“自己”。因此 ātman 又作反身代词 self 来理解。作为表轮回的灵魂含义的 ātman 在佛典中

---

① 所有《温那地经》（*Uṇādisūtra*）的经文载于英译版的《月光疏》（*Siddhāntakaumudī*）。Srisa Chandra Vasu & Vāman Dās Vasu, *Siddhanta Kaumudi of Bhattoji Dikshita*, Vol.2, Part 2, Allahabad: The Panini Office（Bhuvaneshvari Ashram）, 1907, pp.147-330.

② 字母 P 是“*Pāṇinīya-aṣṭādhyāyī*”（《波你尼八章书》） 的缩写。

③《波你尼八章书》的经文与序号以 Otto Böhtlingk 的版本为准。Otto Böhtlingk, *Pāṇini's Grammatik*, Vol. I, Delhi: Motilal Banarsidass Publishers Private Limited, 1998.

④ 符号（it） 的术语经文参见 P.1.3.2-8：upadeśe 'janunāsika it //（P.1.3.2）；halantyam //（P.1.3.3）；na vibhaktau tusmāḥ //（P.1.3.4）；ādirñiṭuḍavaḥ //（P.1.3.5）；ṣaḥ pratyayasya //（P.1.3.6）；cuṭū //（P.1.3.7）；laśakvataddhite //（P.1.3.8）。

⑤ 对收（pratyāhāra） 要参考 14 句的《湿婆经》（a i uṇ //1//，ṛ ḷk //2//，e oṅ //3//，ai auc //4//，ha ya va raṭ //5//，laṇ //6//，ña ma ṅa ṇa nam //7//，jha bhañ //8//，gha ḍha dhaṣ //9//，ja ba ga ḍa daś //10//，kha pha cha ṭha tha ca ṭa tav //11//，ka pay //12//，śa ṣa sar //13//，hal //14//）。对收 val 指的是取第 5 句的 va 音为首，再取第 14 句的 l 字母为末，其间包含的所有音。

⑥ 波你尼《八章书》的经文的解释，术语的翻译，笔者大量参考了段晴教授在北京大学出版社 2001 年出版的《波你尼语法入门》。对于段晴老师的教导和帮助，在此表示深深的感谢！段晴老师的《波你尼语法入门》是阅读本书的必备参考书。《八章书》经文的英文解析可以参考 Rama Nath Sharma 的翻译。Rama Nath Sharma, *The Aṣṭādhyāyī of Pāṇini*, New Delhi: Munshiram Manoharlal Publishers Pvt. Ltd., 2002.

常翻译为“我”。

dharma

词根：第一类动词词根（bhvādigaṇa），1.948 dhṛñ dhāraṇe（dhṛ 执持）。

直接后缀：man。

演变过程：

dhṛ+**man**	artistusuhusṛdhukṣi… man //（Uṇādisūtra 1.140）	词根 dhṛ 加直接后缀 man。
dhṛ+**man**	ārdhadhātukaṃ śeṣaḥ //（P.3.4.114）	直接后缀 man 是半界词缀。
dhṛ+ma	tasya lopaḥ //（P.1.3.9）	man 的符号 n 由消隐替换。
dhṛ+**iṭ**+ma	ārdhadhātukasyeḍvalādeḥ //（P.7.2.35）	在以对收 val 为首位音的半界词缀前，插入联系元音 iṭ。
dhṛ+ma	ekāca upadeśe ’nudāttāt //（P.7.2.10） neḍvaśi kṛti //（P.7.2.8）	于原始发音状态的非高音的单音节词根后，不加联系元音 iṭ。 在以 vaś 为对收的浊辅音起始的直接后缀前，不加联系元音 iṭ。
dhṛ+ma	yasmātpratyayavidhistadādi pratyaye ’ṅgam //（P.1.4.13）	其后安排了词缀的词，以此词为始，在词缀前叫词干。
dh**ar**+ma	sārvadhātukārdhadhātukayoḥ //（P.7.3.84） uraṇ raparaḥ //（P.1.1.51）	遇到全界、半界词缀，词干的末元音 ṛ 由二合元音替换。 ṛ、ṝ 音的替换，需由其后带 r 音的 a、i、u 及其长音来替换。
dharma	kṛttaddhitasamāsāśca //（P.1.2.46）	直接后缀为末的 dharma 是名词词基。

小结：

dharma 的基本含义是保持，在《杂阿毘昙心论》卷第一中说道：“法者持也。持自性故名法。”[①]因此 dharma 翻译为“法”。

ātma-dharma

世俗拆分：ātmā ca dharmaś ca。

① 法救造，僧伽跋摩等译：《杂阿毘昙心论》，大正新修大藏经，第 28 册，第 870 页下。

非世俗拆分：ātman+su+dharma+su。

名词词基：ātman（我）；dharma（法）。

演化过程：

ātman+su+dharma+su	cārthe dvaṃdvaḥ //（P.2.2.29）	表示 ca 的意义的是相违释（复合词）。
ātman+su+dharma+su	kṛttaddhitasamāsāśca //（P.1.2.46）	有意义的复合词是名词词基。
ātman+dharma	supo dhātuprātipadikayoḥ //（P.2.4.71） pratyayasya lukślulupaḥ //（P.1.1.61）	词根、名词词基中蕴含的格尾由消隐（luk）替换。 luk、ślu、lup 是词缀的消隐替换。消隐是不显现。
ātman+dharma	pratyayalope pratyayalakṣaṇam //（P.1.1.62） suptiṅantaṃ padam //（P.1.4.14）	词缀消隐后，词缀的因还在。 以格尾为末的 ātman 是（前部）字。
ātma+dharma	nalopaḥ prātipadikāntasya //（P.8.2.7）	一个属于名词词基范畴的（完成格尾变化的）字，它的尾部 n 音由消隐（lopa）替换。
ātmadharma	kṛttaddhitasamāsāśca //（P.1.2.46）	有意义的复合词是名词词基。

小结：

ātmadharma 是相违释复合词，含义是“我和法”。

upacāra

词根：第十类动词词根（curādigaṇa），10.205 cara saṃśaye（car 疑惑）。

近置词：upa（virāme 停止）。[依据：upasargāḥ kriyāyoge //（P.1.4.59）。]

直接后缀：ac。

演变过程（一）：

car+**ṇic**	satyāpa...cūrādibhyo ṇic //（P.3.1.25）	第十类动词词根本身必须加上 ṇic 词缀，表原义。
car+**ṇic**	ārdhadhātukaṃ śeṣaḥ //（P.3.4.114）	ṇic 是半界词缀。
car+ṇic	yasmātpratyayavidhistadādi pratyaye 'ṅgam //（P.1.4.13）	其后安排了词缀的词，以此词为始，在词缀前叫词干。
c**ā**r+ṇic	ata upadhāyāḥ //（P.7.2.116）	遇 ñ、ṇ 符号的后缀时，词干倒数第二的 a 音由三合元音替换。

cār+ṇic	sanādyantā dhātavaḥ // （P.3.1.32）	以 ṇic 词缀落尾的“cār+ṇic”是新词根。
cār+ṇic+**ṇic**	hetumati ca // （P.3.1.26）	当表达使役含义时，加 ṇic 词缀。 [ṇ、c 是符号。]
cār+ṇic+**ṇic**	ārdhadhātukaṃ śeṣaḥ // （P.3.4.114）	第二个 ṇic 是半界词缀。
cār+ṇic+**ṇic**	ārdhadhātukasyeḍvalādeḥ // （P.7.2.35）	在以对收 val 为首位音的半界词缀前，插入联系元音 iṭ。 [但第二个 ṇic 不在其中，属于 aniṭ 词缀。]
cār+（ ）+ṇic	ṇeraniṭi // （P.6.4.51）	当遇到 aniṭ 半界词缀时，消隐（lopa）替换前面的 ṇic。
cār+（ ）+ṇic	sanādyantā dhātavaḥ // （P.3.1.32）	以 ṇic 词缀落尾的“cār+（ ）+i”是新词根。 [ṇic 的 ṇ、c 是符号。]
upa+cār+（ ）+ ṇic+**ac**	erac // （P.3.3.56）	i、ī 音落尾的词根后加直接后缀 ac。
upa+cār+（ ）+ ṇic+**ac**	ārdhadhātukaṃ śeṣaḥ // （P.3.4.114）	ac 是半界词缀。
upa+cār+（ ）+ ṇic+a	tasya lopaḥ // （P.1.3.9）	ac 的符号 c 由消隐替换。
upa+cār+（ ）+ ṇic+**a**	ārdhadhātukasyeḍvalādeḥ // （P.7.2.35）	在以对收 val 为首位音的半界词缀前，插入联系元音 iṭ。 [但 ac 不在其中，是 aniṭ 词缀。]
upa+cār+（ ）+（ ）+a	ṇeraniṭi // （P.6.4.51）	当遇到 aniṭ 半界词缀时，消隐（lopa）替换前面的 ṇic。
upa+cār+（ ）+（ ）+a	pratyayalope pratyayalakṣaṇam // （P.1.1.62）	ṇic 词缀消隐后，ṇic 词缀的因还在。
upa+**cār+（ ）+（ ）**+a	sanādyantā dhātavaḥ // （P.3.1.32）	“cār+（ ）+（ ）”仍是新词根。
upa+**cār+（ ）+（ ）**+a	yasmātpratyayavidhistadādi pratyaye 'ṅgam //（P.1.4.13）	其后安排了词缀的词，以此词为始，在词缀前叫词干。
upa+cār+a	adarśanaṃ lopaḥ // （P.1.1.60）	不显现的是消隐。
upacāra	kṛttaddhitasamāsāśca // （P.1.2.46）	直接后缀 ac 为末的 upacāra 是名词词基。

词根：第一类动词词根（bhvādigaṇa），1.591 cara gatyarthaḥ（car 走）。

近置词：upa（sāmīpye 靠近，sādṛśye 相似）。[依据：upasargāḥ kriyāyoge //（P.1.4.59）。]

直接后缀：ac。

演变过程（二）：

car+**ṇic**	hetumati ca // （P.3.1.26）	当表达使役含义时，加 ṇic 词缀。 [ṇ、c 是符号。]

car+**ṇic**	ārdhadhātukaṃ śeṣaḥ //（P.3.4.114）	ṇic 是半界词缀。
car+ṇic	yasmātpratyayavidhistadādi pratyaye 'ṅgam //（P.1.4.13）	其后安排了词缀的词，以此词为始，在词缀前叫词干。
c**ā**r+ṇic	ata upadhāyāḥ //（P.7.2.116）	遇 ñ、ṇ 符号的后缀时，词干倒数第二的 a 音由三合元音替换。
cār+ṇic	sanādyantā dhātavaḥ //（P.3.1.32）	以 ṇic 词缀落尾的“cār+i”是新词根。[ṇic 的 ṇ、c 是符号。]
upa+cār+ṇic+**ac**	erac //（P.3.3.56）	i、ī 音落尾的词根后加直接后缀 ac。
upa+cār+ṇic+**ac**	ārdhadhātukaṃ śeṣaḥ //（P.3.4.114）	ac 是半界词缀。
upa+cār+ṇic+a	tasya lopaḥ //（P.1.3.9）	ac 的符号 c 由消隐替换。
upa+cār+ṇic+**a**	ārdhadhātukasyeḍvalādeḥ //（P.7.2.35）	在以对收 val 为首位音的半界词缀前，插入联系元音 iṭ。[但 ac 不在其中，是 aniṭ 词缀。]
upa+cār+（ ）+a	ṇeraniṭi //（P.6.4.51）	当遇到 aniṭ 半界词缀时，消隐（lopa）替换前面的 ṇic。
upa+cār+（ ）+a	pratyayalope pratyayalakṣaṇam //（P.1.1.62）	ṇic 词缀消隐后，ṇic 词缀的因还在。
upa+**cār+**（ ）+a	sanādyantā dhātavaḥ //（P.3.1.32）	“cār+（ ）”仍是新词根。
upa+**cār+**（ ）+a	yasmātpratyayavidhistadādi pratyaye 'ṅgam //（P.1.4.13）	其后安排了词缀的词，以此词为始，在词缀前叫词干。
upa+cār+a	adarśanaṃ lopaḥ //（P.1.1.60）	不显现的是消隐。
upacāra	kṛttaddhitasamāsāśca //（P.1.2.46）	直接后缀 ac 为末的 upacāra 是名词词基。

小结：

演变过程（一）中，词根是 cara saṃśaye（car 疑惑），近置词 upa 作为“停止”来理解，带有使役含义的 upacāra，如果经文 P.3.3.56 是受领句经文“bhāve // P.3.3.18”控制的话，那么表达的是一种行为、动作，翻译为“使疑惑终止”；如果是因经文“akartari ca kārake saṃjñāyām //（P.3.3.19）”而形成的话，upacāra 可以作为专有名词，如佛经中翻译为“譬喻”。

演变过程（二）中，词根为 cara gatyarthaḥ（car 走），若近置词 upa 作为“靠近”来理解，带有使役含义的 upacāra，如果经文 P.3.3.56 是受领句经文 P.3.3.18 控制的话，那么表达的是一种行为、动作，翻译为“使接近”“使出席”“奉献”“求助于”“伺候”等；如果是因经文 P.3.3.19 而形成的话，upacāra 可以作为专有名词，翻译为“程序”

“典礼”“祭品”“手段”“习惯（用语）”等。

演变过程（二）中，词根为 cara gatyarthaḥ（car 走），若近置词 upa 作为“相似”来理解，带有使役含义的 upacāra，如果经文 P.3.3.56 是受领句经文 P.3.3.18 控制的话，那么表达的是一种行为、动作，翻译为“使其相似的进程”，佛经中一般翻译为“安立”“施设”“假说”。如果是因经文 P.3.3.19 而形成的话，upacāra 可以作为专有名词，例如佛经中翻译为“假名”“譬喻”。

安慧的《唯识三十颂疏》（*Triṃśikāvijñaptibhāṣya*）[①]中也提到，“upacāro hi triṣu bhavati na anyatama-abhāve mukhya-pada-arthe tat-sadṛśe ’nyasmin viṣaye tayoś ca sādṛśye [假说依三而有，缺任何一种都不能成立，即真事、似此余境及此二共法]”[②]。因此 upacāra 的近置词 upa 是 sādṛśye（相似）的意思，所以本颂采用玄奘的翻译，把 upacāra 理解为动名词“假说”。

ātma-dharma-upacāro

世俗拆分：ātma-dharmav upacārayati。

非世俗拆分：ātma-dharm+os+upa+cār+ṇic+aṇ。

名词词基：ātma-dharm（我和法）。

词根：第一类动词词根（bhvādigaṇa），1.591 cara gatyarthaḥ（car 走）。

近置词：upa（sāmīpye 靠近，sādṛśye 相似）。

直接后缀：aṇ。

演变过程（一）：

car+**ṇic**	hetumati ca // （P.3.1.26）	当表达使役含义时，加 ṇic 词缀。 [ṇ、c 是符号。]
car+**ṇic**	ārdhadhātukaṃ śeṣaḥ // （P.3.4.114）	ṇic 是半界词缀。
car+ṇic	yasmātpratyayavidhistadādi pratyaye ’ṅgam //（P.1.4.13）	其后安排了词缀的词，以此词为始，在词缀前叫词干。
c**ā**r+**ṇ**ic	ata upadhāyāḥ // （P.7.2.116）	遇 ñ、ṇ 符号的后缀时，词干倒数第二的 a 音由三合元音替换。
cār+ṇic	sanādyantā dhātavaḥ // （P.3.1.32）	以 ṇic 词缀落尾的 cār+ṇic 是新词根。

① 《唯识三十颂疏》的天城体本子载于 *Vijñaptimātratāsiddhi* 一书。Sylvain Lévi, *Vijñaptimātratāsiddhi Deux Traités De Vasubandhu: Viṃśatikā Et Triṃśikā*, 1925, pp.15-45.

② 为了利于读者梵汉对照，《唯识三十颂疏》（*Triṃśikāvijñaptibhāṣya*） 的梵文句子与汉文翻译引自《梵文佛典研究（一）》一书。此句参见韩廷杰《梵文佛典研究（一）》，宗教文化出版社 2012 年版，第 320 页。

ātma-dharma+**os**+ upa+cār+ṇic+**aṇ**	karmaṇyaṇ // （P.3.2.1） kartṛkarmaṇoḥ kṛti // （P.2.3.65）	当业是附加字时词根后加直接后缀 aṇ。 在加了直接后缀的词前，第六格表示主动者和业。
ātma-dharma+os+ upa+cār+ṇic+**aṇ**	ārdhadhātukaṃ śeṣaḥ // （P.3.4.114）	aṇ 是半界词缀。
ātma-dharma+os+ upa+cār+ṇic+a	tasya lopaḥ // （P.1.3.9）	aṇ 的符号 ṇ 由消隐替换。
ātma-dharma+os+ upa+cār+ṇic+**a**	ārdhadhātukasyeḍvalādeḥ // （P.7.2.35）	在以对收 val 为首位音的半界词缀前，插入联系元音 iṭ。 [但 aṇ 不在其中，是 aniṭ 词缀。]
ātma-dharma+os+ upa+cār+（ ）+a	ṇeraniṭi // （P.6.4.51）	当遇到 aniṭ 半界词缀时，消隐（lopa）替换前面的 ṇic。
ātma-dharma+os+ upa+cār+（ ）+a	pratyayalope pratyayalakṣaṇam // （P.1.1.62）	ṇic 词缀消隐后，ṇic 词缀的因还在。
ātma-dharma+os+ upa+**cār+**（ ）+a	sanādyantā dhātavaḥ // （P.3.1.32）	“cār+（ ）”仍是新词根。
ātma-dharma+os+ upa+**cār+**（ ）+a	yasmātpratyayavidhistadādi pratyaye ’ṅgam //（P.1.4.13）	其后安排了词缀的词，以此词为始，在词缀前叫词干。
ātma-dharma+os+ upa+cār+a	adarśanaṃ lopaḥ // （P.1.1.60）	不显现的是消隐。
ātma-dharma+os+ **upacāra**	kṛttaddhitasamāsāśca // （P.1.2.46）	直接后缀为末的 upacāra 是名词词基。
ātma-dharma+os+ upacāra	tatropapadaṃ saptamīstham // （P.3.1.92）	于此范围内，经文中处于第七格的是附加字。 [针对经文 P.3.2.1。]
ātma-dharma+os+ **upacāra**	upapadamatiṅ // （P.2.2.19）	附加字与相关的词构成必然复合词，且是非以 tiṅ 收尾的词。
ātma-dharma+os+ **upacāra**	kṛttaddhitasamāsāśca // （P.1.2.46）	有意义的复合词是名词词基。
ātma-dharma+ upacāra	supo dhātuprātipadikayoḥ // （P.2.4.71） pratyayasya lukślulupaḥ // （P.1.1.61）	词根、名词词基中蕴含的格尾由消隐（luk）替换。 luk、ślu、lup 是词缀的消隐替换。消隐是不显现。
ātma-dharma+ upacāra	prathamānirdiṣṭaṃ samāsa upasarjanam //（P.1.2.43）	于复合词一节中，第一格所指示的是附属词。 [针对经文 P.2.2.19。]
ātma-dharma+ upacāra	upasarjanaṃ pūrvam // （P.2.2.30）	附属词是前部字。
ātmadharm+**o**+pacāra	ādguṇaḥ // （P.6.1.87）	a 音后遇元音时，由一个二合元音替换前后两音位。

ātmadharmopacāra	kṛttaddhitasamāsāśca //（P.1.2.46）	有意义的复合词是名词词基。
ātmadharmopacāra +**su**	ṅyāpprātipadikāt //（P.4.1.1） svaujasamauṭchaṣ…sup //（P.4.1.2）	在以 ṅī、āp 为末的词后，以及在名词词基后是 su 等格尾。 单数第一格加格尾 su。
ātmadharmopacāra +s	tasya lopaḥ //（P.1.3.9）	su 的符号 u 由消隐替换。
ātmadharmopacāras	suptiṅantaṃ padam //（P.1.4.14）	以格尾为末的是字。
ātmadharmopacāra**r**	sasajuṣo ruḥ //（P.8.2.66）	r 音替换字末的 s 音。
ātmadharmopacāra+**u**	haśi ca //（P.6.1.114）	在非引的 a 音之后，在后一词浊辅音（h）之前，r 音由 u 音替换。
ātmadharmopacār**o**	ādguṇaḥ //（P.6.1.87）	a 音后遇元音时，由一个二合元音替换前后两音位。

世俗拆分：ātma-dharmayor upacāraḥ。

非世俗拆分：ātma-dharm+os+upacāra+su。

名词词基：ātma-dharm（我和法）；upacāra（假说）。

演变过程（二）：

ātma-dharma+**os**+ upacāra+su	ṣaṣṭhī //（P.2.2.8）	第六格与以格尾收尾的词构成依主释复合词。
ātma-dharma+os+ **upacāra+su**	kṛttaddhitasamāsāśca //（P.1.2.46）	有意义的复合词是名词词基。
ātmadharma+ upacāra	supo dhātuprātipadikayoḥ //（P.2.4.71） pratyayasya lukślulupaḥ //（P.1.1.61）	词根、名词词基中蕴含的格尾由消隐（luk）替换。 luk、ślu、lup 是词缀的消隐替换。消隐是不显现。
ātmadharma+ upacāra	prathamānirdiṣṭaṃ samāsa upasarjanam //（P.1.2.43）	于复合词一节中，第一格所指示的是附属词。 [针对经文 P.2.2.8。]
ātmadharma+ upacāra	upasarjanaṃ pūrvam //（P.2.2.30）	附属词是前部字。
ātmadharm+**o**+ pacāra	ādguṇaḥ //（P.6.1.87）	a 音后遇元音时，由一个二合元音替换前后两音位。
ātmadharmopacāra	kṛttaddhitasamāsāśca //（P.1.2.46）	有意义的复合词是名词词基。
ātmadharmopacāra	paravalliṅgaṃ dvaṃdva-tatpuruṣayoḥ //（P.2.4.26）	相违释和依主释复合词的性如后部字。 [该复合词为阳性。]

ātmadharmopacāra +**su**	ṅyāpprātipadikāt // （P.4.1.1） svaujasamauṭchaṣ…sup // （P.4.1.2）	在以 ṅī、āp 为末的词后，以及在名词词基后是 su 等格尾。 单数第一格加格尾 su。
ātmadharmopacāra +s	tasya lopaḥ // （P.1.3.9）	su 的符号 u 由消隐替换。
ātmadharmopacāras	suptiṅantaṃ padam // （P.1.4.14）	以格尾为末的是字。
ātmadharmopacāra**r**	sasajuṣo ruḥ // （P.8.2.66）	r 音替换字末的 s 音。
ātmadharmopacāra+**u**	haśi ca // （P.6.1.114）	在非引的 a 音之后，在后一词浊辅音（h）之前，r 音由 u 音替换。
ātmadharmopacār**o**	ādguṇaḥ // （P.6.1.87）	a 音后遇元音时，由一个二合元音替换前后两音位。

小结：

在演变过程（一）中，ātmadharma-upacāra 是依主释复合词。这种复合词是属于经文“upapadamatiṅ //（P.2.2.19）”所描述的有附加字 ātmadharma 的必然复合词。必然复合词无自形的世俗拆分（svarūpavigraha），故其世俗拆分为“ātma-dharmav upacārayati”。由玄奘的翻译“假说我、法”可看出，玄奘把 upacāra 作为动词来理解，故可推测玄奘把 ātmadharma-upacāra 理解为由经文“karmaṇyaṇ //（P.3.2.1）”形成的必然复合词。

在演变过程（二）中，复合词 ātma-dharma-upacāra 的前部字是 ātma-dharma，后部字是 upacāra。前部字 ātma-dharma 本身又是相违释复合词，表达“我和法”的意思。第六格的前部字与后部字构成依主释复合词，故 ātma-dharma-upacāra 翻译为“我和法的假说”。

安慧的《唯识三十颂疏》中提到，“na vinā agni-guṇena agner māṇvake upacāro yuktaḥ / [①] [若无火德，在婆罗门婴上有火的假说，不应道理]”。因此本颂采用演变过程（二）的理解，也把复合词把 ātmadharma-upacāra 理解为依主释复合词，含义是“我和法的假说”。

ātma-dharma-upacāras 是阳性，单数，第一格，含义是“我和法的假说”。

hi

名词词基： hi（因为）。

演变过程：

hi	arthavadadhāturapratyayaḥ prātipadikam //（P.1.2.45）	既非词根，亦非词缀，有意义的（词）是名词词基。

① 韩廷杰：《梵文佛典研究（一）》，宗教文化出版社 2012 年版，第 321 页。

		[hi 是不可拆分（avyutpanna）的名词词基。]
hi+**sup**	ṅyāpprātipadikāt //（P.4.1.1） svaujasamauṭchaṣ…sup //（P.4.1.2）	在以 ṅī、āp 为末的词后，以及在名词词基后是 su 等格尾。 根据需要加某一 sup 格尾。
hi+sup	cādayo 'sattve //（P.1.4.57）	ca 等词[①]表示非实物时是投词（nipāta）。
hi+sup	svarādinipātamavyayam //（P.1.1.37）	投词 hi 是不变词。
hi+（ ）	avyayādāpsupaḥ //（P.2.4.82）	消隐（luk）替换不变词后的格尾。
hi	pratyayasya lukślulupaḥ //（P.1.1.61）	luk、ślu、lup 是词缀的消隐替换。消隐是不显现。
hi	pratyayalope pratyayalakṣaṇam //（P.1.1.62）	词缀消隐后，词缀的因还在。
hi	suptiṅantaṃ padam //（P.1.4.14）	以格尾为末的 hi 是字。

小结：

hi 是不变词，表原因。该词不放在句首。翻译为“正是”“因为”。

vividho

词根：第六类动词词根（tudādigaṇa），6.36 vidha vidhāne（vidh 安排）。

近置词：vi（nānātve 多样性）。[依据：upasargāḥ kriyāyoge //（P.1.4.59）。]

直接后缀：ka。

演变过程：

vi+vidh+**ka**	igupadhajñāprīkiraḥ kaḥ //（P.3.1.135）	在倒数第二个音是 i、u、ṛ、ḷ 及其长音的词根后，加直接后缀 ka，表主动者含义。
vi+vidh+**ka**	ārdhadhātukaṃ śeṣaḥ //（P.3.4.114）	直接后缀 ka 是半界词缀。
vi+vidh+a	tasya lopaḥ //（P.1.3.9）	ka 的符号 k 由消隐替换。

① “ca 等词”是指以 ca 为首的一群词。词汇的归类参见波你尼的《群读》(*Gaṇapāṭha*)。(Otto Böhtlingk, *Pāṇini's Grammatik*, Vol.II, Delhi: Motilal Banarsidass Publishers Private Limited, 1998, pp.95-145.)

vi+**vidh**+a	yasmātpratyayavidhistadādi pratyaye 'ṅgam //（P.1.4.13）	其后安排了词缀的词，以此词为始，在词缀前叫词干。
vi+**ve**dh+a	pugantalaghūpadhasya ca //（P.7.3.86）	遇到半界和全界词缀时，轻音节词干的排列倒数第二的短元音 i、u、ṛ、ḷ 由二合元音替换。
vi+vidh+a	kṅiti ca //（P.1.1.5）	受 g、k、ṅ 符号的影响，二合、三合元音的替换被禁止。 [经文 P.1.1.5 是对 P.7.3.86 的禁止，故 P.7.3.86 未运行。]
vividha	kṛttaddhitasamāsāśca //（P.1.2.46）	直接后缀 ka 为末的 vividha 是名词词基。
vividha+**su**	ṅyāpprātipadikāt //（P.4.1.1） svaujasamauṭchaṣ…sup //（P.4.1.2）	在以 ṅī、āp 为末的词后，以及在名词词基后是 su 等格尾。 单数第一格加格尾 su。
vividha+s	tasya lopaḥ //（P.1.3.9）	su 的符号 u 由消隐替换。
vividhas	suptiṅantaṃ padam //（P.1.4.14）	以格尾为末的是字。
vividha**r**	sasajuṣo ruḥ //（P.8.2.66）	r 音替换字末的 s 音。
vividha+**u**	haśi ca //（P.6.1.114）	在非引的 a 音之后，在后一词浊辅音（y）之前，r 音由 u 音替换。
vividh**o**	ādguṇaḥ //（P.6.1.87）	a 音后遇元音时，由一个二合元音替换前后两音位。

小结：

vidha 本身可作为阳性名词，有“模式”“种类”的意思，结合近置词 vi（nānātve 多样性），vividha 可作为名词，翻译为“种种相”。

vividhas 是阳性，单数，第一格，含义是“种种相”。

yaḥ

词根：第一类动词词根（bhvādigaṇa），1.1051 yaja devapūjāsaṃgatikaraṇadāneṣu（yaj 有牺牲品的祭祀，荣耀，奉献）。

直接后缀：adi。

演变过程：

yaj+**adi**	tyajitaniyajbhyo ḍit //（Uṇādisūtra 1.132）	词根 tyaj、tan、yaj 后加直接后缀 adi。该词缀如同带 ḍ 符号。

yaj+**adi**	ārdhadhātukaṃ śeṣaḥ // （P.3.4.114）	全界之外的（adi）是半界词缀。
yaj+ad	tasya lopaḥ // （P.1.3.9）	adi 的符号 i 由消隐替换。
yaj+ad	yasmātpratyayavidhistadādi pratyaye 'ṅgam //（P.1.4.13）	其后安排了词缀的词，以此词为始，在词缀前叫词干。
y+ad	ṭeḥ // （P.6.4.143）	遇到 ḍ 符号时，词干末音节由消隐替换。
yad	kṛttaddhitasamāsāśca // （P.1.2.46）	以直接后缀为末的是名词词基。
yad	sarvādīni sarvanāmāni // （P.1.1.27）	sarva 等词是代词。
yad+su	ṅyāpprātipadikāt // （P.4.1.1） svaujasamauṭchaṣ…sup // （P.4.1.2）	在以 ṅī、āp 为末的词后，以及在名词词基后是 su 等格尾。 单数第一格加格尾 su。
yad+s	tasya lopaḥ // （P.1.3.9）	su 的符号 u 由消隐替换。
ya+**a**+s	tyadādīnāmaḥ // （P.7.2.102）	遇到词尾时，tyad 等代词的末音的替换是 a 音。
y+**a**+s	āto guṇe // （P.6.1.97）	非字末的 a 音遇到二合元音时，前后两者的音位由后者的元音形式作唯一替换。
yas	suptiṅantaṃ padam // （P.1.4.14）	以格尾为末的是字。
yar	sasajuṣo ruḥ // （P.8.2.66）	r 音替换字末的 s 音。
yaḥ	kharavasānayorvisarjanīyaḥ // （P.8.3.15）	在（下一词的）清音（p）前，送气音替换词末的 r。
yas	visarjanīyasya saḥ // （P.8.3.34）	在清辅音前，s 音替换送气音。
yaḥ	kupvoḥ≍ka≍pau ca // （P.8.3.37）	在喉音和唇音前，送气音替换送气音也是一种选择。

小结：

yad 是代词，含义是“那”。

yas 是阳性，单数，第一格，意为“那”。

pravartate

词根：第一类动词词根（bhvādigaṇa），1.795 vṛtu vartane（vṛt 存在、运转）。

近置词：pra（ādikarmaṇi 开始，agre 前方，bahutve 众多）。[依据：upasargāḥ kriyāyoge //（P.1.4.59）。]

演变过程：

pra+vṛt+**laṭ**	vartamāne laṭ //（P.3.2.123）	laṭ（第一罗）表示正在发生。
pra+vṛt+l	tasya lopaḥ //（P.1.3.9）	消隐替换 laṭ 的符号 a、ṭ。
pra+vṛt+**ta**	laḥ parasmaipadam //（P.1.4.99） anudāttaṅita ātmanepadam //（P.1.3.12） tiptasjhi…iḍvahimahiṅ //（P.3.4.78）	替换罗的是主动语态。 在非高音的词根后，替换罗的是中间语态。 中间语态第三人称单数的 laṭ 的替换是 ta。
pra+vṛt+**ta**	tiṅśit sārvadhātukam //（P.3.4.113）	tiṅ、带符号 ś 的词缀是全界。
pra+vṛt+**śap**+ta	kartari śap //（P.3.1.68）	遇到表示主动者为目的全界词缀时，词根后加插入音 śap。
pra+vṛt+**śap**+ta	tiṅśit sārvadhātukam //（P.3.4.113）	tiṅ、带符号 ś 的词缀是全界。
pra+vṛt+a+ta	tasya lopaḥ //（P.1.3.9）	消隐替换 śap 的符号 ś、p。
pra+**vṛt**+a+ta	yasmātpratyayavidhistadādi pratyaye 'ṅgam //（P.1.4.13）	其后安排了词缀的词，以此词为始，在词缀前叫词干。
pra+v**ar**t+a+ta	pugantalaghūpadhasya ca//（P.7.3.86） uraṇ raparaḥ //（P.1.1.51）	遇到半界和全界词缀时，轻音节词干的排列倒数第二的短元音 i、u、ṛ、ḷ 由二合元音替换。 ṛ、ṝ 音的替换，需由其后带 r 音的 a、i、u 及其长音来替换。
pra+vart+a+**te**	ṭita ātmanepadānāṃ ṭere //（P.3.4.79）	替换了带 ṭ 符号之（罗）的中间语态语尾，其末音由 e 音替换。
pravartate	suptiṅantaṃ padam //（P.1.4.14）	以语尾为末的 pravartate 是字。

小结：

pravartate 的词根的原始发音是“vṛtu”。其中带鼻腔音的符号 u 根据传承发低音。

由经文“anudāttaṅita ātmanepadam //（P.1.3.12）”可知，具有发非高音的符号的词根后替换罗的是中间语态。

pravartate 是现在时，陈述语气，中间语态，第三人称，单数，翻译为“它流行”。

vijñāna

词根：第九类动词词根（kryādigaṇa），9.36 jñā avabodhane（jñā 知晓）。[①]

近置词：vi（viśeṣe 差别，nānātve 多样性，vicāra 分析，niśāmane 看或听，saṃjñāyām 认知）。[依据：upasargāḥ kriyāyoge //（P.1.4.59）。]

直接后缀：lyuṭ。

演变过程（一）：

vi+jñā+**lyuṭ**	lyuṭ ca // （P.3.3.115） 或 karaṇādhikaraṇayośca // （P.3.3.117）	当作为中性名词表达词根意义的行动和行为时，加 lyuṭ 后缀。 加 lyuṭ 后缀的词可以表达作用具或场所这两种造者的含义。
vi+jñā+**lyuṭ**	ārdhadhātukaṃ śeṣaḥ // （P.3.4.114）	全界词缀之外的（lyuṭ）是半界词缀。
vi+jñā+yu	tasya lopaḥ // （P.1.3.9）	lyuṭ 的符号 l、ṭ 由消隐替换。
vi+jñā+**ana**	yuvoranākau // （P.7.1.1）	yu 和 vu 由 ana 和 aka 替换。
vi+**jñā**+ana	yasmātpratyayavidhistadādi pratyaye ’ṅgam //（P.1.4.13）	其后安排了词缀的词，以此词为始，在词缀前叫词干。
vi+jñ+**ā**+na	akaḥ savarṇe dīrghaḥ // （P.6.1.101）	以 ak 为对收的末音后遇同类音时，一长音替换前后两音位。
vijñāna	kṛttaddhitasamāsāśca // （P.1.2.46）	直接后缀为末的是名词词基。

名词词基：vijñāna（识）。

演变过程（二）：

---

① 同为第九类动词词根（kryādigaṇa） 的 jñā 还有“1.849 jñā māraṇa-toṣaṇa-niśāna-niśāmaneṣu [jñā 消灭（māraṇa），满意（toṣaṇa），锐化（niśāna），看或听（niśāmana）]”。该词根 jñā 虽然放在第一类动词词根群（bhvādigaṇa） 中，但实际是第九类动词词根。只是表“消灭”等含义的 jñā 属于 ghaṭādi 群中的词根，所以波你尼在《界读》中才把相关不同类别的 ghaṭādi 词根都收集在了一起，放在 bhvādigaṅa 中。也就是说，作为第九类动词词根的 jñā 实际有两大类含义：前一类为知晓的含义，后一类为非知晓的含义。

vijñāna	arthavadadhāturapratyayaḥ prātipadikam //（P.1.2.45）	既非词根，亦非词缀，有意义的（词）是名词词基。 [“识”含义的 vijñāna 是不可拆分（avyutpanna）的名词词基。]

小结：

在演变过程（一）中，加 lyuṭ 直接后缀依据两种情况。

一者，依据经文“lyuṭ ca //（P.3.3.115）”而得到 vijñāna 一词，该词是表达词根所代表的行为的中性动名词，可以翻译为“认知”。

二者，依据经文“karaṇādhikaraṇayośca //（P.3.3.117）”，vijñāna 表达的是产生词根所代表的行为的作用具或场所这样的造者（kāraka）的含义。当 vijñāna 作为作用具（karaṇa）时，指的是产生认知的工具、中介，即符号、名称、心相、智慧等。其中第二十八颂的 vijñānaṃ 玄奘翻译为“智”；当 vijñāna 作为场所（adhikaraṇa）时，指的是认知的主题（Subject）和领域（Field）。此时 vijñāna 可以翻译为“知识”（Knowledge）。

综上所述，在婆罗门教体系中，vijñāna 无“识”这种认知主体的含义，而且无法通过波你尼梵语语法的分析推导出“识”这一含义。

在演变过程（二）中，vijñāna 一词表达“识”（Consciousness）的含义时，笔者认为这是佛教的特殊用法。故此词也许是佛陀创造的俗语词汇。因为婆罗门教中，作为认知主体的 citta、manas、ātman 等词都是表示有恒常实体的认知主体，不符合佛陀所主张的“诸行无常，诸法无我”的观点，故不适合引入到佛教体系中来。因此佛陀必须创造出一个全新的俗语词汇来表示无常的认知主体。现在看到的“识”含义的佛教梵语词汇 vijñāna，是在保持该佛教俗语词汇的原音的基础上，而引入的外来词汇。[①]故佛教梵语中的表达“识”含义的 vijñāna 是不可拆分（avyutpanna）的词汇。

本颂中的 vijñāna 是采用演变过程（二）而形成的词汇。该词不可拆分，中性，表示有认知能力的个体，翻译为“识”。

pariṇāma

词根：第一类动词词根（bhvādigaṇa），1.1030 ṇama prahvatve śabde ca（nam 弯腰，赞颂）。
近置词：pari（vivarte 旋转）。[依据：upasargāḥ kriyāyoge //（P.1.4.59）。]

---

① 经请教后，Prof. Dipti Tripathi 指出，与佛教梵语词汇 vijñāna 发音类似，表“识”含义的俗语词汇有：Mahārāṣṭrī 语中的viṇṇāna，Ardhamāgadhī 语中的 vinnāṇa。另外 Pāli 语大藏经中的 viññāṇa 也是例证。

演变过程：

ṇama	bhūvādayo dhātavaḥ //（P.1.3.1）	ṇama 是词根。
ṇam	tasya lopaḥ //（P.1.3.9）	ṇama 的符号 a 由消隐替换。
nam	ṇo naḥ //（P.6.1.65）	词根首位的 ṇ 音由 n 音替换。
pari+nam+**ghañ**	bhāve //（P.3.3.18）	当表达达到已成就状态的词根意义时，词根后加 ghañ 词缀。
pari+nam+**ghañ**	ārdhadhātukaṃ śeṣaḥ //（P.3.4.114）	ghañ 是半界词缀。
pari+nam+a	tasya lopaḥ //（P.1.3.9）	ghañ 的符号 gh、ñ 由消隐替换。
pari+**nam**+a	yasmātpratyayavidhistadādi pratyaye 'ṅgam //（P.1.4.13）	其后安排了词缀的词，以此词为始，在词缀前叫词干。
pari+n**ā**m+a	ata upadhāyāḥ //（P.7.2.116）	遇 ñ、ṇ 符号的后缀时，词干倒数第二的 a 音由三合元音替换。
pari+**ṇ**ām+a	aṭkupvāṅnumvyavāye 'pi //（P.8.4.2） upasargādasamāse 'pi ṇopadeśasya //（P.8.4.14）	即使有元音、半元音、h 音、喉音族、唇音族、ā 音以及 n 音的加入，r、ṣ 音之后的 n 音也应由 ṇ 音替换。 即使不是复合词，在近置词中有改变的因素时，词根原始发音的 ṇ 音所变成的 n 音，也由 ṇ 音替换。
pariṇāma	kṛttaddhitasamāsāśca //（P.1.2.46）	直接后缀 ghañ 为末的 pariṇāma 是名词词基。

小结：

根据经文“bhāve //（P.3.3.18）”可知，pariṇāma 表达的是行为的已成就状态（siddhabhāva）。即因缘和合之后，所达到的果的状态，故其含义是“转变状态”，不可翻译为“转变过程”。“转变过程”意味着转变还在演变之中，这不符合唯识宗所认为的，唯有现在世存在，现在刹那不可分割的观点。

对于 pariṇāma，安慧《唯识三十颂疏》中的解释是，“ko 'aym pariṇāmo nāma / anyathātvam /[①][什么名‘转变态’呢？即异样性]”。因此 pariṇāma 翻译为“转变状态”。

vijñāna-pariṇāme

世俗拆分： vijñānasya pariṇāmaḥ。

① 韩廷杰：《梵文佛典研究（一）》，宗教文化出版社 2012 年版，第 311 页。

非世俗拆分： vijñāna+ṅas+pariṇāma+su。

名词词基： vijñāna（识）; pariṇāma（转变状态）。

演变过程：

vijñāna+ṅas+ pariṇāma+su	ṣaṣṭhī //（P.2.2.8）	第六格与以格尾收尾的词构成依主释复合词。
vijñāna+ṅas+ pariṇāma+su	kṛttaddhitasamāsāśca //（P.1.2.46）	有意义的复合词是名词词基。
vijñāna+pariṇāma	supo dhātuprātipadikayoḥ //（P.2.4.71） pratyayasya lukślulupaḥ //（P.1.1.61）	词根、名词词基中蕴含的格尾由消隐（luk）替换。 luk、ślu、lup 是词缀的消隐替换。消隐是不显现。
vijñāna+pariṇāma	prathamānirdiṣṭaṃ samāsa upasarjanam //（P.1.2.43）	于复合词一节中，第一格所指示的是附属词。 [针对经文 P.2.2.8。]
vijñāna+pariṇāma	upasarjanaṃ pūrvam //（P.2.2.30）	附属词是前部字。
vijñānapariṇāma	kṛttaddhitasamāsāśca //（P.1.2.46）	有意义的复合词是名词词基。
vijñānapariṇāma	paravalliṅgaṃ dvaṃdva-tatpuruṣayoḥ //（P.2.4.26）	相违释和依主释复合词的性如后部字。 [该复合词为阳性。]
vijñānapariṇāma+**ṅi**	ṅyāpprātipadikāt //（P.4.1.1） svaujasamauṭchaṣ…sup //（P.4.1.2）	在以 ṅī、āp 为末的词后，以及在名词词基后是 su 等格尾。 单数第七格加格尾 ṅi。
vijñānapariṇāma+i	tasya lopaḥ //（P.1.3.9）	ṅi 的符号 ṅ 由消隐替换。
vijñānapariṇām+**e**	ādguṇaḥ //（P.6.1.87）	a 音后遇元音时，由一个二合元音替换前后两音位。
vijñānapariṇāme	suptiṅantaṃ padam //（P.1.4.14）	以格尾为末的是字。

小结：

vijñāna-pariṇāma 是依主释复合词，含义是“识的转变状态”。

玄奘在《成唯识论》提到识有两种转变：“变谓识体转似二分，相、见俱依自证起故，依斯二分施设我、法，彼二离此无所依故；或复内识转似外境，我法分别熏习力故，诸识生时变似我、法。此我、法相虽在内识，而由分别似外境现。”①

vijñānapariṇāme 是阳性，单数，第七格，翻译为 “依于识的转变状态上”。

① 护法等菩萨造，玄奘译：《成唯识论》，大正新修大藏经，第 31 册，第 1 页上一中。

’sau

名词词基：adas（彼）。

演变过程：

adas	arthavadadhāturapratyayaḥ prātipadikam //（P.1.2.45）	既非词根，亦非词缀，有意义的（词）是名词词基。 [adas 是不可拆分（avyutpanna）的名词词基。]
adas	sarvādīni sarvanāmāni //（P.1.1.27）	sarva 等词是代词。
adas+**su**	ṅyāpprātipadikāt //（P.4.1.1） svaujasamauṭchaṣ…sup //（P.4.1.2）	在以 ṅī、āp 为末的词后，以及在名词词基后是 su 等格尾。 单数第一格加格尾 su。
adas+s	tasya lopaḥ //（P.1.3.9）	su 的符号 u 由消隐替换。
ada+**au**+（ ）	adas au sulopaśca //（P.7.2.107）	adas 的末音由 au 替换，并且单数第一格的格尾消隐。
ad+**au**+（ ）	vṛddhireci //（P.6.1.88）	a 后遇复合元音时，三合元音是前后两音位的唯一替代。
ad+au+（ ）	pratyayalope pratyayalakṣaṇam //（P.1.1.62）	词缀消隐后，词缀的因还在。
a**s**+au+（ ）	tadoḥ saḥ sāvanantyayoḥ //（P.7.2.106）	遇到格尾 su 时，tyad 等词的非落尾的 t 和 d 音由 s 音替换。
as+au	adarśanaṃ lopaḥ //（P.1.1.60）	不显现的是消隐。
asau	suptiṅantaṃ padam //（P.1.4.14）	以格尾为末的是字。
vijñānapariṇāme ’sau	eṅaḥ padāntādati //（P.6.1.109）	字末的 e、o 音后，遇短元音 a 时，前面的元音形式是唯一的替代。

小结：

adas 是代词，含义是“彼”，有阳、阴、中三性。

asau 是代词，阳性，单数，第一格，意为“彼”“那个”。

pariṇāmaḥ

词根：第一类动词词根（bhvādigaṇa），1.1030 ṇama prahvatve śabde ca（nam 弯腰，赞颂）。

近置词：pari（vivarte 旋转）。[依据：upasargāḥ kriyāyoge //（P.1.4.59）。]

直接后缀：ghañ。

演变过程：

ṇama	bhūvādayo dhātavaḥ //（P.1.3.1）	ṇama 是词根。
ṇam	tasya lopaḥ //（P.1.3.9）	ṇama 的符号 a 由消隐替换。
nam	ṇo naḥ //（P.6.1.65）	词根首位的 ṇ 音由 n 音替换。
pari+nam+**ghañ**	akartari ca kārake saṃjñāyām //（P.3.3.19）	当作术语时，（加 ghañ 词缀）也表示造者，但主动者除外。
pari+nam+**ghañ**	ārdhadhātukaṃ śeṣaḥ //（P.3.4.114）	ghañ 是半界词缀。
pari+nam+a	tasya lopaḥ //（P.1.3.9）	ghañ 的符号 gh、ñ 由消隐替换。
pari+**nam**+a	yasmātpratyayavidhistadādi pratyaye 'ṅgam //（P.1.4.13）	其后安排了词缀的词，以此词为始，在词缀前叫词干。
pari+n**ā**m+a	ata upadhāyāḥ //（P.7.2.116）	遇 ñ、ṇ 符号的后缀时，词干倒数第二的 a 音由三合元音替换。
pari+**ṇ**ām+a	aṭkupvāṅnumvyavāye 'pi //（P.8.4.2） upasargādasamāse 'pi ṇopadeśasya //（P.8.4.14）	即使有元音、半元音、h 音、喉音族、唇音族、ā 音以及 n 音的加入，r、ṣ 音之后的 n 音也应由 ṇ 音替换。 即使不是复合词，在近置词中有改变的因素时，词根原始发音的 ṇ 音所变成的 n 音，也由 ṇ 音替换。
pariṇāma	kṛttaddhitasamāsāśca //（P.1.2.46）	直接后缀 ghañ 为末的 pariṇāma 是名词词基。
pariṇāma+**su**	ṅyāpprātipadikāt //（P.4.1.1） svaujasamauṭchaṣ…sup //（P.4.1.2）	在以 ṅī、āp 为末的词后，以及在名词词基后是 su 等格尾。 单数第一格加格尾 su。
pariṇāma+s	tasya lopaḥ //（P.1.3.9）	su 的符号 u 由消隐替换。
pariṇāmas	suptiṅantaṃ padam //（P.1.4.14）	以格尾为末的是字。
pariṇāma**r**	sasajuṣo ruḥ //（P.8.2.66）	r 音替换字末的 s 音。
pariṇāma**ḥ**	kharavasānayorvisarjanīyaḥ //（P.8.3.15）	在（下一字的）清音（s）前，送气音替换字末的 r 音。
pariṇāmas	visarjanīyasya saḥ //（P.8.3.34）	在清辅音前，s 音替换送气音。
pariṇāma**ḥ**	vā śari //（P.8.3.36）	在咝音前，送气音替换送气音也是一种选择。

小结：

此处的 pariṇāma 是由加 ghañ 直接后缀构成的。加此词缀的理由是，pariṇāma 作为专有名词（术语）时，表达的是词根引申义的造者（kāraka），但主动者（kartṛ）这种造者除外。

玄奘将此词翻译为“能变”，似乎让人理解为“主动者”。但安慧《唯识三十颂疏》指出，“pūrva-avasthāto ’nyathā-bhāvaḥ pariṇāmaḥ /①[从前状态而来的异样态是为转变]”。由此可知，“转变”可区分出前后关系的转变因和转变果，不存在同时关系的能转变和所转变。因此该处的 pariṇāma 一词，其实表达的是“转变因”的含义，即作为造者实际上是“所从取者”（apādāna）。

pariṇāmas 是阳性，单数，第一格，含义是“转变因”。

tad

词根：第八类动词词根（tanādigaṇa），8.1 tanu vistāre（tan 扩展）。

直接后缀：adi。

演变过程：

tan+**adi**	tyajitaniyajbhyo ḍit //（Uṇādisūtra 1.132）	词根 tyaj、tan、yaj 后加直接后缀 adi。该词缀如同带 ḍ 符号。
tan+**adi**	ārdhadhātukaṃ śeṣaḥ //（P.3.4.114）	全界之外的（adi）是半界词缀。
tan+ad	tasya lopaḥ //（P.1.3.9）	adi 的符号 i 由消隐替换。
tan+ad	yasmātpratyayavidhistadādi pratyaye ’ṅgam //（P.1.4.13）	其后安排了词缀的词，以此词为始，在词缀前叫词干。
t+ad	ṭeḥ //（P.6.4.143）	遇到 ḍ 符号时，词干末音节由消隐替换。
tad	kṛttaddhitasamāsāśca //（P.1.2.46）	以直接后缀为末的是名词词基。
tad	sarvādīni sarvanāmāni //（P.1.1.27）	sarva 等词是代词。

小结：

tad 是代词，有阳、阴、中三性，含义是“彼”。

① 韩廷杰：《梵文佛典研究（一）》，宗教文化出版社 2012 年版，第 412 页。

sa

名词词基：tad（彼）。

演变过程：

tad	sarvādīni sarvanāmāni // （P.1.1.27）	sarva 等词是代词。
tad+**su**	ṅyāpprātipadikāt // （P.4.1.1） svaujasamauṭchaṣ…sup // （P.4.1.2）	在以 ṅī、āp 为末的词后，以及在名词词基后是 su 等格尾。 单数第一格加格尾 su。
tad+s	tasya lopaḥ // （P.1.3.9）	su 的符号 u 由消隐替换。
ta+**a**+s	tyadādīnāmaḥ // （P.7.2.102）	遇到词尾时，替换 tyad 等代词末音的是 a 音。
t+**a**+s	āto guṇe // （P.6.1.97）	非字末的 a 音遇到二合元音时，前后两者的音位由后者的元音形式作唯一替换。
s+a+s	tadoḥ saḥ sāvanantyayoḥ // （P.7.2.106）	遇到格尾 su 时，tyad 等词的非落尾的 t 和 d 音由 s 音替换。
s+a+（ ）	etattadoḥ sulopo 'koranañsamāse hali // （P.6.1.132）	遇到辅音时，无 ka 的 etad 和 tad 的 su 格尾消隐，但在否定复合词中除外。
s+a	adarśanaṃ lopaḥ // （P.1.1.60）	不显现的是消隐。
s+a	pratyayalope pratyayalakṣaṇam // （P.1.1.62）	词缀消隐后，词缀的因还在。
sa	suptiṅantaṃ padam // （P.1.4.14）	以格尾为末的 sa 是字。

小结：

sa 是代词，阳性，单数，第一格，意为“彼”。

ca

名词词基：ca（和）。

演变过程：

ca	arthavadadhāturapratyayaḥ prātipadikam //（P.1.2.45）	既非词根，亦非词缀，有意义的（词）是名词词基。 [ca 是不可拆分（avyutpanna）的名词词基。]

ca+**sup**	ṅyāpprātipadikāt // （P.4.1.1） svaujasamauṭchaṣ…sup // （P.4.1.2）	在以 ṅī、āp 为末的词后，以及在名词词基后是 su 等格尾。 根据需要加某一 sup 格尾。
ca+sup	cādayo 'sattve // （P.1.4.57）	ca 等表示非实物时是投词（nipāta）。
ca+sup	svarādinipātamavyayam // （P.1.1.37）	投词 ca 是不变词。
ca+（ ）	avyayādāpsupaḥ // （P.2.4.82）	消隐（luk）替换不变词后的格尾。
ca	pratyayasya lukślulupaḥ // （P.1.1.61）	luk、ślu、lup 是词缀的消隐替换。消隐是不显现。
ca	pratyayalope pratyayalakṣaṇam // （P.1.1.62）	词缀消隐后，词缀的因还在。
ca	suptiṅantaṃ padam // （P.1.4.14）	以格尾为末的 ca 是字。

小结：

ca 是投词，不变词，意为“和”。

tri

词根：第一类动词词根（bhvādigaṇa），1.1018 tṝ plavanataraṇayoḥ（tṝ 跳跃，超越）。

直接后缀：ḍri。

演变过程：

tṝ+**ḍri**	taraterḍriḥ // （Uṇādisūtra 5.66）	直接后缀 ḍri 加在词根 tṝ 之后。
tṝ+**ḍri**	ārdhadhātukaṃ śeṣaḥ // （P.3.4.114）	全界词缀之外的（ḍri）是半界词缀。
tṝ+ri	tasya lopaḥ // （P.1.3.9）	ḍri 的符号 ḍ 由消隐替换。
tṝ+**iṭ**+ri	ārdhadhātukasyeḍvalādeḥ // （P.7.2.35）	在以对收 val 为首位音的半界词缀前，插入联系元音 iṭ。
tṝ+ri	neḍvaśi kṛti // （P.7.2.8）	在以 vaś 为对收的浊辅音起始的直接后缀前，不加联系元音 iṭ。 [经文 P.7.2.8 是对 P.7.2.35 的禁止，故实际上没运行 P.7.2.35。]
tṝ+ri	yasmātpratyayavidhistadādi pratyaye 'ṅgam //（P.1.4.13）	其后安排了词缀的词，以此词为始，在词缀前叫词干。
tar+ri	sārvadhātukārdhadhātukayoḥ //	遇到全界、半界词缀，词干的末元音 ṝ

	（P.7.3.84） uraṇ raparaḥ // （P.1.1.51）	由二合元音替换。 ṛ、ṝ 音的替换，需由其后带 r 音的 a、i、u 及其长音来替换。
t+ri	ṭeḥ // （P.6.4.143）	遇到 ḍ 符号时，词干末音节由消隐替换。
tri	kṛttaddhitasamāsāśca // （P.1.2.46）	直接后缀为末的是名词词基。

小结：

tri 是数词“三”。

tridhā

世俗拆分： tribhiḥ prakāraiḥ，或 triprakāram。

非世俗拆分： tri+bhis+dhā。

名词词基： tri（三）。

派生词缀： dhā。

演变过程（一）：

tri+bhis+**dhā**	saṃkhyāyā vidhārthe dhā // （P.5.3.42）	表行为的方式、方法时，数字后加 dhā 这一派生词缀。
tri+bhis+dhā	kṛttaddhitasamāsāśca // （P.1.2.46）	以派生词缀为尾的是名词词基。
tri+dhā	supo dhātuprātipadikayoḥ // （P.2.4.71） pratyayasya lukślulupaḥ // （P.1.1.61）	词根、名词词基中蕴含的格尾由消隐（luk）替换。 luk、ślu、lup 是词缀的消隐替换。消隐是不显现。
tridhā	kṛttaddhitasamāsāśca // （P.1.2.46）	以派生词缀为尾的是名词词基。
tridhā+**bhis**	ṅyāpprātipadikāt // （P.4.1.1） svaujasamauṭchaṣ…sup // （P.4.1.2）	在以 ṅī、āp 为末的词后，以及在名词词基后是 su 等格尾。 复数第三格加格尾 bhis。
tridhā+bhis	svarādinipātamavyayam // （P.1.1.37）	svar 为首的群中[①]（254.89）tasilādi 等派生词缀为尾的是不变词。 [经文 P.5.3.7 至 P.5.3.47 涉及形成不变

① 词汇的归类参见波你尼的《群读》（*Gaṇapāṭha*）。（Otto Böhtlingk, *Pāṇini's Grammatik*（Vol.II），1998, pp.95-145.）

		词的派生词缀。]
tridhā+（ ）	avyayādāpsupaḥ //（P.2.4.82）	消隐（luk）替换不变词后的格尾。
tridhā	pratyayasya lukślulupaḥ //（P.1.1.61）	luk、ślu、lup 是词缀的消隐替换。消隐是不显现。
tridhā	pratyayalope pratyayalakṣaṇam //（P.1.1.62）	词缀消隐后，词缀的因还在。
tridhā	suptiṅantaṃ padam //（P.1.4.14）	以格尾为末的 tridhā 是字。

世俗拆分：tritvasaṃkhyaviśiṣṭam（被三这个数字分割）。

非世俗拆分：tri+bhis+dhā。

名词词基：tri（三）。

派生词缀：dhā。

演变过程（二）：

tri+bhis+**dhā**	adhikaraṇavicāle ca //（P.5.3.43）	对一物体作分割、分配时，在数量后加 dhā 这一派生词缀。
tri+bhis+dhā	kṛttaddhitasamāsāśca //（P.1.2.46）	以派生词缀为尾的是名词词基。
tri+dhā	supo dhātuprātipadikayoḥ //（P.2.4.71） pratyayasya lukślulupaḥ //（P.1.1.61）	词根、名词词基中蕴含的格尾由消隐（luk）替换。 luk、ślu、lup 是词缀的消隐替换。消隐是不显现。
tridhā	kṛttaddhitasamāsāśca //（P.1.2.46）	以派生词缀为尾的是名词词基。
tridhā+ām	ṅyāpprātipadikāt //（P.4.1.1） svaujasamauṭchaṣ…sup //（P.4.1.2）	在以 ṅī、āp 为末的词后，以及在名词词基后是 su 等格尾。 复数第六格加格尾 ām。
tridhā+ām	svarādinipātamavyayam //（P.1.1.37）	svarādi 群中（254.89）tasilādi 等派生词缀为尾的是不变词。 [经文 P.5.3.7 至 P.5.3.47 涉及形成不变词的派生词缀。]
tridhā+（ ）	avyayādāpsupaḥ //（P.2.4.82）	消隐（luk）替换不变词后的格尾。
tridhā	pratyayasya lukślulupaḥ //（P.1.1.61）	luk、ślu、lup 是词缀的消隐替换。消隐是不显现。
tridhā	pratyayalope pratyayalakṣaṇam //（P.1.1.62）	词缀消隐后，词缀的因还在。
tridhā	suptiṅantaṃ padam //	以格尾为末的 tridhā 是字。

	（P.1.4.14）	

小结：

tridhā 有两种拆分方式。演变过程（一）中的含义是：三种、三类、三重、三次；演变过程（二）中的含义是：三部分、三份、三小堆。

此颂 tridhā 应该选择演变过程（一）中的拆分方式，含义为“三种”。作为格尾消隐的不变词，根据上下文，可翻译为“以三种方式（存在）”。

第二颂

विपाको मननाख्यश्च विज्ञप्तिर्विषयस्य च ।
तत्रालयाख्यं विज्ञानं विपाकः सर्वबीजकम् ॥२॥

vipāko manana-ākhyaś ca vijñaptir viṣayasya ca /
tatra ālaya-ākhyaṃ vijñānaṃ vipākaḥ sarva-bījakam //2//

玄奘译：谓异熟思量，及了别境识。初阿赖耶识，异熟、一切种。

真谛译《转识论》：一果报识，即是阿梨耶识。二执识，即阿陀那识。三尘识，即是六识。果报识者，为烦恼业所引，故名果报；亦名本识，一切有为法种子所依止；亦名宅识，一切种子之所栖处；亦名藏识，一切种子隐伏之处。

霍韬晦译：名异熟、思量，及境之表别。此中名藏识，异熟、一切种。

现译：（这三种转变因是）异熟果、意根为其名者、境识。其中，（作为）异熟果（的这种转变因）是有“阿赖耶”（宅）为其名的识，（此识是）一切种（的所依）者。

vipāko

词根：第一类动词词根（bhvādigaṇa），1.1045 ḍupacaṣ pāke（pac 烧煮）。

近置词：vi（viśeṣe 差异，viśleṣe 分离）。[依据：upasargāḥ kriyāyoge //（P.1.4.59）。]

直接后缀：ghañ。

演变过程：

vi+pac+**ghañ**	bhāve // （P.3.3.18） 或 akartari ca kārake saṃjñāyām // （P.3.3.19）	当表达达到已成就状态的词根意义时，词根后加 ghañ 词缀。 当作术语时，（加 ghañ 词缀）也表示造者，但主动者除外。
vi+pac+**ghañ**	ārdhadhātukaṃ śeṣaḥ // （P.3.4.114）	全界词缀之外的（ghañ）是半界词缀。
vi+pac+a	tasya lopaḥ // （P.1.3.9）	ghañ 的符号 gh、ñ 由消隐替换。

vi+**pac**+a	yasmātpratyayavidhistadādi pratyaye 'ṅgam //（P.1.4.13）	其后安排了词缀的词，以此词为始，在词缀前叫词干。
vi+pa**k**+a	cajoḥ ku ghiṇṇyatoḥ //（P.7.3.52）	c 和 j 由喉音替换，当遇到 gh 和 ṇyat 时。 [ghañ 中有 gh 符号。]
vi+p**ā**k+a	ata upadhāyāḥ //（P.7.2.116）	遇 ñ、ṇ 符号的后缀时，词干倒数第二的 a 音由三合元音替换。
vipāka	kṛttaddhitasamāsāśca //（P.1.2.46）	直接后缀 ghañ 为末的 vipāka 是名词词基。
vipāka+**su**	ṅyāpprātipadikāt //（P.4.1.1） svaujasamauṭchaṣ…sup //（P.4.1.2）	在以 ṅī、āp 为末的词后，以及在名词词基后是 su 等格尾。 单数第一格加格尾 su。
vipāka+s	tasya lopaḥ //（P.1.3.9）	su 的符号 u 由消隐替换。
vipākas	suptiṅantaṃ padam //（P.1.4.14）	以格尾为末的是字。
vipāka**r**	sasajuṣo ruḥ //（P.8.2.66）	r 音替换字末的 s 音。
vipāka+**u**	haśi ca //（P.6.1.114）	在非引的 a 音之后，在后一词的浊辅音之前，r 音由 u 音替换。
vipāk**o**	ādguṇaḥ //（P.6.1.87）	a 音后遇元音时，由一个二合元音替换前后两音位。

小结：

如果 vipāka 是依据“bhāve //（P.3.3.18）”加直接后缀 ghañ 而成的话，表达的是运动和行为达到的已成就状态，翻译为“异熟”。

如果 vipāka 是依据“akartari ca kārake saṃjñāyām //（P.3.3.19）”加直接后缀 ghañ 而成的话，vipāka 可以作为非主动者（akartṛ）的造者（kāraka），且是专有名词。根据经文“karturīpsitatamaṃ karma //（P.1.4.49）”可知，行为者最希望得到的是业（karman）。因此当 vipāka 采用“业”这种造者，作为专有名词，可以命名为“结果”“效果”等。在佛典中 vipāka 可翻译为“异熟果”。此颂的第一个 vipāka 采用 “异熟果”这一翻译。

vipākas 是阳性，单数，第一格，含义是“异熟果”。

manana

词根：第四类动词词根（divādigaṇa），4.67 mana jñāne（man 思考）；第八类动词词根（tanādigaṇa），8.9 manu avabodhane（man 觉知）。

直接后缀： lyuṭ。

演变过程：

man+**lyuṭ**	lyuṭ ca // （P.3.3.115） 或 karaṇādhikaraṇayośca // （P.3.3.117）	当作为中性名词表达词根意义的行动和行为时，加 lyuṭ 后缀。 加 lyuṭ 后缀的词可以表达作用具或场所这两种造者的含义。
man+**lyuṭ**	ārdhadhātukaṃ śeṣaḥ // （P.3.4.114）	全界词缀之外的（lyuṭ）是半界词缀。
man+yu	tasya lopaḥ // （P.1.3.9）	lyuṭ 的符号 l、ṭ 由消隐替换。
man+**ana**	yuvoranākau // （P.7.1.1）	yu 和 vu 由 ana 和 aka 替换。
man+ana	yasmātpratyayavidhistadādi pratyaye 'ṅgam //（P.1.4.13）	其后安排了词缀的词，以此词为始，在词缀前叫词干。
manana	kṛttaddhitasamāsāśca // （P.1.2.46）	直接后缀 lyuṭ 为末的 manana 是名词词基。

小结：

如果 manana 是依据经文 P.3.3.115，在词根 man 加直接后缀 lyuṭ 形成的话，则是表达“认知”“觉知”含义的动作的中性名词。故该词玄奘的翻译是“思量”。

如果 manana 是依据经文 P.3.3.117，在词根 man 加直接后缀 lyuṭ 形成的话，则表达的是认知的“场所”这一造者（kāraka）的含义，即 manana 是第六意识发生认知所依的根，故 manana 作为专有术语指的是“意根”。在唯识宗体系中，第七识就是第六意识所依的根。而且 manana 与 ākhyā 组成复合词，说明 manana 是专有名词。也许因为传统中，第七识为末那（manas），故第七识的全称是 manovijñāna，结果第六识和第七识的梵语同名。为了解决二识梵语同名的问题，世亲似乎认为第七识可以称作“mananavijñāna”。

本颂的 manana 采用“意根”这一专有术语的含义。

ākhyā

词根： 第二类动词词根（adādigaṇa），2.51 khyā prakathane（khyā 宣告）。

近置词： ā（nirdeśe 指出）。[依据：upasargāḥ kriyāyoge //（P.1.4.59）。]

直接后缀： aṅ。

演变过程：

ā+khyā+**aṅ**	ātaścopasarge // （P.3.3.106）	当有近置词时，直接后缀 aṅ 加在 ā 为末的词根后，且构成阴性词。

ā+khyā+**aṅ**	ārdhadhātukaṃ śeṣaḥ //（P.3.4.114）	全界词缀之外的（aṅ）是半界词缀。
ā+khyā+a	tasya lopaḥ //（P.1.3.9）	aṅ 的符号 ṅ 由消隐替换。
ā+**khyā**+a	yasmātpratyayavidhistadādi pratyaye 'ṅgam //（P.1.4.13）	其后安排了词缀的词，以此词为始，在词缀前叫词干。
ā+khy+a	āto lopa iṭi ca //（P.6.4.64）	当遇到带 k、ṅ 符号的词缀，或带联系元音 iṭ 的半界词缀时，词干收尾的 ā 音由消隐替换。
ākhya	kṛttaddhitasamāsāśca //（P.1.2.46）	以直接后缀 aṅ 为末的是名词词基。
ākhya+**ṭāp**	ajādyataṣṭāp //（P.4.1.4）	aja 等以及以 a 为末的，于阴性时，加 ṭāp。
ākhya+ā	tasya lopaḥ //（P.1.3.9）	ṭāp 的符号 ṭ、p 由消隐替换。
ākhy**ā**	akaḥ savarṇe dīrghaḥ //（P.6.1.101）	以 ak 为对收的末音后遇同类音时，一长音替换前后两音位。

小结：

"ātaścopasarge //（P.3.3.106）"是被领句经文"bhāve //（P.3.3.18）"控制的经文，故加直接后缀 aṅ 可以表达行为达到的已成就状态（bhāva），故阴性名词 ākhyā 可以表达"命名""得名"的含义。

另一方面，"ātaścopasarge //（P.3.3.106）"也是被领句经文"akartari ca kārake saṃjñāyām //（P.3.3.19）"控制的经文，故加直接后缀 aṅ 可以表达作为非主动者（akartṛ）的造者（kāraka）含义。因此 ākhyā 作为作用具（karaṇa）可以表达"名称"的意思。

此颂采用"名称"这一含义来翻译阴性名词 ākhyā。

manana-ākhyaś

世俗拆分：mananam ākhyā yasya saḥ。

非世俗拆分：manana+su+ākhyā+su。

名词词基：manana（意根）；ākhyā（名称）。

演变过程：

manana+su+ākhyā+su	anekamanyapadārthe //（P.2.2.24）	两个以上（以第一格收尾）的词，若以表达另一个词为目的，构成的是多财释复合词。
manana+su+ākhyā+su	kṛttaddhitasamāsāśca //（P.1.2.46）	有意义的复合词是名词词基。

manana+ākhyā	supo dhātuprātipadikayoḥ //（P.2.4.71） pratyayasya lukślulupaḥ //（P.1.1.61）	词根、名词词基中蕴含的格尾由消隐（luk）替换。 luk、ślu、lup 是词缀的消隐替换。消隐是不显现。
manan+**ā**+khyā	akaḥ savarṇe dīrghaḥ //（P.6.1.101）	以 ak 为对收的末音后遇同类音时，一长音替换前后两音位。
mananākhyā	kṛttaddhitasamāsāśca //（P.1.2.46）	有意义的复合词是名词词基。
mananākhy**a**	striyāḥ puṃvad-bhāṣitapuṃskādanūṅ… //（P.6.3.34）	当遇到一致的语法关系时，其词义如阳性的，阴性的词采用如阳性的词的形式。 [该多财释复合词应如第一颂的pariṇāmaḥ采用阳性的形式。]
mananākhya+**su**	ṅyāpprātipadikāt //（P.4.1.1） svaujasamauṭchaṣ…sup //（P.4.1.2）	在以 ṅī、āp 为末的词后，以及在名词词基后是 su 等格尾。 单数第一格加格尾 su。
mananākhya+s	tasya lopaḥ //（P.1.3.9）	su 的符号 u 由消隐替换。
mananākhyas	suptiṅantaṃ padam //（P.1.4.14）	以格尾为末的是字。
mananākhya**r**	sasajuṣo ruḥ //（P.8.2.66）	r 音替换字末的 s 音。
mananākhya**ḥ**	kharavasānayorvisarjanīyaḥ //（P.8.3.15）	在清辅音和停顿前，送气音替换字末的 r 音。
mananākhya**s**	visarjanīyasya saḥ //（P.8.3.34）	在清辅音前，s 音替换送气音。
mananākhya**ś**	stoḥ ścunā ścuḥ //（P.8.4.40）	ś 和腭音族取代与 ś 和腭音族(结合的）s 和齿音族。

小结：

mananākhya 是多财释复合词，指向的第一颂的 pariṇāmaḥ（转变因）一词，故采用如 pariṇāma 一词的阳性形式。mananākhya 的含义是“有意根为其名的（那种转变因）”，故可进一步构成 manana-pariṇāma 这一持业释复合词。

mananākhyas 是阳性，单数，第一格，含义是“有意根为其名的（那种转变因）”。

ca

名词词基： ca（和）。

演变过程：

ca	arthavadadhāturapratyayaḥ prātipadikam //（P.1.2.45）	既非词根，亦非词缀，有意义的（词）是名词词基。 [ca 是不可拆分（avyutpanna）的名词词基。]
ca+**sup**	ṅyāpprātipadikāt //（P.4.1.1） svaujasamauṭchaṣ…sup //（P.4.1.2）	在以 ṅī、āp 为末的词后，以及在名词词基后是 su 等格尾。 根据需要加某一 sup 格尾。
ca+sup	cādayo 'sattve //（P.1.4.57）	非实物意义的 ca 等词是投词（nipāta）。
ca+sup	svarādinipātamavyayam //（P.1.1.37）	投词 ca 是不变词。
ca+（ ）	avyayādāpsupaḥ //（P.2.4.82）	消隐（luk）替换不变词后的格尾。
ca	pratyayasya lukślulupaḥ //（P.1.1.61）	luk、ślu、lup 是词缀的消隐替换。消隐是不显现。
ca	pratyayalope pratyayalakṣaṇam //（P.1.1.62）	词缀消隐后，词缀的因还在。
ca	suptiṅantaṃ padam //（P.1.4.14）	以格尾为末的 ca 是字。

小结：

ca 是投词，不变词，意为“和”。

vijñaptir

词根： 第十类动词词根（curādigaṇa），10.81 jñapa jñāna-jñāpana-māraṇa-toṣaṇa-niśāna-niśāmaneṣu [jñap 知晓（jñāna），应用（jñāpana），消灭（māraṇa），满意（toṣaṇa），锐化（niśāna），看或听（niśāmana）]。①

近置词： vi（viśeṣe 差别，nānātve 多样性，vicāra 分析，niśāmane 看或听，saṃjñāyām 认知）。[依据：upasargāḥ kriyāyoge //（P.1.4.59）。]

直接后缀： ktin。

演变过程：

jñap+**ṇic**	satyāpa…cūrādibhyo ṇic //（P.3.1.25）	第十类动词词根本身必须加上 ṇic 词缀，表原义。

① Otto Böhtlingk 在其《*Pāṇini's Grammatik*》的《界读》（*Dhātupāṭha*） 中给出的 jñap 词根的含义不全，mit 的范围也不全。故参考其他书后进行了修改和补充。

jñap+**ṇic**	ārdhadhātukaṃ śeṣaḥ //（P.3.4.114）	全界词缀之外的（ṇic）是半界词缀。
jñap+ṇic	yasmātpratyayavidhistadādi pratyaye 'ṅgam //（P.1.4.13）	其后安排了词缀的词，以此词为始，在词缀前叫词干。
jñ**ā**p+ṇic	ata upadhāyāḥ //（P.7.2.116）	遇 ñ、ṇ 符号的后缀时，词干倒数第二的 a 音由三合元音替换。
jñ**a**p+ṇic	nānye mito 'hetau //（Dhātupāṭha Gaṇasūtra） mitāṃ hrasvaḥ //（P.6.4.92）	jñap、cah、rah、bala、yam、ci 这六个第十类动词词根表达非使役含义时，被称作 mit。 当词根有 mit 的术语称谓时，ṇic 前面的词根的倒数第二字母的长元音变短。
jñap+ṇic	sanādyantā dhātavaḥ //（P.3.1.32）	以 ṇic 词缀落尾的“jñap+ṇic”是新词根。
vi+jñap+ṇic+**ktin**	striyāṃ ktin //（P.3.3.94）	要表阴性时，加直接后缀 ktin，表行为等含义。
vi+jñap+ṇic+**ktin**	ārdhadhātukaṃ śeṣaḥ //（P.3.4.114）	ktin 是半界词缀。
vi+jñap+ṇic+ti	tasya lopaḥ //（P.1.3.9）	ktin 的符号 k、n 由消隐替换。
vi+jñap+ṇic+**iṭ**+ti	ārdhadhātukasyeḍvalādeḥ //（P.7.2.35）	在以对收 val 为首位音的半界词缀前，插入联系元音 iṭ。
vi+jñap+ṇic+**ti**	titutratathasisusarakaseṣu ca //（P.7.2.9）	直接后缀 ti 前不加联系元音 iṭ。[ktin 是 aniṭ 词缀。]
vi+jñap+（ ）+ti	ṇeraniṭi //（P.6.4.51）	当遇到 aniṭ 半界词缀时，消隐（lopa）替换前面的 ṇic。
vi+jñap+（ ）+ti	pratyayalope pratyayalakṣaṇam //（P.1.1.62）	ṇic 词缀消隐后，ṇic 词缀的因还在。
vi+**jñap+**（ ）+ti	sanādyantā dhātavaḥ //（P.3.1.32）	“jñap+（ ）”仍是新词根。
vi+**jñap+**（ ）+ti	yasmātpratyayavidhistadādi pratyaye 'ṅgam //（P.1.4.13）	其后安排了词缀的词，以此词为始，在词缀前叫词干。
vi+jñap+ti	adarśanaṃ lopaḥ //（P.1.1.60）	不显现的是消隐。
vijñapti	kṛttaddhitasamāsāśca //（P.1.2.46）	直接后缀 ktin 为末的 vijñapti 是名词词基。
vijñapti+**su**	ṅyāpprātipadikāt //（P.4.1.1） svaujasamauṭchaṣ…sup //（P.4.1.2）	在以 ṅī、āp 为末的词后，以及在名词词基后是 su 等格尾。 单数第一格加格尾 su。
vijñapti+s	tasya lopaḥ //（P.1.3.9）	su 的符号 u 由消隐替换。

vijñaptis	suptiṅantaṃ padam //（P.1.4.14）	以格尾为末的是字。
vijñapti**r**	sasajuṣo ruḥ //（P.8.2.66）	r 音替换字末的 s 音。

小结：

若使用第九类动词词根（kryādigaṇa）中的 jñā [9.36 jñā avabodhane（jñā 知晓）]，再加上表使役含义的 ṇic，根据经文 P.7.3.36 将得到 vijñāpti。另外第十类动词（curādigaṇa）的词根 jñā [10.193 jñā niyoge（jñā 应用）]无论表达不表达使役，得到的也是 vijñāpti，但意思不合适。故两词根都不合适。

同为第九类动词词根中的 jñā 还有“1.849 jñā māraṇa-toṣaṇa-niśāna-niśāmaneṣu [jñā 消灭（māraṇa），满意（toṣaṇa），锐化（niśāna），看或听（niśāmana）]”。该词根 jñā 虽然放在第一类动词词根群（bhvādigaṅa）中，但实际是第九类动词词根。只是表“消灭”等含义的 jñā 属于 ghaṭādi 群中的词根，所以波你尼在《界读》中才把相关不同类别的 ghaṭādi 词根都收集在了一起，放在 bhvādigaṅa 中。也就是说，作为第九类动词词根的 jñā 实际有两大类含义：前一类为知晓的含义，后一类为非知晓的含义。作为后一类含义的 jñā 属于被《界读》（*Dhātupāṭha*）中的群经文“ghaṭādayo mitaḥ”提到的 ghaṭādi 群中的词根，这一群词根有 mit 的术语称谓。若表使役含义时，根据经文 P.7.3.36 得到 jñā+p+ṇic。但 mit 术语使得 ṇic 前的倒数第二的长元音变短，即得到“jñap+ṇic”的新词根形式。如 vijñapti-karman（表业）中的“表”（vijñapti）的含义，就是应用第九类动词词根 jñā 的后一类的“看或听（niśāmana）”的含义。即“表”是指“使听到、使看到”的意思，又可翻译为“通告”“昭示”。故表业只有身表业和语表业，无意表业。因为意业不可被眼、耳所“感受”。

第十类动词词根 jñap 有许多含义，与“认知”相关的 vijñapti 主要是采用词根 jñap 的“知晓”（jñāna）这一含义。

解释直接后缀 ktin 的经文 P.3.3.94 在领句经文“bhāve //（P.3.3.18）”的控制之下，所以 vijñapti 可以作为表行为含义的阴性动名词，翻译为“了别”。由于“bhāve //（P.3.3.18）”指的是 siddhabhāva，表示行为的已成就状态，该动名词“了别”其实指的是某种状态，而非正在发生的行为。

另外，siddhabhāva 还可指行为结束后产生的事物，故可用作专有名词（saṃjñā）。所以 vijñapti 还可以作为专有名词“识体”来使用。由于 vijñapti 是因缘和合后所成的事物，属于造作所成之物，故不是本来就有的事物，更不是超越时间的永恒之物。因此，文法学家认为，属于 siddhabhāva 所成之物，只能如同实体（dravyavat）看待。

因此我们看到，诠释 ktin 直接后缀的经文 P.3.3.94 也在领句经文“akartari ca kārake saṃjñāyām //（P.3.3.19）”的控制和解释之下。即作为专有名词的事物时，vijñapti 可以作为表词根含义的行为的造者(kāraka)，但非为主动者(kartṛ)。此如同实体看待的 vijñapti 翻译为“识”，但该识不是认知行为的主动者，故符合佛教“诸行无常，诸法无我”的思想。

造者（kāraka）指的是事件的发生因或构成要素。所以 vijñapti 作为认知事件的造者时，可以指所从取者（apādāna），即认知产生的缘由、源头；另外也可作为受用者（sampradāna），即认知信息的承受者；还可作为认知的作用具（karaṇa），即作为认知中介的思维概念、智慧等。世亲之所以要创作 vijñapti 一词表示“识体”，就是要表达：识体（vijñapti）是一种包含所从取者（apādāna）、作用具（karaṇa）、受用者（sampradāna）三重行相的认知单元。这种认知单元各自相续地只存在一刹那。刹那是不可再被分割的时间的最小单元。故该识体单元发挥“产生认知信息”，与“接受自身的认知信息”的功用时，并非分为前后两个阶段，而是同时进行的。否则就犯了刹那可以再被分割的错误。故本颂的 vijñapti 采用“识体”这种理解。

有学者认为 vijñapti 应该翻译为“了别”。但是在世亲他自己的《大乘五蕴论》中提到了多财释复合词，“viṣayavijñapty-ākhyaṃ① [有“境识”为其名者]”，可见 viṣaya-vijñapti 为专有名词，指的是具体的事物，而非是表行为、属性之类的词。而 viṣaya-vijñapti 是依主释复合词，所以 vijñapti 表事物本身，应该翻译为“识”。另外，在世亲的梵本《唯识二十论》中提到，“cittaṃ mano vijñānaṃ vijñaptiś ca iti paryāyāḥ /② [玄奘译：心、意、识、了，名之差别]”。由此可知 vijñapti 是与 citta、manas、vijñāna 类似意思的同义词，都被认为是有认知能力的事物。在梵文中，这四者词形不同，故好作区分；而在中文中，虽然 vijñapti 也有“识”的含义，为了作区分，玄奘被迫将其翻译为“了”。在《唯识三十颂》中，作为动名词的“了”“了别”，应该是第八颂的“upalabdhi”。

本颂中，vijñaptis 是阴性，单数，第一格，含义是“识体”。

viṣayasya

词根：第五类动词词根（svādigaṇa），5.2 ṣiñ bandhane（si 系缚）；第九类动词词根（kryādigaṇa），9.5 ṣiñ bandhane（si 系缚）。

近置词：vi（viśeṣe 差别，nānātve 多样性，vicāra 分析，niśāmane 看、听）。[依据：

---

① 韩廷杰：《梵文佛典研究（一）》，宗教文化出版社 2012 年版，第 255 页。

② Stefan Anacker, *Seven Works of Vasubandhu*, Deli: Motilal Banarsidass Publishers Private Limited, 2005, p.413.

upasargāḥ kriyāyoge //（P.1.4.59）。]

直接后缀： ac。

演变过程：

ṣiñ	bhūvādayo dhātavaḥ // （P.1.3.1）	ṣiñ 是词根。
ṣi	tasya lopaḥ // （P.1.3.9）	ṣiñ 的符号 ñ 由消隐替换。
si	dhātvādeḥ ṣaḥ saḥ // （P.6.1.64）	词根首位的 ṣ 音由 s 音替换。
vi+si+**ac**	erac // （P.3.3.56）	i、ī 音落尾的词根后加直接后缀 ac。
vi+si+**ac**	ārdhadhātukaṃ śeṣaḥ // （P.3.4.114）	全界词缀之外的（ac）是半界词缀。
vi+si+a	tasya lopaḥ // （P.1.3.9）	ac 的符号 c 由消隐替换。
vi+**si**+a	yasmātpratyayavidhistadādi pratyaye 'ṅgam //（P.1.4.13）	其后安排了词缀的词，以此词为始，在词缀前叫词干。
vi+**se**+a	sārvadhātukārdhadhātukayoḥ // （P.7.3.84）	遇到半界词缀，词干的末元音 i 由二合元音（guṇa）替换。
vi+**say**+a	eco 'yavāyāvaḥ // （P.6.1.78）	遇到元音时，复合元音应由 ay、av、āy、āv 替换。
vi+**ṣ**ay+a	ādeśapratyayoḥ // （P.8.3.59）	在非 a、ā 元音以及喉音族辅音后的、非词末的替换音 s，以及词缀一部分的 s，这样的 s 音由其顶化音 ṣ 替换。
viṣaya	kṛttaddhitasamāsāśca // （P.1.2.46）	直接后缀 ac 为末的 viṣaya 是名词词基。
viṣaya+**ṅas**	kartṛkarmaṇoḥ kṛti // （P.2.3.65） 或 ṣaṣṭhī śeṣe // （P.2.3.50） svaujasamauṭchaṣ…sup // （P.4.1.2）	与加了直接后缀的词相系时，表主动者和业含义的词加第六格。 第六格表示余下的含义。 单数第六格加格尾 ṅas。
viṣaya+**sya**	ṭāṅasiṅasāminātsyāḥ // （P.7.1.12）	替换 ṭā、ṅasi、ṇas 的是 ina、āt、sya。
viṣayasya	suptiṅantaṃ padam // （P.1.4.14）	以格尾为末的是字。

小结：

加直接后缀 ac 的经文“erac //（P.3.3.56）”在领句经文“akartari ca kārake saṃjñāyām //（P.3.3.19）”的控制之下。在这种情况下，viṣaya 可以作为非主动者（akartṛ）的造者（kāraka），且是专有名词。如果采用的是业（karman）这一造者，那么 viṣaya 指的是与

“联系”这一活动相关的对象，故翻译为专有名词“对境”“对象”，英文是 object。如果 viṣaya 是作为“系缚”这一活动的场所（adhikaraṇa）这种造作，那么 viṣaya 指的是使人沉迷、执着的境域、领域、主题，英文是 subject。

综合以上的分析，viṣaya 主要有对境、境域两重含义，前者侧重认知，后者侧重情感，合在一起，翻译为“境”。近置词 vi 说明“境”是多样性的，是有差别性的。

对于 viṣaya 为何要用第六格，有以下两个原因。

原因一：依据的是经文“kartṛkarmaṇoḥ kṛti //（P.2.3.65）”。对于认知的对象，即为业（karman），当它与一个以直接后缀为尾的词 vijñapti 相关时，业用第六格表示。另外，经文“kartṛkarmaṇoḥ kṛti //（P.2.3.65）”也说明“vijñaptir viṣayasya”可进一步构成依主释复合词 viṣaya-vijñapti。我们看到，在世亲他自己的《大乘五蕴论》中提到：“punar **viṣaya-vijñapty**-ākhyaṃ pravṛtti-vijñānam utpadyata ālambanapratyaya-pekṣaṃ prakārāntara-vṛttitāṃ [玄奘译：了别境名，转识还生，待所缘缘，差别转故]。”① 其中“待所缘缘”，说明境（viṣaya）为“识”认知的“业”，即所缘的对象。

原因二：依据的是经文“ṣaṣṭhī śeṣe //（P.2.3.50）”。上面的《大乘五蕴论》提到的“转识还生……差别转故”一句，说明前六识是各各不同的，前六识的名称是以境来作区分的，所以 viṣaya 要用第六格来限定 vijñapti（识）。

viṣayasya 是阳性，单数，第六格，意思是：“境的”。

ca

名词词基：ca（和）。

演变过程：

ca	arthavadadhāturapratyayaḥ prātipadikam //（P.1.2.45）	既非词根，亦非词缀，有意义（词）是名词词基。 [ca 是不可拆分（avyutpanna）的名词词基。]
ca+**sup**	ṅyāpprātipadikāt //（P.4.1.1） svaujasamauṭchaṣ…sup //（P.4.1.2）	在以 ṅī、āp 为末的词后，以及在名词词基后是 su 等格尾。 根据需求加某一 sup 格尾。
ca+sup	cādayo 'sattve //（P.1.4.57）	非实物意义的 ca 等词是投词（nipāta）。

① 韩廷杰：《梵文佛典研究（一）》，宗教文化出版社 2012 年版，第 255—258 页。

ca+sup	svarādinipātamavyayam //（P.1.1.37）	投词 ca 是不变词。
ca+（ ）	avyayādāpsupaḥ //（P.2.4.82）	消隐（luk）替换不变词后的格尾。
ca	pratyayasya lukślulupaḥ //（P.1.1.61）	luk、ślu、lup 是词缀的消隐替换。消隐是不显现。
ca	pratyayalope pratyayalakṣaṇam //（P.1.1.62）	词缀消隐后，词缀的因还在。
ca	suptiṅantaṃ padam //（P.1.4.14）	以格尾为末的 ca 是字。

小结：

ca 是投词，不变词，意为“和”。

tad

词根：第八类动词词根（tanādigaṇa），8.1 tanu vistāre（tan 扩展）。

直接后缀：adi。

演变过程：

tan+**adi**	tyajitaniyajbhyo ḍit //（Uṇādisūtra 1.132）	词根 tyaj、tan、yaj 后加直接后缀 adi。该词缀如同带 ḍ 符号。
tan+**adi**	ārdhadhātukaṃ śeṣaḥ //（P.3.4.114）	全界之外的（adi）是半界词缀。
tan+ad	tasya lopaḥ //（P.1.3.9）	adi 的符号 i 由消隐替换。
tan+ad	yasmātpratyayavidhistadādi pratyaye 'ṅgam //（P.1.4.13）	其后安排了词缀的词，以此词为始，在词缀前叫词干。
t+ad	ṭeḥ //（P.6.4.143）	遇到 ḍ 符号时，词干末音节由消隐替换。
tad	kṛttaddhitasamāsāśca //（P.1.2.46）	以直接后缀为末的是名词词基。
tad	sarvādīni sarvanāmāni //（P.1.1.27）	sarva 等词是代词。

小结：

tad 是代词，有阳、阴、中三性，含义是“彼”。

tatra

世俗拆分：tasmin。

非世俗拆分：tad+ṇi+tral。

名词词基：tad（彼）。

派生词缀：tral。

演变过程：

tad	sarvādīni sarvanāmāni // （P.1.1.27）	sarva 等词是代词。
tad+ṇi+**tral**	saptamyāstral // （P.5.3.10）	代词之后的第七格格尾后，加派生词缀 tral。
tad+ṇi+tral	kṛttaddhitasamāsāśca // （P.1.2.46）	以派生词缀为尾的是名词词基。
tad+tral	supo dhātuprātipadikayoḥ // （P.2.4.71） pratyayasya lukślulupaḥ // （P.1.1.61）	词根、名词词基中蕴含的格尾由消隐（luk）替换。 luk、ślu、lup 是词缀的消隐替换。消隐是不显现。
tad+**tral**	prāgdiśo vibhaktiḥ // （P.5.3.1）	从此经文到 P.5.3.27，所讨论的词缀叫 prāgdiśīya 派生词缀。这些词缀是词尾（vibhakti）。
tad+tra	tasya lopaḥ // （P.1.3.9）	tral 的符号 l 由消隐替换。
ta+**a**+tra	tyadādīnāmaḥ // （P.7.2.102）	遇到词尾时，tyad 等代词的末音的替换是 a 音。
t+**a**+tra	āto guṇe // （P.6.1.97）	非字末的 a 音遇到二合元音时，前后两者的音位由后者的元音形式作唯一替换。
tatra	kṛttaddhitasamāsāśca // （P.1.2.46）	以派生词缀为尾的是名词词基。
tatra+**ṅi**	ṅyāpprātipadikāt // （P.4.1.1） svaujasamauṭchaṣ…sup // （P.4.1.2）	在以 ṅī、āp 为末的词后，以及在名词词基后是 su 等格尾。 单数第七格加格尾 ṅi。
tatra+ṅi	taddhitaścāsarvavibhaktiḥ // （P.1.1.38）	某些派生词缀构成的词，其后并非可加所有格尾，其为不变词。
tatra+（ ）	avyayādāpsupaḥ // （P.2.4.82）	消隐（luk）替换不变词后的格尾。
tatra	pratyayasya lukślulupaḥ // （P.1.1.61）	luk、ślu、lup 是词缀的消隐替换。消隐是不显现。
tatra	pratyayalope pratyayalakṣaṇam //	词缀消隐后，词缀的因还在。

	（P.1.1.62）	
tatra	suptiṅantaṃ padam // （P.1.4.14）	以格尾为末的 tatra 是字。

小结：

tatra 是不变词，意思是“彼处”“其中”。

ālaya

词根：第四类动词词根（divādigaṇa），4.31 līṅ śleṣaṇe（lī 覆藏）；第九类动词词根（kryādigaṇa），9.31 lī śleṣaṇe（lī 依存、覆藏）。

近置词：āṅ（sthāne 驻留，pāratantrye 依靠）。[依据：upasargāḥ kriyāyoge //（P.1.4.59）。]

直接后缀：ac。

演变过程（一）：

ā+lī+**ac**	erac // （P.3.3.56）	i、ī 音落尾的词根后加直接后缀 ac。
ā+lī+**ac**	ārdhadhātukaṃ śeṣaḥ // （P.3.4.114）	全界词缀之外的（ac）是半界词缀。
ā+lī+a	tasya lopaḥ // （P.1.3.9）	ac 的符号 c 由消隐替换。
ā+**lī**+a	yasmātpratyayavidhistadādi pratyaye 'ṅgam //（P.1.4.13）	其后安排了词缀的词，以此词为始，在词缀前叫词干。
ā+**le**+a	sārvadhātukārdhadhātukayoḥ // （P.7.3.84）	遇到半界词缀，词干的末元音 ī 由二合元音（guṇa）替换。
ā+**lay**+a	eco 'yavāyāvaḥ // （P.6.1.78）	遇到元音时，复合元音应由 ay、av、āy、āv 替换。
ālaya	kṛttaddhitasamāsāśca // （P.1.2.46）	直接后缀 ac 为末的 ālaya 是名词词基。

词根：第四类动词词根（divādigaṇa），4.31 līṅ śleṣaṇe（lī 覆藏）；第九类动词词根（kryādigaṇa），9.31 lī śleṣaṇe（lī 依存、覆藏）。

近置词：ā（sthāne 驻留，pāratantrye 依靠）。[依据：upasargāḥ kriyāyoge //（P.1.4.59）。]

直接后缀：gha。

演变过程（二）：

ā+lī+**gha**	puṃsi saṃjñāyāṃ ghaḥ prāyeṇa // （P. 3.3.118）	要表达作用具和场所的含义时，直接后缀 gha 加在词根后，且构成的词为阳性。
ā+lī+**gha**	ārdhadhātukaṃ śeṣaḥ // （P.3.4.114）	全界词缀之外的（gha）是半界词缀。

ā+lī+a	tasya lopaḥ //（P.1.3.9）	gha 的符号 gh 由消隐替换。
ā+**lī**+a	yasmātpratyayavidhistadādi pratyaye 'ṅgam //（P.1.4.13）	其后安排了词缀的词，以此词为始，在词缀前叫词干。
ā+l**e**+a	sārvadhātukārdhadhātukayoḥ //（P.7.3.84）	遇到半界词缀，词干的末元音 ī 由二合元音（guṇa）替换。
ā+l**ay**+a	eco 'yavāyāvaḥ //（P.6.1.78）	遇到元音时，复合元音应由 ay、av、āy、āv 替换。
ālaya	kṛttaddhitasamāsāśca //（P.1.2.46）	直接后缀 ac 为末的 ālaya 是名词词基。

小结：

在演变过程（一）中，一方面，加直接后缀 ac 的经文“erac //（P.3.3.56）”在领句经文在领句经文“bhāve //（P.3.3.18）”的控制之下，表达的是行为、事件，ālaya 翻译为“蕴藏”。如 ālaya-vijñāna 有时翻译为“藏识”，即有蕴藏功能的“识”，此时该词为依主释复合词。另一方面，经文“erac //（P.3.3.56）”在领句经文“akartari ca kārake saṃjñāyām //（P.3.3.19）”的控制之下。在这种情况下，ālaya 可以作为非主动者（akartṛ）的造者（kāraka），且是专有名词。如果采用的是场所（adhikaraṇa）这一造者，那么 ālaya 指的是事物依存、蕴藏的地方。作为专有名词，有字典将此翻译为“房宅”。

在演变过程（二）中，根据经文 P. 3.3.118 可知，ālaya 表达场所（adhikaraṇa）这一造者（kāraka）含义时，作为专有名词指的是“房宅”的意思，即 ālaya 是居住的地方。

以上两种演变过程都可以得到 ālaya 作专有名词，表“房宅”含义的情况。但演变过程（一）中的经文 P.3.3.56 在“bhāve //（P.3.3.18）”的控制之下，其中的 bhāva 指的是 siddhabhāva，即行为的已成就状态。故所形成的事物是在行为完成之后产生的，所以该事物没有实在性，只是如同实体（dravyavat）看待。另外有生必有灭，故确实不是永恒的实体；而演变过程（二）中的经文 P. 3.3.118 没在“bhāve //（P.3.3.18）”的控制之下，所以由直接后缀 gha 形成的 ālaya 可以作为真正的实体，如作为居住场所的原始的山洞就是本来存在的，非人为打造的。再如吠陀 veda 一词，就是由 vid 词根加直接后缀 gha 而成的，婆罗门教认为“吠陀天启”，veda 是永恒的。这样的话，该 ālaya 具有实在性，违背了大乘佛教“法无我”的思想，故不可取。

因此我们认为，本颂的 ālaya 是由演变过程（一）形成的，有“蕴藏”“房宅”两重含义，所以在佛教唯识宗中往往将 ālaya 音译为“阿赖耶”。但考虑到本颂中 ālaya 与 ākhyā（名称）组成复合词，故此时 ālaya 是应该是专有名词，因此表达的是“房宅”的含义。以“房宅”之意进一步构成的复合词 ālaya-vijñāna 则为持业释复合词。

ākhyā

词根：第二类动词词根（adādigaṇa），2.51 khyā prakathane（khyā 宣告）。

近置词：āṅ（nirdeśe 指出）。[依据：upasargāḥ kriyāyoge //（P.1.4.59）。]

直接后缀：aṅ。

演变过程：

ā+khyā+**aṅ**	ātaścopasarge //（P.3.3.106）	当有近置词时，直接后缀 aṅ 加在 ā 为末的词根后，且构成阴性词。
ā+khyā+**aṅ**	ārdhadhātukaṃ śeṣaḥ //（P.3.4.114）	全界词缀之外的（aṅ）是半界词缀。
ā+khyā+a	tasya lopaḥ //（P.1.3.9）	aṅ 的符号 ṅ 由消隐替换。
ā+**khyā**+a	yasmātpratyayavidhistadādi pratyaye 'ṅgam //（P.1.4.13）	其后安排了词缀的词，以此词为始，在词缀前叫词干。
ā+khy+a	āto lopa iṭi ca //（P.6.4.64）	当遇到带 k、ṅ 符号的词缀，或带联系元音 iṭ 的半界词缀时，词干收尾的 ā 音由消隐替换。
ākhya	kṛttaddhitasamāsāśca //（P.1.2.46）	以直接后缀 aṅ 为末的是名词词基。
ākhya+**ṭāp**	ajādyataṣṭāp //（P.4.1.4）	aja 等以及以 a 为末的，于阴性时，加 ṭāp。
ākhya+ā	tasya lopaḥ //（P.1.3.9）	ṭāp 的符号 ṭ、p 由消隐替换。
ākhy**ā**	akaḥ savarṇe dīrghaḥ //（P.6.1.101）	以 ak 为对收的末音后遇同类音时，一长音替换前后两音位。

小结：

"ātaścopasarge //（P.3.3.106）"是被领句经文"bhāve //（P.3.3.18）/"控制的经文，故加直接后缀 aṅ 可以表达行为达到的已成就状态（bhāva），故阴性名词 ākhyā 可以表达"命名""得名"的含义。

另一方面，"ātaścopasarge //（P.3.3.106）"也是被领句经文"akartari ca kārake saṃjñāyām //（P.3.3.19）"控制的经文，故加直接后缀 aṅ 可以表达作为非主动者（akartṛ）的造者（kāraka）含义。因此 ākhyā 作为作用具（karaṇa）可以表达"名称"的意思。

此颂采用"名称"这一含义来翻译阴性名词 ākhyā。

ālaya-ākhyaṃ

世俗拆分：ālaya ākhyā yasya saḥ。

非世俗拆分：ālaya+su+ākhya+su。

名词词基：ālaya（阿赖耶、房宅）；ākhyā（名称）。

演变过程：

ālaya+su+ ākhyā+su	anekamanyapadārthe // （P.2.2.24）	两个以上（以第一格收尾）的词，若以表达另一个词为目的，构成的是多财释复合词。
ālaya+su+ ākhyā+su	kṛttaddhitasamāsāśca // （P.1.2.46）	有意义的复合词是名词词基。
ālaya+ākhyā	supo dhātuprātipadikayoḥ // （P.2.4.71） pratyayasya lukślulupaḥ // （P.1.1.61）	词根、名词词基中蕴含的格尾由消隐（luk）替换。 luk、ślu、lup 是词缀的消隐替换。消隐是不显现。
ālay+**ā**+khyā	akaḥ savarṇe dīrghaḥ // （P.6.1.101）	以 ak 为对收的末音后遇同类音时，一长音替换前后两音位。
ālayākhyā	kṛttaddhitasamāsāśca // （P.1.2.46）	有意义的复合词是名词词基。
ālayākhy**a**	hrasvo napuṃsake prātipadikasya // （P.1.2.47）	词为中性时，短元音替换名词词基的末音。 [此多财释复合词指向的是本颂的 vijñānaṃ 一词，故为中性。]
ālayākhya+**su**	ṅyāpprātipadikāt // （P.4.1.1） svaujasamauṭchaṣ…sup // （P.4.1.2）	在以 ṅī、āp 为末的词后，以及在名词词基后是 su 等格尾。 单数第一格加格尾 su。
ālayākhya+**am**	ato 'm // （P.7.1.24）	以 a 落尾的中性词后，am 替换格尾 su 和 am。
ālayākhy+**a**+m	ami pūrvaḥ // （P.6.1.107）	在 a、ā 以及单元音后，遇到 am 的元音时，前面的元音形式是唯一的替代。
ālayākhyam	suptiṅantaṃ padam // （P.1.4.14）	以格尾为末的是字。
ālayākhya**ṃ**	mo 'nusvāraḥ // （P.8.3.23）	字末的 m 音在辅音前由鼻腔音替代。
ālayākhya**m**	anusvārasya yayi parasavarṇaḥ // （P.8.4.58）	遇到除咝音和 h 音以外的辅音时，后面的同类音替换鼻腔音。
ālayākhyaṃ	vā padāntasya // （P.8.4.59）	字末的同类鼻音的替换可做可不做。

小结：

ālaya-ākhya 是多财释复合词，指向的是本颂的 vijñānaṃ（识）一词，故采用中性。ālaya-ākhya 的含义是“有阿赖耶为其名者”，故该复合词中 ālaya 是专有名词。如上所述，阿赖耶有“蕴藏”“房宅”两种含义，唯后一含义是专有名词。因此 ālaya（房宅）可进一步构成 ālaya-vijñāna（宅识）这一持业释复合词。

ālayākhyam 是中性，单数，第一格，含义是“有阿赖耶（宅）为其名的（识）”。

vijñānaṃ

名词词基： vijñāna（识）。

演变过程：

vijñāna	arthavadadhāturapratyayaḥ prātipadikam //（P.1.2.45）	既非词根，亦非词缀，有意义的（词）是名词词基。 [“识”含义的 vijñāna 是不可拆分（avyutpanna）的名词词基。]
vijñān**a**	hrasvo napuṃsake prātipadikasya //（P.1.2.47）	词为中性时，短元音替换名词词基的末音。
vijñāna+**su**	ṅyāpprātipadikāt //（P.4.1.1） svaujasamauṭchaṣ…sup //（P.4.1.2）	在以 ṅī、āp 为末的词后，以及在名词词基后是 su 等格尾。 单数第一格加格尾 su。
vijñāna+**am**	ato 'm //（P.7.1.24）	以 a 落尾的中性词后，am 替换格尾 su 和 am。
vijñān+**a**+m	ami pūrvaḥ //（P.6.1.107）	在 a、ā 以及单元音后，遇到 am 的元音时，前面的元音形式是唯一的替代。
vijñānam	suptiṅantaṃ padam //（P.1.4.14）	以格尾为末的是字。
vijñāna**ṃ**	mo 'nusvāraḥ //（P.8.3.23）	字末的 m 音在辅音前由鼻腔音替代。
vijñāna**m**	anusvārasya yayi parasavarṇaḥ //（P.8.4.58）	遇到除咝音和 h 音以外的辅音时，后面的同类音替换鼻腔音。
vijñānaṃ	vā padāntasya //（P.8.4.59）	字末的同类鼻音的替换可做可不做。

小结：

对于佛教中表达“识”（Consciousness）含义的专有名词 vijñāna，笔者认为这是佛教的特殊用法。故此词也许是佛陀创造的俗语词汇。因为婆罗门教中，作为认知主体的 citta、manas、ātman 等词都是表示有恒常实体的认知主体，不符合佛陀所主张的“诸行无常，诸法无我”的观点，故不适合引入到佛教体系中来。因此佛陀必须创造出一个全新的俗语词汇来表示无常的认知主体。现在看到的“识”含义的佛教梵语词汇 vijñāna，是在保持该佛教俗语词汇的原音的基础上，而引入的外来词汇。故佛教梵语中的表达

“识”含义的 vijñāna 是不可拆分（avyutpanna）的词汇。

vijñānam 是中性，单数，第一格，表示有认知能力的个体，翻译为“识”。

vipākaḥ

词根：第一类动词词根（bhvādigaṇa），1.1045 ḍupacaṣ pāke（pac 成熟）。

近置词：vi（viśeṣe 差异，viśleṣe 分离）。[依据：upasargāḥ kriyāyoge //（P.1.4.59）。]

直接后缀：ghañ。

演变过程：

vi+pac+**ghañ**	bhāve // （P.3.3.18） 或 akartari ca kārake saṃjñāyām // （P.3.3.19）	当表达达到已成就状态的词根意义时，词根后加 ghañ 词缀。 当作术语时，（加 ghañ 词缀）也表示造者，但主动者除外。
vi+pac+**ghañ**	ārdhadhātukaṃ śeṣaḥ // （P.3.4.114）	全界词缀之外的（ghañ）是半界词缀。
vi+pac+a	tasya lopaḥ // （P.1.3.9）	ghañ 的符号 gh、ñ 由消隐替换。
vi+**pac**+a	yasmātpratyayavidhistadādi pratyaye 'ṅgam //（P.1.4.13）	其后安排了词缀的词，以此词为始，在词缀前叫词干。
vi+pa**k**+a	cajoḥ ku ghiṇṇyatoḥ // （P.7.3.52）	c 和 j 由喉音替换，当遇到 gh 和 ṇyat 时。 [ghañ 中有 gh 符号。]
vi+p**ā**k+a	ata upadhāyāḥ // （P.7.2.116）	遇 ñ、ṇ 符号的后缀时，词干倒数第二的 a 音由三合元音替换。
vipāka	kṛttaddhitasamāsāśca // （P.1.2.46）	直接后缀 ghañ 为末的 vipāka 是名词词基。
vipāka+**su**	ṅyāpprātipadikāt // （P.4.1.1） svaujasamauṭchaṣ…sup // （P.4.1.2）	在以 ṅī、āp 为末的词后，以及在名词词基后是 su 等格尾。 单数第一格加格尾 su。
vipāka+s	tasya lopaḥ // （P.1.3.9）	su 的符号 u 由消隐替换。
vipākas	suptiṅantaṃ padam // （P.1.4.14）	以格尾为末的是字。
vipāka**r**	sasajuṣo ruḥ // （P.8.2.66）	r 音替换字末的 s 音。
vipāka**ḥ**	kharavasānayorvisarjanīyaḥ // （P.8.3.15）	在清辅音和停顿前，送气音替换字末的 r 音。

vipāka**s**	visarjanīyasya saḥ // （P.8.3.34）	在清辅音前，s 音替换送气音。
vipāka**ḥ**	vā śari // （P.8.3.36）	在咝音前，送气音替换送气音也是一种选择。

小结：

如果 vipāka 是依据 "bhāve // （P.3.3.18）" 加直接后缀 ghañ 而成的话，表达的是运动和行为达到的已成就状态，翻译为"异熟"。

如果 vipāka 是依据"akartari ca kārake saṃjñāyām // （P.3.3.19）"加直接后缀 ghañ 而成的话，vipāka 可以作为非主动者（akartṛ）的造者（kāraka），且是专有名词。根据经文"karturīpsitatamaṃ karma // （P.1.4.49）"可知，行为者最希望得到的是业（karman）。因此 vipāka 采用"业"这种造者，作为专有名词，可以命名为"结果""效果"等。在佛典中 vipāka 可翻译为"异熟果"。此颂的第二个 vipāka 也采用"异熟果"这一翻译。

vipākas 是阳性，单数，第一格，含义是"异熟果"。

sarva

词根：第一类动词词根（bhvādigaṇa），1.982 sṛ gatau（sṛ）；第三类动词词根（juhotyādigaṇa）3.17 sṛ gatau（sṛ 走）。

直接后缀：van。

演变过程：

sṛ+van	sarva-nighṛṣva-riṣva-laṣva-śiva-paṭva-prahva-īṣvā asvatantre // （Uṇādisūtra[①] 1.154）	sarva 等词由直接后缀 van 构成，且不作为主动者。
sṛ+**van**	ārdhadhātukaṃ śeṣaḥ // （P.3.4.114）	van 是半界词缀。
sṛ+va	tasya lopaḥ // （P.1.3.9）	van 的符号 n 由消隐替换。
sṛ+**iṭ**+va	ārdhadhātukasyeḍvalādeḥ // （P.7.2.35）	在以对收 val 为首位音的半界词缀前，插入联系元音 iṭ。
sṛ+va	neḍvaśi kṛti // （P.7.2.8）	在以 vaś 为对收的浊辅音起始的直接后缀前，不加联系元音 iṭ。 [经文 P.7.2.8 是对 P.7.2.35 的禁止，故实际上没运行 P.7.2.35。]

① 所有《温那地经》（*Uṇādisūtra*）的经文载于英译版的《月光疏》（*Siddhāntakaumudī*）。Srisa Chandra Vasu & Vāman Dās Vasu, *Siddhanta Kaumudi of Bhattoji Dikshita*, Vol.2, Part 2, Allahabad: The Panini Office（Bhuvaneshvari Ashram）, 1907, pp.147-330.

sṛ+va	yasmātpratyayavidhistadādi pratyaye 'ṅgam //（P.1.4.13）	其后安排了词缀的词，以此词为始，在词缀前叫词干。
sar+va	sārvadhātukārdhadhātukayoḥ //（P.7.3.84） uraṇ raparaḥ //（P.1.1.51）	遇到半界词缀，词干的末元音 ṛ 由二合元音（guṇa）替换。 ṛ、ṝ 音的替换，需由其后带 r 音的 a、i、u 及其长音来替换。
sarva	kṛttaddhitasamāsāśca //（P.1.2.46）	以直接后缀 van 为末的是名词词基。
sarva	sarvādīni sarvanāmāni //（P.1.1.27）	sarva 等词是代词。

小结：

根据 *Uṇādisūtra* 可知，sarva 是由词根 sṛ 和直接后缀 van 构成的。sarva 作为代词，指的是"一切"。

bīja

词根：第一类动词词根（bhvādigaṇa），1.196 īja gatikutsanayoḥ（īj 走，谴责）。

近置词：vi（viśeṣe 差异，viśleṣe 分离）。[依据：upasargāḥ kriyāyoge //（P.1.4.59）。]

直接后缀：ac。

演变过程（一）：

vi+īj+**ac**	nandigrahipacādibhyo lyuṇinyacaḥ //（P.3.1.134）	加在 nandi、grahi、pac 等词根后的是直接后缀 lyu、ṇini、ac，表主动者的含义。 [ac 实际可以加在所有词根后。]
vi+īj+**ac**	ārdhadhātukaṃ śeṣaḥ //（P.3.4.114）	全界词缀之外的（ac）是半界词缀。
vi+īj+a	tasya lopaḥ //（P.1.3.9）	ac 的符号 c 由消隐替换。
vi+**īj**+a	yasmātpratyayavidhistadādi pratyaye 'ṅgam //（P.1.4.13）	其后安排了词缀的词，以此词为始，在词缀前叫词干。
bī+īja	upasargasya dīrghaḥ bavayorabhedaḥ //	近置词元音变长，其前的 b 音和 v 音无区分。 [该规则无专门经文。]
b+**ī**+ja	akaḥ savarṇe dīrghaḥ //（P.6.1.101）	以 ak 为对收的末音后遇同类音时，一长音替换前后两音位。
bīja	kṛttaddhitasamāsāśca //（P.1.2.46）	直接后缀为末的是名词词基。

词根：第三类动词词根（juhotyādigaṇa），3.24 jana janane（jan 生）；第四类动词词根（divādigaṇa），4.41 janī prādurbhāte（jan 显现）。

近置词：vi（viśeṣe 差异，viśleṣe 分离）。[依据：upasargāḥ kriyāyoge //（P.1.4.59）。]

直接后缀：ḍa。

演变过程（二）：

vi+jan+**ḍa**	ñamantāḍ ḍaḥ //（Uṇādisūtra 1.114） 或（or） upasarge ca saṃjñāyām //（P.3.2.99）	末尾为鼻音的词根后加直接后缀 ḍa。 前有近置词时，ḍa 加在词根 jan 后，成为专有名词。
vi+jan+**ḍa**	ārdhadhātukaṃ śeṣaḥ //（P.3.4.114）	全界词缀之外的（ḍa）是半界词缀。
vi+jan+a	tasya lopaḥ //（P.1.3.9）	ḍa 的符号 ḍ 由消隐替换。
vi+**jan**+a	yasmātpratyayavidhistadādi pratyaye 'ṅgam //（P.1.4.13）	其后安排了词缀的词，以此词为始，在词缀前叫词干。
vi+j+a	ṭeḥ //（P.6.4.143）	遇到 ḍ 符号时，词干末音节由消隐替换。
bī+ja	upasargasya dīrghaḥ bavayorabhedaḥ //	近置词元音变长，其前的 b 音和 v 音无区分。 [该规则无专门经文。]
bīja	kṛttaddhitasamāsāśca //（P.1.2.46）	直接后缀为末的是名词词基。

小结：

演变过程（一）中，加 ac 直接后缀表达主动者（kartṛ）的含义，所以 bīja 有“行者”的意思，说明 bīja 是有为法。

演变过程（二）中， bīja 与生长、现行有关，意为“种子”。本颂采用这种理解。

sarva-bījakam

世俗拆分：sarvo bījo yasmin tad。

非世俗拆分：sarva+su+bīja+su。

名词词基：sarva（一切）；bīja（种子）。

派生词缀：kap。

演变过程：

sarva+su+bīja+su	anekamanyapadārthe //（P.2.2.24）	两个以上（以第一格收尾）的词，若以表达另一个词为目的，构成的是多财释

		复合词。
sarva+su+bīja+su	kṛttaddhitasamāsāśca //（P.1.2.46）	有意义的复合词是名词词基。
sarva+bīja	supo dhātuprātipadikayoḥ //（P.2.4.71） pratyayasya lukślulupaḥ //（P.1.1.61）	词根、名词词基中蕴含的格尾由消隐（luk）替换。 luk、ślu、lup 是词缀的消隐替换。消隐是不显现。
sarva+bīja	saptamīviśeṣaṇe bahuvrīhau //（P.2.2.35）	于多财释复合词中，第七格收尾的词以及形容词放前。
sarvabīja	kṛttaddhitasamāsāśca //（P.1.2.46）	有意义的复合词是名词词基。
sarvabīja+**kap**	śeṣādvibhāṣā //（P.5.4.154）	在未提到的多财释复合词后可加不产生新意的派生词缀 kap。
sarvabīja+ka	tasya lopaḥ //（P.1.3.9）	kap 的符号 p 由消隐替换。
sarvabījaka	kṛttaddhitasamāsāśca //（P.1.2.46）	加派生词缀的是名词词基。
sarvabījaka	hrasvo napuṃsake prātipadikasya //（P.1.2.47）	词为中性时，短元音替换名词词基的末音。 [此多财释复合词指向的是本颂的 vijñānaṃ 一词，故为中性。]
sarvabījaka+**su**	ṅyāpprātipadikāt //（P.4.1.1） svaujasamauṭchaṣ…sup //（P.4.1.2）	在以 ṅī、āp 为末的词后，以及在名词词基后是 su 等格尾。 单数第一格加格尾 su。
sarvabījaka+**am**	ato ’m //（P.7.1.24）	以 a 落尾的中性词后，am 替换格尾 su 和 am。
sarvabījak+**a**+m	ami pūrvaḥ //（P.6.1.107）	在 a、ā 以及单元音后，遇到 am 的元音时，前面的元音形式是唯一的替代。
sarvabījakam	suptiṅantaṃ padam //（P.1.4.14）	以格尾为末的是字。

小结：

sarvabījaka 是多财释复合词，指向的是本颂的 vijñana，所以此复合词依据 vijñana 的性而成中性。另外被修饰词 vijñana 对于多财释复合词 sarvabījaka 来说是第七格的关系，所以安慧在《唯识三十颂疏》中说："sarva-dharma-bīja-āśrayatvāt sarvabījakam // [从一切法的种子的所依的特性来说，（其为）一切种者]。"①

由经文"na saṃjñāyām //（P.5.4.155）"可知，作为专有名词的多财释复合词后不

① 韩廷杰：《梵文佛典研究（一）》，宗教文化出版社 2012 年版，第 328 页。

能加派生词缀 kap。故 sarva-bīja 和 sarvabījaka 不是代表第八识的专有名词，不能单独使用。所以 sarva-bīja 和 sarvabījaka 必须和 vijñana 一起出现才能代表第八识。如第十八颂的“sarva-bījaṃ hi vijñanaṃ”。至于原因，安慧在解释第十八颂时作了说明。

sarvabījakam 是中性，单数，第一格，含义是“一切种（的所依）者”。

第三颂

असंविदितकोपादिस्थानविज्ञप्तिकं च तत् ।
सदा स्पर्शमनस्कारवित्संज्ञाचेतनान्वितम् ॥३॥

asaṃviditakā-upādi-sthāna-vijñaptikaṃ ca tat /
sadā sparśa-manaskāra-vit-saṃjñā-cetanā-anvitam //3//

玄奘译：不可知执受处了，常与触、作意、受、想、思相应。

真谛译《转识论》：问：此识何相何境？答：相及境不可分别，一体无异。问：若尔云何知有？答：由事故知有此识，此识能生一切烦恼业果报事。譬如无明，当起此无明。相境可分别不？若可分别，非谓无明。若不可分别，则应非有。而是有非无，亦由有欲、瞋等事，知有无明。本识亦尔，相境无差别，但由事故，知其有也。就此识中，具有八种异，谓依止处等，具如《九识义品》说。又与五种心法相应：一触，二作意，三受，四思惟，五想。

霍韬晦译：彼有不可知：执受、处表别。常与触、作意、受、想、思俱起。

现译：且彼（识）是其执受与所执受、处与所处、了与所了为不存在被认知的情况者，常被（心所法）触、作意、受、想、思所伴随。

saṃvidita

词根：第二类动词词根（adādigaṇa），2.55 vida jñāne（vid 认知）；第七类动词词根（rudhādigaṇa），7.13 vida vicāraṇe（vid 考虑）。

近置词：sam（samyaktve 完善，satye 正确）。[依据：upasargāḥ kriyāyoge //（P.1.4.59）。]

直接后缀：kta。

演变过程：

sam+vid+**kta**	tayoreva kṛtyaktakhalarthāḥ //（P.3.4.70）	kṛtya、kta 以及具有 khal 意义的词缀强调行为和业。
sam+vid+**kta**	ārdhadhātukaṃ śeṣaḥ //（P.3.4.114）	全界词缀之外的（kta）是半界词缀。
sam+vid+ta	tasya lopaḥ //（P.1.3.9）	kta 的符号 k 由消隐替换。

sam+vid+**iṭ**+ta	ārdhadhātukasyeḍvalādeḥ //（P.7.2.35）	在以对收 val 为首位音的半界词缀前，插入联系元音 iṭ。
sam+vid+i+ta	tasya lopaḥ //（P.1.3.9）	iṭ 的符号 ṭ 由消隐替换。
sam+vid+**ita**	ādyantau ṭakitau //（P.1.146）	以 ṭ 符号结尾的是某个词尾的首音。
sam+**vid**+ita	yasmātpratyayavidhistadādi pratyaye 'ṅgam //（P.1.4.13）	其后安排了词缀的词，以此词为始，在词缀前叫词干。
sam+v**e**d+ita	pugantalaghūpadhasya ca //（P.7.3.86）	遇到半界和全界词缀时，轻音节词干的排列倒数第二的短元音 i、u、ṛ、ḷ 由二合元音替换。
sam+vid+ita	kṅiti ca //（P.1.1.5）	受 g、k、ṅ 符号的影响，二合、三合元音的替换被禁止。 [经文 P.1.1.5 是对 P.7.3.86 的禁止，故 P.7.3.86 未运行。]
sa**ṃ**+vidita	mo 'nusvāraḥ //（P.8.3.23）	字末的 m 音在辅音前由鼻腔音替代。
sa**m**+vidita	anusvārasya yayi parasavarṇaḥ //（P.8.4.58）	若遇除咝音和 h 音以外的辅音，后面的同类音替换鼻腔音。
saṃ+vidita	vā padāntasya //（P.8.4.59）	字末的同类鼻音的替换可做可不做。
saṃvidita	kṛttaddhitasamāsāśca //（P.1.2.46）	以直接后缀 kta 为末的是名词词基。

小结：

根据经文“tayoreva kṛtyaktakhalarthāḥ //（P.3.4.70）”可知，加 kta 词缀可以强调被动的业（karman）和行为（bhāva）。saṃvidita 一词强调被动的行为，可翻译为“被认知”。

asaṃviditakā

世俗拆分：avidyamānaḥ saṃvidito yasya saḥ。

非世俗拆分：avidyamāna+su+saṃvidita+su。

名词词基：avidyamāna（存在）；saṃvidita（被认知）。

派生词缀：kap。

阴性词缀：ṭāp。

演变过程：

avidyamāna+su+ saṃvidita+su	anekamanyapadārthe //（P.2.2.24）	两个以上（以第一格收尾）的词，若以表达另一个词为目的，构成的是多财释复合词。

a+saṃvidita+su	naño 'styarthānām vācyo vā cottarapadalopaḥ //（Vārttika[①]1361）	《月光疏》经文 830 的《补释》经文：nañ 后面的表存在意义的后部字 vidyamāna 由消隐替换。
a+saṃvidita+su	kṛttaddhitasamāsāśca //（P.1.2.46）	有意义的复合词是名词词基。
a+saṃvidita	supo dhātuprātipadikayoḥ //（P.2.4.71） pratyayasya lukślulupaḥ //（P.1.1.61）	词根、名词词基中蕴含的格尾由消隐（luk）替换。 luk、ślu、lup 是词缀的消隐替换。消隐是不显现。
a+saṃvidita	saptamīviśeṣaṇe bahuvrīhau //（P.2.2.35）	于多财释复合词中，以第七格收尾的以及形容词是前部的。
asaṃvidita	kṛttaddhitasamāsāśca //（P.1.2.46）	有意义的复合词是名词词基。
asaṃvidita+**kap**	śeṣādvibhāṣā //（P.5.4.154）	在未提到的多财释复合词后可加不产生新意的派生词缀 kap。
asaṃvidita+ka	tasya lopaḥ //（P.1.3.9）	kap 的符号 p 由消隐替换。
asaṃviditaka	kṛttaddhitasamāsāśca //（P.1.2.46）	以派生词缀为尾的是名词词基。
asaṃviditaka+**ṭāp**	ajādyataṣṭāp //（P.4.1.4）	aja 等以及以 a 为末的，于阴性时，加 ṭāp。
asaṃviditaka+**ā**	tasya lopaḥ //（P.1.3.9）	ṭāp 的符号 ṭ、p 由消隐替换。
asaṃviditak**ā**	akaḥ savarṇe dīrghaḥ //（P.6.1.101）	以 ak 为对收的末音后遇同类音时，一长音替换前后两音位。

小结：

asaṃviditaka是在多财释复合词asaṃvidita后加了不产生新意的kap派生词缀而形成的名词词基。因此 asaṃviditaka 的含义是“不存在被认知的情况者”。该多财释复合词指向的第三者是阴性的相违释复合词“upādi-sthāna-vijñapti”，故该复合词也要成为阴性，故变成 asaṃviditakā。

由“na saṃjñāyām //（P.5.4.155）”可知，作为专有名词的多财释复合词后不能加派生词缀 kap。故 asaṃvidita 和 asaṃviditakā 不是专有名词，需与所指代的词联用。

① 所有的《补释》经文参见《月光疏》收录的《补释》经文。S. Chandrasekhara Sastrigal, *The Siddhanta Kaumudi of Sri Bhattoji Deekshita with the Commentary Sri Balamanorama of Sri Vasudeva Deekshita*, Trichinopoly: St. Joseph's Industrial School Press, 1910 & 1911.

upādi

词根：第一类动词词根（bhvādigaṇa），1.977 dāṇ dāne（dā 给予）；第三类动词词根（juhotyādigaṇa），3.9 ḍudāñ dāne（dā 给予）。

近置词：upa（sāmīpye 临近）；āṅ（grahaṇe 抓取，vijñāne 认知，sparśe 触）。[依据：upasargāḥ kriyāyoge //（P.1.4.59）。]

直接后缀：ki。

演变过程：

dā	dādhā ghvadāp //（P.1.1.20）	拥有 dā、dhā 形式的词根被称作 ghu。
upa+ā+dā+**ki**	upasarge ghoḥ kiḥ //（P.3.3.92）	当前有近置词，且表达行为和造者含义时，ghu 类词根后加 ki。
upa+ā+dā+**ki**	ārdhadhātukaṃ śeṣaḥ //（P.3.4.114）	全界词缀之外的（ki）是半界词缀。
upa+ā+dā+i	tasya lopaḥ //（P.1.3.9）	ki 的符号 k 由消隐替换。
upa+ā+**dā**+i	yasmātpratyayavidhistadādi pratyaye 'ṅgam //（P.1.4.13）	其后安排了词缀的词，以此词为始，在词缀前叫词干。
upa+ā+**d**+i	āto lopa iṭi ca //（P.6.4.64）	当遇到带 k、ṅ 符号的词缀，或带联系元音 iṭ 的半界词缀时，词干收尾的 ā 音由消隐替换。
up+**ā**+di	akaḥ savarṇe dīrghaḥ //（P.6.1.101）	以 ak 为对收的末音后遇同类音时，一长音替换前后两音位。
upādi	kṛttaddhitasamāsāśca //（P.1.2.46）	以直接后缀为末的是名词词基。

小结：

后缀 ki 在“bhāve //（P.3.3.18）”控制之下，表达的是行为达到的已成就状态，upādi 翻译为“执受”。如安慧《唯识三十颂疏》中说，“upādānam upādhiḥ [近取是执受] ”①。

另外，直接后缀 ki 也在“akartari ca kārake saṃjñāyām //（P.3.3.19）”的控制之下，可以作为非主动者（akartṛ）之外的其他造者（kāraka）。如果作为业（karman）看待，可以将 upādi 翻译为“所执受”，指的是根身和种子。②

upādi 应该兼有以上两重含义，即“执受”和“所执受”。

① 韩廷杰：《梵文佛典研究（一）》，宗教文化出版社 2012 年版，第 255 页。

② 安慧把 upādhi 的造者理解为把场所（adhikaraṇa），《唯识三十颂疏》中说，“āśrayopādānaṃ copādiḥ” [所依即近取所执处，是所执受]。此处对 upādāna 的理解依据的是“karaṇādhikaraṇayośca //（P.3.3.117）”，即把 upādāna 理解为场所这种造者。

sthāna

词根：第一类动词词根（bhvādigaṇa），1.975 ṣṭhā gatinivṛttau（sthā 驻留）。

直接后缀：lyuṭ。

演变过程：

ṣṭhā	bhūvādayo dhātavaḥ //（P.1.3.1）	bhū 等是动词词根。
sthā	dhātvādeḥ ṣah saḥ //（P.6.1.64）	词根的首位音 ṣ 由 s 音替换。
sthā+**lyuṭ**	lyuṭ ca //（P.3.3.115） 或 karaṇādhikaraṇayośca //（P.3.3.117）	当作为中性名词表达词根意义的行动和行为时，加 lyuṭ 后缀。 加 lyuṭ 后缀的词可以表达作用具或场所这两种造者的含义。
sthā+**lyuṭ**	ārdhadhātukaṃ śeṣaḥ //（P.3.4.114）	全界词缀之外的（lyuṭ）是半界词缀。
sthā+yu	tasya lopaḥ //（P.1.3.9）	lyuṭ 的符号 l、ṭ 由消隐替换。
sthā+**ana**	yuvoranākau //（P.7.1.1）	yu 和 vu 有 ana 和 aka 替换。
sthā+ana	yasmātpratyayavidhistadādi pratyaye 'ṅgam //（P.1.4.13）	其后安排了词缀的词，以此词为始，在词缀前叫词干。
sth+**ā**+na	akaḥ savarṇe dīrghaḥ //（P.6.1.101）	以 ak 为对收的末音后遇同类音时，一长音替换前后两音位。
sthāna	kṛttaddhitasamāsāśca //（P.1.2.46）	以直接后缀 lyuṭ 为末的是名词词基。

小结：

若依据经文“lyuṭ ca //（P.3.3.115）”而得到 sthāna 一词，该词是表达词根含义的行为的中性动名词，可以翻译为“驻留”“处”。

若依据经文“karaṇādhikaraṇayośca //（P.3.3.117）”而得到 sthāna 一词，该词表达的是产生词根所代表的行为的作用具或场所这样的造者（kāraka）的含义。当 sthāna 作为场所（adhikaraṇa）时，指的是“处所”“所处”。

本颂的 sthāna 兼具“处”“所处”两个含义。

vijñapti

词根：第十类动词词根（curādigaṇa），10.81 jñapa jñāna-jñāpana-māraṇa-toṣaṇa-niśāna-niśāmaneṣu [jñap 知晓（jñāna），应用（jñāpana），消灭（māraṇa），满意（toṣaṇa），锐化（niśāna），看或听（niśāmana）]。[①]

近置词：vi（viśeṣe 差别，nānātve 多样性，vicāra 分析，niśāmane 看或听，saṃjñāyām 认知）。[依据：upasargāḥ kriyāyoge //（P.1.4.59）。]

直接后缀：ktin。

演变过程：

jñap+**ṇic**	satyāpa…cūrādibhyo ṇic //（P. 3.1.25）	第十类动词词根本身必须加上 ṇic 词缀，表原义。
jñap+**ṇic**	ārdhadhātukaṃ śeṣaḥ //（P.3.4.114）	全界词缀之外的（ṇic）是半界词缀。
jñap+ṇic	yasmātpratyayavidhistadādi pratyaye 'ṅgam //（P.1.4.13）	其后安排了词缀的词，以此词为始，在词缀前叫词干。
jñ**ā**p+ṇic	ata upadhāyāḥ //（P.7.2.116）	遇 ñ、ṇ 符号的后缀时，词干倒数第二的 a 音由三合元音替换。
jñ**a**p+ṇic	nānye mito 'hetau //（Dhātupāṭha Gaṇasūtra） mitāṃ hrasvaḥ //（P.6.4.92）	jñap、cah、rah、bala、yam、ci 这六个第十类动词词根表达非使役含义时，被称作 mit。 当词根有 mit 的术语称谓时，ṇic 前面的词根的倒数第二字母的长元音变短。
jñap+ṇic	sanādyantā dhātavaḥ //（P.3.1.32）	以 ṇic 词缀落尾的“jñap+ṇic”是新词根。
vi+jñap+ṇic+**ktin**	striyāṃ ktin //（P.3.3.94）	要表阴性时，加直接后缀 ktin，表行为等含义。
vi+jñap+ṇic+**ktin**	ārdhadhātukaṃ śeṣaḥ //（P.3.4.114）	ktin 是半界词缀。
vi+jñap+ṇic+ti	tasya lopaḥ //（P.1.3.9）	ktin 的符号 k、n 由消隐替换。
vi+jñap+ṇic+**iṭ**+ti	ārdhadhātukasyeḍvalādeḥ //（P.7.2.35）	在以对收 val 为首位音的半界词缀前，插入联系元音 iṭ。
vi+jñap+ṇic+**ti**	titutratathasisusarakaseṣu ca //（P.7.2.9）	直接后缀 ti 前不加联系元音 iṭ。 [ktin 是 aniṭ 词缀。]
vi+jñap+（ ）+ti	ṇeraniṭi //（P.6.4.51）	当遇到 aniṭ 半界词缀时，消隐（lopa）替换前面的 ṇic。
vi+jñap+（ ）+ti	pratyayalope pratyayalakṣaṇam //（P.1.1.62）	ṇic 词缀消隐后，ṇic 词缀的因还在。
vi+**jñap+**（ ）+ti	sanādyantā dhātavaḥ //（P.3.1.32）	“jñap+（ ）”仍是新词根。

① Otto Böhtlingk 在其《*Pāṇini's Grammatik*》的《界读》（*Dhātupāṭha*）中给出的 jñap 词根的含义不全，mit 的范围也不全。故参考其他书后进行了修改和补充。

vi+**jñap**+（ ）+ti	yasmātpratyayavidhistadādi pratyaye 'ṅgam //（P.1.4.13）	其后安排了词缀的词，以此词为始，在词缀前叫词干。
vi+jñap+ti	adarśanaṃ lopaḥ //（P.1.1.60）	不显现的是消隐。
vijñapti	kṛttaddhitasamāsāśca //（P.1.2.46）	直接后缀 ktin 为末的 vijñapti 是名词词基。
vijñapti+**su**	ṅyāpprātipadikāt //（P.4.1.1） svaujasamauṭchaṣ…sup //（P.4.1.2）	在以 ṅī、āp 为末的词后，以及在名词词基后是 su 等格尾。 单数第一格加格尾 su。
vijñapti+s	tasya lopaḥ //（P.1.3.9）	su 的符号 u 由消隐替换。
vijñaptis	suptiṅantaṃ padam //（P.1.4.14）	以格尾为末的是字。
vijñapti**r**	sasajuṣo ruḥ //（P.8.2.66）	r 音替换字末的 s 音。

小结：

若使用第九类动词词根（kryādigaṇa）中的 jñā [9.36 jñā avabodhane（jñā 知晓）]，再加上表使役含义的 ṇic，根据经文 P.7.3.36 将得到 vijñāpti。另外第十类动词词根（curādigaṇa）中的 jñā [10.193 jñā niyoge（jñā 应用）]无论表达不表达使役，得到的也是 vijñāpti。故两词根都不合适。

词根的 jñā 还有“1.849 jñā māraṇa-toṣaṇa-niśāna-niśāmaneṣu [jñā 消灭（māraṇa），满意（toṣaṇa），锐化（niśāna），看或听（niśāmana）]”。该词根 jñā 属于 ghaṭādi 群中的词根。ghaṭādi 类词根有 mit 的术语称谓。若表使役含义时，根据经文 P.7.3.36 得到 jñā+p+ṇic。但 mit 术语使得 ṇic 前的倒数第二的长元音变短，即得到“jñap+ṇic”的新词根形式。如 vijñapti-karman（表业）中的“表”（vijñapti）的含义，就是应用该 jñā 词根的“看或听（niśāmana）”的含义。

第十类动词词根 jñap 有许多含义，与“认知”相关的 vijñapti 主要是采用词根 jñap 的“知晓”（jñāna）这一含义。与后缀 ktin 相关的经文 P.3.3.94 在领句经文“bhāve //（P.3.3.18）”的控制之下，故 vijñapti 可表达行为所处的已成就状态，译为“了别”“了”。

另外，诠释 ktin 的经文 P.3.3.94 也在领句经文“akartari ca kārake saṃjñāyām //（P.3.3.19）”的控制和解释之下。即 vijñapti 可以作为表词根含义的行为的造者（kāraka），但非为主动者（kartṛ）。如果采用业（karman）这一造者，vijñapti 指的是“所了”。

本颂中，vijñapti 兼具“了”“所了”两重含义。

upādi-sthāna-vijñapti

世俗拆分： upādhiś ca sthānaṃ ca vijñaptiś ca。

非世俗拆分： upādi+su+sthāna+su+vijñapti+su。

名词词基： upādi（执受、所执受）；sthāna（处、所处）；vijñapti（了、所了）。

演化过程：

upādi+su+sthāna+su+vijñapti+su	cārthe dvaṃdvaḥ //（P.2.2.29）	表示 ca 的意义的是相违释（复合词）。
upādi+su+sthāna+su+vijñapti+su	kṛttaddhitasamāsāśca //（P.1.2.46）	有意义的复合词是名词词基。
upādi+sthāna+vijñapti	supo dhātuprātipadikayoḥ //（P.2.4.71） pratyayasya lukślulupaḥ //（P.1.1.61）	词根、名词词基中蕴含的格尾由消隐（luk）替换。 luk、ślu、lup 是词缀的消隐替换。消隐是不显现。
upādisthānavijñapti	kṛttaddhitasamāsāśca //（P.1.2.46）	有意义的复合词是名词词基。
upādisthānavijñapti	paravalliṅgaṃ dvaṃdva-tatpuruṣayoḥ //（P.2.4.26）	相违释和依主释复合词的性如后部字。[该复合词是阴性。]

小结：

upādi-sthāna-vijñapti 是相违释复合词，性如后部字故为阴性，含义是“执受与所执受、处与所处、了与所了”。

asaṃviditakā-upādi-sthāna-vijñaptikaṃ

世俗拆分： asaṃviditakā upādisthānavijñaptayo yāsāṃ tat。

非世俗拆分： asaṃviditakā+jas+upādisthānavijñapti+jas。

名词词基： asaṃviditakā（不存在被认知的情况者）；upādi-sthāna-vijñapti（执受与所执受、处与所处、了与所了）。

派生词缀： kap。

演变过程：

asaṃviditakā+jas+upādisthānavijñapti+jas	anekamanyapadārthe //（P.2.2.24）	两个以上（以第一格收尾）的词，若以表达另一个词为目的，构成的是多财释复合词。
asaṃviditakā+jas+upādisthānavijñapti+jas	kṛttaddhitasamāsāśca //（P.1.2.46）	有意义的复合词是名词词基。

asaṃviditakā+ upādisthānavijñapti	supo dhātuprātipadikayoḥ // （P.2.4.71） pratyayasya lukślulupaḥ // （P.1.1.61）	词根、名词词基中蕴含的格尾由消隐（luk）替换。 luk、ślu、lup 是词缀的消隐替换。消隐是不显现。
asaṃviditak+**o**+ pādisthānavijñapti	ādguṇaḥ // （P.6.1.87）	a 音后遇元音时，由一个二合元音替换前后两音位。
asaṃviditakopādi- sthānavijñapti	kṛttaddhitasamāsāśca // （P.1.2.46）	复合词是名词词基。
asaṃviditakopādi- sthānavijñapti+**kap**	śeṣādvibhāṣā // （P.5.4.154）	在未提到的多财释复合词后可加不产生新意的派生词缀 kap。
asaṃviditakopādi- sthānavijñapti+ka	tasya lopaḥ // （P.1.3.9）	kap 的符号 p 由消隐替换。
asaṃviditakopādi- sthānavijñaptika	kṛttaddhitasamāsāśca // （P.1.2.46）	以派生词缀为尾的是名词词基。
asasaṃviditakopādi- sthānavijñaptik**a**	hrasvo napuṃsake prātipadikasya // （P.1.2.47）	词为中性时，短元音替换名词词基的末音。 [此多财释复合词指向的是上一颂的 vijñānaṃ 一词，故为中性。]
asaṃviditakopādi- sthānavijñaptika+**su**	ṅyāpprātipadikāt // （P.4.1.1） svaujasamauṭchaṣ…sup // （P.4.1.2）	在以 ṅī、āp 为末的词后，以及在名词词基后是 su 等格尾。 单数第一格加格尾 su。
asaṃviditakopādi- sthānavijñaptika+**am**	ato 'm // （P.7.1.24）	以 a 落尾的中性词后，am 替换格尾 su 和 am。
asaṃviditakopādi- sthānavijñaptik+**a**+m	ami pūrvaḥ // （P.6.1.107）	在 a、ā 以及单元音后，遇到 am 的元音时，前面的元音形式是唯一的替代。
asaṃviditakopādi- sthānavijñaptikam	suptiṅantaṃ padam // （P.1.4.14）	以格尾为末的是字。
asaṃviditakopādi- sthānavijñaptika**ṃ**	mo 'nusvāraḥ // （P.8.3.23）	字末的 m 音在辅音前由鼻腔音替代。
asaṃviditakopādi- sthānavijñaptika**ñ**	anusvārasya yayi parasavarṇaḥ // （P.8.4.58）	遇到除咝音和 h 音以外的辅音时，后面的同类音替换鼻腔音。
asaṃviditakopādi- sthānavijñaptikaṃ	vā padāntasya // （P.8.4.59）	字末的同类鼻音的替换可做可不做。

小结：

在多财释复合词 asaṃviditakā-upādisthānavijñapti 后加了不产生新意的 kap 派生词缀后产生 asaṃviditakopādisthānavijñaptika。该词作为多财释复合词指向的是上一颂的 vijñānaṃ，故该词也是中性。

asaṃviditakopādisthānavijñaptikam 是中性，单数，第一格，意为“其执受与所执受、

处与所处、了与所了为不存在被认知的情况者”。

ca

名词词基：ca（和）。

演变过程：

ca	arthavadadhāturapratyayaḥ prātipadikam //（P.1.2.45）	既非词根，亦非词缀，有意义的（词）是名词词基。 [ca 是不可拆分（avyutpanna）的名词词基。]
ca+**sup**	ṅyāpprātipadikāt //（P.4.1.1） svaujasamauṭchaṣ…sup //（P.4.1.2）	在以 ṅī、āp 为末的词后，以及在名词词基后是 su 等格尾。 根据需求加某一 sup 格尾。
ca+sup	cādayo 'sattve //（P.1.4.57）	非实物意义的 ca 等词是投词（nipāta）。
ca+sup	svarādinipātamavyayam //（P.1.1.37）	投词 ca 是不变词。
ca+（ ）	avyayādāpsupaḥ //（P.2.4.82）	消隐（luk）替换不变词后的格尾。
ca	pratyayasya lukślulupaḥ //（P.1.1.61）	luk、ślu、lup 是词缀的消隐替换。消隐是不显现。
ca	pratyayalope pratyayalakṣaṇam //（P.1.1.62）	词缀消隐后，词缀的因还在。
ca	suptiṅantaṃ padam //（P.1.4.14）	以格尾为末的 ca 是字。

小结：

ca 是投词，不变词，意为“和”。

tat

词根：第八类动词词根（tanādigaṇa），8.1 tanu vistāre（tan 扩展）。

直接后缀：adi。

演变过程：

tan+**adi**	tyajitaniyajbhyo ḍit //（Uṇādisūtra 1.132）	词根 tyaj、tan、yaj 后加直接后缀 adi。该词缀如同带 ḍ 符号。

tan+**adi**	ārdhadhātukaṃ śeṣaḥ //（P.3.4.114）	全界之外的（adi）是半界词缀。
tan+ad	tasya lopaḥ //（P.1.3.9）	adi 的符号 i 由消隐替换。
tan+ad	yasmātpratyayavidhistadādi pratyaye ’ṅgam //（P.1.4.13）	其后安排了词缀的词，以此词为始，在词缀前叫词干。
t+ad	ṭeḥ //（P.6.4.143）	遇到 ḍ 符号时，词干末音节由消隐替换。
tad	kṛttaddhitasamāsāśca //（P.1.2.46）	以直接后缀为末的是名词词基。
tad	sarvādīni sarvanāmāni //（P.1.1.27）	sarva 等词是代词。
tad+**su**	ṅyāpprātipadikāt //（P.4.1.1） svaujasamauṭchaṣ…sup //（P.4.1.2）	在以 ṅī、āp 为末的词后，以及在名词词基后是 su 等格尾。 单数第一格加格尾 su。
tad+（ ）	svamornapuṃsakāt //（P.7.1.23）	中性词后，su 和 am 由消隐（luk）替换。
tad	pratyayasya lukślulupaḥ //（P.1.1.61）	luk、ślu、lup 是词缀的消隐替换。消隐是不显现。
tad	pratyayalope pratyayalakṣaṇam //（P.1.1.62）	词缀消隐后，词缀的因还在。
tad	suptiṅantaṃ padam //（P.1.4.14）	以格尾为末的 tad 是字。
ta**t**	vāvasāne //（P.8.4.56）	在停顿时，以 jhal 为对收的辅音可以由清辅音替换。

小结：

tat 是代词，中性，单数，第一格，意为“彼”。指的是第二颂的“ālaya-ākhyaṃ vijñānaṃ”（阿赖耶识）。

sadā

世俗拆分： sarvasmin kāle。

非世俗拆分： sarva+ṅi+dā。

名词词基： sarva（一切）。

派生词缀： dā。

演变过程：

sarva+ṅi+**dā**	sarvaikānyakiṃyattadaḥ kāle dā //（P.5.3.15）	sarva、eka、anya、kim、yad、tad 于第七格表时间时，加词缀 dā。
sarva+ṅi+dā	kṛttaddhitasamāsāśca //（P.1.2.46）	以派生词缀为尾的是名词词基。
sarva+dā	supo dhātuprātipadikayoḥ //（P.2.4.71） pratyayasya lukślulupaḥ //（P.1.1.61）	词根、名词词基中蕴含的格尾由消隐（luk）替换。 luk、ślu、lup 是词缀的消隐替换。消隐是不显现。
sarva+**dā**	prāgdiśo vibhaktiḥ //（P.5.3.1）	从此经文到 P.5.3.27，所讨论的词缀叫 prāgdiśīya 派生词缀。这些词缀是词尾（vibhakti）。
sa+dā	sarvasya so 'nyatarasyāṃ di //（P.5.3.6）	sa 可以替代 sarva，当所加的 prāgdiśīya 派生词缀以 d 为首。
sadā	kṛttaddhitasamāsāśca //（P.1.2.46）	以派生词缀为尾的是名词词基。
sadā+**ṅi**	ṅyāpprātipadikāt //（P.4.1.1） svaujasamauṭchaṣ…sup //（P.4.1.2）	在以 ṅī、āp 为末的词后，以及在名词词基后是 su 等格尾。 单数第七格加格尾 ṅi。
sadā+ṅi	taddhitaścāsarvavibhaktiḥ //（P.1.1.38）	某些派生词缀构成的词，其后并非可加所有格尾，其为不变词。
sadā+（ ）	avyayādāpsupaḥ //（P.2.4.82）	消隐（luk）替换不变词后的格尾。
sadā	pratyayasya lukślulupaḥ //（P.1.1.61）	luk、ślu、lup 是词缀的消隐替换。消隐是不显现。
sadā	pratyayalope pratyayalakṣaṇam //（P.1.1.62）	词缀消隐后，词缀的因还在。
sadā	suptiṅantaṃ padam //（P.1.4.14）	以格尾为末的 sadā 是字。

小结：

sadā 是不变词，表达"一切时候""常常"的意思。

sparśa

词根：第六类动词词根（tudādigaṇa），6.128 spṛśa saṃsparśane（spṛś 接触）。

直接后缀：ghañ。

演变过程：

spṛś+**ghañ**	bhāve // （P.3.3.18） 或 akartari ca kārake saṃjñāyām // （P.3.3.19）	当表达达到已成就状态的词根意义时，词根后加 ghañ 词缀。 当作术语时，（加 ghañ 词缀）也表示造者，但主动者除外。
spṛś+**ghañ**	ārdhadhātukaṃ śeṣaḥ // （P.3.4.114）	全界词缀之外的（ghañ）是半界词缀。
spṛś+a	tasya lopaḥ // （P.1.3.9）	ghañ 的符号 gh、ñ 由消隐替换。
spṛś+a	yasmātpratyayavidhistadādi pratyaye 'ṅgam //（P.1.4.13）	其后安排了词缀的词，以此词为始，在词缀前叫词干。
sp**ar**ś+a	pugantalaghūpadhasya ca // （P.7.3.86） uraṇ raparaḥ // （P.1.1.51）	遇到半界和全界词缀时，轻音节词干的排列倒数第二的短元音 i、u、ṛ、ḷ 由二合元音替换。 ṛ、ṝ 音的替换，需由其后带 r 音的 a、i、u 及其长音来替换。
sparśa	kṛttaddhitasamāsāśca // （P.1.2.46）	直接后缀 ghañ 为末的 sparśa 是名词词基。

小结：

sparśa 如果是依据“bhāve //（P.3.3.18）”加直接后缀 ghañ 而成的话，表达的是词根所代表的运动和行为达到的已成就状态，翻译为“触”。即心法（识体）处于“触”的心理状态。

若 sparśa 是依据经文“akartari ca kārake samjñāyām //（P.3.3.19）”加直接后缀 ghañ 而成的话，那么 sparśa 可以作为非主动者（akartṛ）的造者（kāraka），且是专有名词。若采用作用具（karaṇa）这一造者来表达原因和伴随含义时，那么 sparśa 指的是造成心法处于“触”这种心理状态的另一独立因法——“心所法触”。本颂采用这种理解。

manas

词根：第四类动词词根（divādigaṇa），4.67 mana jñāne（man 思考）；第八类动词词根（tanādigaṇa），8.9 manu avabodhane（man 觉知）。

直接后缀：asun。

演变过程：

man+**asun**	sarvadhātubhyo 'sun // （Uṇādisūtra 4.188）	所有的词根后可加 asun 直接后缀。
man+**asun**	ārdhadhātukaṃ śeṣaḥ // （P.3.4.114）	全界词缀之外的（asun）是半界词缀。

man+as	tasya lopaḥ // （P.1.3.9）	asun 的符号 n 由消隐替换。 [u 音是为了发音的方便。]
man+as	yasmātpratyayavidhistadādi pratyaye 'ṅgam //（P.1.4.13）	其后安排了词缀的词，以此词为始，在词缀前叫词干。
manas	kṛttaddhitasamāsāśca // （P.1.2.46）	以直接后缀 asun 为末的 manas 是名词词基。

小结：

印度古老的词源学专著《尼禄多》中提到“mano manoteḥ //4.4//”①。这句梵文的意思是：manas 源自于第八类动词词根“man”，表“想”的意思，②可见 manas 是一种思维性的存在。世亲在《俱舍论》中也认为，“cittaṃ mano 'tha vijñānam eka-arthaṃ③ [玄奘译：心、意、识一义]”。即 citta、manas、vijñāna 是同义词。再如《唯识二十论》中也说，“cittaṃ mano vijñānaṃ vijñaptiś ca iti paryāyāḥ / ④ [玄奘译：心、意、识、了，名之差别]”。故 manas 与 citta、vijñāna 一样，是有认知能力的存在。

此颂 manas 翻译为“意”，指的是一种认知主体。

kāra

词根：第八类动词词根（tanādigaṇa），8.10 ḍukṛñ karaṇe（kṛ 做）。

直接后缀：ghañ。

演变过程：

kṛ+**ghañ**	bhāve // （P.3.3.18）	当表达达到已成就状态的词根意义时，词根后加 ghañ 词缀。
kṛ+**ghañ**	ārdhadhātukaṃ śeṣaḥ // （P.3.4.114）	全界词缀之外的（ghañ）是半界词缀。
kṛ+a	tasya lopaḥ // （P.1.3.9）	ghañ 的符号 gh、ñ 由消隐替换。
kṛ+a	yasmātpratyayavidhistadādi pratyaye 'ṅgam //（P.1.4.13）	其后安排了词缀的词，以此词为始，在词缀前叫词干。
k**ār**+a	aco ñṇiti // （P.7.2.115）	遇到 ñ、ṇ 符号时，发生三合元音对词干末元音的替换。

---

① Lakshman Sarup, *The Nighaṇṭu and Nirukta*, Delhi: Motilal Banarsidass, 1967, p.76.

② Lakshman Sarup, *The Nighantu and The Nirukta: The Oldest Indian Treatise on Etymology, Philology and Semantics,* Lahore: Panjab University Oriental Publications, 1927, p.57.

③ P. Pradhan, *Abhidharma-kośabhāṣya*, Patna: K.P. Jayaswal Research Institute, 1967, p.61.

④ Stefan Anacker, *Seven Works of Vasubandhu*, Deli: Motilal Banarsidass Publishers Private Limited, 2005, p.413.

	uraṇ raparaḥ //（P.1.1.51）	ṛ、ṝ 音的替换，需由其后带 r 音的 a、i、u 及其长音来替换。
kāra	kṛttaddhitasamāsāśca //（P.1.2.46）	以直接后缀 ghañ 为末的 kāra 是名词词基。

小结：

kāra 是加直接后缀 ghañ 构成的，代表处于某种行为状态，故翻译为“工作”。

manaskāra

世俗拆分：manasaḥ kāraḥ。

非世俗拆分：manana+ṅas+kāra+su。

名词词基：manas（意）；kāra（工作）。

演变过程（一）：

manas+**ṅas**+kāra+su	ṣaṣṭhī //（P.2.2.8）	第六格收尾的词构成依主释复合词。
manas+ṅas+kāra+su	kṛttaddhitasamāsāśca //（P.1.2.46）	有意义的复合词是名词词基。
manas+kāra	supo dhātuprātipadikayoḥ //（P.2.4.71） pratyayasya lukślulupaḥ //（P.1.1.61）	词根、名词词基中蕴含的格尾由消隐（luk）替换。 luk、ślu、lup 是词缀的消隐替换。消隐是不显现。
manas+kāra	prathamānirdiṣṭaṃ samāsa upasarjanam //（P.1.2.43）	于复合词一节中，第一格所指示的是附属词。 [针对经文 P.2.2.8。]
manas+kāra	upasarjanaṃ pūrvam //（P.2.2.30）	附属词是前部字。
manas+kāra	pratyayalope pratyayalakṣaṇam //（P.1.1.62）	词缀消隐后，词缀的因还在。 [针对经文 P.2.4.71。]
manas+kāra	suptiṅantaṃ padam //（P.1.4.14）	以格尾为末的 manas 是字。
mana+**r**+kāra	sasajuṣo ruḥ //（P.8.2.66）	r 音替换字末的 s 音。
mana+**ḥ**+kāra	kharavasānayorvisarjanīyaḥ //（P.8.3.15）	在清辅音和停顿前，送气音替换字末的 r 音。
mana+**s**+kāra	visarjanīyasya saḥ //（P.8.3.34）	在清辅音前，s 音替换送气音。
manaskāra	kṛttaddhitasamāsāśca //（P.1.2.46）	有意义的复合词是名词词基。

世俗拆分： manaḥ kāro yena saḥ。

非世俗拆分： manas+su+kāra+su。

名词词基： manas（意）；kāra（工作）。

演变过程（二）：

manas+su+kāra+su	anekamanyapadārthe // （P.2.2.24）	两个以上（以第一格收尾）的词，若以表达另一个词为目的，构成的是多财释复合词。
manas+su+kāra+su	kṛttaddhitasamāsāśca // （P.1.2.46）	有意义的复合词是名词词基。
manas+kāra	supo dhātuprātipadikayoḥ // （P.2.4.71） pratyayasya lukślulupaḥ // （P.1.1.61）	词根、名词词基中蕴含的格尾由消隐（luk）替换。 luk、ślu、lup 是词缀的消隐替换。消隐是不显现。
manas+kāra	pratyayalope pratyayalakṣaṇam // （P.1.1.62）	词缀消隐后，词缀的因还在。 [针对经文 P.2.4.71。]
manas+kāra	suptiṅantaṃ padam // （P.1.4.14）	以格尾为末的 manas 是字。
mana+**r**+kāra	sasajuṣo ruḥ // （P.8.2.66）	r 音替换字末的 s 音。
mana+**ḥ**+kāra	kharavasānayorvisarjanīyaḥ // （P.8.3.15）	在清辅音和停顿前，送气音替换字末的 r 音。
mana+**s**+kāra	visarjanīyasya saḥ // （P.8.3.34）	在清辅音前，s 音替换送气音。
manaskāra	kṛttaddhitasamāsāśca // （P.1.2.46）	有意义的复合词是名词词基。

小结：

在演变过程（一）中，manaskāra 是依主释复合词。前部字是第六格，表关系。manas-kāra 指的是“意的工作状态”。在佛教语境中翻译为“作意”，即心法（识体）所处的“作意”这种心理状态，其实是指“注意”的意思。

在演变过程（二）中，manas-kāra 是多财释复合词，其含义是“造成意处于工作状态者”。该多财释复合词指向的作为相应因的相伴的某一心所法。故 manas-kāra 翻译为“（心所法）作意”。本颂采用这一理解。

vit（vid）

词根： 第六类动词词根（tudādigaṇa），6.138 vidḷ lābhe（vid 得到）；第二类动词词根（adādigaṇa），2.55 vida jñāne（vid 认知）。

直接后缀：kvip。

演变过程：

vid+**kvip**	anyebhyo ’pi dṛśyate //（P.3.2.178）	在上一经文提到的词根之外的词根后加零词缀，表达有某一习惯、能力的行为主体。
vid+**kvip**	ārdhadhātukaṃ śeṣaḥ //（P.3.4.114）	全界词缀之外的（kvip）是半界词缀。
vid+v	tasya lopaḥ //（P.1.3.9）	kvip 中的符号由消隐替换。
vid+（ ）	verapṛktasya //（P.6.1.67）	作为单一字符 v 的词缀由消隐（lopa）替换。
vid+（ ）	pratyayalope pratyayalakṣaṇam //（P.1.1.62）	词缀消隐后，词缀的因还在。
vid+（ ）	yasmātpratyayavidhistadādi pratyaye ’ṅgam //（P.1.4.13）	其后安排了词缀的词，以此词为始，在词缀前叫词干。
ved+（ ）	pugantalaghūpadhasya ca //（P.7.3.86）	遇到半界和全界词缀时，轻音节词干的排列倒数第二的短元音 i、u、ṛ、ḷ 由二合元音替换。
vid+（ ）	kṅiti ca //（P.1.1.5）	受 g、k、ṅ 符号的影响，二合、三合元音的替换被禁止。
vid	adarśanaṃ lopaḥ //（P.1.1.60）	不显现的是消隐。
vid	kṛttaddhitasamāsāśca //（P.1.2.46）	直接后缀 kvip 为末的 vid 是名词词基。
vit	khari ca //（P.8.4.55）	在清辅音（s）前，浊辅音由清辅音替换。

小结：

vid 是指有感受能力或习惯的行为主体，所以指的是“心所法受”。

对于心法（识体）来说，“心所法慧”所造成的心理状态（bhāva），在《大乘五蕴论》中称作“vedanā”（受）。

由此可见，对于常说的“心所法”的梵语词汇来说，《大乘五蕴论》是从心识所处的状态意义上来选择词汇的。这也反映了五蕴中“受、想、行”这三蕴的古老含义是“心理状态”之义。例如对于世亲的《大乘五蕴论》中的一句，“saṃskārāḥ katame / vedanā-sañjñābhyām anye caitasikā dharmāś citta-viprayuktāś ca //”，玄奘的翻译是“云何行蕴？谓除受想，诸余心法及心不相应行”。其中 caitasikā dharmā 被玄奘翻译为“心法”，似乎强调的是“心识的状态”的意思。另外，《大乘五蕴论》中在解释与心相应的行蕴中的诸法时，玄奘的翻译经常加“性”字以强调是“心的”（cetasas）“状态”。而在《唯识三十颂》中，caitasa（心所法）则是专指造成各种心理状态的另一独立因法——心所法本身，即由阿赖耶识的种子所生的独立的法。

saṃjñā

词根：第九类动词词根（kryādigaṇa），9.36 jñā avabodhane（jñā 知晓）。

近置词：sam（vācike 交谈，smṛtau 想念，pratijñāyām 认可）。[依据：upasargāḥ kriyāyoge //（P.1.4.59）。]

直接后缀：aṅ。

阴性词缀：ṭāp。

演变过程：

sam+jñā+**aṅ**	ātaścopasarge //（P.3.3.106）	有近置词时，直接后缀 aṅ 加在 ā 为末的词根后，且构成阴性词。
sam+jñā+**aṅ**	ārdhadhātukaṃ śeṣaḥ //（P.3.4.114）	全界词缀之外的（aṅ）是半界词缀。
sam+jñā+a	tasya lopaḥ //（P.1.3.9）	aṅ 的符号 ṅ 由消隐替换。
sam+**jñā**+a	yasmātpratyayavidhistadādi pratyaye 'ṅgam //（P.1.4.13）	其后安排了词缀的词，以此词为始，在词缀前叫词干。
sam+jñ+a	āto lopa iṭi ca //（P.6.4.64）	当遇到带 k、ṅ 符号的词缀，或带联系元音 iṭ 的半界词缀时，词干收尾的 ā 音由消隐替换。
sa**ṃ**+jña	mo 'nusvāraḥ //（P.8.3.23）	字末的 m 音在辅音前由鼻腔音替代。
sa**ñ**+jña	anusvārasya yayi parasavarṇaḥ //（P.8.4.58）	遇到除咝音和 h 音以外的辅音时，后面的同类音替换鼻腔音。
saṃ+jña	vā padāntasya //（P.8.4.59）	字末的同类鼻音的替换可做可不做。
saṃjña	kṛttaddhitasamāsāśca //（P.1.2.46）	以直接后缀 aṅ 为末的是名词词基。
saṃjña+**ṭāp**	ajādyataṣṭāp //（P.4.1.4）	aja 等以及以 a 为末的，于阴性时，加 ṭāp。
saṃjña+ā	tasya lopaḥ //（P.1.3.9）	ṭāp 的符号 ṭ、p 由消隐替换。
saṃjñ**ā**	akaḥ savarṇe dīrghaḥ //（P.6.1.101）	以 ak 为对收的末音后遇同类音时，一长音替换前后两音位。

小结：

saṃjñā 是加直接后缀 aṅ，再加阴性词缀 ṭāp 构成的阴性词。由于 aṅ 词缀在领句经文“bhāve //（P.3.3.18）”的控制之下，所以 saṃjñā 表达是一种行为的已成就状态，翻译为“想”。即心法（识体）处于“想”这种心理状态。

另外，经文 P.3.3.106 也在领句经文“akartari ca kārake samjñāyām //（P.3.3.19）”的控制之下。故 saṃjñā 可以作为非主动者（akartṛ）的造者（kāraka），且是专有名词。若采用作用具（karaṇa）这一造者来表达原因和伴随含义时，那么 saṃjñā 指的是造成心法处于“想”这种心理状态的另一独立因法——“心所法想”。本颂采用这种理解。

cetanā

词根：第一类动词词根（bhvādigaṇa），1.39 citī saṃjñāne（cit 知晓、想）。

直接后缀：yuc。

阴性词缀：ṭāp。

演变过程（一）：

cit+**nic**	hetumati ca //（P.3.1.26）	当表达使役含义时，加 ṇic 词缀。[ṇ、c 是符号。]
cit+**ṇic**	ārdhadhātukaṃ śeṣaḥ //（P.3.4.114）	全界词缀之外的（ṇic）是半界词缀。
cit+ṇic	yasmātpratyayavidhistadādi pratyaye ’ṅgam //（P.1.4.13）	其后安排了词缀的词，以此词为始，在词缀前叫词干。
cet+ṇic	pugantalaghūpadhasya ca //（P.7.3.86）	遇到半界和全界词缀时，轻音节词干的排列倒数第二的短元音 i、u、ṛ、ḷ 由二合元音替换。
cet+ṇic	sanādyantā dhātavaḥ //（P.3.1.32）	以 ṇic 落尾的“cet+ṇic”是新词根。
cet+ṇic+**yuc**	ṇyāsaśrantho yuc //（P.3.3.107）	当要形成阴性词时，以 ṇi 为末的词根后加直接后缀 yuc。
cet+ṇic+**yuc**	ārdhadhātukaṃ śeṣaḥ //（P.3.4.114）	全界词缀之外的（yuc）是半界词缀。
cet+ṇic+yu	tasya lopaḥ //（P.1.3.9）	yuc 的符号 c 由消隐替换。
cet+ṇic+**ana**	yuvoranākau //（P.7.1.1）	yu 和 vu 由 ana 和 aka 替换。
cet+ṇic+**ana**	ārdhadhātukasyeḍvalādeḥ //（P.7.2.35）	在以对收 val 为首位音的半界词缀前，插入联系元音 iṭ。[ana 不在其列，是 aniṭ 词缀。]
cet+（ ）+ana	ṇeraniṭi //（P.6.4.51）	当遇到 aniṭ 半界词缀时，消隐（lopa）替换前面的 ṇic。
cet+（ ）+ana	pratyayalope pratyayalakṣaṇam //（P.1.1.62）	ṇic 词缀消隐后，ṇic 词缀的因还在。
cet+（ ）+ana	sanādyantā dhātavaḥ //（P.3.1.32）	“cet+（ ）”仍是新词根。

cet+（ ）+ana	yasmātpratyayavidhistadādi pratyaye 'ṅgam //（P.1.4.13）	其后安排了词缀的词，以此词为始，在词缀前叫词干。
cet+ana	adarśanaṃ lopaḥ //（P.1.1.60）	不显现的是消隐。
cetana	kṛttaddhitasamāsāśca //（P.1.2.46）	以直接后缀 yuc 为末的是名词词基。
cetana+**ṭāp**	ajādyataṣṭāp //（P.4.1.4）	aja 等以及以 a 为末音的，于阴性时，加 ṭāp。
cetana+ā	tasya lopaḥ //（P.1.3.9）	ṭāp 的符号 ṭ、p 由消隐替换。
cetan**ā**	akaḥ savarṇe dīrghaḥ //（P.6.1.101）	以 ak 为对收的末音后遇同类音时，一长音替换前后两音位。

词根：第十类动词词根（curādigaṇa），10.135 cita saṃcetane（cit 思考）。

直接后缀：yuc。

阴性词缀：ṭāp。

演变过程（二）：

cit+**nic**	satyāpapāśa...curādibhyo //（P.3.1.25）	第十类动词词根本身必须加上 ṇic 词缀，表原义。
cit+**ṇic**	ārdhadhātukaṃ śeṣaḥ //（P.3.4.114）	全界词缀之外的（ṇic）是半界词缀。
cit+ṇic	yasmātpratyayavidhistadādi pratyaye 'ṅgam //（P.1.4.13）	其后安排了词缀的词，以此词为始，在词缀前叫词干。
cet+ṇic	pugantalaghūpadhasya ca //（P.7.3.86）	遇到半界和全界词缀时，轻音节词干的排列倒数第二的短元音 i、u、ṛ、ḷ 由二合元音替换。
cet+ṇic	sanādyantā dhātavaḥ //（P.3.1.32）	以 ṇic 落尾的“cet+ṇic”是新词根。
cet+ṇic+**yuc**	ṇyāsaśrantho yuc //（P.3.3.107）	当要形成阴性词时，以 ṇi 为末的词根后加直接后缀 yuc。
cet+ṇic+**yuc**	ārdhadhātukaṃ śeṣaḥ //（P.3.4.114）	全界词缀之外的（yuc）是半界词缀。
cet+ṇic+yu	tasya lopaḥ //（P.1.3.9）	yuc 的符号 c 由消隐替换。
cet+ṇic+**ana**	yuvoranākau //（P.7.1.1）	yu 和 vu 由 ana 和 aka 替换。
cet+ṇic+**ana**	ārdhadhātukasyeḍvalādeḥ //（P.7.2.35）	在以对收 val 为首位音的半界词缀前，插入联系元音 iṭ。[ana 在其列，故是aniṭ 词缀。]
cet+（ ）+ana	ṇeraniṭi //（P.6.4.51）	当遇到 aniṭ 半界词缀时，消隐（lopa）替换前面的 ṇic。

cet+（ ）+ana	pratyayalope pratyayalakṣaṇam //（P.1.1.62）	ṇic 词缀消隐后，ṇic 词缀的因还在。
cet+（ ）+ana	sanādyantā dhātavaḥ //（P.3.1.32）	“cet+（ ）”仍是新词根。
cet+（ ）+ana	yasmātpratyayavidhistadādi pratyaye 'ṅgam //（P.1.4.13）	其后安排了词缀的词，以此词为始，在词缀前叫词干。
cet+ana	adarśanaṃ lopaḥ //（P.1.1.60）	不显现的是消隐。
cetana	kṛttaddhitasamāsāśca //（P.1.2.46）	以直接后缀 yuc 为末的是名词词基。
cetana+**ṭāp**	ajādyataṣṭāp //（P.4.1.4）	aja 等以及以 a 为末音的，于阴性时，加 ṭāp。
cetana+ā	tasya lopaḥ //（P.1.3.9）	ṭāp 的符号 ṭ、p 由消隐替换。
cetan**ā**	akaḥ savarṇe dīrghaḥ //（P.6.1.101）	以 ak 为对收的末音后遇同类音时，一长音替换前后两音位。

小结：

cetanā 是加直接后缀 yuc，再加阴性词缀 ṭāp 构成的阴性词。而加 yuc 的条件是词根以 ṇic 为尾。

演变过程（一）中，词根“1.39 citī saṃjñāne（cit 知晓、想）”加 ṇic 表达的是使役的含义，故新的词根有“思考”的含义。

演变过程（二）中，词根“10.135 cita saṃcetane（cit 思考）”是第十类动词词根，本身要加一个不表使役含义的 ṇic。

以上两种演变方式都可接受。

由于 yuc 词缀在领句经文“bhāve //（P.3.3.18）”的控制之下，所以 cetanā 表达是一种行为的已成就状态，翻译为“思”。即心法（识体）处于“思”的心理状态。

另外，经文 P.3.3.107 也在领句经文“akartari ca kārake samjñāyām //（P.3.3.19）”的控制之下。故 cetanā 可以作为非主动者（akartṛ）的造者（kāraka），且是专有名词。若采用作用具（karaṇa）这一造者来表达原因和伴随含义时，那么 cetanā 指的是造成心法处于“思”这种心理状态的另一独立因法——“心所法思”。本颂采用这种理解。

sparśa-manaskāra-vit-saṃjñā-cetanā

世俗拆分：sparśaś ca manaskāraś ca vit ca saṃjñā ca cetanā ca。

非世俗拆分：sparśa+su+manaskāra+su+vid+su+saṃjñā+su+cetanā+su。

名词词基：sparśa（心所法触），manaskāra（心所法作意），vid（心所法受），saṃjñā（心所法想），cetanā（心所法思）。

演变过程：

sparśa+su+manaskāra+su+vid+su+susaṃjñā+su+cetanā+su	cārthe dvaṃdvaḥ //（P.2.2.29）	表示 ca 的意义的是相违释（复合词）。
sparśa+su+manaskāra+su+vid+su+susaṃjñā+su+cetanā+su	kṛttaddhitasamāsāśca //（P.1.2.46）	有意义的复合词是名词词基。
sparśa+manaskāra+vid-saṃjñā-cetanā	supo dhātuprātipadikayoḥ //（P.2.4.71） pratyayasya lukślulupaḥ //（P.1.1.61）	词根、名词词基中蕴含的格尾由消隐（luk）替换。 luk、ślu、lup 是词缀的消隐替换。消隐是不显现。
sparśa+manaskāra+vit-saṃjñā-cetanā	khari ca //（P.8.4.55）	vid 在清辅音 s 前，浊辅音 d 由清辅音 t 替换。
sparśamanaskāravit-saṃjñācetanā	kṛttaddhitasamāsāśca //（P.1.2.46）	有意义的复合词是名词词基。

小结：

sparśa-manaskāra-vit-saṃjñā-cetanā 是相违释复合词，翻译为“（心所法）触、作意、受、想、思”。

anvita

词根：第二类动词词根（adādigaṇa），2.36 iṇ gatau（i 走）。

近置词：anu（sevane 服务，anvaye 联系，sambandhe 结合）。[依据：upasargāḥ kriyāyoge //（P.1.4.59）。]

直接后缀：kta。

演变过程：

anu+i+**kta**	tayoreva kṛtyaktakhalarthāḥ //（P.3.4.70）	kṛtya、kta 以及具有 khal 意义的词缀强调行为和业。
anu+i+**kta**	ārdhadhātukaṃ śeṣaḥ //（P.3.4.114）	全界词缀之外的（kta）是半界词缀。
anu+i+ta	tasya lopaḥ //（P.1.3.9）	kta 的符号 k 由消隐替换。

anu+i+**iṭ**+ta	ārdhadhātukasyeḍvalādeḥ //（P.7.2.35）	在以对收 val 为首位音的半界词缀前，插入联系元音 iṭ。
anu+i+ta	ekāca upadeśe 'nudāttāt //（P.7.2.10）	于原始发音状态的非高音的单音节词根之后不加 iṭ。
anu+**i**+ta	yasmātpratyayavidhistadādi pratyaye 'ṅgam //（P.1.4.13）	其后安排了词缀的词，以此词为始，在词缀前叫词干。
anu+**e**+ta	sārvadhātukārdhadhātukayoḥ //（P.7.3.84）	遇到半界词缀，词干的末元音 i 由二合元音替换。
anu+i+ta	kṅiti ca //（P.1.1.5）	受 g、k、ṅ 符号的影响，二合、三合元音的替换被禁止。
anv+ita	iko yaṇaci //（P.6.1.77）	发生连音时，若后遇元音，半元音替代以 ik 为对收的元音。
anvita	kṛttaddhitasamāsāśca //（P.1.2.46）	以直接后缀 kta 为末的是名词词基。

小结：

由经文“tayoreva kṛtyaktakhalarthāḥ //”（P.3.4.70）可知，加 kta 词缀可强调被动的业（karman）和行为（bhāva）。一方面，anvita 所强调的业是本颂的 tat，即为上一颂的 vijñānaṃ，故 anvita 也为中性；另一方面，anvita 同时强调行为，义为“被伴随”。

sparśa-manaskāra-vit-saṃjñā-cetanā-anvitam

世俗拆分：sparśamanaskāravitsaṃjñācetanābhir anvitam。

非世俗拆分：sparśamanaskāravitsaṃjñācetanā+bhis+anvita+su。

名词词基：sparśamanaskāravitsaṃjñācetanā（心所法触、作意、受、想、思）；anvita（被伴随）。

演变过程：

sparśamanaskāravit-saṃjñācetanā+bhis+anvita+su	tṛtīyā tatkṛtārthena guṇavacanena //（P.2.1.30）	第三格与以格尾收尾的词构成依主释复合词。
sparśamanaskāravit-saṃjñācetanā+bhis+anvita+su	kṛttaddhitasamāsāśca //（P.1.2.46）	有意义的复合词是名词词基。
sparśamanaskāravit-saṃjñācetanā+anvita	supo dhātuprātipadikayoḥ //（P.2.4.71） pratyayasya lukślulupaḥ //（P.1.1.61）	词根、名词词基中蕴含的格尾由消隐（luk）替换。 luk、ślu、lup 是词缀的消隐替换。消隐是不显现。
sparśamanaskāravit-saṃjñācetanā+anvita	prathamānirdiṣṭaṃ samāsa upasarjanam //（P.1.2.43）	于复合词一节中，第一格所指示的是附属词。

		[针对经文 P.2.1.30 的 tṛtīyā。]
sparśamanaskāravit-saṃjñācetanā+anvita	upasarjanaṃ pūrvam //（P.2.2.30）	附属词是前部字。
sparśamanaskāravit-saṃjñācetan+**ā**+nvita	akaḥ savarṇe dīrghaḥ //（P.6.1.101）	以 ak 为对收的末音后遇同类音时，一长音替换前后两音位。
sparśamanaskāravit-saṃjñācetanānvita	kṛttaddhitasamāsāśca //（P.1.2.46）	有意义的复合词是名词词基。
sparśamanaskāravit-saṃjñācetanānvita	paravalliṅgaṃ dvaṃdva-tatpuruṣayoḥ //（P.2.4.26）	相违释和依主释复合词的性如后部字。[该复合词是中性。]
sparśamanaskāravit-saṃjñācetanānvit**a**	hrasvo napuṃsake prātipadikasya //（P.1.2.47）	词为中性时，短元音替换名词词基的末音。
sparśamanaskāravit-saṃjñācetanānvita+**su**	ṅyāpprātipadikāt //（P.4.1.1） svaujasamauṭchaṣ…sup //（P.4.1.2）	在以 ṅī、āp 为末的词后，以及在名词词基后是 su 等格尾。 单数第一格加格尾 su。
sparśamanaskāravit-saṃjñācetanānvita+**am**	ato 'm //（P.7.1.24）	以 a 落尾的中性词后，am 替换格尾 su 和 am。
sparśamanaskāravit-saṃjñācetanānvit+**a**+m	ami pūrvaḥ //（P.6.1.107）	在 a、ā 以及单元音后，遇到 am 的元音时，前面的元音形式是唯一的替代。
sparśamanaskāravit-saṃjñācetanānvitam	suptiṅantaṃ padam //（P.1.4.14）	以格尾为末的是字。

小结：

sparśamanaskāravitsaṃjñācetanā-anvita 是依主释复合词。根据依主释复合词以后部字为主的原理，该词强调的是“被陪伴”这一行为，前部字是对后部字的修饰。该复合词修饰的是本颂的 tat，即上一颂的 vijñānaṃ。

sparśamanaskāravitsaṃjñācetanā-anvitam 是中性，单数，第一格，含义是“被（心所法）触、作意、受、想、思所陪伴”。

第四颂

उपेक्षा वेदना तत्रानिवृताव्याकृतं च तत् ।
तथा स्पर्शादयस्तच्च वर्तते स्रोतसौघवत् ॥४॥

upekṣā vedanā tatra anivṛta-avyākṛtaṃ ca tat /

tathā sparśa-ādayas tac ca vartate srotas-aughavat //4//

玄奘译：唯捨受。是无覆无记。触等亦如是。恒转如瀑流。

真谛译《转识论》：受但是捨受。思惟筹量：可行？不可行？令心成邪、成正，名为思惟。作意如马行，思惟如骑者。马但直行，不能避就是非。由骑者故，令其离非就是。思惟亦尔，能令作意，离漫行也。此识及心法，但是自性无记，念念恒流，如水流浪，本识如流，五法如浪。

霍韬晦译：于此是捨受。又无覆无记。触等亦如是。彼转如暴流。

现译：彼（阿赖耶识）处于（非苦非乐的）捨受这种心理状态，且在其（善、恶、有覆无记、无覆无记这四种状态之）中彼（阿赖耶识）是无覆无记（性）。（阿赖耶识的）心所法触等的（情况）也是如此。又彼（阿赖耶识）如河床上的洪流般地在流转。

upekṣā

词根：第一类动词词根（bhvādigaṇa），1.641 īkṣa darśane（īkṣ 见）。

近置词：upa（avajñāyām 不关心）。[依据：upasargāḥ kriyāyoge //（P.1.4.59）。]

直接后缀：a。

阴性词缀：ṭāp。

演变过程：

upa+īkṣ+**a**	gurośca halaḥ//（P.3.3.103）	若要形成阴性词时，辅音为末的有重音节的词根后加直接后缀 a。
upa+īkṣ+**a**	ārdhadhātukaṃ śeṣaḥ //（P.3.4.114）	全界词缀之外的（a）是半界词缀。
upa+**īkṣ**+a	yasmātpratyayavidhistadādi pratyaye 'ṅgam //（P.1.4.13）	其后安排了词缀的词，以此词为始，在词缀前叫词干。
up+**e**+kṣa	ādguṇaḥ //（P.6.1.87）	a 音后遇元音时，由一个二合元音替换前后两音位。

upekṣa	kṛttaddhitasamāsāśca //（P.1.2.46）	直接后缀 a 为末的 upekṣa 是名词词基。
upekṣa+**ṭāp**	ajādyataṣṭāp //（P.4.1.4）	aja 等以及以 a 为末音的，于阴性时，加 ṭāp。
upekṣa+ā	tasya lopaḥ //（P.1.3.9）	ṭāp 的符号 ṭ、p 由消隐替换。
upekṣ**ā**	akaḥ savarṇe dīrghaḥ //（P.6.1.101）	以 ak 为对收的末音后遇同类音时，一长音替换前后两音位。
upekṣā+**su**	ṅyāpprātipadikāt //（P.4.1.1） svaujasamauṭchaṣ…sup //（P.4.1.2）	在以 ṅī、āp 为末的词后，以及在名词词基后是 su 等格尾。 单数第一格加格尾 su。
upekṣā+s	tasya lopaḥ //（P.1.3.9）	su 的符号 u 由消隐替换。
upekṣā+（ ）	halṅyābbhyo dīrghāt sutisy-apṛktaṃ hal //（P.6.1.68）	在辅音后，在保留长音的 ṅī、āp 后，格尾 su、语尾 tip、sip 的单辅音词缀由消隐（lopa）替换。
upekṣā	adarśanaṃ lopaḥ //（P.1.1.60）	不显现的是消隐。
upekṣā	pratyayalope pratyayalakṣaṇam //（P.1.1.62）	词缀消隐后，词缀的因还在。
upekṣā	suptiṅantaṃ padam //（P.1.4.14）	以格尾为末的是字。

小结：

upekṣā 是加直接后缀 a，再加阴性词缀 ṭāp 构成的阴性词。由于 a 词缀在领句经文“bhāve //（P.3.3.18）”的控制之下，所以 upekṣā 表达是某种行为的已成就状态，即“漠视的状态”。

upekṣā 是阴性，单数，第一格，含义是“捨”。

vedanā

词根：第六类动词词根（tudādigaṇa），6.138 vidḷ lābhe（vid 得到）；第二类动词词根（adādigaṇa），2.55 vida jñāne（vid 认知）。

直接后缀：yuc。

阴性词缀：ṭāp。

演变过程：

vid+**nic**	hetumati ca // （P.3.1.26）	当表达使役含义时，加 ṇic 词缀。 [ṇ、c 是符号。]
vid+**ṇic**	ārdhadhātukaṃ śeṣaḥ // （P.3.4.114）	全界词缀之外的（ṇic）是半界词缀。
vid+ṇic	yasmātpratyayavidhistadādi pratyaye 'ṅgam //（P.1.4.13）	其后安排了词缀的词，以此词为始，在词缀前叫词干。
ved+ṇic	pugantalaghūpadhasya ca // （P.7.3.86）	遇到半界和全界词缀时，轻音节词干的排列倒数第二的短元音 i、u、ṛ、ḷ 由二合元音替换。
ved+ṇic	sanādyantā dhātavaḥ // （P.3.1.32）	以 ṇic 落尾的“ved+ṇic”是新词根。
ved+ṇic+**yuc**	ṇyāsaśrantho yuc // （P.3.3.107）	当要形成阴性词时，以 ṇi 为末的词根后加直接后缀 yuc。
ved+ṇic+**yuc**	ārdhadhātukaṃ śeṣaḥ // （P.3.4.114）	全界词缀之外的（yuc）是半界词缀。
ved+ṇic+yu	tasya lopaḥ // （P.1.3.9）	yuc 的符号 c 由消隐替换。
ved+ṇic+**ana**	yuvoranākau // （P.7.1.1）	yu 和 vu 由 ana 和 aka 替换。
ved+ṇic+**ana**	ārdhadhātukasyeḍvalādeḥ // （P.7.2.35）	在以对收 val 为首位音的半界词缀前，插入联系元音 iṭ。 [ana 不在其列，是 aniṭ 词缀。]
ved+（ ）+ana	ṇeraniṭi // （P.6.4.51）	当遇到 aniṭ 半界词缀时，消隐（lopa）替换前面的 ṇic。
ved+（ ）+ana	pratyayalope pratyayalakṣaṇam // （P.1.1.62）	ṇic 词缀消隐后，ṇic 词缀的因还在。
ved+（ ）+ana	sanādyantā dhātavaḥ // （P.3.1.32）	“ved+（ ）”仍是新词根。
ved+（ ）+ana	yasmātpratyayavidhistadādi pratyaye 'ṅgam //（P.1.4.13）	其后安排了词缀的词，以此词为始，在词缀前叫词干。
ved+ana	adarśanaṃ lopaḥ // （P.1.1.60）	不显现的是消隐。
vedana	kṛttaddhitasamāsāśca // （P.1.2.46）	以直接后缀 yuc 为末的是名词词基。
vedana+**ṭāp**	ajādyataṣṭāp // （P.4.1.4）	aja 等以及以 a 为末音的，于阴性时，加ṭāp。
vedana+ā	tasya lopaḥ // （P.1.3.9）	ṭāp 的符号 ṭ、p 由消隐替换。
vedan**ā**	akaḥ savarṇe dīrghaḥ // （P.6.1.101）	以 ak 为对收的末音后遇同类音时，一长音替换前后两音位。
vedanā+**su**	ṅyāpprātipadikāt // （P.4.1.1） svaujasamauṭchaṣ…sup // （P.4.1.2）	在以 ṅī、āp 为末的词后，以及在名词词基后是 su 等格尾。 单数第一格加格尾 su。

vedanā+（ ）	halṅyābbhyo dīrghāt sutisy-apṛktaṃ hal //（P.6.1.68）	在辅音后，在保留长音的 ṅī、āp 后，格尾 su、语尾 tip、sip 的单辅音词缀由消隐（lopa）替换。
vedanā	adarśanaṃ lopaḥ //（P.1.1.60）	不显现的是消隐。
vedanā	pratyayalope pratyayalakṣaṇam //（P.1.1.62）	词缀消隐后，词缀的因还在。
vedanā	suptiṅantaṃ padam //（P.1.4.14）	以格尾为末的是字。

小结：

vedanā 是加直接后缀 yuc，再加阴性词缀 ṭāp 构成的阴性词。而加 yuc 的条件是词根以 ṇic 为尾。第六类、第二类词根 vid 加 ṇic 表达的是使役的含义。

由于 yuc 词缀在领句经文“bhāve //（P.3.3.18）”的控制之下，所以 vedanā 表达是“使感知”的已成就状态。作为被使役者的心法（识体）来说，指的是“感受到”的意思，即识体所处的“受”的心理状态。

vedanā 修饰的是本颂的 tat，即第二颂的 ālaya-ākhyaṃ vijñānaṃ，表达的是阿赖耶识所处的“受”这种心理状态。

同名为“受”，但此“vedanā”区别于第三颂的“vid”（心所法受）。《大乘五蕴论》中，作为受蕴的心所法“受”用的是“vedanā”，可见该论中的“心所法”指的是识体所处的心理状态，而非是指与识体相伴的独立的法。

vedanā 是阴性，单数，第一格，含义是“受（这种心理状态）”“（心理状态）受”。

tad

词根：第八类动词词根（tanādigaṇa），8.1 tanu vistāre（tan 扩展）。

直接后缀：adi。

演变过程：

tan+**adi**	tyajitaniyajbhyo ḍit //（Uṇādisūtra 1.132）	词根 tyaj、tan、yaj 后加直接后缀 adi。该词缀如同带 ḍ 符号。
tan+**adi**	ārdhadhātukaṃ śeṣaḥ //（P.3.4.114）	全界之外的（adi）是半界词缀。
tan+ad	tasya lopaḥ //（P.1.3.9）	adi 的符号 i 由消隐替换。
tan+ad	yasmātpratyayavidhistadādi pratyaye 'ṅgam //（P.1.4.13）	其后安排了词缀的词，以此词为始，在词缀前叫词干。

t+ad	ṭeḥ // （P.6.4.143）	遇到 ḍ 符号时，词干末音节由消隐替换。
tad	kṛttaddhitasamāsāśca // （P.1.2.46）	以直接后缀为末的是名词词基。
tad	sarvādīni sarvanāmāni // （P.1.1.27）	sarva 等词是代词。

小结：

tad 是代词，有阳、阴、中三性，含义是“彼”。

tatra

世俗拆分： tasmin。

非世俗拆分： tad+ṇi+tral。

名词词基： tad（彼）。

派生词缀： tral。

演变过程：

tad	sarvādīni sarvanāmāni // （P.1.1.27）	sarva 等词是代词。
tad+ṇi+**tral**	saptamyāstral // （P.5.3.10）	代词之后的第七格格尾后，加派生词缀 tral。
tad+ṇi+tral	kṛttaddhitasamāsāśca // （P.1.2.46）	以派生词缀为尾的是名词词基。
tad+tral	supo dhātuprātipadikayoḥ // （P.2.4.71） pratyayasya lukślulupaḥ // （P.1.1.61）	词根、名词词基中蕴含的格尾由消隐（luk）替换。 luk、ślu、lup 是词缀的消隐替换。消隐是不显现。
tad+**tral**	prāgdiśo vibhaktiḥ // （P.5.3.1）	从此经文到 P.5.3.27，所讨论的词缀叫 prāgdiśīya 派生词缀。这些词缀是词尾（vibhakti）。
tad+tra	tasya lopaḥ // （P.1.3.9）	tral 的符号 l 由消隐替换。
ta+**a**+tra	tyadādīnāmaḥ // （P.7.2.102）	遇到词尾时，tyad 等代词的末音的替换是 a 音。
t+**a**+tra	āto guṇe // （P.6.1.97）	非字末的 a 音遇到二合元音时，前后两者的音位由后者的元音形式作唯一替换。
tatra	kṛttaddhitasamāsāśca // （P.1.2.46）	以派生词缀为尾的是名词词基。
tatra+**ṅi**	ṅyāpprātipadikāt //	在以 ṅī、āp 为末的词后，以及在名词

	（P.4.1.1） svaujasamauṭchaṣ…sup //（P.4.1.2）	词基后是 su 等格尾。 单数第七格加格尾 ṅi。
tatra+ṅi	taddhitaścāsarvavibhaktiḥ //（P.1.1.38）	某些派生词缀构成的词，其后并非可加所有格尾，其为不变词。
tatra+（ ）	avyayādāpsupaḥ //（P.2.4.82）	消隐（luk）替换不变词后的格尾。
tatra	pratyayasya lukślulupaḥ //（P.1.1.61）	luk、ślu、lup 是词缀的消隐替换。消隐是不显现。
tatra	pratyayalope pratyayalakṣaṇam //（P.1.1.62）	词缀消隐后，词缀的因还在。
tatra	suptiṅantaṃ padam //（P.1.4.14）	以格尾为末的 tatra 是字。

小结：

tatra 是不变词，意思是“彼处”“其中”。指的是“在善、不善、有覆无记、无覆无记这四种状态之中”。

nivṛta

词根：第五类动词词根（svādigaṇa），5.8 vṛñ varaṇe（vṛ 封闭）。

近置词：ni（nigrahe 压）。[依据：upasargāḥ kriyāyoge //（P.1.4.59）。]

直接后缀：kta。

演变过程：

ni+vṛ+**kta**	napuṃsake bhāve ktaḥ //（P.3.3.114）	词为中性，表主动行为时，可加直接后缀 kta。
ni+vṛ+**kta**	ārdhadhātukaṃ śeṣaḥ //（P.3.4.114）	全界词缀之外的（kta）是半界词缀。
ni+vṛ+ta	tasya lopaḥ //（P.1.3.9）	kta 的符号 k 由消隐替换。
ni+vṛ+**iṭ**+ta	ārdhadhātukasyeḍvalādeḥ //（P.7.2.35）	在以对收 val 为首位音的半界词缀前，插入联系元音 iṭ。
ni+vṛ+ta	ekāca upadeśe 'nudāttāt //（P.7.2.10）	于原始发音状态的非高音的单音节词根之后不加 iṭ。
ni+**vṛ**+ta	yasmātpratyayavidhistadādi pratyaye 'ṅgam //（P.1.4.13）	其后安排了词缀的词，以此词为始，在词缀前叫词干。
ni+**var**+ta	sārvadhātukārdhadhātukayoḥ //（P.7.3.84） uraṇ raparaḥ //	遇到全界、半界词缀，词干的末元音 ṛ 由二合元音替换。 ṛ、ṝ 音的替换，需由其后带 r 音的 a、i、

	（P.1.1.51）	u 及其长音来替换。
ni+vṛ+ta	kṅiti ca // （P.1.1.5）	受 g、k、ṅ 符号的影响，二合、三合元音的替换被禁止。
nivṛta	kṛttaddhitasamāsāśca // （P.1.2.46）	以直接后缀 kta 为末的是名词词基。

小结：

由经文 P.3.3.114 可知，加 kta 直接后缀的 nivṛta 不表示被动，而是表主动的行为。nivṛta 可翻译为“覆障”，即对圣道的覆障，该词为中性。

anivṛta

世俗拆分： na nivṛtam。

非世俗拆分： na+nivṛta+su。

名词词基： na（非，无）；nivṛta（覆障）。

演变过程：

na+nivṛta+su	nañ // （P.2.2.6）	nañ 与以格尾收尾的词组成依主释复合词。 [nañ 的 ñ 是符号。]
na+nivṛta+su	kṛttaddhitasamāsāśca // （P.1.2.46）	有意义的复合词是名词词基。
na+nivṛta	supo dhātuprātipadikayoḥ // （P.2.4.71） pratyayasya lukślulupaḥ // （P.1.1.61）	词根、名词词基中蕴含的格尾由消隐（luk）替换。 luk、ślu、lup 是词缀的消隐替换。消隐是不显现。
na+nivṛta	prathamānirdiṣṭaṃ samāsa upasarjanam //（P.1.2.43）	在复合词一节中，第一格所指示的是附属词。 [P.2.2.6 中 nañ 是第一格。]
na+nivṛta	upasarjanaṃ pūrvam // （P.2.2.30）	附属词是前部的。
a+nivṛta	nalopo nañaḥ // （P.6.3.73）	在后部字前，nañ 的 n 音由消隐替换。
anivṛta	kṛttaddhitasamāsāśca // （P.1.2.46）	有意义的复合词是名词词基。
anivṛta	paravalliṅgaṃ dvaṃdva-tatpuruṣayoḥ //（P.2.4.26）	相违释和依主释复合词的性如后部字。

小结：

anivṛta 是依主释复合词。前部字是 nañ 有六种含义：相似、无实在、与此物异、缺乏此物、不值得赞扬、相矛盾。[①] 此处应该采用"无实在"的含义，翻译为"无覆障"。即对圣道不存在覆障。该复合词的性如后部字，为中性。

vyākṛta

词根：第八类动词词根（tanādigaṇa），8.10 ḍukṛñ karaṇe（kṛ 做）。

近置词：vi（viśeṣe 差异，niśāmane 看、听，vicāre 分析）；āṅ（nirdeśe 指示，vijñāne 识别）。[依据：upasargāḥ kriyāyoge //（P.1.4.59）。]

直接后缀：kta。

演变过程：

vi+ā+kṛ+**kta**	tayoreva kṛtyaktakhalarthāḥ //（P.3.4.70）	kṛtya、kta 以及具有 khal 意义的词缀强调行为和业。
vi+ā+kṛ+**kta**	ārdhadhātukaṃ śeṣaḥ //（P.3.4.114）	全界词缀之外的（kta）是半界词缀。
vi+ā+kṛ+ta	tasya lopaḥ //（P.1.3.9）	kta 的符号 k 由消隐替换。
vi+ā+kṛ+**iṭ**+ta	ārdhadhātukasyeḍvalādeḥ //（P.7.2.35）	在以对收 val 为首位音的半界词缀前，插入联系元音 iṭ。
vi+ā+kṛ+ta	ekāca upadeśe 'nudāttāt //（P.7.2.10）	于原始发音状态的非高音的单音节词根之后不加 iṭ。
vi+ā+**kṛ**+ta	yasmātpratyayavidhistadādi pratyaye 'ṅgam //（P.1.4.13）	其后安排了词缀的词，以此词为始，在词缀前叫词干。
vi+ā+k**ar**+ta	sārvadhātukārdhadhātukayoḥ //（P.7.3.84） uraṇ raparaḥ //（P.1.1.51）	遇到全界、半界词缀，词干的末元音 ṛ 由二合元音替换。 ṛ、ṝ 音的替换，需由其后带 r 音的 a、i、u 及其长音来替换。
vi+ā+kṛ+ta	kṅiti ca //（P.1.1.5）	受 g、k、ṅ 符号的影响，二合、三合元音的替换被禁止。
vy+ā+kṛta	iko yaṇaci //（P.6.1.77）	发生连音时，若后遇元音，半元音替代以 ik 为对收的元音。
vyākṛta	kṛttaddhitasamāsāśca //（P.1.2.46）	以直接后缀 kta 为末的是名词词基。

小结：

根据经文"tayoreva kṛtyaktakhalarthāḥ //（P.3.4.70）"可知，加 kta 词缀可强调被动的业（karman）和行为（bhāva）。一方面，vyākṛta 强调的业是本颂的 tat，故与中性的

① 段晴：《波你尼语法入门》，北京大学出版社 2001 年版，第 455 页。

tat 同性、数、格；另一方面，vyākṛta 同时也强调行为，义为“被记别”，即可被善、恶所标记或所区别。

avyākṛta

世俗拆分：na vyākṛtam。

非世俗拆分：na+vyākṛta+su。

名词词基：na（非，无）；vyākṛta（被记别）。

演变过程：

na+vyākṛta+su	nañ // （P.2.2.6）	nañ 与以格尾收尾的词组成依主释复合词。 [nañ 的 ñ 是符号。]
na+vyākṛta+su	kṛttaddhitasamāsāśca // （P.1.2.46）	有意义的复合词是名词词基。
na+vyākṛta	supo dhātuprātipadikayoḥ // （P.2.4.71） pratyayasya lukślulupaḥ // （P.1.1.61）	词根、名词词基中蕴含的格尾由消隐（luk）替换。 luk、ślu、lup 是词缀的消隐替换。消隐是不显现。
na+vyākṛta	prathamānirdiṣṭaṃ samāsa upasarjanam //（P.1.2.43）	在复合词一节中，第一格所指示的是附属词。 [P.2.2.6 中 nañ 是第一格。]
na+vyākṛta	upasarjanaṃ pūrvam // （P.2.2.30）	附属词是前部的。
a+vyākṛta	nalopo nañaḥ // （P.6.3.73）	在后部字前，nañ 的 n 音由消隐替换。
avyākṛta	kṛttaddhitasamāsāśca // （P.1.2.46）	有意义的复合词是名词词基。
avyākṛta	paravalliṅgaṃ dvaṃdva-tatpuruṣayoḥ //（P.2.4.26）	相违释和依主释复合词的性如后部字。

小结：

avyākṛta 是依主释复合词。前部字是 nañ 有六种含义：相似、无实在、与此物异、缺乏此物、不值得赞扬、相矛盾。此处应该采用“相矛盾”的含义，翻译为“不可被记别”。该复合词的性如后部字，为中性。

anivṛta-avyākṛtaṃ

世俗拆分：anivṛtasya avyākṛtam。

非世俗拆分：anivṛta+ṅas+avyākṛta+su。

名词词基：anivṛta（无覆障）；avyākṛta（不可被记别）。

演变过程：

anivṛta+**ṅas**+ avyākṛta+su	ṣaṣṭhī // （P.2.2.8）	第六格与以格尾收尾的词构成依主释复合词。
anivṛta+ṅas+ avyākṛta+su	kṛttaddhitasamāsāśca // （P.1.2.46）	有意义的复合词是名词词基。
anivṛta+avyākṛta	supo dhātuprātipadikayoḥ // （P.2.4.71） pratyayasya lukślulupaḥ // （P.1.1.61）	词根、名词词基中蕴含的格尾由消隐(luk)替换。 luk、ślu、lup 是词缀的消隐替换。消隐是不显现。
anivṛta+avyākṛta	prathamānirdiṣṭaṃ samāsa upasarjanam //（P.1.2.43）	在复合词一节中，第一格所指示的是附属词。 [P.2.2.8 中 ṣaṣṭhī 是第一格。]
anivṛta+avyākṛta	upasarjanaṃ pūrvam // （P.2.2.30）	附属词是前部的。
anivṛt+**ā**+vyākṛta	akaḥ savarṇe dīrghaḥ // （P.6.1.101）	以 ak 为对收的末音后遇同类音时，一长音替换前后两音位。
anivṛtāvyākṛta	kṛttaddhitasamāsāśca // （P.1.2.46）	有意义的复合词是名词词基。
anivṛtāvyākṛta	paravalliṅgaṃ dvaṃdva-tatpuruṣayoḥ //（P.2.4.26）	相违释和依主释复合词的性如后部字。[该复合词为中性。]
anivṛtāvyākṛ**ta**	hrasvo napuṃsake prātipadikasya // （P.1.2.47）	词为中性时，短元音替换名词词基的末音。
anivṛtāvyākṛta+**su**	ṅyāpprātipadikāt // （P.4.1.1） svaujasamauṭchaṣ…sup // （P.4.1.2）	在以 ṅī、āp 为末的词后，以及在名词词基后是 su 等格尾。 单数第一格加格尾 su。
anivṛtāvyākṛta+**am**	ato 'm // （P.7.1.24）	以 a 落尾的中性词后，am 替换格尾 su 和 am。
anivṛtāvyākṛt+**a**+m	ami pūrvaḥ // （P.6.1.107）	在 a、ā 以及单元音后，遇到 am 的元音时，前面的元音形式是唯一的替代。
anivṛtāvyākṛtam	suptiṅantaṃ padam // （P.1.4.14）	以格尾为末的是字。
anivṛtāvyākṛta**ṃ**	mo 'nusvāraḥ // （P.8.3.23）	字末的 m 音在辅音前由鼻腔音替代。
anivṛtāvyākṛta**ñ**	anusvārasya yayi parasavarṇaḥ // （P.8.4.58）	遇到除咝音和 h 音以外的辅音时，后面的同类音替换鼻腔音。
anivṛtāvyākṛtaṃ	vā padāntasya // （P.8.4.59）	字末的同类鼻音的替换可做可不做。

小结：

anivṛta-avyākṛta 是依主释复合词，性如后部字，为中性。依主释复合词以后部字为主（pradhāna），前部字是对后部字的修饰。后部字 avyākṛta 表被动，强调的业是本颂的 tat，故该词与 tat 同性数格。

因此 anivṛtāvyākṛtam 是中性，单数，第一格，含义是“（属于）无覆障的不可被（善恶）记别的”，佛典中常翻译为“无覆无记（性）”。

ca

名词词基：ca（和）。

演变过程：

ca	arthavadadhāturapratyayaḥ prātipadikam //（P.1.2.45）	既非词根，亦非词缀，有意义的（词）是名词词基。 [ca 是不可拆分（avyutpanna）的名词词基。]
ca+**sup**	ṅyāpprātipadikāt //（P.4.1.1） svaujasamauṭchaṣ…sup //（P.4.1.2）	在以 ṅī、āp 为末的词后，以及在名词词基后是 su 等格尾。 根据需要加某一 sup 格尾。
ca+sup	cādayo ’sattve //（P.1.4.57）	非实物意义的 ca 等词是投词（nipāta）。
ca+sup	svarādinipātamavyayam //（P.1.1.37）	投词 ca 是不变词。
ca+（ ）	avyayādāpsupaḥ //（P.2.4.82）	消隐（luk）替换不变词后的格尾。
ca	pratyayasya lukślulupaḥ //（P.1.1.61）	luk、ślu、lup 是词缀的消隐替换。消隐是不显现。
ca	pratyayalope pratyayalakṣaṇam //（P.1.1.62）	词缀消隐后，词缀的因还在。
ca	suptiṅantaṃ padam //（P.1.4.14）	以格尾为末的 ca 是字。

小结：

ca 是投词，不变词，意为“和”。

tat

词根：第八类动词词根（tanādigaṇa），8.1 tanu vistāre（tan 扩展）。

直接后缀：adi。

演变过程：

tan+**adi**	tyajitaniyajbhyo ḍit //（Uṇādisūtra 1.132）	词根 tyaj、tan、yaj 后加直接后缀 adi。该词缀如同带 ḍ 符号。
tan+**adi**	ārdhadhātukaṃ śeṣaḥ //（P.3.4.114）	全界之外的（adi）是半界词缀。
tan+ad	tasya lopaḥ //（P.1.3.9）	adi 的符号 i 由消隐替换。
tan+ad	yasmātpratyayavidhistadādi pratyaye 'ṅgam //（P.1.4.13）	其后安排了词缀的词，以此词为始，在词缀前叫词干。
t+ad	ṭeḥ //（P.6.4.143）	遇到 ḍ 符号时，词干末音节由消隐替换。
tad	kṛttaddhitasamāsāśca //（P.1.2.46）	以直接后缀为末的是名词词基。
tad	sarvādīni sarvanāmāni //（P.1.1.27）	sarva 等词是代词。
tad+**su**	ṅyāpprātipadikāt //（P.4.1.1） svaujasamauṭchaṣ…sup //（P.4.1.2）	在以 ṅī、āp 为末的词后，以及在名词词基后是 su 等格尾。 单数第一格加格尾 su。
tad+（ ）	svamornapuṃsakāt //（P.7.1.23）	中性词后，su 和 am 由消隐（luk）替换。
tad	pratyayasya lukślulupaḥ //（P.1.1.61）	luk、ślu、lup 是词缀的消隐替换。消隐是不显现。
tad	pratyayalope pratyayalakṣaṇam //（P.1.1.62）	词缀消隐后，词缀的因还在。
tad	suptiṅantaṃ padam //（P.1.4.14）	以格尾为末的 tad 是字。
tat	vāvasāne //（P.8.4.56）	在停顿时，以 jhal 为对收的辅音可以由清辅音替换。

小结：

tat 是代词，中性，单数，第一格，意为“彼”。指的是第二颂的“ālaya-ākhyaṃ vijñānaṃ”（阿赖耶识）。

tathā

世俗拆分：tena prakāreṇa。

非世俗拆分：tad+ṭā+thāl。

名词词基：tad（彼）。

派生词缀：thāl。

演变过程：

tad	sarvādīni sarvanāmāni //（P.1.1.27）	sarva 等词是代词。
tad+ṭā+**thāl**	prakāravacane thāl //（P.5.3.23）	表某种存在方式时，词缀 thāl 加在 P.5.3.2 提到的代词等词后。
tad+ṭā+thāl	kṛttaddhitasamāsāśca //（P.1.2.46）	以派生词缀 thāl 为尾的是名词词基。
tad+thāl	supo dhātuprātipadikayoḥ //（P.2.4.71） pratyayasya lukślulupaḥ //（P.1.1.61）	词根、名词词基中蕴含的格尾由消隐（luk）替换。 luk、ślu、lup 是词缀的消隐替换。消隐是不显现。
tad+**thāl**	prāgdiśo vibhaktiḥ //（P.5.3.1）	从此经文到 P.5.3.27，所讨论的词缀叫 prāgdiśīya 派生词缀。这些词缀是词尾（vibhakti）。
tad+thā	tasya lopaḥ //（P.1.3.9）	thāl 的符号 l 由消隐替换。
ta+**a**+thā	tyadādīnāmaḥ //（P.7.2.102）	遇到词尾时，tyad 等代词的末音的替换是 a 音。
t+**a**+thā	āto guṇe //（P.6.1.97）	非字末的 a 音遇到二合元音时，前后两者的音位由后者的元音形式作唯一替换。
tathā	kṛttaddhitasamāsāśca //（P.1.2.46）	以派生词缀为尾的是名词词基。
tathā+**sup**	ṅyāpprātipadikāt //（P.4.1.1） svaujasamauṭchaṣ…sup //（P.4.1.2）	在以 ṅī、āp 为末的词后，以及在名词词基后是 su 等格尾。 根据需求加某一 sup 格尾。
tathā+sup	svarādinipātamavyayam //（P.1.1.37）	svarādi 群中（254.89）tasilādi 等派生词缀为尾的是不变词。 [经文 P.5.3.7 至 P.5.3.47 涉及形成不变词的派生词缀。]
tathā+（ ）	avyayādāpsupaḥ //（P.2.4.82）	消隐（luk）替换不变词后的格尾。
tathā	pratyayasya lukślulupaḥ //（P.1.1.61）	luk、ślu、lup 是词缀的消隐替换。消隐是不显现。
tathā	pratyayalope pratyayalakṣaṇam //（P.1.1.62）	词缀消隐后，词缀的因还在。
tathā	suptiṅantaṃ padam //（P.1.4.14）	以格尾为末的 tathā 是字。

小结：

tathā 是不变词，表达“如彼”“同彼”的意思。

sparśa

词根：第六类动词词根（tudādigaṇa），6.128 spṛśa saṃsparśane（spṛś 接触）。

直接后缀：ghañ。

演变过程：

spṛś+**ghañ**	bhāve // （P.3.3.18） 或 akartari ca kārake saṃjñāyām // （P.3.3.19）	当表达达到已成就状态的词根意义时，词根后加 ghañ 词缀。 当作术语时，（加 ghañ 词缀）也表示造者，但主动者除外。
spṛś+**ghañ**	ārdhadhātukaṃ śeṣaḥ // （P.3.4.114）	全界词缀之外的（ghañ）是半界词缀。
spṛś+a	tasya lopaḥ // （P.1.3.9）	ghañ 的符号 gh、ñ 由消隐替换。
spṛś+a	yasmātpratyayavidhistadādi pratyaye 'ṅgam //（P.1.4.13）	其后安排了词缀的词，以此词为始，在词缀前叫词干。
sparś+a	pugantalaghūpadhasya ca // （P.7.3.86） uraṇ raparaḥ // （P.1.1.51）	遇到半界和全界词缀时，轻音节词干的排列倒数第二的短元音 i、u、ṛ、ḷ 由二合元音替换。 ṛ、ṝ 音的替换，需由其后带 r 音的 a、i、u 及其长音来替换。
sparśa	kṛttaddhitasamāsāśca // （P.1.2.46）	直接后缀 ghañ 为末的 sparśa 是名词词基。

小结：

sparśa 如果是依据 “bhāve //（P.3.3.18）”加直接后缀 ghañ 而成的话，表达的是词根所代表的运动和行为的已成就状态，翻译为“触”。即心法（识体）处于“触”的心理状态。

若 sparśa 是依据经文“akartari ca kārake saṃjñāyām //（P.3.3.19）”加直接后缀 ghañ 而成的话，那么 sparśa 可以作为非主动者（akartṛ）的造者（kāraka），且是专有名词。若采用作用具（karaṇa）这一造者来表达原因和伴随含义时，那么 sparśa 指的是造成心法处于“触”这种心理状态的另一独立因法——“心所法触”。本颂采用这种理解。

ādi

词根：第一类动词词根（bhvādigaṇa），1.977 dāṇ dāne（dā 给予）；第三类动词词根（juhotyādigaṇa），3.9 ḍudāñ dāne（dā 给予）。

近置词：ā（abhimukhe 趋向，krāntau 进程）。[依据：upasargāḥ kriyāyoge //（P.1.4.59）。]

直接后缀：ki。

演变过程：

dā	dādhā ghvadāp //（P.1.1.20）	拥有 dā、dhā 形式的词根被称作 ghu。
ā+dā+**ki**	upasarge ghoḥ kiḥ //（P.3.3.92）	当前有近置词，且表达行为和造者含义时，ghu 类词根后加 ki。
ā+dā+**ki**	ārdhadhātukaṃ śeṣaḥ //（P.3.4.114）	全界词缀之外的（ki）是半界词缀。
ā+dā+i	tasya lopaḥ //（P.1.3.9）	ki 的符号 k 由消隐替换。
ā+**dā**+i	yasmātpratyayavidhistadādi pratyaye 'ṅgam //（P.1.4.13）	其后安排了词缀的词，以此词为始，在词缀前叫词干。
ā+d+i	āto lopa iṭi ca //（P.6.4.64）	当遇到带 k、ṅ 符号的词缀，或带联系元音 iṭ 的半界词缀时，词干收尾的 ā 音由消隐替换。
ādi	kṛttaddhitasamāsāśca //（P.1.2.46）	以直接后缀 ki 为末的是名词词基。

小结：

经文 P.3.3.92 在领句经文 “bhāve //（P.3.3.18）”的控制之下，表达的是词根所代表的运动和行为的已成就状态，翻译为“开始”。

经文 P.3.3.92 也在领句经文“akartari ca kārake samjñāyām //（P.3.3.19）”控制之下。故 ādi 可以作为非主动者（akartṛ）的造者（kāraka），且是专有名词。若采用所从取者（apādāna）这一造者时，ādi 指“第一”“首”的含义。此颂采用这种理解。

sparśa-ādayas

世俗拆分：sparśa ādir yeṣāṃ te。或 sparśa ādir yeṣu te。

非世俗拆分：sparśa+su+ādi+su。

名词词基：sparśa（心所法触）；ādi（首）。

演变过程：

sparśa+su+ādi+su	anekamanyapadārthe //（P.2.2.24）	两个以上（以第一格收尾）的词，若以表达另一个词为目的，构成的是多财释复合词。
sparśa+su+ādi+su	kṛttaddhitasamāsāśca //（P.1.2.46）	有意义的复合词是名词词基。
sparśa+ādi	supo dhātuprātipadikayoḥ //（P.2.4.71） pratyayasya lukślulupaḥ //（P.1.1.61）	词根、名词词基中蕴含的格尾由消隐（luk）替换。 luk、ślu、lup 是词缀的消隐替换。消隐是不显现。
spars+**ā**+di	akaḥ savarṇe dīrghaḥ //（P.6.1.101）	以 ak 为对收的末音后遇同类音时，一长音替换前后两音位。
sparśādi	kṛttaddhitasamāsāśca //（P.1.2.46）	复合词是名词词基。
sparśādi+**jas**	ṅyāpprātipadikāt //（P.4.1.1） svaujasamauṭchaṣ…sup //（P.4.1.2）	在以 ṅī、āp 为末的词后，以及在名词词基后是 su 等格尾。 复数第一格加格尾 jas。
sparśādi+as	tasya lopaḥ //（P.1.3.9）	jas 的符号 j 由消隐替换。
sparśād**e**+as	jasi ca //（P.7.3.109）	以短元音为末的词干遇到复数第一格时，发生二合元音的替换。
sparśād**ay**+as	eco 'yavāyāvaḥ //（P.6.1.78）	遇到元音时，复合元音由 ay、av、āv、āy 替换。
sparśādayas	suptiṅantaṃ padam //（P.1.4.14）	以格尾为末的是字。
sparśādaya**r**	sasajuṣo ruḥ //（P.8.2.66）	r 音替换字末的 s 音。
sparśādaya**ḥ**	kharavasānayorvisarjanīyaḥ //（P.8.3.15）	在清辅音和停顿前，送气音替换字末的 r 音。
sparśādaya**s**	visarjanīyasya saḥ //（P.8.3.34）	在清辅音前，s 音替换送气音。

小结：

sparśādi 是多财释复合词，含义是：其首是心所法触者。

因此 sparśādayas 是阳性，复数，第一格，含义是“心所法触为首的一组心所法”，或翻译为“心所法触等”。

tac（tad）

词根：第八类动词词根（tanādigaṇa），8.1 tanu vistāre（tan 扩展）。

直接后缀：adi。

演变过程：

tan+**adi**	tyajitaniyajbhyo ḍit //（Uṇādisūtra 1.132）	词根 tyaj、tan、yaj 后加直接后缀 adi。该词缀如同带 ḍ 符号。
tan+**adi**	ārdhadhātukaṃ śeṣaḥ //（P.3.4.114）	全界之外的（adi）是半界词缀。
tan+ad	tasya lopaḥ //（P.1.3.9）	adi 的符号 i 由消隐替换。
tan+ad	yasmātpratyayavidhistadādi pratyaye 'ṅgam //（P.1.4.13）	其后安排了词缀的词，以此词为始，在词缀前叫词干。
t+ad	ṭeḥ //（P.6.4.143）	遇到 ḍ 符号时，词干末音节由消隐替换。
tad	kṛttaddhitasamāsāśca //（P.1.2.46）	以直接后缀为末的是名词词基。
tad	sarvādīni sarvanāmāni //（P.1.1.27）	sarva 等词是代词。
tad+**su**	ṅyāpprātipadikāt //（P.4.1.1） svaujasamauṭchaṣ…sup //（P.4.1.2）	在以 ṅī、āp 为末的词后，以及在名词词基后是 su 等格尾。 单数第一格加格尾 su。
tad+（ ）	svamornapuṃsakāt //（P.7.1.23）	中性词后，su 和 am 由消隐（luk）替换。
tad	pratyayasya lukślulupaḥ //（P.1.1.61）	luk、ślu、lup 是词缀的消隐替换。消隐是不显现。
tad	pratyayalope pratyayalakṣaṇam //（P.1.1.62）	词缀消隐后，词缀的因还在。
tad	suptiṅantaṃ padam //（P.1.4.14）	以格尾为末的 tad 是字。
tat	khari ca //（P.8.4.55）	在清辅音前，浊辅音由清辅音替换。
tac	stoḥ ścunā ścuḥ //（P.8.4.40）	ś 和腭音族取代与 ś 和腭音族（结合的）s 和齿音族。

小结：

tac 原型是代词 tad，其为中性，单数，第一格，意为“彼”“那个”。tad 指代的是第二颂的“ālaya-ākhyaṃ vijñānaṃ”（阿赖耶识）。

ca

名词词基：ca（和）。

演变过程：

ca	arthavadadhāturapratyayaḥ prātipadikam //（P.1.2.45）	既非词根，亦非词缀，有意义的（词）是名词词基。 [ca 是不可拆分（avyutpanna）的名词词基。]
ca+**sup**	ṅyāpprātipadikāt //（P.4.1.1） svaujasamauṭchaṣ…sup //（P.4.1.2）	在以 ṅī、āp 为末的词后，以及在名词词基后是 su 等格尾。 根据需要加某一 sup 格尾。
ca+sup	cādayo 'sattve //（P.1.4.57）	非实物意义的 ca 等词是投词（nipāta）。
ca+sup	svarādinipātamavyayam //（P.1.1.37）	投词 ca 是不变词。
ca+（ ）	avyayādāpsupaḥ //（P.2.4.82）	消隐（luk）替换不变词后的格尾。
ca	pratyayasya lukślulupaḥ //（P.1.1.61）	luk、ślu、lup 是词缀的消隐替换。消隐是不显现。
ca	pratyayalope pratyayalakṣaṇam //（P.1.1.62）	词缀消隐后，词缀的因还在。
ca	suptiṅantaṃ padam //（P.1.4.14）	以格尾为末的 ca 是字。

小结：

ca 是投词，不变词，意为“和”“亦”。

vartate

词根：第一类动词词根（bhvādigaṇa），1.795 vṛtu vartane（vṛt 存在、运转）。

演变过程：

vṛt+**laṭ**	vartamāne laṭ //（P.3.2.123）	laṭ（第一罗）表示正在发生。
vṛt+l	tasya lopaḥ //（P.1.3.9）	消隐替换 laṭ 的符号 a、ṭ。
vṛt+**ta**	laḥ parasmaipadam //（P.1.4.99） anudāttaṅita ātmanepadam //（P.1.3.12） tiptasjhi…iḍvahimahiṅ //（P.3.4.78）	替换罗的是主动语态。 在非高音的词根后，替换罗的是中间语态。 中间语态第三人称单数的 laṭ 的替换是 ta。

vṛt+**ta**	tiṅśit sārvadhātukam //（P.3.4.113）	tiṅ、带符号 ś 的词缀是全界。
vṛt+**śap**+ta	kartari śap //（P.3.1.68）	遇到表示主动者为目的全界词缀时，词根后加插入音 śap。
vṛt+**śap**+ta	tiṅśit sārvadhātukam //（P.3.4.113）	tiṅ、带符号 ś 的词缀是全界。
vṛt+a+ta	tasya lopaḥ //（P.1.3.9）	消隐替换 śap 的符号 ś、p。
vṛt+a+ta	yasmātpratyayavidhistadādi pratyaye 'ṅgam //（P.1.4.13）	其后安排了词缀的词，以此词为始，在词缀前叫词干。
v**ar**t+a+ta	pugantalaghūpadhasya ca//（P.7.3.86） uraṇ raparaḥ //（P.1.1.51）	遇到半界和全界词缀时，轻音节词干的排列倒数第二的短元音 i、u、ṛ、ḷ 由二合元音替换。 ṛ、ṝ 音的替换，需由其后带 r 音的 a、i、u 及其长音来替换。
vart+a+t**e**	ṭita ātmanepadānāṃ ṭere //（P.3.4.79）	替换了带 ṭ 符号之（罗）的中间语态语尾，其末音由 e 音替换。
vartate	suptiṅantaṃ padam //（P.1.4.14）	以语尾为末的 vartate 是字。

小结：

vartate 的词根的原始发音是"vṛtu"。其中带鼻腔音的符号 u 根据传承发低音。由经文"anudāttaṅita ātmanepadam //（P.1.3.12）"可知，具有发非高音的符号的词根后替换罗的是中间语态。

vartate 是现在时，陈述语气，中间语态，第三人称，单数，翻译为"它流转"。

srotas

词根：第一类动词词根（bhvādigaṇa），1.987 sru gatau（sru 走）。

直接后缀：tasi。

演变过程：

sru+**tuṭ+asun**	sruribhyāṃ tuṭ ca（Uṇādisūtra 4.201）	直接后缀 asun 加在词根 sru、rī 之后，且插入 tuṭ。
sru+tuṭ+**asun**	ārdhadhātukaṃ śeṣaḥ //（P.3.4.114）	全界词缀之外的（asun）是半界词缀。
sru+t+as	tasya lopaḥ //（P.1.3.9）	tuṭ 的符号 ṭ 由消隐替换。 [u 音是为了发音的方便。] asun 的符号 n 由消隐替换。 [u 音是为了发音的方便。]

sru+**tas**	ādyantau ṭakitau //（P.1.1.46）	以 ṭ 符号和 k 符号结尾的是首位音或末音。
sru+tas	yasmātpratyayavidhistadādi pratyaye 'ṅgam //（P.1.4.13）	其后安排了词缀的词，以此词为始，在词缀前叫词干。
sr**o**+tas	sārvadhātukārdhadhātukayoḥ //（P.7.3.84）	遇到半界词缀，词干的末元音 u 由二合元音（guṇa）替换。
srotas	kṛttaddhitasamāsāśca //（P.1.2.46）	以直接后缀 kta 为末的是名词词基。

小结：

srotas 有“水流”“河流”“河道”等意思。此颂采用“河床”的翻译。

augha

世俗拆分： oghānāṃ samūhaḥ。

非世俗拆分： ogha+ām+aṇ。

名词词基： ogha（洪水）。

派生词缀： aṇ。

演变过程：

ogha	arthavadadhāturapratyayaḥ prātipadikam //（P.1.2.45）	既非词根，亦非词缀，有意义的（词）是名词词基。 [ogha 源自俗语，故是不可拆分（avyutpanna）的名词词基。]
ogha+ām+**aṇ**	tasya samūhaḥ //（P.4.2.37）	表某些事物的聚集、集合体时加派生词缀 aṇ。
ogha+ām+aṇ	kṛttaddhitasamāsāśca //（P.1.2.46）	以派生词缀 aṇ 为尾的是名词词基。
ogha+aṇ	supo dhātuprātipadikayoḥ //（P.2.4.71） pratyayasya lukślulupaḥ //（P.1.1.61）	词根、名词词基中蕴含的格尾由消隐（luk）替换。 luk、ślu、lup 是词缀的消隐替换。消隐是不显现。
ogha+a	tasya lopaḥ //（P.1.3.9）	aṇ 的符号 ṇ 由消隐替换。
augha+a	taddhiteṣvacāmādeḥ //（P.7.2.117）	在带 ñ、ṇ 符号的派生词缀前，首位元音由三合元音替换。
augha+a	yaci bham //（P.1.4.18）	以 y 音或元音为首位音的格尾以及部分派生词缀前的词干，称作 bha 词干。
augh+（ ）+a	yasyeti ca //（P.6.4.148）	遇到派生词缀或 ī 音时，替换 bha 词干末尾的 i、ī 和 a、ā 的是消隐（lopa）。

augh+a	adarśanaṃ lopaḥ //（P.1.1.60）	不显现的是消隐。
augha	kṛttaddhitasamāsāśca //（P.1.2.46）	以派生词缀为末的是名词词基。

小结：

ogha 一词源自于印度俗语（Prākṛta），故不可依据波你尼语法来进行拆分。

ogha 表“洪水”的意思，加派生词缀 aṇ 是为了表聚集、集合体的意思，所以 augha 的含义是“洪流”。

srotas-augha

世俗拆分： srotasy aughaḥ。

非世俗拆分： srotas+ṅi+augha+su。

名词词基： srotas（河床）；augha（洪流）。

演变过程：

srotas+ṅi+augha+su	saptamī śauṇḍaiḥ //（P.2.1.40）	一个第七格收尾的词可构成依主释复合词。
srotas+ṅi+augha+su	kṛttaddhitasamāsāśca //（P.1.2.46）	有意义的复合词是名词词基。
srotas+augha	supo dhātuprātipadikayoḥ //（P.2.4.71） pratyayasya lukślulupaḥ //（P.1.1.61）	词根、名词词基中蕴含的格尾由消隐（luk）替换。 luk、ślu、lup 是词缀的消隐替换。消隐是不显现。
srotasaugha	kṛttaddhitasamāsāśca //（P.1.2.46）	有意义的复合词是名词词基。

小结：

srotas-augha 是依主释复合词，前部字为第七格，含义为“河床上的洪流”。

srotasaughavat

世俗拆分： srotasaughena tulyam vartate。

非世俗拆分： srotasaugha+ṭā+vati。

名词词基： srotasaugha（河床上的洪流）。

派生词缀： vati。

演变过程：

srotasaugha+ṭā+**vati**	tena tulyaṃ kriyā cedvatiḥ //（P.5.1.115）	与其相似，如果指行为，加 vati。
srotasaugha+ṭā+vati	kṛttaddhitasamāsāśca //（P.1.2.46）	以派生词缀 vati 为尾的是名词词基。
srotasaugha+vati	supo dhātuprātipadikayoḥ //（P.2.4.71） pratyayasya lukślulupaḥ //（P.1.1.61）	词根、名词词基中蕴含的格尾由消隐（luk）替换。 luk、ślu、lup 是词缀的消隐替换。消隐是不显现。
srotasaugha+vat	tasya lopaḥ //（P.1.3.9）	vati 的符号 i 由消隐替换。
srotasaughavat	kṛttaddhitasamāsāśca //（P.1.2.46）	以派生词缀为尾的是名词词基。
srotasaughavat+**ṭā**	ṅyāpprātipadikāt //（P.4.1.1） svaujasamauṭchaṣ…sup //（P.4.1.2）	在以 ṅī、āp 为末的词后，以及在名词词基后是 su 等格尾。 单数第三格加格尾 ṭā。
srotasaughavat+ṭā	taddhitaścāsarvavibhaktiḥ //（P.1.1.38）	某些派生词缀构成的词，其后并非可加所有格尾，其为不变词。
srotasaughavat+（ ）	avyayādāpsupaḥ //（P.2.4.82）	消隐（luk）替换不变词后的格尾。
srotasaughavat	pratyayasya lukślulupaḥ //（P.1.1.61）	luk、ślu、lup 是词缀的消隐替换。消隐是不显现。
srotasaughavat	pratyayalope pratyayalakṣaṇam //（P.1.1.62）	词缀消隐后，词缀的因还在。
srotasaughavat	suptiṅantaṃ padam //（P.1.4.14）	以格尾为末的 srotasaughavat 是字。

小结：

srotasaughavat 是不变词，表达相似的行为。翻译为“如河床上的洪流般地”。

第五颂

तस्य व्यावृतिरर्हत्वे तदाश्रित्य प्रवर्तते ।
तदालम्बं मनोनाम विज्ञानं मननात्मकम् ॥५॥

tasya vyāvṛtir arhatve tad āśritya pravartate /
tad-ālambaṃ mano-nāma vijñānaṃ manana-ātmakam //5//

玄奘译：阿罗汉位捨。次第二能变，是识名末那，依彼转缘彼，思量为性相。

真谛译《转识论》：乃至得罗汉果，此流浪法，亦犹未灭，是名第一识。依、缘此识，有第二执识。此识以执着为体。

霍韬晦译：阿罗汉位捨。依彼起、缘彼，是识名为意。思量为自性。

现译：彼（阿赖耶识）的捨弃（发生）在处于阿罗汉这种状态时。（作为第二种转变因者是）有末那为其名的识。（其）依靠彼（阿赖耶识）后而生起，（其为）彼（阿赖耶识）为所缘者，（其为）思量为自性者。

tasya

词根：第八类动词词根（tanādigaṇa），8.1 tanu vistāre（tan 扩展）。

直接后缀：adi。

演变过程：

tan+**adi**	tyajitaniyajbhyo ḍit //（Uṇādisūtra 1.132）	词根 tyaj、tan、yaj 后加直接后缀 adi。该词缀如同带 ḍ 符号。
tan+**adi**	ārdhadhātukaṃ śeṣaḥ //（P.3.4.114）	全界之外的（adi）是半界词缀。
tan+ad	tasya lopaḥ //（P.1.3.9）	adi 的符号 i 由消隐替换。
tan+ad	yasmātpratyayavidhistadādi pratyaye 'ṅgam //（P.1.4.13）	其后安排了词缀的词，以此词为始，在词缀前叫词干。
t+ad	ṭeḥ //（P.6.4.143）	遇到 ḍ 符号时，词干末音节由消隐替换。
tad	kṛttaddhitasamāsāśca //（P.1.2.46）	以直接后缀为末的是名词词基。

tad	sarvādīni sarvanāmāni //（P.1.1.27）	sarva 等词是代词。
tad+**ṅas**	ṅyāpprātipadikāt //（P.4.1.1） svaujasamauṭchaṣ…sup //（P.4.1.2）	在以 ṅī、āp 为末的词后，以及在名词词基后是 su 等格尾。 单数第六格加格尾 ṅas。
ta+**a**+ṅas	tyadādīnāmaḥ //（P.7.2.102）	遇到词尾时，tyad 等代词的末音的替换是 a 音。
t+**a**+ṅas	āto guṇe //（P.6.1.97）	非字末的 a 音遇到二合元音时，前后两者的音位由后者的元音形式作唯一替换。
t+a+**sya**	ṭāṅasiṅasāminātsyāḥ //（P.7.1.12）	替换 ṅas 的是 sya
tasya	suptiṅantaṃ padam //（P.1.4.14）	以格尾为末的 tasya 是字。

小结：

tad 是代词，指的是第二颂的“ālaya-ākhyaṃ vijñānaṃ”（阿赖耶识）。

tasya 是中性，单数，第六格，意为“彼的”。

vyāvṛtir

词根：第五类动词词根（svādigaṇa），5.8 vṛñ varaṇe（vṛ 封闭，屏蔽）；第九类动词词根（kryādigaṇa），9.38 vṛṅ saṃbhaktām（vṛ 分离）。

近置词：vi（viśleṣe 分离）；āṅ（tyāge 离弃）。[依据：upasargāḥ kriyāyoge //（P.1.4.59）。]

直接后缀：ktin。

演变过程：

vi+ā+vṛ+**ktin**	striyāṃ ktin //（P.3.3.94）	要表阴性时，加直接后缀 ktin，表行为等含义。
vi+ā+vṛ+**ktin**	ārdhadhātukaṃ śeṣaḥ //（P.3.4.114）	ktin 是半界词缀。
vi+ā+vṛ+ti	tasya lopaḥ //（P.1.3.9）	ktin 的符号 k、n 由消隐替换。
vi+ā+vṛ+**iṭ**+ti	ārdhadhātukasyeḍvalādeḥ //（P.7.2.35）	在以对收 val 为首位音的半界词缀前，插入联系元音 iṭ。
vi+ā+vṛ+ti	titutratathasisusarakaseṣu ca //（P.7.2.9）	直接后缀 ti 前不加联系元音 iṭ。 [ktin 是 aniṭ 词缀。]
vi+ā+**vṛ**+ti	yasmātpratyayavidhistadādi pratyaye ’ṅgam //（P.1.4.13）	其后安排了词缀的词，以此词为始，在词缀前叫词干。

vi+ā+**var**+ti	sārvadhātukārdhadhātukayoḥ //（P.7.3.84） uraṇ raparaḥ //（P.1.1.51）	遇到全界、半界词缀，词干的末元音 ṛ 由二合元音替换。 ṛ、ṝ 音的替换，需由其后带 r 音的 a、i、u 及其长音来替换。
vi+ā+vṛ+ti	kṅiti ca //（P.1.1.5）	受 g、k、ṅ 符号的影响，二合、三合元音的替换被禁止。
v**y**+ā+vṛti	iko yaṇaci //（P.6.1.77）	发生连音时，若后遇元音，半元音替代以 ik 为对收的元音。
vyāvṛti	kṛttaddhitasamāsāśca //（P.1.2.46）	直接后缀 ktin 为末的 vyāvarti 是名词词基。
vyāvṛti+**su**	ṅyāpprātipadikāt //（P.4.1.1） svaujasamauṭchaṣ…sup //（P.4.1.2）	在以 ṅī、āp 为末的词后，以及在名词词基后是 su 等格尾。 单数第一格加格尾 su。
vyāvṛti+s	tasya lopaḥ //（P.1.3.9）	su 的符号 u 由消隐替换。
vyāvṛtis	suptiṅantaṃ padam //（P.1.4.14）	以格尾为末的是字。
vyāvṛti**r**	sasajuṣo ruḥ //（P.8.2.66）	r 音替换字末的 s 音。

小结：

解释直接后缀 ktin 的经文 P.3.3.94 在领句经文“bhāve //（P.3.3.18）”的控制之下，所以 vyāvṛti 可以作为阴性的动名词，表达“捨弃”的含义。

vyāvṛtis 是阴性，单数，第一格，含义是“捨弃”。

arha

词根： 第一类动词词根（bhvādigaṇa），1.776 arha pūjāyām（arh 崇敬）。

直接后缀： ghañ。

演变过程（一）：

arh+**ghañ**	akartari ca kārake saṃjñāyām //（P.3.3.19）	当作术语时，（加 ghañ 词缀）也表示造者，但主动者除外。
arh+**ghañ**	ārdhadhātukaṃ śeṣaḥ //（P.3.4.114）	全界词缀之外的（ghañ）是半界词缀。
arh+a	tasya lopaḥ //（P.1.3.9）	ghañ 的符号 gh、ñ 由消隐替换。

arh+a	yasmātpratyayavidhistadādi pratyaye 'ṅgam //（P.1.4.13）	其后安排了词缀的词，以此词为始，在词缀前叫词干。
arha	kṛttaddhitasamāsāśca //（P.1.2.46）	直接后缀 ghañ 为末的 arha 是名词词基。

词根：第十类动词词根（curādigaṇa），10.192 arha pūjāyām（arh 应得、崇敬）；第十类动词词根（curādigaṇa），10.287 arha pūjāyām（arh 崇敬）。

直接后缀：ac。

演变过程（二）：

arh+**ṇic**	satyāpa…cūrādibhyo ṇic //（P.3.1.25）	第十类动词词根本身必须加上 ṇic 词缀，表原义。
arh+**ṇic**	ārdhadhātukaṃ śeṣaḥ //（P.3.4.114）	ṇic 是半界词缀。
arh+ṇic	yasmātpratyayavidhistadādi pratyaye 'ṅgam //（P.1.4.13）	其后安排了词缀的词，以此词为始，在词缀前叫词干。
arh+ṇic	sanādyantā dhātavaḥ //（P.3.1.32）	以 ṇic 词缀落尾的"arh+ṇic"是新词根。
arh+ṇic+**ac**	erac //（P.3.3.56）	i、ī 音落尾的词根后加直接后缀 ac。[该经文在 P.3.319 的控制下。]
arh+ṇic+**ac**	ārdhadhātukaṃ śeṣaḥ //（P.3.4.114）	ac 是半界词缀。
arh+ṇic+a	tasya lopaḥ //（P.1.3.9）	ac 的符号 c 由消隐替换。
arh+ṇic+**a**	ārdhadhātukasyeḍvalādeḥ //（P.7.2.35）	在以对收 val 为首位音的半界词缀前，插入联系元音 iṭ。[但 ac 不在其中，是 aniṭ 词缀。]
arh+（ ）+a	ṇeraniṭi //（P.6.4.51）	当遇到 aniṭ 半界词缀时，消隐（lopa）替换前面的 ṇic。
arh+（ ）+a	pratyayalope pratyayalakṣaṇam //（P.1.1.62）	ṇic 词缀消隐后，ṇic 词缀的因还在。
arh+（ ）+a	sanādyantā dhātavaḥ //（P.3.1.32）	"arh+（ ）"仍是新词根。
arh+（ ）+a	yasmātpratyayavidhistadādi pratyaye 'ṅgam //（P.1.4.13）	其后安排了词缀的词，以此词为始，在词缀前叫词干。
arh+a	adarśanaṃ lopaḥ //（P.1.1.60）	不显现的是消隐。
arha	kṛttaddhitasamāsāśca //（P.1.2.46）	直接后缀 ac 为末的 arha 是名词词基。

小结：

在以上两种演变过程中，arha 是依据经文 P.3.3.19 加直接后缀 ghañ 而成的，或是依据经文 P.3.3.56 加直接后缀而成。两者都可作为非主动者的造者，且是专有名词。若采用受用者（sampradāna）这一造者来理解时，arha 翻译为“应供”“阿罗汉”。

arhatve

世俗拆分：arhasya bhāvaḥ。
非世俗拆分：arha+ṅas+tva。
名词词基：arha（阿罗汉）。
派生词缀：tva。
演变过程：

arha+ṇas+**tva**	tasya bhāvastvatalau //（P.5.1.119）	（表现）其本性、状态时，用 tva 和 tal。
arha+ṇas+tva	kṛttaddhitasamāsāśca //（P.1.2.46）	派生词缀为末的是名词词基。
arha+tva	supo dhātuprātipadikayoḥ //（P.2.4.71） pratyayasya lukślulupaḥ //（P.1.1.61）	词根、名词词基中蕴含的格尾由消隐（luk）替换。 luk、ślu、lup 是词缀的消隐替换。消隐是不显现。
arhatva	kṛttaddhitasamāsāśca //（P.1.2.46）	派生词缀 tva 为末的 arhatva 是名词词基。
arhatva+**ṅi**	ṅyāpprātipadikāt //（P.4.1.1） svaujasamauṭchaṣ…sup //（P.4.1.2）	在以 ṅī、āp 为末的词后，以及在名词词基后是 su 等格尾。 单数第七格加格尾 ṅi。
arhatva+i	tasya lopaḥ //（P.1.3.9）	ṅi 的符号 ṅ 由消隐替换。
arhatv+**e**	ādguṇaḥ //（P.6.1.87）	a 音后遇元音时，由一个二合元音替换前后两音位。
arhatve	suptiṅantaṃ padam //（P.1.4.14）	以格尾为末的是字。

小结：

arha 后加词缀 tva 表达其性质、状态的含义，故 arhatva 指“阿罗汉这种状态”。arhatve 是中性，单数，第七格，翻译为“处于阿罗汉这种状态时”。

tad

词根：第八类动词词根（tanādigaṇa），8.1 tanu vistāre（tan 扩展）。

直接后缀：adi。

演变过程：

tan+**adi**	tyajitaniyajbhyo ḍit //（Uṇādisūtra 1.132）	词根 tyaj、tan、yaj 后加直接后缀 adi。该词缀如同带 ḍ 符号。
tan+**adi**	ārdhadhātukaṃ śeṣaḥ //（P.3.4.114）	全界之外的（adi）是半界词缀。
tan+ad	tasya lopaḥ //（P.1.3.9）	adi 的符号 i 由消隐替换。
tan+ad	yasmātpratyayavidhistadādi pratyaye 'ṅgam //（P.1.4.13）	其后安排了词缀的词，以此词为始，在词缀前叫词干。
t+ad	ṭeḥ //（P.6.4.143）	遇到 ḍ 符号时，词干末音节由消隐替换。
tad	kṛttaddhitasamāsāśca //（P.1.2.46）	以直接后缀为末的是名词词基。
tad	sarvādīni sarvanāmāni //（P.1.1.27）	sarva 等词是代词。
tad+**am**	ṅyāpprātipadikāt //（P.4.1.1） svaujasamauṭchaṣ…sup //（P.4.1.2）	在以 ṅī、āp 为末的词后，以及在名词词基后是 su 等格尾。 单数第二格加格尾 am。
tad+（ ）	svamornapuṃsakāt //（P.7.1.23）	中性词后，su 和 am 由消隐（luk）替换。
tad	pratyayasya lukślulupaḥ //（P.1.1.61）	luk、ślu、lup 是词缀的消隐替换。消隐是不显现。
tad	pratyayalope pratyayalakṣaṇam //（P.1.1.62）	词缀消隐后，词缀的因还在。
tad	suptiṅantaṃ padam //（P.1.4.14）	以格尾为末的 tad 是字。
ta**d**	jhalāṃ jaśo 'nte //（P.8.2.39）	字末的 jhal 对收音由 jaś 对收音替换。

小结：

tad 是代词，义为"彼"，指代第二颂的"ālaya-ākhyaṃ vijñānaṃ"（阿赖耶识）。

tad 是中性，单数，第二格，意为"彼（阿赖耶识）"。

āśritya

词根：第一类动词词根（bhvādigaṇa），1.945 śriñ sevāyām（śṛi 支持）。

近置词：ā（sthāne 位置）。[依据：upasargāḥ kriyāyoge //（P.1.4.59）。]

直接后缀：ktvā。

演变过程：

ā+śri+**ktvā**	samānakartṛkayoḥ pūrvakāle //（P.3.4.21）	当两个行为拥有同一的主动者时，直接后缀 ktvā 加在时间在前的词根后。
ā+śri+**ktvā**	ārdhadhātukaṃ śeṣaḥ //（P.3.4.114）	全界词缀之外的（ktvā）是半界词缀。
ā+śri+**lyap**	samāse 'nañpūrve ktvo lyap //（P.7.1.37）	遇到前部是不变词的、非否定的复合词时，lyap 替换 ktvā。
ā+śri+ya	tasya lopaḥ //（P.1.3.9）	lyap 的符号 l、p 由消隐替换。
ā+śri+**tuk**+ya	hrasvasya piti kṛti tuk //（P.6.1.71）	遇到带 p 符号的直接后缀时，短元音为末的词根后插入 tuk。
ā+śri+t+ya	tasya lopaḥ //（P.1.3.9）	tuk 的符号 k，都由消隐替换。 [u 音是为了发音的方便。]
ā+śri**t**+ya	ādyantau ṭakitau //（P.1.1.46）	以 ṭ 符号和 k 符号结尾的是首位音或末音。
ā+**śrit**+ya	yasmātpratyayavidhistadādi pratyaye 'ṅgam //（P.1.4.13）	其后安排了词缀的词，以此词为始，在词缀前叫词干。
ā+śr**e**t+ya	pugantalaghūpadhasya ca //（P.7.3.86）	遇到半界和全界词缀时，轻音节词干的排列倒数第二的短元音 i、u、ṛ、ḷ 由二合元音替换。
ā+śrit+ya	sthānivadādeśo 'nalvidhau //（P.1.1.56） kṅiti ca //（P.1.1.5）	替换音如本位音（变化），但其字符规则无效。 [lyap 如同 ktvā，视为有 k 符号。] 受 g、k、ṅ 符号的影响，二合、三合元音的替换被禁止。
āśritya	kṛttaddhitasamāsāśca //（P.1.2.46）	以直接后缀 lyap 为末的是名词词基。
āśritya+**su**	ṅyāpprātipadikāt //（P.4.1.1） svaujasamauṭchaṣ…sup //（P.4.1.2）	在以 ṅī、āp 为末的词后，以及在名词词基后是 su 等格尾。 单数第一格加格尾 su。
āśritya+su	ktvātosankasunaḥ //（P.1.1.40） sthānivadādeśo 'nalvidhau //（P.1.1.56）	以 ktvā、tosun、kasun 为尾的是不变词。 替换音如本位音（变化），但其字符规则无效。

		[即加 lyap 的词如同加 ktvā 的词，属于不变词。]
āśritya+（ ）	avyayādāpsupaḥ // （P.2.4.82）	消隐（luk）替换不变词后的格尾。
āśritya	pratyayasya lukślulupaḥ // （P.1.1.61）	luk、ślu、lup 是词缀的消隐替换。消隐是不显现。
āśritya	pratyayalope pratyayalakṣaṇam // （P.1.1.62）	词缀消隐后，词缀的因还在。
āśritya	suptiṅantaṃ padam // （P.1.4.14）	以格尾为末的是字。

小结：

āśritya 是独立式的词，表示同一主动者的发生在前的行为。āśritya 是不变词，意思是“依于……之后”。

pravartate

词根：第一类动词词根（bhvādigaṇa），1.795 vṛtu vartane（vṛt 存在、运转）。

近置词：pra（ādikarmaṇi 开始，agre 前方，bahutve 众多）。[依据：upasargāḥ kriyāyoge //（P.1.4.59）。]

演变过程：

pra+vṛt+**laṭ**	vartamāne laṭ // （P.3.2.123）	laṭ（第一罗）表示正在发生。
pra+vṛt+l	tasya lopaḥ // （P.1.3.9）	消隐替换 laṭ 的符号 a、ṭ。
pra+vṛt+**ta**	laḥ parasmaipadam // （P.1.4.99） anudāttaṅita ātmanepadam // （P.1.3.12） tiptasjhi…iḍvahimahiṅ // （P.3.4.78）	替换罗的是主动语态。 在非高音的词根后，替换罗的是中间语态。 中间语态第三人称单数的 laṭ 的替换是 ta。
pra+vṛt+**ta**	tiṅśit sārvadhātukam // （P.3.4.113）	tiṅ、带符号 ś 的词缀是全界。
pra+vṛt+**śap**+ta	kartari śap // （P.3.1.68）	遇到表示主动者为目的全界词缀时，词根后加插入音 śap。
pra+vṛt+**śap**+ta	tiṅśit sārvadhātukam // （P.3.4.113）	tiṅ、带符号 ś 的词缀是全界。

pra+vṛt+a+ta	tasya lopaḥ // （P.1.3.9）	消隐替换 śap 的符号 ś、p。
pra+**vṛt**+a+ta	yasmātpratyayavidhistadādi pratyaye 'ṅgam //（P.1.4.13）	其后安排了词缀的词，以此词为始，在词缀前叫词干。
pra+v**ar**t+a+ta	pugantalaghūpadhasya ca// （P.7.3.86） uraṇ raparaḥ // （P.1.1.51）	遇到半界和全界词缀时，轻音节词干的排列倒数第二的短元音 i、u、ṛ、ḷ 由二合元音替换。 ṛ、ṝ 音的替换，需由其后带 r 音的 a、i、u 及其长音来替换。
pra+vart+a+**te**	ṭita ātmanepadānāṃ ṭere // （P.3.4.79）	替换了带 ṭ 符号之（罗）的中间语态语尾，其末音由 e 音替换。
pravartate	suptiṅantaṃ padam // （P.1.4.14）	以语尾为末的 pravartate 是字。

小结：

pravartate 的词根是第一类动词词根 vṛt（存在、运转），结合近置词 pra 的诸多含义，pravartate 是现在时，陈述语气，中间语态，第三人称，单数，译为“它生起”。

tad

词根：第八类动词词根（tanādigaṇa），8.1 tanu vistāre（tan 扩展）。

直接后缀：adi。

演变过程：

tan+**adi**	tyajitaniyajbhyo ḍit // （Uṇādisūtra 1.132）	词根 tyaj、tan、yaj 后加直接后缀 adi。该词缀如同带 ḍ 符号。
tan+**adi**	ārdhadhātukaṃ śeṣaḥ // （P.3.4.114）	全界之外的（adi）是半界词缀。
tan+ad	tasya lopaḥ // （P.1.3.9）	adi 的符号 i 由消隐替换。
tan+ad	yasmātpratyayavidhistadādi pratyaye 'ṅgam //（P.1.4.13）	其后安排了词缀的词，以此词为始，在词缀前叫词干。
t+ad	ṭeḥ // （P.6.4.143）	遇到 ḍ 符号时，词干末音节由消隐替换。
tad	kṛttaddhitasamāsāśca // （P.1.2.46）	以直接后缀为末的是名词词基。
tad	sarvādīni sarvanāmāni // （P.1.1.27）	sarva 等词是代词。

小结：

tad是代词，有阳、阴、中三性，含义是“彼”。此处tad是中性，指代的是第二颂的“ālaya-ākhyaṃ vijñānaṃ”（阿赖耶识）。

ālamba

词根：第一类动词词根（bhvādigaṇa），1.402 labi śabde（lanb 发声）；第一类动词词根（bhvādigaṇa），1.404 labi avasraṃsane（lanb 悬挂）。

近置词：ā（grahaṇe 抓取，ābhimukhye 面向）。[依据：upasargāḥ kriyāyoge //（P.1.4.59）。]

直接后缀：ghañ。

演变过程：

labi	bhūvādayo dhātavaḥ //（P.1.3.1）	labi是词根。
lab	tasya lopaḥ //（P.1.3.9）	labi的符号i由消隐替换。
la**n**b	idito num dhātoḥ //（P.7.1.58）	携带符号 i 的词根要在元音后插入 n 音。
la**ṃ**b	naścāpadāntasya jhali //（P.8.3.24）	非字末的n音在辅音前由鼻腔音替代。
la**m**b	anusvārasya yayi parasavarṇaḥ //（P.8.4.58）	遇到除咝音和h音以外的辅音，后面的同类音替换鼻腔音。
ā+lamb+**ghañ**	akartari ca kārake saṃjñāyām//（P.3.3.19）	当作术语时，（加ghañ词缀）也表示造者，但主动者除外。
ā+lamb+**ghañ**	ārdhadhātukaṃ śeṣaḥ //（P.3.4.114）	直接后缀ghañ是半界词缀。
ā+lamb+a	tasya lopaḥ //（P.1.3.9）	ghañ的符号gh、ñ由消隐替换。
ā+**lamb**+a	yasmātpratyayavidhistadādi pratyaye 'ṅgam //（P.1.4.13）	其后安排了词缀的词，以此词为始，在词缀前叫词干。
ālamba	kṛttaddhitasamāsāśca //（P.1.2.46）	直接后缀ghañ为末的ālamba是名词词基。

小结：

ālamba是依据经文“akartari ca kārake samjñāyām //（P.3.3.19）”加直接后缀ghañ而成的，可作为非主动者（akartṛ）的造者（kāraka），且是专有名词。若采用业（karman）这一造者，代表行为者最希望获得的果时，ālamba指的是“所缘”，该词为阳性。

tad-ālambaṃ

世俗拆分：tad ālambo yasya tat。

非世俗拆分：tad+su+ālamba+su。

名词词基：tad[彼（阿赖耶识）]；ālamba（所缘）。

演变过程：

tad+su+ālamba+su	anekamanyapadārthe //（P.2.2.24）	两个以上（以第一格收尾）的词，若以表达另一个词为目的，构成的是多财释复合词。
tad+su+ālamba+su	kṛttaddhitasamāsāśca //（P.1.2.46）	有意义的复合词是名词词基。
tad+ālamba	supo dhātuprātipadikayoḥ //（P.2.4.71） pratyayasya lukślulupaḥ //（P.1.1.61）	词根、名词词基中蕴含的格尾由消隐（luk）替换。 luk、ślu、lup 是词缀的消隐替换。消隐是不显现。
tadālamba	kṛttaddhitasamāsāśca //（P.1.2.46）	有意义的复合词是名词词基。
tadālamb**a**	hrasvo napuṃsake prātipadikasya //（P.1.2.47）	词为中性时，短元音替换名词词基的末音。 [此多财释复合词指向的是本颂的 vijñānaṃ 一词，故为中性。]
tadālamba+**su**	ṅyāpprātipadikāt //（P.4.1.1） svaujasamauṭchaṣ…sup //（P.4.1.2）	在以 ṅī、āp 为末的词后，以及在名词词基后是 su 等格尾。 单数第一格加格尾 su。
tadālamba+**am**	ato 'm //（P.7.1.24）	以 a 落尾的中性词后，am 替换格尾 su 和 am。
tadālamb+**a**+m	ami pūrvaḥ //（P.6.1.107）	在 a、ā 以及单元音后，遇到 am 的元音时，前面的元音形式是唯一的替代。
tadālambam	suptiṅantaṃ padam //（P.1.4.14）	以格尾为末的是字。
tadālamba**ṃ**	mo 'nusvāraḥ //（P.8.3.23）	字末的 m 音在辅音前由鼻腔音替代。
tadālamba**m**	anusvārasya yayi parasavarṇaḥ //（P.8.4.58）	遇到除咝音和 h 音以外的辅音时，后面的同类音替换鼻腔音。
tadālambaṃ	vā padāntasya //（P.8.4.59）	字末的同类鼻音的替换可做可不做。

小结：

tad-ālamba 是多财释复合词，指向的是本颂的 vijñānaṃ（识）一词，故采用中性。

tad-ālamba 的含义是“彼（阿赖耶识）为所缘者”。

本颂中的 tad-ālamba 不能以依主释复合词来理解。因为根据经文“paravalliṅgaṃ dvaṃdva-tatpuruṣayoḥ //（P.2.4.26）”可知，依主释的性如后一词。而 ālamba 本身为阳性，所以作为依主释复合词的 tad-ālamba 为阳性。这显然不对。

tadālambam 是中性，单数，第一格，含义是“彼（阿赖耶识）为所缘者”。

manas

词根：第四类动词词根（divādigaṇa），4.67 mana jñāne（man 思考）；第八类动词词根（tanādigaṇa），8.9 manu avabodhane（man 觉知）。

直接后缀：asun。

演变过程：

man+**asun**	sarvadhātubhyo 'sun //（Uṇādisūtra 4.188）	所有的词根后可加直接后缀 asun。
man+**asun**	ārdhadhātukaṃ śeṣaḥ //（P.3.4.114）	直接后缀 asun 是半界词缀。
man+as	tasya lopaḥ //（P.1.3.9）	asun 的符号 n 由消隐替换。[u 音是为了发音的方便。]
man+as	yasmātpratyayavidhistadādi pratyaye 'ṅgam //（P.1.4.13）	其后安排了词缀的词，以此词为始，在词缀前叫词干。
manas	kṛttaddhitasamāsāśca //（P.1.2.46）	直接后缀 asun 为末的 manas 是名词词基。

小结：

《阿毘达磨俱舍论》中世亲记载了说一切有部的观点，“cinoti iti cittam / manuta iti manaḥ / vijñānāti iti vijñānam /”[①] [集起故名心。思量故名意。了别故名识][②]。这里的 manute 的词根是第八类动词词根 man（觉知）。《大乘入楞伽经》指出，“citena dhāryate kāyo mano manyati vai sadā / vijñānaṃ citta-viṣayaṃ vijñānaiḥ saha chindati //10. 461//”[③] [心能持于身，意恒审思虑，意识诸识俱，了自心境界][④]。其中 manyati 的词根是第四类动词词根 man（认识）。由此可知大乘佛教八识中的 manas（末那）是有认知能力的存在，本质是识，即第七末那识。

Uṇādisūtra 认为 manas 是词根 man 加后缀 asun 形成的。manas 音译为“末那”。

---

① P. Pradhan, *Abhidharma-kośabhāṣya*, 1967, p.61.

② 世亲造，玄奘译：《阿毘达磨俱舍论》，大正新修大藏经，第 29 册，第 21 页下。

③ 黄宝生译注：《梵汉对勘入楞伽经》，中国社会科学出版社 2011 年版，第 649 页。

④ 实叉难陀译：《大乘入楞伽经》，大正新修大藏经，第 16 册，第 632 页中。

nāman

词根：第一类动词词根（bhvādigaṇa），1.976 mnā abhāse（mnā 重复、记忆）。

直接后缀：manin。

演变过程：

mnā	bhūvādayo dhātavaḥ //（P.1.3.1）	mnā 是词根。
nā+**manin**	nāmansīmanvyomanroman-lomanpāpmandhyāman //（Uṇādisūtra 4.150）	nāman 等词是由添加直接后缀 manin 形成的。[词根 mnā 的 m 音不规则地由消隐替换。]
nā+**manin**	ārdhadhātukaṃ śeṣaḥ //（P.3.4.114）	直接后缀 manin 是半界词缀。
nā+man	tasya lopaḥ //（P.1.3.9）	manin 的符号由消隐（lopa）替换。
nā+**iṭ**+man	ārdhadhātukasyeḍvalādeḥ //（P.7.2.35）	在以对收 val 为首位音的半界词缀前，插入联系元音 iṭ。
nā+man	neḍvaśi kṛti //（P.7.2.8）	在以 vaś 为对收的浊辅音起始的直接后缀前，不加联系元音 iṭ。[经文 P.7.2.8 是对 P.7.2.35 的禁止，故实际上没运行 P.7.2.35。]
nā+man	yasmātpratyayavidhistadādi pratyaye 'ṅgam //（P.1.4.13）	其后安排了词缀的词，以此词为始，在词缀前叫词干。
nāman	kṛttaddhitasamāsāśca //（P.1.2.46）	直接后缀为末的是名词词基。

小结：

nāman 是中性名词，含义是“名称”“概念”“术语”。

mano-nāma

世俗拆分：mana iti nāma yasya tad。

非世俗拆分：manas+su+nāman+su。

名词词基：manas（末那）；nāman（名）。

演变过程：

manas+su+nāman+su	anekamanyapadārthe //（P.2.2.24）	两个以上（以第一格收尾）的词，若以表达另一个词为目的，构成的是多财释复合词。
manas+su+nāman+su	kṛttaddhitasamāsāśca //（P.1.2.46）	有意义的复合词是名词词基。

manas+nāman	supo dhātuprātipadikayoḥ //（P.2.4.71） pratyayasya lukślulupaḥ //（P.1.1.61）	词根、名词词基中蕴含的格尾由消隐（luk）替换。 luk、ślu、lup 是词缀的消隐替换。消隐是不显现。
mana+**r**+nāman	sasajuṣo ruḥ //（P.8.2.66）	r 音替换字末的 s 音。
mana+**u**+nāman	haśi ca //（P.6.1.114）	在非引的 a 音之后，在后一词的浊辅音之前，r 音由 u 音替换。
man+**o**+nāman	ādguṇaḥ //（P.6.1.87）	a 音后遇元音时，由一个二合元音替换前后两音位。
manonāman	kṛttaddhitasamāsāśca //（P.1.2.46）	有意义的复合词是名词词基。
manonāman+**su**	ṅyāpprātipadikāt //（P.4.1.1） svaujasamauṭchaṣ…sup //（P.4.1.2）	在以 ṅī、āp 为末的词后，以及在名词词基后是 su 等格尾。 单数第一格加格尾 su。
manonāman+（ ）	svamornapuṃsakāt //（P.7.1.23）	中性词后，su 和 am 由消隐（luk）替换。
manonāman	pratyayasya lukślulupaḥ //（P.1.1.61）	luk、ślu、lup 是词缀的消隐替换。消隐是不显现。
manonāman	pratyayalope pratyayalakṣaṇam //（P.1.1.62）	词缀消隐后，词缀的因还在。
manonāman	suptiṅantaṃ padam //（P.1.4.14）	以格尾为末的是字。
manonāma	nalopaḥ prātipadikāntasya //（P.8.2.7）	一个属于名词词基范畴的（完成格尾变化的）字，它的尾部 n 音由消隐（lopa）替换。

小结：

mano-nāma 是多财释复合词，意为“有末那为其名者”，指向的本颂中 vijñānaṃ，即第七识。由于所指向的 vijñānaṃ 是中性，所以该多财释复合词也是中性。值得一提的是，若进一步成立 mano-vijñāna 这一持业释复合词表示第七识，就会造成了第六、第七识梵语同名的问题。

mano-nāma 是中性，单数，第一格，意为“有末那为其名者”。

vijñānaṃ

名词词基：vijñāna（识）。

演变过程：

vijñāna	arthavadadhāturapratyayaḥ prātipadikam //（P.1.2.45）	既非词根，亦非词缀，有意义的（词）是名词词基。 [“识”含义的 vijñāna 是不可拆分（avyutpanna）的名词词基。]
vijñān**a**	hrasvo napuṃsake prātipadikasya //（P.1.2.47）	词为中性时，短元音替换名词词基的末音。
vijñāna+**su**	ṅyāpprātipadikāt //（P.4.1.1） svaujasamauṭchaṣ…sup //（P.4.1.2）	在以 ṅī、āp 为末的词后，以及在名词词基后是 su 等格尾。 单数第一格加格尾 su。
vijñāna+**am**	ato 'm //（P.7.1.24）	以 a 落尾的中性词后，am 替换格尾 su 和 am。
vijñān+**a**+m	ami pūrvaḥ //（P.6.1.107）	在 a、ā 以及单元音后，遇到 am 的元音时，前面的元音形式是唯一的替代。
vijñānam	suptiṅantaṃ padam //（P.1.4.14）	以格尾为末的是字。
vijñāna**ṃ**	mo 'nusvāraḥ //（P.8.3.23）	字末的 m 音在辅音前由鼻腔音替代。
vijñāna**m**	anusvārasya yayi parasavarṇaḥ //（P.8.4.58）	遇到除咝音和 h 音以外的辅音时，后面的同类音替换鼻腔音。
vijñānaṃ	vā padāntasya //（P.8.4.59）	字末的同类鼻音的替换可做可不做。

小结：

对于佛教中表达“识”（Consciousness）含义的专有名词 vijñāna，笔者认为这是佛教的特殊用法。故此词也许是佛陀创造的俗语词汇。因为婆罗门教中，作为认知主体的 citta、manas、ātman 等词都是表示有恒常实体的认知主体，不符合佛陀所主张的“诸行无常，诸法无我”的观点，故不适合引入到佛教体系中来。因此佛陀必须创造出一个全新的俗语词汇来表示无常的认知主体。现在看到的“识”含义的佛教梵语词汇 vijñāna，是在保持该佛教俗语词汇的原音的基础上，而引入的外来词汇。故佛教梵语中的表达“识”含义的 vijñāna 是不可拆分（avyutpanna）的词汇。

vijñānam 是中性，单数，第一格，表示有认知能力的个体，翻译为“识”。

manana

词根：第四类动词词根（divādigaṇa），4.67 mana jñāne（man 思考）；第八类动词词根（tanādigaṇa），8.9 manu avabodhane（man 觉知）。

直接后缀：lyuṭ。

演变过程：

man+**lyuṭ**	lyuṭ ca // （P.3.3.115）	当作为中性名词表达词根意义的行动和行为时，加 lyuṭ 后缀。
man+**lyuṭ**	ārdhadhātukaṃ śeṣaḥ // （P.3.4.114）	全界词缀之外的（lyuṭ）是半界词缀。
man+yu	tasya lopaḥ // （P.1.3.9）	lyuṭ 的符号 l、ṭ 由消隐替换。
man+**ana**	yuvoranākau // （P.7.1.1）	yu 和 vu 由 ana 和 aka 替换。
man+ana	yasmātpratyayavidhistadādi pratyaye 'ṅgam //（P.1.4.13）	其后安排了词缀的词，以此词为始，在词缀前叫词干。
manana	kṛttaddhitasamāsāśca // （P.1.2.46）	直接后缀 lyuṭ 为末的 manana 是名词词基。

小结：

manana 是依据经文 P.3.3.115，在词根 man 加直接后缀 lyuṭ 形成的，故表达“认知”“觉知”含义的动作的中性名词。玄奘将其翻译为“思量”。

ātman

词根：第一类动词词根（bhvādigaṇa），1.38 ata sātatyagamane（at 永恒地游荡）。

直接后缀：maniṇ。

演变过程：

at+**maniṇ**	sātibhyāṃ maninmaniṇau // （Uṇādisūtra 4.152）	词根 at 后添加 maniṇ 直接后缀。
at+**maniṇ**	ārdhadhātukaṃ śeṣaḥ // （P.3.4.114）	直接后缀 maniṇ 是半界词缀。
at+man	tasya lopaḥ // （P.1.3.9）	maniṇ 的符号 ṇ 由消隐替换。 [i 音是为了发音方便。]
at+**iṭ**+man	ārdhadhātukasyeḍvalādeḥ // （P.7.2.35）	在以对收 val 为首位音的半界词缀前，插入联系元音 iṭ。
at+man	neḍvaśi kṛti // （P.7.2.8）	在以 vaś 为对收的浊辅音起始的直接后缀前，不加联系元音 iṭ。 [经文 P.7.2.8 是对 P.7.2.35 的禁止，故实际上没运行 P.7.2.35。]
at+man	yasmātpratyayavidhistadādi pratyaye 'ṅgam //（P.1.4.13）	其后安排了词缀的词，以此词为始，在词缀前叫词干。
āt+man	ata upadhāyāḥ // （P.7.2.116）	遇 ñ、ṇ 符号的后缀时，词干倒数第二的 a 音由三合元音替换。
ātman	kṛttaddhitasamāsāśca // （P.1.2.46）	直接后缀为末的 ātman 是名词词基。

小结：

名词词基 ātman 指的是：能穿越过去、现在、未来三世，不停地在六道之中游荡的轮回主体，即灵魂。即生活在前世的那个主体就是现在的自己，将来转生到未来另一世界的主体也正是现在的自己，并非是另一个人，故轮回主体就是“自己”。因此 ātman 又作反身代词 self 来理解。另外可以进一步理解为“本质”“自性”。

manana-ātman

世俗拆分： mananam ātmā yasya tad。

非世俗拆分： manana+su+ātman+su。

名词词基： manana（思量）；ātman（自性）。

演变过程：

manana+su+ātman+su	anekamanyapadārthe //（P.2.2.24）	两个以上（以第一格收尾）的词，若以表达另一个词为目的，构成的是多财释复合词。
manana+su+ātman+su	kṛttaddhitasamāsāśca //（P.1.2.46）	有意义的复合词是名词词基。
manana+ātman	supo dhātuprātipadikayoḥ //（P.2.4.71） pratyayasya lukślulupaḥ //（P.1.1.61）	词根、名词词基中蕴含的格尾由消隐（luk）替换。 luk、ślu、lup 是词缀的消隐替换。消隐是不显现。
manan+**ā**+tman	akaḥ savarṇe dīrghaḥ //（P.6.1.101）	以 ak 为对收的末音后遇同类音时，一长音替换前后两音位。
mananātman	kṛttaddhitasamāsāśca //（P.1.2.46）	复合词是名词词基。

小结：

manana-ātman 是多财释复合词，指向的是本颂的 vijñanaṃ，所以该复合词也为中性。manana-ātman 的含义是“思量为其自性者”。

manana-ātmakam

世俗拆分： manana-ātma iti。

非世俗拆分： manana-ātman+su+kap。

名词词基： manana-ātman（思量为其自性者）。

派生词缀：kap

演变过程：

mananātman+su+**kap**	śeṣādvibhāṣā //（P.5.4.154）	在未提到的多财释复合词后可加不产生新意的派生词缀 kap。
mananātman+su+kap	kṛttaddhitasamāsāśca //（P.1.2.46）	加派生词缀的是名词词基。
mananātman+kap	supo dhātuprātipadikayoḥ //（P.2.4.71） pratyayasya lukślulupaḥ //（P.1.1.61）	词根、名词词基中蕴含的格尾由消隐（luk）替换。 luk、ślu、lup 是词缀的消隐替换。消隐是不显现。
mananātman+ka	tasya lopaḥ //（P.1.3.9）	kap 的符号 p 由消隐替换。
mananātman+ka	pratyayalope pratyayalakṣaṇam //（P.1.1.62） suptiṅantaṃ padam //（P.1.4.14）	词缀消隐后，词缀的因还在。 以格尾为末的 mananātman 是字。
mananātma+（ ）+ka	nalopaḥ prātipadikāntasya //（P.8.2.7）	一个属于名词词基范畴的（完成格尾变化的）字，它的尾部 n 音由消隐（lopa）替换。
mananātma+ka	adarśanaṃ lopaḥ //（P.1.1.60）	不显现的是消隐。
mananātmaka	kṛttaddhitasamāsāśca //（P.1.2.46）	加派生词缀的是名词词基。
mananātmak**a**	hrasvo napuṃsake prātipadikasya //（P.1.2.47）	词为中性时，短元音替换名词词基的末音。
mananātmaka+**su**	ṅyāpprātipadikāt //（P.4.1.1） svaujasamauṭchaṣ…sup //（P.4.1.2）	在以 ṅī、āp 为末的词后，以及在名词词基后是 su 等格尾。 单数第一格加格尾 su。
mananātmaka+**am**	ato 'm //（P.7.1.24）	以 a 落尾的中性词后，am 替换格尾 su 和 am。
mananātmak+**a**+m	ami pūrvaḥ //（P.6.1.107）	在 a、ā 以及单元音后，遇到 am 的元音时，前面的元音形式是唯一的替代。
mananātmakam	suptiṅantaṃ padam //（P.1.4.14）	以格尾为末的是字。

小结：

多财释复合词 manana-ātman 后可加上不表新意的派生词缀 kap。因此 manana-ātmaka 表达的是原义。根据经文“na saṃjñāyām //（P.5.4.155）”可知，作为专有名词的多财释复合词后不能加派生词缀 kap。因此 manana-ātman 或 mananātmaka 不能作为专有名词来使用，必须与所指代的“mano-nāma vijñānaṃ”或 vijñāna 联用。因此《成唯识论》中提到的“颂言思量为性相者，双显此识自性、行相，意以思量为自性故，即复用彼为行相故。由斯兼释所立**别名**，能审思量名末那故”的说法未必正确。

mananātmakam 是中性，单数，第一格，含义是“自性为思量者”。

第六颂

क्लेशैश्चतुर्भिः सहितं निवृताव्याकृतैः सदा ।
आत्मदृष्ट्यात्ममोहात्ममानात्मस्नेहसंज्ञितैः ॥६॥

kleśaiś caturbhiḥ sahitaṃ nivṛta-avyākṛtaiḥ sadā /
ātmadṛṣṭy-ātmamoha-ātmamāna-ātmasneha-saṃjñitaiḥ //6//

玄奘译：四烦恼常俱，谓我痴、我见，并我慢、我爱。及余触等俱。有覆无记摄。

真谛译《转识论》：与四惑相应：一无明，二我见，三我慢，四我爱。此识名有覆无记。

霍韬晦译：四烦恼常俱，皆有覆无记。谓我见、我痴，及我慢、我爱。

现译：（末那识）常被心所法想所生发的“我见、我痴、我慢、我爱”（这样）的烦恼的四个（存在对圣道）覆障的不可被（善恶）记别的（心所法恶见、痴、慢、贪）所陪伴。

kleśaiś

词根：第四类动词词根（divādigaṇa），4.52a kliśa upatāpe（kliś 感到疼）；第九类动词词根（kryādigaṇa），9.50 kliśū vibādhane（kliś 折磨）。

直接后缀：ghañ。

演变过程：

kliś+**ghañ**	bhāve // （P.3.3.18）	当表达达到已成就状态的词根意义时，词根后加 ghañ 词缀。
kliś+**ghañ**	ārdhadhātukaṃ śeṣaḥ // （P.3.4.114）	全界词缀之外的 ghañ 是半界词缀。
kliś+a	tasya lopaḥ // （P.1.3.9）	ghañ 的符号 gh、ñ 由消隐替换。
kliś+a	yasmātpratyayavidhistadādi pratyaye 'ṅgam //（P.1.4.13）	其后安排了词缀的词，以此词为始，在词缀前叫词干。
kleś+a	pugantalaghūpadhasya ca // （P.7.3.86）	遇到半界和全界词缀时，轻音节词干的排列倒数第二的短元音 i、u、ṛ、ḷ 由二合元音替换。
kleśa	kṛttaddhitasamāsāśca // （P.1.2.46）	直接后缀 ghañ 为末的 kleśa 是名词词基。

kleśa+**bhis**	ṅyāpprātipadikāt // （P.4.1.1） svaujasamauṭchaṣ…sup // （P.4.1.2）	在以 ṅī、āp 为末的词后，以及在名词词基后是 su 等格尾。 复数第三格加格尾 bhis。
kleśa+**ais**	ato bhisa ais // （P.7.1.9）	a 音后的 bhis 的（替代）是 ais。
kleś+**ai**+s	vṛddhireci // （P.6.1.88）	a 后遇复合元音时，三合元音是前后两音位的唯一替代。
kleśais	suptiṅantaṃ padam // （P.1.4.14）	以格尾为末的是字。
kleśai**r**	sasajuṣo ruḥ // （P.8.2.66）	r 音替换字末的 s 音。
kleśai**ḥ**	kharavasānayorvisarjanīyaḥ // （P.8.3.15）	在清辅音和停顿前，送气音替换字末的 r 音。
kleśais	visarjanīyasya saḥ // （P.8.3.34）	在清辅音前，s 音替换送气音。
kleśaiś	stoḥ ścunā ścuḥ // （P.8.4.40）	ś 和腭音族取代与 ś 和腭音族（结合的）s 和齿音族。

小结：

kleśa 是依据“bhāve //（P.3.3.18）”加直接后缀 ghañ 而成的，表达的是行为达到的已成就状态（siddhabhāva），可理解为“烦恼的”。kleśa 既可修饰心所法，也可以修饰末那识本身。另外该已成就状态（siddhabhāva）可以如同实体看待（dravyavat），所以 kleśa 也可以翻译为名词化的“烦恼”。

kleśais 是阳性，复数，第三格，翻译为“烦恼的”。本颂中 kleśa 主要修饰的是 caturbhiḥ，故与后者同数、同格，作形容词来使用。

caturbhiḥ

词根：第一类动词词根（bhvādigaṇa），1.918 cate yācane（cat 乞求）。

直接后缀：uran。

演变过程：

cat+**uran**	cateruran // Uṇādisūtra 5.58	直接后缀 uran 加在词根 cat 之后。
cat+uran	ārdhadhātukaṃ śeṣaḥ // （P.3.4.114）	全界词缀之外的 uran 是半界词缀。
cat+ur	tasya lopaḥ // （P.1.3.9）	uran 的符号由消隐替换。

cat+ur	yasmātpratyayavidhistadādi pratyaye 'ṅgam //（P.1.4.13）	其后安排了词缀的词，以此词为始，在词缀前叫词干。
catur	kṛttaddhitasamāsāśca //（P.1.2.46）	直接后缀为末的是名词词基。
catur+**bhis**	ṅyāpprātipadikāt //（P.4.1.1） svaujasamauṭchaṣ…sup //（P.4.1.2）	在以 ṅī、āp 为末的词后，以及在名词词基后是 su 等格尾。 复数第三格加格尾 bhis。
caturbhis	suptiṅantaṃ padam //（P.1.4.14）	以格尾为末的是字。
caturbhi**r**	sasajuṣo ruḥ //（P.8.2.66）	r 音替换字末的 s 音。
caturbhi**ḥ**	kharavasānayorvisarjanīyaḥ //（P.8.3.15）	在清辅音和停顿前，送气音替换字末的 r 音。
caturbhis	visarjanīyasya saḥ //（P.8.3.34）	在清辅音前，s 音替换送气音。
caturbhi**ḥ**	vā śari //（P.8.3.36）	在咝音前，送气音替换送气音也是一种选择。

小结：

catur 是数词，含义是“四”。

caturbhiḥ 是阳性，复数，第三格，含义是“四个”。具体指“四个心所法”——恶见、痴、慢、贪。

采用第三格依据的经文是“kartṛkaraṇayostṛtīyā //（P.2.3.18）”，即第三格格尾指示主动者和作用具。由于 sahitaṃ 表被动的含义，其主动者要用第三格。另外，根据经文“sahayukte 'pradhāne //（P.2.3.19）”可知，与 saha 同时使用时，第三格可表示从属关系。而 sahitaṃ 的近置词 sam（sahabhāve 共同存在）就有 saha 的含义。故这“四个心所法”是从属于第七末那识的。

必须把 caturbhis 作为本颂中的最核心词汇，否则理解上会造成混乱。

sahitaṃ

词根：第三类动词词根（juhotyādigaṇa），3.10 ḍudhāñ dhāraṇa-poṣaṇayoḥ（dhā 保持，支持）。

近置词：sam（sahabhāve 共同存在）。[依据：upasargāḥ kriyāyoge //（P.1.4.59）。]

直接后缀：kta。

演变过程：

sam+dhā+**kta**	tayoreva kṛtyaktakhalarthāḥ// （P.3.4.70）	kṛtya、kta 以及具有 khal 意义的词缀强调行为和业。
sam+dhā+**kta**	ārdhadhātukaṃ śeṣaḥ // （P.3.4.114）	全界词缀之外的（kta）是半界词缀。
sam+dhā+ta	tasya lopaḥ // （P.1.3.9）	kta 的符号 k 由消隐替换。
sam+dhā+**iṭ**+ta	ārdhadhātukasyeḍvalādeḥ // （P.7.2.35）	在以对收 val 为首位音的半界词缀前，插入联系元音 iṭ。
sam+dhā+ta	ekāca upadeśe 'nudāttāt // （P.7.2.10）	于原始发音状态的非高音的单音节词根之后不加 iṭ。
sam+**dhā**+ta	yasmātpratyayavidhistadādi pratyaye 'ṅgam //（P.1.4.13）	其后安排了词缀的词，以此词为始，在词缀前叫词干。
sam+**hi**+ta	dadhāterhiḥ // （P.7.4.42）	当词干后的词缀首字母为 t，且具有 k 符号时，hi 替代词根 dhā。
sam+h**e**+ta	sārvadhātukārdhadhātukayoḥ // （P.7.3.84）	遇到半界词缀，词干的末元音 i 由二合元音替换。
sam+hi+ta	kṅiti ca // （P.1.1.5）	受 g、k、ṅ 符号的影响，二合、三合元音的替换被禁止。
sa+hita	samo hitatatayorvā lopaḥ vaktavyaḥ // （Vārttika）①	《大疏》经文 P.6.1.142 中的《补释》经文：saṃhita 的 m 音可以由消隐替换。
sahita	kṛttaddhitasamāsāśca // （P.1.2.46）	以直接后缀 kta 为末的是名词词基。
sahita	hrasvo napuṃsake prātipadikasya // （P.1.2.47）	词为中性时，短元音替换名词词基的末音。
sahita+**su**	ṅyāpprātipadikāt // （P.4.1.1） svaujasamauṭchaṣ…sup // （P.4.1.2）	在以 ṅī、āp 为末的词后，以及在名词词基后是 su 等格尾。 单数第一格加格尾 su。
sahita+**am**	ato 'm // （P.7.1.24）	以 a 落尾的中性词后，am 替换格尾 su 和 am。
sahit+**a**+m	ami pūrvaḥ // （P.6.1.107）	在 a、ā 以及单元音后，遇到 am 的元音时，前面的元音形式是唯一的替代。
sahitam	suptiṅantaṃ padam // （P.1.4.14）	以格尾为末的是字。
sahita**ṃ**	mo 'nusvāraḥ // （P.8.3.23）	字末的 m 音在辅音前由鼻腔音替代。
sahita**n**	anusvārasya yayi parasavarṇaḥ // （P.8.4.58）	遇到除咝音和 h 音以外的辅音时，后面的同类音替换鼻腔音。

① F. Kielhorn, *The Vyākaraṇa-mahābhāṣya of Patañjali*, Vol.III, Bombay: Government Central Press, 1909, p.95.

sahitaṃ	vā padāntasya // （P.8.4.59）	字末的同类鼻音的替换可做可不做。

小结：

根据经文“tayoreva kṛtyaktakhalarthāḥ //（P.3.4.70）”可知，加 kta 词缀可以强调被动的业（karman）和行为（bhāva）。

sahita 一方面强调被动的行为，义为“被……所陪伴”；同时 sahita 强调的业是上一颂的“mano-nāma vijñānaṃ”（有末那为其名的识），故与 vijñānaṃ 同性、数、格。

sahitam 是中性，单数，第一格，翻译为“被……所陪伴”。

nivṛta

词根：第五类动词词根（svādigaṇa），5.8 vṛñ varaṇe（vṛ 封闭）。

近置词：ni（nigrahe 压）。[依据：upasargāḥ kriyāyoge //（P.1.4.59）。]

直接后缀：kta。

演变过程：

ni+vṛ+**kta**	napuṃsake bhāve ktaḥ // （P.3.3.114）	词为中性，表主动行为时，可加直接后缀 kta。
ni+vṛ+**kta**	ārdhadhātukaṃ śeṣaḥ // （P.3.4.114）	全界词缀之外的（kta）是半界词缀。
ni+vṛ+ta	tasya lopaḥ // （P.1.3.9）	kta 的符号 k 由消隐替换。
ni+vṛ+**iṭ**+ta	ārdhadhātukasyeḍvalādeḥ // （P.7.2.35）	在以对收 val 为首位音的半界词缀前，插入联系元音 iṭ。
ni+vṛ+ta	ekāca upadeśe 'nudāttāt // （P.7.2.10）	于原始发音状态的非高音的单音节词根之后不加 iṭ。
ni+**vṛ**+ta	yasmātpratyayavidhistadādi pratyaye 'ṅgam //（P.1.4.13）	其后安排了词缀的词，以此词为始，在词缀前叫词干。
ni+v**ar**+ta	sārvadhātukārdhadhātukayoḥ // （P.7.3.84） uraṇ raparaḥ // （P.1.1.51）	遇到全界、半界词缀，词干的末元音 ṛ 由二合元音替换。 ṛ、ṝ 音的替换，需由其后带 r 音的 a、i、u 及其长音来替换。
ni+vṛ+ta	kṅiti ca // （P.1.1.5）	受 g、k、ṅ 符号的影响，二合、三合元音的替换被禁止。
nivṛta	kṛttaddhitasamāsāśca // （P.1.2.46）	以直接后缀 kta 为末的是名词词基。

小结：

由经文 P.3.3.114 可知，加 kta 直接后缀的 nivṛta 不表示被动，而是表主动的行为。nivṛta 可翻译为“覆障”，即（存在）对圣道的覆障，该词为中性。

vyākṛta

词根：第八类动词词根（tanādigaṇa），8.10 ḍukṛñ karaṇe（kṛ 做）。

近置词：vi（viśeṣe 差异，niśāmane 看、听、vicāre 分析）；āṅ（nirdeśe 指示，vijñāne 识别）。[依据：upasargāḥ kriyāyoge //（P.1.4.59）。]

直接后缀：kta。

演变过程：

vi+ā+kṛ+**kta**	tayoreva kṛtyaktakhalarthāḥ //（P.3.4.70）	kṛtya、kta 以及具有 khal 意义的词缀强调行为和业。
vi+ā+kṛ+**kta**	ārdhadhātukaṃ śeṣaḥ //（P.3.4.114）	全界词缀之外的（kta）是半界词缀。
vi+ā+kṛ+ta	tasya lopaḥ //（P.1.3.9）	kta 的符号 k 由消隐替换。
vi+ā+kṛ+**iṭ**+ta	ārdhadhātukasyeḍvalādeḥ //（P.7.2.35）	在以对收 val 为首位音的半界词缀前，插入联系元音 iṭ。
vi+ā+kṛ+ta	ekāca upadeśe ’nudāttāt //（P.7.2.10）	于原始发音状态的非高音的单音节词根之后不加 iṭ。
vi+ā+**kṛ**+ta	yasmātpratyayavidhistadādi pratyaye ’ṅgam //（P.1.4.13）	其后安排了词缀的词，以此词为始，在词缀前叫词干。
vi+ā+**kar**+ta	sārvadhātukārdhadhātukayoḥ //（P.7.3.84） uraṇ raparaḥ //（P.1.1.51）	遇到全界、半界词缀，词干的末元音 ṛ 由二合元音替换。 ṛ、ṝ 音的替换，需由其后带 r 音的 a、i、u 及其长音来替换。
vi+ā+kṛ+ta	kṅiti ca //（P.1.1.5）	受 g、k、ṅ 符号的影响，二合、三合元音的替换被禁止。
v**y**+ā+kṛta	iko yaṇaci //（P.6.1.77）	发生连音时，若后遇元音，半元音替代以 ik 为对收的元音。
vyākṛta	kṛttaddhitasamāsāśca //（P.1.2.46）	以直接后缀 kta 为末的是名词词基。

小结：

根据经文“tayoreva kṛtyaktakhalarthāḥ //（P.3.4.70）”可知，加 kta 词缀可以强调被动的业（karman）和行为（bhāva）。一方面，vyākṛta 一词强调的业是本颂的 kleśaiś caturbhiḥ，故与后者同为阳性；另一方面，vyākṛta 同时也强调行为，义为“被记别”，即可被善、恶所标记或所区别。

vyākṛta 是阳性，翻译为“被记别”，即可被善、恶所标记或所区别。

avyākṛta

世俗拆分：na vyākṛtam。

非世俗拆分：na+vyākṛta+su。

名词词基：na（非，无）；vyākṛta（被记别）。

演变过程：

na+vyākṛta+su	nañ // （P.2.2.6）	nañ 与以格尾收尾的词组成依主释复合词。 [nañ 的 ñ 是符号。]
na+vyākṛta+su	kṛttaddhitasamāsāśca // （P.1.2.46）	有意义的复合词是名词词基。
na+vyākṛta	supo dhātuprātipadikayoḥ // （P.2.4.71） pratyayasya lukślulupaḥ // （P.1.1.61）	词根、名词词基中蕴含的格尾由消隐（luk）替换。 luk、ślu、lup 是词缀的消隐替换。消隐是不显现。
na+vyākṛta	prathamānirdiṣṭaṃ samāsa upasarjanam //（P.1.2.43）	在复合词一节中，第一格所指示的是附属词。 [P.2.2.6 中 nañ 是第一格。]
na+vyākṛta	upasarjanaṃ pūrvam // （P.2.2.30）	附属词是前部的。
a+vyākṛta	nalopo nañaḥ // （P.6.3.73）	在后部字前，nañ 的 n 音由消隐替换。
avyākṛta	kṛttaddhitasamāsāśca // （P.1.2.46）	有意义的复合词是名词词基。
avyākṛta	paravalliṅgaṃ dvaṃdva-tatpuruṣayoḥ //（P.2.4.26）	相违释和依主释复合词的性如后部字。

小结：

avyākṛta 是依主释复合词。前部字是 nañ 有六种含义：相似、无实在、与此物异、缺乏此物、不值得赞扬、相矛盾。此处应该采用“相矛盾”的含义，翻译为“不可被记别”。该依主释复合词的性如后部字，为阳性。

nivṛta-avyākṛtaiḥ

世俗拆分： nivṛtasya avyākṛtam。

非世俗拆分： nivṛta+ṅas+avyākṛta+su。

名词词基： nivṛta（覆障）；avyākṛta（不可被记别）。

演变过程：

nivṛta+**ṅas**+ avyākṛta+su	ṣaṣṭhī //（P.2.2.8）	第六格与以格尾收尾的词构成依主释复合词。
nivṛta+ṅas+ avyākṛta+su	kṛttaddhitasamāsāśca //（P.1.2.46）	有意义的复合词是名词词基。
nivṛta+avyākṛta	supo dhātuprātipadikayoḥ //（P.2.4.71） pratyayasya lukślulupaḥ //（P.1.1.61）	词根、名词词基中蕴含的格尾由消隐（luk）替换。 luk、ślu、lup 是词缀的消隐替换。消隐是不显现。
nivṛta+avyākṛta	prathamānirdiṣṭaṃ samāsa upasarjanam //（P.1.2.43）	在复合词一节中，第一格所指示的是附属词。[P.2.2.8 中 ṣaṣṭhī 是第一格。]
nivṛta+avyākṛta	upasarjanaṃ pūrvam //（P.2.2.30）	附属词是前部的。
nivṛt+**ā**+vyākṛta	akaḥ savarṇe dīrghaḥ //（P.6.1.101）	以 ak 为对收的末音后遇同类音时，一长音替换前后两音位。
nivṛtāvyākṛta	kṛttaddhitasamāsāśca //（P.1.2.46）	有意义的复合词是名词词基。
nivṛtāvyākṛta	paravalliṅgaṃ dvaṃdva-tatpuruṣayoḥ //（P.2.4.26）	相违释和依主释复合词的性如后部字。[该复合词为阳性。]
nivṛtāvyākṛta+**bhis**	ṅyāpprātipadikāt //（P.4.1.1） svaujasamauṭchaṣ…sup //（P.4.1.2）	在以 ṅī、āp 为末的词后，以及在名词词基后是 su 等格尾。 复数第三格加格尾 bhis。
nivṛtāvyākṛta+**ais**	ato bhisa ais //（P.7.1.9）	a 音后的 bhis 的（替代）是 ais。
nivṛtāvyākṛt+**ai**+s	vṛddhireci //（P.6.1.88）	a 后遇复合元音时，三合元音是前后两音位的唯一替代。
nivṛtāvyākṛtais	suptiṅantaṃ padam //（P.1.4.14）	以格尾为末的是字。
nivṛtāvyākṛtai**r**	sasajuṣo ruḥ //（P.8.2.66）	r 音替换字末的 s 音。
nivṛtāvyākṛtai**ḥ**	kharavasānayorvisarjanīyaḥ //（P.8.3.15）	在（下一词的）清音（s）前，送气音替换词末的 r。
nivṛtāvyākṛtai**s**	visarjanīyasya saḥ //（P.8.3.34）	在清辅音前，s 音替换送气音。

nivṛtāvyākṛtaiḥ	vā śari // （P.8.3.36）	在咝音前，送气音替换送气音也是一种选择。

小结：

nivṛta-avyākṛta 是依主释复合词，性如后部字。后部字 avyākṛta 作为表被动，强调的业是本颂的 caturbhiḥ，故该词与 caturbhiḥ 同性、数、格。其效果是，nivṛta-avyākṛta 也可作为修饰 caturbhiḥ 的形容词。

nivṛtāvyākṛtais 是阳性、复数、第三格，含义是“（存在对圣道）覆障的不可被（善恶）记别的”，佛教中翻译为“有覆无记（性）的”。

sadā

世俗拆分： sarvasmin kāle。

非世俗拆分： sarva+ṅi+dā。

名词词基： sarva（一切）。

派生词缀： dā。

演变过程：

sarva+ṅi+**dā**	sarvaikānyakiṃyattadaḥ kāle dā // （P.5.3.15）	sarva、eka、anya、kim、yad、tad 于第七格表时间时，加词缀 dā。
sarva+ṅi+dā	kṛttaddhitasamāsāśca // （P.1.2.46）	以派生词缀为尾的是名词词基。
sarva+dā	supo dhātuprātipadikayoḥ // （P.2.4.71） pratyayasya lukślulupaḥ // （P.1.1.61）	词根、名词词基中蕴含的格尾由消隐（luk）替换。 luk、ślu、lup 是词缀的消隐替换。消隐是不显现。
sarva+**dā**	prāgdiśo vibhaktiḥ // （P.5.3.1）	从此经文到 P.5.3.27，所讨论的词缀叫 prāgdiśīya 派生词缀。这些词缀是词尾（vibhakti）。
sa+dā	sarvasya so 'nyatarasyāṃ di // （P.5.3.6）	sa 可以替代 sarva，当所加的 prāgdiśīya 派生词缀以 d 为首。
sadā	kṛttaddhitasamāsāśca // （P.1.2.46）	以派生词缀为尾的是名词词基。
sadā+**ṅi**	ṅyāpprātipadikāt // （P.4.1.1） svaujasamauṭchaṣ…sup // （P.4.1.2）	在以 ṅī、āp 为末的词后，以及在名词词基后是 su 等格尾。 单数第七格加格尾 ṅi。

sadā+ṅi	taddhitaścāsarvavibhaktiḥ //（P.1.1.38）	某些派生词缀构成的词，其后并非可加所有格尾，其为不变词。
sadā+（ ）	avyayādāpsupaḥ //（P.2.4.82）	消隐（luk）替换不变词后的格尾。
sadā	pratyayasya lukślulupaḥ //（P.1.1.61）	luk、ślu、lup 是词缀的消隐替换。消隐是不显现。
sadā	pratyayalope pratyayalakṣaṇam //（P.1.1.62）	词缀消隐后，词缀的因还在。
sadā	suptiṅantaṃ padam //（P.1.4.14）	以格尾为末的 sadā 是字。

小结：

sadā 是不变词，表达“一切时候”“常常”的意思。

ātman

词根：第一类动词词根（bhvādigaṇa），1.38 ata sātatyagamane（at 永恒地游荡）。

直接后缀：maniṇ。

演变过程：

at+**maniṇ**	sātibhyāṃ maninmaniṇau //（Uṇādisūtra 4.152）	词根 at 后添加 maniṇ 直接后缀。
at+**maniṇ**	ārdhadhātukaṃ śeṣaḥ //（P.3.4.114）	直接后缀 maniṇ 是半界词缀。
at+man	tasya lopaḥ //（P.1.3.9）	maniṇ 的符号 ṇ 由消隐替换。[i 音是为了发音方便。]
at+**iṭ**+man	ārdhadhātukasyeḍvalādeḥ //（P.7.2.35）	在以对收 val 为首位音的半界词缀前，插入联系元音 iṭ。
at+man	neḍvaśi kṛti //（P.7.2.8）	在以 vaś 为对收的浊辅音起始的直接后缀前，不加联系元音 iṭ。[经文 P.7.2.8 是对 P.7.2.35 的禁止，故实际上没运行 P.7.2.35。]
at+man	yasmātpratyayavidhistadādi pratyaye 'ṅgam //（P.1.4.13）	其后安排了词缀的词，以此词为始，在词缀前叫词干。
āt+man	ata upadhāyāḥ //（P.7.2.116）	遇 ñ、ṇ 符号的后缀时，词干倒数第二的 a 音由三合元音替换。
ātman	kṛttaddhitasamāsāśca //（P.1.2.46）	直接后缀为末的 ātman 是名词词基。

小结：

名词词基 ātman 指的是：能穿越过去、现在、未来三世，不停地在六道之中游荡的轮回主体，即灵魂。也就是说，生活在前世的那个主体就是现在的自己，将来转生到未来另一世界生活的主体也正是现在的自己，并非是另一个人，故轮回主体就是“自己”。因此 ātman 又作反身代词 self 来理解。

dṛṣṭi

词根：第一类动词词根（bhvādigaṇa），1.1037 dṛśir prekṣaṇe（dṛś 观看）。

直接后缀：ktin。

演变过程：

dṛś+**ktin**	striyāṃ ktin //（P.3.3.94）	要表阴性时，加直接后缀 ktin，表行为等含义。
dṛś+**ktin**	ārdhadhātukaṃ śeṣaḥ //（P.3.4.114）	ktin 是半界词缀。
dṛś+ti	tasya lopaḥ //（P.1.3.9）	ktin 的符号 k、n 由消隐替换。
dṛś+**iṭ**+ti	ārdhadhātukasyeḍvalādeḥ //（P.7.2.35）	在以对收 val 为首位音的半界词缀前，插入联系元音 iṭ。
dṛś+**ti**	titutratathasisusarakaseṣu ca //（P.7.2.9）	直接后缀 ti 前不加联系元音 iṭ。[ktin 是 aniṭ 词缀。]
dṛś+ti	yasmātpratyayavidhistadādi pratyaye 'ṅgam //（P.1.4.13）	其后安排了词缀的词，以此词为始，在词缀前叫词干。
d**ar**ś+ti	pugantalaghūpadhasya ca //（P.7.3.86） uraṇ raparaḥ //（P.1.1.51）	遇到半界和全界词缀时，轻音节词干的排列倒数第二的短元音 i、u、ṛ、ḷ 由二合元音替换。 ṛ、ṝ 音的替换，需由其后带 r 音的 a、i、u 及其长音来替换。
dṛś+ti	kṅiti ca //（P.1.1.5）	受 g、k、ṅ 符号的影响，二合、三合元音的替换被禁止。
dṛ**ṣṭ**i	ṣṭūnā ṣṭuḥ //（P.8.4.41）	与 ṣ 和顶音族（结合的）由 ṣ 和顶音族替换。
dṛṣṭi	kṛttaddhitasamāsāśca //（P.1.2.46）	直接后缀 ktin 为末的 dṛṣṭi 是名词词基。

小结：

解释直接后缀 ktin 的经文 P.3.3.94 在领句经文“bhāve //（P.3.3.18）”的控制之下，表达行为的已成就状态。所以 dṛṣṭi 可以作为阴性的动名词，表达“见”的含义。

ātmadṛṣṭy

世俗拆分：ātmani dṛṣṭiḥ。

非世俗拆分：ātman+ṅi+dṛṣṭi+su。

名词词基：ātman（我）；dṛṣṭiḥ（见）。

演变过程：

ātman+**ṅi**+dṛṣṭi+su	āyuktakuśalābhāṃ cāsevāyām //（P.2.3.40）	表达从事意义时，与“被吸引”“善于”连用的词用第六格或第七格语尾。
ātman+ṅi+dṛṣṭi+su	saha supā //（P.2.1.4）	以格尾收尾的词可以与以格尾收尾的词构成复合词。
ātman+ṅi+dṛṣṭi+su	tatpuruṣaḥ //（P.2.1.22）	此为依主释复合词。
ātman+ṅi+dṛṣṭi+su	kṛttaddhitasamāsāśca //（P.1.2.46）	有意义的复合词是名词词基。
ātman+dṛṣṭi	supo dhātuprātipadikayoḥ //（P.2.4.71） pratyayasya lukślulupaḥ //（P.1.1.61）	词根、名词词基中蕴含的格尾由消隐（luk）替换。 luk、ślu、lup 是词缀的消隐替换。消隐是不显现。
ātman+dṛṣṭi	prathamānirdiṣṭaṃ samāsa upasarjanam //（P.1.2.43）	在复合词一节中，第一格所指示的是附属词。 [P.2.3.40 随文中的“第七格”处于第一格，故是附属词。]
ātman+dṛṣṭi	upasarjanaṃ pūrvam //（P.2.2.30）	附属词是前部的。
ātman+dṛṣṭi	pratyayalope pratyayalakṣaṇam //（P.1.1.62） suptiṅantaṃ padam //（P.1.4.14）	词缀消隐后，词缀的因还在。 格尾为末的 ātman 是（前部）字。
ātma+dṛṣṭi	nalopaḥ prātipadikāntasya //（P.8.2.7）	一个属于名词词基范畴的（完成格尾变化的）字，它的尾部 n 音由消隐（lopa）替换。
ātmadṛṣṭi	kṛttaddhitasamāsāśca //（P.1.2.46）	有意义的复合词是名词词基。
ātmadṛṣṭi	paravalliṅgaṃ dvaṃdva-tatpuruṣayoḥ //（P.2.4.26）	相违释和依主释复合词的性如后部字。[该复合词为阴性。]
ātmadṛṣṭy	iko yaṇaci //（P.6.1.77）	发生连音时，若后遇元音，半元音替代以 ik 为对收的元音。

小结：

ātmadṛṣṭi 表达的是：被“我”所吸引，而看着的状态，翻译为“我见”。依主释复合词的性如后部字，故该复合词为阴性。

moha

词根：第四类动词词根（divādigaṇa），4.89 muha vaicittye（muh 愚痴）。

直接后缀：ghañ。

演变过程：

muh+**ghañ**	bhāve // （P.3.3.18）	当表达达到已成就状态的词根意义时，词根后加 ghañ 词缀。
muh+**ghañ**	ārdhadhātukaṃ śeṣaḥ // （P.3.4.114）	全界词缀之外的（ghañ）是半界词缀。
muh+a	tasya lopaḥ // （P.1.3.9）	ghañ 的符号 gh、ñ 由消隐替换。
muh+a	yasmātpratyayavidhistadādi pratyaye 'ṅgam //（P.1.4.13）	其后安排了词缀的词，以此词为始，在词缀前叫词干。
moh+a	pugantalaghūpadhasya ca // （P.7.3.86）	遇到半界和全界词缀时，轻音节词干的排列倒数第二的短元音 i、u、ṛ、ḷ 由二合元音替换。
moha	kṛttaddhitasamāsāśca // （P.1.2.46）	直接后缀 ghañ 为末的 moha 是名词词基。

小结：

moha 的直接后缀是 ghañ，故代表处于某种行为的已成就状态，翻译为“痴”。

ātmamoha

世俗拆分：ātmani mohaḥ。

非世俗拆分：ātman+ṅi+moha+su。

名词词基：ātman（我）；moha（痴）。

演变过程：

ātman+**ṅi**+moha+su	āyuktakuśalābhāṃ cāsevāyām // （P.2.3.40）	表达从事意义时，与“被吸引”“善于”连用的词用第六格或第七格语尾。
ātman+ṅi+moha+su	saha supā // （P.2.1.4）	以格尾收尾的词可以与以格尾收尾的词构成复合词。
ātman+ṅi+moha+su	tatpuruṣaḥ // （P.2.1.22）	此是依主释复合词。
ātman+ṅi+moha+su	kṛttaddhitasamāsāśca // （P.1.2.46）	有意义的复合词是名词词基。

ātman+moha	supo dhātuprātipadikayoḥ //（P.2.4.71） pratyayasya lukślulupaḥ //（P.1.1.61）	词根、名词词基中蕴含的格尾由消隐（luk）替换。 luk、ślu、lup 是词缀的消隐替换。消隐是不显现。
ātman+moha	prathamānirdiṣṭaṃ samāsa upasarjanam //（P.1.2.43）	在复合词一节中，第一格所指示的是附属词。 [P.2.3.40 随文中的“第七格”处于第一格，故是附属词。]
ātman+moha	upasarjanaṃ pūrvam //（P.2.2.30）	附属词是前部的。
ātman+moha	pratyayalope pratyayalakṣaṇam //（P.1.1.62） suptiṅantaṃ padam //（P.1.4.14）	词缀消隐后，词缀的因还在。 格尾为末的 ātman 是（前部）字。
ātma+moha	nalopaḥ prātipadikāntasya //（P.8.2.7）	一个属于名词词基范畴的（完成格尾变化的）字，它的尾部 n 音由消隐（lopa）替换。
ātmamoha	kṛttaddhitasamāsāśca //（P.1.2.46）	有意义的复合词是名词词基。

小结：

ātmamoha 表达的是：被“我”所吸引，而痴迷于中的状态，翻译为“我痴”。

安慧的《唯识三十颂疏》中指出：“ātmany ajñānam ātma-mohaḥ / [于我无知，就是我痴]。”[①] 由此可以看出，前部字当用第七格。

māna

词根：第一类动词词根（bhvādigaṇa），1.1021 māna pūjāyām（mān 敬重）。

直接后缀：ac。

演变过程（一）：

mān+**ṇic**	hetumati ca //（P.3.1.26）	当表达使役含义时，加 ṇic 词缀。 [ṇ、c 是符号。]
mān+**ṇic**	ārdhadhātukaṃ śeṣaḥ //（P.3.4.114）	ṇic 是半界词缀。
mān+ṇic	yasmātpratyayavidhistadādi pratyaye 'ṅgam //（P.1.4.13）	其后安排了词缀的词，以此词为始，在词缀前叫词干。

① 韩廷杰：《梵文佛典研究（一）》，宗教文化出版社 2012 年版，第 348—349 页。

mān+ṇic	sanādyantā dhātavaḥ // （P.3.1.32）	以 ṇic 词缀落尾的“mān+i”是新词根。 [ṇic 的 ṇ、c 是符号。]
mān+ṇic+**ac**	erac // （P.3.3.56）	i、ī 音落尾的词根后加直接后缀 ac。
mān+ṇic+**ac**	ārdhadhātukaṃ śeṣaḥ // （P.3.4.114）	ac 是半界词缀。
mān+ṇic+a	tasya lopaḥ // （P.1.3.9）	ac 的符号 c 由消隐替换。
mān+ṇic+**a**	ārdhadhātukasyeḍvalādeḥ // （P.7.2.35）	在以对收 val 为首位音的半界词缀前，插入联系元音 iṭ。 [但 ac 不在其中，是 aniṭ 词缀。]
mān+（ ）+a	ṇeraniṭi // （P.6.4.51）	当遇到 aniṭ 半界词缀时，消隐（lopa）替换前面的 ṇic。
mān+（ ）+a	pratyayalope pratyayalakṣaṇam // （P.1.1.62）	ṇic 词缀消隐后，ṇic 词缀的因还在。
mān+（ ）+a	sanādyantā dhātavaḥ // （P.3.1.32）	“mān+（ ）”仍是新词根。
mān+（ ）+a	yasmātpratyayavidhistadādi pratyaye 'ṅgam //（P.1.4.13）	其后安排了词缀的词，以此词为始，在词缀前叫词干。
mān+a	adarśanaṃ lopaḥ // （P.1.1.60）	不显现的是消隐。
māna	kṛttaddhitasamāsāśca // （P.1.2.46）	直接后缀 ac 为末的 māna 是名词词基。

词根：第十类动词词根（curādigaṇa），10.299 māna pūjāyām（mān 敬重）。

直接后缀：ac。

演变过程（二）：

mān+**ṇic**	satyāpa…cūrādibhyo ṇic // （P.3.1.25）	第十类动词词根本身必须加上 ṇic 词缀，表原义。
mān+**ṇic**	ārdhadhātukaṃ śeṣaḥ // （P.3.4.114）	ṇic 是半界词缀。
mān+ṇic	yasmātpratyayavidhistadādi pratyaye 'ṅgam //（P.1.4.13）	其后安排了词缀的词，以此词为始，在词缀前叫词干。
mān+ṇic	sanādyantā dhātavaḥ // （P.3.1.32）	以 ṇic 词缀落尾的“mān+ṇic”是新词根。
mān+ṇic+**ṇic**	hetumati ca // （P.3.1.26）	当表达使役含义时，加 ṇic 词缀。 [ṇ、c 是符号。]
mān+ṇic+**ṇic**	ārdhadhātukaṃ śeṣaḥ // （P.3.4.114）	第二个 ṇic 是半界词缀。
mān+ṇic+**ṇic**	ārdhadhātukasyeḍvalādeḥ // （P.7.2.35）	在以对收 val 为首位音的半界词缀前，插入联系元音 iṭ。

		[但第二个 ṇic 不在其中，属于 aniṭ 词缀。]
mān+（ ）+ṇic	ṇeraniṭi // （P.6.4.51）	当遇到 aniṭ 半界词缀时，消隐（lopa）替换前面的 ṇic。
mān+（ ）+ṇic	sanādyantā dhātavaḥ // （P.3.1.32）	以 ṇic 词缀落尾的“mān+（ ）+i”是新词根。 [ṇic 的 ṇ、c 是符号。]
mān+（ ）+ṇic+**ac**	erac // （P.3.3.56）	i、ī 音落尾的词根后加直接后缀 ac。
mān+（ ）+ṇic+**ac**	ārdhadhātukaṃ śeṣaḥ // （P.3.4.114）	ac 是半界词缀。
mān+（ ）+ṇic+a	tasya lopaḥ // （P.1.3.9）	ac 的符号 c 由消隐替换。
mān+（ ）+ṇic+**a**	ārdhadhātukasyeḍvalādeḥ // （P.7.2.35）	在以对收 val 为首位音的半界词缀前，插入联系元音 iṭ。 [但 ac 不在其中，是 aniṭ 词缀。]
mān+（ ）+（ ）+a	ṇeraniṭi // （P.6.4.51）	当遇到 aniṭ 半界词缀时，消隐（lopa）替换前面的 ṇic。
mān+（ ）+（ ）+a	pratyayalope pratyayalakṣaṇam // （P.1.1.62）	ṇic 词缀消隐后，ṇic 词缀的因还在。
mān+（ ）+（ ）+a	sanādyantā dhātavaḥ // （P.3.1.32）	“mān+（ ）+（ ）”仍是新词根。
mān+（ ）+（ ）+a	yasmātpratyayavidhistadādi pratyaye 'ṅgam //（P.1.4.13）	其后安排了词缀的词，以此词为始，在词缀前叫词干。
mān+a	adarśanaṃ lopaḥ // （P.1.1.60）	不显现的是消隐。
māna	kṛttaddhitasamāsāśca // （P.1.2.46）	直接后缀为末的是名词词基。

小结：

在以上两种演变过程中，māna 的词根 mān 的含义是“尊敬”，因此要表达“傲慢”的含义，必须增加表使役的 ṇic 词缀。接着再加直接后缀 ac，表达的是行为达到的已成就状态，故 māna 翻译为“慢”。

ātmamāna

世俗拆分： ātmani mānaḥ。

非世俗拆分： ātman+ṅi+māna+su。

名词词基： ātman（我）；māna（慢）。

演变过程：

ātman+**ṅi**+māna+su	āyuktakuśalābhāṃ cāsevāyām //（P.2.3.40）	表达从事意义时，与“被吸引”“善于”连用的词用第六格或第七格语尾。
ātman+ṅi+māna+su	saha supā //（P.2.1.4）	以格尾收尾的词可以与以格尾收尾的词构成复合词。
ātman+ṅi+māna+su	tatpuruṣaḥ //（P.2.1.22）	此是依主释复合词。
ātman+ṅi+māna+su	kṛttaddhitasamāsāśca //（P.1.2.46）	有意义的复合词是名词词基。
ātman+māna	supo dhātuprātipadikayoḥ //（P.2.4.71） pratyayasya lukślulupaḥ //（P.1.1.61）	词根、名词词基中蕴含的格尾由消隐（luk）替换。 luk、ślu、lup 是词缀的消隐替换。消隐是不显现。
ātman+māna	prathamānirdiṣṭaṃ samāsa upasarjanam //（P.1.2.43）	在复合词一节中，第一格所指示的是附属词。 [P.2.3.40 随文中的“第七格”处于第一格，故是附属词。]
ātman+māna	upasarjanaṃ pūrvam //（P.2.2.30）	附属词是前部的。
ātman+māna	pratyayalope pratyayalakṣaṇam //（P.1.1.62） suptiṅantaṃ padam //（P.1.4.14）	词缀消隐后，词缀的因还在。 格尾为末的 ātman 是（前部）字。
ātma+māna	nalopaḥ prātipadikāntasya //（P.8.2.7）	一个属于名词词基范畴的（完成格尾变化的）字，它的尾部 n 音由消隐（lopa）替换。
ātmamāna	kṛttaddhitasamāsāśca //（P.1.2.46）	有意义的复合词是名词词基。

小结：

ātmamāna 表达的是，沉迷于“我”的傲慢状态，翻译为“我慢”。安慧在《唯识三十疏》中说，“ātma-viṣaye māna ātma-māno ’smi-māna ity arthaḥ / ① [于我这一主题上傲慢是我慢，即为于我生慢之义]”，可见 ātma-māna 的前部字是第七格。

sneha

词根：第四类动词词根（divādigaṇa），4.91 ṣṇiha prītau（snih 喜乐）。

直接后缀：ghañ。

① 韩廷杰：《梵文佛典研究（一）》，宗教文化出版社 2012 年版，第 348 页。

演变过程（一）：

ṣṇiha	bhūvādayo dhātavaḥ //（P.1.3.1）	bhū 等是动词词根。
ṣṇih	tasya lopaḥ //（P.1.3.9）	ṣṇiha 的符号 a 由消隐替换。
snih	dhātvādeḥ ṣah saḥ //（P.6.1.64）	词根的首位音 ṣ 由 s 音替换。
snih+**ghañ**	bhāve //（P.3.3.18）	当表达达到已成就状态的词根意义时，词根后加 ghañ 词缀。
snih+**ghañ**	ārdhadhātukaṃ śeṣaḥ //（P.3.4.114）	全界词缀之外的（ghañ）是半界词缀。
snih+a	tasya lopaḥ //（P.1.3.9）	ghañ 的符号 gh、ñ 由消隐替换。
snih+a	yasmātpratyayavidhistadādi pratyaye 'ṅgam //（P.1.4.13）	其后安排了词缀的词，以此词为始，在词缀前叫词干。
sn**e**h+a	pugantalaghūpadhasya ca //（P.7.3.86）	遇到半界和全界词缀时，轻音节词干的排列倒数第二的短元音 i、u、ṛ、ḷ 由二合元音替换。
sneha	kṛttaddhitasamāsāśca //（P.1.2.46）	直接后缀为末的是名词词基。

词根：第十类动词词根（curādigaṇa），10.36 ṣṇiha snehane（snih 涂膏）。

直接后缀：ac。

演变过程（二）：

ṣṇiha	bhūvādayo dhātavaḥ //（P.1.3.1）	bhū 等是动词词根。
ṣṇih	tasya lopaḥ //（P.1.3.9）	ṣṇiha 的符号 a 由消隐替换。
snih	dhātvādeḥ ṣah saḥ //（P.6.1.64）	词根的首位音 ṣ 由 s 音替换。
snih+**ṇic**	satyāpa…cūrādibhyo ṇic //（P.3.1.25）	第十类动词词根本身必须加上 ṇic 词缀，表原义。
snih+**ṇic**	ārdhadhātukaṃ śeṣaḥ //（P.3.4.114）	ṇic 是半界词缀。
snih+ṇic	yasmātpratyayavidhistadādi pratyaye 'ṅgam //（P.1.4.13）	其后安排了词缀的词，以此词为始，在词缀前叫词干。
sn**e**h+ṇic	pugantalaghūpadhasya ca //（P.7.3.86）	遇到半界和全界词缀时，轻音节词干的排列倒数第二的短元音 i、u、ṛ、ḷ 由二合元音替换。
sneh+ṇic	sanādyantā dhātavaḥ //（P.3.1.32）	以 ṇic 词缀落尾的“sneh+ṇic”是新词根。

sneh+ṇic+**ṇic**	hetumati ca // （P.3.1.26）	当表达使役含义时，加 ṇic 词缀。 [ṇ、c 是符号。]
sneh+ṇic+**ṇic**	ārdhadhātukaṃ śeṣaḥ // （P.3.4.114）	第二个 ṇic 是半界词缀。
sneh+ṇic+**ṇic**	ārdhadhātukasyeḍvalādeḥ // （P.7.2.35）	在以对收 val 为首位音的半界词缀前，插入联系元音 iṭ。 [但第二个 ṇic 不在其中，属于 aniṭ 词缀。]
sneh+（ ）+ṇic	ṇeraniṭi // （P.6.4.51）	当遇到 aniṭ 半界词缀时，消隐（lopa）替换前面的 ṇic。
sneh+（ ）+ṇic	sanādyantā dhātavaḥ // （P.3.1.32）	以 ṇic 词缀落尾的“sneh+（ ）+i”是新词根。 [ṇic 的 ṇ、c 是符号。]
sneh+（ ）+ṇic+**ac**	erac // （P.3.3.56）	i、ī 音落尾的词根后加直接后缀 ac。
sneh+（ ）+ṇic+**ac**	ārdhadhātukaṃ śeṣaḥ // （P.3.4.114）	ac 是半界词缀。
sneh+（ ）+ṇic+a	tasya lopaḥ // （P.1.3.9）	ac 的符号 ac 由消隐替换。
sneh+（ ）+ṇic+**a**	ārdhadhātukasyeḍvalādeḥ // （P.7.2.35）	在以对收 val 为首位音的半界词缀前，插入联系元音 iṭ。 [但 ac 不在其中，是 aniṭ 词缀。]
sneh+（ ）+（ ）+a	ṇeraniṭi // （P.6.4.51）	当遇到 aniṭ 半界词缀时，消隐（lopa）替换前面的 ṇic。
sneh+（ ）+（ ）+a	pratyayalope pratyayalakṣaṇam // （P.1.1.62）	ṇic 词缀消隐后，ṇic 词缀的因还在。
sneh+（ ）+（ ）+a	sanādyantā dhātavaḥ // （P.3.1.32）	“sneh+（ ）+（ ）”仍是新词根。
sneh+（ ）+（ ）+a	yasmātpratyayavidhistadādi pratyaye 'ṅgam //（P.1.4.13）	其后安排了词缀的词，以此词为始，在词缀前叫词干。
sneh+a	adarśanaṃ lopaḥ // （P.1.1.60）	不显现的是消隐。
sneha	kṛttaddhitasamāsāśca // （P.1.2.46）	直接后缀 ac 为末的 sneha 是名词词基。

小结：

在演变过程（一）中，sneha 是在第四类动词词根“ṣṇiha prītau（snih 喜乐）”后加直接后缀 ghañ 构成的，代表处于某种行为的已成就状态，翻译为“爱”。

在演变过程（二）中，第十类动词词根“ṣṇiha snehane（snih 涂膏）”加上表使役含义的 ṇic 词缀，就有“使喜爱”的含义。再加直接后缀 ac 后，也表处于“爱”的状态。

以上两种演变过程得到的 sneha 都有“爱”的含义。

ātmasneha

世俗拆分：ātmani snehaḥ。

非世俗拆分：ātman+ṅi+sneha+su。

名词词基：ātman（我）；sneha（爱）。

演变过程：

ātman+**ṅi**+sneha+su	āyuktakuśalābhāṃ cāsevāyām //（P.2.3.40）	表达从事意义时，与“被吸引”“善于”连用的词用第六格或第七格语尾。
ātman+ṅi+sneha+su	saha supā //（P.2.1.4）	以格尾收尾的词可以与以格尾收尾的词构成复合词。
ātman+ṅi+sneha+su	tatpuruṣaḥ //（P.2.1.22）	此是依主释复合词。
ātman+ṅi+sneha+su	kṛttaddhitasamāsāśca //（P.1.2.46）	有意义的复合词是名词词基。
ātman+sneha	supo dhātuprātipadikayoḥ //（P.2.4.71） pratyayasya lukślulupaḥ //（P.1.1.61）	词根、名词词基中蕴含的格尾由消隐（luk）替换。 luk、ślu、lup 是词缀的消隐替换。消隐是不显现。
ātman+sneha	prathamānirdiṣṭaṃ samāsa upasarjanam //（P.1.2.43）	在复合词一节中，第一格所指示的是附属词。 [P.2.3.40 随文中的“第七格”处于第一格，故是附属词。]
ātman+sneha	upasarjanaṃ pūrvam //（P.2.2.30）	附属词是前部的。
ātman+sneha	pratyayalope pratyayalakṣaṇam //（P.1.1.62） suptiṅantaṃ padam //（P.1.4.14）	词缀消隐后，词缀的因还在。 以格尾为末的 ātman 是（前部）字。
ātma+sneha	nalopaḥ prātipadikāntasya //（P.8.2.7）	一个属于名词词基范畴的（完成格尾变化的）字，它的尾部 n 音由消隐（lopa）替换。
ātmasneha	kṛttaddhitasamāsāśca //（P.1.2.46）	有意义的复合词是名词词基。

小结：

ātmamoha 表达的是：被“我”所吸引，而喜爱的状态，翻译为“我爱”。

安慧的《唯识三十颂疏》中指出，“ātmani sneha ātma-premā ity arthaḥ / [1] [于我处生

① 韩廷杰：《梵文佛典研究（一）》，宗教文化出版社 2012 年版，第 348 页。

爱是我喜之义]”。由此可以看出，前部字当用第七格。

ātmadṛṣṭy-ātmamoha-ātmamāna-ātmasneha

世俗拆分： ātmadṛṣṭiś ca ātmamohaś ca ātmamānaś ca ātmasnehaś ca。

非世俗拆分： ātmadṛṣṭi+su+ātmamoha+su+ātmamāna+su+ātmasneha+su。

名词词基： ātmadṛṣṭi（我见）；ātmamoha（我痴）；ātmamāna（我慢）；ātmasneha（我爱）。

演化过程：

ātmadṛṣṭi+su+ātmamoha+su+ātmamāna+su+ātmasneha+su	cārthe dvaṃdvaḥ //（P.2.2.29）	表示 ca 的意义的是相违释（复合词）。
ātmadṛṣṭi+su+ātmamoha+su+ātmamāna+su+ātmasneha+su	kṛttaddhitasamāsāśca //（P.1.2.46）	有意义的复合词是名词词基。
ātmadṛṣṭi+ātmamoha+ātmamāna+ātmasneha	supo dhātuprātipadikayoḥ //（P.2.4.71） pratyayasya lukślulupaḥ //（P.1.1.61）	词根、名词词基中蕴含的格尾由消隐（luk）替换。 luk、ślu、lup 是词缀的消隐替换。消隐是不显现。
ātmadṛṣṭy+ātmamoha+ātmamāna+ātmasneha	iko yaṇaci //（P.6.1.77）	发生连音时，若后遇元音，半元音替代以 ik 为对收的元音。
ātmadṛṣṭy-ātmamoha-ātmamāna-ātmasneha	kṛttaddhitasamāsāśca //（P.1.2.46）	有意义的复合词是名词词基。

小结：

相违释复合词 ātmadṛṣṭy-ātmamoha-ātmamāna-ātmasneha 是名词词基，含义是“我见、我痴、我慢、我爱”。

这四者虽然是由心所法恶见、痴、慢、贪所造成，但不是心所法恶见、痴、慢、贪本身，而是指末那识识体所具有的烦恼状态，或者说是处于末那识之中的。故 ātmadṛṣṭy-ātmamoha-ātmamāna-ātmasneha 实际是先说明和修饰 kleśaiś，再由 kleśaiś 进一步修饰 caturbhiḥ（四心所法）。

saṃjñā

词根： 第九类动词词根（kryādigaṇa），9.36 jñā avabodhane（jñā 知晓）。①

① 同为第九类动词词根（kryādigaṇa）的 jñā 还有“1.849 jñā māraṇa-toṣaṇa-niśāna-niśāmaneṣu [jñā 消灭（māraṇa），满意（toṣaṇa），锐化（niśāna），看或听（niśāmana）]”。该词根 jñā 虽然（转下页）

近置词：sam（vācike 交谈，smṛtau 想念，pratijñāyām 认可）。[依据：upasargāḥ kriyāyoge //（P.1.4.59）。]

直接后缀：aṅ。

阴性词缀：ṭāp。

演变过程：

sam+jñā+**aṅ**	ātaścopasarge //（P.3.3.106）	有近置词时，直接后缀 aṅ 加在 ā 为末的词根后，且形成阴性词。
sam+jñā+**aṅ**	ārdhadhātukaṃ śeṣaḥ //（P.3.4.114）	全界词缀之外的（aṅ）是半界词缀。
sam+jñā+a	tasya lopaḥ //（P.1.3.9）	aṅ 的符号 ṅ 由消隐替换。
sam+**jñā**+a	yasmātpratyayavidhistadādi pratyaye 'ṅgam //（P.1.4.13）	其后安排了词缀的词，以此词为始，在词缀前叫词干。
sam+jñ+a	āto lopa iṭi ca //（P.6.4.64）	当遇到带 k、ṅ 符号的词缀，或带联系元音 iṭ 的半界词缀时，词干收尾的 ā 音由消隐替换。
sa**ṃ**+jña	mo 'nusvāraḥ //（P.8.3.23）	字末的 m 音在辅音前由鼻腔音替代。
sa**ñ**+jña	anusvārasya yayi parasavarṇaḥ //（P.8.4.58）	遇到除咝音和 h 音以外的辅音时，后面的同类音替换鼻腔音。
saṃ+jña	vā padāntasya //（P.8.4.59）	字末的同类鼻音的替换可做可不做。
saṃjña	kṛttaddhitasamāsāśca //（P.1.2.46）	以直接后缀 aṅ 为末的是名词词基。
saṃjña+**ṭāp**	ajādyataṣṭāp //（P.4.1.4）	aja 等以及以 a 为末的，于阴性时，加 ṭāp。
saṃjña+ā	tasya lopaḥ //（P.1.3.9）	ṭāp 的符号 ṭ、p 由消隐替换。
saṃjñ**ā**	akaḥ savarṇe dīrghaḥ //（P.6.1.101）	以 ak 为对收的末音后遇同类音时，一长音替换前后两音位。

小结：

saṃjñā 是加直接后缀 aṅ，再加阴性词缀 ṭāp 构成的阴性词。由于 aṅ 词缀在领句经文“bhāve //（P.3.3.18）”的控制之下，所以 saṃjñā 表达是一种行为的已成就状态，翻译为“想”。即心法（识体）处于“想”这种心理状态。

（接上页）放在第一类动词词根群（bhvādigaṇa）中，但实际是第九类动词词根。只是表达“消灭”等含义的 jñā 属于 ghaṭādi 群中的词根，所以波你尼在《界读》中才把相关不同类别的 ghaṭādi 词根都收集在了一起，放在 bhvādigaṇa 中。也就是说，作为第九类动词词根的 jñā 实际有两大类含义：前一类为知晓的含义，后一类为非知晓的含义。

另外，经文 P.3.3.106 也在领句经文“akartari ca kārake samjñāyām //（P.3.3.19）”的控制之下。因此 saṃjñā 可以作为非主动者（akartṛ）的造者（kāraka），且是专有名词。若采用作用具（karaṇa）这一造者来表达原因和伴随含义时，那么 saṃjñā 指的是造成心法处于“想”这种心理状态的另一独立因法——“心所法想”。本颂采用这种理解。

saṃjñita

世俗拆分：saṃjñā saṃjātā asya。

非世俗拆分：saṃjñā+su+itac。

名词词基：saṃjñā（心所法想）。

派生词缀：itac。

演变过程：

saṃjñā+su+**itac**	tasya saṃjātaṃ tārakādibhya itac //（P.5.2.36）	所发生的属于它，于 tāraka 等词后加 itac。 [于第一格的词后加词缀，表示第六格的含义。]
saṃjñā+ṅas+itac	kṛttaddhitasamāsāśca //（P.1.2.46）	以派生词缀为尾的是名词词基。
saṃjñā+itac	supo dhātuprātipadikayoḥ //（P.2.4.71） pratyayasya lukślulupaḥ //（P.1.1.61）	词根、名词词基中蕴含的格尾由消隐（luk）替换。 luk、ślu、lup 是词缀的消隐替换。消隐是不显现。
saṃjñā+ita	tasya lopaḥ //（P.1.3.9）	itac 的符号 c 由消隐替换。
saṃjñā+ita	yaci bham //（P.1.4.18）	以 y 音或元音为首位音的格尾以及部分派生词缀前的词干，称作 bha 词干。
saṃjñ+ita	yasyeti ca //（P.6.4.148）	遇到派生词缀或 ī 音时，替换 bha 词干末尾的 i、ī 和 a、ā 的是消隐（lopa）。
saṃjñita	kṛttaddhitasamāsāśca //（P.1.2.46）	以派生词缀 itac 为末的 saṃjñita 是名词词基。

小结：

saṃjñā 加上派生词缀 itac 后形成 saṃjñita，含义是“（心所法）想所生发的”。但 saṃjñā 不在经文 P.5.2.36 提到的 tāraka 为首的群（gaṇa）中，因此 saṃjñita 是佛教的特有词汇。或者说佛教对于 tāraka 为首的群（gaṇa）所收录的词汇与婆罗门教不同。

受玄奘翻译的影响，在当代的一些梵语字典中，把 saṃjñita 翻译为“called”“named”“denominated”，而较早的传统的梵语字典没有收录此词汇。

如果不表使役，sam+jñā+kta 得到的是 saṃjñāta 一词，表“被知”“被听”等含义。

如果表达使役的含义，需要加入 ṇic 词缀。根据经文“artihrīvlīrīknūyīkṣmāyyātāṃ pugnau（P.7.3.36）”可知，在 ṇic 前，ā 音为末的词根后要插入 puk，故得到 sam+jñā+puk+ṇic+kta。saṃjñāpita。如果词根采用“jñā avabodhane(jñā 知晓)”，saṃjñāpita 的含义是“to make known”。

如果表达使役的含义，词根采用“jñā māraṇatoṣaṇaniśānaniśāmaneṣu [jñā 消灭（māraṇa），满意（toṣaṇa），锐化（niśāna），看或听（niśāmana）]”，那么由于该词根是被《界读》（*Dhātupāṭha*）中的群经文“ghaṭādayo mitaḥ”提到的有 mit 术语的词根。再根据经文“mitāṃ hrasvaḥ //（P.6.4.92）”可知，jñā 的 ā 音要由短音 a 替换，故得到的是 saṃjñapita。如果 jñā 采用“听”（niśāmana）的含义，那么 saṃjñapita 有“to make listened”，似乎有“谓”的含义。

总的来说，只是加直接后缀，得不到 saṃjñita 这样的词形。

因此本颂的 saṃjñita 的含义是“心所法想所生发的”。如以 puṣpito vṛkṣaḥ（挂满花的树）为例，树的挂满花的状态是由花造成的。故“ātmadṛṣṭy-ātmamoha-ātmamāna-ātmasnehāḥ saṃjñitāḥ”指的是“我见、我痴、我慢、我爱是由心所法想所造成的”。另外，只有心所法想才能造成心法（识体）中有“我”的名言概念，从而进一步造成末那识有“我见、我痴、我慢、我爱”的状态。

因此本颂的 saṃjñita 的含义是“心所法想所生发的”。

ātmadṛṣṭy-ātmamoha-ātmamāna-ātmasneha-saṃjñitaiḥ

世俗拆分：ātmadṛṣṭy-ātmamoha-ātmamāna-ātmasnehāḥ saṃjñitāḥ。

非世俗拆分：ātmadṛṣṭy-ātmamoha-ātmamāna-ātmasneha+jas+saṃjñita+jas。

名词词基：ātmadṛṣṭy-ātmamoha-ātmamāna-ātmasneha（我见、我痴、我慢、我爱）；saṃjñita（心所法想所生发的）。

演变过程：

ātmadṛṣṭyātmamoha-ātmamānātmasneha+jas+saṃjñita+jas	tatpuruṣaḥ samānādhikaraṇaḥ karmadhārayaḥ //（P.1.2.42）	具有一致的语法关系的依主释（复合词）是持业释（复合词）。
ātmadṛṣṭyātmamoha-ātmamānātmasneha+su+saṃjñita+su	kṛttaddhitasamāsāśca //（P.1.2.46）	有意义的复合词是名词词基。
ātmadṛṣṭyātmamoha-ātmamānātmasneha+saṃjñita	supo dhātuprātipadikayoḥ //（P.2.4.71） pratyayasya lukślulupaḥ //（P.1.1.61）	词根、名词词基中蕴含的格尾由消隐（luk）替换。 luk、ślu、lup 是词缀的消隐替换。消隐是不显现。

ātmadṛṣṭyātmamoha-ātmamānātmasneha-saṃjñita	kṛttaddhitasamāsāśca //（P.1.2.46）	有意义的复合词是名词词基。
ātmadṛṣṭyātmamoha-ātmamānātmasneha-saṃjñita+**bhis**	ṅyāpprātipadikāt //（P.4.1.1） svaujasamauṭchaṣ…sup //（P.4.1.2）	在以 ṅī、āp 为末的词后，以及在名词词基后是 su 等格尾。 复数第三格加格尾 bhis。
ātmadṛṣṭyātmamoha-ātmamānātmasneha-saṃjñita+**ais**	ato bhisa ais //（P.7.1.9）	a 音后的 bhis 的（替代）是 ais。
ātmadṛṣṭyātmamoha-ātmamānātmasneha-saṃjñit+**ai**+s	vṛddhireci //（P.6.1.88）	a 后遇复合元音时，三合元音是前后两音位的唯一替代。
ātmadṛṣṭyātmamoha-ātmamānātmasneha-saṃjñitais	suptiṅantaṃ padam //（P.1.4.14）	以格尾为末的是字。
ātmadṛṣṭyātmamoha-ātmamānātmasneha-saṃjñitai**r**	sasajuṣo ruḥ //（P.8.2.66）	r 音替换字末的 s 音。
ātmadṛṣṭyātmamoha-ātmamānātmasneha-saṃjñitai**ḥ**	kharavasānayorvisarjanīyaḥ //（P.8.3.15）	在停顿前，送气音替换字末的 r 音。

小结：

ātmadṛṣṭyātmamohātmamānātmasneha-saṃjñita 是持业释复合词，含义是“心所法想所发生的我见、我痴、我慢、我爱”。该复合词修饰的是末那识的状态。这种状态就是被称为末那识的烦恼状态。故在本颂中，该复合词可以说明和修饰 kleśaiś，因此与 kleśaiś 同数、同格。作为持业释复合词，前部字和后部字指代的是同一事物，所以 ātmadṛṣṭy-ātmamoha-ātmamāna-ātmasneha 和 saṃjñita 都可分别修饰 kleśaiś。

ātmadṛṣṭy-ātmamoha-ātmamāna-ātmasneha-saṃjñitais 是阳性，复数，第三格，含义是“与心所法想所发生的我见、我痴、我慢、我爱”。

第七颂

यत्रजस्तन्मयैरन्यैः स्पर्शाद्यैश्चार्हतो न तत् ।
न निरोधसमापत्तौ मार्गे लोकोत्तरे न च ॥७॥

yatra-jas tan-mayair anyaiḥ sparśa-ādyaiś ca arhato na tat /
na nirodha-samāpattau mārge loka-uttare na ca //7//

玄奘译：及余触等俱。有覆无记摄。随所生所系，阿罗汉、灭定、出世道无有。

真谛译《转识论》：亦有五种心法相应，名字同前，而前细此粗。此识及相应法，至罗汉位究竟灭尽，及入无心定亦皆灭尽。若见谛害烦恼，识及心法，得出世道十六行，究竟灭尽，余残未尽，但属思惟，是名第二识。

霍韬晦译：同生处，及余触等。罗汉中、灭定、出世道，三者均无有。

现译：（阿赖耶识）在哪儿生后，（现行末那识）被彼（阿赖耶识中的种子）转化而成的其他的触是处于首位的诸（心所法）所（伴随）。阿罗汉的那种（与烦恼的四心所法的）伴随不存在。灭尽定中无（那种与烦恼的四心所法的伴随），在出世间的见道位时也无（那种与烦恼的四心所法的伴随）。

yad

词根：第一类动词词根（bhvādigaṇa），1.1051 yaja devapūjāsaṃgatikaraṇadāneṣu（yaj 有牺牲品的祭祀，荣耀，奉献）。

直接后缀：adi。

演变过程：

yaj+**adi**	tyajitaniyajbhyo ḍit //（Uṇādisūtra 1.132）	词根 tyaj、tan、yaj 后加直接后缀 adi。该词缀如同带 ḍ 符号。
yaj+**adi**	ārdhadhātukaṃ śeṣaḥ //（P.3.4.114）	全界之外的（adi）是半界词缀。
yaj+ad	tasya lopaḥ //（P.1.3.9）	adi 的符号 i 由消隐替换。
yaj+ad	yasmātpratyayavidhistadādi pratyaye 'ṅgam //（P.1.4.13）	其后安排了词缀的词，以此词为始，在词缀前叫词干。

y+ad	ṭeḥ // （P.6.4.143）	遇到 ḍ 符号时，词干末音节由消隐替换。
yad	kṛttaddhitasamāsāśca // （P.1.2.46）	以直接后缀为末的是名词词基。
yad	sarvādīni sarvanāmāni // （P.1.1.27）	sarva 等词是代词。

小结：

yad 是代词，有阳、阴、中三性，含义是“那”。

yatra

世俗拆分： yasmin。

非世俗拆分： yad+ṇi+tra。

名词词基： yad（那）。

派生词缀： tra。

演变过程：

yad	kṛttaddhitasamāsāśca // （P.1.2.46）	以直接后缀为末的是名词词基。
yad	sarvādīni sarvanāmāni // （P.1.1.27）	sarva 等词是代词。
yad+ṇi+**tral**	saptamyāstral // （P.5.3.10）	代词之后的第七格格尾后，加派生词缀 tral。
yad+ṇi+tral	kṛttaddhitasamāsāśca // （P.1.2.46）	以派生词缀为尾的是名词词基。
yad+tral	supo dhātuprātipadikayoḥ // （P.2.4.71） pratyayasya lukślulupaḥ // （P.1.1.61）	词根、名词词基中蕴含的格尾由消隐（luk）替换。 luk、ślu、lup 是词缀的消隐替换。消隐是不显现。
yad+**tral**	prāgdiśo vibhaktiḥ // （P.5.3.1）	从此经文到 P.5.3.27，所讨论的词缀叫 prāgdiśīya 派生词缀。这些词缀是词尾（vibhakti）。
yad+tra	tasya lopaḥ // （P.1.3.9）	tral 的符号 l 由消隐替换。
ya+**a**+tra	tyadādīnāmaḥ // （P.7.2.102）	遇到词尾时，tyad 等代词的末音的替换是 a 音。
y+**a**+tra	āto guṇe // （P.6.1.97）	非字末的 a 音遇到二合元音时，前后两者的音位由后者的元音形式作唯一替换。

yatra	kṛttaddhitasamāsāśca //（P.1.2.46）	以派生词缀为尾的是名词词基。
yatra+**ṅi**	ṅyāpprātipadikāt //（P.4.1.1） svaujasamauṭchaṣ…sup //（P.4.1.2）	在以 ṅī、āp 为末的词后，以及在名词词基后是 su 等格尾。 单数第七格加格尾 ṅi。
yatra+ṅi	taddhitaścāsarvavibhaktiḥ //（P.1.1.38）	某些派生词缀构成的词，其后并非可加所有格尾，其为不变词。
yatra+（ ）	avyayādāpsupaḥ //（P.2.4.82）	消隐（luk）替换不变词后的格尾。
yatra	pratyayasya lukślulupaḥ //（P.1.1.61）	luk、ślu、lup 是词缀的消隐替换。消隐是不显现。
yatra	pratyayalope pratyayalakṣaṇam //（P.1.1.62）	词缀消隐后，词缀的因还在。
yatra	suptiṅantaṃ padam //（P.1.4.14）	以格尾为末的 yatra 是字。

小结：

yatra 是不变词，翻译为“哪儿”，即英语的 where 的意思。

yatra-jas

世俗拆分： yatra jātaḥ。

非世俗拆分： yatra+jan+ḍa。

名词词基： yatra（哪儿）。

词根： 第三类动词词根（juhotyādigaṇa），3.24 jana janane（jan 生）；第四类动词词根（divādigaṇa），4.41 janī prādurbhāte（jan 显现）。

直接后缀： ḍa。

演变过程：

yatra+**ṅi**	ṅyāpprātipadikāt //（P.4.1.1） svaujasamauṭchaṣ…sup //（P.4.1.2）	在以 ṅī、āp 为末的词后，以及在名词词基后是 su 等格尾。 单数第七格加格尾 ṅi。
yatra+ṅi	taddhitaścāsarvavibhaktiḥ //（P.1.1.38）	某些派生词缀构成的词，其后并非可加所有格尾，其为不变词。
yatra+（ ）	avyayādāpsupaḥ //（P.2.4.82）	消隐（luk）替换不变词后的格尾。

yatra	pratyayasya lukślulupaḥ //（P.1.1.61）	luk、ślu、lup 是词缀的消隐替换。消隐是不显现。
yatra	pratyayalope pratyayalakṣaṇam //（P.1.1.62）	词缀消隐后，词缀的因还在。
yatra	suptiṅantaṃ padam //（P.1.4.14）	yatra 是带第七格格尾的字。
yatra+jan+**ḍa**	saptamyāṃ janerḍaḥ //（P.3.2.97）	ḍa 加在词根 jan 后，当表达过去的含义，且与第七格的词结合时。
yatra+jan+**ḍa**	ārdhadhātukaṃ śeṣaḥ //（P.3.4.114）	全界词缀之外的（ḍa）是半界词缀。
yatra+jan+a	tasya lopaḥ //（P.1.3.9）	ḍa 的符号 ḍ 由消隐替换。
yatra+**jan**+a	yasmātpratyayavidhistadādi pratyaye 'ṅgam //（P.1.4.13）	其后安排了词缀的词，以此词为始，在词缀前叫词干。
yatra+j+a	ṭeḥ //（P.6.4.143）	遇到 ḍ 符号时，词干末音节由消隐替换。
yatra+**ja**	kṛttaddhitasamāsāśca //（P.1.2.46）	直接后缀为末的 ja 是名词词基。
yatra+ja	tatropapadaṃ saptamīstham //（P.3.1.92）	于此范围内，经文中处于第七格的是附加字。 [针对经文 P.3.2.97。]
yatra+ja	upapadamatiṅ //（P.2.2.19）	附加字与相关的词构成必然复合词，且是非以 tiṅ 收尾的词。
yatra+ja	prathamānirdiṣṭaṃ samāsa upasarjanam //（P.1.2.43）	于复合词章节中，第一格所指示的是附属词。 [针对经文 P.2.2.19。]
yatra+ja	upasarjanaṃ pūrvam //（P.2.2.30）	附属词是前部字。
yatraja	kṛttaddhitasamāsāśca //（P.1.2.46）	有意义的复合词是名词词基。
yatraja+**su**	ṅyāpprātipadikāt //（P.4.1.1） svaujasamauṭchaṣ…sup //（P.4.1.2）	在以 ṅī、āp 为末的词后，以及在名词词基后是 su 等格尾。 单数第一格加格尾 su。
yatraja+s	tasya lopaḥ //（P.1.3.9）	su 的符号 u 由消隐替换。
yatrajas	suptiṅantaṃ padam //（P.1.4.14）	以格尾为末的是字。
yatraja**r**	sasajuṣo ruḥ //（P.8.2.66）	r 音替换字末的 s 音。
yatraja**ḥ**	kharavasānayorvisarjanīyaḥ //（P.8.3.15）	在清辅音和停顿前，送气音替换字末的 r 音。

yatraja**s**	visarjanīyasya saḥ //（P.8.3.34）	在清辅音前，s 音替换送气音。

小结：

yatra-ja 是依主释复合词。这种复合词是属于经文“upapadamatiṅ //（P.2.2.19）”所描述的带附加字的必然复合词。必然复合词不存在原形的世俗拆分。故 yatra-ja 表达是“yatra jātaḥ”的含义。如果词根采用“3.24 jana janane（jan 生）”，yatra-ja 翻译为“在哪儿出生后”；但如果词根采用的是“4.41 janī prādurbhāte（jan 显现）”，那么 yatra-ja 有“在哪儿现行后”的含义。如《成唯识论》中说：“谓**生**欲界，**现行**末那、相应心所，即欲界系。”①本颂的 yatra-ja 应该兼有以上两种意思。

yatrajas 是阳性，单数，第一格，含义是“在哪儿生后”。

tan（tad）

词根：第八类动词词根（tanādigaṇa），8.1 tanu vistāre（tan 扩展）。

直接后缀：adi。

演变过程：

tan+**adi**	tyajitaniyajbhyo ḍit //（Uṇādisūtra 1.132）	词根 tyaj、tan、yaj 后加直接后缀 adi。该词缀如同带 ḍ 符号。
tan+**adi**	ārdhadhātukaṃ śeṣaḥ //（P.3.4.114）	全界之外的（adi）是半界词缀。
tan+ad	tasya lopaḥ //（P.1.3.9）	adi 的符号 i 由消隐替换。
tan+ad	yasmātpratyayavidhistadādi pratyaye ’ṅgam //（P.1.4.13）	其后安排了词缀的词，以此词为始，在词缀前叫词干。
t+ad	ṭeḥ //（P.6.4.143）	遇到 ḍ 符号时，词干末音节由消隐替换。
tad	kṛttaddhitasamāsāśca //（P.1.2.46）	以直接后缀为末的是名词词基。
tad	sarvādīni sarvanāmāni //（P.1.1.27）	sarva 等词是代词。

小结：

tad 是代词，有阳、阴、中三性，含义是“彼”。此处 tad 指代的是“阿赖耶识中的种子”。

---

① 护法等菩萨造，玄奘译：《成唯识论》，大正新修大藏经，第 31 册，第 23 页下。

tan-mayair

世俗拆分：tasya vikāraḥ。

非世俗拆分：tad+ṇas+mayaṭ。

名词词基：tad（彼）。

派生词缀：mayaṭ。

演变过程：

tad+ṇas+**mayaṭ**	mayaḍvaitayorbhāṣāyām-abhakṣyācchādanayoḥ //（P.4.3.143）	在经典梵语中，加 mayaṭ 可表达转化物或部分，但不包括食品和衣服。
tad+ṇas+mayaṭ	kṛttaddhitasamāsāśca //（P.1.2.46）	以派生词缀为尾的是名词词基。
tad+mayaṭ	supo dhātuprātipadikayoḥ //（P.2.4.71） pratyayasya lukślulupaḥ //（P.1.1.61）	词根、名词词基中蕴含的格尾由消隐（luk）替换。 luk、ślu、lup 是词缀的消隐替换。消隐是不显现。
tad+maya	tasya lopaḥ //（P.1.3.9）	mayaṭ 的符号 ṭ 由消隐替换。
ta**n**+maya	yaro 'nunāsike 'nunāsiko vā //（P.8.4.45）	遇到鼻音时，对收 yar 可以由鼻音替代。
tanmaya	kṛttaddhitasamāsāśca //（P.1.2.46）	以派生词缀为尾的是名词词基。
tanmaya+**bhis**	ṅyāpprātipadikāt //（P.4.1.1） svaujasamauṭchaṣ…sup //（P.4.1.2）	在以 ṅī、āp 为末的词后，以及在名词词基后是 su 等格尾。 复数第三格加格尾 bhis。
tanmaya+**ais**	ato bhisa ais //（P.7.1.9）	a 音后的 bhis 的（替代）是 ais。
tanmay+**ai**+s	vṛddhireci //（P.6.1.88）	a 后遇复合元音时，三合元音是前后两音位的唯一替代。
tanmayais	suptiṅantaṃ padam //（P.1.4.14）	以格尾为末的是字。
tanmayai**r**	sasajuṣo ruḥ //（P.8.2.66）	r 音替换字末的 s 音。

小结：

tanmaya 是指“彼所成的”的意思。具体翻译为“彼（阿赖耶识的种子）转化而成的”。

tanmayais 是阳性，复数，第三格，含义是“彼（阿赖耶识的种子）转化而成的”。

anyaiḥ

词根：第二类动词词根（adādigaṇa），2.61 ana prāṇane（an 呼吸）；第四类动词词根（divādigaṇa），4.66 ana prāṇane（an 呼吸）。

直接后缀：ya。

演变过程：

an+**ya**	māchāsasibhyo yaḥ //（Uṇādisūtra 4.109）	直接后缀 ya 加在词根 mā、cho、ṣasa 之后。 [Swāmi Dayānand 认为 anya 也是根据此规则构成的。[①]]
an+**ya**	ārdhadhātukaṃ śeṣaḥ //（P.3.4.114）	全界词缀之外的（ya）是半界词缀。
an+ya	yasmātpratyayavidhistadādi pratyaye 'ṅgam //（P.1.4.13）	其后安排了词缀的词，以此词为始，在词缀前叫词干。
anya	kṛttaddhitasamāsāśca //（P.1.2.46）	以直接后缀 kta 为末的是名词词基。
anya+**bhis**	ṅyāpprātipadikāt //（P.4.1.1） svaujasamauṭchaṣ…sup //（P.4.1.2）	在以 ṅī、āp 为末的词后，以及在名词词基后是 su 等格尾。 复数第三格加格尾 bhis。
anya+**ais**	ato bhisa ais //（P.7.1.9）	a 音后的 bhis 的（替代）是 ais。
any+**ai**+s	vṛddhireci //（P.6.1.88）	a 后遇复合元音时，三合元音是前后两音位的唯一替代。
anyais	suptiṅantaṃ padam //（P.1.4.14）	以格尾为末的是字。
anyai**r**	sasajuṣo ruḥ //（P.8.2.66）	r 音替换字末的 s 音。
anyai**ḥ**	kharavasānayorvisarjanīyaḥ //（P.8.3.15）	在清辅音和停顿前，送气音替换字末的 r 音。
anyais	visarjanīyasya saḥ //（P.8.3.34）	在清辅音前，s 音替换送气音。
anyai**ḥ**	vā śari //（P.8.3.36）	在咝音前，送气音替换送气音也是一种选择。

① Srisa Chandra Vasu & Vāman Dās Vasu, *The Siddhanta Kaumudi of Bhattoji Dikshita* ,Vol.2, Part 2, Allahabad: The Panini Office, Bhuvaneshvari Ashram, 1907, p.287.

小结：

一方面，anya 是经文“sarvādīni sarvanāmāni //（P.1.1.27）”中提到的代词，表“其余”的含义。另一方，anya 可以作形容词，表“不同的”的含义。

当 anya 表“其余”时，指的是在上一颂提到的“心所法恶见、痴、慢、贪”之外的其余的心所法，即触等心所法。

另外，当 anya 表“不同的”的含义时，是在解释末那识的五遍行心所法虽然是由阿赖耶识中的种子转化而来的现行，但是并非如阿赖耶识的五遍行心所法那样是无覆无记的，而应该是有覆无记的。

综合以上两重含义，本颂中的 anya 翻译为“其他的”。

anyais 是阳性，复数，第三格，含义是“其他的”。

sparśa

词根：第六类动词词根（tudādigaṇa），6.128 spṛśa saṃsparśane（spṛś 接触）。

直接后缀：ghañ。

演变过程：

spṛś+**ghañ**	bhāve // （P.3.3.18） 或 akartari ca kārake saṃjñāyām // （P.3.3.19）	当表达达到已成就状态的词根意义时，词根后加 ghañ 词缀。 当作术语时，(加 ghañ 词缀）也表示造者，但主动者除外。
spṛś+**ghañ**	ārdhadhātukaṃ śeṣaḥ // （P.3.4.114）	全界词缀之外的（ghañ）是半界词缀。
spṛś+a	tasya lopaḥ // （P.1.3.9）	ghañ 的符号 gh、ñ 由消隐替换。
spṛś+a	yasmātpratyayavidhistadādi pratyaye 'ṅgam //（P.1.4.13）	其后安排了词缀的词，以此词为始，在词缀前叫词干。
spa**r**ś+a	pugantalaghūpadhasya ca // （P.7.3.86） uraṇ raparaḥ // （P.1.1.51）	遇到半界和全界词缀时，轻音节词干的排列倒数第二的短元音 i、u、ṛ、ḷ 由二合元音替换。 ṛ、ṝ 音的替换，需由其后带 r 音的 a、i、u 及其长音来替换。
sparśa	kṛttaddhitasamāsāśca // （P.1.2.46）	直接后缀 ghañ 为末的 sparśa 是名词词基。

小结：

sparśa 如果是依据 “bhāve //（P.3.3.18）”加直接后缀 ghañ 而成的话，表达的是词根所代表的运动和行为达到的已成就状态，翻译为“触”。即心法（识体）处于“触”的心理状态。

若 sparśa 是依据经文“akartari ca kārake samjñāyām //（P.3.3.19）”加直接后缀 ghañ 而成的话，那么 sparśa 可以作为非主动者（akartṛ）的造者（kāraka），且是专有名词。若采用作用具（karaṇa）这一造者来表达原因和伴随含义时，那么 sparśa 指的是造成心法处于“触”这种心理状态的另一独立因法——“心所法触”。本颂采用这种理解。

ādi

词根：第一类动词词根（bhvādigaṇa），1.977 dāṇ dāne（dā 给予）；第三类动词词根（juhotyādigaṇa），3.9 ḍudāñ dāne（dā 给予）。

近置词：ā（abhimukhe 趋向，krāntau 进程）。[依据：upasargāḥ kriyāyoge //（P.1.4.59）。]

直接后缀：ki。

演变过程：

dā	dādhā ghvadāp //（P.1.1.20）	拥有 dā、dhā 形式的词根被称作 ghu。
ā+dā+**ki**	upasarge ghoḥ kiḥ //（P.3.3.92）	当前有近置词，且表达行为和造者含义时，ghu 类词根后加 ki。
ā+dā+**ki**	ārdhadhātukaṃ śeṣaḥ //（P.3.4.114）	全界词缀之外的（ki）是半界词缀。
ā+dā+i	tasya lopaḥ //（P.1.3.9）	ki 的符号 k 由消隐替换。
ā+**dā**+i	yasmātpratyayavidhistadādi pratyaye 'ṅgam //（P.1.4.13）	其后安排了词缀的词，以此词为始，在词缀前叫词干。
ā+d+i	āto lopa iṭi ca //（P.6.4.64）	当遇到带 k、ṅ 符号的词缀，或带联系元音 iṭ 的半界词缀时，词干收尾的 ā 音由消隐替换。
ādi	kṛttaddhitasamāsāśca //（P.1.2.46）	以直接后缀 ki 为末的是名词词基。

小结：

经文 P.3.3.92 在领句经文 “bhāve //（P.3.3.18）”的控制之下，表达的是词根所代表的运动和行为达到的已成就状态，翻译为“开始”。

经文 P.3.3.92 也在领句经文“akartari ca kārake samjñāyām //（P.3.3.19）”控制之下。故 ādi 可以作为非主动者（akartṛ）的造者（kāraka），且是专有名词。若采用场所（adhikaraṇa）这一造者时，ādi 指“第一处”“首位”的含义。本颂采用这种理解。

ādya

世俗拆分：ādau bhavaḥ。

非世俗拆分：ādi+ṅi+yat。

名词词基：ādi（首位）。

派生词缀：yat。

演变过程：

ādi+ṅi+**yat**	digādibhyo yat //（P.4.3.54）	于 diś 等词后加 yat，表达处于某处的存在者的意思。
ādi+ṅi+yat	kṛttaddhitasamāsāśca //（P.1.2.46）	以派生词缀为尾的是名词词基。
ādi+yat	supo dhātuprātipadikayoḥ //（P.2.4.71） pratyayasya lukślulupaḥ //（P.1.1.61）	词根、名词词基中蕴含的格尾由消隐（luk）替换。 luk、ślu、lup 是词缀的消隐替换。消隐是不显现。
ādi+ya	tasya lopaḥ //（P.1.3.9）	yat 的符号 t 由消隐替换。
ādi+ya	yasmātpratyayavidhistadādi pratyaye 'ṅgam //（P.1.4.13）	其后安排了词缀的词，以此词为始，在词缀前叫词干。
ādi+ya	yaci bham //（P.1.4.18）	以 y 音或元音为首位音的格尾以及部分派生词缀前的词干，称作 bha 词干。
ād+ya	yasyeti ca //（P.6.4.148）	遇到派生词缀或 ī 音时，替换 bha 词干末尾的 i、ī 和 a、ā 的是消隐（lopa）。
ādya	kṛttaddhitasamāsāśca //（P.1.2.46）	派生词缀为末的是名词词基。

小结：

ādya 是阳性名词，其所加的 yat 派生词缀表达“处于某处的存在者”的含义。因此选择 adi 的“首位”的含义时，ādya 翻译为“处于首位者”。

sparśa-ādyaiś

世俗拆分：sparśa ādyo yeṣāṃ te。

非世俗拆分：sparśa+su+ādya+su。

名词词基：sparśa（心所法触）；ādya（处于首位者）。

演变过程：

sparśa+su+ādya+su	anekamanyapadārthe //（P.2.2.24）	两个以上（以第一格收尾）的词，若以表达另一个词为目的，构成的是多财释复合词。
sparśa+su+ādya+su	kṛttaddhitasamāsāśca //（P.1.2.46）	有意义的复合词是名词词基。
sparśa+ādya	supo dhātuprātipadikayoḥ //（P.2.4.71） pratyayasya lukślulupaḥ //（P.1.1.61）	词根、名词词基中蕴含的格尾由消隐（luk）替换。 luk、ślu、lup 是词缀的消隐替换。消隐是不显现。
sparś+**ā**+dya	akaḥ savarṇe dīrghaḥ //（P.6.1.101）	以 ak 为对收的末音后遇同类音时，一长音替换前后两音位。
sparśādya	kṛttaddhitasamāsāśca //（P.1.2.46）	有意义的复合词是名词词基。
sparśādya+**bhis**	ṅyāpprātipadikāt //（P.4.1.1） svaujasamauṭchaṣ…sup //（P.4.1.2）	在以 ṅī、āp 为末的词后，以及在名词词基后是 su 等格尾。 复数第三格加格尾 bhis。
sparśādya+**ais**	ato bhisa ais //（P.7.1.9）	a 音后的 bhis 的（替代）是 ais。
sparśādy+**ai**+s	vṛddhireci //（P.6.1.88）	a 后遇复合元音时，三合元音是前后两音位的唯一替代。
sparśādyais	suptiṅantaṃ padam //（P.1.4.14）	以格尾为末的是字。
sparśādyai**r**	sasajuṣo ruḥ //（P.8.2.66）	r 音替换字末的 s 音。
sparśādyai**ḥ**	kharavasānayorvisarjanīyaḥ //（P.8.3.15）	在清辅音和停顿前，送气音替换字末的 r 音。
sparśādyai**s**	visarjanīyasya saḥ //（P.8.3.34）	在清辅音前，s 音替换送气音。
sparśādyai**ś**	stoḥ ścunā ścuḥ //（P.8.4.40）	ś 和腭音族取代与 ś 和腭音族（结合的）s 和齿音族。

小结：

sparśa-ādya 是多财释复合词，含义是：触是处于首位的（一类心所法）。

因此 sparśādayas 是阳性，复数，第一格，含义是："触是处于首位的诸心所法"。

ca

名词词基：ca（和）。

演变过程：

ca	arthavadadhāturapratyayaḥ prātipadikam //（P.1.2.45）	既非词根，亦非词缀，有意义的（词）是名词词基。 [ca 是不可拆分（avyutpanna）的名词词基。]
ca+**sup**	ṅyāpprātipadikāt //（P.4.1.1） svaujasamauṭchaṣ…sup //（P.4.1.2）	在以 ṅī、āp 为末的词后，以及在名词词基后是 su 等格尾。 根据需要加某一 sup 格尾。
ca+sup	cādayo 'sattve //（P.1.4.57）	非实物意义的 ca 等词是投词（nipāta）。
ca+sup	svarādinipātamavyayam //（P.1.1.37）	投词 ca 是不变词。
ca+（ ）	avyayādāpsupaḥ //（P.2.4.82）	消隐（luk）替换不变词后的格尾。
ca	pratyayasya lukślulupaḥ //（P.1.1.61）	luk、ślu、lup 是词缀的消隐替换。消隐是不显现。
ca	pratyayalope pratyayalakṣaṇam //（P.1.1.62）	词缀消隐后，词缀的因还在。
ca	suptiṅantaṃ padam //（P.1.4.14）	以格尾为末的 ca 是字。

小结：

ca 是投词，不变词，意为“和”。

arhato

词根：第一类动词词根（bhvādigaṇa），1.776 arha pūjāyām（arh 崇敬）。

直接后缀：śatṛ。

演变过程：

arh+**śatṛ**	arhaḥ praśaṃsāyām //（P.3.2.133）	直接后缀 śatṛ 加在词根 arh 后表赞扬。
arh+**śatṛ**	kṛtatiṅ //（P.3.1.93） tiṅśitsārvadhātukam //（P.3.4.113）	非 tiṅ 语尾的词缀 śatṛ 是直接后缀。 直接后缀 śatṛ 是带 ś 符号的全界词缀。
arh+at	tasya lopaḥ //（P.1.3.9）	śatṛ 的符号 ś、ṛ 由消隐替换。
arh+at	yasmātpratyayavidhistadādi	其后安排了词缀的词，以此词为始，在

	pratyaye 'ṅgam //（P.1.4.13）	词缀前叫词干。
arhat	kṛttaddhitasamāsāśca //（P.1.2.46）	直接后缀 śatṛ 为末的 arhat 是名词词基。
arhat+**ṅas**	ṅyāpprātipadikāt //（P.4.1.1） svaujasamauṭchaṣ…sup //（P.4.1.2）	在以 ṅī、āp 为末的词后，以及在名词词基后是 su 等格尾。 单数第六格加格尾 ṅas。
arhat+as	tasya lopaḥ //（P.1.3.9）	ṅas 的符号 ṅ 由消隐替换。
arhatas	suptiṅantaṃ padam //（P.1.4.14）	以格尾为末的是字。
arhata+**r**	sasajuṣo ruḥ //（P.8.2.66）	r 音替换字末的 s 音。
arhata+**u**	haśi ca //（P.6.1.114）	在非引的 a 音之后，在后一词的浊辅音之前，r 音由 u 音替换。
arhat**o**	ādguṇaḥ //（P.6.1.87）	a 音后遇元音时，由一个二合元音替换前后两音位。

小结：

arhat 是词根 arh 加直接后缀 śatṛ 构成的，表示“应得赞扬”的含义。故 arhat 的基本含义是“应得赞扬的”，在佛教中特指“阿罗汉”，此为音译。

arhatas 是阳性，单数，第六格。翻译为“阿罗汉的”。

na

名词词基：nañ（非，无）。

演变过程：

nañ	arthavadadhāturapratyayaḥ prātipadikam //（P.1.2.45）	既非词根，亦非词缀，有意义的（词）是名词词基。 [na 是不可拆分（avyutpanna）的名词词基。]
na	tasya lopaḥ //（P.1.3.9）	nañ 的符号 ñ 由消隐替换。
na+**sup**	ṅyāpprātipadikāt //（P.4.1.1） svaujasamauṭchaṣ…sup //（P.4.1.2）	在以 ṅī、āp 为末的词后，以及在名词词基后是 su 等格尾。 根据需求加某一 sup 格尾。
na+sup	cādayo 'sattve //（P.1.4.57）	非实物意义的 ca 等词是投词（nipāta）。

na+sup	svarādinipātamavyayam //（P.1.1.37）	投词 nañ 是不变词。
na+（ ）	avyayādāpsupaḥ //（P.2.4.82）	消隐（luk）替换不变词后的格尾。
na	pratyayasya lukślulupaḥ //（P.1.1.61）	luk、ślu、lup 是词缀的消隐替换。消隐是不显现。
na	pratyayalope pratyayalakṣaṇam //（P.1.1.62）	词缀消隐后，词缀的因还在。
na	suptiṅantaṃ padam //（P.1.4.14）	以格尾为末的 na 是字。

小结：

na 是投词，不变词，意为“非”“无”。

tat

词根：第八类动词词根（tanādigaṇa），8.1 tanu vistāre（tan 扩展）。

直接后缀：adi。

演变过程：

tan+**adi**	tyajitaniyajbhyo ḍit //（Uṇādisūtra 1.132）	词根 tyaj、tan、yaj 后加直接后缀 adi。该词缀如同带 ḍ 符号。
tan+**adi**	ārdhadhātukaṃ śeṣaḥ //（P.3.4.114）	全界之外的（adi）是半界词缀。
tan+ad	tasya lopaḥ //（P.1.3.9）	adi 的符号 i 由消隐替换。
tan+ad	yasmātpratyayavidhistadādi pratyaye ’ṅgam //（P.1.4.13）	其后安排了词缀的词，以此词为始，在词缀前叫词干。
t+ad	ṭeḥ //（P.6.4.143）	遇到 ḍ 符号时，词干末音节由消隐替换。
tad	kṛttaddhitasamāsāśca //（P.1.2.46）	以直接后缀为末的是名词词基。
tad	sarvādīni sarvanāmāni //（P.1.1.27）	sarva 等词是代词。
tad+**su**	svaujasamauṭchaṣ…sup //（P.4.1.2）	单数第一格加格尾 su。
tad+（ ）	svamornapuṃsakāt //（P.7.1.23）	中性词后，su 和 am 由消隐（luk）替换。
tad	pratyayasya lukślulupaḥ //（P.1.1.61）	luk、ślu、lup 是词缀的消隐替换。消隐是不显现。

tad	pratyayalope pratyayalakṣaṇam //（P.1.1.62）	词缀消隐后，词缀的因还在。
tad	suptiṅantaṃ padam //（P.1.4.14）	以格尾为末的 tad 是字。
tat	vāvasāne //（P.8.4.56）	在停顿时，以 jhal 为对收的辅音可以由清辅音替换。

小结：

tad 是代词，中性，单数，第一格，意为“彼”“那个”。

具体来说，中性的代词 tad 可以指第五颂的中性的“mano-nāma vijñānaṃ”，也可以指第六颂的中性的“sahitaṃ”。本颂采用后种理解，tad 指代“sahitaṃ”（伴随）。

na

名词词基：nañ（非，无）。

演变过程：

nañ	arthavadadhāturapratyayaḥ prātipadikam //（P.1.2.45）	既非词根，亦非词缀，有意义的（词）是名词词基。 [na 是不可拆分（avyutpanna）的名词词基。]
na	tasya lopaḥ //（P.1.3.9）	nañ 的符号 ñ 由消隐替换。
na+**sup**	ṅyāpprātipadikāt //（P.4.1.1） svaujasamauṭchaṣ…sup //（P.4.1.2）	在以 ṅī、āp 为末的词后，以及在名词词基后是 su 等格尾。 根据需求加某一 sup 格尾。
na+sup	cādayo 'sattve //（P.1.4.57）	非实物意义的 ca 等词是投词（nipāta）。
na+sup	svarādinipātamavyayam //（P.1.1.37）	投词 nañ 是不变词。
na+（ ）	avyayādāpsupaḥ //（P.2.4.82）	消隐（luk）替换不变词后的格尾。
na	pratyayasya lukślulupaḥ //（P.1.1.61）	luk、ślu、lup 是词缀的消隐替换。消隐是不显现。
na	pratyayalope pratyayalakṣaṇam //（P.1.1.62）	词缀消隐后，词缀的因还在。
na	suptiṅantaṃ padam //（P.1.4.14）	以格尾为末的 na 是字。

小结：

na 是投词，不变词，意为“非”“无”。

nirodha

词根：第七类动词词根（rudhādigaṇa），7.1 rudhir āvaraṇe（rudh 阻碍、防止）。

近置词：ni（nyagbhāve 向下，nigrahe 压，vyāvṛttau 停止，ante 终极）。[依据：upasargāḥ kriyāyoge //（P.1.4.59）。]

直接后缀：ghañ。

演变过程：

ni+rudh+**ghañ**	bhāve //（P.3.3.18）	当表达达到已成就状态的词根意义时，词根后加 ghañ 词缀。
ni+rudh+**ghañ**	ārdhadhātukaṃ śeṣaḥ //（P.3.4.114）	全界词缀之外的（ghañ）是半界词缀。
ni+rudh+a	tasya lopaḥ //（P.1.3.9）	ghañ 的符号 gh、ñ 由消隐替换。
ni+**rudh**+a	yasmātpratyayavidhistadādi pratyaye 'ṅgam //（P.1.4.13）	其后安排了词缀的词，以此词为始，在词缀前叫词干。
ni+r**o**dh+a	pugantalaghūpadhasya ca //（P.7.3.86）	遇到半界和全界词缀时，轻音节词干的排列倒数第二的短元音 i、u、ṛ、ḷ 由二合元音替换。
nirodha	kṛttaddhitasamāsāśca //（P.1.2.46）	直接后缀 ghañ 为末的 nirodha 是名词词基。

小结：

nirodha 是加直接后缀 ghañ 构成的，代表处于某种行为的已成就状态，翻译为“阻碍”“制止”“灭”。

samāpatti

词根：第四类动词词根（divādigaṇa），4.60 pada gatau（pad 行）。

近置词：sam（samyaktve 正确）；ā（abhimukhe 来）。[依据：upasargāḥ kriyāyoge //（P.1.4.59）。]

直接后缀：ktin。

演变过程（一）：

sam+ā+pad+**ktin**	striyāṃ ktin //（P.3.3.94）	要表阴性时，加直接后缀 ktin，表行为等含义。

sam+ā+pad+**ktin**	ārdhadhātukaṃ śeṣaḥ //（P.3.4.114）	ktin 是半界词缀。
sam+ā+pad+ti	tasya lopaḥ //（P.1.3.9）	ktin 的符号 k、n 由消隐替换。
sam+ā+pad+**iṭ**+ti	ārdhadhātukasyeḍvalādeḥ //（P.7.2.35）	在以对收 val 为首位音的半界词缀前，插入联系元音 iṭ。
sam+ā+pad+ti	titutratathasisusarakaseṣu ca //（P.7.2.9）	直接后缀 ti 前不加联系元音 iṭ。[ktin 是 aniṭ 词缀。]
sam+ā+**pad**+ti	yasmātpratyayavidhistadādi pratyaye 'ṅgam //（P.1.4.13）	其后安排了词缀的词，以此词为始，在词缀前叫词干。
sam+ā+pa**t**+ti	khari ca //（P.8.4.55）	在清辅音前，浊辅音 d 由清辅音 t 替换。
samāpatti	kṛttaddhitasamāsāśca //（P.1.2.46）	直接后缀 ktin 为末的 samāpatti 是名词词基。

词根：第一类动词词根（bhvādigaṇa），1.898 patḷ gatau（pat 走）；第四类动词词根（divādigaṇa），4.51 pata aiśvarye（pat 控制）。

近置词：sam（samyaktve 正确）；ā（abhimukhe 来）。[依据：upasargāḥ kriyāyoge //（P.1.4.59）。]

直接后缀：ktin。

演变过程（二）：

sam+ā+pat+**ktin**	striyāṃ ktin //（P.3.3.94）	要表阴性时，加直接后缀 ktin，表行为等含义。
sam+ā+pat+**ktin**	ārdhadhātukaṃ śeṣaḥ //（P.3.4.114）	ktin 是半界词缀。
sam+ā+pat+ti	tasya lopaḥ //（P.1.3.9）	ktin 的符号 k、n 由消隐替换。
sam+ā+pat+**iṭ**+ti	ārdhadhātukasyeḍvalādeḥ //（P.7.2.35）	在以对收 val 为首位音的半界词缀前，插入联系元音 iṭ。
sam+ā+pat+ti	titutratathasisusarakaseṣu ca //（P.7.2.9）	直接后缀 ti 前不加联系元音 iṭ。[ktin 是 aniṭ 词缀。]
sam+ā+**pat**+ti	yasmātpratyayavidhistadādi pratyaye 'ṅgam //（P.1.4.13）	其后安排了词缀的词，以此词为始，在词缀前叫词干。
samāpatti	kṛttaddhitasamāsāśca //（P.1.2.46）	直接后缀 ktin 为末的 samāpatti 是名词词基。

小结：

解释阴性直接后缀 ktin 的经文 P.3.3.94 在领句经文“bhāve //（P.3.3.18）”的控制之下，所以 samāpatti 表示行为的已成就状态。如果词根的含义是 gatau，samāpatti 翻译为

“等至”；如果词根采用第四类动词词根“4.51 pata aiśvarye（pat 控制）”，那么 samāpatti 翻译为“等持”“等制”。综合两种含义，翻译为“定”。

nirodha-samāpattau

世俗拆分： nirodhāya samāpattiḥ。

非世俗拆分： nirodha+ṅe+samāpatti+su。

名词词基： nirodha（灭）；samāpatti（定）。

演变过程：

nirodha+ṅe+ samāpatti+su	caturthī tadarthārthabalihita-sukharakṣitaiḥ //（P.2.1.36）	第四格尾与以此为目的的、artha、bali、hita、sukha、rakṣita（组成依主释复合词）。
nirodha+ṅe+ samāpatti+su	kṛttaddhitasamāsāśca //（P.1.2.46）	有意义的复合词是名词词基。
nirodha+samāpatti	supo dhātuprātipadikayoḥ //（P.2.4.71） pratyayasya lukślulupaḥ //（P.1.1.61）	词根、名词词基中蕴含的格尾由消隐（luk）替换。 luk、ślu、lup 是词缀的消隐替换。消隐是不显现。
nirodha+samāpatti	prathamānirdiṣṭaṃ samāsa upasarjanam //（P.1.2.43）	于复合词章节中，第一格所指示的是附属词。[针对经文 P.2.1.36。]
nirodha+samāpatti	upasarjanaṃ pūrvam //（P.2.2.30）	附属词是前部字。
nirodhasamāpatti	kṛttaddhitasamāsāśca //（P.1.2.46）	有意义的复合词是名词词基。
nirodhasamāpatti	paravalliṅgaṃ dvaṃdva-tatpuruṣayoḥ //（P.2.4.26）	相违释和依主释复合词的性如后部字。[该复合词为阴性。]
nirodhasamāpatti+**ṅi**	ṅyāpprātipadikāt //（P.4.1.1） svaujasamauṭchaṣ…sup //（P.4.1.2）	在以 ṅī、āp 为末的词后，以及在名词词基后是 su 等格尾。 单数第七格加格尾 ṅi。
nirodhasamāpatti+**au**	aut //（P.7.3.118）	短元音 i 后，第七格由 au 替换。
nirodhasamāpatti+au	śeṣo ghyaskhi //（P.1.4.7）	不包括 sakhi，余下以短元音 i、u 为末的，不照 nadī 变化的是 ghi。
nirodhasamāpatt**a**+au	acca ghe //（P.7.3.119）	ghi 的末音由 a 音替换。
nirodhasamāpatt+**au**	vṛddhireci //（P.6.1.88）	a 后遇复合元音时，三合元音是前后两音位的唯一替代。

nirodhasamāpattau	suptiṅantaṃ padam //（P.1.4.14）	以格尾为末的是字。

小结：

nirodha-samāpatti 是依主释复合词，前部字是第四格，表“为灭（受想）而入的定”的意思。又称作“灭受想定”“灭定”“灭尽定”。

nirodhasamāpattau 是阴性，单数，第七格，翻译为“在灭尽定中”。

mārge

词根：第十类动词词根（curādigaṇa），10.75 mārga saṃskāragatyoḥ（mārg 寻找，走）；第十类动词词根（curādigaṇa），10.302 mārga anveṣaṇe（mārg 追寻）。

直接后缀：ac。

演变过程：

mārg+**ṇic**	satyāpa…cūrādibhyo ṇic //（P.3.1.25）	第十类动词词根本身必须加上 ṇic 词缀，表原义。
mārg+**ṇic**	ārdhadhātukaṃ śeṣaḥ //（P.3.4.114）	ṇic 是半界词缀。
mārg+ṇic	yasmātpratyayavidhistadādi pratyaye 'ṅgam //（P.1.4.13）	其后安排了词缀的词，以此词为始，在词缀前叫词干。
mārg+ṇic	sanādyantā dhātavaḥ //（P.3.1.32）	以 ṇic 词缀落尾的“mārg+ṇic”是新词根。
mārg+ṇic+**ac**	erac //（P.3.3.56）	i、ī 音落尾的词根后加直接后缀 ac。[该经文在 P.3.3.18、P.3.319 的控制下。]
mārg+ṇic+**ac**	ārdhadhātukaṃ śeṣaḥ //（P.3.4.114）	ac 是半界词缀。
mārg+ṇic+a	tasya lopaḥ //（P.1.3.9）	ac 的符号 c 由消隐替换。
mārg+ṇic+**a**	ārdhadhātukasyeḍvalādeḥ //（P.7.2.35）	在以对收 val 为首位音的半界词缀前，插入联系元音 iṭ。[但 ac 不在其中，是 aniṭ 词缀。]
mārg+（ ）+a	ṇeraniṭi //（P.6.4.51）	当遇到 aniṭ 半界词缀时，消隐（lopa）替换前面的 ṇic。
mārg+（ ）+a	pratyayalope pratyayalakṣaṇam //（P.1.1.62）	ṇic 词缀消隐后，ṇic 词缀的因还在。
mārg+（ ）+a	sanādyantā dhātavaḥ //（P.3.1.32）	“mārg+（ ）”仍是新词根。
mārg+（ ）+a	yasmātpratyayavidhistadādi pratyaye 'ṅgam //（P.1.4.13）	其后安排了词缀的词，以此词为始，在词缀前叫词干。

mārg+a	adarśanaṃ lopaḥ //（P.1.1.60）	不显现的是消隐。
mārga	kṛttaddhitasamāsāśca //（P.1.2.46）	直接后缀 ghañ 为末的 mārga 是名词词基。
mārga+**ṅi**	ṅyāpprātipadikāt //（P.4.1.1） svaujasamauṭchaṣ…sup //（P.4.1.2）	在以 ṅī、āp 为末的词后，以及在名词词基后是 su 等格尾。 单数第七格加格尾 ṅi。
mārga+i	tasya lopaḥ //（P.1.3.9）	ṅi 的符号 ṅ 由消隐替换。
mārg+**e**	ādguṇaḥ //（P.6.1.87）	a 音后遇元音时，由一个二合元音替换前后两音位。
mārge	suptiṅantaṃ padam //（P.1.4.14）	以格尾为末的是字。

小结：

一方面，根据经文“halaśca //（P.3.3.121）”可知，mārga 是加直接后缀 ghañ 构成的，表达词根所代表的行为的作用具或场所这样的造者（kāraka）的含义。故可以选择作用具，表达“通过它来寻求”的含义；也可选择场所，表达“在它上面走或寻求”。第一种理解就是四谛中谈到的道谛，指的是规则、道理。第二种理解就是指道路。

另一方面，mārga 也可由经文 P.3.3.56 而成。该经文在领句经文“bhāve //（P.3.3.18）”控制之下，表达行为的已成就状态。即 mārga 指的是“已经寻得（道谛）的状态”，所以可以翻译为“见道位”。本颂采用此理解。

mārge 是阳性，单数，第七格，翻译为“见道位时”。

loka

词根：第一类动词词根（bhvādigaṇa），1.76 lokṛ darśane（lok 看）。

直接后缀：ghañ。

演变过程（一）：

lok+**ghañ**	akartari ca kārake saṃjñāyām //（P.3.3.19）	当作术语时，（加 ghañ 词缀）也表示造者，但主动者除外。
lok+**ghañ**	ārdhadhātukaṃ śeṣaḥ //（P.3.4.114）	ghañ 是半界词缀。
lok+a	tasya lopaḥ //（P.1.3.9）	ghañ 的符号 gh、ñ 由消隐替换。
lok+a	yasmātpratyayavidhistadādi pratyaye 'ṅgam //（P.1.4.13）	其后安排了词缀的词，以此词为始，在词缀前叫词干。

loka	kṛttaddhitasamāsāśca //（P.1.2.46）	直接后缀 ghañ 为末的 loka 是名词词基。

词根：第十类动词词根（curādigaṇa），10.236 lokṛ bhāṣārthe（lok 言说）。

直接后缀：ac。

演变过程（二）：

lok+**ṇic**	satyāpa…cūrādibhyo ṇic //（P.3.1.25）	第十类动词词根本身必须加上 ṇic 词缀，表原义。
lok+**ṇic**	ārdhadhātukaṃ śeṣaḥ //（P.3.4.114）	ṇic 是半界词缀。
lok+ṇic	yasmātpratyayavidhistadādi pratyaye 'ṅgam //（P.1.4.13）	其后安排了词缀的词，以此词为始，在词缀前叫词干。
lok+ṇic	sanādyantā dhātavaḥ //（P.3.1.32）	以 ṇic 词缀落尾的"lok+ṇic"是新词根。[ṇic 的 ṇ、c 是符号。]
lok+ṇic+**ac**	erac //（P.3.3.56）	i、ī 音落尾的词根后加直接后缀 ac。[该经文在 P.3.3.19 控制之下]
lok+ṇic+**ac**	ārdhadhātukaṃ śeṣaḥ //（P.3.4.114）	ac 是半界词缀。
lok+ṇic+a	tasya lopaḥ //（P.1.3.9）	ac 的符号 c 由消隐替换。
lok+ṇic+**a**	ārdhadhātukasyeḍvalādeḥ //（P.7.2.35）	在以对收 val 为首位音的半界词缀前，插入联系元音 iṭ。[但 ac 不在其中，是 aniṭ 词缀。]
lok+（ ）+a	ṇeraniṭi //（P.6.4.51）	当遇到 aniṭ 半界词缀时，消隐（lopa）替换前面的 ṇic。
lok+（ ）+a	pratyayalope pratyayalakṣaṇam //（P.1.1.62）	ṇic 词缀消隐后，ṇic 词缀的因还在。
lok+（ ）+a	sanādyantā dhātavaḥ //（P.3.1.32）	"lok+（ ）"仍是新词根。
lok+（ ）+a	yasmātpratyayavidhistadādi pratyaye 'ṅgam //（P.1.4.13）	其后安排了词缀的词，以此词为始，在词缀前叫词干。
lok+a	adarśanaṃ lopaḥ //（P.1.1.60）	不显现的是消隐。
loka	kṛttaddhitasamāsāśca //（P.1.2.46）	直接后缀 ac 为末的 loka 是名词词基。

小结：

loka 是加直接后缀 ghañ 或 ac 构成的，当表达词根所代表的运动和行为的业（karman）的含义时，是"所看的对象""所言说的对象"的意思。作为术语可译为"世界"。

uttara

词根：第一类动词词根（bhvādigaṇa），1.1018 tṝ plavanataraṇayoḥ（tṝ 跳跃，超越）。
近置词：ut（uccaistve 高）。[依据：upasargāḥ kriyāyoge //（P.1.4.59）。]
直接后缀：ap。
演变过程：

ut+tṝ+**ap**	ṝdorap //（P.3.3.57）	以 ṝ、u、ū 为末的词根之后加直接后缀 ap。
ut+tṝ+**ap**	ārdhadhātukaṃ śeṣaḥ //（P.3.4.114）	全界词缀之外的 ap 是半界词缀。
ut+tṝ+a	tasya lopaḥ //（P.1.3.9）	ap 的符号 p 由消隐替换。
ut+**tṝ**+a	yasmātpratyayavidhistadādi pratyaye 'ṅgam //（P.1.4.13）	其后安排了词缀的词，以此词为始，在词缀前叫词干。
ut+**tar**+a	sārvadhātukārdhadhātukayoḥ //（P.7.3.84） uraṇ raparaḥ //（P.1.1.51）	遇到全界、半界词缀，词干的末元音 ṝ 由二合元音替换。 ṛ、ṝ 音的替换，需由其后带 r 音的 a、i、u 及其长音来替换。
uttara	kṛttaddhitasamāsāśca //（P.1.2.46）	以直接后缀为末的是名词词基。

小结：

如果 uttara 是由 ut+tarap 构成的话，根据经文“dvivacanavibhajyopapade tarab-īyasunau //（P.5.3.57）”可知，加派生词缀 tarap 表比较级的含义，所以此时 uttara 指的是更高、后者的意思。

而本颂的 uttara 是由词根 tṝ 加直接后缀 ap 构成的。经文 P.3.3.57 在领句经文“bhāve //（P.3.3.18）”的控制之下，所以 uttara 表示行为的已成就状态。故 uttara 含义是“超越”“出离”。

loka-uttare

世俗拆分：lokāt uttaraḥ。
非世俗拆分：loka+ṅasi+uttara+su。
名词词基：loka（世界）；uttara（超越）。
演变过程：

loka+ṅasi+uttara+su	pañcamī bhayena //（P.2.1.37）	第五格格尾可与 bhaya 构成依主释复合词。 [受经文 P.2.1.32 中 bahulam 的随文影响，P.2.1.37 也可涉及其他的词汇与第五格的词汇构成复合词。]
loka+ṅasi+uttara+su	kṛttaddhitasamāsāśca //（P.1.2.46）	有意义的复合词是名词词基。
loka+uttara	supo dhātuprātipadikayoḥ //（P.2.4.71） pratyayasya lukślulupaḥ //（P.1.1.61）	词根、名词词基中蕴含的格尾由消隐（luk）替换。 luk、ślu、lup 是词缀的消隐替换。消隐是不显现。
loka+uttara	prathamānirdiṣṭaṃ samāsa upasarjanam //（P.1.2.43）	于复合词章节中，第一格所指示的是附属词。 [针对经文 P.2.1.37。]
loka+uttara	upasarjanaṃ pūrvam //（P.2.2.30）	附属词是前部字。
lok+**o**+ttara	ādguṇaḥ //（P.6.1.87）	a 音后遇元音时，由一个二合元音替换前后两音位。
lokottara	kṛttaddhitasamāsāśca //（P.1.2.46）	有意义的复合词是名词词基。
lokottara+**ṅi**	ṅyāpprātipadikāt //（P.4.1.1） svaujasamauṭchaṣ…sup //（P.4.1.2）	在以 ṅī、āp 为末的词后，以及在名词词基后是 su 等格尾。 单数第七格加格尾 ṅi。
lokottara+i	tasya lopaḥ //（P.1.3.9）	ṅi 的符号 ṅ 由消隐替换。
lokottar+**e**	ādguṇaḥ //（P.6.1.87）	a 音后遇元音时，由一个二合元音替换前后两音位。
lokottare	suptiṅantaṃ padam //（P.1.4.14）	以格尾为末的是字。

小结：

loka-uttara 是依主释复合词，前部字是第五格。含义是“从世间超越”。该词修饰的是 mārge，故与其同数、同格。

lokottare 是阳性，单数，第七格，翻译为“从世间超越的”。

na

名词词基：nañ（非，无）。

演变过程：

nañ	arthavadadhāturapratyayaḥ prātipadikam //（P.1.2.45）	既非词根，亦非词缀，有意义的（词）是名词词基。 [na 是不可拆分（avyutpanna）的名词词基。]
na	tasya lopaḥ //（P.1.3.9）	nañ 的符号 ñ 由消隐替换。
na+**sup**	ṅyāpprātipadikāt //（P.4.1.1） svaujasamauṭchaṣ…sup //（P.4.1.2）	在以 ṅī、āp 为末的词后，以及在名词词基后是 su 等格尾。 根据需求加某一 sup 格尾。
na+sup	cādayo 'sattve //（P.1.4.57）	非实物意义的 ca 等词是投词（nipāta）。
na+sup	svarādinipātamavyayam //（P.1.1.37）	投词 nañ 是不变词。
na+（ ）	avyayādāpsupaḥ //（P.2.4.82）	消隐（luk）替换不变词后的格尾。
na	pratyayasya lukślulupaḥ //（P.1.1.61）	luk、ślu、lup 是词缀的消隐替换。消隐是不显现。
na	pratyayalope pratyayalakṣaṇam //（P.1.1.62）	词缀消隐后，词缀的因还在。
na	suptiṅantaṃ padam //（P.1.4.14）	以格尾为末的 na 是字。

小结：

na 是投词，不变词，意为“非”“无”。

ca

名词词基：ca（和）。

演变过程：

ca	arthavadadhāturapratyayaḥ prātipadikam //（P.1.2.45）	既非词根，亦非词缀，有意义的（词）是名词词基。 [ca 是不可拆分（avyutpanna）的名词词基。]
ca+**sup**	ṅyāpprātipadikāt //（P.4.1.1） svaujasamauṭchaṣ…sup //（P.4.1.2）	在以 ṅī、āp 为末的词后，以及在名词词基后是 su 等格尾。 根据需要加某一 sup 格尾。
ca+sup	cādayo 'sattve //（P.1.4.57）	非实物意义的 ca 等词是投词（nipāta）。

ca+sup	svarādinipātamavyayam //（P.1.1.37）	投词 ca 是不变词。
ca+（ ）	avyayādāpsupaḥ //（P.2.4.82）	消隐（luk）替换不变词后的格尾。
ca	pratyayasya lukślulupaḥ //（P.1.1.61）	luk、ślu、lup 是词缀的消隐替换。消隐是不显现。
ca	pratyayalope pratyayalakṣaṇam //（P.1.1.62）	词缀消隐后，词缀的因还在。
ca	suptiṅantaṃ padam //（P.1.4.14）	以格尾为末的 ca 是字。

小结：

ca 是投词，不变词，意为“和”。

第八颂

द्वितीयः परिणामोऽयं तृतीयः षड्विधस्य या।
विषयस्योपलब्धिः सा कुशलाकुशलाद्वया ॥८॥

dvitīyaḥ pariṇāmo 'yaṃ tṛtīyaḥ ṣaḍ-vidhasya yā /
viṣayasya upalabdhiḥ sā kuśalā-akuśalā-advayā //8//

玄奘译：次第三能变，差别有六种，了境为性相，善、不善、俱非。

真谛译《转识论》：第三尘识者，识转似尘，更成六种。识转似尘，已如前说。体通三性。

霍韬晦译：此即次转化。第三于六境，能收摄者是。善、不善、俱非。

现译（一）：此即是第二转变因。作为存在六种分类的第三种（转变因）的那种[识（vijñapti）]，它了别境，（存在）是善的、是恶的、是无善恶的（这三种状况）。

现译（二）：此即是第二转变因。作为第三种（转变因）的有六种（境）的那种[识（vijñapti）]，它了别境，（存在）是善的、是恶的、是无善恶的（这三种状况）。

dvitīyaḥ

世俗拆分：dvayoḥ pūraṇaḥ。

非世俗拆分：dvi+os+tīya。

名词词基：dvi（二）。

派生词缀：tīya。

演变过程：

dvi	arthavadadhāturapratyayaḥ prātipadikam //（P.1.2.45）	既非词根，亦非词缀，有意义的（词）是名词词基。[dvi 是不可拆分（avyutpanna）的名词词基。]
dvi+os+**tīya**	dvestīyaḥ //（P.5.2.54）	派生词缀 tīya 跟在第六格的 dvi 后，表进一步完善的意思。
dvi+os+tīya	kṛttaddhitasamāsāśca //（P.1.2.46）	以派生词缀为尾的是名词词基。

dvi+tīya	supo dhātuprātipadikayoḥ //（P.2.4.71） pratyayasya lukślulupaḥ //（P.1.1.61）	词根、名词词基中蕴含的格尾由消隐（luk）替换。 luk、ślu、lup 是词缀的消隐替换。消隐是不显现。
dvitīya	kṛttaddhitasamāsāśca //（P.1.2.46）	以派生词缀为尾的是名词词基。
dvitīya+**su**	ṅyāpprātipadikāt //（P.4.1.1） svaujasamauṭchaṣ…sup //（P.4.1.2）	在以 ṅī、āp 为末的词后，以及在名词词基后是 su 等格尾。 单数第一格加格尾 su。
dvitīya+s	tasya lopaḥ //（P.1.3.9）	su 的符号 u 由消隐替换。
dvitīyas	suptiṅantaṃ padam //（P.1.4.14）	以格尾为末的是字。
dvitīya**r**	sasajuṣo ruḥ //（P.8.2.66）	r 音替换字末的 s 音。
dvitīya**ḥ**	kharavasānayorvisarjanīyaḥ //（P.8.3.15）	在清辅音和停顿前，送气音替换字末的 r 音。
dvitīya**s**	visarjanīyasya saḥ //（P.8.3.34）	在清辅音前，s 音替换送气音。
dvitīya**ḥ**	kupvoḥ=ka=pau ca //（P.8.3.37）	在喉音和唇音前，送气音替换送气音也是一种选择。

小结：

dvitīyas 是阳性，单数，第一格，含义是“第二者”。

pariṇāmo

词根：第一类动词词根（bhvādigaṇa），1.1030 ṇama prahvatve śabde ca（nam 弯腰，赞颂）。

近置词：pari（vivarte 旋转）。[依据：upasargāḥ kriyāyoge //（P.1.4.59）。]

演变过程：

ṇama	bhūvādayo dhātavaḥ //（P.1.3.1）	ṇama 是词根。
ṇam	tasya lopaḥ //（P.1.3.9）	ṇama 的符号 a 由消隐替换。
nam	ṇo naḥ //（P.6.1.65）	词根首位的 ṇ 音由 n 音替换。
pari+nam+**ghañ**	akartari ca kārake saṃjñāyām //（P.3.3.19）	当作术语时，（加 ghañ 词缀）也表示造者，但主动者除外。

pari+nam+**ghañ**	ārdhadhātukaṃ śeṣaḥ //（P.3.4.114）	ghañ 是半界词缀。
pari+nam+a	tasya lopaḥ //（P.1.3.9）	ghañ 的符号 gh、ñ 由消隐替换。
pari+**nam**+a	yasmātpratyayavidhistadādi pratyaye 'ṅgam //（P.1.4.13）	其后安排了词缀的词，以此词为始，在词缀前叫词干。
pari+n**ā**m+a	ata upadhāyāḥ //（P.7.2.116）	遇 ñ、ṇ 符号的后缀时，词干倒数第二的 a 音由三合元音替换。
pari+**ṇ**ām+a	aṭkupvāṅnumvyavāye 'pi //（P.8.4.2） upasargādasamāse 'pi ṇopadeśasya //（P.8.4.14）	即使有元音、半元音、h 音、喉音族、唇音族、ā 音以及 n 音的加入，r、ṣ 音之后的 n 音也应由 ṇ 音替换。 即使不是复合词，在近置词中有改变的因素时，词根原始发音的 ṇ 音所变成的 n 音，也由 ṇ 音替换。
pariṇāma	kṛttaddhitasamāsāśca //（P.1.2.46）	直接后缀 ghañ 为末的 pariṇāma 是名词词基。
pariṇāma+**su**	ṅyāpprātipadikāt //（P.4.1.1） svaujasamauṭchaṣ…sup //（P.4.1.2）	在以 ṅī、āp 为末的词后，以及在名词词基后是 su 等格尾。 单数第一格加格尾 su。
pariṇāma+s	tasya lopaḥ //（P.1.3.9）	su 的符号 u 由消隐替换。
pariṇāmas	suptiṅantaṃ padam //（P.1.4.14）	以格尾为末的是字。
pariṇāma**r**	sasajuṣo ruḥ //（P.8.2.66）	r 音替换字末的 s 音。
pariṇāma+**u**	ato roraplutādaplute //（P.6.1.113）	在非引的 a 音之后，在非引的 a 音之前，r 被 u 音替换。
pariṇām**o**	ādguṇaḥ //（P.6.1.87）	a 音后遇元音时，由一个二合元音替换前后两音位。

小结：

此处的 pariṇāma 是由加 ghañ 直接后缀构成的。加此词缀的理由是，pariṇāma 作为专有名词（术语）时，表达的是词根引申义的造者（kāraka），但主动者（kartṛ）这种造者除外。

玄奘将此词翻译为“能变”，似乎让人理解为“主动者”。但安慧《唯识三十颂疏》指出，“pūrva-avasthāto 'nyathā-bhāvaḥ pariṇāmaḥ / ① [从前状态而来的异样态是为转变]”。由此可知，转变可区分出前后关系的转变因和转变果，不存在同时关系的能转变和所转

① 韩廷杰：《梵文佛典研究（一）》，宗教文化出版社 2012 年版，第 412 页。

变。因此该处的 pariṇāma 一词，其实表达的是“转变因”的含义，即作为造者实际上是“所从取者”（apādāna）。

pariṇāmas 是阳性，单数，第一格，含义是“转变因”。

idam

词根：第一类动词词根（bhvādigaṇa），1.64 idi paraiśvarye（ind 变得有超能力）。

直接后缀：kami。

演变过程：

idi	bhūvādayo dhātavaḥ //（P.1.3.1）	bhū 等是词根。
id	tasya lopaḥ //（P.1.3.9）	idi 的符号 i 由消隐替换。
ind	idito num dhātoḥ //（P.7.1.58）	携带符号 i 的词根要在元音后插入 n 音。
id+**kami**	indeḥ kamirnalopaśca//（Uṇādisūtra 4.156）	直接后缀 kami 加在词根 ind 后，且词根的 n 音消失。
id+**kami**	ārdhadhātukaṃ śeṣaḥ //（P.3.4.114）	kami 是半界词缀。
id+am	tasya lopaḥ //（P.1.3.9）	kami 的符号由消隐替换。
id+am	yasmātpratyayavidhistadādi pratyaye 'ṅgam //（P.1.4.13）	其后安排了词缀的词，以此词为始，在词缀前叫词干。
ed+am	pugantalaghūpadhasya ca//（P.7.3.86）	遇到半界和全界词缀时，轻音节词干的排列倒数第二的短元音 i、u、ṛ、ḷ 由二合元音替换。
id+am	kṅiti ca //（P.1.1.5）	受 g、k、ṅ 符号的影响，二合、三合元音的替换被禁止。
idam	kṛttaddhitasamāsāśca //（P.1.2.46）	直接后缀为末的是名词词基。
idam	sarvādīni sarvanāmāni //（P.1.1.27）	idam 属于 sarva 为首的代词。

小结：

idam 是代词， 阳、阴、中三性。含义是“此”。

'yaṃ（ayam）

名词词基：idam（此）。

演变过程：

idam	kṛttaddhitasamāsāśca //（P.1.2.46）	直接后缀为末的是名词词基。
idam	sarvādīni sarvanāmāni //（P.1.1.27）	sarva 等词是代词。
idam+**su**	ṅyāpprātipadikāt //（P.4.1.1） svaujasamauṭchaṣ…sup //（P.4.1.2）	在以 ṅī、āp 为末的词后，以及在名词词基后是 su 等格尾。 单数第一格加格尾 su。
idam+su	yasmātpratyayavidhistadādi pratyaye 'ṅgam //（P.1.4.13）	其后安排了词缀的词，以此词为始，在词缀前叫词干。
ida+**m**+su	idamo maḥ //（P.7.2.108）	遇到格尾时，特别是 su 格尾，m 音替换词干 idam 的末音。
ay+a+m+su	ido 'y puṃsi //（P.7.2.111）	遇到阳性格尾时，词干 idam 的 id 由 ay 替换。
ay+a+m+s	tasya lopaḥ //（P.1.3.9）	su 的符号 u 由消隐替换。
ayam+（ ）	halṅyābbhyo dīrghāt sutisy-apṛktaṃ hal //（P.6.1.68）	在辅音后，在保留长音的 ṅī、āp 后，格尾 su、语尾 tip、sip 的单辅音词缀由消隐（lopa）替换。
ayam	adarśanaṃ lopaḥ //（P.1.1.60）	不显现的是消隐。
ayam	pratyayalope pratyayalakṣaṇam //（P.1.1.62）	词缀消隐后，词缀的因还在。
ayam	suptiṅantaṃ padam //（P.1.4.14）	以格尾为末的 ayam 是字。
'yam	eṅaḥ padāntādati //（P.6.1.109）	字末的 e、o 音后，遇短元音 a 时，前面的元音形式是唯一的替代。
'ya**ṃ**	mo 'nusvāraḥ //（P.8.3.23）	字末的 m 音在辅音前由鼻腔音替代。
'ya**n**	anusvārasya yayi parasavarṇaḥ //（P.8.4.58）	遇到除咝音和 h 音以外的辅音时，后面的同类音替换鼻腔音。
'yaṃ	vā padāntasya //（P.8.4.59）	字末的同类鼻音的替换可做可不做。

小结：

idam 是代词，指“此”。

ayam 是阳性，单数，第一格，意为“此”。

tri

词根：第一类动词词根（bhvādigaṇa），1.1018 tṝ plavanataraṇayoḥ（tṝ 跳跃，超越）。

直接后缀：ḍri。

演变过程：

tṝ+**ḍri**	taraterḍriḥ //（Uṇādisūtra 5.66）	直接后缀 ḍri 加在词根 tṝ 之后。
tṝ+**ḍri**	ārdhadhātukaṃ śeṣaḥ //（P.3.4.114）	全界词缀之外的（ḍri）是半界词缀。
tṝ+ri	tasya lopaḥ //（P.1.3.9）	ḍri 的符号 ḍ 由消隐替换。
tṝ+**iṭ**+ri	ārdhadhātukasyeḍvalādeḥ //（P.7.2.35）	在以对收 val 为首位音的半界词缀前，插入联系元音 iṭ。
tṝ+ri	neḍvaśi kṛti //（P.7.2.8）	在以 vaś 为对收的浊辅音起始的直接后缀前，不加联系元音 iṭ。[经文 P.7.2.8 是对 P.7.2.35 的禁止，故实际上没运行 P.7.2.35。]
tṝ+ri	yasmātpratyayavidhistadādi pratyaye 'ṅgam //（P.1.4.13）	其后安排了词缀的词，以此词为始，在词缀前叫词干。
tar+ri	sārvadhātukārdhadhātukayoḥ //（P.7.3.84） uraṇ raparaḥ //（P.1.1.51）	遇到全界、半界词缀，词干的末元音 ṝ 由二合元音替换。 ṛ、ṝ 音的替换，需由其后带 r 音的 a、i、u 及其长音来替换。
t+ri	ṭeḥ //（P.6.4.143）	遇到 ḍ 符号时，词干末音节由消隐替换。
tri	kṛttaddhitasamāsāśca //（P.1.2.46）	直接后缀为末的是名词词基。

小结：

tri 是数词“三”。

tṛtīyaḥ

世俗拆分：trayāṇām pūraṇaḥ。

非世俗拆分：tri+ām+tīya。

名词词基：tri（三）。

派生词缀：tīya。

演变过程：

tri+ām+**tīya**	treḥ samprasāraṇaṃ ca //（P.5.2.55）	派生词缀 tīya 跟在 tri 后，表进一步完善的含义，且词干发生“扩展音”的替换。
tri+ām+tīya	kṛttaddhitasamāsāśca //（P.1.2.46）	以派生词缀为尾的是名词词基。
tri+tīya	supo dhātuprātipadikayoḥ //（P.2.4.71） pratyayasya lukślulupaḥ //（P.1.1.61）	词根、名词词基中蕴含的格尾由消隐（luk）替换。 luk、ślu、lup 是词缀的消隐替换。消隐是不显现。
tri+tīya	yasmātpratyayavidhistadādi pratyaye 'ṅgam //（P.1.4.13）	其后安排了词缀的词，以此词为始，在词缀前叫词干。
t**ṛ**+i+tīya	igyaṇaḥ samprasāraṇam //（P.1.1.45）	单元音 i、u、ṛ、ḷ 替换半元音，是“扩展音”。
t+**ṛ**+tīya	saṃprasāraṇācca //（P.6.1.108）	在扩展音之后遇到元音时，前面的元音是唯一的替代。
tṛtīya	kṛttaddhitasamāsāśca //（P.1.2.46）	以派生词缀为尾的是名词词基。
tṛtīya+**su**	ṅyāpprātipadikāt //（P.4.1.1） svaujasamauṭchaṣ...sup //（P.4.1.2）	在以 ṅī、āp 为末的词后，以及在名词词基后是 su 等格尾。 单数第一格加格尾 su。
tṛtīya+s	tasya lopaḥ //（P.1.3.9）	su 的符号 u 由消隐替换。
tṛtīyas	suptiṅantaṃ padam //（P.1.4.14）	以格尾为末的是字。
tṛtīya**r**	sasajuṣo ruḥ //（P.8.2.66）	r 音替换字末的 s 音。
tṛtīya**ḥ**	kharavasānayorvisarjanīyaḥ //（P.8.3.15）	在清辅音和停顿前，送气音替换字末的 r 音。
tṛtīya**s**	visarjanīyasya saḥ //（P.8.3.34）	在清辅音前，s 音替换送气音。
tṛtīya**ḥ**	vā śari //（P.8.3.36）	在咝音前，送气音替换送气音也是一种选择。

小结：

tṛtīyas 是阳性，单数，第一格，含义是“第三者”。

ṣaṣ

名词词基：ṣaṣ（六）

演变过程：

ṣaṣ	arthavadadhāturapratyayaḥ prātipadikam //（P.1.2.45）	既非词根，亦非词缀，有意义的（词）是名词词基。 [ṣaṣ 是不可拆分（avyutpanna）的名词词基。]

小结：

ṣaṣ 是数词“六”。

vidha

词根：第六类动词词根（tudādigaṇa），6.36 vidha vidhāne（vidh 安排）。

直接后缀：ka。

演变过程：

vidh+**ka**	igupadhajñāprīkiraḥ kaḥ //（P.3.1.135）	在倒数第二个音是 i、u、ṛ、ḷ 及其长音的词根后，加直接后缀 ka，表主动者含义。
vidh+**ka**	ārdhadhātukaṃ śeṣaḥ //（P.3.4.114）	直接后缀 ka 是半界词缀。
vidh+a	tasya lopaḥ //（P.1.3.9）	ka 的符号 k 由消隐替换。
vidh+a	yasmātpratyayavidhistadādi pratyaye 'ṅgam //（P.1.4.13）	其后安排了词缀的词，以此词为始，在词缀前叫词干。
vedh+a	pugantalaghūpadhasya ca //（P.7.3.86）	遇到半界和全界词缀时，轻音节词干的排列倒数第二的短元音 i、u、ṛ、ḷ 由二合元音替换。
vidh+a	kṅiti ca //（P.1.1.5）	受 g、k、ṅ 符号的影响，二合、三合元音的替换被禁止。
vidha	kṛttaddhitasamāsāśca //（P.1.2.46）	直接后缀 ka 为末的 vidha 是名词词基。

小结：

vidha 作为阳性名词，有“模式”“方式”“种类”的意思。

ṣaḍ-vidhasya

世俗拆分：ṣaṇṇāṃ vidhānāṃ samāhāraḥ。

非世俗拆分：ṣaṣ+ām+vidha+ām。

名词词基： ṣaṣ（六）；vidha（种类）。

演变过程（一）：

ṣaṣ+ām+vidha+ām	saṃkhyāpūrvo dviguḥ //（P.2.1.52）	数字在前的是双牛释复合词。
ṣaṣ+ām+vidha+ām	kṛttaddhitasamāsāśca //（P.1.2.46）	有意义的复合词是名词词基。
ṣaṣ+vidha	supo dhātuprātipadikayoḥ //（P.2.4.71） pratyayasya lukślulupaḥ //（P.1.1.61）	词根、名词词基中蕴含的格尾由消隐（luk）替换。 luk、ślu、lup 是词缀的消隐替换。消隐是不显现。
ṣaṣ+vidha	pratyayalope pratyayalakṣaṇam //（P.1.1.62）	词缀消隐后，词缀的因还在。
ṣaṣ+vidha	suptiṅantaṃ padam //（P.1.4.14）	以格尾为末的 ṣaṣ 是字。
ṣa**ḍ**+vidha	jhalāṃ jaśo 'nte //（P.8.2.39）	字末的 jhal 对收音由 jaś 对收音替换。[前部字 ṣaṣ 末音 ṣ 由 ḍ 替换。]
ṣaḍvidha	kṛttaddhitasamāsāśca //（P.1.2.46）	复合词是名词词基。
ṣaḍvidha	dvigurekavacanam //（P.2.4.1）	双牛释（复合词的意义是集合体时，格尾按照）单数（变化）。
ṣaḍvidha	sa napuṃsakam //（P.2.4.17）	表示集体含义的双牛释以及相违释复合词是中性的词。
samāpattidvay**a**	hrasvo napuṃsake prātipadikasya //（P.1.2.47）	词为中性时，短元音替换名词词基的末音。
ṣaḍvidha+**ṅas**	ṅyāpprātipadikāt //（P.4.1.1） svaujasamauṭchaṣ…sup //（P.4.1.2）	在以 ṅī、āp 为末的词后，以及在名词词基后是 su 等格尾。 单数第六格加格尾 ṅas。
ṣaḍvidha+**sya**	ṭāṅasiṅasāminātsyāḥ //（P.7.1.12）	替换 ṭā、ṅasi、ṇas 的是 ina、āt、sya。
ṣaḍvidhasya	suptiṅantaṃ padam //（P.1.4.14）	以格尾为末的是字。

世俗拆分： ṣaḍ vidhāḥ prakārā yasmin saḥ。

非世俗拆分： ṣaṣ+jas+vidha+jas。

名词词基： ṣaṣ（六）；vidha（种类）。

演变过程（二）：

ṣaṣ+jas+vidha+jas	anekamanyapadārthe //（P.2.2.24）	两个以上（以第一格收尾）的词，若以表达另一个词为目的，构成的是多财释复合词。

ṣaṣ+jas+vidha+jas	kṛttaddhitasamāsāśca //（P.1.2.46）	有意义的复合词是名词词基。
ṣaṣ+vidha	supo dhātuprātipadikayoḥ //（P.2.4.71） pratyayasya lukślulupaḥ //（P.1.1.61）	词根、名词词基中蕴含的格尾由消隐（luk）替换。 luk、ślu、lup 是词缀的消隐替换。消隐是不显现。
ṣaṣ+vidha	pratyayalope pratyayalakṣaṇam //（P.1.1.62）	词缀消隐后，词缀的因还在。
ṣaṣ+vidha	suptiṅantaṃ padam //（P.1.4.14）	以格尾为末的 ṣaṣ 是字。
ṣa**ḍ**+vidha	jhalāṃ jaśo 'nte //（P.8.2.39）	字末的 jhal 对收音由 jaś 对收音替换。[前部字 ṣaṣ 末音 ṣ 由 ḍ 替换。]
ṣaḍvidha	kṛttaddhitasamāsāśca //（P.1.2.46）	复合词是名词词基。
ṣaḍvidha+**ṅas**	ṅyāpprātipadikāt //（P.4.1.1） svaujasamauṭchaṣ…sup //（P.4.1.2）	在以 ṅī、āp 为末的词后，以及在名词词基后是 su 等格尾。 单数第六格加格尾 ṅas。
ṣaḍvidha+**sya**	ṭāṅasiṅasāminātsyāḥ //（P.7.1.12）	替换 ṭā、ṅasi、ṇas 的是 ina、āt、sya。
ṣaḍvidhasya	suptiṅantaṃ padam //（P.1.4.14）	以格尾为末的是字。

小结：

在演变过程（一）中，ṣaḍ-vidha 前部字 ṣaṣ 是数词“六”，后部字 vidha 的含义是“种类”“形式”。ṣaḍvidha 是双牛释复合词，作为整体，故为单数，因此该词含义是“六种”。ṣaḍvidhasya 是中性，单数，第六格，含义是“六种的”。那么“tṛtīyaḥ ṣaḍvidhasya yā”指的是“作为存在六种分类的第三种（转变因）的那种[识（vijñapti）]”。

在演变过程（二）中，ṣaḍ-vidha 是多财释复合词，那么它应该与所指向的第三者的性数格一致。如果 ṣaḍ-vidha 指向的是 tṛtīyaḥ，那么应该采取 ṣaḍ-vidho 的形式；如果 ṣaḍ-vidha 指向的是 yā，那么应该采取 ṣaḍ-vidhā 的形式；如果 ṣaḍ-vidha 指向的是 viṣayasya，那么它确实应该采取 ṣaḍvidhasya 的形式，其为阳性，单数，第六格。其中第三种情况为正确。那么“tṛtīyaḥ ṣaḍvidhasya yā”指的是“作为第三种（转变因）的有六种（境）的那种[识（vijñapti）]”。

以上两种演变过程和两种解释在本颂中都可以接受。

yad

词根：第一类动词词根（bhvādigaṇa），1.1051 yaja devapūjāsaṃgatikaraṇadāneṣu（yaj 有牺牲品的祭祀，荣耀，奉献）。

直接后缀：adi。

演变过程：

yaj+**adi**	tyajitaniyajbhyo ḍit //（Uṇādisūtra 1.132）	词根 tyaj、tan、yaj 后加直接后缀 adi。该词缀如同带 ḍ 符号。
yaj+**adi**	ārdhadhātukaṃ śeṣaḥ //（P.3.4.114）	全界之外的（adi）是半界词缀。
yaj+ad	tasya lopaḥ //（P.1.3.9）	adi 的符号 i 由消隐替换。
yaj+ad	yasmātpratyayavidhistadādi pratyaye 'ṅgam //（P.1.4.13）	其后安排了词缀的词，以此词为始，在词缀前叫词干。
y+ad	ṭeḥ //（P.6.4.143）	遇到 ḍ 符号时，词干末音节由消隐替换。
yad	kṛttaddhitasamāsāśca //（P.1.2.46）	以直接后缀为末的是名词词基。
yad	sarvādīni sarvanāmāni //（P.1.1.27）	sarva 等词是代词。

小结：

yad 是代词，含义是“那”。该词有阳、阴、中三性。

yā

名词词基：yad（那）。

阴性词缀：ṭāp。

演变过程：

yad	kṛttaddhitasamāsāśca //（P.1.2.46）	以直接后缀为末的是名词词基。
yad	sarvādīni sarvanāmāni //（P.1.1.27）	sarva 等词是代词。
yad	striyām//（P.4.1.3）	当词是阴性时。
yad+**su**	ṅyāpprātipadikāt //（P.4.1.1） svaujasamauṭchaṣ…sup //（P.4.1.2）	在以 ṅī、āp 为末的词后，以及在名词词基后是 su 等格尾。 单数第一格加格尾 su。

yad+s	tasya lopaḥ // （P.1.3.9）	su 的符号 u 由消隐替换。
ya+**a**+s	tyadādīnāmaḥ // （P.7.2.102）	遇到词尾时，tyad 等代词的末音的替换是 a 音。
y+**a**+s	āto guṇe // （P.6.1.97）	非字末的 a 音遇到二合元音时，前后两者的音位由后者的元音形式作唯一替换。
ya+**ṭāp**+s	ajādyataṣṭāp // （P.4.1.4）	aja 等以及以 a 为末音的，于阴性时，加 ṭāp。
ya+ā+s	tasya lopaḥ // （P.1.3.9）	ṭāp 的符号 ṭ、p 由消隐替换。
y+**ā**+s	akaḥ savarṇe dīrghaḥ // （P.6.1.101）	以 ak 为对收的末音后遇同类音时，一长音替换前后两音位。
y+ā+（ ）	halṅyābbhyo dīrghāt sutisy-aprktaṃ hal //（P.6.1.68）	在辅音后，在保留长音的 ṅī、āp 后，格尾 su、语尾 tip、sip 的单辅音词缀由消隐（lopa）替换。
y+ā	adarśanaṃ lopaḥ // （P.1.1.60）	不显现的是消隐。
y+ā	pratyayalope pratyayalakṣaṇam // （P.1.1.62）	词缀消隐后，词缀的因还在。
yā	suptiṅantaṃ padam // （P.1.4.14）	以格尾为末的 sā 是字。

小结：

yā 是阴性的代词 yad 的单数，第一格，含义是“那个”。该代词指示的第二颂的阴性词 vijñapti。

viṣayasya

词根：第五类动词词根（svādigaṇa），5.2 ṣiñ bandhane（si 系缚）；第九类动词词根（kryādigaṇa），9.5 ṣiñ bandhane（si 系缚）。

近置词：vi（viśeṣe 差别，nānātve 多样性，vicāra 分析，niśāmane 看、听）。[依据：upasargāḥ kriyāyoge //（P.1.4.59）。]

直接后缀：ac。

演变过程：

ṣiñ	bhūvādayo dhātavaḥ // （P.1.3.1）	ṣiñ 是词根
ṣi	tasya lopaḥ // （P.1.3.9）	ṣiñ 的符号 ñ 由消隐替换。

si	dhātvādeḥ ṣaḥ saḥ //（P.6.1.64）	词根首位的 ṣ 音由 s 音替换。
vi+si+**ac**	erac //（P.3.3.56）	i、ī 音落尾的词根后加直接后缀 ac。
vi+si+**ac**	ārdhadhātukaṃ śeṣaḥ //（P.3.4.114）	全界词缀之外的（ac）是半界词缀。
vi+si+a	tasya lopaḥ //（P.1.3.9）	ac 的符号 c 由消隐替换。
vi+**si**+a	yasmātpratyayavidhistadādi pratyaye 'ṅgam //（P.1.4.13）	其后安排了词缀的词，以此词为始，在词缀前叫词干。
vi+**se**+a	sārvadhātukārdhadhātukayoḥ //（P.7.3.84）	遇到半界词缀，词干的末元音 i 由二合元音（guṇa）替换。
vi+**say**+a	eco 'yavāyāvaḥ //（P.6.1.78）	遇到元音时，复合元音应由 ay、av、āy、āv 替换。
vi+**ṣ**ay+a	ādeśapratyayoḥ //（P.8.3.59）	在非 a、ā 元音以及喉音族辅音后的、非词末的替换音 s，以及词缀一部分的 s，这样的 s 音由其顶化音 ṣ 替换。
viṣaya	kṛttaddhitasamāsāśca //（P.1.2.46）	直接后缀 ac 为末的 viṣaya 是名词词基。
viṣaya+**ṅas**	ṅyāpprātipadikāt //（P.4.1.1） svaujasamauṭchaṣ...sup //（P.4.1.2）	在以 ṅī、āp 为末的词后，以及在名词词基后是 su 等格尾。 单数第六格加格尾 ṅas。
viṣaya+**sya**	ṭāṅasiṅasāminātsyāḥ //（P.7.1.12）	替换 ṭā、ṅasi、ṇas 的是 ina、āt、sya。
viṣayasya	suptiṅantaṃ padam //（P.1.4.14）	以格尾为末的是字。

小结：

加直接后缀 ac 的经文“erac //（P.3.3.56）”在领句经文“akartari ca kārake saṃjñāyām //（P.3.3.19）”的控制之下。在这种情况下，viṣaya 可以作为非主动者（akartṛ）的造者（kāraka），且是专有名词。如果采用的是业（karman）这一造者，那么 viṣaya 指的是与“联系”这一活动相关的对象，故翻译为专有名词“对境”“对象”，英文是 object。如果 viṣaya 是作为“系缚”这一活动的场所（adhikaraṇa）这种造作，那么 viṣaya 指的是使人沉迷、执着的境域、领域、主题，英文是 subject。

综合以上的分析，viṣaya 主要有对境、境域两重含义，前者侧重认知，后者侧重情感，合在一起，翻译为“境”。近置词 vi 说明“境”是多样性的，是有差别性的。

对于本颂 viṣaya 为何要用第六格，依据的是经文“kartṛkarmaṇoḥ kṛti //（P.2.3.65）”。对于认知的对象，即为业（karman），当它与一个以直接后缀为尾的词 upalabdhi 相关时，业用第六格表示。另外，经文“kartṛkarmaṇoḥ kṛti //（P.2.3.65）”也说明“viṣayasya upalabdhiḥ”可进一步构成依主释复合词 viṣaya-upalabdhi。

viṣayasya 是阳性，单数，第六格，意思是：“境的”。

upalabdhiḥ

词根：第一类动词词根（bhvādigaṇa），1.1024 ḍulabhaṣ prāptau（labh 获得）。

近置词：upa（jñāne 了知）。[依据：upasargāḥ kriyāyoge //（P.1.4.59）。]

直接后缀：ktin。

演变过程：

upa+labh+**ktin**	striyāṃ ktin //（P.3.3.94）	要表阴性时，加直接后缀 ktin，表行为等含义。
upa+labh+**ktin**	ārdhadhātukaṃ śeṣaḥ //（P.3.4.114）	ktin 是半界词缀。
upa+labh+ti	tasya lopaḥ //（P.1.3.9）	ktin 的符号 k、n 由消隐替换。
upa+labh+**iṭ**+ti	ārdhadhātukasyeḍvalādeḥ //（P.7.2.35）	在以对收 val 为首位音的半界词缀前，插入联系元音 iṭ。
upa+labh+**ti**	titutratathasisusarakaseṣu ca //（P.7.2.9）	直接后缀 ti 前不加联系元音 iṭ。[ktin 是 aniṭ 词缀。]
upa+**labh**+ti	yasmātpratyayavidhistadādi pratyaye 'ṅgam //（P.1.4.13）	其后安排了词缀的词，以此词为始，在词缀前叫词干。
upa+labh+**dh**i	jhaṣastathordho 'dhaḥ //（P.8.2.40）	在送气浊音之后的 t、th 由 dh 音替换，但排除词根 dhā。
upa+la**b**+dhi	jhalāṃ jaś jhaśi //（P.8.4.53）	当 jhaś 对收的浊辅音在其后时，jhal 对收的辅音由非送气浊辅音替换。
upalabdhi	kṛttaddhitasamāsāśca //（P.1.2.46）	直接后缀为末的是名词词基。
upalabdhi+**su**	ṅyāpprātipadikāt //（P.4.1.1） svaujasamauṭchaṣ…sup //（P.4.1.2）	在以 ṅī、āp 为末的词后，以及在名词词基后是 su 等格尾。 单数第一格加格尾 su。
upalabdhi+s	tasya lopaḥ //（P.1.3.9）	su 的符号 u 由消隐替换。
upalabdhis	suptiṅantaṃ padam //（P.1.4.14）	以格尾为末的是字。
upalabdhi**r**	sasajuṣo ruḥ //（P.8.2.66）	r 音替换字末的 s 音。
upalabdhi**ḥ**	kharavasānayorvisarjanīyaḥ //（P.8.3.15）	在清辅音和停顿前，送气音替换字末的 r 音。

upalabdhis	visarjanīyasya saḥ // （P.8.3.34）	在清辅音前，s 音替换送气音。
upalabdhiḥ	vā śari // （P.8.3.36）	在咝音前，送气音替换送气音也是一种选择。

小结：

解释阴性直接后缀 ktin 的经文 P.3.3.94 在领句经文“bhāve //（P.3.3.18）”的控制之下，所以 upalabdhi 表示行为的已成就状态，表达“了知”的含义。

upalabdhis 是阴性，单数，第一格，含义是“了知”。

tad

词根：第八类动词词根（tanādigaṇa），8.1 tanu vistāre（tan 扩展）。

直接后缀：adi。

演变过程：

tan+**adi**	tyajitaniyajbhyo ḍit // （Uṇādisūtra 1.132）	词根 tyaj、tan、yaj 后加直接后缀 adi。该词缀如同带 ḍ 符号。
tan+**adi**	ārdhadhātukaṃ śeṣaḥ // （P.3.4.114）	全界之外的（adi）是半界词缀。
tan+ad	tasya lopaḥ // （P.1.3.9）	adi 的符号 i 由消隐替换。
tan+ad	yasmātpratyayavidhistadādi pratyaye ’ṅgam //（P.1.4.13）	其后安排了词缀的词，以此词为始，在词缀前叫词干。
t+ad	ṭeḥ // （P.6.4.143）	遇到 ḍ 符号时，词干末音节由消隐替换。
tad	kṛttaddhitasamāsāśca // （P.1.2.46）	以直接后缀为末的是名词词基。
tad	sarvādīni sarvanāmāni // （P.1.1.27）	sarva 等词是代词。

小结：

tad 是代词，有阳、阴、中三性，含义是“彼”。

sā

名词词基：tad（彼）。

阴性词缀：ṭāp。

演变过程：

tad	kṛttaddhitasamāsāśca // （P.1.2.46）	以直接后缀为末的是名词词基。
tad	sarvādīni sarvanāmāni // （P.1.1.27）	sarva 等词是代词。
tad	striyām// （P.4.1.3）	当词是阴性时。
tad+**su**	ṅyāpprātipadikāt // （P.4.1.1） svaujasamauṭchaṣ…sup // （P.4.1.2）	在以 ṅī、āp 为末的词后，以及在名词词基后是 su 等格尾。 单数第一格加格尾 su。
tad+s	tasya lopaḥ // （P.1.3.9）	su 的符号 u 由消隐替换。
ta+**a**+s	tyadādīnāmaḥ // （P.7.2.102）	遇到词尾时，tyad 等代词的末音的替换是 a 音。
t+**a**+s	āto guṇe // （P.6.1.97）	非字末的 a 音遇到二合元音时，前后两者的音位由后者的元音形式作唯一替换。
ta+**ṭāp**+s	ajādyataṣṭāp // （P.4.1.4）	aja 等以及以 a 为末音的，于阴性时，加 ṭāp。
ta+ā+s	tasya lopaḥ // （P.1.3.9）	ṭāp 的符号 ṭ、p 由消隐替换。
t+**ā**+s	akaḥ savarṇe dīrghaḥ // （P.6.1.101）	以 ak 为对收的末音后遇同类音时，一长音替换前后两音位。
s+ā+s	tadoḥ saḥ sāvanantyayoḥ // （P.7.2.106）	遇到格尾 su 时，tyad 等词的非落尾的 t 和 d 音由 s 音替换。
s+ā+（ ）	halṅyābbhyo dīrghāt sutisy-apṛktaṃ hal //（P.6.1.68）	在辅音后，在保留长音的 ṅī、āp 后，格尾 su、语尾 tip、sip 的单辅音词缀由消隐（lopa）替换。
s+ā	adarśanaṃ lopaḥ // （P.1.1.60）	不显现的是消隐。
s+ā	pratyayalope pratyayalakṣaṇam // （P.1.1.62）	词缀消隐后，词缀的因还在。
sā	suptiṅantaṃ padam // （P.1.4.14）	以格尾为末的 sā 是字。

小结：

sā 是阴性代词 tad 的单数，第一格，意为“彼”。sā 指代的是第二颂的阴性的 vijñapti。

kuśalā

词根：第四类动词词根（divādigaṇa），4.109 kuśa saṃśleṣaṇe（kuś 拥抱）。

直接后缀：kala。

阴性词缀：ṭāp。

演变过程：

kuś+**kala**	kuṭikaśikauti bhyaḥ pratyasya muṭ //（Uṇādisūtra 1.109）	直接后缀 kala 加在词根 kuṭa、kaś、ku 后。[kuśala 也是由此词缀 kala 构成。]
kuś+**kala**	ārdhadhātukaṃ śeṣaḥ //（P.3.4.114）	全界之外的（kala）是半界词缀。
kuś+ala	tasya lopaḥ //（P.1.3.9）	kala 的符号 k 由消隐替换。
kuś+ala	yasmātpratyayavidhistadādi pratyaye 'ṅgam //（P.1.4.13）	其后安排了词缀的词，以此词为始，在词缀前叫词干。
k**o**ś+ala	pugantalaghūpadhasya ca //（P.7.3.86）	遇到半界和全界词缀时，轻音节词干的排列倒数第二的短元音 i、u、ṛ、ḷ 由二合元音替换。
kuś+ala	kṅiti ca //（P.1.1.5）	受 g、k、ṅ 符号的影响，二合、三合元音的替换被禁止。
kuśala	kṛttaddhitasamāsāśca //（P.1.2.46）	以直接后缀为末的是名词词基。
kuśala+**ṭāp**	ajādyataṣṭāp //（P.4.1.4）	aja 等以及以 a 为末音的，于阴性时，加 ṭāp。
kuśala+ā	tasya lopaḥ //（P.1.3.9）	ṭāp 的符号 ṭ、p 由消隐替换。
kuśal**ā**	akaḥ savarṇe dīrghaḥ //（P.6.1.101）	以 ak 为对收的末音后遇同类音时，一长音替换前后两音位。

小结：

kuśala 是的含义是“好的”“善的”等。当要形容 sā 时，要变为阴性的词。加阴性词缀 ṭāp 后得到 kuśalā，含义是“善的”。

akuśalā

世俗拆分：na kuśalā。

非世俗拆分：na+kuśalā+su。

名词词基：na（非，无）；kuśalā（善）。

演变过程：

na+kuśalā+su	nañ //（P.2.2.6）	nañ 与以格尾收尾的词组成依主释复合词。[nañ 的 ñ 是符号。]
na+kuśalā+su	kṛttaddhitasamāsāśca //（P.1.2.46）	有意义的复合词是名词词基。
na+kuśalā	supo dhātuprātipadikayoḥ //（P.2.4.71） pratyayasya lukślulupaḥ //（P.1.1.61）	词根、名词词基中蕴含的格尾由消隐（luk）替换。 luk、ślu、lup 是词缀的消隐替换。消隐是不显现。
na+kuśalā	prathamānirdiṣṭaṃ samāsa upasarjanam //（P.1.2.43）	在复合词一节中，第一格所指示的是附属词。[P.2.2.6 中 nañ 是第一格，故是附属词。]
na+kuśalā	upasarjanaṃ pūrvam //（P.2.2.30）	附属词是前部的。
a+kuśalā	nalopo nañaḥ //（P.6.3.73）	在后部字前，nañ 的 n 音由消隐替换。
akuśalā	kṛttaddhitasamāsāśca //（P.1.2.46）	有意义的复合词是名词词基。
akuśalā	paravalliṅgaṃ dvaṃdva-tatpuruṣayoḥ //（P.2.4.26）	相违释和依主释复合词的性如后部字。

小结：

akuśalā 是依主释复合词。前部字是 nañ 有六种含义：相似、无实在、与此物异、缺乏此物、不值得赞扬、相矛盾。此处应该采用“相矛盾”的含义，翻译为“恶的”。该复合词的性如后部字，为阴性。另外该词作为形容词修饰 sā，故也应该是阴性。

dvayā

世俗拆分： dvāv avayavau yasya。

非世俗拆分： dvi+au+tayap。

名词词基： dvi（二）。

派生词缀： tayap。

阴性词缀： ṭāp

演变过程：

dvi	arthavadadhāturapratyayaḥ prātipadikam //（P.1.2.45）	既非词根，亦非词缀，有意义的（词）是名词词基。[dvi 是不可拆分（avyutpanna）的名词

		词基。]
dvi+au+**tayap**	saṃkhāyā avayave tayap //（P.5.2.42）	当表达某事物有多个部分时，在数字后加派生词缀 tayap。
dvi+au+**ayac**	dvitribhyāṃ tayasyāyajvā //（P.5.2.43）	当前面是 dvi、tri 时，ayac 可以替换 tayap。
dvi+au+ayac	kṛttaddhitasamāsāśca //（P.1.2.46）	以派生词缀为尾的是名词词基。
dvi+ayac	supo dhātuprātipadikayoḥ //（P.2.4.71） pratyayasya lukślulupaḥ //（P.1.1.61）	词根、名词词基中蕴含的格尾由消隐（luk）替换。 luk、ślu、lup 是词缀的消隐替换。消隐是不显现。
dvi+aya	tasya lopaḥ //（P.1.3.9）	ayac 的符号 c 由消隐替换。
dvi+aya	yasmātpratyayavidhistadādi pratyaye 'ṅgam //（P.1.4.13）	其后安排了词缀的词，以此词为始，在词缀前叫词干。
dvi+aya	yaci bham //（P.1.4.18）	以 y 音或元音为首位音的格尾以及部分派生词缀前的词干，称作 bha 词干。
dv+aya	yasyeti ca //（P.6.4.148）	遇到派生词缀或 ī 音时，替换 bha 词干末尾的 i、ī 和 a、ā 的是消隐（lopa）。
dvaya	kṛttaddhitasamāsāśca //（P.1.2.46）	以派生词缀为尾的是名词词基。
dvaya+**ṭāp**	ajādyataṣṭāp //（P.4.1.4）	aja 等以及以 a 为末音的，于阴性时，加 ṭāp。
dvaya+ā	tasya lopaḥ //（P.1.3.9）	ṭāp 的符号 ṭ、p 由消隐替换。
dvay**ā**	akaḥ savarṇe dīrghaḥ //（P.6.1.101）	以 ak 为对收的末音后遇同类音时，一长音替换前后两音位。

小结：

dvaya 的含义是"有两部分者"，可翻译为"有两重的""成双的"等，该词为中性。因为要修饰 sā，作为形容词必须也为阴性，所以要在 dvaya 后加 ṭāp，变为 dvayā。

dvayā 在本颂中指的是"有（善恶）两重的"。

advayā

世俗拆分：na dvayā。

非世俗拆分：na+dvayā+su。

名词词基：na（非，无）；dvayā [有（善恶）两重的]。

演变过程：

na+dvayā+su	nañ // （P.2.2.6）	nañ 与以格尾收尾的词组成依主释复合词。 [nañ 的 ñ 是符号。]
na+dvayā+su	kṛttaddhitasamāsāśca // （P.1.2.46）	有意义的复合词是名词词基。
na+dvayā	supo dhātuprātipadikayoḥ // （P.2.4.71） pratyayasya lukślulupaḥ // （P.1.1.61）	词根、名词词基中蕴含的格尾由消隐（luk）替换。 luk、ślu、lup 是词缀的消隐替换。消隐是不显现。
na+dvayā	prathamānirdiṣṭaṃ samāsa upasarjanam //（P.1.2.43）	在复合词一节中，第一格所指示的是附属词。 [P.2.2.6 中 nañ 是第一格。]
na+dvayā	upasarjanaṃ pūrvam // （P.2.2.30）	附属词是前部的。
a+dvayā	nalopo nañaḥ // （P.6.3.73）	在后部字前，nañ 的 n 音由消隐替换。
advayā	kṛttaddhitasamāsāśca // （P.1.2.46）	有意义的复合词是名词词基。
advayā	paravalliṅgaṃ dvaṃdva-tatpuruṣayoḥ //（P.2.4.26）	相违释和依主释复合词的性如后部字。

小结：

advayā 是依主释复合词。前部字是 nañ 有六种含义：相似、无实在、与此物异、缺乏此物、不值得赞扬、相矛盾。此处应该采用“相矛盾”的含义，含义是“非有（善恶）两重的”，即“无善恶的”。这是“无记的”状态，佛教中一般翻译为“非善非恶的”。该复合词的性如后部字，为阴性。

kuśalā-akuśalā-advayā

世俗拆分：kuśalā ca akuśalā ca advayā ca。

非世俗拆分：kuśalā+su+akuśalā+su+advayā+su。

名词词基：kuśalā（善的）；akuśalā（恶的）；advayā（非善非恶的）。

演化过程：

kuśalā+su+akuśalā+su+advayā+su	cārthe dvaṃdvaḥ // （P.2.2.29）	表示 ca 的意义的是相违释（复合词）。
kuśalā+su+akuśalā+su+advayā+su	kṛttaddhitasamāsāśca // （P.1.2.46）	有意义的复合词是名词词基。
kuśalā+akuśalā+advayā	supo dhātuprātipadikayoḥ // （P.2.4.71）	词根、名词词基中蕴含的格尾由消隐（luk）替换。

	pratyayasya lukślulupaḥ // （P.1.1.61）	luk、ślu、lup 是词缀的消隐替换。消隐是不显现。
kuśal+**ā**+kuśal+**ā**+dvayā	akaḥ savarṇe dīrghaḥ // （P.6.1.101）	以 ak 为对收的末音后遇同类音时，一长音替换前后两音位。
kuśalākuśalādvayā	kṛttaddhitasamāsāśca // （P.1.2.46）	有意义的复合词是名词词基。
kuśalākuśalādvayā+**su**	ṅyāpprātipadikāt // （P.4.1.1） svaujasamauṭchaṣ…sup // （P.4.1.2）	在以 ṅī、āp 为末的词后，以及在名词词基后是 su 等格尾。 单数第一格加格尾 su。
kuśalākuśalādvayā+s	tasya lopaḥ // （P.1.3.9）	su 的符号 u 由消隐替换。
kuśalākuśalādvayā+（ ）	halṅyābbhyo dīrghāt sutisy-apṛktaṃ hal //（P.6.1.68）	在辅音后，在保留长音的 ṅī、āp 后，格尾 su、语尾 tip、sip 的单辅音词缀由消隐（lopa）替换。
kuśalākuśalādvayā	adarśanaṃ lopaḥ // （P.1.1.60）	不显现的是消隐。
kuśalākuśalādvayā	pratyayalope pratyayalakṣaṇam // （P.1.1.62）	词缀消隐后，词缀的因还在。
kuśalākuśalādvayā	suptiṅantaṃ padam // （P.1.4.14）	以格尾为末的是字。

小结：

名词词基 kuśalā-akuśalā-advayā 是相违释复合词，含义是“善的、恶的、非善非恶的”。

kuśalākuśalādvayā 是阴性，单数，第一格，含义是“善的、恶的、非善非恶的”。

第九颂

सर्वत्रगैर्विनियतैः कुशलैश्चैतसैरसौ ।
संप्रयुक्ता तथा क्लेशैरुपक्लेशैस्त्रिवेदना ॥९॥

sarvatragair viniyataiḥ kuśalaiś caitasair asau /
saṃprayuktā tathā kleśair upakleśais tri-vedanā //9//

玄奘译：此心所遍行、别境、善、烦恼、随烦恼、不定，皆三受相应。

真谛译《转识论》：与十种心法相应，及十善恶，并大小惑，具三种受。

霍韬晦译：彼与诸遍行、别境、善心所、烦恼、随烦恼、三受共相应。

现译：存在三种受心理状态的彼（识）被作为遍行者的、别境的、善的、烦恼的、随烦恼的诸心所法所相应。这种相应如同烦恼的心所法与随烦恼的心所法（的关系）。

sarva

词根：第一类动词词根（bhvādigaṇa），1.982 sṛ gatau（sṛ 走）；第三类动词词根（juhotyādigaṇa）3.17 sṛ gatau（sṛ 走）。

直接后缀：van。

演变过程：

sṛ+van	sarva-nighṛṣva-riṣva-laṣva-śiva-paṭva-prahva-īṣvā asvatantre //（Uṇādisūtra 1.154）	sarva 等词由直接后缀 van 构成，且不作为主动者。
sṛ+**van**	ārdhadhātukaṃ śeṣaḥ //（P.3.4.114）	van 是半界词缀。
sṛ+va	tasya lopaḥ //（P.1.3.9）	van 的符号 n 由消隐替换。
sṛ+**iṭ**+va	ārdhadhātukasyeḍvalādeḥ //（P.7.2.35）	在以对收 val 为首位音的半界词缀前，插入联系元音 iṭ。
sṛ+va	neḍvaśi kṛti //（P.7.2.8）	在以 vaś 为对收的浊辅音起始的直接后缀前，不加联系元音 iṭ。[经文 P.7.2.8 是对 P.7.2.35 的禁止，故实际上没运行 P.7.2.35。]

sṛ+va	yasmātpratyayavidhistadādi pratyaye 'ṅgam //（P.1.4.13）	其后安排了词缀的词，以此词为始，在词缀前叫词干。
sar+va	sārvadhātukārdhadhātukayoḥ //（P.7.3.84） uraṇ raparaḥ //（P.1.1.51）	遇到半界词缀，词干的末元音 ṛ 由二合元音（guṇa）替换。 ṛ、ṝ 音的替换，需由其后带 r 音的 a、i、u 及其长音来替换。
sarva	kṛttaddhitasamāsāśca //（P.1.2.46）	以直接后缀 van 为末的是名词词基。
sarva	sarvādīni sarvanāmāni //（P.1.1.27）	sarva 等词是代词。

小结：

根据 *Uṇādisūtra* 可知，sarva 是由词根 sṛ 和直接后缀 van 构成的。sarva 作为代词，指的是“一切”。

sarvatra

世俗拆分：sarvasmin。

非世俗拆分：sarva+ṇi+tra。

名词词基：sarva（一切）。

派生词缀：tra。

演变过程：

sarva	sarvādīni sarvanāmāni //（P.1.1.27）	sarva 等词是代词。
sarva+ṇi+**tral**	saptamyāstral //（P.5.3.10）	代词表第七格含义时，派生词缀 tral 加在后面。
sarva+ṇi+tral	kṛttaddhitasamāsāśca //（P.1.2.46）	以派生词缀为尾的是名词词基。
sarva+tral	supo dhātuprātipadikayoḥ //（P.2.4.71） pratyayasya lukślulupaḥ //（P.1.1.61）	词根、名词词基中蕴含的格尾由消隐（luk）替换。 luk、ślu、lup 是词缀的消隐替换。消隐是不显现。
sarva+tra	tasya lopaḥ //（P.1.3.9）	tral 的符号 l 由消隐替换。
sarvatra	kṛttaddhitasamāsāśca //（P.1.2.46）	以派生词缀为尾的是名词词基。

小结：

sarvatra 意思是“任何处”“一切处”。

sarvatragair

世俗拆分： sarvatra gacchati。

非世俗拆分： sarvatra+gam+ḍa。

名词词基： sarvatra（一切处）。

词根： 第一类动词词根（bhvādigaṇa），1.1031 gamḷ gatau（gam 走）。

直接后缀： ḍa。

演变过程：

sarvatra+**śas**	ṅyāpprātipadikāt // （P.4.1.1） svaujasamauṭchaṣ…sup // （P.4.1.2）	在以 ṅī、āp 为末的词后，以及在名词词基后是 su 等格尾。 复数第二格加格尾 śas。
sarvatra+śas	svarādinipātamavyayam // （P.1.1.37）	svarādi 群中（254.89）tasilādi 等派生词缀为尾的是不变词。 [经文 P.5.3.7 至 P.5.3.47 涉及形成不变词的派生词缀。]
sarvatra+（ ）	avyayādāpsupaḥ // （P.2.4.82）	消隐（luk）替换不变词后的格尾。
sarvatra	pratyayasya lukślulupaḥ // （P.1.1.61）	luk、ślu、lup 是词缀的消隐替换。消隐是不显现。
sarvatra	pratyayalope pratyayalakṣaṇam // （P.1.1.62）	词缀消隐后，词缀的因还在。
sarvatra	suptiṅantaṃ padam // （P.1.4.14）	以格尾为末的 sarvatra 是字。
sarvatra+gam+**ḍa**	sarvatrapannayor upasaṅkhyānam // （Vārttika① 2014）	《月光疏》经文 2965（P.3.2.48）的《补释》经文：sarvatra、panna 之后，直接后缀 ḍa 加在词根 gam 后。
sarvatra+gam+**ḍa**	ārdhadhātukaṃ śeṣaḥ // （P.3.4.114）	ḍa 是半界词缀。
sarvatra+gam+a	tasya lopaḥ // （P.1.3.9）	ḍa 的符号 ḍ 由消隐替换。
sarvatra+**gam**+a	yasmātpratyayavidhistadādi pratyaye 'ṅgam //（P.1.4.13）	其后安排了词缀的词，以此词为始，在词缀前叫词干。

① 所有的《补释》经文参见《月光疏》收录的《补释》经文。S. Chandrasekhara Sastrigal, *The Siddhanta Kaumudi of Sri Bhattoji Deekshita with the Commentary Sri Balamanorama of Sri Vasudeva Deekshita*, Trichinopoly: St. Joseph's Industrial School Press, 1910 & 1911.

sarvatra+**g**+a	ṭeḥ // （P.6.4.143）	遇到 ḍ 符号时，词干末音节由消隐替换。
sarvatra+**ga**	kṛttaddhitasamāsāśca // （P.1.2.46）	直接后缀 ḍa 为末的 ga 是名词词基。
sarvatra+ga	tatropapadaṃ saptamīstham // （P.3.1.92）	于此范围内，经文中处于第七格的是附加字。 [针对经文 P.3.2.48。]
sarvatra+ga	upapadamatiṅ // （P.2.2.19）	附加字与相关的词构成必然复合词，且是非以 tiṅ 收尾的词。
sarvatra+ga	prathamānirdiṣṭaṃ samāsa upasarjanam //（P.1.2.43）	在复合词章节中，第一格所指示的是附属词。 [针对经文 P.2.2.19。]
sarvatra+ga	upasarjanaṃ pūrvam // （P.2.2.30）	附属词是前部字。
sarvatraga	kṛttaddhitasamāsāśca // （P.1.2.46）	有意义的复合词是名词词基。
sarvatraga+**bhis**	ṅyāpprātipadikāt // （P.4.1.1） svaujasamauṭchaṣ…sup // （P.4.1.2）	在以 ṅī、āp 为末的词后，以及在名词词基后是 su 等格尾。 复数第三格加格尾 bhis。
sarvatraga+**ais**	ato bhisa ais // （P.7.1.9）	a 音后的 bhis 的（替代）是 ais。
sarvatrag+**ai**+s	vṛddhireci // （P.6.1.88）	a 后遇复合元音时，三合元音是前后两音位的唯一替代。
sarvatragais	suptiṅantaṃ padam // （P.1.4.14）	以格尾为末的是字。
sarvatragai**r**	sasajuṣo ruḥ // （P.8.2.66）	r 音替换字末的 s 音。

小结：

sarvatra-ga 是依主释复合词。这种复合词是属于经文“upapadamatiṅ //（P.2.2.19）”所描述的带附加字的必然复合词。必然复合词不存在原形的世俗拆分，故 sarvatra-ga 表达的是 sarvatra gacchati 的含义。sarvatra-ga 的附加字 sarvatra 代表业（karman）的含义，整个复合词表达主动者（kartṛ）的含义。因此 sarvatra-ga 含义为“走向任何处者”“遍行者”，在佛教中作为术语称作“遍行（心所法）”。另外，在本颂中 sarvatraga 是对心所法（caitasa）的一种分类，所以可作为形容词来使用，翻译为“遍行者的”。

sarvatragais 是阳性，复数，第三格，含义是“诸作为遍行者的（心所法）”。

viniyataiḥ

词根：第一类动词词根（bhvādigaṇa），1.1033 yama uparame（yam 检查、限制）。

近置词：vi（viśeṣe 差别）；ni（vyāvṛttau 区分）。[依据：upasargāḥ kriyāyoge //（P.1.4.59）。]

直接后缀：kta。

演变过程：

vi+ni+yam+**kta**	tayoreva kṛtyaktakhalarthāḥ//（P.3.4.70）	kṛtya、kta 以及具有 khal 含义的词缀强调行为和业。
vi+ni+yam+**kta**	ārdhadhātukaṃ śeṣaḥ //（P.3.4.114）	全界之外的（kta）是半界词缀。
vi+ni+yam+ta	tasya lopaḥ //（P.1.3.9）	kta 的符号 k 由消隐替换。
vi+ni+yam+**iṭ**+ta	ārdhadhātukasyeḍvalādeḥ //（P.7.2.35）	在以对收 val 为首位音的半界词缀前，插入联系元音 iṭ。
vi+ni+yam+ta	ekāca upadeśe 'nudāttāt //（P.7.2.10）	于原始发音状态的非高音的单音节词根 yam 之后不加 iṭ。
vi+ni+**yam**+ta	yasmātpratyayavidhistadādi pratyaye 'ṅgam //（P.1.4.13）	其后安排了词缀的词，以此词为始，在词缀前叫词干。
vi+ni+**ya**+ta	anudāttopadeśavanati-tanotyādīnāmanunāsikalopo jhali kṅiti //（P.6.4.37）	遇到初音为辅音，且有 k、ṅ 符号的词缀时，原始发音状态的非高音的词根，以及 van、tan 的末鼻音由消失替换。
viniyata	kṛttaddhitasamāsāśca //（P.1.2.46）	以直接后缀 kta 为末的是名词词基。
viniyata+**bhis**	ṅyāpprātipadikāt //（P.4.1.1） svaujasamauṭchaṣ…sup //（P.4.1.2）	在以 ṅī、āp 为末的词后，以及在名词词基后是 su 等格尾。 复数第三格加格尾 bhis。
viniyata+**ais**	ato bhisa ais //（P.7.1.9）	a 音后的 bhis 的（替代）是 ais。
viniyata+**ai**+s	vṛddhireci //（P.6.1.88）	a 后遇复合元音时，三合元音是前后两音位的唯一替代。
viniyatais	suptiṅantaṃ padam //（P.1.4.14）	以格尾为末的是字。
viniyatai**r**	sasajuṣo ruḥ //（P.8.2.66）	r 音替换字末的 s 音。
viniyatai**ḥ**	kharavasānayorvisarjanīyaḥ //（P.8.3.15）	在清辅音和停顿前，送气音替换字末的 r 音。
viniyatais	visarjanīyasya saḥ //（P.8.3.34）	在清辅音前，s 音替换送气音。
viniyatai**ḥ**	kupvoḥ≍ka≍pau ca //（P.8.3.37）	在喉音和唇音前，送气音替换送气音也是一种选择。

小结：

加 kta 直接后缀表达的是被动的含义，故 viniyata 的意思是“被限定的”。在本颂中 viniyata 强调的业（karman）是 caitasa，故与后者的性数格保持一致。viniyata 是对心所法（caitasa）的一种分类，所以可作为形容词来使用，翻译为“别境的”。

viniyatais 是阳性，复数，第三格，含义是“诸别境的（心所法）”。

kuśalaiś

词根：第四类动词词根（divādigaṇa），4.109 kuśa saṃśleṣaṇe（kuś 拥抱）。

直接后缀：kala。

演变过程：

kuś+**kala**	kuṭikaśikauti bhyaḥ pratyasya muṭ //（Uṇādisūtra 1.109）	直接后缀 kala 加在词根 kuṭa、kaś、ku 后。 [kuśala 也是由此词缀 kala 构成。]
kuś+**kala**	ārdhadhātukaṃ śeṣaḥ //（P.3.4.114）	全界之外的（kala）是半界词缀。
kuś+ala	tasya lopaḥ //（P.1.3.9）	kala 的符号 k 由消隐替换。
kuś+ala	yasmātpratyayavidhistadādi pratyaye 'ṅgam //（P.1.4.13）	其后安排了词缀的词，以此词为始，在词缀前叫词干。
ko**ś**+ala	pugantalaghūpadhasya ca //（P.7.3.86）	遇到半界和全界词缀时，轻音节词干的排列倒数第二的短元音 i、u、ṛ、ḷ 由二合元音替换。
kuś+ala	kṅiti ca //（P.1.1.5）	受 g、k、ṅ 符号的影响，二合、三合元音的替换被禁止。
kuśala	kṛttaddhitasamāsāśca //（P.1.2.46）	以直接后缀为末的是名词词基。
kuśala+**bhis**	ṅyāpprātipadikāt //（P.4.1.1） svaujasamauṭchaṣ…sup //（P.4.1.2）	在以 ṅī、āp 为末的词后，以及在名词词基后是 su 等格尾。 复数第三格加格尾 bhis。
kuśala+**ais**	ato bhisa ais //（P.7.1.9）	a 音后的 bhis 的（替代）是 ais。
kuśal+**ai**+s	vṛddhireci //（P.6.1.88）	a 后遇复合元音时，三合元音是前后两音位的唯一替代。
kuśalais	suptiṅantaṃ padam //（P.1.4.14）	以格尾为末的是字。
kuśalai**r**	sasajuṣo ruḥ //（P.8.2.66）	r 音替换字末的 s 音。

kuśalai**ḥ**	kharavasānayorvisarjanīyaḥ //（P.8.3.15）	在清辅音和停顿前，送气音替换字末的 r 音。
kuśalai**s**	visarjanīyasya saḥ //（P.8.3.34）	在清辅音前，s 音替换送气音。
kuśalai**ś**	stoḥ ścunā ścuḥ //（P.8.4.40）	ś 和腭音族取代与 ś 和腭音族（结合的）s 和齿音族。

小结：

kuśala 的含义是善、善的。本颂中 kuśala 是对心所法（caitasa）的一种分类，所以为形容词。

kuśalais 是阳性或中性，复数，第三格，含义是“诸善的（心所法）”。

cetas

词根：第一类动词词根（bhvādigaṇa），1.39 citī saṃjñāne（cit 知晓、想）。

直接后缀：asun。

演变过程（一）：

cit+**asun**	sarvadhātubhyo ’sun //（Uṇādisūtra 4.188）	所有的词根后可加 asun 直接后缀。
cit+**asun**	ārdhadhātukaṃ śeṣaḥ //（P.3.4.114）	全界词缀之外的（asun）是半界词缀。
cit+as	tasya lopaḥ //（P.1.3.9）	asun 的符号 n 由消隐替换。[u 音是为了发音的方便。]
cit+as	yasmātpratyayavidhistadādi pratyaye ’ṅgam //（P.1.4.13）	其后安排了词缀的词，以此词为始，在词缀前叫词干。
cet+as	pugantalaghūpadhasya ca //（P.7.3.86）	遇到半界和全界词缀时，轻音节词干的排列倒数第二的短元音 i、u、ṛ、ḷ 由二合元音替换。
cetas	kṛttaddhitasamāsāśca //（P.1.2.46）	直接后缀 asun 为末的 cetas 是名词词基。

词根：第十类动词词根（curādigaṇa），10.135 cita saṃcetane（cit 思考）。

直接后缀：asun。

演变过程（二）：

cit+**nic**	satyāpapāśa…curādibhyo //（P.3.1.25）	第十类动词词根本身必须加上 ṇic 词缀，表原义。
cit+**ṇic**	ārdhadhātukaṃ śeṣaḥ //（P.3.4.114）	全界词缀之外的（ṇic）是半界词缀。

cit+ṇic	yasmātpratyayavidhistadādi pratyaye 'ṅgam //（P.1.4.13）	其后安排了词缀的词，以此词为始，在词缀前叫词干。
cet+ṇic	pugantalaghūpadhasya ca //（P.7.3.86）	遇到半界和全界词缀时，轻音节词干的排列倒数第二的短元音 i、u、ṛ、ḷ 由二合元音替换。
cet+ṇic	sanādyantā dhātavaḥ //（P.3.1.32）	以 ṇic 落尾的“cet+ṇic”是新词根。
cet+ṇic+**asun**	sarvadhātubhyo 'sun //（Uṇādisūtra 4.188）	所有的词根后可加 asun 直接后缀。
cet+ṇic+**asun**	ārdhadhātukaṃ śeṣaḥ //（P.3.4.114）	全界词缀之外的（asun）是半界词缀。
cet+ṇic+as	tasya lopaḥ //（P.1.3.9）	asun 的符号 n 由消隐替换。 [u 音是为了发音的方便。]
cet+ṇic+**as**	ārdhadhātukasyeḍvalādeḥ //（P.7.2.35）	在以对收 val 为首位音的半界词缀前，插入联系元音 iṭ。 [asun 不在其列，是 aniṭ 词缀]
cet+（ ）+as	ṇeraniṭi //（P.6.4.51）	当遇到 aniṭ 半界词缀时，消隐（lopa）替换前面的 ṇic。
cet+（ ）+as	pratyayalope pratyayalakṣaṇam //（P.1.1.62）	ṇic 词缀消隐后，ṇic 词缀的因还在。
cet+（ ）+as	sanādyantā dhātavaḥ //（P.3.1.32）	“cet+（ ）”仍是新词根。
cet+（ ）+as	yasmātpratyayavidhistadādi pratyaye 'ṅgam //（P.1.4.13）	其后安排了词缀的词，以此词为始，在词缀前叫词干。
cet+as	adarśanaṃ lopaḥ //（P.1.1.60）	不显现的是消隐。
cetas	kṛttaddhitasamāsāśca //（P.1.2.46）	以直接后缀为末的是名词词基。

小结：

cetas 具有多种含义：心、意、识等。本颂中 cetas 指的是“心法”的统称。

caitasair

世俗拆分：cetasa idam。

非世俗拆分：cetas+ṅas+aṇ。

名词词基：cetas（心法）。

派生词缀：aṇ。

演变过程：

cetas+ṇas+**aṇ**	tasyedam // （P.4.3.120）	派生词缀 aṇ 加在第六格的词后，义为“这是他的”。
cetas+ṇas+aṇ	kṛttaddhitasamāsāśca // （P.1.2.46）	以派生词缀为尾的是名词词基。
cetas+aṇ	supo dhātuprātipadikayoḥ // （P.2.4.71） pratyayasya lukślulupaḥ // （P.1.1.61）	词根、名词词基中蕴含的格尾由消隐（luk）替换。 luk、ślu、lup 是词缀的消隐替换。消隐是不显现。
cetas+aṇ	yasmātpratyayavidhistadādi pratyaye ’ṅgam //（P.1.4.13）	其后安排了词缀的词，以此词为始，在词缀前叫词干。
c**ai**tas+aṇ	taddhiteṣvacāmādeḥ // （P.7.2.117）	在带 ñ、ṇ 符号的派生词缀之前，词干首位元音由三合元音替换。
caitas+a	tasya lopaḥ // （P.1.3.9）	aṇ 的符号 ṇ 由消隐替换。
caitasa	kṛttaddhitasamāsāśca // （P.1.2.46）	以派生词缀为尾的是名词词基。
caitasa+**bhis**	ṅyāpprātipadikāt // （P.4.1.1） svaujasamauṭchaṣ…sup // （P.4.1.2）	在以 ṅī、āp 为末的词后，以及在名词词基后是 su 等格尾。 复数第三格加格尾 bhis。
caitasa+**ais**	ato bhisa ais // （P.7.1.9）	a 音后的 bhis 的（替代）是 ais。
caitas+**ai**+s	vṛddhireci // （P.6.1.88）	a 后遇复合元音时，三合元音是前后两音位的唯一替代。
caitasais	suptiṅantaṃ padam // （P.1.4.14）	以格尾为末的是字。
caitasai**r**	sasajuṣo ruḥ // （P.8.2.66）	r 音替换字末的 s 音。

小结：

caitasa 的含义是“这是心法的”，故翻译为“心所法”，该词为中性。

caitasa 采用第三格的原因有二：一方面，依据经文“kartṛkaraṇayostṛtīyā //（P.2.3.18）”可知，作为被动词汇 saṃprayuktā 对应的主动者应该用第三格；另一方面，根据经文“sahayukte ’pradhāne //（P.2.3.19）”可知，第三格表示从属关系，即 caitasais 从属于 asau（前六识）。

caitasais 是中性，复数，第三格，含义是“诸心所法”。

asau

名词词基：adas（彼）。

演变过程：

adas	arthavadadhāturapratyayaḥ prātipadikam // （P.1.2.45）	既非词根，亦非词缀，有意义的（词）是名词词基。 [adas 是不可拆分（avyutpanna）的名词词基。]
adas	sarvādīni sarvanāmāni // （P.1.1.27）	sarva 等词是代词。
adas+**su**	ṅyāpprātipadikāt // （P.4.1.1） svaujasamauṭchaṣ…sup // （P.4.1.2）	在以 ṅī、āp 为末的词后，以及在名词词基后是 su 等格尾。 单数第一格加格尾 su。
ada+**au**+（ ）	adas au sulopaśca // （P.7.2.107）	adas 的末音由 au 替换，并且单数第一格的格尾消隐。
ad+**au**+（ ）	vṛddhireci // （P.6.1.88）	a 后遇复合元音时，三合元音是前后两音位的唯一替代。
ad+au+（ ）	pratyayalope pratyayalakṣaṇam // （P.1.1.62）	词缀消隐后，词缀的因还在。
as+au+（ ）	tadoḥ saḥ sāvanantyayoḥ // （P.7.2.106）	遇到格尾 su 时，tyad 等词的非落尾的 t 和 d 音由 s 音替换。
as+au	adarśanaṃ lopaḥ // （P.1.1.60）	不显现的是消隐。
asau	suptiṅantaṃ padam // （P.1.4.14）	以格尾为末的是字。

小结：

adas 是代词，含义是“彼”，有阳、阴、中三性。

asau 与 saṃprayuktā 同性数格，故为阴性，指代的是第二颂的“viṣayasya vijñaptir”和第八颂的“sā”。

asau 是阴性，单数，第一格，意为“彼”“它”。

saṃprayuktā

词根：第七类动词词根（rudhādigaṇa），7.7 yujir yoge（yuj 联合）。

近置词：sam（śleṣe 结合，abhimukhye 朝向，sahabhāve 一起）；pra（niyoge 固定）。[依据：upasargāḥ kriyāyoge //（P.1.4.59）。]

直接后缀：kta。

阴性词缀：ṭāp。

演变过程：

sam+pra+yuj+**kta**	tayoreva kṛtyaktakhalarthāḥ//（P.3.4.70）	kṛtya、kta 以及具有 khal 意义的词缀强调行为和业。
sam+pra+yuj+ta	tasya lopaḥ //（P.1.3.9）	kta 的符号 k 由消隐替换。
sam+pra+yuj+**ta**	ārdhadhātukaṃ śeṣaḥ //（P.3.4.114）	全界之外的（kta）是半界词缀。
sam+pra+yuj+**iṭ**+ta	ārdhadhātukasyeḍvalādeḥ //（P.7.2.35）	在以对收 val 为首位音的半界词缀前，插入联系元音 iṭ。
sam+pra+**yuj**+ta	ekāca upadeśe 'nudāttāt //（P.7.2.10）	于原始发音状态的非高音的单音节词根之后不加 iṭ。
sam+pra+**yuj**+ta	yasmātpratyayavidhistadādi pratyaye 'ṅgam //（P.1.4.13）	其后安排了词缀的词，以此词为始，在词缀前叫词干。
sam+pra+y**o**j+ta	pugantalaghūpadhasya //（P.7.3.86）	遇到半界和全界词缀时，轻音节词干的排列倒数第二的短元音 i、u、ṛ、ḷ 由二合元音替换。
sam+pra+yuj+ta	kṅiti ca //（P.1.1.5）	受 g、k、ṅ 符号的影响，二合、三合元音的替换被禁止。
sam+pra+yu**k**+ta	coḥ kuḥ //（P.8.2.30）	ka 一族替换 ca 一族。
sa**ṃ**+pra+yuk+ta	mo 'nusvāraḥ //（P.8.3.23）	字末的 m 音在辅音前由鼻腔音替代。
sa**m**+pra+yuk+ta	anusvārasya yayi parasavarṇaḥ //（P.8.4.58）	遇到除咝音和 h 音以外的辅音时，后面的同类音替换鼻腔音。
saṃ+pra+yuk+ta	vā padāntasya //（P.8.4.59）	字末的同类鼻音的替换可做可不做。
saṃprayukta	kṛttaddhitasamāsāśca //（P.1.2.46）	以直接后缀 kta 为末的是名词词基。
saṃprayukta+**ṭāp**	ajādyataṣṭāp //（P.4.1.4）	aja 等以及以 a 为末的，于阴性时，加 ṭāp。
saṃprayukta+ā	tasya lopaḥ //（P.1.3.9）	ṭāp 的符号 ṭ、p 由消隐替换。
saṃprayukt**ā**	akaḥ savarṇe dīrghaḥ //（P.6.1.101）	以 ak 为对收的末音后遇同类音时，一长音替换前后两音位。
saṃprayuktā+**su**	ṅyāpprātipadikāt //（P.4.1.1） svaujasamauṭchaṣ…sup //（P.4.1.2）	在以 ṅī、āp 为末的词后，以及在名词词基后是 su 等格尾。 单数第一格加格尾 su。
saṃprayuktā+s	tasya lopaḥ //（P.1.3.9）	su 的符号 u 由消隐替换。

saṃprayuktā+（ ）	halṅyābbhyo dīrghāt sutisy-apṛktaṃ hal //（P.6.1.68）	在辅音后，在保留长音的 ṅī、āp 后，格尾 su、语尾 tip、sip 的单辅音词缀由消隐（lopa）替换。
saṃprayuktā	adarśanaṃ lopaḥ //（P.1.1.60）	不显现的是消隐。
saṃprayuktā	pratyayalope pratyayalakṣaṇam //（P.1.1.62）	词缀消隐后，词缀的因还在。
saṃprayuktā	suptiṅantaṃ padam //（P.1.4.14）	以格尾为末的是字。

小结：

saṃprayuktā 是阴性词，加 kta 直接后缀表达被动的含义，翻译为“被……所联合”。saṃprayuktā 强调的业（karman）是单数第一格的 asau，故与其性数格一致。

saṃprayuktā 是阴性，单数，第一格，含义是“被……所联合”。

tad

词根：第八类动词词根（tanādigaṇa），8.1 tanu vistāre（tan 扩展）。

直接后缀：adi。

演变过程：

tan+**adi**	tyajitaniyajbhyo ḍit //（Uṇādisūtra 1.132）	词根 tyaj、tan、yaj 后加直接后缀 adi。该词缀如同带 ḍ 符号。
tan+**adi**	ārdhadhātukaṃ śeṣaḥ //（P.3.4.114）	全界之外的（adi）是半界词缀。
tan+ad	tasya lopaḥ //（P.1.3.9）	adi 的符号 i 由消隐替换。
tan+ad	yasmātpratyayavidhistadādi pratyaye ’ṅgam //（P.1.4.13）	其后安排了词缀的词，以此词为始，在词缀前叫词干。
t+ad	ṭeḥ //（P.6.4.143）	遇到 ḍ 符号时，词干末音节由消隐替换。
tad	kṛttaddhitasamāsāśca //（P.1.2.46）	以直接后缀为末的是名词词基。
tad	sarvādīni sarvanāmāni //（P.1.1.27）	sarva 等词是代词。

小结：

tad 是代词，有阳、阴、中三性，含义是“彼”。

tathā

世俗拆分： tena prakāreṇa。

非世俗拆分： tad+ṭā+thāl。

名词词基： tad（彼）。

派生词缀： thāl。

演变过程：

tad	sarvādīni sarvanāmāni //（P.1.1.27）	sarva 等词是代词。
tad+ṭā+**thāl**	prakāravacane thāl //（P.5.3.23）	表某种存在方式时，词缀 thāl 加在 P.5.3.2 提到的代词等词后。
tad+ṭā+thāl	kṛttaddhitasamāsāśca //（P.1.2.46）	以派生词缀 thāl 为尾的是名词词基。
tad+thāl	supo dhātuprātipadikayoḥ //（P.2.4.71） pratyayasya lukślulupaḥ //（P.1.1.61）	词根、名词词基中蕴含的格尾由消隐（luk）替换。 luk、ślu、lup 是词缀的消隐替换。消隐是不显现。
tad+**thāl**	prāgdiśo vibhaktiḥ //（P.5.3.1）	从此经文到 P.5.3.27，所讨论的词缀叫 prāgdiśīya 派生词缀。这些词缀是词尾（vibhakti）。
tad+thā	tasya lopaḥ //（P.1.3.9）	thāl 的符号 l 由消隐替换。
ta+**a**+thā	tyadādīnāmaḥ //（P.7.2.102）	遇到词尾时，tyad 等代词的末音的替换是 a 音。
t+**a**+thā	āto guṇe //（P.6.1.97）	非字末的 a 音遇到二合元音时，前后两者的音位由后者的元音形式作唯一替换。
tathā	kṛttaddhitasamāsāśca //（P.1.2.46）	以派生词缀为尾的是名词词基。
tathā+**sup**	ṅyāpprātipadikāt //（P.4.1.1） svaujasamauṭchaṣ…sup //（P.4.1.2）	在以 ṅī、āp 为末的词后，以及在名词词基后是 su 等格尾。 根据需求加某一 sup 格尾。
tathā+sup	svarādinipātamavyayam //（P.1.1.37）	svarādi 群中（254.89）tasilādi 等派生词缀为尾的是不变词。 [经文 P.5.3.7 至 P.5.3.47 涉及形成不变词的派生词缀。]
tathā+（ ）	avyayādāpsupaḥ //（P.2.4.82）	消隐（luk）替换不变词后的格尾。
tathā	pratyayasya lukślulupaḥ //（P.1.1.61）	luk、ślu、lup 是词缀的消隐替换。消隐是不显现。

tathā	pratyayalope pratyayalakṣaṇam //（P.1.1.62）	词缀消隐后，词缀的因还在。
tathā	suptiṅantaṃ padam //（P.1.4.14）	以格尾为末的 tathā 是字。

小结：

tathā 是不变词，表达“如彼”“同彼”的意思。

kleśair

词根：第四类动词词根（divādigaṇa），4.52a kliśa upatāpe（kliś 感到疼）；第九类动词词根（kryādigaṇa），9.50 kliśū vibādhane（kliś 折磨）。

直接后缀：ghañ。

演变过程：

kliś+**ghañ**	bhāve //（P.3.3.18）	当表达达到已成就状态的词根意义时，词根后加 ghañ 词缀。
kliś+**ghañ**	ārdhadhātukaṃ śeṣaḥ //（P.3.4.114）	全界词缀之外的（ghañ）是半界词缀。
kliś+a	tasya lopaḥ //（P.1.3.9）	ghañ 的符号 gh、ñ 由消隐替换。
kliś+a	yasmātpratyayavidhistadādi pratyaye ’ṅgam //（P.1.4.13）	其后安排了词缀的词，以此词为始，在词缀前叫词干。
kleś+a	pugantalaghūpadhasya ca //（P.7.3.86）	遇到半界和全界词缀时，轻音节词干的排列倒数第二的短元音 i、u、ṛ、ḷ 由二合元音替换。
kleśa	kṛttaddhitasamāsāśca //（P.1.2.46）	直接后缀 ghañ 为末的 kleśa 是名词词基。
kleśa+**bhis**	ṅyāpprātipadikāt //（P.4.1.1） svaujasamauṭchaṣ…sup //（P.4.1.2）	在以 ṅī、āp 为末的词后，以及在名词词基后是 su 等格尾。 复数第三格加格尾 bhis。
kleśa+**ais**	ato bhisa ais //（P.7.1.9）	a 音后的 bhis 的（替代）是 ais。
kleś+**ai**+s	vṛddhireci //（P.6.1.88）	a 后遇复合元音时，三合元音是前后两音位的唯一替代。
kleśais	suptiṅantaṃ padam //（P.1.4.14）	以格尾为末的是字。
kleśai**r**	sasajuṣo ruḥ //（P.8.2.66）	r 音替换字末的 s 音。

小结：

kleśa 是依据“bhāve //（P.3.3.18）”加直接后缀 ghañ 而成的话，表达的是行为达到的已成就状态，翻译为“烦恼的”。该已成就状态（siddhabhāva）可以如同实体看待（dravyavat），所以 kleśa 可以翻译为名词化的“烦恼”。在本颂中 kleśa 是对心所法（caitasa）的一种分类，所以应作为形容词来使用，翻译为“烦恼的”。

kleśais 是阳性，复数，第三格，含义是“诸烦恼的（心所法）”。

upakleśais

词根：第四类动词词根（divādigaṇa），4.52a kliśa upatāpe（kliś 感到疼）；第九类动词词根（kryādigaṇa），9.50 kliśū vibādhane（kliś 折磨）。

近置词：upa（anugrahe 辅助，sādṛśye 相似）。[依据：upasargāḥ kriyāyoge //（P.1.4.59）。]

直接后缀：ghañ。

演变过程：

upa+kliś+**ghañ**	bhāve // （P.3.3.18）	当表达达到已成就状态的词根意义时，词根后加 ghañ 词缀。
upa+kliś+**ghañ**	ārdhadhātukaṃ śeṣaḥ // （P.3.4.114）	全界词缀之外的（ghañ）是半界词缀。
upa+kliś+a	tasya lopaḥ // （P.1.3.9）	ghañ 的符号 gh、ñ 由消隐替换。
upa+**kliś**+a	yasmātpratyayavidhistadādi pratyaye ’ṅgam //（P.1.4.13）	其后安排了词缀的词，以此词为始，在词缀前叫词干。
upa+kleś+a	pugantalaghūpadhasya ca // （P.7.3.86）	遇到半界和全界词缀时，轻音节词干的排列倒数第二的短元音 i、u、ṛ、ḷ 由二合元音替换。
upakleśa	kṛttaddhitasamāsāśca // （P.1.2.46）	直接后缀 ghañ 为末的 upakleśa 是名词词基。
upakleśa+**bhis**	ṅyāpprātipadikāt // （P.4.1.1） svaujasamauṭchaṣ…sup // （P.4.1.2）	在以 ṅī、āp 为末的词后，以及在名词词基后是 su 等格尾。 复数第三格加格尾 bhis。
upakleśa+**ais**	ato bhisa ais // （P.7.1.9）	a 音后的 bhis 的（替代）是 ais。
upakleś+**ai**+s	vṛddhireci // （P.6.1.88）	a 后遇复合元音时，三合元音是前后两音位的唯一替代。
upakleśais	suptiṅantaṃ padam // （P.1.4.14）	以格尾为末的是字。

upakleśai**r**	sasajuṣo ruḥ //（P.8.2.66）	r 音替换字末的 s 音。
upakleśai**ḥ**	kharavasānayorvisarjanīyaḥ //（P.8.3.15）	在清辅音和停顿前，送气音替换字末的 r 音。
upakleśais	visarjanīyasya saḥ //（P.8.3.34）	在清辅音前，s 音替换送气音。

小结：

kleśa 是依据“bhāve //（P.3.3.18）”加直接后缀 ghañ 而成的话，表达的是行为达到的已成就状态（siddhabhāva），翻译为“烦恼的”“烦恼”。近置词 upa 有辅助、相似的含义，所以 upakleśa 指的是“相似的辅助性的烦恼”，在佛教中翻译为“随烦恼的”“随烦恼”。在本颂中 upakleśa 是对心所法（caitasa）的一种分类，所以应作为形容词来使用，翻译为“随烦恼的”。

upakleśais 是阳性，复数，第三格，含义是“诸随烦恼的（心所法）”。

tri

词根：第一类动词词根（bhvādigaṇa），1.1018 tṝ plavanataraṇayoḥ（tṝ 跳跃，超越）。

直接后缀：ḍri。

演变过程：

tṝ+**ḍri**	taraterḍriḥ //（Uṇādisūtra 5.66）	直接后缀 ḍri 加在词根 tṝ 之后。
tṝ+**ḍri**	ārdhadhātukaṃ śeṣaḥ //（P.3.4.114）	全界词缀之外的 ḍri 是半界词缀。
tṝ+ri	tasya lopaḥ //（P.1.3.9）	ḍri 的符号 ḍ 由消隐替换。
tṝ+**iṭ**+ri	ārdhadhātukasyeḍvalādeḥ //（P.7.2.35）	在以对收 val 为首位音的半界词缀前，插入联系元音 iṭ。
tṝ+ri	neḍvaśi kṛti //（P.7.2.8）	在以 vaś 为对收的浊辅音起始的直接后缀前，不加联系元音 iṭ。[经文 P.7.2.8 是对 P.7.2.35 的禁止，故实际上没运行 P.7.2.35。]
tṝ+ri	yasmātpratyayavidhistadādi pratyaye 'ṅgam //（P.1.4.13）	其后安排了词缀的词，以此词为始，在词缀前叫词干。
tar+ri	sārvadhātukārdhadhātukayoḥ //（P.7.3.84） uraṇ raparaḥ //（P.1.1.51）	遇到全界、半界词缀，词干的末元音 ṝ 由二合元音替换。 ṛ、ṝ 音的替换，需由其后带 r 音的 a、i、u 及其长音来替换。

t+ri	ṭeḥ // （P.6.4.143）	遇到 ḍ 符号时，词干末音节由消隐替换。
tri	kṛttaddhitasamāsāśca // （P.1.2.46）	直接后缀为末的是名词词基。

小结：

tri 是数词“三”。

vedanā

词根：第六类动词词根（tudādigaṇa），6.138 vidḷ lābhe（vid 得到）；第二类动词词根（adādigaṇa），2.55 vida jñāne（vid 认知）。

直接后缀：yuc。

阴性词缀：ṭāp。

演变过程：

vid+**nic**	hetumati ca // （P.3.1.26）	当表达使役含义时，加 ṇic 词缀。 [ṇ、c 是符号。]
vid+**ṇic**	ārdhadhātukaṃ śeṣaḥ // （P.3.4.114）	全界词缀之外的（ṇic）是半界词缀。
vid+ṇic	yasmātpratyayavidhistadādi pratyaye 'ṅgam //（P.1.4.13）	其后安排了词缀的词，以此词为始，在词缀前叫词干。
ved+ṇic	pugantalaghūpadhasya ca // （P.7.3.86）	遇到半界和全界词缀时，轻音节词干的排列倒数第二的短元音 i、u、ṛ、ḷ 由二合元音替换。
ved+ṇic	sanādyantā dhātavaḥ // （P.3.1.32）	以 ṇic 落尾的“ved+ṇic”是新词根。
ved+ṇic+**yuc**	ṇyāsaśrantho yuc // （P.3.3.107）	当要形成阴性词时，以 ṇi 为末的词根后加直接后缀 yuc。
ved+ṇic+**yuc**	ārdhadhātukaṃ śeṣaḥ // （P.3.4.114）	全界词缀之外的（yuc）是半界词缀。
ved+ṇic+yu	tasya lopaḥ // （P.1.3.9）	yuc 的符号 c 由消隐替换。
ved+ṇic+**ana**	yuvoranākau // （P.7.1.1）	yu 和 vu 由 ana 和 aka 替换。
ved+ṇic+**ana**	ārdhadhātukasyeḍvalādeḥ // （P.7.2.35）	在以对收 val 为首位音的半界词缀前，插入联系元音 iṭ。 [ana 不在其列，是 aniṭ 词缀。]
ved+（ ）+ana	ṇeraniṭi // （P.6.4.51）	当遇到 aniṭ 半界词缀时，消隐（lopa）替换前面的 ṇic。

ved+（ ）+ana	pratyayalope pratyayalakṣaṇam //（P.1.1.62）	ṇic 词缀消隐后，ṇic 词缀的因还在。
ved+（ ）+ana	sanādyantā dhātavaḥ //（P.3.1.32）	“ved+（ ）”仍是新词根。
ved+（ ）+ana	yasmātpratyayavidhistadādi pratyaye 'ṅgam //（P.1.4.13）	其后安排了词缀的词，以此词为始，在词缀前叫词干。
ved+ana	adarśanaṃ lopaḥ //（P.1.1.60）	不显现的是消隐。
vedana	kṛttaddhitasamāsāśca //（P.1.2.46）	以直接后缀 yuc 为末的是名词词基。
vedana+**ṭāp**	ajādyataṣṭāp //（P.4.1.4）	aja 等以及以 a 为末音的，于阴性时，加 ṭāp。
vedana+ā	tasya lopaḥ //（P.1.3.9）	ṭāp 的符号 ṭ、p 由消隐替换。
vedan**ā**	akaḥ savarṇe dīrghaḥ //（P.6.1.101）	以 ak 为对收的末音后遇同类音时，一长音替换前后两音位。
vedanā+**su**	ṅyāpprātipadikāt //（P.4.1.1） svaujasamauṭchaṣ…sup //（P.4.1.2）	在以 ṅī、āp 为末的词后，以及在名词词基后是 su 等格尾。 单数第一格加格尾 su。
vedanā+s	tasya lopaḥ //（P.1.3.9）	su 的符号 u 由消隐替换。
vedanā+（ ）	halṅyābbhyo dīrghāt sutisy-apṛktaṃ hal //（P.6.1.68）	在辅音后，在保留长音的 ṅī、āp 后，格尾 su、语尾 tip、sip 的单辅音词缀由消隐（lopa）替换。
vedanā	adarśanaṃ lopaḥ //（P.1.1.60）	不显现的是消隐。
vedanā	pratyayalope pratyayalakṣaṇam //（P.1.1.62）	词缀消隐后，词缀的因还在。
vedanā	suptiṅantaṃ padam //（P.1.4.14）	以格尾为末的是字。

小结：

vedanā 是加直接后缀 yuc，再加阴性词缀 ṭāp 构成的阴性词。而加 yuc 的条件是词根以 ṇic 为尾。第六类、第二类词根 vid 加 ṇic 表达的是使役的含义。

由于 yuc 词缀在领句经文“bhāve //（P.3.3.18）”的控制之下，所以 vedanā 表达是“使感知”的已成就状态。作为被使役者的心法（识体）来说，指的是“感受到”的意思，即识体所处的“受”的心理状态。

本颂的 vedanā 指向的是代词 asau，即第二颂的“viṣayasya vijñaptir”、第八颂的“sā”。所以此 vedanā 指的是前六识的所处的“受”的心理状态。

在第三颂中，心所法受的梵文是 vid。可见世亲在《唯识三十颂》中特意区分了“心所法受”（vid）和“受这种心理状态”（vedanā）。其中 vedanā 是有“乐、苦、非苦非乐”三种状态的，而所有的心所法是无“乐、苦、非苦非乐”这三种状态的。所以有必要作出 vedanā 和 vid 的区分。

tri-vedanā

世俗拆分：tisṛṇāṃ vedanānāṃ samāhāraḥ。

非世俗拆分：tri+ām+vedanā+ām。

名词词基：tri（三）；vedanā（“受”的心理状态）。

演变过程：

tri+ām+vedanā+ām	tatpuruṣaḥ //（P.2.1.22） saṃkhyāpūrvo dviguḥ //（P.2.1.52）	此为依主释复合词的领句经文。[一直控制到经文 P.2.2.23。] 数字在前的是双牛释复合词。
tri+ām+vedanā+ām	kṛttaddhitasamāsāśca //（P.1.2.46）	有意义的复合词是名词词基。
tri+vedanā	supo dhātuprātipadikayoḥ //（P.2.4.71） pratyayasya lukślulupaḥ //（P.1.1.61）	词根、名词词基中蕴含的格尾由消隐（luk）替换。 luk、ślu、lup 是词缀的消隐替换。消隐是不显现。
trivedanā	kṛttaddhitasamāsāśca //（P.1.2.46）	有意义的复合词是名词词基。
trivedanā	paravalliṅgaṃ dvaṃdva-tatpuruṣayoḥ //（P.2.4.26）	相违释和依主释复合词的性如后部字。
trivedanā	dvigurekavacanam //（P.2.4.1）	双牛释（复合词的意义是集合体时，格尾按照）单数（变化）。
trivedanā+**su**	ṅyāpprātipadikāt //（P.4.1.1） svaujasamauṭchaṣ…sup //（P.4.1.2）	在以 ṅī、āp 为末的词后，以及在名词词基后是 su 等格尾。 单数第一格加格尾 su。
trivedanā+s	tasya lopaḥ //（P.1.3.9）	su 的符号 u 由消隐替换。
trivedanā+（ ）	halṅyābbhyo dīrghāt sutisy-apṛktaṃ hal //（P.6.1.68）	在辅音后，在保留长音的 ṅī、āp 后，格尾 su、语尾 tip、sip 的单辅音词缀由消隐（lopa）替换。
trivedanā	adarśanaṃ lopaḥ //（P.1.1.60）	不显现的是消隐。

trivedanā	pratyayalope pratyayalakṣaṇam //（P.1.1.62）	词缀消隐后，词缀的因还在。
trivedanā	suptiṅantaṃ padam //（P.1.4.14）	以格尾为末的是字。

小结：

tri-vedanā 是依主释复合词中的双牛释复合词。作为整体，修饰的是本颂的 asau。含义是“存在三种受心理状态的”。

trivedanā 是阴性，单数，第一格，含义是“存在三种受心理状态的”。

第十颂

आद्याः स्पर्शादयश्छन्दाधिमोक्षस्मृतयः सह।
समाधिधीभ्यां नियताः श्रद्धाथ ह्रीरपत्रपा ॥१०॥

ādyāḥ sparśādayaś chanda-adhimokṣa-smṛtayaḥ saha /
samādhi-dhībhyāṃ niyatāḥ śraddhā atha hrīr apatrapā //10//

玄奘译：初遍行触等，次别境谓欲、胜解、念、定、慧，所缘事不同。善为信、惭、愧……
真谛译《转识论》：十种心法者，触等五种如前，但此为最粗也。后五者：一欲，二了，三念，四定，五慧。此中言了者，即旧所明解脱数也。十善者：一信，二羞，三惭……
霍韬晦译：最初是触等。别境者谓欲、胜解、念、定、慧。善谓信、惭、愧、
现译：处于首位的（一类心所法）（是）以心所法触为首的（一组心所法）。别境的（一类心所法）（是）心所法欲、心所法胜解、心所法念以及伴随在一起的心所法定和心所法慧二者。然后，心所法信、心所法惭、心所法愧……

ādi

词根：第一类动词词根（bhvādigaṇa），1.977 dāṇ dāne（dā 给予）；第三类动词词根（juhotyādigaṇa），3.9 ḍudāñ dāne（dā 给予）。
近置词：ā（abhimukhe 趋向，krāntau 进程）。[依据：upasargāḥ kriyāyoge //（P.1.4.59）。]
直接后缀：ki。
演变过程：

dā	dādhā ghvadāp //（P.1.1.20）	拥有 dā、dhā 形式的词根被称作 ghu。
ā+dā+**ki**	upasarge ghoḥ kiḥ //（P.3.3.92）	当前有近置词，且表达行为和造者含义时，ghu 类词根后加 ki。
ā+dā+**ki**	ārdhadhātukaṃ śeṣaḥ //（P.3.4.114）	全界词缀之外的（ki）是半界词缀。
ā+dā+i	tasya lopaḥ //（P.1.3.9）	ki 的符号 k 由消隐替换。

ā+**dā**+i	yasmātpratyayavidhistadādi pratyaye 'ṅgam //（P.1.4.13）	其后安排了词缀的词，以此词为始，在词缀前叫词干。
ā+d+i	āto lopa iṭi ca //（P.6.4.64）	当遇到带 k、ṅ 符号的词缀，或带联系元音 iṭ 的半界词缀时，词干收尾的 ā 音由消隐替换。
ādi	kṛttaddhitasamāsāśca //（P.1.2.46）	以直接后缀 ki 为末的是名词词基。

小结：

经文 P.3.3.92 在领句经文“bhāve //（P.3.3.18）”的控制之下，表达的是词根所代表的运动和行为达到的已成就状态，翻译为“开始”。

经文 P.3.3.92 在也领句经文“akartari ca kārake samjñāyām //（P.3.3.19）”控制之下。故 ādi 可以作为非主动者（akartṛ）的造者（kāraka），且是专有名词。若采用场所（adhikaraṇa）这一造者时，ādi 指“第一处”“首位”的含义。本颂采用这种理解。

ādyāḥ

世俗拆分：ādau bhavaḥ。

非世俗拆分：ādi+ṅi+yat。

名词词基：ādi（首位）。

派生词缀：yat。

演变过程：

ādi+ṅi+**yat**	digādibhyo yat //（P.4.3.54）	于 diś 等词后加 yat，表达处于某处的存在者的意思。
ādi+ṅi+yat	kṛttaddhitasamāsāśca //（P.1.2.46）	以派生词缀为尾的是名词词基。
ādi+yat	supo dhātuprātipadikayoḥ //（P.2.4.71） pratyayasya lukślulupaḥ //（P.1.1.61）	词根、名词词基中蕴含的格尾由消隐（luk）替换。 luk、ślu、lup 是词缀的消隐替换。消隐是不显现。
ādi+ya	tasya lopaḥ //（P.1.3.9）	yat 的符号 t 由消隐替换。
ādi+ya	yasmātpratyayavidhistadādi pratyaye 'ṅgam //（P.1.4.13）	其后安排了词缀的词，以此词为始，在词缀前叫词干。
ādi+ya	yaci bham //（P.1.4.18）	以 y 音或元音为首位音的格尾以及部分派生词缀前的词干，称作 bha 词干。
ād+ya	yasyeti ca //（P.6.4.148）	遇到派生词缀或 ī 音时，替换 bha 词干末尾的 i、ī 和 a、ā 的是消隐（lopa）。

ādya	kṛttaddhitasamāsāśca // （P.1.2.46）	派生词缀为末的是名词词基。
ādya+**jas**	ṅyāpprātipadikāt // （P.4.1.1） svaujasamauṭchaṣ…sup // （P.4.1.2）	在以 ṅī、āp 为末的词后，以及在名词词基后是 su 等格尾。 复数第一格加格尾 jas。
ādya+as	tasya lopaḥ // （P.1.3.9）	jas 的符号 j 由消隐替换。
ādy+**ā**+s	prathamayoḥ pūrvasavarṇaḥ // （P.6.1.102）	非复合元音后遇到前两格的元音时，前面元音的同类长音是前后两音位的唯一替代。
ādyās	suptiṅantaṃ padam // （P.1.4.14）	以格尾为末的是字。
ādyā**r**	sasajuṣo ruḥ // （P.8.2.66）	r 音替换字末的 s 音。
ādyā**ḥ**	kharavasānayorvisarjanīyaḥ // （P.8.3.15）	在清辅音和停顿前，送气音替换字末的 r 音。
ādyā**s**	visarjanīyasya saḥ // （P.8.3.34）	在清辅音前，s 音替换送气音。
ādyā**ḥ**	vā śari // （P.8.3.36）	在咝音前，送气音替换送气音也是一种选择。

小结：

ādya 是阳性名词，其所加的 yat 派生词缀表达“处于某处的存在者”的含义。因此选择 adi 的“首位”的含义时，ādya 翻译为“处于首位者”。

ādyās 是阳性，复数，第一格，含义是“处于首位的（一类心所法）”。

sparśa

词根：第六类动词词根（tudādigaṇa），6.128 spṛśa saṃsparśane（spṛś 接触）。

直接后缀：ghañ。

演变过程：

spṛś+**ghañ**	bhāve // （P.3.3.18） 或 akartari ca kārake saṃjñāyām // （P.3.3.19）	当表达达到已成就状态的词根意义时，词根后加 ghañ 词缀。 当作术语时，（加 ghañ 词缀）也表示造者，但主动者除外。
spṛś+**ghañ**	ārdhadhātukaṃ śeṣaḥ // （P.3.4.114）	全界词缀之外的（ghañ）是半界词缀。

spṛś+a	tasya lopaḥ // （P.1.3.9）	ghañ 的符号 gh、ñ 由消隐替换。
spṛś+a	yasmātpratyayavidhistadādi pratyaye 'ṅgam //（P.1.4.13）	其后安排了词缀的词，以此词为始，在词缀前叫词干。
sparś+a	pugantalaghūpadhasya ca // （P.7.3.86） uraṇ raparaḥ // （P.1.1.51）	遇到半界和全界词缀时，轻音节词干的排列倒数第二的短元音 i、u、ṛ、ḷ 由二合元音替换。 ṛ、ṝ 音的替换，需由其后带 r 音的 a、i、u 及其长音来替换。
sparśa	kṛttaddhitasamāsāśca // （P.1.2.46）	直接后缀 ghañ 为末的 sparśa 是名词词基。

小结：

sparśa 如果是依据 “bhāve //（P.3.3.18）” 加直接后缀 ghañ 而成的话，表达的是词根所代表的运动和行为达到的已成就状态，翻译为“触”，即识体（心法）处于“触”的心理状态。

若 sparśa 是依据经文“akartari ca kārake samjñāyām //（P.3.3.19）”加直接后缀 ghañ 而成的话，那么 sparśa 可以作为非主动者（akartṛ）的造者（kāraka），且是专有名词。若采用作用具（karaṇa）这一造者来表达原因和伴随含义时，那么 sparśa 指的是造成心法处于“触”这种心理状态的另一独立因法——“心所法触”。本颂采用这种理解。

ādi

词根：第一类动词词根（bhvādigaṇa），1.977 dāṇ dāne（dā 给予）；第三类动词词根（juhotyādigaṇa），3.9 ḍudāñ dāne（dā 给予）。

近置词：ā（abhimukhe 趋向，krāntau 进程）。[依据：upasargāḥ kriyāyoge //（P.1.4.59）。]

直接后缀：ki。

演变过程：

dā	dādhā ghvadāp // （P.1.1.20）	拥有 dā、dhā 形式的词根被称作 ghu。
ā+dā+**ki**	upasarge ghoḥ kiḥ // （P.3.3.92）	当前有近置词，且表达行为和造者含义时，ghu 类词根后加 ki。
ā+dā+**ki**	ārdhadhātukaṃ śeṣaḥ // （P.3.4.114）	全界词缀之外的（ki）是半界词缀。
ā+dā+i	tasya lopaḥ // （P.1.3.9）	ki 的符号 k 由消隐替换。

ā+**dā**+i	yasmātpratyayavidhistadādi pratyaye 'ṅgam //（P.1.4.13）	其后安排了词缀的词，以此词为始，在词缀前叫词干。
ā+d+i	āto lopa iṭi ca //（P.6.4.64）	当遇到带 k、ṅ 符号的词缀，或带联系元音 iṭ 的半界词缀时，词干收尾的 ā 音由消隐替换。
ādi	kṛttaddhitasamāsāśca //（P.1.2.46）	以直接后缀 ki 为末的是名词词基。

小结：

经文 P.3.3.92 在领句经文 “bhāve //（P.3.3.18）”的控制之下，表达的是词根所代表的运动和行为达到的已成就状态，翻译为“开始”。

经文 P.3.3.92 也在领句经文“akartari ca kārake samjñāyām //（P.3.3.19）”控制之下。故 ādi 可以作为非主动者（akartṛ）的造者（kāraka），且是专有名词。若采用所从取者（apādāna）这一造者时，ādi 指“第一”“首”的含义。本颂采用在这里理解。

sparśa-ādayaś

世俗拆分： sparśa ādir yeṣāṃ te，或 sparśa ādir yeṣu te。

非世俗拆分： sparśa+su+ādi+su。

名词词基： sparśa（心所法触）；ādi（首）。

演变过程：

sparśa+su+ādi+su	anekamanyapadārthe //（P.2.2.24）	两个以上（以第一格收尾）的词，若以表达另一个词为目的，构成的是多财释复合词。
sparśa+su+ādi+su	kṛttaddhitasamāsāśca //（P.1.2.46）	有意义的复合词是名词词基。
sparśa+ādi	supo dhātuprātipadikayoḥ //（P.2.4.71） pratyayasya lukślulupaḥ //（P.1.1.61）	词根、名词词基中蕴含的格尾由消隐（luk）替换。 luk、ślu、lup 是词缀的消隐替换。消隐是不显现。
spars+**ā**+di	akaḥ savarṇe dīrghaḥ //（P.6.1.101）	以 ak 为对收的末音后遇同类音时，一长音替换前后两音位。
sparśādi	kṛttaddhitasamāsāśca //（P.1.2.46）	复合词是名词词基。
sparśādi+**jas**	ṅyāpprātipadikāt //（P.4.1.1） svaujasamauṭchaṣ…sup //（P.4.1.2）	在以 ṅī、āp 为末的词后，以及在名词词基后是 su 等格尾。 复数第一格加格尾 jas。

sparśādi+as	tasya lopaḥ //（P.1.3.9）	jas 的符号 j 由消隐替换。
sparśāde+as	jasi ca //（P.7.3.109）	以短元音为末的词干遇到复数第一格时，发生二合元音的替换。
sparśāday+as	eco 'yavāyāvaḥ //（P.6.1.78）	遇到元音时，复合元音由 ay、av、āv、āy 替换。
sparśādayas	suptiṅantaṃ padam //（P.1.4.14）	以格尾为末的是字。
sparśādaya**r**	sasajuṣo ruḥ //（P.8.2.66）	r 音替换字末的 s 音。
sparśādaya**ḥ**	kharavasānayorvisarjanīyaḥ //（P.8.3.15）	在清辅音和停顿前，送气音替换字末的 r 音。
sparśādaya**s**	visarjanīyasya saḥ //（P.8.3.34）	在清辅音前，s 音替换送气音。
sparśādaya**ś**	stoḥ ścunā ścuḥ //（P.8.4.40）	ś 和腭音族取代与 ś 和腭音族（结合的）s 和齿音族。

小结：

sparśa-ādi 是多财释复合词，指向第三者，含义是：其首是心所法触者。

因此 sparśādayas 是阳性，复数，第一格，含义是"以心所法触为首的（一组心所法）"。

chanda

词根：第十类动词词根（curādigaṇa），10.41 chadi saṃvaraṇe（chand 覆盖）。

直接后缀：ac。

演变过程：

chadi	bhūvādayo dhātavaḥ //（P.1.3.1）	bhū 等是动词词根。
chad	tasya lopaḥ //（P.1.3.9）	词根中的符号 i 由消隐替换。
chan**d**	idito num dhātoḥ //（P.7.1.58）	携带符号 i 的词根要在元音后插入 n 音。
chand+**nic**	satyāpapāśa…curādibhyo //（P.3.1.25）	第十类动词词根本身必须加上 ṇic 词缀，表原义。
chand+**ṇic**	ārdhadhātukaṃ śeṣaḥ //（P.3.4.114）	全界词缀之外的（ṇic）是半界词缀。
chand+ṇic	yasmātpratyayavidhistadādi pratyaye 'ṅgam //（P.1.4.13）	其后安排了词缀的词，以此词为始，在词缀前叫词干。
chand+ṇic	sanādyantā dhātavaḥ //（P.3.1.32）	以 ṇic 落尾的"chand+ṇic"是新词根。

chand+ṇic+**ac**	erac // （P.3.3.56）	i、ī 音落尾的词根后加直接后缀 ac。
chand+ṇic+**ac**	ārdhadhātukaṃ śeṣaḥ // （P.3.4.114）	全界词缀之外的（ac）是半界词缀。
chand+ṇic+a	tasya lopaḥ // （P.1.3.9）	ac 的符号 c 由消隐替换。
chand+ṇic+**a**	ārdhadhātukasyeḍvalādeḥ // （P.7.2.35）	在以对收 val 为首位音的半界词缀前，插入联系元音 iṭ。 [但 ac 首位音 a 不在其列，故是 aniṭ 词缀。]
chand+（ ）+a	ṇeraniṭi // （P.6.4.51）	当遇到 aniṭ 半界词缀时，消隐（lopa）替换前面的 ṇic。
chand+（ ）+a	pratyayalope pratyayalakṣaṇam // （P.1.1.62）	ṇic 词缀消隐后，ṇic 词缀的因还在。
chand+（ ） +a	sanādyantā dhātavaḥ // （P.3.1.32）	“chand+（ ）”仍是新词根。
chand+（ ） +a	yasmātpratyayavidhistadādi pratyaye 'ṅgam //（P.1.4.13）	其后安排了词缀的词，以此词为始，在词缀前叫词干。
chand+a	adarśanaṃ lopaḥ // （P.1.1.60）	不显现的是消隐。
chanda	kṛttaddhitasamāsāśca // （P.1.2.46）	直接后缀 ac 为末的 canda 是名词词基。

小结：

P.3.3.56 经文在领句经文 P.3.3.18 和 P.3.3.19 的控制之下。

经文“bhāve //（P.3.3.18）”表明，加直接后缀 ac 的 chanda 表达的是词根所代表的运动和行为达到的已成就状态，翻译为“欲”。即心法（识体）处于“欲”的心理状态。

经文“akartari ca kārake samjñāyām //（P.3.3.19）”表明，加直接后缀 ac 的 chanda 可以作为非主动者（akartṛ）的造者（kāraka），且是专有名词。若采用作用具（karaṇa）这一造者来表达原因和伴随含义时，那么 chanda 指的是造成心法处于“欲”这种心理状态的另一独立因法——“心所法欲”。本颂采用这种理解。

adhimokṣa

词根：第十类动词词根（curādigaṇa），10.191 mokṣ asane（mokṣ 释放）。

近置词：adhi（uparibhāve 高处，svāmye 掌控，jñāne 知晓）。[依据：upasargāḥ kriyāyoge //（P.1.4.59）。]

直接后缀：ac。

演变过程：

mokṣ+**ṇic**	satyāpa…cūrādibhyo ṇic //（P.3.1.25）	第十类动词词根本身必须加上 ṇic 词缀，表原义。
mokṣ+**ṇic**	ārdhadhātukaṃ śeṣaḥ //（P.3.4.114）	全界词缀之外的（ṇic）是半界词缀。
mokṣ+ṇic	yasmātpratyayavidhistadādi pratyaye 'ṅgam //（P.1.4.13）	其后安排了词缀的词，以此词为始，在词缀前叫词干。
mokṣ+ṇic	sanādyantā dhātavaḥ //（P.3.1.32）	以 ṇic 词缀落尾的"mokṣ+i"是新词根。[ṇic 的 ṇ、c 是符号。]
adhi+mokṣ+ṇic+**ac**	erac //（P.3.3.56）	i、ī 音落尾的词根后加直接后缀 ac。
adhi+mokṣ+ṇic+**ac**	ārdhadhātukaṃ śeṣaḥ //（P.3.4.114）	全界词缀之外的（ac）是半界词缀。
adhi+mokṣ+ṇic+a	tasya lopaḥ //（P.1.3.9）	ac 的符号 c 由消隐替换。
adhi+mokṣ+ṇic+**a**	ārdhadhātukasyeḍvalādeḥ //（P.7.2.35）	在以对收 val 为首位音的半界词缀前，插入联系元音 iṭ。[但 ac 的首位音 a 不在其列，故是 aniṭ 词缀]
adhi+mokṣ+（ ）+a	ṇeraniṭi //（P.6.4.51）	当遇到 aniṭ 半界词缀时，消隐（lopa）替换前面的 ṇic。
adhi+mokṣ+（ ）+a	pratyayalope pratyayalakṣaṇam //（P.1.1.62）	ṇic 词缀消隐后，ṇic 词缀的因还在。
adhi+**mokṣ+**（ ）+a	sanādyantā dhātavaḥ //（P.3.1.32）	"mokṣ+（ ）"仍是新词根。
adhi+**mokṣ**+（ ）+a	yasmātpratyayavidhistadādi pratyaye 'ṅgam //（P.1.4.13）	其后安排了词缀的词，以此词为始，在词缀前叫词干。
adhi+mokṣ+a	adarśanaṃ lopaḥ //（P.1.1.60）	不显现的是消隐。
adhimokṣa	kṛttaddhitasamāsāśca //（P.1.2.46）	直接后缀为末的是名词词基。

小结：

P.3.3.56 经文在领句经文 P.3.3.18 和 P.3.3.19 的控制之下。

经文"bhāve //（P.3.3.18）"表明，加直接后缀 ac 的 adhimokṣa 表达的是词根所代表的运动和行为达到的已成就状态，翻译为"胜解"。即心法（识体）处于"胜解"的心理状态。

经文"akartari ca kārake saṃjñāyām //（P.3.3.19）"表明，加直接后缀 ac 的 adhimokṣa 可以作为非主动者（akartṛ）的造者（kāraka），且是专有名词。若采用作用具（karaṇa）

这一造者来表达原因和伴随含义时，那么 adhimokṣa 指的是造成心法处于“胜解”这种心理状态的另一独立因法——“心所法胜解”。本颂采用这种理解。

smṛti

词根：第一类动词词根（bhvādigaṇa），1.845 smṛ ādhyāne（smṛ 记忆）；第一类动词词根（bhvādigaṇa），1.980 smṛ cintāyām（smṛ 思念）。

直接后缀：ktin。

演变过程：

smṛ+**ktin**	striyāṃ ktin //（P.3.3.94）	要表阴性时，加直接后缀 ktin，表行为等含义。
smṛ+**ktin**	ārdhadhātukaṃ śeṣaḥ //（P.3.4.114）	ktin 是半界词缀。
smṛ+ti	tasya lopaḥ //（P.1.3.9）	ktin 的符号 k、n 由消隐替换。
smṛ+**iṭ**+ti	ārdhadhātukasyeḍvalādeḥ //（P.7.2.35）	在以对收 val 为首位音的半界词缀前，插入联系元音 iṭ。
smṛ+**ti**	titutratathasisusarakaseṣu ca //（P.7.2.9）	直接后缀 ti 前不加联系元音 iṭ。[ktin 是 aniṭ 词缀。]
smṛ+ti	yasmātpratyayavidhistadādi pratyaye 'ṅgam //（P.1.4.13）	其后安排了词缀的词，以此词为始，在词缀前叫词干。
sm**ar**+ti	sārvadhātukārdhadhātukayoḥ //（P.7.3.84）	遇到全界词缀和半界词缀时，词干末音 ṛ 由二合元音替换。
smṛ+ti	kṅiti ca //（P.1.1.5）	受 g、k、ṅ 符号的影响，二合、三合元音的替换被禁止。
smṛti	kṛttaddhitasamāsāśca //（P.1.2.46）	直接后缀 ktin 为末的 dṛṣṭi 是名词词基。

小结：

解释直接后缀 ktin 的经文 P.3.3.94 在领句经文“bhāve //（P.3.3.18）”的控制之下，表达行为的已成就状态。所以 smṛti 可以作为阴性的动名词，表达“忆念”的含义，即心法（识体）处于“忆念”的心理状态。

同时经文 P.3.3.94 在领句经文“akartari ca kārake saṃjñāyām //（P.3.3.19）”的控制之下。因此 smṛti 可以作为非主动者（akartṛ）的造者（kāraka），且是专有名词。若采用作用具（karaṇa）这一造者来表达原因和伴随含义时，那么 smṛti 指的是造成心法处于“忆念”这种心理状态的另一独立因法——“心所法念”。本颂采用这种理解。

chanda-adhimokṣa-smṛtayah

世俗拆分： chandaś ca adhimokṣaś ca smṛtiś ca。

非世俗拆分： chanda+su+adhimokṣa+su+smṛti+su。

名词词基： chanda（心所法欲）；adhimokṣa（心所法胜解）；smṛti（心所法念）。

演化过程：

chanda+su+ adhimokṣa+su+ smṛti+su	cārthe dvaṃdvaḥ //（P.2.2.29）	表示 ca 的意义的是相违释（复合词）。
chanda+su+ adhimokṣa+su+ smṛti+su	kṛttaddhitasamāsāśca //（P.1.2.46）	有意义的复合词是名词词基。
chanda+adhimokṣa+ smṛti	supo dhātuprātipadikayoḥ //（P.2.4.71） pratyayasya lukślulupaḥ //（P.1.1.61）	词根、名词词基中蕴含的格尾由消隐（luk）替换。 luk、ślu、lup 是词缀的消隐替换。消隐是不显现。
chand+**ā**+dhimokṣa+ smṛti	akaḥ savarṇe dīrghaḥ //（P.6.1.101）	以 ak 为对收的末音后遇同类音时，一长音替换前后两音位。
chandādhimokṣasmṛti	kṛttaddhitasamāsāśca //（P.1.2.46）	有意义的复合词是名词词基。
chandādhimokṣasmṛti	paravalliṅgaṃ dvaṃdva-tatpuruṣayoḥ //（P.2.4.26）	相违释和依主释复合词的性如后部字。 [故该复合词为阴性。]
chandādhimokṣa-smṛti+**jas**	ṅyāpprātipadikāt //（P.4.1.1） svaujasamauṭchaṣ…sup //（P.4.1.2）	在以 ṅī、āp 为末的词后，以及在名词词基后是 su 等格尾。 复数第一格加格尾 jas。
chandādhimokṣa-smṛti+as	tasya lopaḥ //（P.1.3.9）	jas 的符号 j 由消隐替换。
chandādhimokṣa-smṛt**e**+as	jasi ca //（P.7.3.109）	短元音为末的词干遇到复数第一格时，发生二合元音的替换。
chandādhimokṣa-smṛt**ay**+as	eco 'yavāyāvaḥ //（P.6.1.78）	遇到元音时，复合元音由 ay、av、āv、āy 替换。
chandādhimokṣa-smṛtayas	suptiṅantaṃ padam //（P.1.4.14）	以格尾为末的是字。
chandādhimokṣa-smṛtaya**r**	sasajuṣo ruḥ //（P.8.2.66）	r 音替换字末的 s 音。
chandādhimokṣa-smṛtaya**ḥ**	kharavasānayorvisarjanīyaḥ //（P.8.3.15）	在清辅音和停顿前，送气音替换字末的 r 音。
chandādhimokṣa-smṛtaya**s**	visarjanīyasya saḥ //（P.8.3.34）	在清辅音前，s 音替换送气音。

chandādhimokṣa-smṛtayaḥ	vā śari // （P.8.3.36）	在咝音前，送气音替换送气音也是一种选择。

小结：

chanda-adhimokṣa-smṛtayaḥ 是相违释复合词，阴性，复数，第一格，含义是“心所法欲、心所法胜解、心所法念”。

saha

名词词基：saha（伴同）。

演变过程：

saha	arthavadadhāturapratyayaḥ prātipadikam //（P.1.2.45）	既非词根，亦非词缀，有意义的（词）是名词词基。 [saha 是不可拆分（avyutpanna）的名词词基。]
saha+**sup**	ṅyāpprātipadikāt // （P.4.1.1） svaujasamauṭchaṣ…sup // （P.4.1.2）	在以 ṅī、āp 为末的词后，以及在名词词基后是 su 等格尾。 根据需求加某一 sup 格尾。
saha+sup	cādayo 'sattve // （P.1.4.57）	非实物意义的 ca 等词是投词（nipāta）。
saha+sup	svarādinipātamavyayam // （P.1.1.37）	投词 saha 是不变词。
saha+（ ）	avyayādāpsupaḥ // （P.2.4.82）	消隐（luk）替换不变词后的格尾。
saha	pratyayasya lukślulupaḥ // （P.1.1.61）	luk、ślu、lup 是词缀的消隐替换。消隐是不显现。
saha	pratyayalope pratyayalakṣaṇam // （P.1.1.62）	词缀消隐后，词缀的因还在。
saha	suptiṅantaṃ padam // （P.1.4.14）	以格尾为末的 saha 是字。

小结：

saha 是投词，不变词，意为“伴同”。

samādhi

词根：第三类动词词根（juhotyādigaṇa），3.10 ḍudhāñ dhāraṇa-poṣaṇayoḥ（dhā 保持，支持）。

近置词：sam（samyaktve 正确，śuddhau 清净）；ā（abhimukhe 面向，grahaṇe 抓住，sthāne 驻留）。[依据：upasargāḥ kriyāyoge //（P.1.4.59）。]

直接后缀：ki。

演变过程：

dhā	dādhā ghvadāp //（P.1.1.20）	拥有 dā、dhā 形式的词根被称作 ghu。
sam+ā+dhā+**ki**	upasarge ghoḥ kiḥ //（P.3.3.92）	当前有近置词，且表达行为和造者含义时，ghu 类词根后加 ki。
sam+ā+dhā+**ki**	ārdhadhātukaṃ śeṣaḥ //（P.3.4.114）	全界词缀之外的（ki）是半界词缀。
sam+ā+dhā+i	tasya lopaḥ //（P.1.3.9）	ki 的符号 k 由消隐替换。
sam+ā+**dhā**+i	yasmātpratyayavidhistadādi pratyaye 'ṅgam //（P.1.4.13）	其后安排了词缀的词，以此词为始，在词缀前叫词干。
sam+ā+dh+i	āto lopa iṭi ca //（P.6.4.64）	当遇到带 k、ṅ 符号的词缀，或带联系元音 iṭ 的半界词缀时，词干收尾的 ā 音由消隐替换。
samādhi	kṛttaddhitasamāsāśca //（P.1.2.46）	以直接后缀 ki 为末的是名词词基。

小结：

由于 ki 词缀在领句经文“bhāve //（P.3.3.18）”的控制之下，所以 samādhi 表达是一种行为的已成就状态，翻译为“等持”“定”。即心法（识体）处于“定”的心理状态。

经文 P.3.3.92 也在领句经文“akartari ca kārake samjñāyām //（P.3.3.19）”的控制之下。在这种情况下，samādhi 可以作为非主动者（akartṛ）的造者（kāraka），且是专有名词。若采用作用具（karaṇa）这一造者来表达原因和伴随含义时，那么 samādhi 指的是造成心法处于“定”这种心理状态的另一独立因法——“心所法定”。本颂采用这种理解。

dhī

词根：第一类动词词根（bhvādigaṇa），1.957 dhyai cintāyām（dhyai 想）。

直接后缀：kvip。

演变过程：

dhyai	bhūvādayo dhātavaḥ //（P.1.3.1）	bhū 等是动词词根。

dhyai+**kvip**	anyebhyo ’pi dṛśyate //（P.3.2.178）	在上一经文提到的词根之外的词根后加零词缀，表达有某一习惯、能力的行为主体。
dhy**ā**+kvip	ādeca upadeśe ’śiti //（P.6.1.45）	当词缀不带 ś 符号时，词根末尾的 e、o、ai、au 由 ā 音替换。
dhyā+**kvip**	ārdhadhātukaṃ śeṣaḥ //（P.3.4.114）	全界词缀之外的（kvip）是半界词缀。
dhyā+v	tasya lopaḥ //（P.1.3.9）	kvip 的符号 k、p 由消隐替换。[i 音是为了发音的方便。]
dhyā+（ ）	verapṛktasya //（P.6.1.67）	作为单一字符 v 的词缀由消隐（lopa）替换。
dh+**i**+ā+（ ）	dhyāyate samprasāraṇañca //（Vārttika 2151）	《月光疏》经文 3158 的《补释》经文：dyai 词根由扩展音替换。
dh+**i**+（ ）	saṃprasāraṇācca //（P.6.1.108）	扩展音之后遇到元音时，前面的元音形式是前后两音位的唯一替代。
dh+i+（ ）	pratyayalope pratyayalakṣaṇam //（P.1.1.62）	词缀消隐后，词缀的因还在。
dh+i+（ ）	yasmātpratyayavidhistadādi pratyaye ’ṅgam //（P.1.4.13）	其后安排了词缀的词，以此词为始，在词缀前叫词干。
dh+**ī**+（ ）	halaḥ //（P.6.4.2）	词干中辅音后的扩展音由长音替换。
dh+ī	adarśanaṃ lopaḥ //（P.1.1.60）	不显现的是消隐。
dhī	kṛttaddhitasamāsāśca //（P.1.2.46）	直接后缀为末的是名词词基。

小结：

dhī 是指有思考能力或习惯的行为主体，所以指的是“心所法慧”。

对于心识来说，“心所法慧”所造成的心理状态（bhāva），在《大乘五蕴论》中称作“prajñā”（慧）。

由此可见，对于常说的“心所法”的梵语词汇来说，《大乘五蕴论》是从心识所处的状态意义上来选择词汇的。这也反映了五蕴中“受、想、行”这三蕴的古老含义是“心理状态”的意思。例如对于世亲的《大乘五蕴论》中的一句，“saṃskārāḥ katame / vedanā-sañjñābhyām anye caitasikā dharmāś citta-viprayuktāś ca //”，玄奘的翻译是“云何行蕴？谓除受想，诸余心法及心不相应行”。其中 caitasikā dharmā 被玄奘翻译为“心法”，似乎强调的是“心识的状态”的意思。另外，《大乘五蕴论》中在解释与心相应的行蕴中的诸法时，玄奘的翻译经常加了“性”字以强调是“心的”（cetasas）“状态”。而在《唯识三十颂》中，caitasa（心所法）则是专指造成各种心理状态的另一独立因法——心所法本身，即由阿赖耶识的种子所生的独立的法。

samādhi-dhībhyāṃ

世俗拆分：samādhiś ca dhī ca。

非世俗拆分：samādhi+su+dhī+su。

名词词基：samādhi（心所法定）；dhī（心所法慧）。

演化过程：

samādhi+su+dhī+su	cārthe dvaṃdvaḥ //（P.2.2.29）	表示 ca 的意义的是相违释（复合词）。
samādhi+su+dhī+su	kṛttaddhitasamāsāśca //（P.1.2.46）	有意义的复合词是名词词基。
samādhi+dhī	supo dhātuprātipadikayoḥ //（P.2.4.71） pratyayasya lukślulupaḥ //（P.1.1.61）	词根、名词词基中蕴含的格尾由消隐（luk）替换。 luk、ślu、lup 是词缀的消隐替换。消隐是不显现。
samādhidhī	kṛttaddhitasamāsāśca //（P.1.2.46）	有意义的复合词是名词词基。
samādhidhī	paravalliṅgaṃ dvaṃdva-tatpuruṣayoḥ //（P.2.4.26）	相违释和依主释复合词的性如后部字。[故该复合词为阴性。]
samādhidhī+bhyām	ṅyāpprātipadikāt //（P.4.1.1） svaujasamauṭchaṣ…sup //（P.4.1.2）	在以 ṅī、āp 为末的词后，以及在名词词基后是 su 等格尾。 双数第三格加格尾 bhyām。
samādhidhībhyām	suptiṅantaṃ padam //（P.1.4.14）	以格尾为末的是字。
samādhidhībhyā**ṃ**	mo 'nusvāraḥ //（P.8.3.23）	字末的 m 音在辅音前由鼻腔音替代。
samādhidhībhyā**n**	anusvārasya yayi parasavarṇaḥ //（P.8.4.58）	遇到除咝音和 h 音以外的辅音时，后面的同类音替换鼻腔音。
samādhidhībhyāṃ	vā padāntasya //（P.8.4.59）	字末的同类鼻音的替换可做可不做。

小结：

samādhi-dhībhyām 是相违释复合词，阴性，双数，第三格，含义是“与心所法定和心所法慧二者”。

niyatāḥ

词根：第一类动词词根（bhvādigaṇa），1.1033 yama uparame（yam 检查、限制）。

近置词：ni（vyāvṛttau 区分）。[依据：upasargāḥ kriyāyoge //（P.1.4.59）。]

直接后缀：kta。

演变过程：

ni+yam+**kta**	tayoreva kṛtyaktakhalarthāḥ//（P.3.4.70）	kṛtya、kta 以及具有 khal 含义的词缀强调行为和业。
ni+yam+**kta**	ārdhadhātukaṃ śeṣaḥ //（P.3.4.114）	全界之外的（kta）是半界词缀。
ni+yam+ta	tasya lopaḥ //（P.1.3.9）	kta 的符号 k 由消隐替换。
ni+yam+**iṭ**+ta	ārdhadhātukasyeḍvalādeḥ //（P.7.2.35）	在以对收 val 为首位音的半界词缀前，插入联系元音 iṭ。
ni+**yam**+ta	ekāca upadeśe 'nudāttāt //（P.7.2.10）	于原始发音状态的非高音的单音节词根之后不加 iṭ。
ni+**yam**+ta	yasmātpratyayavidhistadādi pratyaye 'ṅgam //（P.1.4.13）	其后安排了词缀的词，以此词为始，在词缀前叫词干。
ni+**ya**+ta	anudāttopadeśavanati-tanotyādīnāmanunāsikalopo jhali kṅiti //（P.6.4.37）	遇到初音为辅音，且有 k、ṅ 符号的词缀时，原始发音状态的非高音的词根，以及 van、tan 的末鼻音由消隐替换。
niyata	kṛttaddhitasamāsāśca //（P.1.2.46）	以直接后缀 kta 为末的是名词词基。
niyata+**jas**	ṅyāpprātipadikāt //（P.4.1.1） svaujasamauṭchaṣ…sup //（P.4.1.2）	在以 ṅī、āp 为末的词后，以及在名词词基后是 su 等格尾。 复数第一格加格尾 jas。
niyata+as	tasya lopaḥ //（P.1.3.9）	jas 的符号 j 由消隐替换。
niyat+**ā**+s	prathamayoḥ pūrvasavarṇaḥ //（P.6.1.102）	非复合元音后遇到前两格的元音时，前面元音的同类长音是前后两音位的唯一替代。
niyatās	suptiṅantaṃ padam //（P.1.4.14）	以格尾为末的是字。
niyatā**r**	sasajuṣo ruḥ //（P.8.2.66）	r 音替换字末的 s 音。
niyatā**ḥ**	kharavasānayorvisarjanīyaḥ //（P.8.3.15）	在清辅音和停顿前，送气音替换字末的 r 音。
niyatā**s**	visarjanīyasya saḥ //（P.8.3.34）	在清辅音前，s 音替换送气音。
niyatā**ḥ**	vā śari //（P.8.3.36）	在咝音前，送气音替换送气音也是一种选择。

小结：

加 kta 直接后缀表达的是被动的含义，故 niyata 的意思是“被限定的”。在本颂中 niyata 强调的业（karman）是第九颂的 caitasa，故与后者的性数格保持一致。niyata 是对心所法（caitasa）的一种分类，所以可作为形容词来使用，翻译为“别境的”。

niyatās 是阳性，复数，第一格，含义是“诸别境的（心所法）”。

śraddhā

世俗拆分： śrat dadhāti。

非世俗拆分： śrat+dhā+a+ṭāp。

词根： 第三类动词词根（juhotyādigaṇa），3.10 ḍudhāñ dhāraṇa-poṣaṇayoḥ（dhā 保持，支持）。

趣： śrat（viśvāse 真实）。[依据：ūryādicviḍācaśca //（P.1.4.61）。]

直接后缀： a。

阴性词缀： ṭāp。

演变过程：

śrat	ūryādicviḍācaśca //（P.1.4.61）	śrat 是 ūrī 为首的群中的投词，且是趣[①]。
śrat	svarādinipātamavyayam //（P.1.1.37） avyayādāpsupaḥ //（P.2.4.82）	投词 śrat 是不变词。 消隐（luk）替换不变词后的格尾。
śrat+dhā+**nic**	hetumati ca //（P.3.1.26）	当表达使役含义时，加 ṇic 词缀。[ṇ、c 是符号。]
śrat+**dhā+ṇic**	sanādyantā dhātavaḥ //（P.3.1.32）	以 ṇic 落尾的“dhā+ṇic”是新词根。
śrat+dhā+ṇic+**a**	a pratyayāt //（P.3.3.102）	当形成阴性词时，有词根词缀的词根后加直接后缀 a。
śrat+dhā+ṇic+**a**	ārdhadhātukaṃ śeṣaḥ //（P.3.4.114）	全界之外的（a）是半界词缀。
śrat+dhā+ṇic+**a**	ārdhadhātukasyeḍvalādeḥ //（P.7.2.35）	在以对收 val 为首位音的半界词缀前，插入联系元音 iṭ。 [但 a 的首位音 a 不在其列，故是 aniṭ 词缀。]

① 根据经文“upasargāḥ kriyāyoge //（P.1.4.59）”可知，pra 等词与表行为的词结合时，被称作“近置词”。而下一句经文“gatiśca //（P.1.4.60）”则说明，在同样的前提下，pra 等词还可以称作“趣”。而经文 P.1.4.61 则表明，还有其他词汇与表行为的词结合时，也被称作“趣”。

śrat+dhā+（ ）+a	ṇeraniṭi //（P.6.4.51）	当遇到 aniṭ 半界词缀时，消隐（lopa）替换前面的 ṇic。
śrat+dhā+（ ）+a	pratyayalope pratyayalakṣaṇam //（P.1.1.62）	ṇic 词缀消隐后，ṇic 词缀的因还在。
śrat+**dhā+**（ ）+a	sanādyantā dhātavaḥ //（P.3.1.32）	“dhā+（ ）”仍是新词根。
śrat+**dhā+**（ ）+a	yasmātpratyayavidhistadādi pratyaye 'ṅgam //（P.1.4.13）	其后安排了词缀的词，以此词为始，在词缀前叫词干。
śrat+dhā+a	adarśanaṃ lopaḥ //（P.1.1.60）	不显现的是消隐。
śrat+dh+a	āto lopa iṭi ca //（P.6.4.64）	遇到带 k、ṅ 符号的词缀以及带联系元音 i 的半界语尾时，词干收尾的 ā 音由消隐替换。
śrat+**dha**	kṛttaddhitasamāsāśca //（P.1.2.46）	直接后缀为末是名词词基。
śrat+dha+**ṭāp**	ajādyataṣṭāp //（P.4.1.4）	aja 等以及以 a 为末音的，于阴性时，加 ṭāp。
śrat+dha+ā	tasya lopaḥ //（P.1.3.9）	ṭāp 的符号 ṭ、p 由消隐替换。
śrat+dh+**ā**	akaḥ savarṇe dīrghaḥ //（P.6.1.101）	以 ak 为对收的末音后遇同类音时，一长音替换前后两音位。
śrat+dhā	kugatiprādayaḥ //（P.2.2.18）	ku、gati、pra 等词与能够合意搭配的词组成必然复合词。
śrat+dhā	prathamānirdiṣṭaṃ samāsa upasarjanam //（P.1.2.43）	在复合词一节中，第一格所指示的是附属词。 [经文 P.2.2.18 的 gati 是第一格。]
śrat+dhā	upasarjanaṃ pūrvam //（P.2.2.30）	附属词是前部的。
śra**d**+dhā	jhalāṃ jaś jhaśi //（P.8.4.53）	当 jhaś 对收的浊辅音在其后时，jhal 对收的辅音由非送气浊辅音替换。
śraddhā	kṛttaddhitasamāsāśca //（P.1.2.46）	有意义的复合词是名词词基。
śraddhā+**su**	ṅyāpprātipadikāt //（P.4.1.1） svaujasamauṭchaṣ…sup //（P.4.1.2）	在以 ṅī、āp 为末的词后，以及在名词词基后是 su 等格尾。 单数第一格加格尾 su。
śraddhā+s	tasya lopaḥ //（P.1.3.9）	su 的符号 u 由消隐替换。
śraddhā+（ ）	halṅyābbhyo dīrghāt sutisy-apṛktaṃ hal //（P.6.1.68）	在辅音后，在保留长音的 ṅī、āp 后，格尾 su、语尾 tip、sip 的单辅音词缀由消隐（lopa）替换。
śraddhā	adarśanaṃ lopaḥ //（P.1.1.60）	不显现的是消隐。

śraddhā	pratyayalope pratyayalakṣaṇam //（P.1.1.62）	词缀消隐后，词缀的因还在。
śraddhā	suptiṅantaṃ padam //（P.1.4.14）	以格尾为末的是字。

小结：

śraddhā 是 gati 类依主释复合词，是必然复合词，不存在原形的世俗拆分。该复合词的含义是“使在真实性方面得以坚持”。śrat 之所以是趣（gati），因为它是“ūryādicviḍācaśca //（P.1.4.61）”经文中提到的 ūryādi 群中的词汇。

由于 a 词缀在领句经文“bhāve //（P.3.3.18）”的控制之下，所以 śraddhā 表达是一种行为的已成就状态，翻译为“信”。即心法（识体）处于“信”的心理状态。

经文 P.3.3.102 也在领句经文“akartari ca kārake samjñāyām //（P.3.3.19）”的控制之下。在这种情况下，śraddhā 可以作为非主动者（akartṛ）的造者（kāraka），且是专有名词。若采用作用具（karaṇa）这一造者来表达原因和伴随含义时，那么 śraddhā 指的是造成心法处于“信”这种心理状态的另一独立因法——“心所法信”。本颂采用这种理解。

śraddhā 是阴性，单数，第一格，含义是“心所法信”。

atha

名词词基：atha（然后）。

演变过程：

atha	arthavadadhāturapratyayaḥ prātipadikam //（P.1.2.45）	既非词根，亦非词缀，有意义的（词）是名词词基。 [atha 是不可拆分（avyutpanna）的名词词基。]
atha+**sup**	ṅyāpprātipadikāt //（P.4.1.1） svaujasamauṭchaṣ…sup //（P.4.1.2）	在以 ṅī、āp 为末的词后，以及在名词词基后是 su 等格尾。 根据需要加某一 sup 格尾。
atha+sup	cādayo 'sattve //（P.1.4.57）	atha 等表示非实物时是投词（nipāta）。
atha+sup	svarādinipātamavyayam //（P.1.1.37）	投词 atha 是不变词。
atha+（ ）	avyayādāpsupaḥ //（P.2.4.82）	消隐（luk）替换不变词后的格尾。
atha	pratyayasya lukślulupaḥ //（P.1.1.61）	luk、ślu、lup 是词缀的消隐替换。消隐是不显现。

atha	pratyayalope pratyayalakṣaṇam //（P.1.1.62）	词缀消隐后，词缀的因还在。
atha	suptiṅantaṃ padam //（P.1.4.14）	以格尾为末的 atha 是字。

小结：

atha 是投词，不变词，意为“然后”“进一步”。

hrīr

词根：第三类动词词根（juhotyādigaṇa），3.3 hrī lajjāyām（hrī 害羞）。

直接后缀：kvip。

演变过程：

hrī	bhūvādayo dhātavaḥ //（P.1.3.1）	bhū 等是动词词根。
hrī+**kvip**	anyebhyo ’pi dṛśyate //（P.3.2.178）	在上一经文提到的词根之外的词根后加零词缀，表达有某一习惯、能力的行为主体。
hrī+**kvip**	ārdhadhātukaṃ śeṣaḥ //（P.3.4.114）	全界词缀之外的（kvip）是半界词缀。
hrī+v	tasya lopaḥ //（P.1.3.9）	kvip 的符号 k、p 由消隐替换。i 音是为了发音的方便，实际加的是 v 音。
hrī+（ ）	verapṛktasya //（P.6.1.67）	作为单一字符 v 的词缀由消隐（lopa）替换。
hrī+（ ）	pratyayalope pratyayalakṣaṇam //（P.1.1.62）	词缀消隐后，词缀的因还在。
hrī+（ ）	yasmātpratyayavidhistadādi pratyaye ’ṅgam //（P.1.4.13）	其后安排了词缀的词，以此词为始，在词缀前叫词干。
hrī	adarśanaṃ lopaḥ //（P.1.1.60）	不显现的是消隐。
hrī	kṛttaddhitasamāsāśca //（P.1.2.46）	直接后缀 ktin 为末的 dṛṣṭi 是名词词基。
hrī+**su**	ṅyāpprātipadikāt //（P.4.1.1） svaujasamauṭchaṣ…sup //（P.4.1.2）	在以 ṅī、āp 为末的词后，以及在名词词基后是 su 等格尾。 单数第一格加格尾 su。
hrī+s	tasya lopaḥ //（P.1.3.9）	su 的符号 u 由消隐替换。
hrīs	suptiṅantaṃ padam //（P.1.4.14）	以格尾为末的是字。

hrī**r**	sasajuṣo ruḥ //（P.8.2.66）	r 音替换字末的 s 音。

小结：

hrī 是指有害羞能力或习惯的行为主体，所以指的是“心所法惭”。

hrīs 是阴性，单数，第一格，含义是“心所法惭”。

apatrapā

词根：第一类动词词根（bhvādigaṇa），1.399 trapūṣ lajjāyām（trap 耻）。

近置词：apa（doṣe 罪恶）。[依据：upasargāḥ kriyāyoge //（P.1.4.59）。]

直接后缀：aṅ。

阴性词缀：ṭāp。

演变过程：

apa+trap+**aṅ**	ṣidbhidādibhyo 'ṅ //（P.3.3.104）	当将要形成阴性词汇时，在带有 ṣ 符号的词根和 bhid 等词根后加直接后缀 aṅ。
apa+trap+**aṅ**	ārdhadhātukaṃ śeṣaḥ //（P.3.4.114）	全界之外的（aṅ）是半界词缀。
apa+trap+a	tasya lopaḥ //（P.1.3.9）	aṅ 的符号 ṅ 由消隐替换。
apa+**trap**+a	yasmātpratyayavidhistadādi pratyaye 'ṅgam //（P.1.4.13）	其后安排了词缀的词，以此词为始，在词缀前叫词干。
apatrapa	kṛttaddhitasamāsāśca //（P.1.2.46）	有意义的复合词是名词词基。
apatrapa+**ṭāp**	ajādyataṣṭāp //（P.4.1.4）	aja 等以及以 a 为末音的，于阴性时，加 ṭāp。
apatrapa+ā	tasya lopaḥ //（P.1.3.9）	ṭāp 的符号 ṭ、p 由消隐替换。
apatrap**ā**	akaḥ savarṇe dīrghaḥ //（P.6.1.101）	以 ak 为对收的末音后遇同类音时，一长音替换前后两音位。
apatrapā+**su**	ṅyāpprātipadikāt //（P.4.1.1） svaujasamauṭchaṣ…sup //（P.4.1.2）	在以 ṅī、āp 为末的词后，以及在名词词基后是 su 等格尾。 单数第一格加格尾 su。
apatrapā+s	tasya lopaḥ //（P.1.3.9）	su 的符号 u 由消隐替换。
apatrapā+（ ）	halṅyābbhyo dīrghāt sutisyapṛktaṃ hal //（P.6.1.68）	在辅音后，在保留长音的 ṅī、āp 后，格尾 su、语尾 tip、sip 的单辅音词缀由消隐（lopa）替换。

apatrapā	adarśanaṃ lopaḥ //（P.1.1.60）	不显现的是消隐。
apatrapā	pratyayalope pratyayalakṣaṇam //（P.1.1.62）	词缀消隐后，词缀的因还在。
apatrapā	suptiṅantaṃ padam //（P.1.4.14）	以格尾为末的是字。

小结：

由于 aṅ 词缀在领句经文“bhāve //（P.3.3.18）”的控制之下，所以 apatrapā 表达是一种行为的已成就状态，翻译为“愧”。即心法（识体）处于“愧”的心理状态。

经文 P.3.3.104 也在领句经文“akartari ca kārake samjñāyām //（P.3.3.19）”的控制之下。在这种情况下，apatrapā 可以作为非主动者（akartṛ）的造者（kāraka），且是专有名词。若采用作用具（karaṇa）这一造者来表达原因和伴随含义时，那么 apatrapā 指的是造成心法处于“愧”这种心理状态的另一独立因法——“心所法愧”。本颂采用这种理解。

apatrapā 是阴性，单数，第一格，含义是“心所法愧”。

第十一颂

अलोभादि त्रयं वीर्यं प्रश्रब्धिः साप्रमादिका ।
अहिंसा कुशलाः क्लेशा रागप्रतिघमूढयः ॥११॥

alobhādi trayaṃ vīryaṃ praśrabdhiḥ sāpramādikā /
ahiṃsā kuśalāḥ kleśā rāga-pratigha-mūḍhayaḥ //11//

玄奘译：……无贪等三根，勤、安、不放逸，行舍及不害。烦恼谓贪、瞋、痴……

真谛译《转识论》：……四无贪，五无瞋，六精进，七猗，八无放逸，九无逼恼，十舍。此十遍一切三界心及无流心数名大地。此是自性善，翻此十为自性恶。大惑有十种者：一欲，二瞋，三痴……

霍韬晦译：无贪等三根、勤、安、不放逸，与彼俱、不害。烦恼贪、瞋、痴，

现译：（然后，心所法信、心所法惭、心所法愧，）（以及）在其内部以心所法无贪为首的三分者、心所法勤勇、心所法轻安、心所法不放逸、心所法不害是善的（一类诸心所法）。烦恼的（一类诸心所法）是心所法贪、心所法瞋、心所法痴……

lobha

词根：第四类动词词根（divādigaṇa），4.128 lubha gārddhye（lubh 贪婪）。

直接后缀：ghañ。

演变过程：

lubh+**ghañ**	bhāve // （P.3.3.18） 或 akartari ca kārake saṃjñāyām // （P.3.3.19）	当表达达到已成就状态的词根意义时，词根后加 ghañ 词缀。 当作术语时，（加 ghañ 词缀）也表示造者，但主动者除外。
lubh+**ghañ**	ārdhadhātukaṃ śeṣaḥ // （P.3.4.114）	全界词缀之外的（ghañ）是半界词缀。
lubh+a	tasya lopaḥ // （P.1.3.9）	ghañ 的符号 gh、ñ 由消隐替换。

lubh+a	yasmātpratyayavidhistadādi pratyaye 'ṅgam //（P.1.4.13）	其后安排了词缀的词，以此词为始，在词缀前叫词干。
lobh+a	pugantalaghūpadhasya ca //（P.7.3.86）	遇到半界和全界词缀时，轻音节词干的排列倒数第二的短元音 i、u、ṛ、ḷ 由二合元音替换。
lobha	kṛttaddhitasamāsāśca //（P.1.2.46）	直接后缀为末的是名词词基。

小结：

lobha 如果是依据“bhāve //（P.3.3.18）”加直接后缀 ghañ 而成的话，表达的是词根所代表的运动和行为达到的已成就状态，翻译为“贪”。即心法（识体）处于“贪”的心理状态。

若 lobha 是依据经文“akartari ca kārake samjñāyām //（P.3.3.19）”加直接后缀 ghañ 而成的话，那么 lobha 可以作为非主动者（akartṛ）的造者（kāraka），且是专有名词。若采用作用具（karaṇa）这一造者来表达原因和伴随含义时，那么 lobha 指的是造成心法处于“贪”这种心理状态的另一独立因法——“心所法贪”。

alobha

世俗拆分： na lobhaḥ。

非世俗拆分： na+lobha+su。

名词词基： na（非，无）；lobha（贪这种心理状态）。

演变过程（一）：

na+lobha+su	nañ //（P.2.2.6）	nañ 与以格尾收尾的词组成依主释复合词。 [nañ 的 ñ 是符号。]
na+lobha+su	kṛttaddhitasamāsāśca //（P.1.2.46）	有意义的复合词是名词词基。
na+lobha	supo dhātuprātipadikayoḥ //（P.2.4.71） pratyayasya lukślulupaḥ //（P.1.1.61）	词根、名词词基中蕴含的格尾由消隐（luk）替换。 luk、ślu、lup 是词缀的消隐替换。消隐是不显现。
na+lobha	prathamānirdiṣṭaṃ samāsa upasarjanam //（P.1.2.43）	在复合词一节中，第一格所指示的是附属词。 [P.2.2.6 中 nañ 是第一格。]
na+lobha	upasarjanaṃ pūrvam //（P.2.2.30）	附属词是前部的。

a+lobha	nalopo nañaḥ //（P.6.3.73）	在后部字前，nañ 的 n 音由消隐替换。
alobha	kṛttaddhitasamāsāśca //（P.1.2.46）	有意义的复合词是名词词基。
alobha	paravalliṅgaṃ dvaṃdva-tatpuruṣayoḥ //（P.2.4.26）	相违释和依主释复合词的性如后部字。 [该词为阳性。]

世俗拆分：avidyamāno lobho yena saḥ。

非世俗拆分：avidyamāna+su+lobha+su。

名词词基：avidyamāna（不存在）；lobha（贪这种心理状态，心所法贪）。

演变过程（二）：

avidyamāna+su+lobha+su	anekamanyapadārthe //（P.2.2.24）	两个以上（以第一格收尾）的词，若以表达另一个词为目的，构成的是多财释复合词。
a+lobha+su	naño 'styarthānām vācyo vā cottarapadalopaḥ //（Vārttika 1361）	《月光疏》经文 830 的《补释》经文：nañ 后面的表存在意义的后部字 vidyamāna 由消隐替换。
a+lobha+su	kṛttaddhitasamāsāśca //（P.1.2.46）	有意义的复合词是名词词基。
a+lobha	supo dhātuprātipadikayoḥ //（P.2.4.71） pratyayasya lukślulupaḥ //（P.1.1.61）	词根、名词词基中蕴含的格尾由消隐（luk）替换。 luk、ślu、lup 是词缀的消隐替换。消隐是不显现。
a+lobha	saptamīviśeṣaṇe bahuvrīhau //（P.2.2.35）	于多财释复合词中，以第七格收尾的以及形容词是前部的。
alobha	kṛttaddhitasamāsāśca //（P.1.2.46）	有意义的复合词是名词词基。

小结：

在演变过程（一）中，alobha 是依主释复合词。前部字是 nañ 有六种含义：相似、无实在、与此物异、缺乏此物、不值得赞扬、相矛盾。① 此处应该采用"矛盾"的含义，翻译为"无贪的心理状态"。如前所述，《大乘五蕴论》中的与心相应的属于行蕴中的法指的是心理状态，所以该论对 alobha 的解释是，"alobhaḥ katamaḥ / lobha-pratipakṣo nirvidana-agrahaḥ /"②，即"何者为无贪？贪的对立面，厌离无著（为性）"。如果把 pratipakṣa 理解为"障碍者"的话，那么 alobha 可作多财释复合词来理解。

① 段晴：《波你尼语法入门》，北京大学出版社 2001 年版，第 455 页。
② 韩廷杰：《梵文佛典研究（一）》，宗教文化出版社 2012 年版，第 226 页。

在演变过程（二）中，alobha 是多财释复合词，其义是“造成（心识的）贪这种心理状态不存在者”，或者指“造成心所法贪不存在者”，故都可翻译为专有名词“心所法无贪”。由此可见“心所法无贪”是“心所法贪”的“障碍者”（pratipakṣa），两者互相对立，不可共存于一心识的心所法聚中。而且心所法贪最终造成该心识的贪这种心理状态不存在。本颂采用这种理解，把 alobha 翻译为“心所法无贪”。

ādi

词根：第一类动词词根（bhvādigaṇa），1.977 dāṇ dāne（dā 给予）；第三类动词词根（juhotyādigaṇa），3.9 ḍudāñ dāne（dā 给予）。

近置词：ā（abhimukhe 趋向，krāntau 进程）。[依据：upasargāḥ kriyāyoge //（P.1.4.59）。]

直接后缀：ki。

演变过程：

dā	dādhā ghvadāp //（P.1.1.20）	拥有 dā、dhā 形式的词根被称作 ghu。
ā+dā+**ki**	upasarge ghoḥ kiḥ //（P.3.3.92）	当前有近置词，且表达行为和造者含义时，ghu 类词根后加 ki。
ā+dā+**ki**	ārdhadhātukaṃ śeṣaḥ //（P.3.4.114）	全界词缀之外的（ki）是半界词缀。
ā+dā+i	tasya lopaḥ //（P.1.3.9）	ki 的符号 k 由消隐替换。
ā+**dā**+i	yasmātpratyayavidhistadādi pratyaye 'ṅgam //（P.1.4.13）	其后安排了词缀的词，以此词为始，在词缀前叫词干。
ā+d+i	āto lopa iṭi ca //（P.6.4.64）	当遇到带 k、ṅ 符号的词缀，或带联系元音 iṭ 的半界词缀时，词干收尾的 ā 音由消隐替换。
ādi	kṛttaddhitasamāsāśca //（P.1.2.46）	以直接后缀 ki 为末的是名词词基。

小结：

经文 P.3.3.92 在领句经文“bhāve //（P.3.3.18）”的控制之下，表达的是词根所代表的运动和行为达到的已成就状态，翻译为“开始”。

经文 P.3.3.92 也在领句经文“akartari ca kārake saṃjñāyām //（P.3.3.19）”控制之下。故 ādi 可以作为非主动者（akartṛ）的造者（kāraka），且是专有名词。若采用所从取者（apādāna）这一造者时，ādi 指“第一”“首”的含义。本颂采用这种理解。

alobha-ādi

世俗拆分： alobha ādir yeṣāṃ te，或 alobha ādir yeṣu te。

非世俗拆分： alobha+su+ādi+su。

名词词基： alobha（心所法无贪）；ādi（首）。

演变过程：

alobha+su+ādi+su	anekamanyapadārthe //（P.2.2.24）	两个以上（以第一格收尾）的词，若以表达另一个词为目的，构成的是多财释复合词。
alobha+su+ādi+su	kṛttaddhitasamāsāśca //（P.1.2.46）	有意义的复合词是名词词基。
alobha+ādi	supo dhātuprātipadikayoḥ //（P.2.4.71） pratyayasya lukślulupaḥ //（P.1.1.61）	词根、名词词基中蕴含的格尾由消隐（luk）替换。 luk、ślu、lup 是词缀的消隐替换。消隐是不显现。
alobh+**ā**+di	akaḥ savarṇe dīrghaḥ //（P.6.1.101）	以 ak 为对收的末音后遇同类音时，一长音替换前后两音位。
alobhādi	kṛttaddhitasamāsāśca //（P.1.2.46）	复合词是名词词基。
alobhād**i**	hrasvo napuṃsake prātipadikasya //（P.1.2.47）	词为中性时，短元音替换名词词基的末音。
alobhādi+su	ṅyāpprātipadikāt //（P.4.1.1） svaujasamauṭchaṣ…sup //（P.4.1.2）	在以 ṅī、āp 为末的词后，以及在名词词基后是 su 等格尾。 单数第一格加格尾 su。
alobhādi+（ ）	svamornapuṃsakāt //（P.7.1.23）	中性词后，su 和 am 由消隐（luk）替换。
alobhādi	pratyayasya lukślulupaḥ //（P.1.1.61）	luk、ślu、lup 是词缀的消隐替换。消隐是不显现。
alobhādi	pratyayalope pratyayalakṣaṇam //（P.1.1.62）	词缀消隐后，词缀的因还在。
alobhādi	suptiṅantaṃ padam //（P.1.4.14）	以格尾为末的是字。

小结：

alobhādi 是多财释复合词，其含义是“在其内部以心所法无贪为首者”。该复合词指向的 trayaṃ，故应与后者同性数格。即 alobhādi 指的是心所法无贪、无、无痴。

alobhādi 是中性，单数，第一格，含义是“在其内部以心所法无贪为首者”。

tri

词根：第一类动词词根（bhvādigaṇa），1.1018 tṝ plavanataraṇayoḥ（tṝ 跳跃，超越）。

直接后缀：ḍri。

演变过程：

tṝ+**ḍri**	taraterḍriḥ //（Uṇādisūtra 5.66）	直接后缀 ḍri 加在词根 tṝ 之后。
tṝ+**ḍri**	ārdhadhātukaṃ śeṣaḥ //（P.3.4.114）	全界词缀之外的 ḍri 是半界词缀。
tṝ+ri	tasya lopaḥ //（P.1.3.9）	ḍri 的符号 ḍ 由消隐替换。
tṝ+**iṭ**+ri	ārdhadhātukasyeḍvalādeḥ //（P.7.2.35）	在以对收 val 为首位音的半界词缀前，插入联系元音 iṭ。
tṝ+ri	neḍvaśi kṛti //（P.7.2.8）	在以 vaś 为对收的浊辅音起始的直接后缀前，不加联系元音 iṭ。 [经文 P.7.2.8 是对 P.7.2.35 的禁止，故实际上没运行 P.7.2.35。]
tṝ+ri	yasmātpratyayavidhistadādi pratyaye 'ṅgam //（P.1.4.13）	其后安排了词缀的词，以此词为始，在词缀前叫词干。
tar+ri	sārvadhātukārdhadhātukayoḥ //（P.7.3.84） uraṇ raparaḥ //（P.1.1.51）	遇到全界、半界词缀，词干的末元音 ṝ 由二合元音替换。 ṛ、ṝ 音的替换，需由其后带 r 音的 a、i、u 及其长音来替换。
t+ri	ṭeḥ //（P.6.4.143）	遇到 ḍ 符号时，词干末音节由消隐替换。
tri	kṛttaddhitasamāsāśca //（P.1.2.46）	直接后缀为末的是名词词基。

小结：

tri 是数词“三”。

trayaṃ

世俗拆分：trayo 'vayavā asya。

非世俗拆分：tri+jas+taya。

名词词基：tri（三）。

派生词缀：taya。

演变过程：

tri+jas+**tayap**	saṃkhyāyā avayave tayap //（P.5.2.42）	当表达某事物有多个部分时，在数字后加派生词缀 tayap。
tri+jas+**ayac**	dvitribhyāṃ tayasyāyajvā //（P.5.2.43）	当前面是 dvi、tri 时，ayac 可以替换 tayap。
tri+jas+ayac	kṛttaddhitasamāsāśca //（P.1.2.46）	以派生词缀为尾的是名词词基。
tri+ayac	supo dhātuprātipadikayoḥ //（P.2.4.71） pratyayasya lukślulupaḥ //（P.1.1.61）	词根、名词词基中蕴含的格尾由消隐（luk）替换。 luk、ślu、lup 是词缀的消隐替换。消隐是不显现。
tri+aya	tasya lopaḥ //（P.1.3.9）	ayac 的符号 c 由消隐替换。
tri+aya	yaci bham //（P.1.4.18）	以 y 音或元音为首位音的格尾以及部分派生词缀前的词干，称作 bha 词干。
tr+aya	yasyeti ca //（P.6.4.148）	遇到派生词缀或 ī 音时，替换 bha 词干末尾的 i、ī 和 a、ā 的是消隐（lopa）。
traya	kṛttaddhitasamāsāśca //（P.1.2.46）	以派生词缀为尾的是名词词基。
tray**a**	hrasvo napuṃsake prātipadikasya //（P.1.2.47）	词为中性时，短元音替换名词词基的末音。
traya+**su**	ṅyāpprātipadikāt //（P.4.1.1） svaujasamauṭchaṣ…sup //（P.4.1.2）	在以 ṅī、āp 为末的词后，以及在名词词基后是 su 等格尾。 单数第一格加格尾 su。
traya+**am**	ato ’m //（P.7.1.24）	以 a 落尾的中性词后，am 替换格尾 su 和 am。
tray+**a**+m	ami pūrvaḥ //（P.6.1.107）	在 a、ā 以及单元音后，遇到 am 的元音时，前面的元音形式是唯一的替代。
trayam	suptiṅantaṃ padam //（P.1.4.14）	以格尾为末的是字。
traya**ṃ**	mo ’nusvāraḥ //（P.8.3.23）	字末的 m 音在辅音前由鼻腔音替代。
traya**m**	anusvārasya yayi parasavarṇaḥ //（P.8.4.58）	遇到除咝音和 h 音以外的辅音时，后面的同类音替换鼻腔音。
trayaṃ	vā padāntasya //（P.8.4.59）	字末的同类鼻音的替换可做可不做。

小结：

traya 表示“它的部分总共有三者”。

trayam 是中性，单数，第一格，含义是“三分者”。

vīryaṃ

词根：第十类动词词根（curādigaṇa），10.355 vīra vikrāntau（vīr 表现英勇）。

直接后缀：yat。

演变过程：

vīr+**ṇic**	satyāpa…cūrādibhyo ṇic //（P.3.1.25）	第十类动词词根本身必须加上 ṇic 词缀，表原义。
vīr+ṇic	sanādyantā dhātavaḥ //（P.3.1.32）	以 ṇic 词缀落尾的“vīr+ṇic”是新词根。
vīr+ṇic+**ṇic**	hetumati ca //（P.3.1.26）	当表达使役含义时，加 ṇic 词缀。[ṇ、c 是符号。]
vīr+ṇic+**ṇic**	ārdhadhātukaṃ śeṣaḥ //（P.3.4.114）	ṇic 是半界词缀。
vīr+ṇic+**ṇic**	ārdhadhātukasyeḍvalādeḥ //（P.7.2.35）	在以对收 val 为首位音的半界词缀前，插入联系元音 iṭ。[但第二个 ṇic 不在其中，是 aniṭ 词缀。]
vīr+（ ）+ṇic	ṇeraniṭi //（P.6.4.51）	当遇到 aniṭ 半界词缀时，消隐（lopa）替换前面的 ṇic。
vīr+（ ）+ṇic	sanādyantā dhātavaḥ //（P.3.1.32）	以 ṇic 词缀落尾的“vīr+（ ）+ṇic”是新词根。
vīr+（ ）+i	tasya lopaḥ //（P.1.3.9）	ṇic 的符号 ṇ、c 由消隐替换。
vīr+（ ）+i+**yat**	tayoreva kṛtyaktakhalarthāḥ //（P.3.4.70） aco yat //（P.3.1.97）	kṛtya、kta 以及具有 khal 意义的词缀强调行为和业。 在元音后是 yat。
vīr+（ ）+i+**yat**	ārdhadhātukaṃ śeṣaḥ //（P.3.4.114）	yat 是半界词缀。
vīr+（ ）+i+ya	tasya lopaḥ //（P.1.3.9）	yat 的符号 t 由消隐替换。
vīr+（ ）+i+**ya**	ārdhadhātukasyeḍvalādeḥ //（P.7.2.35）	在以对收 val 为首位音的半界词缀前，插入联系元音 iṭ。[yat 不在其中，是 aniṭ 词缀。]
vīr+（ ）+（ ）+ya	ṇeraniṭi //（P.6.4.51）	当遇到 aniṭ 半界词缀时，消隐（lopa）替换前面的 ṇic。
vīr+（ ）+（ ）+ya	pratyayalope pratyayalakṣaṇam //（P.1.1.62）	ṇic 词缀消隐后，ṇic 词缀的因还在。
vīr+（ ）+（ ）+ya	sanādyantā dhātavaḥ //（P.3.1.32）	“vīr+（ ）+（ ）”仍是新词根。
vīr+（ ）+（ ）+ya	yasmātpratyayavidhistadādi pratyaye 'ṅgam //（P.1.4.13）	其后安排了词缀的词，以此词为始，在词缀前叫词干。

vīr+ya	adarśanaṃ lopaḥ //（P.1.1.60）	不显现的是消隐。
vīrya	kṛttaddhitasamāsāśca //（P.1.2.46）	直接后缀 yat 为末的 vīrya 是名词词基。
vīry**a**	hrasvo napuṃsake prātipadikasya //（P.1.2.47）	词为中性时，短元音替换名词词基的末音。
vīrya+**su**	ṅyāpprātipadikāt //（P.4.1.1） svaujasamauṭchaṣ…sup //（P.4.1.2）	在以 ṅī、āp 为末的词后，以及在名词词基后是 su 等格尾。 单数第一格加格尾 su。
vīrya+**am**	ato 'm //（P.7.1.24）	以 a 落尾的中性词后，am 替换格尾 su 和 am。
vīry+**a**+m	ami pūrvaḥ //（P.6.1.107）	在 a、ā 以及单元音后，遇到 am 的元音时，前面的元音形式是唯一的替代。
vīryam	suptiṅantaṃ padam //（P.1.4.14）	以格尾为末的是字。
vīrya**ṃ**	mo 'nusvāraḥ //（P.8.3.23）	字末的 m 音在辅音前由鼻腔音替代。
vīrya**m**	anusvārasya yayi parasavarṇaḥ //（P.8.4.58）	遇到除咝音和 h 音以外的辅音时，后面的同类音替换鼻腔音。
vīryaṃ	vā padāntasya //（P.8.4.59）	字末的同类鼻音的替换可做可不做。

小结：

根据经文“tayoreva kṛtyaktakhalarthāḥ //（P.3.4.70）”可知，yat 属于直接被动词缀（kṛtya），故 vīrya 强调行为时指“值得表现英勇”的含义。在佛教中，vīrya 作为心法（识体）的心理状态翻译为“（应）精进”“（应）勤”“（应）勤勇”。

但作为心所法，即造成心法有“应勤勇”这一心理感受的发动因，所以必须增加使役的含义，故增加第二个 ṇic 词缀。所以作为心所法的 vīrya 指“使应勤勇”的含义。作为心法的“（应）勤勇”的心理状态，对应的 vīrya 只需要加第一个表原义的 ṇic。由于心所法对于心法来说，本身就是“因”的含义，所以本颂的 vīrya 可以直接翻译为“心所法勤勇”。

vīryam 是中性，单数，第一格，含义是“心所法勤勇”。

praśrabdhiḥ

词根：第一类动词词根（bhvādigaṇa），1.420 śrambhu pramāde（śrambh 淡漠）。

近置词： pra（śuddhau 洁净）。[依据：upasargāḥ kriyāyoge //（P.1.4.59）。]

直接后缀： ktin。

演变过程：

pra+śrambh+**ktin**	striyāṃ ktin //（P.3.3.94）	要表阴性时，加直接后缀 ktin，表行为等含义。
pra+śrambh+**ktin**	ārdhadhātukaṃ śeṣaḥ //（P.3.4.114）	ktin 是半界词缀。
pra+śrambh+ti	tasya lopaḥ //（P.1.3.9）	ktin 的符号 k、n 由消隐替换。
pra+śrambh+**iṭ**+ti	ārdhadhātukasyeḍvalādeḥ //（P.7.2.35）	在以对收 val 为首位音的半界词缀前，插入联系元音 iṭ。
pra+śrambh+ti	titutratathasisusarakaseṣu ca //（P.7.2.9）	直接后缀 ti 前不加联系元音 iṭ。[ktin 是 aniṭ 词缀。]
pra+**śrambh**+ti	yasmātpratyayavidhistadādi pratyaye 'ṅgam //（P.1.4.13）	其后安排了词缀的词，以此词为始，在词缀前叫词干。
pra+śrabh+ti	aniditāṃ hal upadhāyāḥ kṅiti //（P.6.4.24）	除了以 i 音为符号的（词以外），（消隐）替换以辅音落尾的倒数第二个的鼻音，如果遇到 k 和 ṅ 符号时。
pra+śrabh+**dh**i	jhaṣastathordho 'dhaḥ //（P.8.2.40）	在送气浊音之后的 t、th 由 dh 音替换，排除 dhā。
pra+śra**b**+dhi	jhalāṃ jaś jhaśi //（P.8.4.53）	当 jhaś 对收的浊辅音在其后时，jhal 对收的辅音由非送气浊辅音替换。
praśrabdhi	kṛttaddhitasamāsāśca //（P.1.2.46）	直接后缀为末的是名词词基。
praśrabdhi+**su**	ṅyāpprātipadikāt //（P.4.1.1） svaujasamauṭchaṣ…sup //（P.4.1.2）	在以 ṅī、āp 为末的词后，以及在名词词基后是 su 等格尾。 单数第一格加格尾 su。
praśrabdhi+s	tasya lopaḥ //（P.1.3.9）	su 的符号 u 由消隐替换。
praśrabdhis	suptiṅantaṃ padam //（P.1.4.14）	以格尾为末的是字。
praśrabdhi**r**	sasajuṣo ruḥ //（P.8.2.66）	r 音替换字末的 s 音。
praśrabdhi**ḥ**	kharavasānayorvisarjanīyaḥ //（P.8.3.15）	在清辅音和停顿前，送气音替换字末的 r 音。
praśrabdhis	visarjanīyasya saḥ //（P.8.3.34）	在清辅音前，s 音替换送气音。
praśrabdhi**ḥ**	vā śari //（P.8.3.36）	在咝音前，送气音替换送气音也是一种选择。

小结：

解释阴性直接后缀 ktin 的经文 P.3.3.94 在领句经文“bhāve //（P.3.3.18）”的控制之下，所以 praśrabdhi 表示行为的已成就状态，即心法（识体）的“清安”“轻安”状态。

经文 P.3.3.94 也在领句经文“akartari ca kārake saṃjñāyām //（P.3.3.19）”的控制之下。在这种情况下，praśrabdhi 可以作为非主动者（akartṛ）的造者（kāraka），且是专有名词。如果采用作用具（karaṇa）这一造者来表达原因时，那么 praśrabdhi 指的是造成心法处于“轻安”这种心理状态的另一独立因法——“心所法轻安”。本颂采用这种理解。

praśrabdhis 是阴性，单数，第一格，含义是“心所法轻安”。

pramāda

词根：第十类动词词根（curādigaṇa），10.165 mada tṛptiyoge（mad 达到满意）。

近置词：pra（anavadhāne 不在意）。[依据：upasargāḥ kriyāyoge //（P.1.4.59）。]

直接后缀：ac。

演变过程：

mad+**ṇic**	satyāpa…cūrādibhyo ṇic //（P.3.1.25）	第十类动词词根本身必须加上 ṇic 词缀，表原义。 [ṇic 的 ṇ、c 是符号。]
mad+**ṇic**	ārdhadhātukaṃ śeṣaḥ //（P.3.4.114）	全界词缀之外的（ṇic）是半界词缀。
mad+ṇic	yasmātpratyayavidhistadādi pratyaye 'ṅgam //（P.1.4.13）	其后安排了词缀的词，以此词为始，在词缀前叫词干。
m**ā**d+ṇic	ata upadhāyāḥ //（P.7.2.116）	遇 ñ、ṇ 符号的后缀时，词干倒数第二的 a 音由三合元音替换。
mād+ṇic	sanādyantā dhātavaḥ //（P.3.1.32）	以 ṇic 词缀落尾的“mād+i”是新词根。 [ṇic 的 ṇ、c 是符号。]
pra+mād+ṇic+**ac**	erac //（P.3.3.56）	i、ī 音落尾的词根后加直接后缀 ac。
pra+mād+ṇic+**ac**	ārdhadhātukaṃ śeṣaḥ //（P.3.4.114）	全界词缀之外的（ac）是半界词缀。
pra+mād+ṇic+a	tasya lopaḥ //（P.1.3.9）	ac 的符号 c 由消隐替换。
pra+mād+ṇic+**a**	ārdhadhātukasyeḍvalādeḥ //（P.7.2.35）	在以对收 val 为首位音的半界词缀前，插入联系元音 iṭ。 [ac 不在其中，是 aniṭ 词缀。]
pra+mād+（ ）+a	ṇeraniṭi //（P.6.4.51）	当遇到 aniṭ 半界词缀时，消隐（lopa）替换前面的 ṇic。
pra+mād+（ ）+a	pratyayalope pratyayalakṣaṇam //（P.1.1.62）	ṇic 词缀消隐后，ṇic 词缀的因还在。

pra+**mād+**（ ）+a	sanādyantā dhātavaḥ //（P.3.1.32）	“mād+（ ）”仍是新词根。
pra+**mād+**（ ）+a	yasmātpratyayavidhistadādi pratyaye 'ṅgam //（P.1.4.13）	其后安排了词缀的词，以此词为始，在词缀前叫词干。
pra+mād+a	adarśanaṃ lopaḥ //（P.1.1.60）	不显现的是消隐。
pramāda	kṛttaddhitasamāsāśca //（P.1.2.46）	直接后缀为末的是名词词基。

小结：

P.3.3.56 经文在领句经文 P.3.3.18 的控制之下。经文“bhāve //（P.3.3.18）”表明，加直接后缀 ac 的 pramāda 表达的是行为达到的已成就状态，含义是“达到满意后不再在意的状态”，翻译为“放逸”。这主要指心法（识体）所具有的“放逸”这种心理状态。

apramāda

世俗拆分：na pramādaḥ。

非世俗拆分：na+pramāda+su。

名词词基：na（非，无）；pramāda（放逸）。

演变过程：

na+pramāda+su	nañ //（P.2.2.6）	nañ 与以格尾收尾的词组成依主释复合词。 [nañ 的 ñ 是符号。]
na+pramāda+su	kṛttaddhitasamāsāśca //（P.1.2.46）	有意义的复合词是名词词基。
na+pramāda	supo dhātuprātipadikayoḥ //（P.2.4.71） pratyayasya lukślulupaḥ //（P.1.1.61）	词根、名词词基中蕴含的格尾由消隐（luk）替换。 luk、ślu、lup 是词缀的消隐替换。消隐是不显现。
na+pramāda	prathamānirdiṣṭaṃ samāsa upasarjanam //（P.1.2.43）	在复合词一节中，第一格所指示的是附属词。 [P.2.2.6 中 nañ 是第一格。]
na+pramāda	upasarjanaṃ pūrvam //（P.2.2.30）	附属词是前部的。
a+pramāda	nalopo nañaḥ //（P.6.3.73）	在后部字前，nañ 的 n 音由消隐替换。
apramāda	kṛttaddhitasamāsāśca //（P.1.2.46）	有意义的复合词是名词词基。

apramāda	paravalliṅgaṃ dvaṃdva-tatpuruṣayoḥ //（P.2.4.26）	相违释和依主释复合词的性如后部字。

小结：

a-pramāda 是依主释复合词。前部字是 nañ 有六种含义：相似、无实在、与此物异、缺乏此物、不值得赞扬、相矛盾。此处应该采用“相矛盾”的含义，翻译为“不放逸”。即心法（识体）处于“不放逸”的这种心理状态。该复合词的性如后部字，为阳性。

《大乘五蕴论》的“不放逸”的梵文就是“apramāda”，可见该论的 caitasikā 指的是心识所处的心理状态，而非是指独立的心所法。

sāpramādam

世俗拆分： apramādena yugapat。

非世俗拆分： apramāda+su+saha。

名词词基： saha（伴同）；apramāda（放逸这种心理状态）。

演变过程：

saha	cādayo 'sattve //（P.1.4.57）	非实物意义的 ca 等词是投词（nipāta）。
saha	svarādinipātamavyayam //（P.1.1.37） avyayādāpsupaḥ //（P.2.4.82）	投词 saha 是不变词。 消隐（luk）替换不变词后的格尾。
apramāda+su+saha	avyayaṃ vibhktisamīpa... yaugapadyasādṛśya... sākalyāntavacaneṣu//（P.2.1.6）	表示词尾、临近……同时发生、相似……全部、结束意义时，一个不变词[与另一个以格尾收尾的词组成不变状必然复合词]。
apramāda+su+saha	kṛttaddhitasamāsāśca //（P.1.2.46）	有意义的复合词是名词词基。
apramāda+saha	supo dhātuprātipadikayoḥ //（P.2.4.71） pratyayasya lukślulupaḥ //（P.1.1.61）	词根、名词词基中蕴含的格尾由消隐（luk）替换。 luk、ślu、lup 是词缀的消隐替换。消隐是不显现。
saha+apramāda	prathamānirdiṣṭaṃ samāsa upasarjanam //（P.1.2.43）	在复合词一节中，第一格所指示的是附属词。[P.2.1.6 中 avyayaṃ 是第一格。]
saha+apramāda	upasarjanaṃ pūrvam //（P.2.2.30）	附属词是前部的。
sa+apramāda	avyayībhāve cākāle //	遇到非时间概念的后部字时，不变状复

	（P.6.3.81）	合词中的 saha 由 sa 替换。
s+**ā**+pramāda	akaḥ savarṇe dīrghaḥ //（P.6.1.101）	以 ak 为对收的末音后遇同类音时，一长音替换前后两音位。
sāpramāda	kṛttaddhitasamāsāśca //（P.1.2.46）	有意义的复合词是名词词基。
sāpramāda+**su**	ṅyāpprātipadikāt //（P.4.1.1） svaujasamauṭchaṣ…sup //（P.4.1.2）	在以 ṅī、āp 为末的词后，以及在名词词基后是 su 等格尾。 单数第一格加格尾 su。
sāpramāda+su	avyayībhāvaśca //（P.1.1.41）	不变状复合词是不变词。
sāpramāda+**am**	nāvyayībhāvādato 'm tvapañcamyāḥ //（P.2.4.83）	以 a 落尾的不变状复合词之后的格尾不发生消隐替换，但由 am 替换，排除第五格。
sāpramād+**a**+m	ami pūrvaḥ //（P.6.1.107）	在 a、ā 以及单元音后，遇到 am 的元音时，前面的元音形式是唯一的替代。
sāpramādam	suptiṅantaṃ padam //（P.1.4.14）	以格尾为末的是字。

小结：

sāpramāda 作为以前部字为主的不变状复合词（avyayībhāva-samāsa）属于必然复合词（nitya-samāsa），故不存在原形的世俗拆分。其表达的含义是“apramādena yugapat（与不放逸这种心理状态一同地）”。

sāpramādam 相当于副词，单数，第一格，含义是“伴同不放逸这种心理状态地”。

sāpramādikā

世俗拆分： sāpramādaṃ śīlam asya。

非世俗拆分： sāpramāda+am+ṭhak。

名词词基： sāpramāda（伴同不放逸这种心理状态地）。

派生词缀： ṭhak。

阴性词缀： ṭāp。

演变过程：

sāpramāda+**su**	ṅyāpprātipadikāt //（P.4.1.1） svaujasamauṭchaṣ…sup //（P.4.1.2）	在以 ṅī、āp 为末的词后，以及在名词词基后是 su 等格尾。 单数第一格加格尾 su。

sāpramāda+su	avyayībhāvaśca // （P.1.1.41）	不变状复合词是不变词。
sāpramāda+**am**	nāvyayībhāvādato 'm tvapañcamyāḥ // （P.2.4.83）	以 a 落尾的不变状复合词之后的格尾不发生消隐替换，但由 am 替换，排除第五格。
sāpramāda+am+**ṭhak**	śīlam // （P.4.4.61）	表“有其习惯者”时，加派生词缀 ṭhak。
sāpramāda+am+ṭhak	kṛttaddhitasamāsāśca // （P.1.2.46）	以派生词缀为尾的是名词词基。
sāpramāda+ṭhak	supo dhātuprātipadikayoḥ // （P.2.4.71） pratyayasya lukślulupaḥ // （P.1.1.61）	词根、名词词基中蕴含的格尾由消隐（luk）替换。 luk、ślu、lup 是词缀的消隐替换。消隐是不显现。
sāpramāda+ṭhak	yasmātpratyayavidhistadādi pratyaye 'ṅgam // （P.1.4.13）	其后安排了词缀的词，以此词为始，在词缀前叫词干。
s**ā**pramāda+ṭhak	kiti ca // （P.7.2.118）	遇到 k 符号时，词干的首位元音也发生三合元音的替换。
sāpramāda+ṭh	tasya lopaḥ // （P.1.3.9）	ṭhak 的符号 k 由消隐替换。 [a 音是为了发音的方便。]
sāpramāda+**ika**	ṭhasyekaḥ // （P.7.3.50）	替换 ṭh 的是 ika。
sāpramāda+ika	yaci bham // （P.1.4.18）	以 y 音或元音为首位音的格尾以及部分派生词缀前的词干，称作 bha 词干。
sāpramād+ika	yasyeti ca // （P.6.4.148）	遇到派生词缀或 ī 音时，替换 bha 词干末尾的 i、ī 和 a、ā 的是消隐（lopa）。
sāpramādika	kṛttaddhitasamāsāśca // （P.1.2.46）	以派生词缀为尾的是名词词基。
sāpramādika+**ṭāp**	ajādyataṣṭāp // （P.4.1.4）	aja 等以及以 a 为末音的，于阴性时，加 ṭāp。
sāpramādika+ā	tasya lopaḥ // （P.1.3.9）	ṭāp 的符号 ṭ、p 由消隐替换。
sāpramādik**ā**	akaḥ savarṇe dīrghaḥ // （P.6.1.101）	以 ak 为对收的末音后遇同类音时，一长音替换前后两音位。
sāpramādikā+**su**	ṅyāpprātipadikāt // （P.4.1.1） svaujasamauṭchaṣ…sup // （P.4.1.2）	在以 ṅī、āp 为末的词后，以及在名词词基后是 su 等格尾。 单数第一格加格尾 su。
sāpramādikā+s	tasya lopaḥ // （P.1.3.9）	su 的符号 u 由消隐替换。
sāpramādikā+（ ）	halṅyābbhyo dīrghāt sutisy-apṛktaṃ hal // （P.6.1.68）	在辅音后，在保留长音的 ṅī、āp 后，格尾 su、语尾 tip、sip 的单辅音词缀由消隐（lopa）替换。

sāpramādikā	adarśanaṃ lopaḥ // （P.1.1.60）	不显现的是消隐。
sāpramādikā	pratyayalope pratyayalakṣaṇam // （P.1.1.62）	词缀消隐后，词缀的因还在。
sāpramādikā	suptiṅantaṃ padam // （P.1.4.14）	以格尾为末的是字。

小结：

sāpramādikā 的含义是“它的行为习惯是伴同不放逸这种心理状态”。具体指的是与心识相伴的“心所法不放逸”。

sāpramādikā 是阴性，单数，第一格，含义是“心所法不放逸”。

himṣā

词根：第七类动词词根（rudhādigaṇa），7.19 hisi hiṃsāyām（hiṃs 伤害）。

直接后缀：a。

阴性词缀：ṭāp。

演变过程：

hisi	bhūvādayo dhātavaḥ // （P.1.3.1）	bhū 等是动词词根。
his	tasya lopaḥ // （P.1.3.9）	hisi 的符号 i 由消隐替换。
hi**ṃ**s	idito num dhātoḥ // （P.7.1.58）	携带符号 i 的词根要在元音后插入 n 音。
hiṃs+**a**	gurośca halaḥ // （P.3.3.103）	若要形成阴性词时，辅音为末的有重音节的词根后加直接后缀 a。
hiṃs+**a**	ārdhadhātukaṃ śeṣaḥ // （P.3.4.114）	全界词缀之外的（a）是半界词缀。
hiṃs+a	yasmātpratyayavidhistadādi pratyaye 'ṅgam //（P.1.4.13）	其后安排了词缀的词，以此词为始，在词缀前叫词干。
hiṃsa	kṛttaddhitasamāsāśca // （P.1.2.46）	有意义的复合词是名词词基。
hiṃsa+**ṭāp**	ajādyataṣṭāp // （P.4.1.4）	aja 等以及以 a 为末音的，于阴性时，加 ṭāp。
hiṃsa+ā	tasya lopaḥ // （P.1.3.9）	ṭāp 的符号 ṭ、p 由消隐替换。
hiṃs**ā**	akaḥ savarṇe dīrghaḥ // （P.6.1.101）	以 ak 为对收的末音后遇同类音时，一长音替换前后两音位。

小结：

解释直接后缀 a 的经文 P.3.3.103 在领句经文“bhāve //（P.3.3.18）”的控制之下，hiṃsā 表达的是行为的已成就状态，即为“伤害”“仇恨”这种状态。这里 hiṃsā 具体指心法（识体）所具有的“害”这种心理状态。

经文 P.3.3.103 也在领句经文“akartari ca kārake saṃjñāyām //（P.3.3.19）”的控制之下。在这种情况下，hiṃsā 可以作为非主动者（akartṛ）的造者（kāraka），且是专有名词。若采用作用具（karaṇa）这一造者来表达原因和伴随含义时，那么 hiṃsā 指的是造成心法处于“害”这种心理状态的俱时因法——“心所法害”。

ahiṃsā

世俗拆分：avidyamānā hiṃsā yayā sā。

非世俗拆分：avidyamānā+su+lobha+su。

名词词基：avidyamānā（不存在）；hiṃsā（害这种心理状态，心所法害）。

演变过程：

avidyamānā+su+ hiṃsā+su	anekamanyapadārthe //（P.2.2.24）	两个以上（以第一格收尾）的词，若以表达另一个词为目的，构成的是多财释复合词。
a+hiṃsā+su	naño 'styarthānām vācyo vā cottarapadalopaḥ //（Vārttika 1361）	《月光疏》经文 830 的《补释》经文：nañ 后面的表存在意义的后部字 vidyamāna 由消隐替换。
a+hiṃsā+su	kṛttaddhitasamāsāśca //（P.1.2.46）	有意义的复合词是名词词基。
a+hiṃsā	supo dhātuprātipadikayoḥ //（P.2.4.71） pratyayasya lukślulupaḥ //（P.1.1.61）	词根、名词词基中蕴含的格尾由消隐（luk）替换。 luk、ślu、lup 是词缀的消隐替换。消隐是不显现。
a+hiṃsā	saptamīviśeṣaṇe bahuvrīhau //（P.2.2.35）	于多财释复合词中，以第七格收尾的以及形容词是前部的。
ahiṃsā	kṛttaddhitasamāsāśca //（P.1.2.46）	有意义的复合词是名词词基。
ahiṃsā+**su**	ṅyāpprātipadikāt //（P.4.1.1） svaujasamauṭchaṣ…sup //（P.4.1.2）	在以 ṅī、āp 为末的词后，以及在名词词基后是 su 等格尾。 单数第一格加格尾 su。
ahiṃsā+s	tasya lopaḥ //（P.1.3.9）	su 的符号 u 由消隐替换。

ahiṃsā+（ ）	halṅyābbhyo dīrghāt sutisy-aprktaṃ hal //（P.6.1.68）	在辅音后，在保留长音的 ṅī、āp 后，格尾 su、语尾 tip、sip 的单辅音词缀由消隐（lopa）替换。
ahiṃsā	adarśanaṃ lopaḥ //（P.1.1.60）	不显现的是消隐。
ahiṃsā	pratyayalope pratyayalakṣaṇam //（P.1.1.62）	词缀消隐后，词缀的因还在。
ahiṃsā	suptiṅantaṃ padam //（P.1.4.14）	以格尾为末的是字。

小结：

在本颂中 ahiṃsā 作为某一心所法个体，故不能是形容词，所以不能作为依主释复合词来理解和拆分。本颂的 ahiṃsā 是多财释复合词，其义是“造成（心法（识体）的）害这种心理状态不存在者”，或者指“造成心所法害不存在者”，故都可翻译为专有名词“心所法无害”。由此可见“心所法无害”是“心所法害”的“障碍者”（pratipakṣa），两者互相对立，不可共存于一心识的心所法聚中，而且“心所法无害”最终造成该心识的害这种心理状态不存在。

ahiṃsā 是阴性，单数，第一格，含义是“心所法无害”。

kuśalāḥ

词根：第四类动词词根（divādigaṇa），4.109 kuśa saṃśleṣaṇe（kuś 拥抱）。

直接后缀：kala。

演变过程：

kuś+**kala**	kuṭikaśikauti bhyaḥ pratyasya muṭ //（Uṇādisūtra 1.109）	直接后缀 kala 加在词根 kuṭa、kaś、ku 后。[kuśala 也是由此词缀 kala 构成。]
kuś+**kala**	ārdhadhātukaṃ śeṣaḥ //（P.3.4.114）	全界之外的（kala）是半界词缀。
kuś+ala	tasya lopaḥ //（P.1.3.9）	kala 的符号 k 由消隐替换。
kuś+ala	yasmātpratyayavidhistadādi pratyaye 'ṅgam //（P.1.4.13）	其后安排了词缀的词，以此词为始，在词缀前叫词干。
koś+ala	pugantalaghūpadhasya ca //（P.7.3.86）	遇到半界和全界词缀时，轻音节词干的排列倒数第二的短元音 i、u、ṛ、ḷ 由二合元音替换。
kuś+ala	kṅiti ca //（P.1.1.5）	受 g、k、ṅ 符号的影响，二合、三合元音的替换被禁止。

kuśala	kṛttaddhitasamāsāśca //（P.1.2.46）	以直接后缀为末的是名词词基。
kuśala+**jas**	ṅyāpprātipadikāt //（P.4.1.1） svaujasamauṭchaṣ…sup //（P.4.1.2）	在以 ṅī、āp 为末的词后，以及在名词词基后是 su 等格尾。 复数第一格加格尾 jas。
kuśala+as	tasya lopaḥ //（P.1.3.9）	jas 的符号 j 由消隐替换。
kuśal+**ā**+s	prathamayoḥ pūrvasavarṇaḥ //（P.6.1.102）	非复合元音后遇到前两格的元音时，前面元音的同类长音是前后两音位的唯一替代。
kuśalās	suptiṅantaṃ padam //（P.1.4.14）	以格尾为末的是字。
kuśalā**r**	sasajuṣo ruḥ //（P.8.2.66）	r 音替换字末的 s 音。
kuśalā**ḥ**	kharavasānayorvisarjanīyaḥ //（P.8.3.15）	在清辅音和停顿前，送气音替换字末的 r 音。
kuśalā**s**	visarjanīyasya saḥ //（P.8.3.34）	在清辅音前，s 音替换送气音。
kuśalā**ḥ**	kupvoḥ≍ka≍pau ca //（P.8.3.37）	在喉音和唇音前，送气音替换送气音也是一种选择。

小结：

kuśala 的含义是善、善的。本颂中 kuśala 是对心所法（caitasa）的一种分类，所以为形容词。

kuśalās 是阳性，复数，第一格，含义是“诸善的（一类心所法）”。

kleśā

词根：第四类动词词根（divādigaṇa），4.52a kliśa upatāpe（kliś 感到疼）；第九类动词词根（kryādigaṇa），9.50 kliśū vibādhane（kliś 折磨）。

直接后缀：ghañ。

演变过程：

kliś+**ghañ**	bhāve //（P.3.3.18）	当表达达到已成就状态的词根意义时，词根后加 ghañ 词缀。
kliś+**ghañ**	ārdhadhātukaṃ śeṣaḥ //（P.3.4.114）	全界词缀之外的（ghañ）是半界词缀。
kliś+a	tasya lopaḥ //（P.1.3.9）	ghañ 的符号 gh、ñ 由消隐替换。

kliś+a	yasmātpratyayavidhistadādi pratyaye 'ṅgam //（P.1.4.13）	其后安排了词缀的词，以此词为始，在词缀前叫词干。
kleś+a	pugantalaghūpadhasya ca //（P.7.3.86）	遇到半界和全界词缀时，轻音节词干的排列倒数第二的短元音 i、u、ṛ、ḷ 由二合元音替换。
kleśa	kṛttaddhitasamāsāśca //（P.1.2.46）	直接后缀 ghañ 为末的 kleśa 是名词词基。
kleśa+**jas**	ṅyāpprātipadikāt //（P.4.1.1） svaujasamauṭchaṣ…sup //（P.4.1.2）	在以 ṅī、āp 为末的词后，以及在名词词基后是 su 等格尾。 复数第一格加格尾 jas。
kleśa+as	tasya lopaḥ //（P.1.3.9）	jas 的符号 j 由消隐替换。
kleś+**ā**+s	prathamayoḥ pūrvasavarṇaḥ //（P.6.1.102）	非复合元音后遇到前两格的元音时，前面元音的同类长音是前后两音位的唯一替代。
kleśās	suptiṅantaṃ padam //（P.1.4.14）	以格尾为末的是字。
kleśā**r**	sasajuṣo ruḥ //（P.8.2.66）	r 音替换字末的 s 音。
kleśā**y**	bho-bha-go-agho-a-pūrvasya yo 'śi //（P.8.3.17）	在下一浊音（r）前，a、ā 在前的 r 音由 y 音替换。
kleśā	hali sarvaṣām //（P.8.3.22）	在辅音前，a、ā 在前的 y 由消隐替换。

小结：

kleśa 是依据“bhāve //（P.3.3.18）”加直接后缀 ghañ 而成的话，表达的是行动达到的已成就状态，翻译为“烦恼的”。该已成就状态（siddhabhāva）可以如同实体看待（dravyavat)，所以 kleśa 可以翻译为名词化的“烦恼”。在本颂中 kleśa 是对心所法（caitasa）的一种分类，故应作为形容词来使用，翻译为“烦恼的”。

kleśās 是阳性，复数，第一格，含义是“诸烦恼的（一类心所法）”。

rāga

词根：第一类动词词根（bhvādigaṇa），1.1048 rañja rāge（rañj 贪爱）；第四类动词词根（divādigaṇa），4.58 rañja rāge（rañj 贪爱）。

直接后缀：ghañ。

演变过程：

rañj+**ghañ**	bhāve // （P.3.3.18） 或 akartari ca kārake saṃjñāyām // （P.3.3.19）	当表达达到已成就状态的词根意义时，词根后加 ghañ 词缀。 当作术语时，(加 ghañ 词缀）也表示造者，但主动者除外。
rañj+**ghañ**	ārdhadhātukaṃ śeṣaḥ // （P.3.4.114）	全界词缀之外的（ghañ）是半界词缀。
rañj+a	tasya lopaḥ // （P.1.3.9）	ghañ 的符号 gh、ñ 由消隐替换。
rañj+a	yasmātpratyayavidhistadādi pratyaye 'ṅgam //（P.1.4.13）	其后安排了词缀的词，以此词为始，在词缀前叫词干。
raj+a	ghañ ca bhāvakaraṇayoḥ // （P.6.4.27）	当加直接后缀 ghañ，表达状态或作用具时，词干中的词根 rañj 倒数第二的鼻音由消隐替换。
rag+a	cajoḥ ku ghiṇṇyatoḥ // （P.7.3.52）	当遇到 gh 和 ṇyat 时，c 和 j 由喉音替换。 [ghañ 中有 gh 符号。]
rāg+a	ata upadhāyāḥ // （P.7.2.116）	遇 ñ、ṇ 符号的后缀时，词干倒数第二的 a 音由三合元音替换。
rāga	kṛttaddhitasamāsāśca // （P.1.2.46）	直接后缀 ghañ 为末的 rāga 是名词词基。

小结：

rāga 如果是依据“bhāve //（P.3.3.18）”加直接后缀 ghañ 而成的话，表达的是词根所代表的运动和行为达到的已成就状态，翻译为“贪”。即心法（识体）处于“贪”的心理状态。

若 rāga 是依据经文“akartari ca kārake samjñāyām //（P.3.3.19）”加直接后缀 ghañ 而成的话，那么 rāga 可以作为非主动者（akartṛ）的造者（kāraka），且是专有名词。若采用作用具（karaṇa）这一造者来表达原因和伴随含义时，那么 rāga 指的是造成心法处于“贪”这种心理状态的另一独立因法——“心所法贪”。本颂采用这种理解。

值得一提的是，经文“ghañ ca bhāvakaraṇayoḥ //（P.6.4.27）”强调的 ghañ 词缀是指 P.3.3.18 及 P.3.3.19 涉及的词缀，而非是指经文 P.3.3.120-125 涉及的 ghañ 词缀。若是依据“halaśca //（P.3.3.121）”而在词根 rañj 后加 ghañ 词缀，得到的是 raṅga 一词，含义是 rajanti tasmin（在那儿人们生气），即指“剧院”。由此证明，《唯识三十颂》中关于“心识的心理状态”“心所法”的词汇确实与《八章书》经文 P.3.3.18、P.3.3.19 有关。

pratigha

世俗拆分：pratigataṃ vadhyāt。

非世俗拆分：pratigata+ṅas+han+ḍa。

名词词基：pratigata（反对者）。

词根：第二类动词词根（adādigaṇa），2.2 hana hiṃsāgatyoḥ（han 杀害）。

直接后缀：ḍa。

演变过程：

han+**ṇic**	hetumati ca // （P.3.1.26）	当表达使役含义时，加 ṇic 词缀。 [ṇ、c 是符号。]
han+**ṇic**	ārdhadhātukaṃ śeṣaḥ // （P.3.4.114）	全界词缀之外的（ṇic）是半界词缀。
han+ṇic	yasmātpratyayavidhistadādi pratyaye 'ṅgam //（P.1.4.13）	其后安排了词缀的词，以此词为始，在词缀前叫词干。
ghan+ṇic	ho hanterñṇinneṣu // （P.7.3.54）	当遇到有 ṇ、ñ 符号的词缀时，han 词根的 h 音由 gh 替换。
gh**ā**n+**ṇ**ic	ata upadhāyāḥ // （P.7.2.116）	遇 ñ、ṇ 符号的后缀时，词干倒数第二的 a 音由三合元音替换。
ghā**t**+**ṇ**ic	hanasto 'ciṇṇaloḥ // （P.7.3.32）	han 词根的 n 音由 t 音替换，当遇到 ṇ、ñ 符号词缀，其词缀造成了倒数第二的 a 音由 ā 替换时。
ghāt+ṇic	sanādyantā dhātavaḥ // （P.3.1.32）	以 ṇic 词缀落尾的 ghāt+ṇic 是新词根。
pratigata+ṅas+ ghāt+ṇic+**ḍa**	āśiṣi hanaḥ // （P.3.2.49） kartṛkarmaṇoḥ kṛti // （P.2.3.65）	若前有业（karman），表期待时，han 词根后加直接后缀 ḍa。 在加了直接后缀的词前，第六格表示主动者和业。
pratigata+ṅas+ ghāt+ṇic+**ḍa**	ārdhadhātukaṃ śeṣaḥ // （P.3.4.114）	全界词缀之外的（ḍa）是半界词缀。
pratigata+ṅas+ ghāt+ṇic+a	tasya lopaḥ // （P.1.3.9）	ḍa 的符号 ḍ 由消隐替换。
pratigata+ṅas+ ghāt+ṇic+**a**	ārdhadhātukasyeḍvalādeḥ // （P.7.2.35）	在以对收 val 为首位音的半界词缀前，插入联系元音 iṭ。 [但 ḍa 不在其中，是 aniṭ 词缀。]
pratigata+ṅas+ ghāt+（ ）+a	ṇeraniṭi // （P.6.4.51）	当遇到 aniṭ 半界词缀时，消隐（lopa）替换前面的 ṇic。
pratigata+ṅas+ ghāt+（ ）+a	pratyayalope pratyayalakṣaṇam // （P.1.1.62）	ṇic 词缀消隐后，ṇic 词缀的因还在。
pratigata+ṅas+ **ghāt+**（ ）+a	sanādyantā dhātavaḥ // （P.3.1.32）	“ghāt+（ ）”仍是新词根。

pratigata+ṅas+ **ghāt**+（ ）+a	yasmātpratyayavidhistadādi pratyaye 'ṅgam //（P.1.4.13）	其后安排了词缀的词，以此词为始，在词缀前叫词干。
pratigata+ṅas+ghāt+a	adarśanaṃ lopaḥ // （P.1.1.60）	不显现的是消隐。
pratigata+ṅas+gh+a	ṭeḥ // （P.6.4.143）	遇到 ḍ 符号时，词干末音节由消隐替换。
pratigata+ṅas+**gha**	kṛttaddhitasamāsāśca // （P.1.2.46）	直接后缀为末的 gha 是名词词基。
pratigata+ṅas+gha	tatropapadaṃ saptamīstham // （P.3.1.92）	于此范围内，经文中处于第七格的是附加字。 [针对经文 P.3.2.49 随文中的 karmaṇi。]
pratigata+ṅas+gha	upapadamatiṅ // （P.2.2.19）	附加字与相关的词构成必然复合词，且是非以 tiṅ 收尾的词。
pratigata+ṅas+gha	kṛttaddhitasamāsāśca // （P.1.2.46）	有意义的复合词是名词词基。
pratigata+gha	supo dhātuprātipadikayoḥ // （P.2.4.71） pratyayasya lukślulupaḥ // （P.1.1.61）	词根、名词词基中蕴含的格尾由消隐（luk）替换。 luk、ślu、lup 是词缀的消隐替换。消隐是不显现。
pratigata+gha	prathamānirdiṣṭaṃ samāsa upasarjanam //（P.1.2.43）	于复合词章节中，第一格所指示的是附属词。 [针对经文 P.2.2.19。]
pratigata+gha	upasarjanaṃ pūrvam // （P.2.2.30）	附属词是前部字。
prati+gha	prādibho dhātujasya vācyo vā cottarapadalopaḥ //（Vārttika 1360）	《月光疏》经文 830 的《补释》经文：pratigata 一词的 gata 可以由消隐替换。
pratigha	kṛttaddhitasamāsāśca // （P.1.2.46）	有意义的复合词是名词词基。

小结：

pratigha 是依主释复合词。这种复合词是属于经文“upapadamatiṅ //（P.2.2.19）”所描述的带附加字的必然复合词。必然复合词不存在原形的世俗拆分，prati-gha 表达的是“pratigataṃ ghātayati”的含义。故作为心识的心理状态，prati-gha 强调的是行动，其含义是“使得期待反对者受伤害”；作为心所法，prati-gha 强调的是主动者（kartṛ），其含义是“使得期待反对者受伤害者”。本颂中 pratigha 翻译为：心所法瞋。

mūḍhi

词根：第四类动词词根（divādigaṇa），4.89 muha vaicittye（muh 思想糊涂）。

直接后缀：ktin。

演变过程：

muh+**ktin**	striyāṃ ktin //（P.3.3.94）	要表阴性时，加直接后缀 ktin，表行为等含义。
muh+**ktin**	ārdhadhātukaṃ śeṣaḥ //（P.3.4.114）	ktin 是半界词缀。
muh+ti	tasya lopaḥ //（P.1.3.9）	ktin 的符号 k、n 由消隐替换。
muh+**iṭ**+ti	ārdhadhātukasyeḍvalādeḥ //（P.7.2.35）	在以对收 val 为首位音的半界词缀前，插入联系元音 iṭ。
muh+**ti**	titutratathasisusarakaseṣu ca //（P.7.2.9）	直接后缀 ti 前不加联系元音 iṭ。[ktin 是 aniṭ 词缀。]
muh+ti	yasmātpratyayavidhistadādi pratyaye 'ṅgam //（P.1.4.13）	其后安排了词缀的词，以此词为始，在词缀前叫词干。
m**o**h+ti	pugantalaghūpadhasya ca//（P.7.3.86）	遇到半界和全界词缀时，轻音节词干的排列倒数第二的短元音 i、u、ṛ、ḷ 由二合元音替换。
muh+ti	kṅiti ca //（P.1.1.5）	受 g、k、ṅ 符号的影响，二合、三合元音的替换被禁止。
mu**ḍh**+ti	ho ḍhaḥ //（P.8.2.31）	当遇到辅音时，h 由 ḍh 音替换。
muḍh+**dh**i	jhaṣastathordho 'dhaḥ //（P.8.2.40）	在送气音之后的 t、th 由 dh 音替换。
muḍh+**ḍh**i	ṣṭunā ṣṭuḥ //（P.8.4.41）	与 ṣ 和顶音族结合的 s 音和齿音族由 ṣ 音和顶音族替换。
mu+**ḍh**i	ḍho ḍhe lopaḥ //（P.8.3.13）	在 ḍh 前的 ḍh 音由消隐替换。
m**ū**+ḍhi	ḍhralope pūrvasya dīrgho 'ṇaḥ //（P.6.3.111）	遇到引起消隐的 ḍh 和 r 时，替换前面 a、i、u 元音的是长音。
mūḍhi	kṛttaddhitasamāsāśca //（P.1.2.46）	直接后缀为末的是名词词基。

小结：

解释阴性直接后缀 ktin 的经文 P.3.3.94 在领句经文“bhāve //（P.3.3.18）”的控制之下，所以 mūḍhi 表示行为的已成就状态，翻译为“痴”。即心法（识体）处于“痴”这种心理状态。

经文 P.3.3.94 也在领句经文“akartari ca kārake saṃjñāyām //（P.3.3.19）”的控制之下。在这种情况下，mūḍhi 可以作为非主动者（akartṛ）的造者（kāraka），且是专有名词。若采用作用具（karaṇa）这一造者来表达原因和伴随含义时，那么 mūḍhi 指的是造成心法处于“痴”这种心理状态的另一独立因法——“心所法痴”。本颂采用这种理解。

rāga-pratigha-mūḍhayaḥ

世俗拆分： rāgaś ca pratighaś ca mūḍhiś ca。

非世俗拆分： rāga+su+pratigha+su+mūḍhi+su。

名词词基： rāga（心所法贪）；pratigha（心所法瞋）；mūḍhi（心所法痴）。

演化过程：

rāga+su+ pratigha+su+ mūḍhi+su	cārthe dvaṃdvaḥ // （P.2.2.29）	表示 ca 的意义的是相违释（复合词）。
rāga+su+ pratigha+su+ mūḍhi+su	kṛttaddhitasamāsāśca // （P.1.2.46）	有意义的复合词是名词词基。
rāga+pratigha+mūḍhi	supo dhātuprātipadikayoḥ // （P.2.4.71） pratyayasya lukślulupaḥ // （P.1.1.61）	词根、名词词基中蕴含的格尾由消隐（luk）替换。 luk、ślu、lup 是词缀的消隐替换。消隐是不显现。
rāgapratighamūḍhi	kṛttaddhitasamāsāśca // （P.1.2.46）	有意义的复合词是名词词基。
rāgapratighamūḍhi	paravalliṅgaṃ dvaṃdva-tatpuruṣayoḥ // （P.2.4.26）	相违释和依主释复合词的性如后部字。 [该复合词为阴性。]
rāgapratighamūḍhi+ **jas**	ṅyāpprātipadikāt // （P.4.1.1） svaujasamauṭchaṣ…sup // （P.4.1.2）	在以 ṅī、āp 为末的词后，以及在名词词基后是 su 等格尾。 复数第一格加格尾 jas。
rāgapratighamūḍhi+ as	tasya lopaḥ // （P.1.3.9）	jas 的符号 j 由消隐替换。
rāgapratighamūḍh**e**+ as	jasi ca // （P.7.3.109）	短元音为末的词干遇到复数第一格时，发生二合元音的变化。
rāgapratighamūḍh**ay**+ as	eco 'yavāyāvaḥ // （P.6.1.78）	遇到元音时，复合元音由 ay、av、āv、āy 替换。
rāgapratigha-mūḍhayas	suptiṅantaṃ padam // （P.1.4.14）	以格尾为末的是字。
rāgapratigha-mūḍhaya**r**	sasajuṣo ruḥ // （P.8.2.66）	r 音替换字末的 s 音。

rāgapratigha-mūḍhaya**ḥ**	kharavasānayorvisarjanīyaḥ //（P.8.3.15）	在停顿前，送气音替换字末的 r 音。

小结：

相违释复合词 rāga-pratigha-mūḍhayas 是阴性，复数，第一格，含义是“心所法贪、心所法瞋、心所法痴三者”。

第十二颂

मानदृग्विचिकित्साश्च क्रोधोपनहने पुनः ।
म्रक्षः प्रदाश ईर्ष्याथ मात्सर्यं सह मायया ॥१२॥

māna-dṛg-vicikitsāś ca krodha-upanahane punaḥ /
mrakṣaḥ pradāśa īrṣyā atha mātsaryaṃ saha māyayā //12//

玄奘译：……慢、疑、恶见。随烦恼谓忿、恨、覆、恼、嫉、悭、诳……

真谛译《转识论》：……四慢，五五见，十疑。小惑者，有二十四种：一忿恨，二结怨，三覆藏，四不舍恶，五嫉妒，六悋惜，七欺诳……

霍韬晦译：更有慢、见、疑。复次随烦恼：忿与恨与覆，恼、嫉，与悭、诳，

现译：（烦恼的一类诸心所法是心所法贪、心所法瞋、心所法痴，）以及心所法慢、心所法（恶）见、心所法疑（三者）。复次，心所法忿、心所法恨二者，心所法覆、心所法恼、心所法嫉，以及心所法悭、伴同的心所法诳……

māna

词根：第一类动词词根（bhvādigaṇa），1.1021 māna pūjāyām（mān 敬重）。

直接后缀：ac。

演变过程（一）：

mān+**ṇic**	hetumati ca //（P.3.1.26）	当表达使役含义时，加 ṇic 词缀。[ṇ、c 是符号。]
mān+**ṇic**	ārdhadhātukaṃ śeṣaḥ //（P.3.4.114）	ṇic 是半界词缀。
mān+ṇic	yasmātpratyayavidhistadādi pratyaye 'ṅgam //（P.1.4.13）	其后安排了词缀的词，以此词为始，在词缀前叫词干。
mān+ṇic	sanādyantā dhātavaḥ //（P.3.1.32）	以 ṇic 词缀落尾的“mān+i”是新词根。[ṇic 的 ṇ、c 是符号。]
mān+ṇic+**ac**	erac //（P.3.3.56）	i、ī 音落尾的词根后加直接后缀 ac。
mān+ṇic+**ac**	ārdhadhātukaṃ śeṣaḥ //（P.3.4.114）	ac 是半界词缀。

mān+ṇic+a	tasya lopaḥ //（P.1.3.9）	ac 的符号 c 由消隐替换。
mān+ṇic+**a**	ārdhadhātukasyeḍvalādeḥ //（P.7.2.35）	在以对收 val 为首位音的半界词缀前，插入联系元音 iṭ。 [但 ac 不在其中，是 aniṭ 词缀。]
mān+（ ）+a	ṇeraniṭi //（P.6.4.51）	当遇到 aniṭ 半界词缀时，消隐（lopa）替换前面的 ṇic。
mān+（ ）+a	pratyayalope pratyayalakṣaṇam //（P.1.1.62）	ṇic 词缀消隐后，ṇic 词缀的因还在。
mān+（ ）+a	sanādyantā dhātavaḥ //（P.3.1.32）	“mān+（ ）”仍是新词根。
mān+（ ）+a	yasmātpratyayavidhistadādi pratyaye 'ṅgam //（P.1.4.13）	其后安排了词缀的词，以此词为始，在词缀前叫词干。
mān+a	adarśanaṃ lopaḥ //（P.1.1.60）	不显现的是消隐。
māna	kṛttaddhitasamāsāśca //（P.1.2.46）	直接后缀 ac 为末的 māna 是名词词基。

词根：第十类动词词根（curādigaṇa），10.299 māna pūjāyām（mān 敬重）。

直接后缀：ac。

演变过程（二）：

mān+**ṇic**	satyāpa…cūrādibhyo ṇic //（P.3.1.25）	第十类动词词根本身必须加上 ṇic 词缀，表原义。
mān+**ṇic**	ārdhadhātukaṃ śeṣaḥ //（P.3.4.114）	ṇic 是半界词缀。
mān+ṇic	yasmātpratyayavidhistadādi pratyaye 'ṅgam //（P.1.4.13）	其后安排了词缀的词，以此词为始，在词缀前叫词干。
mān+ṇic	sanādyantā dhātavaḥ //（P.3.1.32）	以 ṇic 词缀落尾的“mān+ṇic”是新词根。
mān+ṇic+**ṇic**	hetumati ca //（P.3.1.26）	当表达使役含义时，加 ṇic 词缀。 [ṇ、c 是符号。]
mān+ṇic+**ṇic**	ārdhadhātukaṃ śeṣaḥ //（P.3.4.114）	第二个 ṇic 是半界词缀。
mān+ṇic+**ṇic**	ārdhadhātukasyeḍvalādeḥ //（P.7.2.35）	在以对收 val 为首位音的半界词缀前，插入联系元音 iṭ。 [但第二个 ṇic 不在其中，属于 aniṭ 词缀。]
mān+（ ）+ṇic	ṇeraniṭi //（P.6.4.51）	当遇到 aniṭ 半界词缀时，消隐（lopa）替换前面的 ṇic。
mān+（ ）**+ṇic**	sanādyantā dhātavaḥ //（P.3.1.32）	以 ṇic 词缀落尾的“mān+（ ）+i”是新词根。 [ṇic 的 ṇ、c 是符号。]

mān+（ ）+ṇic+**ac**	erac // （P.3.3.56）	i、ī 音落尾的词根后加直接后缀 ac。
mān+（ ）+ṇic+**ac**	ārdhadhātukaṃ śeṣaḥ // （P.3.4.114）	ac 是半界词缀。
mān+（ ）+ṇic+a	tasya lopaḥ // （P.1.3.9）	ac 的符号 c 由消隐替换。
mān+（ ）+ṇic+**a**	ārdhadhātukasyeḍvalādeḥ // （P.7.2.35）	在以对收 val 为首位音的半界词缀前，插入联系元音 iṭ。 [但 ac 不在其中，为 aniṭ 词缀。]
mān+（ ）+（ ）+a	ṇeraniṭi // （P.6.4.51）	当遇到 aniṭ 半界词缀时，消隐（lopa）替换前面的 ṇic。
mān+（ ）+（ ）+a	pratyayalope pratyayalakṣaṇam // （P.1.1.62）	ṇic 词缀消隐后，ṇic 词缀的因还在。
mān+（ ）+（ ）+a	sanādyantā dhātavaḥ // （P.3.1.32）	“mān+（ ）+（ ）”仍是新词根。
mān+（ ）+（ ）+a	yasmātpratyayavidhistadādi pratyaye 'ṅgam //（P.1.4.13）	其后安排了词缀的词，以此词为始，在词缀前叫词干。
mān+a	adarśanaṃ lopaḥ // （P.1.1.60）	不显现的是消隐。
māna	kṛttaddhitasamāsāśca // （P.1.2.46）	直接后缀为末的是名词词基。

小结：

在以上两种演变过程中，māna 的词根含义是“尊敬”，因此要表达“傲慢”的含义，必须增加表使役的 ṇic 词缀，接着再加直接后缀 ac。经文 P.3.3.56 在领句经文 P.3.3.18、P.3.3.19 控制之下。

由“bhāve //（P.3.3.18）”可知，加直接后缀 ac 表达的是词根所代表的运动和行为达到的已成就状态，māna 翻译为“慢”。即心法（识体）处于“慢”这种心理状态。

由“akartari ca kārake samjñāyām //（P.3.3.19）”可知，加直接后缀 ac 也可以作为非主动者（akartṛ）的造者（kāraka），且是专有名词。若采用作用具（karaṇa）这一造者来表达俱时的原因时，那么 māna 指的是造成心法处于“慢”这种心理状态的另一独立因法——“心所法慢”。本颂采用这种理解。

dṛg（dṛk）

词根：第一类动词词根（bhvādigaṇa），1.1037 dṛśir prekṣaṇe（dṛś 观看）。

直接后缀：kvip。

演变过程：

dṛś	bhūvādayo dhātavaḥ //（P.1.3.1）	bhū 等是动词词根。
dṛś+**kvip**	anyebhyo 'pi dṛśyate //（P.3.2.178）	在上一经文提到的词根之外的词根后加零词缀，表达有某一习惯、能力的行为主体。
dṛś+**kvip**	ārdhadhātukaṃ śeṣaḥ //（P.3.4.114）	全界词缀之外的（kvip）是半界词缀。
dṛś+v	tasya lopaḥ //（P.1.3.9）	kvip 的符号 k、p 由消隐替换。[i 音是为了发音的方便。]
dṛś+（ ）	verapṛktasya //（P.6.1.67）	作为单一字符 v 的词缀由消隐（lopa）替换。
dṛś+（ ）	pratyayalope pratyayalakṣaṇam //（P.1.1.62）	词缀消隐后，词缀的因还在。
dṛś+（ ）	yasmātpratyayavidhistadādi pratyaye 'ṅgam //（P.1.4.13）	其后安排了词缀的词，以此词为始，在词缀前叫词干。
dṛś	adarśanaṃ lopaḥ //（P.1.1.60）	不显现的是消隐。
dṛ**k**	kvinpratyayasya kuḥ //（P.8.2.62）	喉音替换以 kvin 为词缀的词的尾音。[kvip 也类似。]
dṛk	kṛttaddhitasamāsāśca //（P.1.2.46）	直接后缀 kvip 为末的 dṛk 是名词词基。

小结：

dṛk 是指有看的能力或习惯的行为主体，所以指的是“心所法（恶）见”。

对于心识来说，“心所法见”所造成的状态，在《大乘五蕴论》中称作“dṛṣṭi”（见）。dṛṣṭi 是词根 dṛś 加 ktin 词缀，表行为的已成就状态（bhāva）的含义，即“见这种心理状态”。

由此可见，对于常说的“心所法”的梵语词汇来说，《大乘五蕴论》是从心识所处的状态意义上来选择词汇的。这也反映了五蕴中“受、想、行”这三蕴的古老含义是“心理状态”的意思。例如对于世亲的《大乘五蕴论》中的一句，“saṃskārāḥ katame / vedanā-sañjñābhyām anye caitasikā dharmāś citta-viprayuktāś ca //”[①]，玄奘的翻译是“云何行蕴？谓除受想，诸余心法及心不相应行”。其中 caitasikā dharmā 被玄奘翻译为“心法”，似乎强调的是“心识的状态”的意思。另外，《大乘五蕴论》中在解释与心相应的行蕴中的诸法时，玄奘的翻译经常加了“性”字以强调是“心的”（cetasas）“状态”。而在《唯识三十颂》中，caitasa（心所法）则是专指造成各种心理状态的另一独立因法——心所法本身，即由阿赖耶识的种子所生的独立的法。

① Xuezhu Li（李学竹）& Ernst Steinkellner, *Vasubandhu's Pañcaskandhaka*, Beijing: China Tibetology Publishing House, 2008, p. 4.

vicikitsā

词根：第三类动词词根（juhotyādigaṇa），3.20 kita jñāne（kit 确认）。

近置词：vi（virodhe 反面，rodhe 妨碍）。[依据：upasargāḥ kriyāyoge //（P.1.4.59）。]

直接后缀：a。

阴性词缀：ṭāp。

演变过程：

kit+**san**	guptijkidbhyaḥ san //（P.3.1.5）	在词根 gup、tij、kit 后加词缀 san。
kikit+san	sanyaṅoḥ //（P.6.1.9）	san、yaṅ 落尾的第一个音节变成两个。
cikit+san	kuhoścuḥ //（P.7.4.62）	重复音节 ka 一族和 h 音由 ca 一族替换。
cikit+sa	tasya lopaḥ //（P.1.3.9）	san 的符号 n 由消隐替换。
cikitsa	sanādyantā dhātavaḥ //（P.3.1.32）	以 san 落尾的 cikitsa 是新词根。
vi+cikitsa+**a**	a pratyayāt //（P.3.3.102）	当形成阴性词时，有词根词缀的词根后加直接后缀 a。
vi+cikitsa+**a**	ārdhadhātukaṃ śeṣaḥ //（P.3.4.114）	全界词缀之外的（a）是半界词缀。
vi+**cikitsa**+a	yasmātpratyayavidhistadādi pratyaye 'ṅgam //（P.1.4.13）	其后安排了词缀的词，以此词为始，在词缀前叫词干。
vi+cikits+**a**	ato guṇe //（P.6.1.97）	非字末的 a 音遇到二合元音时，后面的元音形式是唯一的替代。
vicikitsa	kṛttaddhitasamāsāśca //（P.1.2.46）	以直接后缀为末的是名词词基。
vicikitsa+**ṭāp**	ajādyataṣṭāp //（P.4.1.4）	aja 等以及以 a 为末音的，于阴性时，加 ṭāp。
vicikitsa+ā	tasya lopaḥ //（P.1.3.9）	ṭāp 的符号 ṭ、p 由消隐替换。
vicikits**ā**	akaḥ savarṇe dīrghaḥ //（P.6.1.101）	以 ak 为对收的末音后遇同类音时，一长音替换前后两音位。

小结：

解释直接后缀 a 的经文 P.3.3.102 在领句经文“bhāve //（P.3.3.18）”的控制之下，所以 vicikitsā 表示行为的已成就状态，表达心法（识体）的“怀疑”这种心理状态。

经文 P.3.3.102 也在领句经文“akartari ca kārake saṃjñāyām //（P.3.3.19）”的控制之下。因此 vicikitsā 可以作为非主动者（akartṛ）的造者（kāraka)，且是专有名词。如果

采用作用具（karaṇa）这一造者来表达俱时的原因时，那么 vicikitsā 指的是造成心法的“疑”这种心理状态的另一独立因法——“心所法疑”。本颂采用这种理解。

māna-dṛg-vicikitsāś

世俗拆分： mānaś ca dṛk ca vicikitsā ca。

非世俗拆分： māna+su+dṛk+su+vicikitsā+su。

名词词基： māna（心所法慢）；dṛk[心所法（恶）见]；vicikitsā（心所法疑）。

演化过程：

māna+su+dṛk+su+ vicikitsā+su	cārthe dvaṃdvaḥ //（P.2.2.29）	表示 ca 的意义的是相违释（复合词）。
māna+su+dṛk+su+ vicikitsā+su	kṛttaddhitasamāsāśca //（P.1.2.46）	有意义的复合词是名词词基。
māna+dṛk+vicikitsā	supo dhātuprātipadikayoḥ //（P.2.4.71） pratyayasya lukślulupaḥ //（P.1.1.61）	词根、名词词基中蕴含的格尾由消隐（luk）替换。 luk、ślu、lup 是词缀的消隐替换。消隐是不显现。
māna+dṛ**g**+vicikitsā	jhalāṃ jaśo 'nte //（P.8.2.39）	字末的 jhal 对收音由 jaś 对收音替换。
mānadṛgvicikitsā	kṛttaddhitasamāsāśca //（P.1.2.46）	有意义的复合词是名词词基。
mānadṛgvicikitsā	paravalliṅgaṃ dvaṃdva-tatpuruṣayoḥ //（P.2.4.26）	相违释和依主释复合词的性如后部字。[该复合词为阴性。]
mānadṛgvicikitsā+**jas**	ṅyāpprātipadikāt //（P.4.1.1） svaujasamauṭchaṣ…sup //（P.4.1.2）	在以 ṅī、āp 为末的词后，以及在名词词基后是 su 等格尾。 复数第一格加格尾 jas。
mānadṛgvicikitsā+as	tasya lopaḥ //（P.1.3.9）	jas 的符号 j 由消隐替换。
mānadṛgvicikits+**ā**+s	prathamayoḥ pūrvasavarṇaḥ //（P.6.1.102）	非复合元音后遇到前两格的元音时，前面元音的同类长音是前后两音位的唯一替代。
mānadṛgvicikitsās	suptiṅantaṃ padam //（P.1.4.14）	以格尾为末的是字。
mānadṛgvicikitsā**r**	sasajuṣo ruḥ //（P.8.2.66）	r 音替换字末的 s 音。
mānadṛgvicikitsā**ḥ**	kharavasānayorvisarjanīyaḥ //（P.8.3.15）	在清辅音和停顿前，送气音替换字末的 r 音。

mānadṛgvicikitsā**s**	visarjanīyasya saḥ //（P.8.3.34）	在清辅音前，s 音替换送气音。
mānadṛgvicikitsā**ś**	stoḥ ścunā ścuḥ //（P.8.4.40）	ś 和腭音族取代与 ś 和腭音族（结合的）s 和齿音族。

小结：

māna-dṛg-vicikitsās 是相违释复合词，阴性，复数，第一格，含义是“心所法慢、心所法（恶）见、心所法疑”。

ca

名词词基：ca（和）。

演变过程：

ca	arthavadadhāturapratyayaḥ prātipadikam //（P.1.2.45）	既非词根，亦非词缀，有意义的（词）是名词词基。 [ca 是不可拆分（avyutpanna）的名词词基。]
ca+**sup**	ṅyāpprātipadikāt //（P.4.1.1） svaujasamauṭchaṣ…sup //（P.4.1.2）	在以 ṅī、āp 为末的词后，以及在名词词基后是 su 等格尾。 根据需要加某一 sup 格尾。
ca+sup	cādayo 'sattve //（P.1.4.57）	非实物意义的 ca 等词是投词（nipāta）。
ca+sup	svarādinipātamavyayam //（P.1.1.37）	投词 ca 是不变词。
ca+（ ）	avyayādāpsupaḥ //（P.2.4.82）	消隐（luk）替换不变词后的格尾。
ca	pratyayasya lukślulupaḥ //（P.1.1.61）	luk、ślu、lup 是词缀的消隐替换。消隐是不显现。
ca	pratyayalope pratyayalakṣaṇam //（P.1.1.62）	词缀消隐后，词缀的因还在。
ca	suptiṅantaṃ padam //（P.1.4.14）	以格尾为末的 ca 是字。

小结：

ca 是投词，不变词，意为“和”。

krodha

词根：第四类动词词根（divādigaṇa），4.80 krudha krope（krudh 生气）。

直接后缀：ghañ。

演变过程：

krudh+**ghañ**	bhāve // （P.3.3.18） 或 akartari ca kārake saṃjñāyām // （P.3.3.19）	当表达达到已成就状态的词根意义时，词根后加 ghañ 词缀。 当作术语时，（加 ghañ 词缀）也表示造者，但主动者除外。
krudh+**ghañ**	ārdhadhātukaṃ śeṣaḥ // （P.3.4.114）	全界词缀之外的（ghañ）是半界词缀。
krudh+a	tasya lopaḥ // （P.1.3.9）	ghañ 的符号 gh、ñ 由消隐替换。
krudh+a	yasmātpratyayavidhistadādi pratyaye 'ṅgam //（P.1.4.13）	其后安排了词缀的词，以此词为始，在词缀前叫词干。
kr**o**dh+a	pugantalaghūpadhasya ca // （P.7.3.86）	遇到半界和全界词缀时，轻音节词干的排列倒数第二的短元音 i、u、ṛ、ḷ 由二合元音替换。
krodha	kṛttaddhitasamāsāśca // （P.1.2.46）	直接后缀 ghañ 为末的 krodha 是名词词基。

小结：

krodha 如果是依据“bhāve //（P.3.3.18）”加直接后缀 ghañ 而成的话，表达的是词根所代表的运动和行为达到的已成就状态，翻译为“忿”。即心法（识体）处于“忿”这种心理状态。

若 krodha 是依据经文“akartari ca kārake samjñāyām //（P.3.3.19）”加直接后缀 ghañ 而成的话，那么 krodha 可以作为非主动者（akartṛ）的造者（kāraka），且是专有名词。若采用作用具（karaṇa）这一造者来表达俱时的原因时，那么 krodha 指的是造成心法处于“忿”这种心理状态的另一独立因法——“心所法忿”。本颂采用这种理解。

upanahana

词根：第四类动词词根（divādigaṇa），4.57 ṇaha bandhane（nah 捆）。

近置词：upa（sāmīpye 靠近）。[依据：upasargāḥ kriyāyoge //（P.1.4.59）。]

直接后缀：lyuṭ。

演变过程：

ṇaha	bhūvādayo dhātavaḥ // （P.1.3.1）	ṇaha 是词根。
ṇah	tasya lopaḥ // （P.1.3.9）	ṇaha 的符号 a 由消隐替换。
nah	ṇo naḥ // （P.6.1.65）	词根首位的 ṇ 音由 n 音替换。
upa+nah+**lyuṭ**	lyuṭ ca // （P.3.3.115） 或 karaṇādhikaraṇayośca // （P.3.3.117）	当作为中性名词表达词根意义的行动和行为时，加 lyuṭ 后缀。 加 lyuṭ 后缀的词可以表达作用具或场所这两种造者的含义。
upa+nah+**lyuṭ**	ārdhadhātukaṃ śeṣaḥ // （P.3.4.114）	全界词缀之外的（lyuṭ）是半界词缀。
upa+nah+yu	tasya lopaḥ // （P.1.3.9）	lyuṭ 的符号 l、ṭ 由消隐替换。
upa+nah+**ana**	yuvoranākau // （P.7.1.1）	yu 和 vu 由 ana 和 aka 替换。
upa+**nah**+ana	yasmātpratyayavidhistadādi pratyaye 'ṅgam //（P.1.4.13）	其后安排了词缀的词，以此词为始，在词缀前叫词干。
upanahana	kṛttaddhitasamāsāśca // （P.1.2.46）	直接后缀 lyuṭ 为末的 upanaha 是名词词基。

小结：

upanahana 是加直接后缀 lyuṭ 形成的。根据经文 P.3.3.115，upanahana 是表达“靠近去捆缚”“结怨”“恨”含义的动名词，而且是中性。这主要是指心法（识体）的行为状态。

另一方面，upanahana 加直接后缀 lyuṭ 也可依据的经文 P.3.3.117，此时 upanahana 可以表达作用具和场所的含义。如果作为原因采用作用具（karaṇa）这种造者，那么 upanahana 指的是造成心法处于“恨”这种心理活动状态的因法——“心所法恨”。本颂采用这种理解。该词是中性。

krodha-upanahane

世俗拆分：krodhaś ca upanahanaṃ ca。

非世俗拆分：krodha+su+upanahana+su。

名词词基：krodha（心所法忿）；upanahana（心所法恨）。

演化过程：

krodha+su+ **upanahana+su**	cārthe dvaṃdvaḥ // （P.2.2.29）	表示 ca 的意义的是相违释（复合词）。

krodha+su+upanahana+su	kṛttaddhitasamāsāśca //（P.1.2.46）	有意义的复合词是名词词基。
krodha+upanahana	supo dhātuprātipadikayoḥ //（P.2.4.71） pratyayasya lukślulupaḥ //（P.1.1.61）	词根、名词词基中蕴含的格尾由消隐（luk）替换。 luk、ślu、lup 是词缀的消隐替换。消隐是不显现。
krodh+**o**+panahana	ādguṇaḥ //（P.6.1.87）	a 音后遇元音时，由一个二合元音替换前后两音位。
krodhopanahana	kṛttaddhitasamāsāśca //（P.1.2.46）	有意义的复合词是名词词基。
krodhopanahana	paravalliṅgaṃ dvaṃdva-tatpuruṣayoḥ //（P.2.4.26）	相违释和依主释复合词的性如后部字。[该复合词为中性。]
krodhopanahana+**au**	ṅyāpprātipadikāt //（P.4.1.1） svaujasamauṭchaṣ…sup //（P.4.1.2）	在以 ṅī、āp 为末的词后，以及在名词词基后是 su 等格尾。 双数第一格加格尾 au。
krodhopanahana+**śī**	napuṃsakācca //（P.7.1.19）	于中性词之后也由 śī 替换 au。
krodhopanahana+ī	tasya lopaḥ //（P.1.3.9）	śī 的符号 ś 由消隐替换。
krodhopanahan+**e**	ādguṇaḥ //（P.6.1.87）	a 音后遇元音时，由一个二合元音替换前后两音位。
krodhopanahane	suptiṅantaṃ padam //（P.1.4.14）	以格尾为末的是字。

小结：

krodha-upanahane 是相违释复合词，中性，双数，第一格，含义是“心所法忿、心所法恨”。

punaḥ

名词词基：punar（再，又）。

演变过程：

punar	arthavadadhāturapratyayaḥ prātipadikam //（P.1.2.45）	既非词根，亦非词缀，有意义的（词）是名词词基。 [punar 是不可拆分（avyutpanna）的名词词基。]
punar+**sup**	ṅyāpprātipadikāt //	在以 ṅī、āp 为末的词后，以及在名词

	（P.4.1.1） svaujasamauṭchaṣ…sup //（P.4.1.2）	词基后是 su 等格尾。 根据需要加某一 sup 格尾。
punar+sup	svarādinipātamavyayam //（P.1.1.37）	在 svar 为首的群中的 punar 是不变词。
punar+（ ）	avyayādāpsupaḥ //（P.2.4.82）	消隐（luk）替换不变词后的格尾。
punar	pratyayasya lukślulupaḥ //（P.1.1.61）	luk、ślu、lup 是词缀的消隐替换。消隐是不显现。
punar	pratyayalope pratyayalakṣaṇam //（P.1.1.62）	词缀消隐后，词缀的因还在。
punar	suptiṅantaṃ padam //（P.1.4.14）	以格尾为末的 punar 是字。
punaḥ	kharavasānayorvisarjanīyaḥ //（P.8.3.15）	在停顿前，送气音替换字末的 r 音。

小结：

punar 是 svarādi 群中的不变词，意为“又”“再”“复次”。

mrakṣaḥ

词根：第十类动词词根（curādigaṇa），10.120 mrakṣa mlecchane（mrakṣ 含糊地说）。

直接后缀：ac。

演变过程：

mrakṣ+**ṇic**	satyāpa…cūrādibhyo ṇic //（P.3.1.25）	第十类动词词根本身必须加上 ṇic 词缀，表原义。
mrakṣ+**ṇic**	ārdhadhātukaṃ śeṣaḥ //（P.3.4.114）	ṇic 是半界词缀。
mrakṣ+ṇic	yasmātpratyayavidhistadādi pratyaye 'ṅgam //（P.1.4.13）	其后安排了词缀的词，以此词为始，在词缀前叫词干。
mrakṣ+ṇic	sanādyantā dhātavaḥ //（P.3.1.32）	以 ṇic 词缀落尾的“mrakṣ+i”是新词根。 [ṇic 的 ṇ、c 是符号。]
mrakṣ+ṇic+**ac**	erac //（P.3.3.56）	i、ī 音落尾的词根后加直接后缀 ac。
mrakṣ+ṇic+**ac**	ārdhadhātukaṃ śeṣaḥ //（P.3.4.114）	全界词缀之外的（ac）是半界词缀。
mrakṣ+ṇic+a	tasya lopaḥ //（P.1.3.9）	ac 的符号 c 由消隐替换。

mrakṣ+ṇic+**a**	ārdhadhātukasyeḍvalādeḥ //（P.7.2.35）	在以对收 val 为首位音的半界词缀前，插入联系元音 iṭ。[但 ac 不在其中，为 aniṭ 词缀。]
mrakṣ+（ ）+a	ṇeraniṭi //（P.6.4.51）	当遇到 aniṭ 半界词缀时，消隐（lopa）替换前面的 ṇic。
mrakṣ+（ ）+a	pratyayalope pratyayalakṣaṇam //（P.1.1.62）	ṇic 词缀消隐后，ṇic 词缀的因还在。
mrakṣ+（ ）+a	sanādyantā dhātavaḥ //（P.3.1.32）	"mrakṣ+（ ）"仍是新词根。
mrakṣ+（ ）+a	yasmātpratyayavidhistadādi pratyaye 'ṅgam //（P.1.4.13）	其后安排了词缀的词，以此词为始，在词缀前叫词干。
mrakṣ+a	adarśanaṃ lopaḥ //（P.1.1.60）	不显现的是消隐。
mrakṣa	kṛttaddhitasamāsāśca //（P.1.2.46）	直接后缀为末的是名词词基。
mrakṣa+**su**	ṅyāpprātipadikāt //（P.4.1.1） svaujasamauṭchaṣ…sup //（P.4.1.2）	在以 ṅī、āp 为末的词后，以及在名词词基后是 su 等格尾。 单数第一格加格尾 su。
mrakṣa+s	tasya lopaḥ //（P.1.3.9）	su 的符号 u 由消隐替换。
mrakṣas	suptiṅantaṃ padam //（P.1.4.14）	以格尾为末的是字。
mrakṣa**r**	sasajuṣo ruḥ //（P.8.2.66）	r 音替换字末的 s 音。
mrakṣa**ḥ**	kharavasānayorvisarjanīyaḥ //（P.8.3.15）	在清辅音和停顿前，送气音替换字末的 r 音。
mrakṣa**s**	visarjanīyasya saḥ //（P.8.3.34）	在清辅音前，s 音替换送气音。
mrakṣa**ḥ**	kupvoḥ≍ka≍pau ca //（P.8.3.37）	在喉音和唇音前，送气音替换送气音也是一种选择。

小结：

P.3.3.56 经文在领句经文 P.3.3.18 和 P.3.3.19 的控制之下。

经文"bhāve //（P.3.3.18）"表明，加直接后缀 ac 的 mrakṣa 表达的是词根所代表的运动和行为达到的已成就状态，即"含糊地掩饰自己的错误"的状态，翻译为"覆"。即心法（识体）处于"覆"这种心理状态。

经文"akartari ca kārake saṃjñāyām //（P.3.3.19）"表明，加直接后缀 ac 的 mrakṣa 可以作为非主动者（akartṛ）的造者（kāraka），且是专有名词。若采用作用具（karaṇa）这一造者来表达俱时的原因时，那么 mrakṣa 指的是造成心法处于"覆"这种心理状态的另一独立因法——“心所法覆”。本颂采用这种理解。

mrakṣas 是阳性，单数，第一格，含义是“心所法覆”。

pradāśa

词根：第一类动词词根（bhvādigaṇa），1.1038 danśa danśane（danś 叮咬）。

近置词：pra（hiṃsāyām 伤害）。[依据：upasargāḥ kriyāyoge //（P.1.4.59）]。

直接后缀：ṭa。

演变过程（一）：

danś	bhūvādayo dhātavaḥ //（P.1.3.1）	bhū 等是词根。
pra+da+**ā**+ś+**ṭa**	daṃśeśca //（Uṇādisūtra 5.11）	词根 danś 后加直接后缀 ṭa，且词根的 n 音由 ā 音替换。
pra+d+**ā**+ś+ṭa	akaḥ savarṇe dīrghaḥ //（P.6.1.101）	以 ak 为对收的末音后遇同类音时，一长音替换前后两音位。
pra+dāś+**ṭa**	ārdhadhātukaṃ śeṣaḥ //（P.3.4.114）	全界词缀之外的（ṭa）是半界词缀。
pra+dāś+a	tasya lopaḥ //（P.1.3.9）	ṭa 的符号 ṭ 由消隐替换。
pra+**dāś**+a	yasmātpratyayavidhistadādi pratyaye 'ṅgam //（P.1.4.13）	其后安排了词缀的词，以此词为始，在词缀前叫词干。
pradāśa	kṛttaddhitasamāsāśca //（P.1.2.46）	直接后缀为末的是名词词基。
pradāśa+**su**	ṅyāpprātipadikāt //（P.4.1.1） svaujasamauṭchaṣ…sup //（P.4.1.2）	在以 ṅī、āp 为末的词后，以及在名词词基后是 su 等格尾。 单数第一格加格尾 su。
pradāśa+s	tasya lopaḥ //（P.1.3.9）	su 的符号 u 由消隐替换。
pradāśas	suptiṅantaṃ padam //（P.1.4.14）	以格尾为末的是字。
pradāśa**r**	sasajuṣo ruḥ //（P.8.2.66）	r 音替换字末的 s 音。
pradāśa**y**	bho-bha-go-agho-a-pūrvasya yo 'śi //（P.8.3.17）	在下一浊音（ī）前，a、ā 在前的 r 音由 y 音替换。
pradāśa	lopaḥ śākalyasya //（P.8.3.19）	根据沙迦略的观点，当遇到以 aś 为对收的浊音随后时，有 a 字符在其前的字末的 y 和 v 可以发生消隐替换。

词根：第五类动词词根（svādigaṇa），5.33 dāśa hiṃsāyām（dāś 伤害）。

近置词：pra（hiṃsāyām 伤害）。[依据：upasargāḥ kriyāyoge //（P.1.4.59）]。

直接后缀：ghañ。

演变过程（二）：

pra+dāś+**ghañ**	bhāve // （P.3.3.18） 或 akartari ca kārake saṃjñāyām // （P.3.3.19）	当表达达到已成就状态的词根意义时，词根后加 ghañ 词缀。 当作术语时，（加 ghañ 词缀）也表示造者，但主动者除外。
pra+dāś+**ghañ**	ārdhadhātukaṃ śeṣaḥ // （P.3.4.114）	全界词缀之外的（ghañ）是半界词缀。
pra+dāś+a	tasya lopaḥ // （P.1.3.9）	ghañ 的符号 gh、ñ 由消隐替换。
pra+**dāś**+a	yasmātpratyayavidhistadādi pratyaye ’ṅgam //（P.1.4.13）	其后安排了词缀的词，以此词为始，在词缀前叫词干。
pradāśa	kṛttaddhitasamāsāśca // （P.1.2.46）	直接后缀为末的是名词词基。
pradāśa+**su**	ṅyāpprātipadikāt // （P.4.1.1） svaujasamauṭchaṣ…sup // （P.4.1.2）	在以 ṅī、āp 为末的词后，以及在名词词基后是 su 等格尾。 单数第一格加格尾 su。
pradāśa+s	tasya lopaḥ // （P.1.3.9）	su 的符号 u 由消隐替换。
pradāśas	suptiṅantaṃ padam // （P.1.4.14）	以格尾为末的是字。
pradāśa**r**	sasajuṣo ruḥ // （P.8.2.66）	r 音替换字末的 s 音。
pradāśa**y**	bho-bha-go-agho-a-pūrvasya yo ’śi //（P.8.3.17）	在下一浊音（ī）前，a、ā 在前的 r 音由 y 音替换。
pradāśa	lopaḥ śākalyasya // （P.8.3.19）	根据沙迦略的观点，当遇到以 aś 为对收的浊音随后时，有 a 字符在其前的字末的 y 和 v 可以发生消隐替换。

小结：

在演变过程（一）中，pradāśa 也许有“蛆”的意思。

在演变过程（二）中，pradāśa 如果是依据“bhāve //（P.3.3.18）”加直接后缀 ghañ 而成的话，表达的是词根所代表的运动和行为达到的已成就状态，翻译为“恼”。即心法（识体）处于“恼”这种心理状态。

若 pradāśa 是依据经文“akartari ca kārake samjñāyām //（P.3.3.19）”加直接后缀 ghañ 而成的话，那么 pradāśa 可以作为非主动者（akartṛ）的造者（kāraka），且是专有名词。

若采用作用具（karaṇa）这一造者来表达俱时的原因时，那么 pradāśa 指的是造成心法处于“恼”这种心理状态的另一独立因法——“心所法恼”。本颂采用这种理解。

pradāśas 是阳性，单数，第一格，含义是“心所法恼”。

īrṣyā

词根：第一类动词词根（bhvādigaṇa），1.544 īrṣya（īrṣy 嫉妒）。

直接后缀：a。

阴性词缀：ṭāp。

演变过程：

īrṣy+**a**	gurośca halaḥ //（P.3.3.103）	若要形成阴性词时，辅音为末的有重音节的词根后加直接后缀 a。
īrṣy+**a**	ārdhadhātukaṃ śeṣaḥ //（P.3.4.114）	全界词缀之外的（a）是半界词缀。
īrṣy+a	yasmātpratyayavidhistadādi pratyaye 'ṅgam //（P.1.4.13）	其后安排了词缀的词，以此词为始，在词缀前叫词干。
īrṣya	kṛttaddhitasamāsāśca //（P.1.2.46）	直接后缀为末的是名词词基。
īrṣya+**ṭāp**	ajādyataṣṭāp //（P.4.1.4）	aja 等以及以 a 为末音的，于阴性时，加 ṭāp。
īrṣya+ā	tasya lopaḥ //（P.1.3.9）	ṭāp 的符号 ṭ、p 由消隐替换。
īrṣy**ā**	akaḥ savarṇe dīrghaḥ //（P.6.1.101）	以 ak 为对收的末音后遇同类音时，一长音替换前后两音位。
īrṣyā+**su**	ṅyāpprātipadikāt //（P.4.1.1） svaujasamauṭchaṣ…sup //（P.4.1.2）	在以 ṅī、āp 为末的词后，以及在名词词基后是 su 等格尾。 单数第一格加格尾 su。
īrṣyā+s	tasya lopaḥ //（P.1.3.9）	su 的符号 u 由消隐替换。
īrṣyā+（ ）	halṅyābbhyo dīrghāt sutisy-apṛktaṃ hal //（P.6.1.68）	在辅音后，在保留长音的 ṅī、āp 后，格尾 su、语尾 tip、sip 的单辅音词缀由消隐（lopa）替换。
īrṣyā	adarśanaṃ lopaḥ //（P.1.1.60）	不显现的是消隐。
īrṣyā	pratyayalope pratyayalakṣaṇam //（P.1.1.62）	词缀消隐后，词缀的因还在。
īrṣyā	suptiṅantaṃ padam //（P.1.4.14）	以格尾为末的是字。

小结：

解释直接后缀 a 的经文 P.3.3.103 在领句经文“bhāve //（P.3.3.18）”的控制之下，所以 īrṣyā 表示行为的已成就状态，表达心法（识体）的“嫉妒”的状态。

经文 P.3.3.103 也在领句经文“akartari ca kārake saṃjñāyāṃ //（P.3.3.19）”的控制之下。在这种情况下，īrṣyā 可以作为非主动者（akartṛ）的造者（kāraka），且是专有名词。如果采用作用具（karaṇa）这一造者来表达俱时的原因时，那么 īrṣyā 指的是造成心法“嫉”的因法——心所法嫉。本颂采用这种理解。

īrṣyā 是阴性，单数，第一格，含义是“心所法嫉”。

atha

名词词基：atha（然后，进一步）。

演变过程：

atha	arthavadadhāturapratyayaḥ prātipadikam //（P.1.2.45）	既非词根，亦非词缀，有意义的（词）是名词词基。 [atha 是不可拆分（avyutpanna）的名词词基。]
atha+**sup**	ṅyāpprātipadikāt //（P.4.1.1） svaujasamauṭchaṣ…sup //（P.4.1.2）	在以 ṅī、āp 为末的词后，以及在名词词基后是 su 等格尾。 根据需要加某一 sup 格尾。
atha+sup	cādayo 'sattve //（P.1.4.57）	非实物意义的 ca 等词是投词（nipāta）。
atha+sup	svarādinipātamavyayam //（P.1.1.37）	投词 atha 是不变词。
atha+（ ）	avyayādāpsupaḥ //（P.2.4.82）	消隐（luk）替换不变词后的格尾。
atha	pratyayasya lukślulupaḥ //（P.1.1.61）	luk、ślu、lup 是词缀的消隐替换。消隐是不显现。
atha	pratyayalope pratyayalakṣaṇam //（P.1.1.62）	词缀消隐后，词缀的因还在。
atha	suptiṅantaṃ padam //（P.1.4.14）	以格尾为末的 atha 是字。

小结：

atha 是投词，不变词，意为“然后”“进一步”“以及”。

matsara

词根：第四类动词词根（divādigaṇa），4.99 madī harṣe（mad 高兴）。

直接后缀：saran。

演变过程：

mad+**saran**	kṛdhūmadibhyaḥ kit //（Uṇādisūtra 3.73）	词根 kṛ、dhū、mad 后加直接后缀 saran，并作有 k 符号的词缀处理。
mad+**saran**	ārdhadhātukaṃ śeṣaḥ //（P.3.4.114）	直接后缀 saran 是半界词缀。
mad+sara	tasya lopaḥ //（P.1.3.9）	saran 的符号 n 由消隐替换。
mad+**iṭ**+sara	ārdhadhātukasyeḍvalādeḥ //（P.7.2.35）	在以对收 val 为首位音的半界词缀前，插入联系元音 iṭ。
mad+sara	titutratathasisusarakaseṣu ca //（P.7.2.9）	直接后缀 saran 前不加联系元音 iṭ。
mad+sara	yasmātpratyayavidhistadādi pratyaye 'ṅgam //（P.1.4.13）	其后安排了词缀的词，以此词为始，在词缀前叫词干。
ma**t**+sara	khari ca //（P.8.4.55）	在清辅音前，非送气清音和咝音替换除半元音以外的辅音。
matsara	kṛttaddhitasamāsāśca //（P.1.2.46）	以直接后缀为末的是名词词基。

小结：

matsara 在吠陀梵语中是“使开心”的含义，但在古典梵语中是“嫉妒”“贪婪”“自私”“小气”的含义。

mātsarya

世俗拆分：matsarasya bhāvaḥ karma vā。

非世俗拆分：matsara+ṅas+ṇyañ。

名词词基：matsara（小气）。

派生词缀：ṇyañ。

演变过程：

matsara+ṇas+ṇyañ	guṇavacanabrāhmaṇādibhyaḥ karmaṇi ca //（P.5.1.124）	于表性质的词后加派生词缀 ṇyañ，以表状态或行为的含义。
matsara+ṇas+ṇyañ	kṛttaddhitasamāsāśca //（P.1.2.46）	以派生词缀为尾的是名词词基。

matsara+ṇyañ	supo dhātuprātipadikayoḥ //（P.2.4.71） pratyayasya lukślulupaḥ //（P.1.1.61）	词根、名词词基中蕴含的格尾由消隐（luk）替换。 luk、ślu、lup 是词缀的消隐替换。消隐是不显现。
matsara+ṇyañ	yasmātpratyayavidhistadādi pratyaye 'ṅgam //（P.1.4.13）	其后安排了词缀的词，以此词为始，在词缀前叫词干。
m**ā**tsara+ṇyañ	taddhiteṣvacāmādeḥ //（P.7.2.117）	在带有 ñ、ṇ 符号的派生词缀前，首位元音由三合元音替换。
mātsara+ya	tasya lopaḥ //（P.1.3.9）	ṇyañ 的符号 ṇ、ñ 由消隐替换。
mātsara+ya	yaci bham //（P.1.4.18）	以 y 音或元音为首位音的格尾以及部分派生词缀前的词干，称作 bha 词干。
mātsar+ya	yasyeti ca //（P.6.4.148）	遇到派生词缀或 ī 音时，替换 bha 词干末尾的 i、ī 和 a、ā 的是消隐（lopa）。
mātsarya	kṛttaddhitasamāsāśca //（P.1.2.46）	派生词缀为末的是名词词基。

小结：

matsara 加派生词缀 ṇyañ 构成 mātsarya 表达状态和行为的含义。

mātsarya 应该指心法（识体）所处的"悭"这种心理状态。该词为中性。

mātsaryaṃ

世俗拆分：mātsaryasya idam。

非世俗拆分：mātsarya+ṅas+aṇ。

名词词基：mātsarya（"悭"这种心理状态）。

派生词缀：aṇ。

演变过程：

mātsarya+ṇas+**aṇ**	tasyedam //（P.4.3.120）	派生词缀 aṇ 加在第六格的词后，表"这是他的"。
mātsarya+ṇas+aṇ	kṛttaddhitasamāsāśca //（P.1.2.46）	以派生词缀为尾的是名词词基。
mātsarya+aṇ	supo dhātuprātipadikayoḥ //（P.2.4.71） pratyayasya lukślulupaḥ //（P.1.1.61）	词根、名词词基中蕴含的格尾由消隐（luk）替换。 luk、ślu、lup 是词缀的消隐替换。消隐是不显现。
mātsarya+aṇ	yasmātpratyayavidhistadādi pratyaye 'ṅgam //（P.1.4.13）	其后安排了词缀的词，以此词为始，在词缀前叫词干。

m**ā**tsarya+aṇ	taddhiteṣvacāmādeḥ // （P.7.2.117）	在带 ñ、ṇ 符号的派生词缀之前，词干首位元音由三合元音替换。
mātsarya+a	tasya lopaḥ // （P.1.3.9）	aṇ 的符号 ṇ 由消隐替换。
mātsarya+a	yaci bham // （P.1.4.18）	以 y 音或元音为首位音的格尾以及部分派生词缀前的词干，称作 bha 词干。
mātsary+a	yasyeti ca // （P.6.4.148）	遇到派生词缀或 ī 音时，替换 bha 词干末尾的 i、ī 和 a、ā 的是消隐（lopa）。
mātsarya	kṛttaddhitasamāsāśca // （P.1.2.46）	以派生词缀为尾的是名词词基。
mātsary**a**	hrasvo napuṃsake prātipadikasya // （P.1.2.47）	词为中性时，短元音替换名词词基的末音。
mātsarya+**su**	ṅyāpprātipadikāt // （P.4.1.1） svaujasamauṭchaṣ…sup // （P.4.1.2）	在以 ṅī、āp 为末的词后，以及在名词词基后是 su 等格尾。 单数第一格加格尾 su。
mātsarya+**am**	ato 'm // （P.7.1.24）	以 a 落尾的中性词后，am 替换格尾 su 和 am。
mātsary+**a**+m	ami pūrvaḥ // （P.6.1.107）	在 a、ā 以及单元音后，遇到 am 的元音时，前面的元音形式是唯一的替代。
mātsaryam	suptiṅantaṃ padam // （P.1.4.14）	以格尾为末的是字。
mātsarya**ṃ**	mo 'nusvāraḥ // （P.8.3.23）	字末的 m 音在辅音前由鼻腔音替代。

小结：

mātsaryasya idam 的含义是“这是归属于悭这种心理状态的”，故 mātsarya 翻译为“心所法悭”，该词为中性。

由此可见 mātsarya 既可以指心法（识体）的“悭这种心理状态”，也可以指“心所法悭”。两种情况都是中性词汇。

mātsaryam 是中性，单数，第一格，含义是“心所法悭”。

saha

名词词基：saha（伴同）。

演变过程：

saha	arthavadadhāturapratyayaḥ prātipadikam //（P.1.2.45）	既非词根，亦非词缀，有意义的（词）是名词词基。

		[saha 是不可拆分（avyutpanna）的名词词基。]
saha+**sup**	ṅyāpprātipadikāt //（P.4.1.1） svaujasamauṭchaṣ…sup //（P.4.1.2）	在以 ṅī、āp 为末的词后，以及在名词词基后是 su 等格尾。 根据需求加某一 sup 格尾。
saha+sup	cādayo 'sattve //（P.1.4.57）	非实物意义的 ca 等词是投词（nipāta）。
saha+sup	svarādinipātamavyayam //（P.1.1.37）	投词 saha 是不变词。
saha+（ ）	avyayādāpsupaḥ //（P.2.4.82）	消隐（luk）替换不变词后的格尾。
saha	pratyayasya lukślulupaḥ //（P.1.1.61）	luk、ślu、lup 是词缀的消隐替换。消隐是不显现。
saha	pratyayalope pratyayalakṣaṇam //（P.1.1.62）	词缀消隐后，词缀的因还在。
saha	suptiṅantaṃ padam //（P.1.4.14）	以格尾为末的 saha 是字。

小结：

saha 是投词，不变词，意为“伴同”。

māyayā

词根： 第二类动词词根（adādigaṇa），2.53 mā māne（mā 衡量）；第三类动词词根（juhotyādigaṇa），3.6 māṅ māne śabde ca（mā 衡量，发声）；第四类动词词根（divādigaṇa），4.34 māṅ mane（mā 衡量）。

直接后缀： ya。

阴性词缀： ṭāp。

演变过程：

mā+**ya**	māchāsasisūbhyo yaḥ //（Uṇādisūtra 4.109）	mā、chā、ṣas 词根后加直接后缀 ya。
mā+**ya**	ārdhadhātukaṃ śeṣaḥ //（P.3.4.114）	直接后缀 ya 是半界词缀。
mā+ya	yasmātpratyayavidhistadādi pratyaye 'ṅgam //（P.1.4.13）	其后安排了词缀的词，以此词为始，在词缀前叫词干。
māya	kṛttaddhitasamāsāśca //（P.1.2.46）	直接后缀为末的是名词词基。

māya+**ṭāp**	ajādyataṣṭāp // （P.4.1.4）	aja 等以及以 a 为末音的，于阴性时，加 ṭāp。
māya+ā	tasya lopaḥ // （P.1.3.9）	ṭāp 的符号 ṭ、p 由消隐替换。
māy**ā**	akaḥ savarṇe dīrghaḥ // （P.6.1.101）	以 ak 为对收的末音后遇同类音时，一长音替换前后两音位。
māyā+**ṭā**	ṅyāpprātipadikāt // （P.4.1.1） svaujasamauṭchaṣ…sup // （P.4.1.2）	在以 ṅī、āp 为末的词后，以及在名词词基后是 su 等格尾。 单数第三格加格尾 ṭā。
māy**e**+ṭā	āṅi cāpaḥ // （P.7.3.105）	当遇到单数第三格和双数第六、七格时，e 音替换末音 ā。
māye+ā	tasya lopaḥ // （P.1.3.9）	ṭā 的符号 ṭ 由消隐替换。
māy**ay**+ā	eco 'yavāyāvaḥ// （P.6.1.78）	遇到元音时，复合元音由 ay、av、āy、āv 替换。
māyayā	suptiṅantaṃ padam // （P.1.4.14）	以格尾为末的是字。

小结：

māyā 是指有“超常法力”“幻象”“不现实”等意思。这里可以指心识的状态“诳”。而作为造成“诳”这一心理状态的因是对应的“心所法诳”。

māyayā 是阴性，单数，第三格，可含义“心所法诳”。

第十三颂

शाठ्यं मदोऽविहिंसाह्रीरत्रपा स्त्यानमुद्धवः ।
आश्रद्धमथ कौसीद्यं प्रमादो मुषिता स्मृतिः ॥१३॥

śāṭhyaṃ mado vihiṃsā[①] ahrīr atrapā styānam uddhavaḥ /
āśraddham atha kausīdyaṃ pramādo muṣitā smṛtiḥ //13//

玄奘译：……谄与害、骄，无惭及无愧，掉举与昏沉，不信并懈怠，放逸及失念……

真谛译《转识论》：……八谄曲，九极醉，十逼恼，十一无羞，十二无惭，十三不猗，十四掉戏，十五不信，十六懈怠，十七放逸，十八忘念……

霍韬晦译：谄与骄与害，无惭及无愧，昏沉与掉举，不信并懈怠。

现译：……心所法谄、心所法骄、心所法害、心所法无惭、心所法无愧、心所法昏沉、心所法掉举，以及心所法不信、心所法懈怠、心所法放逸，心所法念的丧失……

śāṭhya

词根：第一类动词词根（bhvādigaṇa），1.363 śaṭha kaitave ca（śaṭh 欺骗）。

直接后缀：ṇyat。

演变过程（一）：

śaṭh+**ṇyat**	tayoreva kṛtyaktakhalarthāḥ //（P.3.4.70） ṛhalorṇyat //（P.3.1.124）	kṛtya、kta 以及具有 khal 意义的词缀强调行为和业。 于 ṛ 音和辅音后加 ṇyat。
śaṭh+**ṇyat**	ārdhadhātukaṃ śeṣaḥ //（P.3.4.114）	全界词缀之外的（ṇyat）是半界词缀。
śaṭh+ya	tasya lopaḥ //（P.1.3.9）	ṇyat 的符号 gh、ñ 由消隐替换。
śaṭh+ya	yasmātpratyayavidhistadādi pratyaye 'ṅgam //（P.1.4.13）	其后安排了词缀的词，以此词为始，在词缀前叫词干。
śā̄ṭh+ya	ata upadhāyāḥ //（P.7.2.116）	遇 ñ、ṇ 符号的后缀时，词干倒数第二的 a 音由三合元音替换。

① 天城体原文中的“ 'vihiṃsā”不正确，故转写时改为 vihiṃsā。

śāṭhya	kṛttaddhitasamāsāśca //（P.1.2.46）	直接后缀为末的是名词词基。

词根：第十类动词词根（curādigaṇa），10.152 śaṭha ślāghāyām（śaṭh 赞扬）。

直接后缀：yat。

演变过程（二）：

śaṭh+**ṇic**	satyāpa…cūrādibhyo ṇic //（P.3.1.25）	第十类动词词根本身必须加上 ṇic 词缀，表原义。 [ṇic 的 ṇ、c 是符号。]
śaṭh+**ṇic**	ārdhadhātukaṃ śeṣaḥ //（P.3.4.114）	全界词缀之外的（ṇic）是半界词缀。
śaṭh+ṇic	yasmātpratyayavidhistadādi pratyaye 'ṅgam //（P.1.4.13）	其后安排了词缀的词，以此词为始，在词缀前叫词干。
ś**ā**ṭh+ṇic	ata upadhāyāḥ //（P.7.2.116）	遇 ñ、ṇ 符号的后缀时，词干倒数第二的 a 音由三合元音替换。
śāṭh+i	tasya lopaḥ //（P.1.3.9）	ṇic 的符号 ṇ、c 由消隐替换。
śāṭh+i	sanādyantā dhātavaḥ //（P.3.1.32）	以 ṇic 词缀落尾的"śāṭh+i"是新词根。
śāṭh+i+**yat**	tayoreva kṛtyaktakhalarthāḥ //（P.3.4.70） aco yat //（P.3.1.97）	kṛtya、kta 以及具有 khal 意义的词缀强调行为和业。 在元音之后是 yat。
śāṭh+i+**yat**	ārdhadhātukaṃ śeṣaḥ //（P.3.4.114）	全界词缀之外的（yat）是半界词缀。
śāṭh+i+ya	tasya lopaḥ //（P.1.3.9）	yat 的符号 t 由消隐替换。
śāṭh+i+**ya**	ārdhadhātukasyeḍvalādeḥ //（P.7.2.35）	在以对收 val 为首位音的半界词缀前，插入联系元音 iṭ。 [yat 不在其中，为 aniṭ 词缀。]
śāṭh+（ ）+ya	ṇeraniṭi //（P.6.4.51）	当遇到 aniṭ 半界词缀时，消隐（lopa）替换前面的 ṇic。
śāṭh+（ ）+ya	pratyayalope pratyayalakṣaṇam //（P.1.1.62）	ṇic 词缀消隐后，ṇic 词缀的因还在。
śāṭh+（ ）+ya	sanādyantā dhātavaḥ //（P.3.1.32）	"śāṭh+（ ）"仍是新词根。
śāṭh+（ ）+ya	yasmātpratyayavidhistadādi pratyaye 'ṅgam //（P.1.4.13）	其后安排了词缀的词，以此词为始，在词缀前叫词干。
śāṭh+ya	adarśanaṃ lopaḥ //（P.1.1.60）	不显现的是消隐。
śāṭhya	kṛttaddhitasamāsāśca //（P.1.2.46）	直接后缀为末的是名词词基。

小结：

ṇyat 和 yat 属于直接被动词缀（kṛtya），根据经文“tayoreva kṛtyaktakhalarthāḥ //（P.3.4.70）”可知，kṛtya 词缀强调行为和业。当表达行为时，śāṭhya 的含义是“觉得应该被赞扬和欺骗。”因此 śāṭhya 可以指心法（识体）所具有的“谄媚”这种心理状态。

śāṭhyaṃ

世俗拆分： śāṭhyasya idam。

非世俗拆分： śāṭhya+ṅas+aṇ。

名词词基： śāṭhya（“谄媚”这种心理状态）。

派生词缀： aṇ。

演变过程：

śāṭhya+ṇas+**aṇ**	tasyedam //（P.4.3.120）	派生词缀 aṇ 加在第六格的词后，表“这是他的”。
śāṭhya+ṇas+aṇ	kṛttaddhitasamāsāśca //（P.1.2.46）	以派生词缀为尾的是名词词基。
śāṭhya+aṇ	supo dhātuprātipadikayoḥ //（P.2.4.71） pratyayasya lukślulupaḥ //（P.1.1.61）	词根、名词词基中蕴含的格尾由消隐（luk）替换。 luk、ślu、lup 是词缀的消隐替换。消隐是不显现。
śāṭhya+aṇ	yasmātpratyayavidhistadādi pratyaye 'ṅgam //（P.1.4.13）	其后安排了词缀的词，以此词为始，在词缀前叫词干。
śā̄ṭhya+aṇ	taddhiteṣvacāmādeḥ //（P.7.2.117）	在带 ñ、ṇ 符号的派生词缀之前，词干首位元音由三合元音替换。
śāṭhya+a	tasya lopaḥ //（P.1.3.9）	aṇ 的符号 ṇ 由消隐替换。
śāṭhya+a	yaci bham //（P.1.4.18）	以 y 音或元音为首位音的格尾以及部分派生词缀前的词干，称作 bha 词干。
śāṭhy+a	yasyeti ca //（P.6.4.148）	遇到派生词缀或 ī 音时，替换 bha 词干末尾的 i、ī 和 a、ā 的是消隐（lopa）。
śāṭhya	kṛttaddhitasamāsāśca //（P.1.2.46）	以派生词缀为尾的是名词词基。
śāṭhy**a**	hrasvo napuṃsake prātipadikasya //（P.1.2.47）	词为中性时，短元音替换名词词基的末音。
śāṭhya+**su**	ṅyāpprātipadikāt //（P.4.1.1） svaujasamauṭchaṣ…sup //（P.4.1.2）	在以 ṅī、āp 为末的词后，以及在名词词基后是 su 等格尾。 单数第一格加格尾 su。

śāṭhya+**am**	ato 'm //（P.7.1.24）	以 a 落尾的中性词后，am 替换格尾 su 和 am。
śāṭhy+**a**+m	ami pūrvaḥ //（P.6.1.107）	在 a、ā 以及单元音后，遇到 am 的元音时，前面的元音形式是唯一的替代。
śāṭhyam	suptiṅantaṃ padam //（P.1.4.14）	以格尾为末的是字。
śāṭhya**ṃ**	mo 'nusvāraḥ //（P.8.3.23）	字末的 m 音在辅音前由鼻腔音替代。
śāṭhya**m**	anusvārasya yayi parasavarṇaḥ //（P.8.4.58）	遇到除咝音和 h 音以外的辅音时，后面的同类音替换鼻腔音。
śāṭhyaṃ	vā padāntasya //（P.8.4.59）	字末的同类鼻音的替换可做可不做。

小结：

śāṭhyasya idam 的含义是"这是归属于谄这种心理状态的"，故 śāṭhya 翻译为"心所法谄"，该词为中性。

由此可见 śāṭhya 既可以指心法（识体）的"谄这种心理状态"，也可以指"心所法谄"。两种情况都是中性词汇。

śāṭhyam 是中性，单数，第一格，含义是"心所法谄"。

mado

词根：第一类动词词根（bhvādigaṇa），1.853 madī harṣaglepanayoḥ（mad 高兴，厌倦）；第四类动词词根（divādigaṇa），4.99 madī harṣe（mad 高兴）。

直接后缀：ap。

演变过程：

mad+**ap**	mado 'nupasarge //（P.3.3.67）	在没有近置词的词根 mad 后加直接后缀 ap。
mad+**ap**	ārdhadhātukaṃ śeṣaḥ //（P.3.4.114）	全界之外的（ap）是半界词缀。
mad+a	tasya lopaḥ //（P.1.3.9）	ap 的符号 p 由消隐替换。
mad+a	yasmātpratyayavidhistadādi pratyaye 'ṅgam //（P.1.4.13）	其后安排了词缀的词，以此词为始，在词缀前叫词干。
mada	kṛttaddhitasamāsāśca //（P.1.2.46）	直接后缀为末的是名词词基。
mada+**su**	ṅyāpprātipadikāt //（P.4.1.1）	在以 ṅī、āp 为末的词后，以及在名词词基后是 su 等格尾。

	svaujasamauṭchaṣ…sup //（P.4.1.2）	单数第一格加格尾 su。
mada+s	tasya lopaḥ //（P.1.3.9）	su 的符号 u 由消隐替换。
madas	suptiṅantaṃ padam //（P.1.4.14）	以格尾为末的是字。
mada**r**	sasajuṣo ruḥ //（P.8.2.66）	r 音替换字末的 s 音。
mada+**u**	haśi ca //（P.6.1.114）	在非引的 a 音之后，在后一词的浊辅音之前，r 音由 u 音替换。
mad**o**	ādguṇaḥ //（P.6.1.87）	a 音后遇元音时，由一个二合元音替换前后两音位。

小结：

与 ap 相关的经文 P.3.3.67 在领句经文“bhāve //（P.3.3.18）”的控制之下，故 mada 是一种行为的已成就状态，含义为“骄傲”。即心法（识体）处于“骄”这种心理状态。

经文 P.3.3.67 也在领句经文“akartari ca kārake samjñāyām //（P.3.3.19）”的控制之下。在这种情况下，mada 可以作为非主动者（akartṛ）的造者（kāraka），且是专有名词。若采用作用具（karaṇa）这一造者来表达原因和伴随含义时，那么 mada 指的是造成心法处于“骄”这种心理状态的俱时因法——“心所法骄”。本颂采用这种理解。

madas 是阳性，单数，第一格，含义是“心所法骄”。

vihiṃsā

词根：第七类动词词根（rudhādigaṇa），7.19 hisi hiṃsāyām（hiṃs 伤害）。

近置词：vi（nāśe 破坏，kriyāyām 行为）。[依据：upasargāḥ kriyāyoge //（P.1.4.59）。]

直接后缀：a。

阴性词缀：ṭāp。

演变过程：

hisi	bhūvādayo dhātavaḥ //（P.1.3.1）	bhū 等是动词词根。
his	tasya lopaḥ //（P.1.3.9）	hisi 的符号 i 由消隐替换。
hi**ṃ**s	idito num dhātoḥ //（P.7.1.58）	携带符号 i 的词根要在元音后插入 n 音。

vi+hiṃs+**a**	gurośca halaḥ //（P.3.3.103）	若要形成阴性词时，辅音为末的有重音节的词根后加直接后缀 a。
vi+hiṃs+**a**	ārdhadhātukaṃ śeṣaḥ //（P.3.4.114）	全界词缀之外的（a）是半界词缀。
vi+**hiṃs**+a	yasmātpratyayavidhistadādi pratyaye 'ṅgam //（P.1.4.13）	其后安排了词缀的词，以此词为始，在词缀前叫词干。
vihiṃsa	kṛttaddhitasamāsāśca //（P.1.2.46）	有意义的复合词是名词词基。
vihiṃsa+**ṭāp**	ajādyataṣṭāp //（P.4.1.4）	aja 等以及以 a 为末音的，于阴性时，加 ṭāp。
vihiṃsa+ā	tasya lopaḥ //（P.1.3.9）	ṭāp 的符号 ṭ、p 由消隐替换。
vihiṃs**ā**	akaḥ savarṇe dīrghaḥ //（P.6.1.101）	以 ak 为对收的末音后遇同类音时，一长音替换前后两音位。
vihiṃsā+**su**	ṅyāpprātipadikāt //（P.4.1.1） svaujasamauṭchaṣ…sup //（P.4.1.2）	在以 ṅī、āp 为末的词后，以及在名词词基后是 su 等格尾。 单数第一格加格尾 su。
vihiṃsā+s	tasya lopaḥ //（P.1.3.9）	su 的符号 u 由消隐替换。
vihiṃsā+（ ）	halṅyābbhyo dīrghāt sutisy-apṛktaṃ hal //（P.6.1.68）	在辅音后，在保留长音的 ṅī、āp 后，格尾 su、语尾 tip、sip 的单辅音词缀由消隐（lopa）替换。
vihiṃsā	adarśanaṃ lopaḥ //（P.1.1.60）	不显现的是消隐。
vihiṃsā	pratyayalope pratyayalakṣaṇam //（P.1.1.62）	词缀消隐后，词缀的因还在。
vihiṃsā	suptiṅantaṃ padam //（P.1.4.14）	以格尾为末的是字。

小结：

解释直接后缀 a 的经文 P.3.3.103 在领句经文“bhāve //（P.3.3.18）”的控制之下，vihiṃsā 表达的是行为的已成就状态，即为“伤害”“仇恨”这种状态。这里 vihiṃsā 具体指心法（识体）所具有的“害”这种心理状态。

经文 P.3.3.103 也在领句经文“akartari ca kārake saṃjñāyām //（P.3.3.19）”的控制之下。在这种情况下，vihiṃsā 可以作为非主动者（akartṛ）的造者（kāraka），且是专有名词。若采用作用具（karaṇa）这一造者来表达原因和伴随含义时，那么 vihiṃsā 指的是造成心法处于“害”这种心理状态的俱时因法——“心所法害”。本颂采用这种理解。

vihiṃsā 是阴性，单数，第一格，含义是“心所法害”。

hrī

词根：第三类动词词根（juhotyādigaṇa），3.3 hrī lajjāyām（hrī 害羞）。

直接后缀：kvip。

演变过程：

hrī	bhūvādayo dhātavaḥ //（P.1.3.1）	bhū 等是动词词根。
hrī+**kvip**	anyebhyo 'pi dṛśyate //（P.3.2.178）	在上一经文提到的词根之外的词根后加零词缀，表达有某一习惯、能力的行为主体。
hrī+**kvip**	ārdhadhātukaṃ śeṣaḥ //（P.3.4.114）	全界词缀之外的（kvip）是半界词缀。
hrī+v	tasya lopaḥ //（P.1.3.9）	kvip 的符号 k、p 由消隐替换。i 音是为了发音的方便，实际加的是 v 音。
hrī+（ ）	verapṛktasya //（P.6.1.67）	作为单一字符 v 的词缀由消隐（lopa）替换。
hrī+（ ）	pratyayalope pratyayalakṣaṇam //（P.1.1.62）	词缀消隐后，词缀的因还在。
hrī+（ ）	yasmātpratyayavidhistadādi pratyaye 'ṅgam //（P.1.4.13）	其后安排了词缀的词，以此词为始，在词缀前叫词干。
hrī	adarśanaṃ lopaḥ //（P.1.1.60）	不显现的是消隐。
hrī	kṛttaddhitasamāsāśca //（P.1.2.46）	直接后缀为末的是名词词基。

小结：

hrī 是指有害羞能力或习惯的行为主体，所以指的是“心所法惭”。

ahrīr

世俗拆分：avidyamānā hrīr yayā sā。

非世俗拆分：avidyamānā+su+hrī+su。

名词词基：avidyamānā（不存在）；hrī（心所法惭）。

演变过程：

avidyamānā+su+hrī+su	anekamanyapadārthe //（P.2.2.24）	两个以上（以第一格收尾）的词，若以表达另一个词为目的，构成的是多财释复合词。
a+hrī+su	naño 'styarthānām vācyo vā cottarapadalopaḥ //（Vārttika 1361）	《月光疏》经文 830 的《补释》经文：nañ 后面的表存在意义的后部字 vidyamāna

		由消隐替换。
a+hrī+su	kṛttaddhitasamāsāśca //（P.1.2.46）	有意义的复合词是名词词基。
a+hrī	supo dhātuprātipadikayoḥ //（P.2.4.71） pratyayasya lukślulupaḥ //（P.1.1.61）	词根、名词词基中蕴含的格尾由消隐（luk）替换。 luk、ślu、lup 是词缀的消隐替换。消隐是不显现。
a+hrī	saptamīviśeṣaṇe bahuvrīhau //（P.2.2.35）	于多财释复合词中，以第七格收尾的以及形容词是前部的。
ahrī	kṛttaddhitasamāsāśca //（P.1.2.46）	有意义的复合词是名词词基。
ahrī+**su**	ṅyāpprātipadikāt //（P.4.1.1） svaujasamauṭchaṣ…sup //（P.4.1.2）	在以 ṅī、āp 为末的词后，以及在名词词基后是 su 等格尾。 单数第一格加格尾 su。
ahrī+s	tasya lopaḥ //（P.1.3.9）	su 的符号 u 由消隐替换。
ahrīs	suptiṅantaṃ padam //（P.1.4.14）	以格尾为末的是字。
ahrī**r**	sasajuṣo ruḥ //（P.8.2.66）	r 音替换字末的 s 音。

小结：

ahrī 作为某一心所法个体，故不能是形容词，所以不能作为依主释复合词来理解和拆分。因此 ahrī 作为表达“心所法无惭”含义的词，是多财释复合词，即因此心所法造成相反的“心所法惭”（hrī）不存在。由此可知，心所法无惭（ahrī）与心所法惭（hrī）是相互排斥的关系，不可共存于一心识的心所法聚中。当“心所法无惭”存在时，就会成为“心所法惭”存在的障碍者（vipakṣabhūta[①]）。

ahrīr 是阴性，单数，第一格，含义是“心所法无惭”。

trapā

词根：第一类动词词根（bhvādigaṇa），1.399 trapūṣ lajjāyām（trap 耻）。

直接后缀：aṅ。

阴性词缀：ṭāp。

① 韩廷杰：《梵文佛典研究（一）》，宗教文化出版社 2012 年版，第 383 页。

演变过程：

trap+**aṅ**	ṣidbhidādibhyo 'ṅ //（P.3.3.104）	当将要形成阴性词汇时，在带有 ṣ 符号的词根和 bhid 等词根后加直接后缀 aṅ。
trap+**aṅ**	ārdhadhātukaṃ śeṣaḥ //（P.3.4.114）	全界之外的（aṅ）是半界词缀。
trap+a	tasya lopaḥ //（P.1.3.9）	aṅ 的符号 ṅ 由消隐替换。
trap+a	yasmātpratyayavidhistadādi pratyaye 'ṅgam //（P.1.4.13）	其后安排了词缀的词，以此词为始，在词缀前叫词干。
trapa	kṛttaddhitasamāsāśca //（P.1.2.46）	有意义的复合词是名词词基。
trapa+**ṭāp**	ajādyataṣṭāp //（P.4.1.4）	aja 等以及以 a 为末音的，于阴性时，加 ṭāp。
trapa+ā	tasya lopaḥ //（P.1.3.9）	ṭāp 的符号 ṭ、p 由消隐替换。
trap**ā**	akaḥ savarṇe dīrghaḥ //（P.6.1.101）	以 ak 为对收的末音后遇同类音时，一长音替换前后两音位。

小结：

一方面，由于 aṅ 词缀在领句经文“bhāve //（P.3.3.18）”的控制之下，所以 apatrapā 表达是一种行为的已成就状态，翻译为“愧”。即心法（识体）处于“愧”这种心理状态。

另一方面，aṅ 词缀也在领句经文“akartari ca kārake samjñāyām //（P.3.3.19）”的控制之下。那么 apatrapā 可以作为非主动者（akartṛ）的造者（kāraka），且是专有名词。若采用作用具（karaṇa）这一造者来表达原因和伴随含义时，apatrapā 指的是造成心法处于“愧”这种心理状态的另一独立因法——“心所法愧”。

atrapā

世俗拆分：avidyamānā trapā yayā sā。

非世俗拆分：avidyamānā+su+trapā+su。

名词词基：avidyamānā（不存在）；trapā（愧这种心理状态，心所法愧）。

演变过程：

avidyamānā+su+ trapā+su	anekamanyapadārthe //（P.2.2.24）	两个以上（以第一格收尾）的词，若以表达另一个词为目的，构成的是多财释复合词。
a+trapā+su	naño 'styarthānām vācyo vā cottarapadalopaḥ //（Vārttika 1361）	《月光疏》经文 830 的《补释》经文：nañ 后面的表存在意义的后部字 vidyamāna

		由消隐替换。
a+trapā+su	kṛttaddhitasamāsāśca //（P.1.2.46）	有意义的复合词是名词词基。
a+trapā	supo dhātuprātipadikayoḥ //（P.2.4.71） pratyayasya lukślulupaḥ //（P.1.1.61）	词根、名词词基中蕴含的格尾由消隐（luk）替换。 luk、ślu、lup 是词缀的消隐替换。消隐是不显现。
a+trapā	saptamīviśeṣaṇe bahuvrīhau //（P.2.2.35）	于多财释复合词中，以第七格收尾的以及形容词是前部的。
atrapā	kṛttaddhitasamāsāśca //（P.1.2.46）	有意义的复合词是名词词基。
atrapā+**su**	ṅyāpprātipadikāt //（P.4.1.1） svaujasamauṭchaṣ…sup //（P.4.1.2）	在以 ṅī、āp 为末的词后，以及在名词词基后是 su 等格尾。 单数第一格加格尾 su。
atrapā+s	tasya lopaḥ //（P.1.3.9）	su 的符号 u 由消隐替换。
atrapā+（ ）	halṅyābbhyo dīrghāt sutisyapṛktaṃ hal //（P.6.1.68）	在辅音后，在保留长音的 ṅī、āp 后，格尾 su、语尾 tip、sip 的单辅音词缀由消隐（lopa）替换。
atrapā	adarśanaṃ lopaḥ //（P.1.1.60）	不显现的是消隐。
atrapā	pratyayalope pratyayalakṣaṇam //（P.1.1.62）	词缀消隐后，词缀的因还在。
atrapā	suptiṅantaṃ padam //（P.1.4.14）	以格尾为末的是字。

小结：

atrapā 作为某一心所法个体，故不能是形容词，所以不能作为依主释复合词来理解和拆分。因此 atrapā 作为表达“心所法无愧”含义的词，是多财释复合词。

多财释复合词 atrapā 其义是“造成（心识的）愧这种心理状态不存在者”，或者指“造成心所法愧不存在者”，故都可翻译为专有名词“心所法无愧”。由此可见“心所法无愧”是“心所法愧”的“障碍者”（vipakṣabhūta），两者互相对立，不可共存于一心识的心所法聚中。而且“心所法无愧”最终造成该心识的“愧”这种心理状态不存在。本颂采用这种理解，把 atrapā 翻译为“心所法无愧”。

atrapā 是阴性，单数，第一格，含义是“心所法无愧”。

styānam

词根：第一类动词词根（bhvādigaṇa），1.959 styai śabdasaṃghātayoḥ（styai 发声，厚积）。

直接后缀：lyuṭ。

演变过程：

styai+**lyuṭ**	lyuṭ ca // （P.3.3.115） 或 karaṇādhikaraṇayośca // （P.3.3.117）	当作为中性名词表达词根意义的行动和行为时，加 lyuṭ 后缀。 加 lyuṭ 后缀的词可以表达作用具或场所这两种造者的含义。
sty**ā**+lyuṭ	ādeca upadeśe 'śiti // （P.6.1.45）	当词缀不带 ś 符号时，词根末尾的 e、o、ai、au 由 ā 音替换。
styā+**lyuṭ**	ārdhadhātukaṃ śeṣaḥ // （P.3.4.114）	全界词缀之外的（lyuṭ）是半界词缀。
styā+yu	tasya lopaḥ // （P.1.3.9）	lyuṭ 的符号 l、ṭ 由消隐替换。
styā+**ana**	yuvoranākau // （P.7.1.1）	yu 和 vu 由 ana 和 aka 替换。
styā+ana	yasmātpratyayavidhistadādi pratyaye 'ṅgam //（P.1.4.13）	其后安排了词缀的词，以此词为始，在词缀前叫词干。
sty+**ā**+na	akaḥ savarṇe dīrghaḥ // （P.6.1.101）	以 ak 为对收的末音后遇同类音时，一长音替换前后两音位。
styāna	kṛttaddhitasamāsāśca // （P.1.2.46）	以直接后缀为末的是名词词基。
styān**a**	hrasvo napuṃsake prātipadikasya // （P.1.2.47）	词为中性时，短元音替换名词词基的末音。
styāna+**su**	ṅyāpprātipadikāt // （P.4.1.1） svaujasamauṭchaṣ…sup // （P.4.1.2）	在以 ṅī、āp 为末的词后，以及在名词词基后是 su 等格尾。 单数第一格加格尾 su。
styāna+**am**	ato 'm // （P.7.1.24）	以 a 落尾的中性词后，am 替换格尾 su 和 am。
styān+**a**+m	ami pūrvaḥ // （P.6.1.107）	在 a、ā 以及单元音后，遇到 am 的元音时，前面的元音形式是唯一的替代。
styānam	suptiṅantaṃ padam // （P.1.4.14）	以格尾为末的是字。

小结：

styāna 是加直接后缀 lyuṭ 形成的。根据经文 P.3.3.115，styāna 是表达“昏沉”含义的动名词，而且是中性。这主要是指心法（识体）所处的“昏沉”这种心理活动状态。

另一方面，styāna 加直接后缀 lyuṭ 也可依据的经文 P.3.3.117，此时 styāna 可以表达作用具和场所的含义。如果采用作用具（karaṇa）这一造者来表达俱时的原因时，styāna 指的是造成昏沉这种心理活动状态的因法——“心所法昏沉”。本颂采用这种理解。

styānam 是中性，单数，第一格，含义是“心所法昏沉”。

uddhavaḥ

词根：第五类动词词根（svādigaṇa），5.9 dhuñ kampane（dhu 惊动）；第六类动词词根（tudādigaṇa），6.105 dhū vidhūnane（dhū 波动）；第九类动词词根（kryādigaṇa），9.17 dhūñ kampane（dhū 惊动）。

近置词：ut（uccaistve 高）。[依据：upasargāḥ kriyāyoge //（P.1.4.59）。]

直接后缀：ac。

演变过程（一）：

ut+dhu+**ac** **或** ut+dhū+**ac**	nandigrahipacādibhyo lyuṇinyacaḥ //（P.3.1.134）	加在 nandi、grahi、pac 等词根后的是直接后缀 lyu、ṇini、ac，表主动者的含义。[ac 实际可以加在所有词根后。]
ut+dhu+**ac** **或** ut+dhū+**ac**	ārdhadhātukaṃ śeṣaḥ //（P.3.4.114）	全界词缀之外的（ac）是半界词缀。
ut+dhu+a **或** ut+dhū+a	tasya lopaḥ //（P.1.3.9）	ac 的符号 c 由消隐替换。
ut+**dhu**+a 或 ut+**dhū**+a	yasmātpratyayavidhistadādi pratyaye 'ṅgam //（P.1.4.13）	其后安排了词缀的词，以此词为始，在词缀前叫词干。
ut+dh**o**+a	sārvadhātukārdhadhātukayoḥ //（P.7.3.84）	遇到半界词缀，词干的末元音 u、ū 由二合元音（guṇa）替换。
ut+dh**av**+a	eco 'yavāyāvaḥ //（P.6.1.78）	遇到元音时，复合元音应由 ay、av、āy、āv 替换。
u**d**+dhava	jhalāṃ jaśo 'nte //（P.8.2.39）	字末的 jhal 对收音由 jaś 对收音替换。
uddhava	kṛttaddhitasamāsāśca //（P.1.2.46）	直接后缀为末的是名词词基。
uddhava+**su**	ṅyāpprātipadikāt //（P.4.1.1） svaujasamauṭchaṣ...sup //（P.4.1.2）	在以 ṅī、āp 为末的词后，以及在名词词基后是 su 等格尾。 单数第一格加格尾 su。

uddhava+s	tasya lopaḥ // （P.1.3.9）	su 的符号 u 由消隐替换。
uddhavas	suptiṅantaṃ padam // （P.1.4.14）	以格尾为末的是字。
uddhava**r**	sasajuṣo ruḥ // （P.8.2.66）	r 音替换字末的 s 音。
uddhava**ḥ**	kharavasānayorvisarjanīyaḥ // （P.8.3.15）	在停顿前，送气音替换字末的 r 音。

词根：第五类动词词根（svādigaṇa），5.9 dhuñ kampane（dhu 惊动）；第六类动词词根（tudādigaṇa），6.105 dhū vidhūnane（dhū 波动）；第九类动词词根（kryādigaṇa），9.17 dhūñ kampane（dhū 惊动）。

近置词：ut（uccaistve 高）。[依据：upasargāḥ kriyāyoge //（P.1.4.59）。]

直接后缀：ap。

演变过程（二）：

ut+dhu+**ap** **或** ut+dhū+**ap**	ṝdorap // （P.3.3.57）	词根末元音是 ṝ、u、ū 的可加 ap 直接后缀。
ut+dhu+**ap** **或** ut+dhū+**ap**	ārdhadhātukaṃ śeṣaḥ // （P.3.4.114）	全界词缀之外的（ap）是半界词缀。
ut+dhu+a **或** ut+dhū+a	tasya lopaḥ // （P.1.3.9）	ap 的符号 p 由消隐替换。
ut+**dhu**+a 或 ut+**dhū**+a	yasmātpratyayavidhistadādi pratyaye 'ṅgam //（P.1.4.13）	其后安排了词缀的词，以此词为始，在词缀前叫词干。
ut+dh**o**+a	sārvadhātukārdhadhātukayoḥ // （P.7.3.84）	遇到半界词缀，词干的末元音 u、ū 由二合元音（guṇa）替换。
ut+dh**av**+a	eco 'yavāyāvaḥ // （P.6.1.78）	遇到元音时，复合元音应由 ay、av、āy、āv 替换。
u**d**+dhava	jhalāṃ jaśo 'nte // （P.8.2.39）	字末的 jhal 对收音由 jaś 对收音替换。
uddhava	kṛttaddhitasamāsāśca // （P.1.2.46）	直接后缀为末的是名词词基。
uddhava+**su**	ṅyāpprātipadikāt // （P.4.1.1） svaujasamauṭchaṣ…sup // （P.4.1.2）	在以 ṅī、āp 为末的词后，以及在名词词基后是 su 等格尾。 单数第一格加格尾 su。
uddhava+s	tasya lopaḥ // （P.1.3.9）	su 的符号 u 由消隐替换。

uddhavas	suptiṅantaṃ padam //（P.1.4.14）	以格尾为末的是字。
uddhava**r**	sasajuṣo ruḥ //（P.8.2.66）	r 音替换字末的 s 音。
uddhava**ḥ**	kharavasānayorvisarjanīyaḥ //（P.8.3.15）	在停顿前，送气音替换字末的 r 音。

小结：

在演变过程（一）中，加 ac 直接后缀表达主动者（kartṛ）的含义，所以 uddhava 是“掉举者”的意思。

在演变过程（二）中，解释直接后缀 ap 的经文 P.3.3.57 在领句经文“bhāve //（P.3.3.18）”的控制之下，所以 uddhava 表示行为的已成就状态，表达心法（识体）处于“掉举”这种心理状态。

经文 P.3.3.57 也在领句经文“akartari ca kārake saṃjñāyām //（P.3.3.19）”的控制之下。在这种情况下，uddhava 可以作为非主动者（akartṛ）的造者（kāraka），且是专有名词。如果采用作用具（karaṇa）这一造者来表达俱时原因时，那么 uddhava 指的是造成心法（识体）处于“掉举”这种心理状态的另一独立因法——“心所法掉举”。

以上两种演变过程都可以得出 uddhava 有“心所法掉举”的含义。

uddhavas 是阳性，单数，第一格，含义是“心所法掉举”。

śraddhā

世俗拆分： śrad dadhāti。

非世俗拆分： śrat+dhā+a+ṭāp。

词根： 第三类动词词根（juhotyādigaṇa），3.10 ḍudhāñ dhāraṇa-poṣaṇayoḥ（dhā 保持，支持）。

趣： śrat（viśvāse 真实）。[依据：ūryādicviḍācaśca //（P.1.4.61）。]

直接后缀： a。

阴性词缀： ṭāp。

演变过程：

śrat	ūryādicviḍācaśca //（P.1.4.61）	śrat 是 ūrī 为首的群中的投词，且是趣[①]。
śrat	svarādinipātamavyayam //	投词 śrat 是不变词。

① 根据经文“upasargāḥ kriyāyoge //（P.1.4.59）”可知，pra 等词与表行为的词结合时，被称作“近置词”。而下一句经文“gatiśca //（P.1.4.60）”则说明，在同样的前提下，pra 等词还可以称作“趣”。而经文 P.1.4.61 则表明，还有其他词汇与表行为的词结合时，也被称作“趣”。

	（P.1.1.37） avyayādāpsupaḥ // （P.2.4.82）	 消隐（luk）替换不变词后的格尾。
śrat+dhā+**nic**	hetumati ca // （P.3.1.26）	当表达使役含义时，加 ṇic 词缀。 [ṇ、c 是符号。]
śrat+**dhā+ṇic**	sanādyantā dhātavaḥ // （P.3.1.32）	以 ṇic 落尾的“dhā+ṇic”是新词根。
śrat+dhā+ṇic+**a**	a pratyayāt // （P.3.3.102）	当形成阴性词时，有词根词缀的词根后加直接后缀 a。
śrat+dhā+ṇic+**a**	ārdhadhātukaṃ śeṣaḥ // （P.3.4.114）	全界之外的（a）是半界词缀。
śrat+dhā+ṇic+**a**	ārdhadhātukasyeḍvalādeḥ // （P.7.2.35）	在以对收 val 为首位音的半界词缀前，插入联系元音 iṭ。 （但 a 的首位音 a 不在其列，故是 aniṭ 词缀）
śrat+dhā+（ ）+a	ṇeraniṭi // （P.6.4.51）	当遇到 aniṭ 半界词缀时，消隐（lopa）替换前面的 ṇic。
śrat+dhā+（ ）+a	pratyayalope pratyayalakṣaṇam // （P.1.1.62）	ṇic 词缀消隐后，ṇic 词缀的因还在。
śrat+**dhā+**（ ）+a	sanādyantā dhātavaḥ // （P.3.1.32）	“dhā+（ ）”仍是新词根。
śrat+**dhā+**（ ）+a	yasmātpratyayavidhistadādi pratyaye 'ṅgam //（P.1.4.13）	其后安排了词缀的词，以此词为始，在词缀前叫词干。
śrat+dhā+a	adarśanaṃ lopaḥ // （P.1.1.60）	不显现的是消隐。
śrat+dh+a	āto lopa iṭi ca // （P.6.4.64）	遇到带 k、ṅ 符号的词缀以及带联系元音 i 的半界语尾时，词干收尾的 ā 音由消隐替换。
śrat+**dha**	kṛttaddhitasamāsāśca // （P.1.2.46）	直接后缀为末是名词词基。
śrat+dha+**ṭāp**	ajādyataṣṭāp // （P.4.1.4）	aja 等以及以 a 为末音的，于阴性时，加 ṭāp。
śrat+dha+ā	tasya lopaḥ // （P.1.3.9）	ṭāp 的符号 ṭ、p 由消隐替换。
śrat+dh+**ā**	akaḥ savarṇe dīrghaḥ // （P.6.1.101）	以 ak 为对收的末音后遇同类音时，一长音替换前后两音位。
śrat+dhā	kugatiprādayaḥ // （P.2.2.18）	ku、gati、pra 等词与能够合意搭配的词组成必然复合词。
śrat+dhā	prathamānirdiṣṭaṃ samāsa upasarjanam //（P.1.2.43）	在复合词一节中，第一格所指示的是附属词。 [经文 P.2.2.18 的 gati 是第一格。]
śrat+dhā	upasarjanaṃ pūrvam // （P.2.2.30）	附属词是前部的。

śra**d**+dhā	jhalāṃ jaś jhaśi // （P.8.4.53）	当 jhaś 对收的浊辅音在其后时，jhal 对收的辅音由非送气浊辅音替换。
śraddhā	kṛttaddhitasamāsāśca // （P.1.2.46）	有意义的复合词是名词词基。
śraddhā+**su**	ṅyāpprātipadikāt // （P.4.1.1） svaujasamauṭchaṣ…sup // （P.4.1.2）	在以 ṅī、āp 为末的词后，以及在名词词基后是 su 等格尾。 单数第一格加格尾 su。
śraddhā+s	tasya lopaḥ // （P.1.3.9）	su 的符号 u 由消隐替换。
śraddhā+（ ）	halṅyābbhyo dīrghāt sutisy-apṛktaṃ hal //（P.6.1.68）	在辅音后，在保留长音的 ṅī、āp 后，格尾 su、语尾 tip、sip 的单辅音词缀由消隐（lopa）替换。
śraddhā	adarśanaṃ lopaḥ // （P.1.1.60）	不显现的是消隐。
śraddhā	pratyayalope pratyayalakṣaṇam // （P.1.1.62）	词缀消隐后，词缀的因还在。
śraddhā	suptiṅantaṃ padam // （P.1.4.14）	以格尾为末的是字。

小结：

śraddhā 是 gati 类依主释复合词，是必然复合词，不存在原形的世俗拆分。该复合词的含义是“使在真实性方面得以坚持”。śrat 之所以是趣（gati），因为它是“ūryādicviḍācaśca //（P.1.4.61）”经文中提到的 ūryādi 群中的词汇。

由于 a 词缀在领句经文“bhāve //（P.3.3.18）”的控制之下，所以 śraddhā 表达是一种行为的已成就状态，翻译为“信”。即心法（识体）处于“信”的心理状态。

aśraddhā

世俗拆分：na śraddhā。

非世俗拆分：na+śraddhā+su。

名词词基：na（非，无）；śraddhā（信这种心理状态）。

演变过程：

na+śraddhā+su	nañ // （P.2.2.6）	nañ 与以格尾收尾的词组成依主释复合词。 [nañ 的 ñ 是符号。]
na+śraddhā+su	kṛttaddhitasamāsāśca // （P.1.2.46）	有意义的复合词是名词词基。

na+śraddhā	supo dhātuprātipadikayoḥ //（P.2.4.71） pratyayasya lukślulupaḥ //（P.1.1.61）	词根、名词词基中蕴含的格尾由消隐（luk）替换。 luk、ślu、lup 是词缀的消隐替换。消隐是不显现。
na+śraddhā	prathamānirdiṣṭaṃ samāsa upasarjanam //（P.1.2.43）	在复合词一节中，第一格所指示的是附属词。 [P.2.2.6 中 nañ 是第一格。]
na+śraddhā	upasarjanaṃ pūrvam //（P.2.2.30）	附属词是前部的。
a+śraddhā	nalopo nañaḥ //（P.6.3.73）	在后部字前，nañ 的 n 音由消隐替换。
aśraddhā	kṛttaddhitasamāsāśca //（P.1.2.46）	有意义的复合词是名词词基。
aśraddhā	paravalliṅgaṃ dvaṃdva-tatpuruṣayoḥ //（P.2.4.26）	相违释和依主释复合词的性如后部字。

小结：

aśraddhā 是依主释复合词。前部字是 nañ 有六种含义：相似、无实在、与此物异、缺乏此物、不值得赞扬、相矛盾。此处应该采用“相矛盾”的含义，翻译为“不信这种心理状态”。该复合词的性如后部字，为阴性。

āśraddham

世俗拆分： aśraddhāyā idam。

非世俗拆分： aśraddhā+ṅas+aṇ。

名词词基： aśraddhā（不信这种心理状态）。

派生词缀： aṇ。

演变过程：

aśraddhā+ṇas+**aṇ**	tasyedam //（P.4.3.120）	派生词缀 aṇ 加在第六格的词后，表“这是他的”。
aśraddhā+ṇas+aṇ	kṛttaddhitasamāsāśca //（P.1.2.46）	以派生词缀为尾的是名词词基。
aśraddhā+aṇ	supo dhātuprātipadikayoḥ //（P.2.4.71） pratyayasya lukślulupaḥ //（P.1.1.61）	词根、名词词基中蕴含的格尾由消隐（luk）替换。 luk、ślu、lup 是词缀的消隐替换。消隐是不显现。
aśraddhā+aṇ	yasmātpratyayavidhistadādi pratyaye 'ṅgam //（P.1.4.13）	其后安排了词缀的词，以此词为始，在词缀前叫词干。

āśraddhā+aṇ	taddhiteṣvacāmādeḥ //（P.7.2.117）	在带 ñ、ṇ 符号的派生词缀之前，词干首位元音由三合元音替换。
āśraddhā+a	tasya lopaḥ //（P.1.3.9）	aṇ 的符号 ṇ 由消隐替换。
āśraddhā+a	yaci bham //（P.1.4.18）	以 y 音或元音为首位音的格尾以及部分派生词缀前的词干，称作 bha 词干。
āśraddh+a	yasyeti ca //（P.6.4.148）	遇到派生词缀或 ī 音时，替换 bha 词干末尾的 i、ī 和 a、ā 的是消隐（lopa）。
āśraddha	kṛttaddhitasamāsāśca //（P.1.2.46）	以派生词缀为尾的是名词词基。
āśraddh**a**	hrasvo napuṃsake prātipadikasya //（P.1.2.47）	词为中性时，短元音替换名词词基的末音。
āśraddha+**su**	ṅyāpprātipadikāt //（P.4.1.1） svaujasamauṭchaṣ…sup //（P.4.1.2）	在以 ṅī、āp 为末的词后，以及在名词词基后是 su 等格尾。 单数第一格加格尾 su。
āśraddha+**am**	ato 'm //（P.7.1.24）	以 a 落尾的中性词后，am 替换格尾 su 和 am。
āśraddh+**a**+m	ami pūrvaḥ //（P.6.1.107）	在 a、ā 以及单元音后，遇到 am 的元音时，前面的元音形式是唯一的替代。
āśraddham	suptiṅantaṃ padam //（P.1.4.14）	以格尾为末的是字。

小结：

āśraddhyāyā idam 的含义是"这是归属于不信这种心理状态的"，故 āśraddha 翻译为"心所法不信"，该词为中性。

āśraddham 是中性，单数，第一格，含义是"心所法不信"。

atha

名词词基：atha（然后，进一步）。

演变过程：

atha	arthavadadhāturapratyayaḥ prātipadikam //（P.1.2.45）	既非词根，亦非词缀，有意义的（词）是名词词基。 [atha 是不可拆分（avyutpanna）的名词词基。]
atha+**sup**	ṅyāpprātipadikāt //（P.4.1.1） svaujasamauṭchaṣ…sup //（P.4.1.2）	在以 ṅī、āp 为末的词后，以及在名词词基后是 su 等格尾。 根据需要加某一 sup 格尾。

atha+sup	cādayo 'sattve //（P.1.4.57）	非实物意义的 ca 等词是投词（nipāta）。
atha+sup	svarādinipātamavyayam //（P.1.1.37）	投词 atha 是不变词。
atha+（ ）	avyayādāpsupaḥ //（P.2.4.82）	消隐（luk）替换不变词后的格尾。
atha	pratyayasya lukślulupaḥ //（P.1.1.61）	luk、ślu、lup 是词缀的消隐替换。消隐是不显现。
atha	pratyayalope pratyayalakṣaṇam //（P.1.1.62）	词缀消隐后，词缀的因还在。
atha	suptiṅantaṃ padam //（P.1.4.14）	以格尾为末的 atha 是字。

小结：

atha 是投词，不变词，意为“然后”“进一步”“以及”。

kusīdya

世俗拆分：kutsitaṃ sīdyam。

非世俗拆分：ku+sīdya+su。

名词词基：ku（可恶，卑鄙）；sīdya（懒惰）。

演变过程：

ku+sīdya+su	kugatiprādayaḥ //（P.2.2.18）	ku、gati 以及 pra 等与能够合意搭配的词构成必然复合词。
ku+sīdya+su	kṛttaddhitasamāsāśca //（P.1.2.46）	有意义的复合词是名词词基。
ku+sīdya	supo dhātuprātipadikayoḥ //（P.2.4.71） pratyayasya lukślulupaḥ //（P.1.1.61）	词根、名词词基中蕴含的格尾由消隐（luk）替换。 luk、ślu、lup 是词缀的消隐替换。消隐是不显现。
ku+sīdya	prathamānirdiṣṭaṃ samāsa upasarjanam //（P.1.2.43）	在复合词一节中，第一格所指示的是附属词。 [P.2.2.18 中 ku 是第一格。]
ku+sīdya	upasarjanaṃ pūrvam //（P.2.2.30）	附属词是前部的。
kusīdya	kṛttaddhitasamāsāśca //（P.1.2.46）	有意义的复合词是名词词基。
kusīdya	paravalliṅgaṃ dvaṃdva-tatpuruṣayoḥ //（P.2.4.26）	相违释和依主释复合词的性如后部字。

小结：

kusīdya 是依主释复合词。该词是经文“kugatiprādaya//（P.2.2.18）”定义的必然复合词，无原形的世俗拆分。ku 是不变词。kutsitaṃ sīdyam 指“遭到指责的懒惰”。

kausīdyaṃ

世俗拆分： kusīdyasya idam。

非世俗拆分： kusīdya+ṅas+aṇ。

名词词基： kusīdya（遭到指责的懒惰）。

派生词缀： aṇ。

演变过程：

kusīdya+ṇas+**aṇ**	tasyedam //（P.4.3.120）	派生词缀 aṇ 加在第六格的词后，表“这是他的”。
kusīdya+ṇas+aṇ	kṛttaddhitasamāsāśca //（P.1.2.46）	以派生词缀为尾的是名词词基。
kusīdya+aṇ	supo dhātuprātipadikayoḥ //（P.2.4.71） pratyayasya lukślulupaḥ //（P.1.1.61）	词根、名词词基中蕴含的格尾由消隐（luk）替换。 luk、ślu、lup 是词缀的消隐替换。消隐是不显现。
kusīdya+aṇ	yasmātpratyayavidhistadādi pratyaye 'ṅgam //（P.1.4.13）	其后安排了词缀的词，以此词为始，在词缀前叫词干。
k**au**sīdya+aṇ	taddhiteṣvacāmādeḥ //（P.7.2.117）	在带 ñ、ṇ 符号的派生词缀之前，词干首位元音由三合元音替换。
kausīdya+a	tasya lopaḥ //（P.1.3.9）	aṇ 的符号 ṇ 由消隐替换。
kausīdya+a	yaci bham //（P.1.4.18）	以 y 音或元音为首位音的格尾以及部分派生词缀前的词干，称作 bha 词干。
kausīdy+a	yasyeti ca //（P.6.4.148）	遇到派生词缀或 ī 音时，替换 bha 词干末尾的 i、ī 和 a、ā 的是消隐（lopa）。
kausīdya	kṛttaddhitasamāsāśca //（P.1.2.46）	以派生词缀为尾的是名词词基。
kausīdy**a**	hrasvo napuṃsake prātipadikasya //（P.1.2.47）	词为中性时，短元音替换名词词基的末音。
kausīdya+**su**	ṅyāpprātipadikāt //（P.4.1.1） svaujasamauṭchaṣ…sup //（P.4.1.2）	在以 ṅī、āp 为末的词后，以及在名词词基后是 su 等格尾。 单数第一格加格尾 su。

kausīdya+**am**	ato 'm // （P.7.1.24）	以 a 落尾的中性词后，am 替换格尾 su 和 am。
kausīdy+**a**+m	ami pūrvaḥ // （P.6.1.107）	在 a、ā 以及单元音后，遇到 am 的元音时，前面的元音形式是唯一的替代。
kausīdyam	suptiṅantaṃ padam // （P.1.4.14）	以格尾为末的是字。
kausīdya**ṃ**	mo 'nusvāraḥ // （P.8.3.23）	字末的 m 音在辅音前由鼻腔音替代。
kausīdya**m**	anusvārasya yayi parasavarṇaḥ // （P.8.4.58）	遇到除咝音和 h 音以外的辅音时，后面的同类音替换鼻腔音。
kausīdyaṃ	vā padāntasya // （P.8.4.59）	字末的同类鼻音的替换可做可不做。

小结：

kusīdyasya idam 的含义是“这是归属于懒惰的”，故 kausīdya 翻译为“心所法懈怠”，该词为中性。

kausīdyam 是中性，单数，第一格，含义是“心所法懈怠”。

pramādo

词根：第十类动词词根（curādigaṇa），10.165 mada tṛptiyoge（mad 达到满意）。

近置词：pra（anavadhāne 不在意）。[依据：upasargāḥ kriyāyoge //（P.1.4.59）。]

直接后缀：ac。

演变过程：

mad+**ṇic**	satyāpa…cūrādibhyo ṇic // （P.3.1.25）	第十类动词词根本身必须加上 ṇic 词缀，表原义。 [ṇic 的 ṇ、c 是符号。]
mad+**ṇic**	ārdhadhātukaṃ śeṣaḥ // （P.3.4.114）	全界词缀之外的（ṇic）是半界词缀。
mad+ṇic	yasmātpratyayavidhistadādi pratyaye 'ṅgam //（P.1.4.13）	其后安排了词缀的词，以此词为始，在词缀前叫词干。
m**ā**d+ṇic	ata upadhāyāḥ // （P.7.2.116）	遇 ñ、ṇ 符号的后缀时，词干倒数第二的 a 音由三合元音替换。
mād+ṇic	sanādyantā dhātavaḥ // （P.3.1.32）	以 ṇic 词缀落尾的“mād+i”是新词根。 [ṇic 的 ṇ、c 是符号。]
pra+mād+ṇic+**ac**	erac // （P.3.3.56）	i、ī 音落尾的词根后加直接后缀 ac。
pra+mād+ṇic+**ac**	ārdhadhātukaṃ śeṣaḥ // （P.3.4.114）	全界词缀之外的（ac）是半界词缀。

pra+mād+ṇic+a	tasya lopaḥ //（P.1.3.9）	ac 的符号 c 由消隐替换。
pra+mād+ṇic+**a**	ārdhadhātukasyeḍvalādeḥ //（P.7.2.35）	在以对收 val 为首位音的半界词缀前，插入联系元音 iṭ。[但 ac 不在其中，为 aniṭ 词缀。]
pra+mād+（ ）+a	ṇeraniṭi //（P.6.4.51）	当遇到 aniṭ 半界词缀时，消隐（lopa）替换前面的 ṇic。
pra+mād+（ ）+a	pratyayalope pratyayalakṣaṇam //（P.1.1.62）	ṇic 词缀消隐后，ṇic 词缀的因还在。
pra+**mād+**（ ）+a	sanādyantā dhātavaḥ //（P.3.1.32）	"mād+（ ）"仍是新词根。
pra+**mād+**（ ）+a	yasmātpratyayavidhistadādi pratyaye 'ṅgam //（P.1.4.13）	其后安排了词缀的词，以此词为始，在词缀前叫词干。
pra+mād+a	adarśanaṃ lopaḥ //（P.1.1.60）	不显现的是消隐。
pramāda	kṛttaddhitasamāsāśca //（P.1.2.46）	直接后缀为末的是名词词基。

小结：

P.3.3.56 经文在领句经文 P.3.3.18 和 P.3.3.19 的控制之下。

经文"bhāve //（P.3.3.18）"表明，加直接后缀 ac 的 pramāda 表达的是行为达到的已成就状态，含义是"满意后不再在意的状态"，翻译为"放逸"。这主要指心法（识体）所具有的"放逸"这种心理状态。

经文"akartari ca kārake saṃjñāyām //（P.3.3.19）"表明，加直接后缀 ac 的 pramāda 可以作为非主动者（akartṛ）的造者（kāraka），且是专有名词。如果采用作用具（karaṇa）这一造者来表达俱时的原因时，那么 pramāda 指的是造成心法处于"放逸"这种心理状态的另一独立因法——"心所法放逸"。本颂采用这种理解。

pramādas 是阳性，单数，第一格，含义是"心所法放逸"。

muṣitā

词根：第一类动词词根（bhvdigaṇa），1.707 muṣa steye（muṣ 偷）；第四类动词词根（divādigaṇa），4.111 muṣa khaṇḍane（muṣ 分离）；第九类动词词根（kryādigaṇa），9.58 muṣa steye（muṣ 偷）。

直接后缀：kta。

阴性词缀：ṭāp。

演变过程：

muṣ+**kta**	tayoreva kṛtyaktakhalarthāḥ//（P.3.4.70）	kṛtya、kta 以及具有 khal 意义的词缀强调行为和业。
muṣ+**kta**	ārdhadhātukaṃ śeṣaḥ //（P.3.4.114）	全界之外的（kta）是半界词缀。
muṣ+ta	tasya lopaḥ //（P.1.3.9）	kta 的符号 k 由消隐替换。
muṣ+**iṭ**+ta	ārdhadhātukasyeḍvalādeḥ //（P.7.2.35）	在以对收 val 为首位音的半界词缀前，插入联系元音 iṭ。
muṣ+i+ta	tasya lopaḥ //（P.1.3.9）	iṭ 的符号 ṭ 由消隐替换。
muṣ+**ita**	ādyantau ṭakitau //（P.1.1.46）	以 ṭ 符号和 k 符号结尾的是首位音或末音。
muṣ+ita	yasmātpratyayavidhistadādi pratyaye 'ṅgam //（P.1.4.13）	其后安排了词缀的词，以此词为始，在词缀前叫词干。
m**o**ṣ+ita	pugantalaghūpadhasya //（P.7.3.86）	遇到半界和全界词缀时，轻音节词干的排列倒数第二的短元音 i、u、ṛ、ḷ 由二合元音替换。
muṣ+ita	kṅiti ca //（P.1.1.5）	受 g、k、ṅ 符号的影响，二合、三合元音的替换被禁止。
muṣita	kṛttaddhitasamāsāśca //（P.1.2.46）	以直接后缀 kta 为末的是名词词基。
muṣita+**ṭāp**	ajādyataṣṭāp //（P.4.1.4）	aja 等以及以 a 为末的，于阴性时，加 ṭāp。
muṣita+ā	tasya lopaḥ //（P.1.3.9）	ṭāp 的符号 ṭ、p 由消隐替换。
muṣit**ā**	akaḥ savarṇe dīrghaḥ //（P.6.1.101）	以 ak 为对收的末音后遇同类音时，一长音替换前后两音位。
muṣitā+**su**	ṅyāpprātipadikāt //（P.4.1.1） svaujasamauṭchaṣ…sup //（P.4.1.2）	在以 ṅī、āp 为末的词后，以及在名词词基后是 su 等格尾。 单数第一格加格尾 su。
muṣitā+s	tasya lopaḥ //（P.1.3.9）	su 的符号 u 由消隐替换。
muṣitā+（ ）	halṅyābbhyo dīrghāt sutisy-apṛktaṃ hal //（P.6.1.68）	在辅音后，在保留长音的 ṅī、āp 后，格尾 su、语尾 tip、sip 的单辅音词缀由消隐（lopa）替换。
muṣitā	adarśanaṃ lopaḥ //（P.1.1.60）	不显现的是消隐。
muṣitā	pratyayalope pratyayalakṣaṇam //（P.1.1.62）	词缀消隐后，词缀的因还在。
muṣitā	suptiṅantaṃ padam //（P.1.4.14）	以格尾为末的是字。

小结：

muṣitā 加 kta 直接后缀表达被动的行为的含义，翻译为“被盗”“被分离”。同时，其强调的业是 smṛtiḥ，故与后者同性数格。

muṣitā 是阴性，单数，第一格，含义是“被盗的”“丧失的”。

smṛtiḥ

词根： 第一类动词词根（bhvādigaṇa），1.845 smṛ ādhyāne（smṛ 记忆）；第一类动词词根（bhvādigaṇa），1.980 smṛ cintāyām（smṛ 想念）。

直接后缀： ktin。

演变过程：

smṛ+**ktin**	striyāṃ ktin //（P.3.3.94）	要表阴性时，加直接后缀 ktin，表行为等含义。
smṛ+**ktin**	ārdhadhātukaṃ śeṣaḥ //（P.3.4.114）	ktin 是半界词缀。
smṛ+ti	tasya lopaḥ //（P.1.3.9）	ktin 的符号 k、n 由消隐替换。
smṛ+**iṭ**+ti	ārdhadhātukasyeḍvalādeḥ //（P.7.2.35）	在以对收 val 为首位音的半界词缀前，插入联系元音 iṭ。
smṛ+**ti**	titutratathasisusarakaseṣu ca //（P.7.2.9）	直接后缀 ti 前不加联系元音 iṭ。[ktin 是 aniṭ 词缀。]
smṛ+ti	yasmātpratyayavidhistadādi pratyaye 'ṅgam //（P.1.4.13）	其后安排了词缀的词，以此词为始，在词缀前叫词干。
sm**ar**+ti	sārvadhātukārdhadhātukayoḥ //（P.7.3.84）	遇到全界词缀和半界词缀时，词干末音 ṛ 由二合元音替换。
smṛ+ti	kṅiti ca //（P.1.1.5）	受 g、k、ṅ 符号的影响，二合、三合元音的替换被禁止。
smṛti	kṛttaddhitasamāsāśca //（P.1.2.46）	直接后缀为末的是名词词基。
smṛti+**su**	ṅyāpprātipadikāt //（P.4.1.1） svaujasamauṭchaṣ…sup //（P.4.1.2）	在以 ṅī、āp 为末的词后，以及在名词词基后是 su 等格尾。 单数第一格加格尾 su。
smṛti+s	tasya lopaḥ //（P.1.3.9）	su 的符号 u 由消隐替换。
smṛtis	suptiṅantaṃ padam //（P.1.4.14）	以格尾为末的是字。
smṛtir	sasajuṣo ruḥ //（P.8.2.66）	r 音替换字末的 s 音。

smṛtiḥ	kharavasānayorvisarjanīyaḥ //（P.8.3.15）	在停顿前，送气音替换字末的 r 音。

小结：

与 ktin 相关的经文 P.3.3.94 在领句经文“bhāve //（P.3.3.18）”的控制之下，表达行为的已成就状态。故 smṛti 表达“忆念”之义，即心法（识体）处于“忆念”的心理状态。

同时经文 P.3.3.94 在领句经文“akartari ca kārake saṃjñāyām //（P.3.3.19）”的控制之下，如果采用作用具（karaṇa）这一造者来表达俱时的原因时，smṛti 指的是造成心法处于“忆念”这种心理状态的另一独立因法——“心所法念”。本颂采用这种理解。

muṣitā smṛtiḥ 两词都是阴性，单数，第一格。合在一起指“心所法念的丢失”。

而世亲的《大乘五蕴论》中，“失念”对应的是“muṣitasmṛti**tā**”[①]，其含义是“失念性”或“失念态”。该词有表性质含义的派生词缀 tal，这说明《大乘五蕴论》中与心相应的行蕴中的法，指的是心识所拥有的状态，而非是伴随心识的另一法体。

---

① 韩廷杰：《梵文佛典研究（一）》，宗教文化出版社 2012 年版，第 219、244 页。

第十四颂

विक्षेपोऽसंप्रजन्यं च कौकृत्यं मिद्धमेव च।
वितर्कश्च विचारश्चेत्युपक्लेशा द्वये द्विधा ॥१४॥

vikṣepo ’saṃprajanyaṃ ca kaukṛtyaṃ middham eva ca /
vitarkaś ca vicāraś ca ity upakleśā dvaye dvidhā //14//

玄奘译：……散乱、不正知。不定谓：悔、眠、寻、伺二各二。

真谛译《转识论》：……十九散乱，二十不了，二十一忧悔，二十二睡眠，二十三觉，二十四观。此小惑中有二种：一作意遍行，二不遍行。

霍韬晦译：放逸及失念，散乱、不正知，悔、眠，与寻、伺。二二各二种。

现译：……心所法散乱以及心所法不正知，心所法恶作以及心所法眠，心所法寻和心所法伺，以上即为随烦恼类的（诸心所法）。（后四者）两个为一组，共两组，各以两种方式（存在）。

vikṣepo

词根：第四类动词词根（divādigaṇa），4.14 kṣipa preraṇe（kṣip 扔）；第六类动词词根（tudādigaṇa），6.5 kṣipa preraṇe（kṣip 放走）。

近置词：vi（nānātve 各不一样，asaṃmukhe 方向不集中）。[依据：upasargāḥ kriyāyoge //（P.1.4.59）。]

直接后缀：ghañ。

演变过程：

vi+kṣip+**ghañ**	bhāve // （P.3.3.18） 或 akartari ca kārake saṃjñāyām // （P.3.3.19）	当表达达到已成就状态的词根意义时，词根后加 ghañ 词缀。 当作术语时，（加 ghañ 词缀）也表示造者，但主动者除外。
vi+kṣip+**ghañ**	ārdhadhātukaṃ śeṣaḥ // （P.3.4.114）	全界词缀之外的（ghañ）是半界词缀。

vi+kṣip+a	tasya lopaḥ //（P.1.3.9）	ghañ 的符号 gh、ñ 由消隐替换。
vi+**kṣip**+a	yasmātpratyayavidhistadādi pratyaye 'ṅgam //（P.1.4.13）	其后安排了词缀的词，以此词为始，在词缀前叫词干。
vi+kṣep+a	pugantalaghūpadhasya ca //（P.7.3.86）	遇到半界和全界词缀时，轻音节词干的排列倒数第二的短元音 i 由二合元音替换。
vikṣepa	kṛttaddhitasamāsāśca //（P.1.2.46）	直接后缀 ghañ 为末的 vikṣepa 是名词词基。
vikṣepa+**su**	ṅyāpprātipadikāt //（P.4.1.1） svaujasamauṭchaṣ…sup //（P.4.1.2）	在以 ṅī、āp 为末的词后，以及在名词词基后是 su 等格尾。 单数第一格加格尾 su。
vikṣepa+s	tasya lopaḥ //（P.1.3.9）	su 的符号 u 由消隐替换。
vikṣepas	suptiṅantaṃ padam //（P.1.4.14）	以格尾为末的是字。
vikṣepa**r**	sasajuṣo ruḥ //（P.8.2.66）	r 音替换字末的 s 音。
vikṣepa+**u**	ato roraplutādaplute //（P.6.1.113）	在非引的 a 音之后，在非引的 a 音之前，r 被 u 音替换。
vikṣep**o**	ādguṇaḥ //（P.6.1.87）	a 音后遇元音时，由一个二合元音替换前后两音位。

小结：

vikṣepa 若是依据“bhāve //（P.3.3.18）”加后缀 ghañ 而成的话，表达的是行为达到的已成就状态，翻译为“散乱”。这主要指心法（识体）所处的“散乱”这种心理状态。

若 vikṣepa 是依据经文“akartari ca kārake saṃjñāyām //（P.3.3.19）”加直接后缀 ghañ 而成的话，那么 vikṣepa 可以作为非主动者（akartṛ）的造者（kāraka），且是专有名词。如果采用作用具（karaṇa）这一造者来表达俱时的原因时，那么 vikṣepa 指的是造成心法的“散乱”这种心理状态的另一独立因法——“心所法散乱”。本颂采用这种理解。

vikṣepas 是阳性，单数，第一格，含义是“心所法散乱”。

saṃprajanya

词根：第四类动词词根（divādigaṇa），4.41 janī prādurbhāve（jan 生产）。

近置词：sam（samyaktve 正确）；pra（jñāne 知晓）。[依据：upasargāḥ kriyāyoge //（P.1.4.59）。]

直接后缀： yat。

演变过程：

sam+pra+jan+**yat**	bhavyageya-pravacanīyopasthānīya-janyāplāvyāpātyā vā //（P.3.4.68） takiśasicatiyatijanibhyo yadvācayaḥ //（Vārttika 1922）	bhavya、geya、janya 等词可以表达主动者、业、行为的含义。 《月光疏》经文 2843 的《补释》经文：词根 tak、śas、cat、yat、jan 后加 yat。
sam+pra+jan+**yat**	ārdhadhātukaṃ śeṣaḥ //（P.3.4.114）	全界词缀之外的是半界词缀。
sam+pra+jan+ya	tasya lopaḥ //（P.1.3.9）	yat 的符号 t 由消隐替换。
sam+pra+**jan**+ya	yasmātpratyayavidhistadādi pratyaye 'ṅgam //（P.1.4.13）	其后安排了词缀的词，以此词为始，在词缀前叫词干。
samprajanya	kṛttaddhitasamāsāśca //（P.1.2.46）	直接后缀为末的是名词词基。

小结：

samprajanya 可以表达主动者、业、行为的含义。此处采用行为的理解，故 samprajanya 指的是"正知"这种心理状态。

'saṃprajanyaṃ（asaṃprajanyaṃ）

世俗拆分： avidyamānaṃ saṃprajanyaṃ yena tat。

非世俗拆分： avidyamāna+su+saṃprajanya+su。

名词词基： avidyamāna（不存在）；saṃprajanya（正知这种心理状态）。

演变过程：

avidyamāna+su+ saṃprajanya+su	anekamanyapadārthe //（P.2.2.24）	两个以上（以第一格收尾）的词，若以表达另一个词为目的，构成的是多财释复合词。
a+saṃprajanya+su	naño 'styarthānām vācyo vā cottarapadalopaḥ //（Vārttika 1361）	《月光疏》经文 830 的《补释》经文：nañ 后面的表存在意义的后部字 vidyamāna 由消隐替换。
a+saṃprajanya+su	kṛttaddhitasamāsāśca //（P.1.2.46）	有意义的复合词是名词词基。
a+saṃprajanya	supo dhātuprātipadikayoḥ //（P.2.4.71） pratyayasya lukślulupaḥ //（P.1.1.61）	词根、名词词基中蕴含的格尾由消隐（luk）替换。 luk、ślu、lup 是词缀的消隐替换。消隐是不显现。

a+saṃprajanya	saptamīviśeṣaṇe bahuvrīhau //（P.2.2.35）	于多财释复合词中，以第七格收尾的以及形容词是前部的。
asaṃprajanya	kṛttaddhitasamāsāśca //（P.1.2.46）	有意义的复合词是名词词基。
asaṃprajany**a**	hrasvo napuṃsake prātipadikasya //（P.1.2.47）	词为中性时，短元音替换名词词基的末音。
asaṃprajanya+**su**	ṅyāpprātipadikāt //（P.4.1.1） svaujasamauṭchaṣ…sup //（P.4.1.2）	在以 ṅī、āp 为末的词后，以及在名词词基后是 su 等格尾。 单数第一格加格尾 su。
asaṃprajanya+**am**	ato 'm //（P.7.1.24）	以 a 落尾的中性词后，am 替换格尾 su 和 am。
asaṃprajany+**a**+m	ami pūrvaḥ //（P.6.1.107）	在 a、ā 以及单元音后，遇到 am 的元音时，前面的元音形式是唯一的替代。
asaṃprajanyam	suptiṅantaṃ padam //（P.1.4.14）	以格尾为末的是字。
'saṃprajanyam	eṅaḥ padāntādati //（P.6.1.109）	字末的 e、o 音后，遇短元音 a 时，前面的元音形式是唯一的替代。
'saṃprajanya**ṃ**	mo 'nusvāraḥ //（P.8.3.23）	字末的 m 音在辅音前由鼻腔音替代。
'saṃprajanya**ñ**	anusvārasya yayi parasavarṇaḥ //（P.8.4.58）	遇到除咝音和 h 音以外的辅音时，后面的同类音替换鼻腔音。
'saṃprajanyaṃ	vā padāntasya //（P.8.4.59）	字末的同类鼻音的替换可做可不做。

小结：

asaṃprajanya 是多财释复合词，其含义是，“因其造成心法（识体）的正知这种心理状态的不存在”，即为“心所法不正知”。该复合词性如后部字，词性为中性。

asaṃprajanyam 是中性，单数，第一格，含义是“心所法不正知”。

ca

名词词基：ca（和）。

演变过程：

ca	arthavadadhāturapratyayaḥ prātipadikam //（P.1.2.45）	既非词根，亦非词缀，有意义（词）是名词词基。 [ca 是不可拆分（avyutpanna）的名词词基。]
ca+**sup**	ṅyāpprātipadikāt //（P.4.1.1）	在以 ṅī、āp 为末的词后，以及在名词词基后是 su 等格尾。

	svaujasamauṭchaṣ…sup // （P.4.1.2）	根据需要加某一 sup 格尾。
ca+sup	cādayo 'sattve // （P.1.4.57）	非实物意义的 ca 等词是投词（nipāta）。
ca+sup	svarādinipātamavyayam // （P.1.1.37）	投词 ca 是不变词。
ca+（ ）	avyayādāpsupaḥ // （P.2.4.82）	消隐（luk）替换不变词后的格尾。
ca	pratyayasya lukślulupaḥ // （P.1.1.61）	luk、ślu、lup 是词缀的消隐替换。消隐是不显现。
ca	pratyayalope pratyayalakṣaṇam // （P.1.1.62）	词缀消隐后，词缀的因还在。
ca	suptiṅantaṃ padam // （P.1.4.14）	以格尾为末的 ca 是字。

小结：

ca 是投词，不变词，意为“和”。

kṛta

词根：第八类动词词根（tanādigaṇa），8.10 ḍukṛñ karaṇe（kṛ 做）。

直接后缀：kta。

演变过程：

kṛ+**kta**	napuṃsake bhāve ktaḥ // （P.3.3.114）	词为中性，表主动行为时，可加直接后缀 kta。
kṛ+**kta**	ārdhadhātukaṃ śeṣaḥ // （P.3.4.114）	全界之外的（kta）是半界词缀。
kṛ+ta	tasya lopaḥ // （P.1.3.9）	kta 的符号 k 由消隐替换。
kṛ+**iṭ**+ta	ārdhadhātukasyeḍvalādeḥ // （P.7.2.35）	在以对收 val 为首位音的半界词缀前，插入联系元音 iṭ。
kṛ+ta	ekāca upadeśe 'nudāttāt // （P.7.2.10）	于原始发音状态的非高音的单音节词根之后不加 iṭ。
kṛ+ta	yasmātpratyayavidhistadādi pratyaye 'ṅgam //（P.1.4.13）	其后安排了词缀的词，以此词为始，在词缀前叫词干。
k**ar**+ta	sārvadhātukārdhadhātukayoḥ // （P.7.3.84） uraṇ raparaḥ // （P.1.1.51）	遇到全界、半界词缀，词干的末元音 ṛ，由二合元音替换。 ṛ、ṝ 音的替换，需由其后带 r 音的 a、i、u 及其长音来替换。

kṛ+ta	kṅiti ca //（P.1.1.5）	受 g、k、ṅ 符号的影响，二合、三合元音的替换被禁止。
kṛta	kṛttaddhitasamāsāśca //（P.1.2.46）	以直接后缀 kta 为末的是名词词基。

小结：

kṛta 是中性名词，加 kta 直接后缀并不表达过去或被动的含义，只是表达行为本身的含义，相当于是动名词，翻译为“造作”。

kukṛta

世俗拆分：kutsitaṃ kṛtam。

非世俗拆分：ku+kṛta+su。

名词词基：ku（可恶，卑鄙）；kṛta（造作）。

演变过程：

ku+kṛ+su	kugatiprādayaḥ //（P.2.2.18）	ku、gati 及 prā 等词与合义搭配的词组成必然复合词。
ku+kṛta+su	kṛttaddhitasamāsāśca //（P.1.2.46）	有意义的复合词是名词词基。
ku+kṛta	supo dhātuprātipadikayoḥ //（P.2.4.71） pratyayasya lukślulupaḥ //（P.1.1.61）	词根、名词词基中蕴含的格尾由消隐（luk）替换。 luk、ślu、lup 是词缀的消隐替换。消隐是不显现。
ku+kṛta	prathamānirdiṣṭaṃ samāsa upasarjanam //（P.1.2.43）	在复合词一节中，第一格所指示的是附属词。 [P.2.2.18 中 ku 是第一格。]
ku+kṛta	upasarjanaṃ pūrvam //（P.2.2.30）	附属词是前部的。
kukṛta	kṛttaddhitasamāsāśca //（P.1.2.46）	有意义的复合词是名词词基。
kukṛta	paravalliṅgaṃ dvaṃdva-tatpuruṣayoḥ //（P.2.4.26）	相违释和依主释复合词的性如后部字。 [该复合词是中性。]

小结：

kukṛta 是依主释复合词。该复合词属于受经文“kugatiprādaya//（P.2.2.18）”定义的必然复合词，不存在原形的世俗拆分。ku 是经文“svarādinipātamavyayam //（P.1.1.37）”提到的以 svar 为首的群中的不变词。kukṛta 表达的含义是 kutsitaṃ kṛtam，即“遭到指责的造作”。

kaukṛtya

世俗拆分：kukṛtasya bhāvaḥ karma vā。

非世俗拆分：kukṛta+ṅas+ṇyañ。

名词词基：kukṛta（遭到指责的造作）。

派生词缀：ṇyañ。

演变过程：

kukṛta+ṇas+ṇyañ	guṇavacanabrāhmaṇādibhyaḥ karmaṇi ca //（P.5.1.124）	于表性质的词后加派生词缀 ṇyañ，以表状态或行为的含义。
kukṛta+ṇas+ṇyañ	kṛttaddhitasamāsāśca //（P.1.2.46）	以派生词缀为尾的是名词词基。
kukṛta+ṇyañ	supo dhātuprātipadikayoḥ //（P.2.4.71） pratyayasya lukślulupaḥ //（P.1.1.61）	词根、名词词基中蕴含的格尾由消隐（luk）替换。 luk、ślu、lup 是词缀的消隐替换。消隐是不显现。
kukṛta+ṇyañ	yasmātpratyayavidhistadādi pratyaye 'ṅgam //（P.1.4.13）	其后安排了词缀的词，以此词为始，在词缀前叫词干。
k**au**kṛta+ṇyañ	taddhiteṣvacāmādeḥ //（P.7.2.117）	在带有 ñ、ṇ 符号的派生词缀前，首位元音由三合元音替换。
kaukṛta+ya	tasya lopaḥ //（P.1.3.9）	ṇyañ 的符号 ṇ、ñ 由消隐替换。
kaukṛta+ya	yaci bham //（P.1.4.18）	以 y 音或元音为首位音的格尾以及部分派生词缀前的词干，称作 bha 词干。
kaukṛt+ya	yasyeti ca //（P.6.4.148）	遇到派生词缀或 ī 音时，替换 bha 词干末尾的 i、ī 和 a、ā 的是消隐（lopa）。
kaukṛtya	kṛttaddhitasamāsāśca //（P.1.2.46）	派生词缀为末的是名词词基。

小结：

kukṛta 加派生词缀 ṇyañ 构成 kaukṛtya 表达状态和行为的含义。

kaukṛtya 应该指心法（识体）所处的“恶作”这种心理状态，该词为中性。

kaukṛtyaṃ

世俗拆分：kaukṛtyasya idam。

非世俗拆分：kaukṛtya+ṅas+aṇ。

名词词基：kaukṛtya（恶作这种心理状态）。

派生词缀： aṇ。

演变过程：

kaukṛtya+ṇas+**aṇ**	tasyedam // （P.4.3.120）	派生词缀 aṇ 加在第六格的词后，表“这是他的”。
kaukṛtya+ṇas+aṇ	kṛttaddhitasamāsāśca // （P.1.2.46）	以派生词缀为尾的是名词词基。
kaukṛtya+aṇ	supo dhātuprātipadikayoḥ // （P.2.4.71） pratyayasya lukślulupaḥ // （P.1.1.61）	词根、名词词基中蕴含的格尾由消隐（luk）替换。 luk、ślu、lup 是词缀的消隐替换。消隐是不显现。
kaukṛtya+aṇ	yasmātpratyayavidhistadādi pratyaye 'ṅgam //（P.1.4.13）	其后安排了词缀的词，以此词为始，在词缀前叫词干。
k**au**kṛtya+aṇ	taddhiteṣvacāmādeḥ // （P.7.2.117）	在带 ñ、ṇ 符号的派生词缀之前，词干首位元音由三合元音替换。
kaukṛtya+a	tasya lopaḥ // （P.1.3.9）	aṇ 的符号 ṇ 由消隐替换。
kaukṛtya+a	yaci bham // （P.1.4.18）	以 y 音或元音为首位音的格尾以及部分派生词缀前的词干，称作 bha 词干。
kaukṛty+a	yasyeti ca // （P.6.4.148）	遇到派生词缀或 ī 音时，替换 bha 词干末尾的 i、ī 和 a、ā 的是消隐（lopa）。
kaukṛtya	kṛttaddhitasamāsāśca // （P.1.2.46）	以派生词缀为尾的是名词词基。
kaukṛty**a**	hrasvo napuṃsake prātipadikasya // （P.1.2.47）	词为中性时，短元音替换名词词基的末音。
kaukṛtya+**su**	ṅyāpprātipadikāt // （P.4.1.1） svaujasamauṭchaṣ…sup // （P.4.1.2）	在以 ṅī、āp 为末的词后，以及在名词词基后是 su 等格尾。 单数第一格加格尾 su。
kaukṛtya+**am**	ato 'm // （P.7.1.24）	以 a 落尾的中性词后，am 替换格尾 su 和 am。
kaukṛty+**a**+m	ami pūrvaḥ // （P.6.1.107）	在 a、ā 以及单元音后，遇到 am 的元音时，前面的元音形式是唯一的替代。
kaukṛtyam	suptiṅantaṃ padam // （P.1.4.14）	以格尾为末的是字。
kaukṛtya**ṃ**	mo 'nusvāraḥ // （P.8.3.23）	字末的 m 音在辅音前由鼻腔音替代。
kaukṛtya**m**	anusvārasya yayi parasavarṇaḥ // （P.8.4.58）	遇到除咝音和 h 音以外的辅音时，后面的同类音替换鼻腔音。
kaukṛtyaṃ	vā padāntasya // （P.8.4.59）	字末的同类鼻音的替换可做可不做。

小结：

kaukṛtyasya idam 的含义是“这是归属于恶作这种心理状态的”，故 kaukṛtya 翻译为“心所法恶作”，该词为中性。

由此可见 kaukṛtya 既可以指心法（识体）的“恶作这种心理状态”，也可以指“心所法恶作”。两种情况都是中性词汇。

kaukṛtyam 是中性，单数，第一格，含义是“心所法恶作”。

middham

名词词基：middha（睡眠）。

演变过程：

middha	arthavadadhāturapratyayaḥ prātipadikam //（P.1.2.45）	既非词根，亦非词缀，有意义的（词）是名词词基。 [middha 是属于不可拆分的（avyutpanna）名词词基。]
middh**a**	hrasvo napuṃsake prātipadikasya //（P.1.2.47）	词为中性时，短元音替换名词词基的末音。
middha+**su**	ṅyāpprātipadikāt //（P.4.1.1） svaujasamauṭchaṣ…sup //（P.4.1.2）	在以 ṅī、āp 为末的词后，以及在名词词基后是 su 等格尾。 单数第一格加格尾 su。
middha+**am**	ato ’m //（P.7.1.24）	以 a 落尾的中性词后，am 替换格尾 su 和 am。
middh+**a**+m	ami pūrvaḥ //（P.6.1.107）	在 a、ā 以及单元音后，遇到 am 的元音时，前面的元音形式是唯一的替代。
middham	suptiṅantaṃ padam //（P.1.4.14）	以格尾为末的是字。

小结：

middha 一词源自于印度俗语，故是不可拆分的词汇。在 *Uṇādisūtra* 中也没有在涉及词缀 tan 的经文（3.86-90）中列举此词。middha 基本含义是困顿、睡眠。因此该词既可以指“心识处于睡眠这种心理状态”，也可以指“心所法眠”。

本颂中的 middham 是中性，单数，第一格，含义是“心所法眠”。

eva

词根：第二类动词词根（adādigaṇa），2.36 iṇ gatau（i 行走）。

直接后缀：van。

演变过程：

i+van	iṇ iṇaśībhyāṃ van //（Uṇādisūtra 1.153）	词根 i（行走）、śī（睡）后加直接后缀 van。
i+**van**	ārdhadhātukaṃ śeṣaḥ //（P.3.4.114）	全界之外的（van）是半界词缀。
i+va	tasya lopaḥ //（P.1.3.9）	van 的符号 n 由消隐替换。
i+**iṭ**+va	ārdhadhātukasyeḍvalādeḥ //（P.7.2.35）	在以对收 val 为首位音的半界词缀前，插入联系元音 iṭ。
i+va	ekāca upadeśe 'nudāttāt //（P.7.2.10） neḍvaśi kṛti //（P.7.2.8）	于原始发音状态的非高音的单音节词根后，不加联系元音 iṭ。 在以 vaś 为对收的浊辅音起始的直接后缀前，不加联系元音 iṭ。
i+va	yasmātpratyayavidhistadādi pratyaye 'ṅgam //（P.1.4.13）	其后安排了词缀的词，以此词为始，在词缀前叫词干。
e+va	sārvadhātukārdhadhātukayoḥ //（P.7.3.84）	遇到半界词缀，词干的末元音 i 由二合元音（guṇa）替换。
eva	kṛttaddhitasamāsāśca //（P.1.2.46）	以直接后缀为末的是名词词基。
eva+**sup**	ṅyāpprātipadikāt //（P.4.1.1） svaujasamauṭchaṣ…sup //（P.4.1.2）	在以 ṅī、āp 为末的词后，以及在名词词基后是 su 等格尾。 根据需要加某一 sup 格尾。
eva+sup	cādayo 'sattve //（P.1.4.57）	非实物意义的 ca 等词是投词（nipāta）。
eva+sup	svarādinipātamavyayam //（P.1.1.37）	投词 eva 是不变词。
eva+（ ）	avyayādāpsupaḥ //（P.2.4.82）	消隐（luk）替换不变词后的格尾。
eva	pratyayasya lukślulupaḥ //（P.1.1.61）	luk、ślu、lup 是词缀的消隐替换。消隐是不显现。
eva	pratyayalope pratyayalakṣaṇam //（P.1.1.62）	词缀消隐后，词缀的因还在。
eva	suptiṅantaṃ padam //（P.1.4.14）	以格尾为末的 eva 是字。

小结：

eva 是加直接后缀 van 而成的，表达的含义是“行走”“快速”。

但非实物意义的 eva 是不变词，其义为“正是”“只有”等。本颂理解为“正是”。

ca

名词词基：ca（和）。

演变过程：

ca	arthavadadhāturapratyayaḥ prātipadikam //（P.1.2.45）	既非词根，亦非词缀，有意义的（词）是名词词基。 [ca 是不可拆分（avyutpanna）的名词词基。]
ca+**sup**	ṅyāpprātipadikāt //（P.4.1.1） svaujasamauṭchaṣ…sup //（P.4.1.2）	在以 ṅī、āp 为末的词后，以及在名词词基后是 su 等格尾。 根据需要加某一 sup 格尾。
ca+sup	cādayo 'sattve //（P.1.4.57）	非实物意义的 ca 等词是投词（nipāta）。
ca+sup	svarādinipātamavyayam //（P.1.1.37）	投词 ca 是不变词。
ca+（ ）	avyayādāpsupaḥ //（P.2.4.82）	消隐（luk）替换不变词后的格尾。
ca	pratyayasya lukślulupaḥ //（P.1.1.61）	luk、ślu、lup 是词缀的消隐替换。消隐是不显现。
ca	pratyayalope pratyayalakṣaṇam //（P.1.1.62）	词缀消隐后，词缀的因还在。
ca	suptiṅantaṃ padam //（P.1.4.14）	以格尾为末的 ca 是字。

小结：

ca 是投词，不变词，意为“和”。

vitarkaś

词根：第十类动词词根（curādigaṇa），10.240 tarka bhāṣārthe（tark 猜测、假设）。

近置词：vi（viśeṣe 差别，vicāra 分析，saṃjñāyām 认知）。[依据：upasargāḥ kriyāyoge //（P.1.4.59）。]

直接后缀：ghañ。

演变过程：

tark+**ṇic**	satyāpa…cūrādibhyo ṇic //（P. 3.1.25）	第十类动词词根本身必须加上 ṇic 词缀，表原义。
tark+**ṇic**	ārdhadhātukaṃ śeṣaḥ //	全界词缀之外的（ṇic）是半界词缀。

	（P.3.4.114）	
tark+ṇic	yasmātpratyayavidhistadādi pratyaye 'ṅgam //（P.1.4.13）	其后安排了词缀的词，以此词为始，在词缀前叫词干。
tark+ṇic	sanādyantā dhātavaḥ //（P.3.1.32）	以 ṇic 词缀落尾的“tark+i”是新词根。[ṇic 的 ṇ、c 是符号。]
vi+tark+ṇic+**ac**	erac //（P.3.3.56）	i、ī 音落尾的词根后加直接后缀 ac。
vi+tark+ṇic+**ac**	ārdhadhātukaṃ śeṣaḥ //（P.3.4.114）	全界词缀之外的（ac）是半界词缀。
vi+tark+ṇic+a	tasya lopaḥ //（P.1.3.9）	ac 的符号 c 由消隐替换。
vi+tark+ṇic+**a**	ārdhadhātukasyeḍvalādeḥ //（P.7.2.35）	在以对收 val 为首位音的半界词缀前，插入联系元音 iṭ。[但 ac 不在其中，为 aniṭ 词缀。]
vi+tark+（ ）+a	ṇeraniṭi //（P.6.4.51）	当遇到 aniṭ 半界词缀时，消隐（lopa）替换前面的 ṇic。
vi+tark+（ ）+a	pratyayalope pratyayalakṣaṇam //（P.1.1.62）	ṇic 词缀消隐后，ṇic 词缀的因还在。
vi+**tark+**（ ）+a	sanādyantā dhātavaḥ //（P.3.1.32）	“tark+（ ）”仍是新词根。
vi+**tark+**（ ）+a	yasmātpratyayavidhistadādi pratyaye 'ṅgam //（P.1.4.13）	其后安排了词缀的词，以此词为始，在词缀前叫词干。
vi+**tark**+a	adarśanaṃ lopaḥ //（P.1.1.60）	不显现的是消隐。
vitarka	kṛttaddhitasamāsāśca //（P.1.2.46）	直接后缀为末的是名词词基。
vitarka+**su**	ṅyāpprātipadikāt //（P.4.1.1） svaujasamauṭchaṣ…sup //（P.4.1.2）	在以 ṅī、āp 为末的词后，以及在名词词基后是 su 等格尾。 单数第一格加格尾 su。
vitarka+s	tasya lopaḥ //（P.1.3.9）	su 的符号 u 由消隐替换。
vitarkas	suptiṅantaṃ padam //（P.1.4.14）	以格尾为末的是字。
vitarka**r**	sasajuṣo ruḥ //（P.8.2.66）	r 音替换字末的 s 音。
vitarka**ḥ**	kharavasānayorvisarjanīyaḥ //（P.8.3.15）	在清辅音和停顿前，送气音替换字末的 r 音。
vitarka**s**	visarjanīyasya saḥ //（P.8.3.34）	在清辅音前，s 音替换送气音。
vitarka**ś**	stoḥ ścunā ścuḥ //（P.8.4.40）	ś 和腭音族取代与 ś 和腭音族（结合的）s 和齿音族。

小结：

vitarka 如果是依据“bhāve //（P.3.3.18）”加直接后缀 ghañ 而成的话，表达的是行为达到的已成就状态，翻译为“考虑”“寻”。这主要指心法（识体）所处的“寻”这种心理状态。

若 vitarka 是依据经文“akartari ca kārake saṃjñāyām //（P.3.3.19）”加直接后缀 ghañ 而成的话，那么 vitarka 可以作为非主动者（akartṛ）的造者（kāraka），且是专有名词。如果采用作用具（karaṇa）这一造者来表达俱时的原因时，那么 vitarka 指的是造成心法的“寻”这种心理状态的另一独立因法——“心所法寻”。本颂采用这种理解。

vitarkas 是阳性，单数，第一格，含义是“心所法寻”。

ca

名词词基：ca（和）。

演变过程：

ca	arthavadadhāturapratyayaḥ prātipadikam //（P.1.2.45）	既非词根，亦非词缀，有意义的（词）是名词词基。 [ca 是不可拆分（avyutpanna）的名词词基。]
ca+**sup**	ṅyāpprātipadikāt //（P.4.1.1） svaujasamauṭchaṣ…sup //（P.4.1.2）	在以 ṅī、āp 为末的词后，以及在名词词基后是 su 等格尾。 根据需要加某一 sup 格尾。
ca+sup	cādayo 'sattve //（P.1.4.57）	非实物意义的 ca 等词是投词（nipāta）。
ca+sup	svarādinipātamavyayam //（P.1.1.37）	投词 ca 是不变词。
ca+（ ）	avyayādāpsupaḥ //（P.2.4.82）	消隐（luk）替换不变词后的格尾。
ca	pratyayasya lukślulupaḥ //（P.1.1.61）	luk、ślu、lup 是词缀的消隐替换。消隐是不显现。
ca	pratyayalope pratyayalakṣaṇam //（P.1.1.62）	词缀消隐后，词缀的因还在。
ca	suptiṅantaṃ padam //（P.1.4.14）	以格尾为末的 ca 是字。

小结：

ca 是投词，不变词，意为“和”。

vicāraś

词根： 第十类动词词根（curādigaṇa），10.205 cara saṃśaye（car 疑惑）。

近置词： vi（nāśe 消失，nivṛttau 不运转，virodhe 反面）。[依据：upasargāḥ kriyāyoge //（P.1.4.59）。]

直接后缀： ac。

演变过程：

car+**ṇic**	satyāpa…cūrādibhyo ṇic //（P.3.1.25）	第十类动词词根本身必须加上 ṇic 词缀，表原义。
car+**ṇic**	ārdhadhātukaṃ śeṣaḥ //（P.3.4.114）	全界词缀之外的（ṇic）是半界词缀。
car+ṇic	yasmātpratyayavidhistadādi pratyaye 'ṅgam //（P.1.4.13）	其后安排了词缀的词，以此词为始，在词缀前叫词干。
c**ā**r+**ṇ**ic	ata upadhāyāḥ //（P.7.2.116）	遇 ñ、ṇ 符号的后缀时，词干倒数第二的 a 音由三合元音替换。
cār+ṇic	sanādyantā dhātavaḥ //（P.3.1.32）	以 ṇic 词缀落尾的"cār+i"是新词根。[ṇic 的 ṇ、c 是符号。]
vi+cār+ṇic+**ac**	erac //（P.3.3.56）	i、ī 音落尾的词根后加直接后缀 ac。
vi+cār+ṇic+**ac**	ārdhadhātukaṃ śeṣaḥ //（P.3.4.114）	全界词缀之外的（ac）是半界词缀。
vi+cār+ṇic+a	tasya lopaḥ //（P.1.3.9）	ac 的符号 c 由消隐替换。
vi+cār+ṇic+**a**	ārdhadhātukasyeḍvalādeḥ //（P.7.2.35）	在以对收 val 为首位音的半界词缀前，插入联系元音 iṭ。 [但 ac 不在其中，为 aniṭ 词缀。]
vi+cār+（ ）+a	ṇeraniṭi //（P.6.4.51）	当遇到 aniṭ 半界词缀时，消隐（lopa）替换前面的 ṇic。
vi+cār+（ ）+a	pratyayalope pratyayalakṣaṇam //（P.1.1.62）	ṇic 词缀消隐后，ṇic 词缀的因还在。
vi+**cār+**（ ）+a	sanādyantā dhātavaḥ //（P.3.1.32）	"cār+（ ）"仍是新词根。
vi+**cār+**（ ）+a	yasmātpratyayavidhistadādi pratyaye 'ṅgam //（P.1.4.13）	其后安排了词缀的词，以此词为始，在词缀前叫词干。
vi+cār+a	adarśanaṃ lopaḥ //（P.1.1.60）	不显现的是消隐。
vicāra	kṛttaddhitasamāsāśca //（P.1.2.46）	直接后缀为末的是名词词基。
vicāra+**su**	ṅyāpprātipadikāt //（P.4.1.1）	在以 ṅī、āp 为末的词后，以及在名词词基后是 su 等格尾。

	svaujasamauṭchaṣ…sup //（P.4.1.2）	单数第一格加格尾 su。
vicāra+s	tasya lopaḥ //（P.1.3.9）	su 的符号 u 由消隐替换。
vicāras	suptiṅantaṃ padam //（P.1.4.14）	以格尾为末的是字。
vicāra**r**	sasajuṣo ruḥ //（P.8.2.66）	r 音替换字末的 s 音。
vicāra**ḥ**	kharavasānayorvisarjanīyaḥ //（P.8.3.15）	在清辅音和停顿前，送气音替换字末的 r 音。
vicāra**s**	visarjanīyasya saḥ //（P.8.3.34）	在清辅音前，s 音替换送气音。
vicāra**ś**	stoḥ ścunā ścuḥ //（P.8.4.40）	ś 和腭音族取代与 ś 和腭音族（结合的）s 和齿音族。

小结：

经文 P.3.3.56 在领句经文 P.3.3.18 和 P.3.3.19 的控制之下。

经文“bhāve //（P.3.3.18）”表明，加直接后缀 ac 的 vicāra 表达的是行为达到的已成就状态，翻译为“清楚疑惑”“查明”“伺查”。这主要指心法（识体）所处的“伺”这种心理状态。

经文“akartari ca kārake saṃjñāyām //（P.3.3.19）”表明，加直接后缀 ac 的 vicāra 可以作为非主动者（akartṛ）的造者（kāraka），且是专有名词。如果采用作用具（karaṇa）这一造者来表达俱时的原因时，那么 vicāra 指的是造成心法所处的“伺”这种心理状态的另一独立因法——“心所法伺”。本颂采用这种理解。

vicāras 是阳性，单数，第一格，含义是“心所法伺”。

ca

名词词基： ca（和）。

演变过程：

ca	arthavadadhāturapratyayaḥ prātipadikam //（P.1.2.45）	既非词根，亦非词缀，有意义的（词）是名词词基。 [ca 是不可拆分（avyutpanna）的名词词基。]
ca+**sup**	ṅyāpprātipadikāt //（P.4.1.1） svaujasamauṭchaṣ…sup //（P.4.1.2）	在以 ṅī、āp 为末的词后，以及在名词词基后是 su 等格尾。 根据需要加某一 sup 格尾。

ca+sup	cādayo 'sattve //（P.1.4.57）	非实物意义的 ca 等词是投词（nipāta）。
ca+sup	svarādinipātamavyayam //（P.1.1.37）	投词 ca 是不变词。
ca+（ ）	avyayādāpsupaḥ //（P.2.4.82）	消隐（luk）替换不变词后的格尾。
ca	pratyayasya lukślulupaḥ //（P.1.1.61）	luk、ślu、lup 是词缀的消隐替换。消隐是不显现。
ca	pratyayalope pratyayalakṣaṇam //（P.1.1.62）	词缀消隐后，词缀的因还在。
ca	suptiṅantaṃ padam //（P.1.4.14）	以格尾为末的 ca 是字。

小结：

ca 是投词，不变词，意为“和”。

ity

词根：第二类动词词根（adādigaṇa），2.36 iṇ gatau（i 行走）。

直接后缀：ktic。

演变过程：

i+**ktic**	kticktau ca saṃjñāyām //（P.3.3.174）	加 ktic 或 kta 直接后缀，表祝福义。
i+**ktic**	ārdhadhātukaṃ śeṣaḥ //（P.3.4.114）	ktic 是半界词缀。
i+ti	tasya lopaḥ //（P.1.3.9）	ktic 的符号 k、c 由消隐替换。
i+**iṭ**+ti	ārdhadhātukasyeḍvalādeḥ //（P.7.2.35）	在以对收 val 为首位音的半界词缀前，插入联系元音 iṭ。
i+**ti**	titutratathasisusarakaseṣu ca //（P.7.2.9）	直接后缀 ti 前不加联系元音 iṭ。[ktic 是 aniṭ 词缀。]
i+ti	yasmātpratyayavidhistadādi pratyaye 'ṅgam //（P.1.4.13）	其后安排了词缀的词，以此词为始，在词缀前叫词干。
e+ti	sārvadhātukārdhadhātukayoḥ //（P.7.3.84）	遇到半界词缀，词干的末元音 i 由二合元音（guṇa）替换。
i+ti	kṅiti ca //（P.1.1.5）	受 g、k、ṅ 符号的影响，二合、三合元音的替换被禁止。
iti	kṛttaddhitasamāsāśca //（P.1.2.46）	以直接后缀为末的是名词词基。
iti+**sup**	ṅyāpprātipadikāt //	在以 ṅī、āp 为末的词后，以及在名词

	（P.4.1.1） svaujasamauṭchaṣ…sup // （P.4.1.2）	词基后是 su 等格尾。 根据需要加某一 sup 格尾。
iti+sup	cādayo 'sattve // （P.1.4.57）	非实物意义的 ca 等词是投词（nipāta）。
iti+sup	svarādinipātamavyayam // （P.1.1.37）	投词 iti 是不变词。
iti+（ ）	avyayādāpsupaḥ // （P.2.4.82）	消隐（luk）替换不变词后的格尾。
iti	pratyayasya lukślulupaḥ // （P.1.1.61）	luk、ślu、lup 是词缀的消隐替换。消隐是不显现。
iti	pratyayalope pratyayalakṣaṇam // （P.1.1.62）	词缀消隐后，词缀的因还在。
iti	suptiṅantaṃ padam // （P.1.4.14）	以格尾为末的 iti 是字。
ity	iko yaṇaci // （P.6.1.77）	发生连音时，若后遇元音，半元音替代以 ik 为对收的元音。

小结：

iti 是投词，不变词，意为“即是”“所谓”。

upakleśā

词根：第四类动词词根（divādigaṇa），4.52a kliśa upatāpe（kliś 感到疼）；第九类动词词根（kryādigaṇa），9.50 kliśū vibādhane（kliś 折磨）。

近置词：upa（anugrahe 辅助，sādṛśye 相似）。[依据：upasargāḥ kriyāyoge //（P.1.4.59）。]

直接后缀：ghañ。

演变过程：

upa+kliś+**ghañ**	bhāve // （P.3.3.18）	当表达达到已成就状态的词根意义时，词根后加 ghañ 词缀。
upa+kliś+**ghañ**	ārdhadhātukaṃ śeṣaḥ // （P.3.4.114）	全界词缀之外的（ghañ）是半界词缀。
upa+kliś+a	tasya lopaḥ // （P.1.3.9）	ghañ 的符号 gh、ñ 由消隐替换。
upa+**kliś**+a	yasmātpratyayavidhistadādi pratyaye 'ṅgam //（P.1.4.13）	其后安排了词缀的词，以此词为始，在词缀前叫词干。
upa+kleś+a	pugantalaghūpadhasya ca // （P.7.3.86）	遇到半界和全界词缀时，轻音节词干的排列倒数第二的短元音 i、u、ṛ、ḷ 由二合元音替换。

upakleśa	kṛttaddhitasamāsāśca //（P.1.2.46）	直接后缀 ghañ 为末的 upakleśa 是名词词基。
upakleśa+**jas**	ṅyāpprātipadikāt //（P.4.1.1） svaujasamauṭchaṣ…sup //（P.4.1.2）	在以 ṅī、āp 为末的词后，以及在名词词基后是 su 等格尾。 复数第一格加格尾 jas。
upakleśa+as	tasya lopaḥ //（P.1.3.9）	jas 的符号 j 由消隐替换。
upakleś+**ā**+s	prathamayoḥ pūrvasavarṇaḥ //（P.6.1.102）	非复合元音后遇到前两格的元音时，前面元音的同类长音是前后两音位的唯一替代。
upakleśās	suptiṅantaṃ padam //（P.1.4.14）	以格尾为末的是字。
upakleśā**r**	sasajuṣo ruḥ //（P.8.2.66）	r 音替换字末的 s 音。
upakleśā**y**	bho-bha-go-agho-a-pūrvasya yo 'śi //（P.8.3.17）	在下一浊音（d）前，a、ā 在前的 r 音由 y 音替换。
upakleśā	hali sarvaṣām //（P.8.3.22）	在辅音前，a、ā 在前的 y 由消隐替换。

小结：

kleśa 是依据“bhāve //（P.3.3.18）”加直接后缀 ghañ 而成的话，表达的是行为达到的已成就状态（siddhabhāva），翻译为“烦恼的”“烦恼”。近置词 upa 有辅助、相似的含义，所以 upakleśa 指的是“相似的辅助性的烦恼”，在佛教中翻译为“随烦恼的”“随烦恼”。在本颂中 upakleśa 是对心所法（caitasa）的一种分类，所以应作为形容词来使用，翻译为“随烦恼的”。

upakleśās 是阳性，复数，第一格，含义是“诸随烦恼的（心所法）”。

dvaye

世俗拆分：dvāv avayavau yasya。

非世俗拆分：dvi+au+tayap。

名词词基：dvi（二）。

派生词缀：tayap。

演变过程：

dvi	arthavadadhāturapratyayaḥ prātipadikam //（P.1.2.45）	既非词根，亦非词缀，有意义的（词）是名词词基。 [dvi 是不可拆分（avyutpanna）的名词

		词基。]
dvi+au+**tayap**	saṃkhyāyā avayave tayap //（P.5.2.42）	当表达某事物有多个部分时，在数字后加派生词缀 tayap。
dvi+au+**ayac**	dvitribhyāṃ tayasyāyajvā //（P.5.2.43）	当前面是 dvi、tri 时，ayac 可以替换 tayap。
dvi+au+ayac	kṛttaddhitasamāsāśca //（P.1.2.46）	以派生词缀为尾的是名词词基。
dvi+ayac	supo dhātuprātipadikayoḥ //（P.2.4.71） pratyayasya lukślulupaḥ //（P.1.1.61）	词根、名词词基中蕴含的格尾由消隐（luk）替换。 luk、ślu、lup 是词缀的消隐替换。消隐是不显现。
dvi+ayac	yasmātpratyayavidhistadādi pratyaye 'ṅgam //（P.1.4.13）	其后安排了词缀的词，以此词为始，在词缀前叫词干。
dvi+aya	tasya lopaḥ //（P.1.3.9）	ayac 的符号 c 由消隐替换。
dvi+aya	yaci bham //（P.1.4.18）	以 y 音或元音为首位音的格尾以及部分派生词缀前的词干，称作 bha 词干。
dv+aya	yasyeti ca //（P.6.4.148）	遇到派生词缀或 ī 音时，替换 bha 词干末尾的 i、ī 和 a、ā 的是消隐（lopa）。
dvaya	kṛttaddhitasamāsāśca //（P.1.2.46）	以派生词缀为尾的是名词词基。
dvay**a**	hrasvo napuṃsake prātipadikasya //（P.1.2.47）	词为中性时，短元音替换名词词基的末音。
dvaya+**au**	ṅyāpprātipadikāt //（P.4.1.1） svaujasamauṭchaṣ…sup //（P.4.1.2）	在以 ṅī、āp 为末的词后，以及在名词词基后是 su 等格尾。 双数第一格加格尾 au。
dvaya+**śī**	napuṃsakācca //（P.7.1.19）	于中性词之后 śī 替换 au。
dvaya+ī	tasya lopaḥ //（P.1.3.9）	śī 的符号 ś 由消隐替换。
dvay+**e**	ādguṇaḥ //（P.6.1.87）	a 音后遇元音时，由一个二合元音替换前后两音位。
dvaye	suptiṅantaṃ padam //（P.1.4.14）	以格尾为末的是字。

小结：

dvaya 的含义是"有二部分者"。即"两个为一组者"。

dvaye 是中性，双数，含义是"两个有二部分者的"，即两个为一组的两组。

dvidhā

世俗拆分： dvābhyāṃ prakārābhyām，或 dviprakāram。

非世俗拆分： dvi+bhyām+dhā。

名词词基： dvi（二）。

派生词缀： dhā。

演变过程（一）：

dvi	arthavadadhāturapratyayaḥ prātipadikam //（P.1.2.45）	既非词根，亦非词缀，有意义的（词）是名词词基。 [dvi 是不可拆分（avyutpanna）的名词词基。]
dvi+bhyām+**dhā**	saṃkhyāyā vidhārthe dhā //（P.5.3.42）	表行为的方式、方法时，数字后加 dhā 这一派生词缀。
dvi+bhyām+dhā	kṛttaddhitasamāsāśca //（P.1.2.46）	以派生词缀为尾的是名词词基。
dvi+dhā	supo dhātuprātipadikayoḥ //（P.2.4.71） pratyayasya lukślulupaḥ //（P.1.1.61）	词根、名词词基中蕴含的格尾由消隐（luk）替换。 luk、ślu、lup 是词缀的消隐替换。消隐是不显现。
dvidhā	kṛttaddhitasamāsāśca //（P.1.2.46）	以派生词缀为尾的是名词词基。
dvidhā+**bhyām**	ṅyāpprātipadikāt //（P.4.1.1） svaujasamauṭchaṣ…sup //（P.4.1.2）	在以 ṅī、āp 为末的词后，以及在名词词基后是 su 等格尾。 双数第三格加格尾 bhyām。
dvidhā+bhyām	svarādinipātamavyayam //（P.1.1.37）	svar 为首的群中（254.89）tasilādi 等派生词缀为尾的是不变词。 [经文 P.5.3.7 至 P.5.3.47 涉及形成不变词的派生词缀。]
dvidhā+（ ）	avyayādāpsupaḥ //（P.2.4.82）	消隐（luk）替换不变词后的格尾。
dvidhā	pratyayasya lukślulupaḥ //（P.1.1.61）	luk、ślu、lup 是词缀的消隐替换。消隐是不显现。
dvidhā	pratyayalope pratyayalakṣaṇam //（P.1.1.62）	词缀消隐后，词缀的因还在。
dvidhā	suptiṅantaṃ padam //（P.1.4.14）	以格尾为末的 dvidhā 是字。

世俗拆分： dvitvasaṃkhyaviśiṣṭam（被“二”这个数字分割）。

非世俗拆分： dvi+bhyām+dhā。

名词词基：dvi（二）。

派生词缀：dhā。

演变过程（二）：

dvi	arthavadadhāturapratyayaḥ prātipadikam //（P.1.2.45）	既非词根，亦非词缀，有意义的（词）是名词词基。 [dvi 是不可拆分（avyutpanna）的名词词基。]
dvi+bhyām+**dhā**	adhikaraṇavicāle ca //（P.5.3.43）	对一物体作分割、分配时，在数量后加 dhā 这一派生词缀。
dvi+bhyām+dhā	kṛttaddhitasamāsāśca //（P.1.2.46）	以派生词缀为尾的是名词词基。
dvi+dhā	supo dhātuprātipadikayoḥ //（P.2.4.71） pratyayasya lukślulupaḥ //（P.1.1.61）	词根、名词词基中蕴含的格尾由消隐（luk）替换。 luk、ślu、lup 是词缀的消隐替换。消隐是不显现。
dvidhā	kṛttaddhitasamāsāśca //（P.1.2.46）	以派生词缀为尾的是名词词基。
dvidhā+os	ṅyāpprātipadikāt //（P.4.1.1） svaujasamauṭchaṣ…sup //（P.4.1.2）	在以 ṅī、āp 为末的词后，以及在名词词基后是 su 等格尾。 双数第六格加格尾 os。
dvidhā+os	svarādinipātamavyayam //（P.1.1.37）	svarādi 群中（254.89）tasilādi 等派生词缀为尾的是不变词。 [经文 P.5.3.7 至 P.5.3.47 涉及形成不变词的派生词缀。]
dvidhā+（ ）	avyayādāpsupaḥ //（P.2.4.82）	消隐（luk）替换不变词后的格尾。
dvidhā	pratyayasya lukślulupaḥ //（P.1.1.61）	luk、ślu、lup 是词缀的消隐替换。消隐是不显现。
dvidhā	pratyayalope pratyayalakṣaṇam //（P.1.1.62）	词缀消隐后，词缀的因还在。
dvidhā	suptiṅantaṃ padam //（P.1.4.14）	以格尾为末的 dvidhā 是字。

小结：

dvidhā 有两种拆分方式。演变过程（一）中的含义是：两种、两类、两重、两次；演变过程（二）中的含义是：两部分、两份、两小堆。

此颂 dvidhā 应该选择演变过程（一）中的拆分方式，含义为“两种”。作为格尾消隐的不变词，根据上下文，可翻译为“以两种方式（存在）”。

第十五颂

पञ्चानां मूलविज्ञाने यथाप्रत्ययमुद्भवः ।
विज्ञानानां सह न वा तरङ्गाणां यथा जले ॥१५॥

pañcānāṃ mūla-vijñāne yathā-pratyayam udbhavaḥ /
vijñānānāṃ saha na vā taraṅgāṇāṃ yathā jale //15//

玄奘译：依止根本识，五识随缘现，或俱或不俱，如涛波依水。

真谛译《转识论》：五识于第六意识及本识、执识，于此三根，中随因缘，或时俱起，或次第起。以作意为因，外尘为缘，故识得起。若先作意欲取色、声二尘，后则眼、耳二识一时俱起，而得二尘。若作意欲至某处看色听声取香，后亦一时三识俱起得三尘，乃至一时具五识俱起亦尔。或前后次第而起，唯起一识，但得一尘。皆随因缘，是故不同也。如是七识，于阿梨耶识中，尽相应起。如众像影，俱现镜中。亦如众浪，同集一水。

霍韬晦译：依于根本识，五识随缘现：或俱，或不惧，如涛波依水。

现译：如同依于水而（有）诸波浪的生起，依于根本识，五识尽其所具缘性地生起，或（相互）俱（起），或不俱（起）。

pañcānāṃ

名词词基：pañca（五）。

演变过程：

pañca	arthavadadhāturapratyayaḥ prātipadikam //（P.1.2.45）	既非词根，亦非词缀，有意义的（词）是名词词基。 [pañca 是不可拆分（avyutpanna）的名词词基。]
pañca+ām	ṅyāpprātipadikāt //（P.4.1.1） svaujasamauṭchaṣ…sup //（P.4.1.2）	在以 ṅī、āp 为末的词后，以及在名词词基后是 su 等格尾。 复数第六格加格尾 ām。

pañca+ām	yasmātpratyayavidhistadādi pratyaye 'ṅgam //（P.1.4.13）	其后安排了词缀的词，以此词为始，在词缀前叫词干。
pañca+**nuṭ**+ām	hrasvanadyāpo nuṭ //（P.7.1.54）	在以短元音落尾的词干后，在 nadī 以及 āp 之后，ām 前插入 nuṭ。
pañca+n+ām	tasya lopaḥ //（P.1.3.9）	nuṭ 的符号 ṭ 由消隐替换。[u 音是为了发音方便。]
pañca+**nām**	ādyantau ṭakitau //（P.1.1.46）	以 ṭ 符号和 k 符号结尾的是首位音或末音。
pañc**ā**+nām	nāmi //（P.6.4.3）	遇到 nām 时，以元音为末的词干末音由长音替换。
pañcānām	suptiṅantaṃ padam //（P.1.4.14）	以格尾为末的是字。
pañcānā**ṃ**	mo 'nusvāraḥ //（P.8.3.23）	字末的 m 音在辅音前由鼻腔音替代。
pañcānā**m**	anusvārasya yayi parasavarṇaḥ //（P.8.4.58）	遇到除咝音和 h 音以外的辅音时，后面的同类音替换鼻腔音。
pañcānāṃ	vā padāntasya //（P.8.4.59）	字末的同类鼻音的替换可做可不做。

小结：

pañcānām 是中性，复数，第六格，义为“五的”。即眼、耳、鼻、舌、身五识。

mūla

词根：第一类动词词根（bhvādigaṇa），1.562 mūla pratiṣṭhāyām（mūl 固定、扎根）。

直接后缀：ka。

演变过程（一）：

mūl+**ka**	igupadhajñāprīkiraḥ kaḥ //（P.3.1.135）	在倒数第二个音是 i、u、ṛ、ḷ 及其长音的词根后，加直接后缀 ka，表主动者含义。
mūl+**ka**	ārdhadhātukaṃ śeṣaḥ //（P.3.4.114）	全界之外的（ka）是半界词缀。
mūl+a	tasya lopaḥ //（P.1.3.9）	ka 的符号 k 由消隐替换。
mūl+a	yasmātpratyayavidhistadādi pratyaye 'ṅgam //（P.1.4.13）	其后安排了词缀的词，以此词为始，在词缀前叫词干。
mūla	kṛttaddhitasamāsāśca //（P.1.2.46）	以直接后缀 ka 为末的是名词词基。

词根：第十类动词词根（curādigaṇa），10.63 mūla rohaṇe（mūl 种植、发芽）。

直接后缀：ac。

演变过程（二）：

mūl+**ṇic**	satyāpa…cūrādibhyo ṇic //（P.3.1.25）	第十类动词词根本身必须加上 ṇic 词缀，表原义。
mūl+**ṇic**	ārdhadhātukaṃ śeṣaḥ //（P.3.4.114）	全界之外的（ṇic）是半界词缀。
mūl+ṇic	yasmātpratyayavidhistadādi pratyaye 'ṅgam //（P.1.4.13）	其后安排了词缀的词，以此词为始，在词缀前叫词干。
mūl+ṇic	sanādyantā dhātavaḥ //（P.3.1.32）	以 ṇic 词缀落尾的"mūl+ṇic"是新词根。[ṇic 的 ṇ、c 是符号。]
mūl+ṇic+**ac**	nandigrahipacādibhyo lyuṇinyacaḥ //（P.3.1.134）	加在 nandi、grahi、pac 等词根后的是直接后缀 lyu、ṇini、ac，表主动者的含义。[ac 实际可以加在所有词根后。]
mūl+ṇic+**ac**	ārdhadhātukaṃ śeṣaḥ //（P.3.4.114）	全界之外的（ac）是半界词缀。
mūl+ṇic+a	tasya lopaḥ //（P.1.3.9）	ac 的符号 c 由消隐替换。
mūl+ṇic+**a**	ārdhadhātukasyeḍvalādeḥ //（P.7.2.35）	在以对收 val 为首位音的半界词缀前，插入联系元音 iṭ。[但 ac 不在其中，为 aniṭ 词缀。]
mūl+（ ）+a	ṇeraniṭi //（P.6.4.51）	当遇到 aniṭ 半界词缀时，消隐（lopa）替换前面的 ṇic。
mūl+（ ）+a	pratyayalope pratyayalakṣaṇam //（P.1.1.62）	ṇic 词缀消隐后，ṇic 词缀的因还在。
mūl+（ ）+a	sanādyantā dhātavaḥ //（P.3.1.32）	"mūl+（ ）"仍是新词根。
mūl+（ ）+a	yasmātpratyayavidhistadādi pratyaye 'ṅgam //（P.1.4.13）	其后安排了词缀的词，以此词为始，在词缀前叫词干。
mūl+a	adarśanaṃ lopaḥ //（P.1.1.60）	不显现的是消隐。
mūla	kṛttaddhitasamāsāśca //（P.1.2.46）	以直接后缀 ac 为末的是名词词基。

小结：

以上两种构词方式都表达主动者（kartṛ）的含义，因此 mūla 翻译为"根""根本"。

vijñāna

名词词基： vijñāna（识）。

演变过程：

vijñāna	arthavadadhāturapratyayaḥ prātipadikam //（P.1.2.45）	既非词根，亦非词缀，有意义的（词）是名词词基。

		[“识”含义的 vijñāna 是不可拆分（avyutpanna）的名词词基。]

小结：

对于佛教中表达“识”（Consciousness）含义的专有名词 vijñāna，笔者认为这是佛教的特殊用法。故此词也许是佛陀创造的俗语词汇。因为婆罗门教中，作为认知主体的 citta、manas、ātman 等词都是表示有恒常实体的认知主体，不符合佛陀所主张的“诸行无常，诸法无我”的观点，故不适合引入到佛教体系中来。因此佛陀必须创造出一个全新的俗语词汇来表示无常的认知主体。现在看到的“识”含义的佛教梵语词汇 vijñāna，是在保持该佛教俗语词汇的原音的基础上，而引入的外来词汇。故佛教梵语中的表达“识”含义的 vijñāna 是不可拆分（avyutpanna）的词汇。而且该词为中性。

mūla-vijñāne

世俗拆分：mūlaṃ vijñānam。

非世俗拆分：mūla+su+vijñāna+su。

名词词基：mūla（根本）；vijñāna（识）。

演变过程：

mūla+su+vijñāna+su	tatpuruṣaḥ samānādhikaraṇaḥ karmadhārayaḥ //（P.1.2.42）	具有一致的语法关系的依主释（复合词）是持业释（复合词）。
mūla+su+vijñāna+su	kṛttaddhitasamāsāśca //（P.1.2.46）	有意义的复合词是名词词基。
mūla+vijñāna	supo dhātuprātipadikayoḥ //（P.2.4.71） pratyayasya lukślulupaḥ //（P.1.1.61）	词根、名词词基中蕴含的格尾由消隐（luk）替换。 luk、ślu、lup 是词缀的消隐替换。消隐是不显现。
mūlavijñāna	kṛttaddhitasamāsāśca //（P.1.2.46）	复合词是名词词基。
mūlavijñāna	paravalliṅgaṃ dvaṃdva-tatpuruṣayoḥ //（P.2.4.26）	相违释和依主释复合词的性如后部字。[该复合词为中性。]
mūlavijñāna	hrasvo napuṃsake prātipadikasya //（P.1.2.47）	词为中性时，短元音替换名词词基的末音。
mūlavijñāna+**ṅi**	ṅyāpprātipadikāt //（P.4.1.1） svaujasamauṭchaṣ…sup //（P.4.1.2）	在以 ṅī、āp 为末的词后，以及在名词词基后是 su 等格尾。 单数第七格加格尾 ṅi。

mūlavijñāna+i	tasya lopaḥ // （P.1.3.9）	ṅi 的符号 ṅ 由消隐替换。
mūlavijñān+**e**	ādguṇaḥ // （P.6.1.87）	a 音后遇元音时，由一个二合元音替换前后两音位。
mūlavijñāne	suptiṅantaṃ padam // （P.1.4.14）	以格尾为末的是字。

小结：

mūlavijñāna 是持业释复合词，前部字 mūla 与后部字 vijñāna 是同一个事物，其含义是：此识是根本，作为根本者即为识。所以 mūlavijñāna 翻译为“根本识”。

mūlavijñāne 是中性，单数，第七格，含义是“依于根本识”。

yad

词根：第一类动词词根（bhvādigaṇa），1.1051 yaja devapūjāsaṃgatikaraṇadāneṣu（yaj 有牺牲品的祭祀，荣耀，奉献）。

直接后缀：adi。

演变过程：

yaj+**adi**	tyajitaniyajbhyo ḍit // （Uṇādisūtra 1.132）	词根 tyaj、tan、yaj 后加直接后缀 adi。该词缀如同带 ḍ 符号。
yaj+**adi**	ārdhadhātukaṃ śeṣaḥ // （P.3.4.114）	全界之外的（adi）是半界词缀。
yaj+ad	tasya lopaḥ // （P.1.3.9）	adi 的符号 i 由消隐替换。
yaj+ad	yasmātpratyayavidhistadādi pratyaye ’ṅgam //（P.1.4.13）	其后安排了词缀的词，以此词为始，在词缀前叫词干。
y+ad	ṭeḥ // （P.6.4.143）	遇到 ḍ 符号时，词干末音节由消隐替换。
yad	kṛttaddhitasamāsāśca // （P.1.2.46）	以直接后缀为末的是名词词基。
yad	sarvādīni sarvanāmāni // （P.1.1.27）	sarva 等词是代词。

小结：

yad 是代词，有阳、阴、中三性，含义是“那”。

yathā

世俗拆分：yena prakāreṇa。

非世俗拆分：yad+ṭā+thāl。

名词词基：yad（那）。

派生词缀：thāl。

演变过程：

yad	kṛttaddhitasamāsāśca //（P.1.2.46）	以直接后缀为末的是名词词基。
yad	sarvādīni sarvanāmāni //（P.1.1.27）	sarva 等词是代词。
yad+ṭā+**thāl**	prakāravacane thāl //（P.5.3.23）	表某种存在方式时，词缀 thāl 加在 P.5.3.2 提到的代词等词后。
yad+ṭā+thāl	kṛttaddhitasamāsāśca //（P.1.2.46）	以派生词缀 thāl 为尾的是名词词基。
yad+thāl	supo dhātuprātipadikayoḥ //（P.2.4.71） pratyayasya lukślulupaḥ //（P.1.1.61）	词根、名词词基中蕴含的格尾由消隐（luk）替换。 luk、ślu、lup 是词缀的消隐替换。消隐是不显现。
yad+**thāl**	prāgdiśo vibhaktiḥ //（P.5.3.1）	从此经文到 P.5.3.27，所讨论的词缀叫 prāgdiśīya 派生词缀。这些词缀是词尾（vibhakti）。
yad+thā	tasya lopaḥ //（P.1.3.9）	thāl 的符号 l 由消隐替换。
ya+**a**+thā	tyadādīnāmaḥ //（P.7.2.102）	遇到词尾时，tyad 等代词的末音的替换是 a 音。
y+**a**+thā	āto guṇe //（P.6.1.97）	非字末的 a 音遇到二合元音时，前后两者的音位由后者的元音形式作唯一替换。
yathā	kṛttaddhitasamāsāśca //（P.1.2.46）	以派生词缀为尾的是名词词基。
yathā+**sup**	ṅyāpprātipadikāt //（P.4.1.1） svaujasamauṭchaṣ…sup //（P.4.1.2）	在以 ṅī、āp 为末的词后，以及在名词词基后是 su 等格尾。 根据需求加某一 sup 格尾。
yathā+sup	svarādinipātamavyayam //（P.1.1.37）	svarādi 群中（254.89）tasilādi 等派生词缀为尾的是不变词。 [经文 P.5.3.7 至 P.5.3.47 涉及形成不变词的派生词缀。]
yathā+（ ）	avyayādāpsupaḥ //（P.2.4.82）	消隐（luk）替换不变词后的格尾。

yathā	pratyayasya lukślulupaḥ //（P.1.1.61）	luk、ślu、lup 是词缀的消隐替换。消隐是不显现。
yathā	pratyayalope pratyayalakṣaṇam //（P.1.1.62）	词缀消隐后，词缀的因还在。
yathā	suptiṅantaṃ padam //（P.1.4.14）	以格尾为末的 yathā 是字。

小结：

yathā 是不变词，表达“如那”“同那”的意思。

pratyaya

词根：第二类动词词根（adādigaṇa），2.36 iṇ gatau（i 行走）。

近置词：prati（sambhāvanāyām 聚集，vyāptau 各自）。[依据：upasargāḥ kriyāyoge //（P.1.4.59）。]

直接后缀：ac。

演变过程：

prati+i+**ac**	erac //（P.3.3.56）	i、ī 音落尾的词根后加直接后缀 ac。
prati+i+**ac**	ārdhadhātukaṃ śeṣaḥ //（P.3.4.114）	全界词缀之外的（ac）是半界词缀。
prati+i+a	tasya lopaḥ //（P.1.3.9）	ac 的符号 c 由消隐替换。
prati+**i**+a	yasmātpratyayavidhistadādi pratyaye 'ṅgam //（P.1.4.13）	其后安排了词缀的词，以此词为始，在词缀前叫词干。
prati+**e**+a	sārvadhātukārdhadhātukayoḥ //（P.7.3.84）	遇到半界词缀，词干的末元音 i 由二合元音（guṇa）替换。
prati+**ay**+a	eco 'yavāyāvaḥ //（P.6.1.78）	遇到元音时，复合元音应由 ay、av、āy、āv 替换。
praty+aya	iko yaṇaci //（P.6.1.77）	发生连音时，若后遇元音，半元音替代以 ik 为对收的元音。
pratyaya	kṛttaddhitasamāsāśca //（P.1.2.46）	直接后缀 ac 为末的 pratyaya 是名词词基。

小结：

加直接后缀 ac 的经文“erac //（P.3.3.56）”在领句经文“akartari ca kārake saṃjñāyām //（P.3.3.19）”的控制之下。在这种情况下，pratyaya 可以作为非主动者（akartṛ）的造者（kāraka），且是专有名词。如果采用作用具（karaṇa）这一造者则表俱时的原因；若采用所从取者（apādāna）这一造者时则表异时的原因。此处统一翻译为“缘”。

yathā-pratyayam

世俗拆分： pratyayam anatikramya。

非世俗拆分： pratyaya+su+yathā。

名词词基： pratyaya（缘）；yathā（如）。

演变过程（一）：

pratyaya+su+yathā	avyayaṃ vibhktisamīpa… **yathā**nupūrya… sākalyāntavacaneṣu// （P.2.1.6） yathāsādṛśye // （P.2.1.7）	当表示词尾、临近……yathā、顺序……全部、结束时，一个不变词（与另一个以格尾收尾的词组成不变状必然复合词）。 不表相似义时，yathā 也可和一个格尾收尾的词构成不变状复合词。
pratyaya+su+yathā	kṛttaddhitasamāsāśca // （P.1.2.46）	有意义的复合词是名词词基。
pratyaya+yathā	supo dhātuprātipadikayoḥ // （P.2.4.71） pratyayasya lukślulupaḥ // （P.1.1.61）	词根、名词词基中蕴含的格尾由消隐（luk）替换。 luk、ślu、lup 是词缀的消隐替换。消隐是不显现。
pratyaya+**yathā**	prathamānirdiṣṭaṃ samāsa upasarjanam //（P.1.2.43）	在复合词一节中，第一格所指示的是附属词。 [P.2.1.6 中 avyayaṃ，P.2.1.7 的 yathā 都是第一格。]
yathā+pratyaya	upasarjanaṃ pūrvam // （P.2.2.30）	附属词是前部的。
yathāpratyaya	kṛttaddhitasamāsāśca // （P.1.2.46）	有意义的复合词是名词词基。
yathāpratyaya+**su**	ṅyāpprātipadikāt // （P.4.1.1） svaujasamauṭchaṣ…sup // （P.4.1.2）	在以 ṅī、āp 为末的词后，以及在名词词基后是 su 等格尾。 单数第一格加格尾 su。
yathāpratyaya+su	avyayībhāvaśca // （P.1.1.41）	不变状复合词是不变词。
yathāpratyaya+**am**	nāvyayībhāvādato ’m tvapañcamyāḥ //（P.2.4.83）	以 a 落尾的不变状复合词之后的格尾不发生消隐替换，但由 am 替换，排除第五格。
yathāpratyay+**a**+m	ami pūrvaḥ // （P.6.1.107）	在 a、ā 以及单元音后，遇到 am 的元音时，前面的元音形式是唯一的替代。

yathāpratyayam	suptiṅantaṃ padam //（P.1.4.14）	以格尾为末的是字。

世俗拆分： ye ye pratyayās tān sarvān。

非世俗拆分： pratyaya+ṅas+yathā。

名词词基： pratyaya（缘）；yathā（如）。

演变过程（二）：

pratyaya+ṅas+yathā	yathāsādṛśye //（P.2.1.7）	不表相似意义时，yathā 也可和一个格尾收尾的词构成不变状复合词。
pratyaya+ṅas+yathā	kṛttaddhitasamāsāśca //（P.1.2.46）	有意义的复合词是名词词基。
pratyaya+yathā	supo dhātuprātipadikayoḥ //（P.2.4.71） pratyayasya lukślulupaḥ //（P.1.1.61）	词根、名词词基中蕴含的格尾由消隐（luk）替换。 luk、ślu、lup 是词缀的消隐替换。消隐是不显现。
pratyaya+**yathā**	prathamānirdiṣṭaṃ samāsa upasarjanam //（P.1.2.43）	在复合词一节中，第一格所指示的是附属词。 [P.2.1.7 的 yathā 是第一格。]
yathā+pratyaya	upasarjanaṃ pūrvam //（P.2.2.30）	附属词是前部的。
yathāpratyaya	kṛttaddhitasamāsāśca //（P.1.2.46）	有意义的复合词是名词词基。
yathāpratyaya+**su**	ṅyāpprātipadikāt //（P.4.1.1） svaujasamauṭchaṣ...sup //（P.4.1.2）	在以 ṅī、āp 为末的词后，以及在名词词基后是 su 等格尾。 单数第一格加格尾 su。
yathāpratyaya+su	avyayībhāvaśca //（P.1.1.41）	不变状复合词是不变词。
yathāpratyaya+**am**	nāvyayībhāvādato 'm tvapañcamyāḥ //（P.2.4.83）	以 a 落尾的不变状复合词之后的格尾不发生消隐替换，但由 am 替换，排除第五格。
yathāpratyay+**a**+m	ami pūrvaḥ //（P.6.1.107）	在 a、ā 以及单元音后，遇到 am 的元音时，前面的元音形式是唯一的替代。
yathāpratyayam	suptiṅantaṃ padam //（P.1.4.14）	以格尾为末的是字。

小结：

在演变过程（一）中，yathāpratyaya 作为以前部字为主的不变状复合词（avyayībhāva-samāsa）属于必然复合词（nitya-samāsa），故不存在原形的世俗拆分。该复合词表达的是经文 P.2.1.6 的 yathā 的含义。但根据经文 P.2.1.7 可知，复合词中的 yathā 不能表达“相似”的含义。故复合词中的 yathā 表达的具体含义是“不超越”“尽其所限”的含义。因此 yathāpratyayam 的含义是“尽其缘性地”。

在演变过程（二）中，yathāpratyaya 也是不变状复合词，其含义是“ye ye pratyayāḥ tān sarvān”，即“一切缘”的含义。

综合以上两种含义，yathāpratyayam 表达的意思是，“尽其所具一切缘性地”，即五识根据当时所具有的缘的多少而同时生起，有时一识生起，有时多识生起，乃至五识并起。这就区别于说一切有部所说的“一刹那只有一识生起”的观点。

yathāpratyaya 相当于副词，单数，第一格，含义是“尽其所具一切缘性地”。

udbhavaḥ

词根：第一类动词词根（bhvādigaṇa），1.1 bhū sattāyām（bhū 存在）。

近置词：ut（uccaistve 高）。[依据：upasargāḥ kriyāyoge //（P.1.4.59）。]

直接后缀：ap。

演变过程：

ut+bhū+**ap**	ṝdorap //（P.3.3.57）	词根末元音是 ṝ、u、ū 的可加 ap 直接后缀。
ut+bhū+**ap**	ārdhadhātukaṃ śeṣaḥ //（P.3.4.114）	全界词缀之外的（ap）是半界词缀。
ut+bhū+a	tasya lopaḥ //（P.1.3.9）	ap 的符号 p 由消隐替换。
ut+**bhū**+a	yasmātpratyayavidhistadādi pratyaye 'ṅgam //（P.1.4.13）	其后安排了词缀的词，以此词为始，在词缀前叫词干。
ut+bh**o**+a	sārvadhātukārdhadhātukayoḥ //（P.7.3.84）	遇到半界词缀，词干的末元音 ū 由二合元音（guṇa）替换。
ut+bh**av**+a	eco 'yavāyāvaḥ //（P.6.1.78）	遇到元音时，复合元音应由 ay、av、āy、āv 替换。
u**d**+bhava	jhalāṃ jaśo 'nte //（P.8.2.39）	字末的 jhal 对收音由 jaś 对收音替换。
udbhava	kṛttaddhitasamāsāśca //（P.1.2.46）	直接后缀为末的是名词词基。
udbhava+**su**	ṅyāpprātipadikāt //（P.4.1.1） svaujasamauṭchaṣ…sup //（P.4.1.2）	在以 ṅī、āp 为末的词后，以及在名词词基后是 su 等格尾。 单数第一格加格尾 su。

udbhava+s	tasya lopaḥ //（P.1.3.9）	su 的符号 u 由消隐替换。
udbhavas	suptiṅantaṃ padam //（P.1.4.14）	以格尾为末的是字。
udbhava**r**	sasajuṣo ruḥ //（P.8.2.66）	r 音替换字末的 s 音。
udbhava**ḥ**	kharavasānayorvisarjanīyaḥ //（P.8.3.15）	在停顿前，送气音替换字末的 r 音。

小结：

与 ap 相关的经文 P.3.3.57 在领句经文"bhāve //（P.3.3.18）"的控制之下，故 udbhava 表示行为的已成就状态，即因缘和合的行为完成后的状态，其义是"生起"。

udbhavas 是阳性，单数，第一格，含义是"生起"。

vijñānānāṃ

名词词基：vijñāna（识）。

演变过程：

vijñāna	arthavadadhāturapratyayaḥ prātipadikam //（P.1.2.45）	既非词根，亦非词缀，有意义的（词）是名词词基。 [“识”含义的 vijñāna 是不可拆分（avyutpanna）的名词词基。]
vijñāna+ām	ṅyāpprātipadikāt //（P.4.1.1） svaujasamauṭchaṣ…sup //（P.4.1.2）	在以 ṅī、āp 为末的词后，以及在名词词基后是 su 等格尾。 复数第六格加格尾 ām。
vijñāna+ām	yasmātpratyayavidhistadādi pratyaye 'ṅgam //（P.1.4.13）	其后安排了词缀的词，以此词为始，在词缀前叫词干。
vijñāna+**nuṭ**+ām	hrasvanadyāpo nuṭ //（P.7.1.54）	在以短元音落尾的词干后，在 nadī 以及 āp 之后，ām 前插入 nuṭ。
vijñāna+n+ām	tasya lopaḥ //（P.1.3.9）	nuṭ 的符号 ṭ 由消隐替换。 [u 音是为了发音方便。]
vijñāna+**nām**	ādyantau ṭakitau //（P.1.1.46）	以 ṭ 符号和 k 符号结尾的是首位音或末音。
vijñān**ā**+nām	nāmi //（P.6.4.3）	遇到 nām 时，以元音为末的词干末音由长音替换。
vijñānānām	suptiṅantaṃ padam //（P.1.4.14）	以格尾为末的是字。
vijñānānā**ṃ**	mo 'nusvāraḥ //（P.8.3.23）	字末的 m 音在辅音前由鼻腔音替代。

小结：

vijñāna 一词表达“识”的含义时，作为专有名词，笔者认为是佛教的特殊用法。故此词也许是佛陀创造的俗语词汇。因为婆罗门教中，作为认知主体的 citta、manas、ātman 等词都是表示有恒常实体的认知主体，不符合佛陀所主张的“诸行无常，诸法无我”的观点，故不适合引入到佛教体系中来。因此佛陀必须创造出一个全新的俗语词汇来表示无常的认知主体。现在看到的“识”含义的佛教梵语词汇 vijñāna，是在保持该佛教俗语词汇的原音的基础上，而引入的外来词汇。故佛教梵语中的表达“识”含义的 vijñāna 是不可拆分（avyutpanna）的词汇。

vijñānānām 是中性，复数，第六格，含义是“诸识的”。

saha

名词词基：saha（伴同）。

演变过程：

saha	arthavadadhāturapratyayaḥ prātipadikam //（P.1.2.45）	既非词根，亦非词缀，有意义的（词）是名词词基。 [saha 是不可拆分（avyutpanna）的名词词基。]
saha+**sup**	ṅyāpprātipadikāt //（P.4.1.1） svaujasamauṭchaṣ…sup //（P.4.1.2）	在以 ṅī、āp 为末的词后，以及在名词词基后是 su 等格尾。 根据需求加某一 sup 格尾。
saha+sup	cādayo 'sattve //（P.1.4.57）	非实物意义的 ca 等词是投词(nipāta)。
saha+sup	svarādinipātamavyayam //（P.1.1.37）	投词 saha 是不变词。
saha+（ ）	avyayādāpsupaḥ //（P.2.4.82）	消隐（luk）替换不变词后的格尾。
saha	pratyayasya lukślulupaḥ //（P.1.1.61）	luk、ślu、lup 是词缀的消隐替换。消隐是不显现。
saha	pratyayalope pratyayalakṣaṇam //（P.1.1.62）	词缀消隐后，词缀的因还在。
saha	suptiṅantaṃ padam //（P.1.4.14）	以格尾为末的 saha 是字。

小结：

saha 是投词，不变词，意为“伴同”“一起”。

眼等五识，任何一个的生起，都必然依第八识（根本依）、第七识（染净依）、第六识（分别依）而起，故此处所谓的“俱起”是指眼等五识或多或少相互地俱起。

na

名词词基：nañ（非）。

演变过程：

nañ	arthavadadhāturapratyayaḥ prātipadikam //（P.1.2.45）	既非词根，亦非词缀，有意义的（词）是名词词基。 [na 是不可拆分（avyutpanna）的名词词基。]
na	tasya lopaḥ //（P.1.3.9）	nañ 的符号 ñ 由消隐替换。
na+**sup**	ṅyāpprātipadikāt //（P.4.1.1） svaujasamauṭchaṣ…sup //（P.4.1.2）	在以 ṅī、āp 为末的词后，以及在名词词基后是 su 等格尾。 根据需求加某一 sup 格尾。
na+sup	cādayo ’sattve //（P.1.4.57）	非实物意义的 ca 等词是投词(nipāta)。
na+sup	svarādinipātamavyayam //（P.1.1.37）	投词 nañ 是不变词。
na+（ ）	avyayādāpsupaḥ //（P.2.4.82）	消隐（luk）替换不变词后的格尾。
na	pratyayasya lukślulupaḥ //（P.1.1.61）	luk、ślu、lup 是词缀的消隐替换。消隐是不显现。
na	pratyayalope pratyayalakṣaṇam //（P.1.1.62）	词缀消隐后，词缀的因还在。
na	suptiṅantaṃ padam //（P.1.4.14）	以格尾为末的 na 是字。

小结：

na 是投词，不变词，意为“非”“无”。

vā

名词词基：vā（或）。

演变过程：

vā	arthavadadhāturapratyayaḥ prātipadikam //（P.1.2.45）	既非词根，亦非词缀，有意义的（词）是名词词基。 [vā 是不可拆分（avyutpanna）的名词词基。]
vā+**sup**	ṅyāpprātipadikāt //（P.4.1.1） svaujasamauṭchaṣ…sup //（P.4.1.2）	在以 ṅī、āp 为末的词后，以及在名词词基后是 su 等格尾。 根据需求加某一 sup 格尾。
vā+sup	cādayo 'sattve //（P.1.4.57）	非实物意义的 ca 等词是投词(nipāta)。
vā+sup	svarādinipātamavyayam //（P.1.1.37）	投词 vā 是不变词。
vā+（ ）	avyayādāpsupaḥ //（P.2.4.82）	消隐（luk）替换不变词后的格尾。
vā	pratyayasya lukślulupaḥ //（P.1.1.61）	luk、ślu、lup 是词缀的消隐替换。消隐是不显现。
vā	pratyayalope pratyayalakṣaṇam //（P.1.1.62）	词缀消隐后，词缀的因还在。
vā	suptiṅantaṃ padam //（P.1.4.14）	以格尾为末的 vā 是字。

小结：

vā 是投词，不变词，意为“或”。

taraṅgāṇāṃ

词根：第一类动词词根（bhvādigaṇa），1.1018 tṝ plavanataraṇayoḥ（tṝ 跳跃，超越）。

直接后缀：aṅgac。

演变过程：

tṝ+**aṅgac**	taratyādigyaśca //（Uṇādisūtra 1.120）	直接后缀 aṅgac 加在词根 tṝ 之后。
tṝ+**aṅgac**	ārdhadhātukaṃ śeṣaḥ //（P.3.4.114）	全界词缀之外的 aṅgac 是半界词缀。
tṝ+aṅga	tasya lopaḥ //（P.1.3.9）	aṅgac 的符号 c 由消隐替换。
tṝ+aṅga	yasmātpratyayavidhistadādi pratyaye 'ṅgam //（P.1.4.13）	其后安排了词缀的词，以此词为始，在词缀前叫词干。
tar+aṅga	sārvadhātukārdhadhātukayoḥ //（P.7.3.84）	遇到半界词缀，词干的末元音 ṝ 由二合元音（guṇa）替换。

	uraṇ raparaḥ // （P.1.1.51）	ṛ、ṝ 音的替换，需由其后带 r 音的 a、i、u 及其长音来替换。
taraṅga	kṛttaddhitasamāsāśca // （P.1.2.46）	直接后缀为末的是名词词基。
taraṅga+ām	ṅyāpprātipadikāt // （P.4.1.1） svaujasamauṭchaṣ…sup // （P.4.1.2）	在以 ṅī、āp 为末的词后，以及在名词词基后是 su 等格尾。 复数第六格加格尾 ām。
taraṅga+ām	yasmātpratyayavidhistadādi pratyaye 'ṅgam //（P.1.4.13）	其后安排了词缀的词，以此词为始，在词缀前叫词干。
taraṅga+**nuṭ**+ām	hrasvanadyāpo nuṭ // （P.7.1.54）	在以短元音落尾的词干后，在 nadī 以及 āp 之后，ām 前插入 nuṭ。
taraṅga+n+ām	tasya lopaḥ // （P.1.3.9）	nuṭ 的符号 ṭ 由消隐替换。 [u 音是为了发音方便。]
taraṅga+**n**ām	ādyantau ṭakitau // （P.1.1.46）	以 ṭ 符号和 k 符号结尾的是首位音或末音。
taraṅg**ā**+nām	nāmi // （P.6.4.3）	遇到 nām 时，以元音为末的词干末音由长音替换。
taraṅgā+**ṇ**ām	aṭkupvāṅnumvyavāye 'pi // （P.8.4.2）	即使有元音、半元音、h 音、喉音族、唇音族、ā 音以及 n 音的加入，r、ṣ 音之后的 n 音也应由 ṇ 音替换。
taraṅgāṇām	suptiṅantaṃ padam // （P.1.4.14）	以格尾为末的是字。
taraṅgāṇā**ṃ**	mo 'nusvāraḥ // （P.8.3.23）	字末的 m 音在辅音前由鼻腔音替代。
taraṅgāṇā**ñ**	anusvārasya yayi parasavarṇaḥ // （P.8.4.58）	遇到除咝音和 h 音以外的辅音时，后面的同类音替换鼻腔音。
taraṅgāṇāṃ	vā padāntasya // （P.8.4.59）	字末的同类鼻音的替换可做可不做。

小结：

taraṅga 的含义是“波浪”。

taraṅgāṇām 是阳性，复数，第六格，含义是“诸波浪的”。

yathā

世俗拆分： yena prakāreṇa。

非世俗拆分： yad+ṭā+thāl。

名词词基： yad（那）。

派生词缀：thāl。

演变过程：

yad	kṛttaddhitasamāsāśca //（P.1.2.46）	以直接后缀为末的是名词词基。
yad	sarvādīni sarvanāmāni //（P.1.1.27）	sarva 等词是代词。
yad+ṭā+**thāl**	prakāravacane thāl //（P.5.3.23）	表某种存在方式时，词缀 thāl 加在 P.5.3.2 提到的代词等词后。
yad+ṭā+thāl	kṛttaddhitasamāsāśca //（P.1.2.46）	以派生词缀 thāl 为尾的是名词词基。
yad+thāl	supo dhātuprātipadikayoḥ //（P.2.4.71） pratyayasya lukślulupaḥ //（P.1.1.61）	词根、名词词基中蕴含的格尾由消隐（luk）替换。 luk、ślu、lup 是词缀的消隐替换。消隐是不显现。
yad+**thāl**	prāgdiśo vibhaktiḥ //（P.5.3.1）	从此经文到 P.5.3.27，所讨论的词缀叫 prāgdiśīya 派生词缀。这些词缀是词尾（vibhakti）。
yad+thā	tasya lopaḥ //（P.1.3.9）	thāl 的符号 l 由消隐替换。
ya+**a**+thā	tyadādīnāmaḥ //（P.7.2.102）	遇到词尾时，tyad 等代词的末音的替换是 a 音。
y+**a**+thā	āto guṇe //（P.6.1.97）	非字末的 a 音遇到二合元音时，前后两者的音位由后者的元音形式作唯一替换。
yathā	kṛttaddhitasamāsāśca //（P.1.2.46）	以派生词缀为尾的是名词词基。
yathā+**sup**	ṅyāpprātipadikāt //（P.4.1.1） svaujasamauṭchaṣ…sup //（P.4.1.2）	在以 ṅī、āp 为末的词后，以及在名词词基后是 su 等格尾。 根据需要加某一 sup 格尾。
yathā+sup	svarādinipātamavyayam //（P.1.1.37）	svarādi 群中（254.89）tasilādi 等派生词缀为尾的是不变词。[经文 P.5.3.7 至 P.5.3.47 涉及形成不变词的派生词缀。]
yathā+（ ）	avyayādāpsupaḥ //（P.2.4.82）	消隐（luk）替换不变词后的格尾。
yathā	pratyayasya lukślulupaḥ //（P.1.1.61）	luk、ślu、lup 是词缀的消隐替换。消隐是不显现。
yathā	pratyayalope pratyayalakṣaṇam //（P.1.1.62）	词缀消隐后，词缀的因还在。
yathā	suptiṅantaṃ padam //（P.1.4.14）	以格尾为末的 yathā 是字。

小结：

yathā 是不变词，表达“如那”“同那”的意思。

jale

词根：第一类动词词根（bhvādigaṇa），1.886 jala ghātane dhānye（jal 变锋锐，变富）。

直接后缀：ac。

演变过程：

jal+**ac**	nandigrahipacādibhyo lyuṇinyacaḥ //（P.3.1.134）	加在 nandi、grahi、pac 等词根后的是直接后缀 lyu、ṇini、ac，表主动者的含义。 [ac 实际可以加在所有词根后。]
jal+**ac**	ārdhadhātukaṃ śeṣaḥ //（P.3.4.114）	全界词缀之外的（ac）是半界词缀。
jal+a	tasya lopaḥ //（P.1.3.9）	ac 的符号 c 由消隐替换。
jal+a	yasmātpratyayavidhistadādi pratyaye 'ṅgam //（P.1.4.13）	其后安排了词缀的词，以此词为始，在词缀前叫词干。
jala	kṛttaddhitasamāsāśca //（P.1.2.46）	直接后缀为末的是名词词基。
jala+**ṅi**	ṅyāpprātipadikāt //（P.4.1.1） svaujasamauṭchaṣ…sup //（P.4.1.2）	在以 ṅī、āp 为末的词后，以及在名词词基后是 su 等格尾。 单数第七格加格尾 ṅi。
jala+i	tasya lopaḥ //（P.1.3.9）	ṅi 的符号 ṅ 由消隐替换。
jala+**e**	ādguṇaḥ //（P.6.1.87）	a 音后遇元音时，由一个二合元音替换前后两音位。
jale	suptiṅantaṃ padam //（P.1.4.14）	以格尾为末的是字。

小结：

加 ac 直接后缀表达主动者（kartṛ）的含义，所以 jala 是“水”的意思。

jale 是中性，单数，第七格，含义是“在水中”“依于水”。

第十六颂

मनोविज्ञानसंभूतिः सर्वदासंज्ञिकादृते ।
समापत्तिद्वयान्मिद्धान्मूर्छनादप्यचित्तकात् ॥१६॥

manovijñāna-saṃbhūtiḥ sarvadā āsaṃjñikād ṛte /
samāpatti-dvayān middhān mūrchanād apy acittakāt //16//

玄奘译：意识常现起，除生无想天，及无心二定，睡眠与闷绝。

真谛译《转识论》：问：此意识于何处不起？答：离无想定及无想天，熟眠不梦，醉，闷绝，心暂死，离此六处，余处恒有。

霍韬晦译：意识常现起，除却无想果、二定、无心之睡眠与闷绝。

现译：意识的现起可以在一切时，但排除无想有情，以及排除无有想的定的成双组合、睡眠、闷绝。

manas

词根：第四类动词词根（divādigaṇa），4.67 mana jñāne（man 思考）；第八类动词词根（tanādigaṇa），8.9 manu avabodhane（man 觉知）。

直接后缀：asun。

演变过程：

man+**asun**	sarvadhātubhyo 'sun //（Uṇādisūtra 4.188）	所有的词根后可加 asun 直接后缀。
man+**asun**	ārdhadhātukaṃ śeṣaḥ //（P.3.4.114）	全界词缀之外的（asun）是半界词缀。
man+as	tasya lopaḥ //（P.1.3.9）	asun 的符号 n 由消隐替换。[u 音是为了发音的方便。]
man+as	yasmātpratyayavidhistadādi pratyaye 'ṅgam //（P.1.4.13）	其后安排了词缀的词，以此词为始，在词缀前叫词干。
manas	kṛttaddhitasamāsāśca //（P.1.2.46）	直接后缀 asun 为末的 manas 是名词词基。

小结：

《阿毗达磨俱舍论》中世亲记载了说一切有部的观点，“cinoti iti cittam / manuta iti manaḥ / vijñānāti iti vijñānam /”① [集起故名心。思量故名意。了别故名识]②。这里的manute 的词根是第八类动词词根 man（觉知）。《大乘入楞伽经》指出，“citena dhāryate kāyo mano manyati vai sadā / vijñānaṃ citta-viṣayaṃ vijñānaiḥ saha chindati //10. 461//”③ [心能持於身，意恒审思虑，意识诸识俱，了自心境界]④。其中 manyati 的词根是第四类动词词根 man（认识）。由此可知大乘佛教八识中的 manas（末那）是有认知能力的存在，本质是识，即第七末那识。

另外，在传统佛教中，manas 又指十二处中的意处，十八界中的意界。即 manas 指的是意根。把 manas 理解为认知的根，在印度文化中本来就很有传统。如印度古老的字典《无灭藏》（*Amarakośa*）中就解释道，“mano-netra-ādi dhī-indriyam //1.4.8//”⑤ [末那及眼等是知根]。再如印度六派哲学中的胜论派（Vaiśeṣika）中，就认为存在 manas 这种实体。manas 在身体中快速运作，把身体各种外感官的信息传给灵魂（ātman），故 manas 又称作内感官。对于 manas 该派著作 *Tarka Saṁgraha* 中解释道，“sukha-ādy-upalabdhi-sādhanam indriyaṁ manaḥ / tac ca praty-ātma-niyatatvād anantaṁ paramāṇu-rūpaṁ nityaṁ ca //2.9//”⑥ [末那这一根是快乐等（感觉）的获取工具。它联系着各自的灵魂，无量，极微，且永恒]。

总的来说，本颂 manas 翻译为“意根”。意根指的是一种内感官，但在唯识宗体系中，第六识所依的意根就是第七识。在汉语佛教文献中，单提“意”字，往往指的就是“意根”，对应的梵文是“manas”。

vijñāna

名词词基：vijñāna（识）。

演变过程：

vijñāna	arthavadadhāturapratyayaḥ prātipadikam //（P.1.2.45）	既非词根，亦非词缀，有意义的（词）是名词词基。 [“识”含义的 vijñāna 是不可拆分

① P. Pradhan, *Abhidharma-kośabhāṣya*, 1967, p.61.

② 世亲造，玄奘译：《阿毗达磨俱舍论》，大正新修大藏经，第 29 册，第 21 页下。

③ 黄宝生译注：《梵汉对勘入楞伽经》，中国社会科学出版社 2011 年版，第 649 页。

④ 实叉难陀译：《大乘入楞伽经》，大正新修大藏经，第 16 册，第 632 页中。

⑤ Dr. N.G. Sardesai & D.G.Padhye, *Amarakośa of Amaradingh*, Varanasi: Ratna Offsets Ltd., 2009, p.15.

⑥ Swami Virupakshananda, *Tarka Saṁgraha*, Madras: Sri Ramakrishna Math, 2001, p.52.

		（avyutpanna）的名词词基。]

小结：

vijñāna 一词表达“识”的含义时，作为专有名词，笔者认为是佛教的特殊用法。故此词也许是佛陀创造的俗语词汇。因为婆罗门教中，作为认知主体的 citta、manas、ātman 等词都是表示有恒常实体的认知主体，不符合佛陀所主张的“诸行无常，诸法无我”的观点，故不适合引入到佛教体系中来。因此佛陀必须创造出一个全新的俗语词汇来表示无常的认知主体。现在看到的“识”含义的佛教梵语词汇 vijñāna，是在保持该佛教俗语词汇的原音的基础上，而引入的外来词汇。故佛教梵语中的表达“识”含义的 vijñāna 是不可拆分（avyutpanna）的词汇。

manovijñāna

世俗拆分：manasi vijñānam；manasā vijñānam；manaso vijñānam；manaso vijñānam。

非世俗拆分：manas+ṅi+vijñāna+su；manas+ṭā+vijñāna+su；manas+ṇasi+vijñāna+su；manas+ṇas+vijñāna+su。

名词词基：manas（意根）；vijñāna（识）。

演变过程：

manas+ṅi+ vijñāna+su 或 **manas+ṭā+ vijñāna+su** 或 **manas+ṅasi+ vijñāna+su** 或 **manas+ṅas+ vijñāna+su**	saptamī śauṇḍaiḥ //（P.2.1.40） tṛtīyā tatkṛtārthena guṇavacena //（P.2.1.30） pancamī bhayean //（P.2.1.37） ṣaṣṭhī //（P.2.2.8）	一个第七格收尾的词可构成依主释复合词。 一个第三格收尾的词可构成依主释复合词。 一个第五格收尾的词可构成依主释复合词。 第六格与以格尾收尾的词构成依主释复合词。
manas+ṅi+ vijñāna+su 或 **manas+ṭā+ vijñāna+su** 或 **manas+ṅasi+ vijñāna+su** 或 **manas+ṅas+ vijñāna+su**	kṛttaddhitasamāsāśca //（P.1.2.46）	有意义的复合词是名词词基。

manas+vijñāna	supo dhātuprātipadikayoḥ //（P.2.4.71） pratyayasya lukślulupaḥ //（P.1.1.61）	词根、名词词基中蕴含的格尾由消隐（luk）替换。 luk、ślu、lup 是词缀的消隐替换。消隐是不显现。
manas+vijñāna	prathamānirdiṣṭaṃ samāsa upasarjanam //（P.1.2.43）	于复合词一节中，第一格所指示的是附属词。 [针对经文 P.2.1.40、P.2.1.30、P.2.1.37、P.2.2.8。]
manas+vijñāna	upasarjanaṃ pūrvam //（P.2.2.30）	附属词是前部字。
manas+vijñāna	pratyayalope pratyayalakṣaṇam //（P.1.1.62）	词缀消隐后，词缀的因还在。
manas+vijñāna	suptiṅantaṃ padam //（P.1.4.14）	以格尾为末的 manas 是字。
mana**r**+vijñāna	sasajuṣo ruḥ //（P.8.2.66）	r 音替换字末的 s 音。
mana+**u**+vijñāna	haśi ca //（P.6.1.114）	在非引的 a 音之后，在后一词的浊辅音之前，r 音由 u 音替换。
man+**o**+vijñāna	ādguṇaḥ //（P.6.1.87）	a 音后遇元音时，由一个二合元音替换前后两音位。
manovijñāna	kṛttaddhitasamāsāśca //（P.1.2.46）	有意义的复合词是名词词基。
manovijñāna	paravalliṅgaṃ dvaṃdva-tatpuruṣayoḥ //（P.2.4.26）	相违释和依主释复合词的性如后部字。[该复合词为中性。]

小结：

mano-vijñāna 是依主释复合词。前部指 manas 的含义是“意根”，简称的“意”。后部字 vijñāna 指的是“识”。该复合词的整体含义是“意识”。

《成唯识论》中提出，前六识“随根立名”，因为根与识的关系紧密，具有“依、发、属、助、如”五意。其中“属”表明第六识是属于意根之识，故 manas 采用第六格的形式构成依主释复合词 mano-vijñāna；“发”表明第六识是意根所发之识，故 manas 采用第五格的形式构成依主释复合词 mano-vijñāna。对于“依”的含义，窥基指出：“彼有二义。且如眼识，眼中之识故名眼识，依眼处所识得有故，此第七啭。及由有眼识得有故，此第三啭。且如意识。”[①]因此 manas 还可以以第七、第三格的形式构成依主释复合词 mano-vijñāna。

① 窥基：《成唯识论述记》，大正新修大藏经，第 43 册，第 416 页上。

saṃbhūti

词根：第一类动词词根（bhvādigaṇa），1.1 bhū sattāyām（bhū 存在）。

近置词：sam（utpattau 生起，sahabhāve 一起）。[依据：upasargāḥ kriyāyoge //（P.1.4.59）。]

直接后缀：ktin。

演变过程：

sam+bhū+**ktin**	striyāṃ ktin //（P.3.3.94）	要表阴性时，加直接后缀 ktin，表行为等含义。
sam+bhū+**ktin**	ārdhadhātukaṃ śeṣaḥ //（P.3.4.114）	ktin 是半界词缀。
sam+bhū+ti	tasya lopaḥ //（P.1.3.9）	ktin 的符号 k、n 由消隐替换。
sam+bhū+**iṭ**+ti	ārdhadhātukasyeḍvalādeḥ //（P.7.2.35）	在以对收 val 为首位音的半界词缀前，插入联系元音 iṭ。
sam+bhū+**ti**	titutratathasisusarakaseṣu ca //（P.7.2.9）	直接后缀 ti 前不加联系元音 iṭ。[ktin 是 aniṭ 词缀。]
sam+**bhū**+ti	yasmātpratyayavidhistadādi pratyaye 'ṅgam //（P.1.4.13）	其后安排了词缀的词，以此词为始，在词缀前叫词干。
sam+bh**o**+ti	sārvadhātukārdhadhātukayoḥ //（P.7.3.84）	遇到全界、半界词缀，词干的末元音 ū 由二合元音替换。
sam+bhū+ti	kṅiti ca //（P.1.1.5）	受 g、k、ṅ 符号的影响，二合、三合元音的替换被禁止。
sa**ṃ**+bhūti	mo 'nusvāraḥ //（P.8.3.23）	字末的 m 音在辅音前由鼻腔音替代。
sa**m**+bhūti	anusvārasya yayi parasavarṇaḥ //（P.8.4.58）	遇到除咝音和 h 音以外的辅音时，后面的同类音替换鼻腔音。
saṃ+bhūti	vā padāntasya //（P.8.4.59）	字末的同类鼻音的替换可做可不做。
saṃbhūti	kṛttaddhitasamāsāśca //（P.1.2.46）	直接后缀为末的是名词词基。

小结：

解释阴性直接后缀 ktin 的经文 P.3.3.94 在领句经文“bhāve //（P.3.3.18）”的控制之下，表达行为的已成就状态。所以 saṃbhūti 可以作为阴性的动名词，含义是“现起”。

manovijñāna-saṃbhūtiḥ

世俗拆分：manovijñānasya sambhūtiḥ。

非世俗拆分：manovijñāna+ṇas+sambhūti+su。

名词词基：manovijñāna（意识）；sambhūti（现起）。

演变过程：

manovijñāna+ṇas+ sambhūti+su	ṣaṣṭhī //（P.2.2.8）	第六格与以格尾收尾的词构成依主释复合词。
manovijñāna+ṇas+ sambhūti+su	kṛttaddhitasamāsāśca //（P.1.2.46）	有意义的复合词是名词词基。
manovijñāna+ sambhūti	supo dhātuprātipadikayoḥ //（P.2.4.71） pratyayasya lukślulupaḥ //（P.1.1.61）	词根、名词词基中蕴含的格尾由消隐（luk）替换。 luk、ślu、lup 是词缀的消隐替换。消隐是不显现。
manovijñāna+ sambhūti	prathamānirdiṣṭaṃ samāsa upasarjanam //（P.1.2.43）	于复合词一节中，第一格所指示的是附属词。 [针对经文 P.2.2.8。]
manovijñāna+ sambhūti	upasarjanaṃ pūrvam //（P.2.2.30）	附属词是前部字。
manovijñāna-sambhūti	kṛttaddhitasamāsāśca //（P.1.2.46）	有意义的复合词是名词词基。
manovijñāna-sambhūti	paravalliṅgaṃ dvaṃdva-tatpuruṣayoḥ //（P.2.4.26）	相违释和依主释复合词的性如后部字。 [该复合词为阴性。]
manovijñāna-sambhūti+**su**	ṅyāpprātipadikāt //（P.4.1.1） svaujasamauṭchaṣ…sup //（P.4.1.2）	在以 ṅī、āp 为末的词后，以及在名词词基后是 su 等格尾。 单数第一格加格尾 su。
manovijñāna-sambhūti+s	tasya lopaḥ //（P.1.3.9）	su 的符号 u 由消隐替换。
manovijñāna-sambhūtis	suptiṅantaṃ padam //（P.1.4.14）	以格尾为末的是字。
manovijñāna-sambhūti**r**	sasajuṣo ruḥ //（P.8.2.66）	r 音替换字末的 s 音。
manovijñāna-sambhūti**ḥ**	kharavasānayorvisarjanīyaḥ //（P.8.3.15）	在清辅音和停顿前，送气音替换字末的 r 音。
manovijñāna-sambhūti**s**	visarjanīyasya saḥ //（P.8.3.34）	在清辅音前，s 音替换送气音。
manovijñāna-sambhūti**ḥ**	vā śari //（P.8.3.36）	在咝音前，送气音替换送气音也是一种选择。

小结：

manovijñāna-sambhūti 是依主释复合词。含义是“意识的现起”。

manovijñāna-sambhūtis 是阴性，单数，第一格，含义是“意识的现起”。

sarva

词根：第一类动词词根（bhvādigaṇa），1.982 sṛ gatau（sṛ 走）；第三类动词词根（juhotyādigaṇa）3.17 sṛ gatau（sṛ 走）。

直接后缀：van。

演变过程：

sṛ+van	sarva-nighṛṣva-riṣva-laṣva-śiva-paṭva-prahva-īṣvā asvatantre //（Uṇādisūtra 1.154）	sarva 等词由直接后缀 van 构成，且不作为主动者。
sṛ+**van**	ārdhadhātukaṃ śeṣaḥ //（P.3.4.114）	van 是半界词缀。
sṛ+va	tasya lopaḥ //（P.1.3.9）	van 的符号 n 由消隐替换。
sṛ+**iṭ**+va	ārdhadhātukasyeḍvalādeḥ //（P.7.2.35）	在以对收 val 为首位音的半界词缀前，插入联系元音 iṭ。
sṛ+va	neḍvaśi kṛti //（P.7.2.8）	在以 vaś 为对收的浊辅音起始的直接后缀前，不加联系元音 iṭ。 [经文 P.7.2.8 是对 P.7.2.35 的禁止，故实际上没运行 P.7.2.35。]
sṛ+va	yasmātpratyayavidhistadādi pratyaye 'ṅgam //（P.1.4.13）	其后安排了词缀的词，以此词为始，在词缀前叫词干。
sar+va	sārvadhātukārdhadhātukayoḥ //（P.7.3.84） uraṇ raparaḥ //（P.1.1.51）	遇到半界词缀，词干的末元音 ṛ 由二合元音（guṇa）替换。 ṛ、ṝ 音的替换，需由其后带 r 音的 a、i、u 及其长音来替换。
sarva	kṛttaddhitasamāsāśca //（P.1.2.46）	以直接后缀 van 为末的是名词词基。
sarva	sarvādīni sarvanāmāni //（P.1.1.27）	sarva 等词是代词。

小结：

根据 *Uṇādisūtra* 可知，sarva 是由词根 sṛ 和直接后缀 van 构成的。sarva 作为代词，指的是"一切"。

sarvadā

世俗拆分：sarvasmin kāle。

非世俗拆分：sarva+ṅi+dā。

名词词基： sarva（一切）。

派生词缀： dā。

演变过程：

sarva+ṅi+**dā**	sarvaikānyakiṃyattadaḥ kāle dā //（P.5.3.15）	sarva、eka、anya、kim、yad、tad 于第七格表时间时，加词缀 dā。
sarva+ṅi+dā	kṛttaddhitasamāsāśca //（P.1.2.46）	以派生词缀为尾的是名词词基。
sarva+dā	supo dhātuprātipadikayoḥ //（P.2.4.71） pratyayasya lukślulupaḥ //（P.1.1.61）	词根、名词词基中蕴含的格尾由消隐（luk）替换。 luk、ślu、lup 是词缀的消隐替换。消隐是不显现。
sarva+**dā**	prāgdiśo vibhaktiḥ //（P.5.3.1）	从此经文到 P.5.3.27，所讨论的词缀叫 prāgdiśīya 派生词缀。这些词缀是词尾（vibhakti）。
sarvadā	kṛttaddhitasamāsāśca //（P.1.2.46）	以派生词缀为尾的是名词词基。
sarvadā+**ṅi**	ṅyāpprātipadikāt //（P.4.1.1） svaujasamauṭchaṣ…sup //（P.4.1.2）	在以 ṅī、āp 为末的词后，以及在名词词基后是 su 等格尾。 单数第七格加格尾 ṅi。
sarvadā+ṅi	taddhitaścāsarvavibhaktiḥ //（P.1.1.38）	某些派生词缀构成的词，其后并非可加所有格尾，其为不变词。
sarvadā+（ ）	avyayādāpsupaḥ //（P.2.4.82）	消隐（luk）替换不变词后的格尾。
sarvadā	pratyayasya lukślulupaḥ //（P.1.1.61）	luk、ślu、lup 是词缀的消隐替换。消隐是不显现。
sarvadā	pratyayalope pratyayalakṣaṇam //（P.1.1.62）	词缀消隐后，词缀的因还在。
sarvadā	suptiṅantaṃ padam //（P.1.4.14）	以格尾为末的 sarvadā 是字。

小结：

sarvadā 是不变词，表达“一切时”“常常”的意思。

saṃjñā

词根： 第九类动词词根（kryādigaṇa），9.36 jñā avabodhane（jñā 知晓）。①

① 同为第九类动词词根（kryādigaṇa）的 jñā 还有“1.849 jñā māraṇa-toṣaṇa-niśāna-（转下页）

近置词：sam（vācike 交谈，smṛtau 想念，pratijñāyām 认可）。[依据：upasargāḥ kriyāyoge //（P.1.4.59）。]

直接后缀：aṅ。

阴性词缀：ṭāp。

演变过程：

sam+jñā+**aṅ**	ātaścopasarge //（P.3.3.106）	当有近置词时，直接后缀 aṅ 加在 ā 为末的词根后，且形成阴性词。
sam+jñā+**aṅ**	ārdhadhātukaṃ śeṣaḥ //（P.3.4.114）	全界词缀之外的（aṅ）是半界词缀。
sam+jñā+a	tasya lopaḥ //（P.1.3.9）	aṅ 的符号 ṅ 由消隐替换。
sam+**jñā**+a	yasmātpratyayavidhistadādi pratyaye 'ṅgam //（P.1.4.13）	其后安排了词缀的词，以此词为始，在词缀前叫词干。
sam+jñ+a	āto lopa iṭi ca //（P.6.4.64）	当遇到带 k、ṅ 符号的词缀，或带联系元音 iṭ 的半界词缀时，词干收尾的 ā 音由消隐替换。
sa**ṃ**+jña	mo 'nusvāraḥ //（P.8.3.23）	字末的 m 音在辅音前由鼻腔音替代。
sa**ñ**+jña	anusvārasya yayi parasavarṇaḥ //（P.8.4.58）	遇到除咝音和 h 音以外的辅音时，后面的同类音替换鼻腔音。
saṃ+jña	vā padāntasya //（P.8.4.59）	字末的同类鼻音的替换可做可不做。
saṃjña	kṛttaddhitasamāsāśca //（P.1.2.46）	以直接后缀 aṅ 为末的是名词词基。
saṃjña+**ṭāp**	ajādyataṣṭāp //（P.4.1.4）	aja 等以及以 a 为末的，于阴性时，加 ṭāp。
saṃjña+ā	tasya lopaḥ //（P.1.3.9）	ṭāp 的符号 ṭ、p 由消隐替换。
saṃjñ**ā**	akaḥ savarṇe dīrghaḥ //（P.6.1.101）	以 ak 为对收的末音后遇同类音时，一长音替换前后两音位。

小结：

saṃjñā 是加直接后缀 aṅ，再加阴性词缀 ṭāp 构成的阴性词。由于 aṅ 词缀在领句经文“bhāve //（P.3.3.18）”的控制之下，所以 saṃjñā 表达是一种行为的已成就状态，翻译为“想”。即心法（识体）处于“想”这种心理状态。

（接上页）niśāmaneṣu [jñā 消灭（māraṇa），满意（toṣaṇa），锐化（niśāna），看或听（niśāmana）]”。该词根 jñā 虽然放在第一类动词词根群（bhvādigaṇa）中，但实际是第九类动词词根。只是表“消灭”等含义的 jñā 属于 ghaṭādi 群中的词根，所以波你尼在《界读》中才把相关不同类别的 ghaṭādi 词根都收集在了一起，放在 bhvādigaṇa 中。也就是说，作为第九类动词词根的 jñā 实际有两大类含义：前一类为知晓的含义，后一类为非知晓的含义。

另外，经文 P.3.3.106 也在领句经文“akartari ca kārake samjñāyām //（P.3.3.19）”的控制之下。在这种情况下，saṃjñā 可以作为非主动者（akartṛ）的造者（kāraka），且是专有名词。若采用作用具（karaṇa）这一造者来表达原因和伴随含义时，那么 saṃjñā 指的是造成心法处于“想”这种心理状态的另一独立因法——“心所法想”。

本颂 saṃjñā 作为阴性名词，翻译为“想这种心理状态”。

asaṃjñā

世俗拆分：na saṃjñā。

非世俗拆分：na+saṃjñā+su。

名词词基：na（非，无）；saṃjñā（想这种心理状态）。

演变过程：

na+saṃjñā+su	nañ // （P.2.2.6）	nañ 与以格尾收尾的词组成依主释复合词。 [nañ 的 ñ 是符号。]
na+saṃjñā+su	kṛttaddhitasamāsāśca // （P.1.2.46）	有意义的复合词是名词词基。
na+saṃjñā	supo dhātuprātipadikayoḥ // （P.2.4.71） pratyayasya lukślulupaḥ // （P.1.1.61）	词根、名词词基中蕴含的格尾由消隐（luk）替换。 luk、ślu、lup 是词缀的消隐替换。消隐是不显现。
na+saṃjñā	prathamānirdiṣṭaṃ samāsa upasarjanam //（P.1.2.43）	在复合词一节中，第一格所指示的是附属词。 [P.2.2.6 中 nañ 是第一格。]
na+saṃjñā	upasarjanaṃ pūrvam // （P.2.2.30）	附属词是前部的。
a+saṃjñā	nalopo nañaḥ // （P.6.3.73）	在后部字前，nañ 的 n 音由消隐替换。
asaṃjñā	kṛttaddhitasamāsāśca // （P.1.2.46）	有意义的复合词是名词词基。
asaṃjñā	paravalliṅgaṃ dvaṃdva-tatpuruṣayoḥ //（P.2.4.26）	相违释和依主释复合词的性如后部字。

小结：

asaṃjñā 是依主释复合词。前部字是 nañ 有六种含义：相似、无实在、与此物异、缺乏此物、不值得赞扬、相矛盾。此处应该采用“无实在”的含义，翻译为“无想这种心理状态”。

āsaṃjñikād

世俗拆分： asaṃjñā śīlam asya。

非世俗拆分： asaṃjñā+su+ṭhak。

名词词基： asaṃjñā（“无想”这种心理状态）。

派生词缀： ṭhak。

演变过程：

asaṃjñā+su+**ṭhak**	śīlam // （P.4.4.61）	表“有其习惯者”时，加派生词缀 ṭhak。
asaṃjñā+su+ṭhak	kṛttaddhitasamāsāśca // （P.1.2.46）	以派生词缀为尾的是名词词基。
asaṃjñā+ṭhak	supo dhātuprātipadikayoḥ // （P.2.4.71） pratyayasya lukślulupaḥ // （P.1.1.61）	词根、名词词基中蕴含的格尾由消隐（luk）替换。 luk、ślu、lup 是词缀的消隐替换。消隐是不显现。
asaṃjñā+ṭhak	yasmātpratyayavidhistadādi pratyaye 'ṅgam //（P.1.4.13）	其后安排了词缀的词，以此词为始，在词缀前叫词干。
āsaṃjñā+ṭhak	kiti ca // （P.7.2.118）	遇到 k 符号时，词干的首位元音也发生三合元音的替换。
āsaṃjñā+ṭh	tasya lopaḥ // （P.1.3.9）	ṭhak 的符号 k 由消隐替换。 [a 音是为了发音的方便。]
āsaṃjñā+**ika**	ṭhasyekaḥ // （P.7.3.50）	替换 ṭh 的是 ika
āsaṃjñā+ika	yaci bham // （P.1.4.18）	以 y 音或元音为首位音的格尾以及部分派生词缀前的词干，称作 bha 词干。
āsaṃjñ+ika	yasyeti ca // （P.6.4.148）	遇到派生词缀或 ī 音时，替换 bha 词干末尾的 i、ī 和 a、ā 的是消隐（lopa）。
āsaṃjñika	kṛttaddhitasamāsāśca // （P.1.2.46）	以派生词缀为尾的是名词词基。
āsaṃjñika+**ṅasi**	ṅyāpprātipadikāt // （P.4.1.1） svaujasamauṭchaṣ…sup // （P.4.1.2）	在以 ṅī、āp 为末的词后，以及在名词词基后是 su 等格尾。 单数第五格加格尾 ṅasi。
āsaṃjñika+**āt**	ṭāṅasiṅasāminātsyāḥ // （P.7.1.12）	替换 ṭā、ṅasi、ṇas 的是 ina、āt、sya。
āsaṃjñik+**ā**+t	akaḥ savarṇe dīrghaḥ // （P.6.1.101）	以 ak 为对收的末音后遇同类音时，一长音替换前后两音位。
āsaṃjñikāt	suptiṅantaṃ padam // （P.1.4.14）	以格尾为末的是字。

āsaṃjñikā**d**	jhalāṃ jaśo 'nte //（P.8.2.39）	字末的 jhal 对收音由 jaś 对收音替换。

小结：

āsaṃjñika 的含义是“他的行为习惯是心理状态为无想”，故可翻译为“无想有情”。

āsaṃjñikāt 是中性，单数，第五格，含义是“排除无想有情”。

ṛte

词名词词基： ṛte（不包括）。

演变过程：

ṛte	arthavadadhāturapratyayaḥ prātipadikam //（P.1.2.45）	既非词根，亦非词缀，有意义的（词）是名词词基。 [ṛte 是不可拆分（avyutpanna）的名词词基。]
ṛte+**sup**	ṅyāpprātipadikāt //（P.4.1.1） svaujasamauṭchaṣ…sup //（P.4.1.2）	在以 ṅī、āp 为末的词后，以及在名词词基后是 su 等格尾。 根据需要加某一 sup 格尾。
ṛte+sup	svarādinipātamavyayam //（P.1.1.37）	ṛte 是属于 svar 为首的群中的不变词。
ṛte+（ ）	avyayādāpsupaḥ //（P.2.4.82）	消隐（luk）替换不变词后的格尾。
ṛte	pratyayasya lukślulupaḥ //（P.1.1.61）	luk、ślu、lup 是词缀的消隐替换。消隐是不显现。
ṛte	pratyayalope pratyayalakṣaṇam //（P.1.1.62）	词缀消隐后，词缀的因还在。
ṛte	suptiṅantaṃ padam //（P.1.4.14）	以格尾为末的 ṛte 是字。

小结：

ṛte 是不变词，意为“不包括”。

samāpatti

词根： 第四类动词词根（divādigaṇa），4.60 pada gatau（pad 行）。

近置词： sam（samyaktve 正确）；ā（abhimukhe 来）。[依据：upasargāḥ kriyāyoge //

（P.1.4.59）。]

直接后缀：ktin。

演变过程（一）：

sam+ā+pad+**ktin**	striyāṃ ktin //（P.3.3.94）	要表阴性时，加直接后缀 ktin，表行为等含义。
sam+ā+pad+**ktin**	ārdhadhātukaṃ śeṣaḥ //（P.3.4.114）	ktin 是半界词缀。
sam+ā+pad+ti	tasya lopaḥ //（P.1.3.9）	ktin 的符号 k、n 由消隐替换。
sam+ā+pad+**iṭ**+ti	ārdhadhātukasyeḍvalādeḥ //（P.7.2.35）	在以对收 val 为首位音的半界词缀前，插入联系元音 iṭ。
sam+ā+pad+ti	titutratathasisusarakaseṣu ca //（P.7.2.9）	直接后缀 ti 前不加联系元音 iṭ。[ktin 是 aniṭ 词缀。]
sam+ā+**pad**+ti	yasmātpratyayavidhistadādi pratyaye 'ṅgam //（P.1.4.13）	其后安排了词缀的词，以此词为始，在词缀前叫词干。
sam+ā+pa**t**+ti	khari ca //（P.8.4.55）	在清辅音前，变成不送气清音。
samāpatti	kṛttaddhitasamāsāśca //（P.1.2.46）	直接后缀 ktin 为末的 samāpatti 是名词词基。

词根：第一类动词词根（bhvādigaṇa），1.898 patḷ gatau（pat 走）；第四类动词词根（divādigaṇa），4.51 pata aiśvarye（pat 控制）。

近置词：sam（samyaktve 正确）；ā（abhimukhe 来）。[依据：upasargāḥ kriyāyoge //（P.1.4.59）。]

直接后缀：ktin。

演变过程（二）：

sam+ā+pat+**ktin**	striyāṃ ktin //（P.3.3.94）	要表阴性时，加直接后缀 ktin，表行为等含义。
sam+ā+pat+**ktin**	ārdhadhātukaṃ śeṣaḥ //（P.3.4.114）	ktin 是半界词缀。
sam+ā+pat+ti	tasya lopaḥ //（P.1.3.9）	ktin 的符号 k、n 由消隐替换。
sam+ā+pat+**iṭ**+ti	ārdhadhātukasyeḍvalādeḥ //（P.7.2.35）	在以对收 val 为首位音的半界词缀前，插入联系元音 iṭ。
sam+ā+pat+ti	titutratathasisusarakaseṣu ca //（P.7.2.9）	直接后缀 ti 前不加联系元音 iṭ。[ktin 是 aniṭ 词缀。]
sam+ā+**pat**+ti	yasmātpratyayavidhistadādi pratyaye 'ṅgam //（P.1.4.13）	其后安排了词缀的词，以此词为始，在词缀前叫词干。
samāpatti	kṛttaddhitasamāsāśca //（P.1.2.46）	直接后缀 ktin 为末的 samāpatti 是名词词基。

小结：

解释阴性直接后缀 ktin 的经文 P.3.3.94 在领句经文“bhāve //（P.3.3.18）”的控制之下，所以 samāpatti 表示行为的已成就状态。如果词根的含义是 gatau，samāpatti 翻译为“等至”；如果词根采用第四类动词词根“4.51 pata aiśvarye（pat 控制）”，那么 samāpatti 翻译为“等持”“等制”。综合两种含义，翻译为“定”。

dvaya

世俗拆分：dvāv avayavau yasya。

非世俗拆分：dvi+au+tayap。

名词词基：dvi（二）。

派生词缀：tayap。

演变过程：

dvi+au+**tayap**	saṃkhāyā avayave tayap //（P.5.2.42）	当表达某事物有多个部分时，在数字后加派生词缀 tayap。
dvi+au+**ayac**	dvitribhyāṃ tayasyāyajvā //（P.5.2.43）	当前面是 dvi、tri 时，ayac 可以替换 tayap。
dvi+au+ayac	kṛttaddhitasamāsāśca //（P.1.2.46）	以派生词缀为尾的是名词词基。
dvi+ayac	supo dhātuprātipadikayoḥ //（P.2.4.71） pratyayasya lukślulupaḥ //（P.1.1.61）	词根、名词词基中蕴含的格尾由消隐（luk）替换。 luk、ślu、lup 是词缀的消隐替换。消隐是不显现。
dvi+aya	tasya lopaḥ //（P.1.3.9）	ayac 的符号 c 由消隐替换。
dvi+aya	yasmātpratyayavidhistadādi pratyaye 'ṅgam //（P.1.4.13）	其后安排了词缀的词，以此词为始，在词缀前叫词干。
dvi+aya	yaci bham //（P.1.4.18）	以 y 音或元音为首位音的格尾以及部分派生词缀前的词干，称作 bha 词干。
dv+aya	yasyeti ca //（P.6.4.148）	遇到派生词缀或 ī 音时，替换 bha 词干末尾的 i、ī 和 a、ā 的是消隐（lopa）。
dvaya	kṛttaddhitasamāsāśca //（P.1.2.46）	以派生词缀为尾的是名词词基。

小结：

dvaya 的含义是“有两部分者”“两个为一组者”，该词为中性。

samāpatti-dvayān

世俗拆分：samāpatter dvayam。

非世俗拆分：samāpatti+ṇas+dvaya+su。

名词词基：samāpatti（定）；dvaya（两个为一组者）。

演变过程：

samāpatti+ṅas+dvaya+su	ṣaṣṭhī //（P.2.2.8）	第六格与以格尾收尾的词构成依主释复合词。
samāpatti+ṅas+dvaya+su	kṛttaddhitasamāsāśca //（P.1.2.46）	有意义的复合词是名词词基。
samāpatti+dvaya	supo dhātuprātipadikayoḥ //（P.2.4.71） pratyayasya lukślulupaḥ //（P.1.1.61）	词根、名词词基中蕴含的格尾由消隐（luk）替换。 luk、ślu、lup 是词缀的消隐替换。消隐是不显现。
samāpatti+dvaya	prathamānirdiṣṭaṃ samāsa upasarjanam //（P.1.2.43）	于复合词一节中，第一格所指示的是附属词。 [针对经文 P.2.2.8。]
samāpatti+dvaya	upasarjanaṃ pūrvam //（P.2.2.30）	附属词是前部字。
samāpattidvaya	kṛttaddhitasamāsāśca //（P.1.2.46）	有意义的复合词是名词词基。
samāpattidvaya	paravalliṅgaṃ dvaṃdva-tatpuruṣayoḥ //（P.2.4.26）	相违释和依主释复合词的性如后部字。[该复合词为中性。]
samāpattidvay**a**	hrasvo napuṃsake prātipadikasya //（P.1.2.47）	词为中性时，短元音替换名词词基的末音。
samāpattidvaya+**ṅasi**	ṅyāpprātipadikāt //（P.4.1.1） svaujasamauṭchaṣ…sup //（P.4.1.2）	在以 ṅī、āp 为末的词后，以及在名词词基后是 su 等格尾。 单数第五格加格尾 ṅasi。
samāpattidvaya+**āt**	ṭāṅasiṅasāminātsyāḥ //（P.7.1.12）	替换 ṭā、ṅasi、ṅas 的是 ina、āt、sya。
samāpattidvay+**ā**+t	akaḥ savarṇe dīrghaḥ //（P.6.1.101）	以 ak 为对收的末音后遇同类音时，一长音替换前后两音位。
samāpattidvayāt	suptiṅantaṃ padam //（P.1.4.14）	以格尾为末的是字。
samāpattidvayā**d**	jhalāṃ jaśo 'nte //（P.8.2.39）	字末的 jhal 对收音由 jaś 对收音替换。
samāpattidvayā**n**	yaro 'nunāsike 'nunāsiko vā //（P.8.4.45）	遇到鼻音时，字末的 yar 对收音可以由鼻音替换。

小结：

samāpatti-dvaya 是依主释复合词，含义是“定的两个一组”。

samāpattidvayāt 是中性，单数，第五格，含义是“排除定的成双组合”。

middhān

名词词基：middha（睡眠）。

演变过程：

middha	arthavadadhāturapratyayaḥ prātipadikam //（P.1.2.45）	既非词根，亦非词缀，有意义的（词）是名词词基。 [middha 是属于不可拆分的(avyutpanna)名词词基。]
middh**a**	hrasvo napuṃsake prātipadikasya //（P.1.2.47）	词为中性时，短元音替换名词词基的末音。
middha+**ṅasi**	ṅyāpprātipadikāt //（P.4.1.1） svaujasamauṭchaṣ…sup //（P.4.1.2）	在以 ṅī、āp 为末的词后，以及在名词词基后是 su 等格尾。 单数第五格加格尾 ṅasi。
middha+**āt**	ṭāṅasiṅasāminātsyāḥ //（P.7.1.12）	替换 ṭā、ṅasi、ṅas 的是 ina、āt、sya。
middh+**ā**+t	akaḥ savarṇe dīrghaḥ //（P.6.1.101）	以 ak 为对收的末音后遇同类音时，一长音替换前后两音位。
middhāt	suptiṅantaṃ padam //（P.1.4.14）	以格尾为末的是字。
middhā**d**	jhalāṃ jaśo 'nte //（P.8.2.39）	字末的 jhal 对收音由 jaś 对收音替换。
middhā**n**	yaro 'nunāsike 'nunāsiko vā //（P.8.4.45）	遇到鼻音时，字末的 yar 对收音可以由鼻音替换。

小结：

middha 一词源自于印度俗语，故是不可拆分的词汇。在 *Uṇādisūtra* 中也没有在涉及词缀 tan 的经文（3.86-90）中列举此词。middha 基本含义是困顿、睡眠。因此该词可以指“心识处于睡眠这种心理状态”。

middhāt 是中性，单数，第五格，含义是“排除睡眠这种心理状态”。

mūrchanād

词根：第一类动词词根（bhvādigaṇa），1.227 murchā mohasamucchrāyayoḥ（murch 晕迷，

增长）。

直接后缀：lyuṭ。

演变过程：

murch	bhūvādayo dhātavaḥ // （P.1.3.1）	bhū 等是词根。
m**ū**rch	upadhāyāṃ ca // （P.8.2.78）	词根末为辅音，倒数第二音是 r 或 v，则其前的 i、u 由长音替换。
mūrch+**lyuṭ**	lyuṭ ca // （P.3.3.115）	当作为中性名词表达词根意义的行动和行为时，加 lyuṭ 后缀。
mūrch+**lyuṭ**	ārdhadhātukaṃ śeṣaḥ // （P.3.4.114）	全界之外的（lyuṭ）是半界词缀。
mūrch+yu	tasya lopaḥ // （P.1.3.9）	lyuṭ 的符号 l、ṭ 由消隐替换。
mūrch+**ana**	yuvoranākau // （P.7.1.1）	yu 和 vu 由 ana 和 aka 替换。
mūrch+ana	yasmātpratyayavidhistadādi pratyaye 'ṅgam //（P.1.4.13）	其后安排了词缀的词，以此词为始，在词缀前叫词干。
mūrchana	kṛttaddhitasamāsāśca // （P.1.2.46）	以直接后缀为末的是名词词基。
mūrchana+**ṅasi**	ṅyāpprātipadikāt // （P.4.1.1） svaujasamauṭchaṣ…sup // （P.4.1.2）	在以 ṅī、āp 为末的词后，以及在名词词基后是 su 等格尾。 单数第五格加格尾 ṅasi。
mūrchana+**āt**	ṭāṅasiṅasāminātsyāḥ // （P.7.1.12）	替换 ṭā、ṅasi、ṅas 的是 ina、āt、sya。
mūrchan+**ā**+t	akaḥ savarṇe dīrghaḥ // （P.6.1.101）	以 ak 为对收的末音后遇同类音时，一长音替换前后两音位。
mūrchanāt	suptiṅantaṃ padam // （P.1.4.14）	以格尾为末的是字。
mūrchanā**d**	jhalāṃ jaśo 'nte // （P.8.2.39）	字末的 jhal 对收音由 jaś 对收音替换。

小结：

mūrchana 是加直接后缀 lyuṭ 形成的。根据经文 P.3.3.115，mūrchana 是表达“昏厥”“闷绝”含义的动名词，而且该词为中性。

mūrchanāt 是中性，单数，第五格，含义是“排除闷绝这种状态”。

apy

名词词基：api（也）。

演变过程：

api	arthavadadhāturapratyayaḥ prātipadikam //（P.1.2.45）	既非词根，亦非词缀，有意义的（词）是名词词基。 [api 是不可拆分（avyutpanna）的名词词基。]
api+**sup**	ṅyāpprātipadikāt //（P.4.1.1） svaujasamauṭchaṣ…sup //（P.4.1.2）	在以 ṅī、āp 为末的词后，以及在名词词基后是 su 等格尾。 根据需要加某一 sup 格尾。
api+sup	cādayo 'sattve //（P.1.4.57）	非实物意义的 ca 等词是投词（nipāta）。
api+sup	svarādinipātamavyayam //（P.1.1.37）	投词 api 是不变词。
api+（ ）	avyayādāpsupaḥ //（P.2.4.82）	消隐（luk）替换不变词后的格尾。
api	pratyayasya lukślulupaḥ //（P.1.1.61）	luk、ślu、lup 是词缀的消隐替换。消隐是不显现。
api	pratyayalope pratyayalakṣaṇam //（P.1.1.62）	词缀消隐后，词缀的因还在。
api	suptiṅantaṃ padam //（P.1.4.14）	以格尾为末的 api 是字。
apy	iko yaṇaci //（P.6.1.77）	发生连音时，若后遇元音，半元音替代以 ik 为对收的元音。

小结：

api 是投词，不变词，意为“也”。

citta

词根：第一类动词词根（bhvādigaṇa），1.39 citī saṃjñāne（cit 知晓、想）。

直接后缀：kta。

演变过程：

cit+**kta**	napuṃsake bhāve ktaḥ //（P.3.3.114） matibuddhapūjārthebhyaśca//	词为中性，表主动行为时，可加直接后缀 kta。 于表意向、认知、尊敬意义的词根后加

	（P.3.2.188）	kta，表现在时。
cit+**kta**	ārdhadhātukaṃ śeṣaḥ // （P.3.4.114）	全界词缀之外的（kta）是半界词缀。
cit+ta	tasya lopaḥ // （P.1.3.9）	kta 的符号 k 由消隐替换。
cit+**iṭ**+ta	ārdhadhātukasyeḍvalādeḥ // （P.7.2.35）	在以对收 val 为首位音的半界词缀前，插入联系元音 iṭ。
cit+ta	śvīdito niṣṭhāyām // （P.7.2.14）	直接后缀 kta 和 ktavatu 在带 ī 符号的词根后不插入联系元音 iṭ。 [此经文是对 P.7.2.35 的禁止。]
cit+ta	yasmātpratyayavidhistadādi pratyaye 'ṅgam //（P.1.4.13）	其后安排了词缀的词，以此词为始，在词缀前叫词干。
cet+ta	pugantalaghūpadhasya ca // （P.7.3.86）	遇到半界和全界词缀时，轻音节词干的排列倒数第二的短元音 i、u、ṛ、ḷ 由二合元音替换。
cit+ta	kṅiti ca // （P.1.1.5）	受 g、k、ṅ 符号的影响，二合、三合元音的替换被禁止。
citta	kṛttaddhitasamāsāśca // （P.1.2.46）	以直接后缀 kta 为末的是名词词基。

小结：

一般把 citta 翻译为“心”。对于说一切有部认为处于二无心定时，识不存在，此时无心（acittaka）中 citta 指的是“心”的意思。但瑜伽行派认为所谓的“无心定”时，并非所有的心都没有了，只是第六意识不生起，第八、第七识还是存在的。所以真谛把 acittaka 翻译为“无想”是对的。

本颂的 citta 翻译为动名词“想”确实比较合适，依据的经文是 P.3.3.114，表中性的主动行为。另外依据经文 P.3.2.188 可知，表意愿、认知的词根加 kta 可表现在时，故 citta 是指现在时的“想”，这也符合唯识宗所主张的，只有现在世是存在的观点。

acittakāt

世俗拆分： avidyamānaṃ cittaṃ yasya tat。

非世俗拆分： avidyamāna+su+citta+su。

名词词基： na（非，无）；citta（想）。

派生词缀： kap。

演变过程：

avidyamāna+su+ citta+su	anekamanyapadārthe //（P.2.2.24）	两个以上（以第一格收尾）的词，若以表达另一个词为目的，构成的是多财释复合词。
a+citta+su	naño 'styarthānām vācyo vā cottarapadalopaḥ //（Vārttika 1361）	《月光疏》经文 830 的《补释》经文：nañ 后面的表存在意义的后部字 vidyamāna 由消隐替换。
a+citta+su	kṛttaddhitasamāsāśca //（P.1.2.46）	有意义的复合词是名词词基。
a+citta	supo dhātuprātipadikayoḥ //（P.2.4.71） pratyayasya lukślulupaḥ //（P.1.1.61）	词根、名词词基中蕴含的格尾由消隐（luk）替换。 luk、ślu、lup 是词缀的消隐替换。消隐是不显现。
a+citta	saptamīviśeṣaṇe bahuvrīhau //（P.2.2.35）	于多财释复合词中，以第七格收尾的以及形容词是前部的。
acitta	kṛttaddhitasamāsāśca //（P.1.2.46）	有意义的复合词是名词词基。
acitta+**kap**	śeṣādvibhāṣā //（P.5.4.154）	在未提到的多财释复合词后可加不产生新意的派生词缀 kap。
acitta+ka	tasya lopaḥ //（P.1.3.9）	kap 的符号 p 由消隐替换。
acittaka	kṛttaddhitasamāsāśca //（P.1.2.46）	以派生词缀为尾的是名词词基。
acittaka+**ṅasi**	ṅyāpprātipadikāt //（P.4.1.1） svaujasamauṭchaṣ…sup //（P.4.1.2）	在以 ṅī、āp 为末的词后，以及在名词词基后是 su 等格尾。 单数第五格加格尾 ṅasi。
acittaka+**āt**	ṭāṅasiṅasāminātsyāḥ //（P.7.1.12）	替换 ṭā、ṅasi、ṅas 的是 ina、āt、sya。
acittak+**ā**+t	akaḥ savarṇe dīrghaḥ //（P.6.1.101）	以 ak 为对收的末音后遇同类音时，一长音替换前后两音位。
acittakāt	suptiṅantaṃ padam //（P.1.4.14）	以格尾为末的是字。
acittakā**t**	vāvasāne //（P.8.4.56）	在停顿时，以 jhal 为对收的辅音可以由清辅音替换。

小结：

如前所述，acittaka 中的 citta 不是指“心”的含义，而是指“想”的含义。

acittaka 是在多财释复合词 acitta 后加了不产生新意的 kap 派生词缀而产生的名词词基。因此 acittaka 的含义是“无想者”。acittaka 作为多财释复合词指向的是 samāpatti-dvaya、 middha、mūrchana 故与后三者都同性数格。acittaka 含义是“无有想者”。由经文“na saṃjñāyām //（P.5.4.155）”可知，作为专有名词的多财释复合词后不能加派生词缀 kap。故 acitta 或 acittaka 不是专有名词，需与所指代的词汇联用。

acittakāt 是中性，单数，第五格，含义是“排除无有想者”。

第十七颂

विज्ञानपरिणामोऽयं विकल्पो यद्विकल्प्यते ।
तेन तन्नास्ति तेनेदं सर्वं विज्ञप्तिमात्रकम् ॥१७॥

vijñāna-pariṇāmo ’yaṃ vikalpo yad vikalpyate /
tena tan na asti tena idaṃ sarvaṃ vijñapti-mātrakam //17//

玄奘译：是诸识转变，分别所分别，由此彼皆无，故一切唯识。

真谛译《转识论》：如此识转，不离两义：一能分别，二所分别。所分别既无，能分别亦无。无境可取，识不得生。以是义故，唯识义得成。何者立唯识义？意本为遣境遣心。今境界既无，唯识又泯。即是说，唯识义成也。此即净品烦恼及境界并皆无故。

霍韬晦译：识转化分别。彼皆所分别。由此彼皆无，故一切唯表。

现译（一）：其识的转变状况，（本质是）分别状况。那个被分别者，依彼（分别）（而存在）故，它非实有。因此，（被分别的）此世间的一切，都是识，识为其限定范畴。

现译（二）：其识的转变状况，（本质是）分别状况。那个被分别者，依彼（分别）（而存在）故，它非实有。依彼（分别）（而存在）故，（被分别的）此世间的一切，都是识，识为其限定范畴。

vijñāna

名词词基：vijñāna（识）。

演变过程：

vijñāna	arthavadadhāturapratyayaḥ prātipadikam //（P.1.2.45）	既非词根，亦非词缀，有意义的（词）是名词词基。 ［“识”含义的 vijñāna 是不可拆分（avyutpanna）的名词词基。］

小结：

vijñāna 一词表达“识”的含义时，作为专有名词，笔者认为是佛教的特殊用法。故此词也许是佛陀创造的俗语词汇。因为婆罗门教中，作为认知主体的 citta、manas、ātman 等词都是表示有恒常实体的认知主体，不符合佛陀所主张的“诸行无常，诸法无我”的观点，故不适合引入到佛教体系中来。因此佛陀必须创造出一个全新的俗语词汇来表示无常的认知主体。现在看到的“识”含义的佛教梵语词汇 vijñāna，是在保持该佛教俗语词汇的原音的基础上，而引入的外来词汇。故佛教梵语中的表达“识”含义的 vijñāna 是不可拆分（avyutpanna）的词汇。

pariṇāma

词根：第一类动词词根（bhvādigaṇa），1.1030 ṇama prahvatve śabde ca（nam 弯腰，赞颂）。

近置词：pari（vivarte 旋转）。[依据：upasargāḥ kriyāyoge //（P.1.4.59）。]

演变过程：

ṇama	bhūvādayo dhātavaḥ //（P.1.3.1）	ṇama 是词根。
ṇam	tasya lopaḥ //（P.1.3.9）	ṇama 的符号 a 由消隐替换。
nam	ṇo naḥ //（P.6.1.65）	词根首位的 ṇ 音由 n 音替换。
pari+nam+**ghañ**	bhāve //（P.3.3.18） akartari ca kārake saṃjñāyām //（P.3.3.19）	当表达达到已成就状态的词根意义时，词根后加 ghañ 词缀。 当作术语时，（加 ghañ 词缀）也表示造者，但主动者除外。
pari+nam+**ghañ**	ārdhadhātukaṃ śeṣaḥ //（P.3.4.114）	ghañ 是半界词缀。
pari+nam+a	tasya lopaḥ //（P.1.3.9）	ghañ 的符号 gh、ñ 由消隐替换。
pari+**nam**+a	yasmātpratyayavidhistadādi pratyaye 'ṅgam //（P.1.4.13）	其后安排了词缀的词，以此词为始，在词缀前叫词干。
pari+n**ā**m+a	ata upadhāyāḥ //（P.7.2.116）	遇 ñ、ṇ 符号的后缀时，词干倒数第二的 a 音由三合元音替换。
pari+**ṇ**ām+a	aṭkupvāṅnumvyavāye 'pi //（P.8.4.2） upasargādasamāse 'pi ṇopadeśasya //（P.8.4.14）	即使有元音、半元音、h 音、喉音族、唇音族、ā 音以及 n 音的加入，r、ṣ 音之后的 n 音也应由 ṇ 音替换。 即使不是复合词，在近置词中有改变的因素时，词根原始发音的 ṇ 音所变成的 n 音，也由 ṇ 音替换。

pariṇāma	kṛttaddhitasamāsāśca //（P.1.2.46）	直接后缀 ghañ 为末的 pariṇāma 是名词词基。

小结：

一方面，根据经文“bhāve //（P.3.3.18）”可知，pariṇāma 表达的是行为的已成就状态（siddhabhāva）。即因缘和合之后，所达到的果的状态，故其含义是“转变状态”，不可翻译为“转变过程”。“转变过程”意味着转变还在演变之中，这不符合唯识宗所认为的，唯有现在世存在，现在刹那不可分割的观点。

另一方面，依据经文“akartari ca kārake saṃjñāyām //（P.3.3.19）”可知，加直接后缀 ghañ 的 pariṇāma，还可表达造者（kāraka）的含义，但不能是作者或主动者（kartṛ）。所谓的造者（kāraka），就是行为产生的因，即“转变因”。

本颂实际是对第一颂的回顾。第一颂中出现两个 pariṇāma，分别表示以上的两种含义。而本颂的 pariṇāma 实际综合了以上两重含义，故译为“转变状况”为好。

vijñāna-pariṇāmo

世俗拆分： vijñānasya pariṇāmaḥ。

非世俗拆分： vijñāna+ṅas+pariṇāma+su。

名词词基： vijñāna（识）；pariṇāma（转变状况）。

演变过程：

vijñāna+ṅas+pariṇāma+su	ṣaṣṭhī //（P.2.2.8）	第六格与以格尾收尾的词构成依主释复合词。
vijñāna+ṅas+pariṇāma+su	kṛttaddhitasamāsāśca //（P.1.2.46）	有意义的复合词是名词词基。
vijñāna+pariṇāma	supo dhātuprātipadikayoḥ //（P.2.4.71） pratyayasya lukślulupaḥ //（P.1.1.61）	词根、名词词基中蕴含的格尾由消隐（luk）替换。 luk、ślu、lup 是词缀的消隐替换。消隐是不显现。
vijñāna+pariṇāma	prathamānirdiṣṭaṃ samāsa upasarjanam //（P.1.2.43）	于复合词一节中，第一格所指示的是附属词。 [针对经文 P.2.2.8。]
vijñāna+pariṇāma	upasarjanaṃ pūrvam //（P.2.2.30）	附属词是前部字。
vijñānapariṇāma	kṛttaddhitasamāsāśca //（P.1.2.46）	有意义的复合词是名词词基。
vijñānapariṇāma	paravalliṅgaṃ dvaṃdva-tatpuruṣayoḥ //（P.2.4.26）	相违释和依主释复合词的性如后部字。 [该复合词为阳性。]

vijñānapariṇāma+**su**	ṅyāpprātipadikāt // （P.4.1.1） svaujasamauṭchaṣ…sup // （P.4.1.2）	在以 ṅī、āp 为末的词后，以及在名词词基后是 su 等格尾。 单数第一格加格尾 su。
vijñānapariṇāma+s	tasya lopaḥ // （P.1.3.9）	su 的符号 u 由消隐替换。
vijñānapariṇāmas	suptiṅantaṃ padam // （P.1.4.14）	以格尾为末的是字。
vijñānapariṇāma**r**	sasajuṣo ruḥ // （P.8.2.66）	r 音替换字末的 s 音。
vijñānapariṇāma+**u**	ato roraplutādaplute // （P.6.1.113）	在非引的 a 音之后，在非引的 a 音之前，r 被 u 音替换。
vijñānapariṇām**o**	ādguṇaḥ // （P.6.1.87）	a 音后遇元音时，由一个二合元音替换前后两音位。

小结：

vijñāna-pariṇāma 是依主释复合词，含义是“识的转变状况”。

玄奘在《成唯识论》提到识有两种转变：“变谓识体转似二分，相、见俱依自证起故，依斯二分施设我、法，彼二离此无所依故；或复内识转似外境，我法分别熏习力故，诸识生时变似我、法。此我、法相虽在内识，而由分别似外境现。”①

vijñānapariṇāmas 是阳性，单数，第一格，翻译为“识的转变状况”。

idam

词根：第一类动词词根（bhvādigaṇa），1.64 idi paraiśvarye（ind 变得有超能力）。

直接后缀：kami。

演变过程：

idi	bhūvādayo dhātavaḥ // （P.1.3.1）	bhū 等是词根。
id	tasya lopaḥ // （P.1.3.9）	idi 的符号 i 由消隐替换。
i**n**d	idito num dhātoḥ // （P.7.1.58）	携带符号 i 的词根要在元音后插入 n 音。
id+**kami**	indeḥ kamirnalopaśca// （Uṇādisūtra 4.156）	直接后缀 kami 加在词根 ind 后，且词根的 n 音消失。
id+**kami**	ārdhadhātukaṃ śeṣaḥ // （P.3.4.114）	kami 是半界词缀。

① 护法等菩萨造，玄奘译：《成唯识论》，大正新修大藏经，第 31 册，第 1 页上一中。

id+am	tasya lopaḥ //（P.1.3.9）	kami 的符号由消隐替换。
id+am	yasmātpratyayavidhistadādi pratyaye 'ṅgam //（P.1.4.13）	其后安排了词缀的词，以此词为始，在词缀前叫词干。
ed+am	pugantalaghūpadhasya ca//（P.7.3.86）	遇到半界和全界词缀时，轻音节词干的排列倒数第二的短元音 i、u、ṛ、ḷ 由二合元音替换。
id+am	kṅiti ca //（P.1.1.5）	受 g、k、ṅ 符号的影响，二合、三合元音的替换被禁止。
idam	kṛttaddhitasamāsāśca //（P.1.2.46）	直接后缀为末的是名词词基。
idam	sarvādīni sarvanāmāni //（P.1.1.27）	idam 属于 sarva 为首的代词。

小结：

idam 是代词， 阳、阴、中三性。含义是“此”。

'yaṃ（ayam）

名词词基：idam（此）。

演变过程：

idam	kṛttaddhitasamāsāśca //（P.1.2.46）	直接后缀 kami 为末的 idam 是名词词基。
idam	sarvādīni sarvanāmāni //（P.1.1.27）	sarva 等词是代词。
idam+**su**	ṅyāpprātipadikāt //（P.4.1.1） svaujasamauṭchaṣ…sup //（P.4.1.2）	在以 ṅī、āp 为末的词后，以及在名词词基后是 su 等格尾。 单数第一格加格尾 su。
idam+su	yasmātpratyayavidhistadādi pratyaye 'ṅgam //（P.1.4.13）	其后安排了词缀的词，以此词为始，在词缀前叫词干。
ida+**m**+su	idamo maḥ //（P.7.2.108）	遇到格尾时，特别是 su 格尾，m 音替换词干 idam 的末音。
ay+a+m+su	ido 'y puṃsi //（P.7.2.111）	遇到阳性格尾时，词干 idam 的 id 由 ay 替换。
ay+a+m+s	tasya lopaḥ //（P.1.3.9）	su 的符号 u 由消隐替换。
ayam+（ ）	halṅyābbhyo dīrghāt sutisy-apṛktaṃ hal //（P.6.1.68）	在辅音后，在保留长音的 ṅī、āp 后，格尾 su、语尾 tip、sip 的单辅音词缀由消隐（lopa）替换。

ayam	adarśanaṃ lopaḥ // （P.1.1.60）	不显现的是消隐。
ayam	pratyayalope pratyayalakṣaṇam // （P.1.1.62）	词缀消隐后，词缀的因还在。
ayam	suptiṅantaṃ padam // （P.1.4.14）	以格尾为末的 ayam 是字。
'yam	eṅaḥ padāntādati // （P.6.1.109）	字末的 e、o 音后，遇短元音 a 时，前面的元音形式是唯一的替代。
'ya**ṃ**	mo 'nusvāraḥ // （P.8.3.23）	字末的 m 音在辅音前由鼻腔音替代。
'ya**m**	anusvārasya yayi parasavarṇaḥ // （P.8.4.58）	遇到除咝音和 h 音以外的辅音时，后面的同类音替换鼻腔音。
'yaṃ	vā padāntasya // （P.8.4.59）	字末的同类鼻音的替换可做可不做。

小结：

idam 是代词，含义是"此"，指代的是 vijñāna-pariṇāma。

ayam 是阳性，单数，第一格，意为"此""这"。

vikalpo

词根：第一类动词词根（bhvādigaṇa），1.799 kṛpū sāmarthye（kṛp 技能化、功能化）。

近置词：vi（viśeṣe 差别，niśāmane 看、听，vicāre 分析，saṃjñāyām 认识）。[依据：upasargāḥ kriyāyoge //（P.1.4.59）。]

直接后缀：ghañ 或 ac。

演变过程（一）：

kṛpū	bhūvādayo dhātavaḥ // （P.1.3.1）	bhū 等是动词词根。
kṛp	tasya lopaḥ // （P.1.3.9）	kṛpū 的符号 ū 由消隐替换。
kḷp	kṛpo ro laḥ // （P.8.2.18）	kṛpū 词根 ṛ、r 由 ḷ、l 替换。
vi+kḷp+**ghañ** 或 vi+kḷp+**ac**	bhāve // （P.3.3.18） akartari ca kārake saṃjñāyām // （P.3.3.19） 或 nandigrahipacādibhyo lyuṇinyacaḥ //（P.3.1.134）	当表达达到已成就状态的词根意义时，词根后加 ghañ 词缀。 当作术语时，（加 ghañ 词缀）也表示造者，但主动者除外。 加在 nandi、grahi、pac 等词根后的是直接后缀 lyu、ṇini、ac，表主动者的含义。

		[ac 实际可以加在所有词根后。]
vi+kḷp+**ghañ** **或** vi+kḷp+**ac**	ārdhadhātukaṃ śeṣaḥ // （P.3.4.114）	全界词缀之外的是半界词缀。
vi+kḷp+a	tasya lopaḥ // （P.1.3.9）	ghañ、ac 的符号由消隐替换。
vi+**kḷp**+a	yasmātpratyayavidhistadādi pratyaye 'ṅgam //（P.1.4.13）	其后安排了词缀的词，以此词为始，在词缀前叫词干。
vi+k**alp**+a	pugantalaghūpadhasya ca // （P.7.3.86） uraṇ raparaḥ // （P.1.1.51）	遇到半界和全界词缀时，轻音节词干的排列倒数第二的短元音 i、u、ṛ、ḷ 由二合元音替换。 ḷ 音的替换，需由其后带 l 音的 a、i、u 及其长音来替换。
vikalpa	kṛttaddhitasamāsāśca // （P.1.2.46）	直接后缀为末的是名词词基。
vikalpa+**su**	ṅyāpprātipadikāt // （P.4.1.1） svaujasamauṭchaṣ…sup // （P.4.1.2）	在以 ṅī、āp 为末的词后，以及在名词词基后是 su 等格尾。 单数第一格加格尾 su。
vikalpa+s	tasya lopaḥ // （P.1.3.9）	su 的符号 u 由消隐替换。
vikalpas	suptiṅantaṃ padam // （P.1.4.14）	以格尾为末的是字。
vikalpa**r**	sasajuṣo ruḥ // （P.8.2.66）	r 音替换字末的 s 音。
vikalpa+**u**	haśi ca // （P.6.1.114）	在非引的 a 音之后，在后一词的浊辅音前，r 音由 u 音替换。
vikalp**o**	ādguṇaḥ // （P.6.1.87）	a 音后遇元音时，由一个二合元音替换前后两音位。

词根：第十类动词词根（curādigaṇa），10.208 kṛpeśca avakalkane（kṛp 涂油）。

近置词：vi（viśeṣe 差别，niśāmane 看、听，vicāre 分析，saṃjñāyām 认识）。[依据：upasargāḥ kriyāyoge //（P.1.4.59）。]

直接后缀：ac。

演变过程（二）：

kṛpa	bhūvādayo dhātavaḥ // （P.1.3.1）	bhū 等是动词词根。
kṛp	tasya lopaḥ // （P.1.3.9）	kṛpa 的符号 a 由消隐替换。

kḷp	kṛpo ro laḥ // （P.8.2.18）	kṛpa 词根 ṛ、r 由 ḷ、l 替换。
kḷp+**ṇic**	satyāpa…cūrādibhyo ṇic // （P.3.1.25）	第十类动词词根本身必须加上 ṇic 词缀，表原义。
kḷp+**ṇic**	ārdhadhātukaṃ śeṣaḥ // （P.3.4.114）	ṇic 是半界词缀。
kḷp+ṇic	yasmātpratyayavidhistadādi pratyaye 'ṅgam //（P.1.4.13）	其后安排了词缀的词，以此词为始，在词缀前叫词干。
kalp+ṇic	pugantalaghūpadhasya ca // （P.7.3.86） uraṇ raparaḥ // （P.1.1.51）	遇到半界和全界词缀时，轻音节词干的排列倒数第二的短元音 i、u、ṛ、ḷ 由二合元音替换。 ḷ 音的替换，需由其后带 l 音的 a、i、u 及其长音来替换。
kalp+ṇic	sanādyantā dhātavaḥ // （P.3.1.32）	以 ṇic 词缀落尾的"kalp+ṇic"是新词根。 [ṇic 的 ṇ、c 是符号。]
vi+kalp+ṇic+**ac**	erac // （P.3.3.56） 或 nandigrahipacādibhyo lyuṇinyacaḥ //（P.3.1.134）	i、ī 音落尾的词根后加直接后缀 ac。 加在 nandi、grahi、pac 等词根后的是直接后缀 lyu、ṇini、ac，表主动者的含义。[ac 实际可以加在所有词根后。]
vi+kalp+ṇic+**ac**	ārdhadhātukaṃ śeṣaḥ // （P.3.4.114）	ac 是半界词缀。
vi+kalp+ṇic+a	tasya lopaḥ // （P.1.3.9）	ac 的符号 c 由消隐替换。
vi+kalp+ṇic+**a**	ārdhadhātukasyeḍvalādeḥ // （P.7.2.35）	在以对收 val 为首位音的半界词缀前，插入联系元音 iṭ。 [但 ac 不在其中，是 aniṭ 词缀。]
vi+kalp+（ ）+a	ṇeraniṭi // （P.6.4.51）	当遇到 aniṭ 半界词缀时，消隐（lopa）替换前面的 ṇic。
vi+kalp+（ ）+a	pratyayalope pratyayalakṣaṇam // （P.1.1.62）	ṇic 词缀消隐后，ṇic 词缀的因还在。
vi+**kalp+**（ ）+a	sanādyantā dhātavaḥ // （P.3.1.32）	"kalp+（ ）"仍是新词根。
vi+**kalp+**（ ）+a	yasmātpratyayavidhistadādi pratyaye 'ṅgam //（P.1.4.13）	其后安排了词缀的词，以此词为始，在词缀前叫词干。
vi+kalp+a	adarśanaṃ lopaḥ // （P.1.1.60）	不显现的是消隐。
vikalpa	kṛttaddhitasamāsāśca // （P.1.2.46）	直接后缀为末的 vikalpa 是名词词基。
vikalpa+**su**	ṅyāpprātipadikāt // （P.4.1.1）	在以 ṅī、āp 为末的词后，以及在名词词基后是 su 等格尾。

	svaujasamauṭchaṣ…sup // （P.4.1.2）	单数第一格加格尾 su。
vikalpa+s	tasya lopaḥ // （P.1.3.9）	su 的符号 u 由消隐替换。
vikalpas	suptiṅantaṃ padam // （P.1.4.14）	以格尾为末的是字。
vikalpa**r**	sasajuṣo ruḥ // （P.8.2.66）	r 音替换字末的 s 音。
vikalpa+**u**	haśi ca // （P.6.1.114）	在非引的 a 音之后，在后一词的浊辅音前，r 音由 u 音替换。
vikalp**o**	ādguṇaḥ // （P.6.1.87）	a 音后遇元音时，由一个二合元音替换前后两音位。

小结：

一者，vikalpa 若是依据"bhāve //（P.3.3.18）"加直接后缀 ghañ 而成的，或依据"erac //（P.3.3.56）"加直接后缀 ac 而成，表达的是行为的已成就状态（siddhabhāva）。即因缘和合之后，达到的已成就状态，故翻译为"分别状态"，但不可翻译为"分别过程"。"分别过程"意味着分别还在演进之中。任何一刹那的分别，无论对错与否，清晰与否，都是一种"已知"状态。

二者，若 vikalpa 是依据经文"akartari ca kārake saṃjñāyām //（P.3.3.19）"加直接后缀 ghañ 而成，或依据"erac //（P.3.3.56）"加直接后缀 ac 而成，还可表达造者（kāraka）的含义，但不能是作者或主动者（kartṛ）。所谓的造者（kāraka），就是行为产生的因。即 vikalpa 还可作为"分别"这一状态的（结构）要素。

三者，若 vikalpa 是依 P.3.1.134 加后缀 ac 构成的话，是指分别的主动者（kartṛ）。

综合以上的三重含义，vikalpas 翻译为"分别状况"为好。即分别时，可有虚假的"能分别者"；而作为缘起的转变（pariṇāma）则无"能转变者"。

vikalpas 是阳性，单数，第一格，含义是"分别状况"。

yad

词根：第一类动词词根（bhvādigaṇa），1.1051 yaja devapūjāsaṃgatikaraṇadāneṣu（yaj 有牺牲品的祭祀，荣耀，奉献）。

直接后缀：adi。

演变过程：

yaj+**adi**	tyajitaniyajbhyo ḍit // （Uṇādisūtra 1.132）	词根 tyaj、tan、yaj 后加直接后缀 adi。该词缀如同带 ḍ 符号。

yaj+**adi**	ārdhadhātukaṃ śeṣaḥ //（P.3.4.114）	全界之外的（adi）是半界词缀。
yaj+ad	tasya lopaḥ //（P.1.3.9）	adi 的符号 i 由消隐替换。
yaj+ad	yasmātpratyayavidhistadādi pratyaye 'ṅgam //（P.1.4.13）	其后安排了词缀的词，以此词为始，在词缀前叫词干。
y+ad	ṭeḥ //（P.6.4.143）	遇到 ḍ 符号时，词干末音节由消隐替换。
yad	kṛttaddhitasamāsāśca //（P.1.2.46）	以直接后缀为末的是名词词基。
yad	sarvādīni sarvanāmāni //（P.1.1.27）	sarva 等词是代词。
yad+**su**	ṅyāpprātipadikāt //（P.4.1.1） svaujasamauṭchaṣ…sup //（P.4.1.2）	在以 ṅī、āp 为末的词后，以及在名词词基后是 su 等格尾。 单数第一格加格尾 su。
yad+（ ）	svamornapuṃsakāt //（P.7.1.23）	中性词后，su 和 am 由消隐（luk）替换。
yad+（ ）	pratyayasya lukślulupaḥ //（P.1.1.61）	luk、ślu、lup 是词缀的消隐替换。消隐是不显现。
yad	pratyayalope pratyayalakṣaṇam //（P.1.1.62）	词缀消隐后，词缀的因还在。
yad	suptiṅantaṃ padam //（P.1.4.14）	以格尾为末的 yad 是字。
ya**d**	jhalāṃ jaśo 'nte //（P.8.2.39）	字末的 jhal 对收音由 jaś 对收音替换。

小结：

yat 是代词，中性，单数，第一格，意为“那个”。

vikalpyate

词根：第十类动词词根（curādigaṇa），10.208 kṛpeśca avakalkane（kṛp 涂油）。

近置词：vi（viśeṣe 差别，niśāmane 看、听，vicāre 分析，saṃjñāyām 认识）。[依据：upasargāḥ kriyāyoge //（P.1.4.59）。]

演变过程：

kṛpa	bhūvādayo dhātavaḥ //（P.1.3.1）	bhū 等是动词词根。

kṛpa	tasya lopaḥ // （P.1.3.9）	kṛpa 的符号 a 由消隐替换。
kḷp	kṛpo ro laḥ // （P.8.2.18）	kṛpa 词根 ṛ、r 由 ḷ、l 替换。
kḷp+**ṇic**	satyāpa…cūrādibhyo ṇic // （P.3.1.25）	第十类动词词根本身必须加上 ṇic 词缀，表原义。
kḷp+**ṇic**	ārdhadhātukaṃ śeṣaḥ // （P.3.4.114）	ṇic 是半界词缀。
kḷp+ṇic	yasmātpratyayavidhistadādi pratyaye 'ṅgam //（P.1.4.13）	其后安排了词缀的词，以此词为始，在词缀前叫词干。
kalp+ṇic	pugantalaghūpadhasya ca // （P.7.3.86） uraṇ raparaḥ // （P.1.1.51）	遇到半界和全界词缀时，轻音节词干的排列倒数第二的短元音 i、u、ṛ、ḷ 由二合元音替换。 ḷ 音的替换，需由其后带 l 音的 a、i、u 及其长音来替换。
kalp+ṇic	sanādyantā dhātavaḥ // （P.3.1.32）	以 ṇic 词缀落尾的“kalp+ṇic”是新词根。
vi+kalp+ṇic+**laṭ**	vartamāne laṭ // （P.3.2.123）	laṭ（第一罗）表示正在发生。
vi+kalp+ṇic+l	tasya lopaḥ // （P.1.3.9）	消隐替换 laṭ 的符号 a、ṭ。
vi+kalp+ṇic+**ta**	laḥ parasmaipadam // （P.1.4.99） bhāvakarmaṇoḥ // （P.1.3.13） tiptasjhi…iḍvahimahiṅ // （P.3.4.78）	替换罗的是主动语态。 当强调行为和业时，替换罗的是中间语态。 中间语态第三人称单数的 laṭ 的替换是 ta。
vi+kalp+ṇic+**ta**	tiṅśit sārvadhātukam // （P.3.4.113）	tiṅ、带符号 ś 的词缀是全界。
vi+kalp+ṇic+**yak**+ta	sārvadhātuke yak // （P.3.1.67）	在强调行为和业时，应在全界词缀前，词根后加 yak。
vi+kalp+ṇic+**yak**+ta	ārdhadhātukaṃ śeṣaḥ // （P.3.4.114）	yak 是半界词缀。
vi+kalp+ṇic+ya+ta	tasya lopaḥ // （P.1.3.9）	消隐替换 yak 的符号 k。
vi+kalp+ṇic+**ya**+ta	ārdhadhātukasyeḍvalādeḥ // （P.7.2.35）	在以对收 val 为首位音的半界词缀前，插入联系元音 iṭ。 [yak 不在其中，为 aniṭ 词缀。]
vi+kalp+（ ）+ya+ta	ṇeraniṭi // （P.6.4.51）	当遇到 aniṭ 半界词缀时，消隐（lopa）替换前面的 ṇic。

vi+kalp+（ ）+ya+ta	pratyayalope pratyayalakṣaṇam //（P.1.1.62）	ṇic 词缀消隐后，ṇic 词缀的因还在。
vi+**kalp+**（ ）+ya+ta	sanādyantā dhātavaḥ //（P.3.1.32）	“kalp+（ ）”仍是新词根。
vi+**kalp+**（ ）+ya+ta	yasmātpratyayavidhistadādi pratyaye 'ṅgam //（P.1.4.13）	其后安排了词缀的词，以此词为始，在词缀前叫词干。
vi+kalp+（ ）+ya+**te**	ṭita ātmanepadānāṃ ṭere //（P.3.4.79）	替换了带 ṭ 符号之（罗）的中间语态语尾，其末音由 e 音替换。
vikalpyate	suptiṅantaṃ padam //（P.1.4.14）	vikalpyate 是带语尾的字。

小结：

vikalpyate 是现在时，陈述语气，被动语态，第三人称，单数，译为“它被分别”。

tena

词根：第八类动词词根（tanādigaṇa），8.1 tanu vistāre（tan 扩展）。

直接后缀：adi。

演变过程：

tan+**adi**	tyajitaniyajbhyo ḍit //（Uṇādisūtra 1.132）	词根 tyaj、tan、yaj 后加直接后缀 adi。该词缀如同带 ḍ 符号。
tan+**adi**	ārdhadhātukaṃ śeṣaḥ //（P.3.4.114）	全界之外的（adi）是半界词缀。
tan+ad	tasya lopaḥ //（P.1.3.9）	adi 的符号 i 由消隐替换。
tan+ad	yasmātpratyayavidhistadādi pratyaye 'ṅgam //（P.1.4.13）	其后安排了词缀的词，以此词为始，在词缀前叫词干。
t+ad	ṭeḥ //（P.6.4.143）	遇到 ḍ 符号时，词干末音节由消隐替换。
tad	kṛttaddhitasamāsāśca //（P.1.2.46）	以直接后缀为末的是名词词基。
tad	sarvādīni sarvanāmāni //（P.1.1.27）	sarva 等词是代词。
tad+**ṭā**	ṅyāpprātipadikāt //（P.4.1.1） svaujasamauṭchaṣ…sup //（P.4.1.2）	在以 ṅī、āp 为末的词后，以及在名词词基后是 su 等格尾。 单数第三格加格尾 ṭā。
ta+**a**+ṭā	tyadādīnāmaḥ //（P.7.2.102）	遇到词尾时，tyad 等代词的末音的替换是 a 音。

t+**a**+ṭā	āto guṇe // （P.6.1.97）	非字末的 a 音遇到二合元音时，前后两者的音位由后者的元音形式作唯一替换。
t+a+**ina**	ṭāṅasiṅasāminātsyāḥ // （P.7.1.12）	替换 ṭā、ṅasi、ṇas 的是 ina、āt、sya。
t+**e**+na	ādguṇaḥ // （P.6.1.87）	a 音后遇元音时，由一个二合元音替换前后两音位。
tena	suptiṅantaṃ padam // （P.1.4.14）	以格尾为末的 tena 是字。

小结：

tena 是阳性，单数，第三格，表示原因，含义是“因彼”。其指代的是 vikalpa。由于 tena 表达的是俱时的因果关系，所以具体含义是“依彼（分别）故”。

tan

词根：第八类动词词根（tanādigaṇa），8.1 tanu vistāre（tan 扩展）。

直接后缀：adi。

演变过程：

tan+**adi**	tyajitaniyajbhyo ḍit // （Uṇādisūtra 1.132）	词根 tyaj、tan、yaj 后加直接后缀 adi。该词缀如同带 ḍ 符号。
tan+**adi**	ārdhadhātukaṃ śeṣaḥ // （P.3.4.114）	全界之外的（adi）是半界词缀。
tan+ad	tasya lopaḥ // （P.1.3.9）	adi 的符号 i 由消隐替换。
tan+ad	yasmātpratyayavidhistadādi pratyaye 'ṅgam // （P.1.4.13）	其后安排了词缀的词，以此词为始，在词缀前叫词干。
t+ad	ṭeḥ // （P.6.4.143）	遇到 ḍ 符号时，词干末音节由消隐替换。
tad	kṛttaddhitasamāsāśca // （P.1.2.46）	以直接后缀为末的是名词词基。
tad	sarvādīni sarvanāmāni // （P.1.1.27）	sarva 等词是代词。
tad+**su**	ṅyāpprātipadikāt // （P.4.1.1） svaujasamauṭchaṣ…sup // （P.4.1.2）	在以 ṅī、āp 为末的词后，以及在名词词基后是 su 等格尾。 单数第一格加格尾 su。
tad+（ ）	svamornapuṃsakāt // （P.7.1.23）	中性词后，su 和 am 由消隐（luk）替换。

tad	pratyayasya lukślulupaḥ //（P.1.1.61）	luk、ślu、lup 是词缀的消隐替换。消隐是不显现。
tad	pratyayalope pratyayalakṣaṇam //（P.1.1.62）	词缀消隐后，词缀的因还在。
tad	suptiṅantaṃ padam //（P.1.4.14）	以格尾为末的 tad 是字。
tad	jhalāṃ jaśo 'nte //（P.8.2.39）	字末的 jhal 对收音由 jaś 对收音替换。
tan	yaro 'nunāsike 'nunāsiko vā //（P.8.4.45）	遇到鼻音时，对收 yar 音可以由鼻音替代。

小结：

tad 是代词，中性，单数，第一格，意为“彼”“它”。tad 与 yad 形成对应关系，故指的是“被分别者”。

na

名词词基： nañ（非，无）。

演变过程：

nañ	arthavadadhāturapratyayaḥ prātipadikam //（P.1.2.45）	既非词根，亦非词缀，有意义的（词）是名词词基。 [na 是不可拆分（avyutpanna）的名词词基。]
na	tasya lopaḥ //（P.1.3.9）	nañ 的符号 ñ 由消隐替换。
na+**sup**	ṅyāpprātipadikāt //（P.4.1.1） svaujasamauṭchaṣ…sup //（P.4.1.2）	在以 ṅī、āp 为末的词后，以及在名词词基后是 su 等格尾。 根据需求加某一 sup 格尾。
na+sup	cādayo 'sattve //（P.1.4.57）	非实物意义的 ca 等词是投词（nipāta）。
na+sup	svarādinipātamavyayam //（P.1.1.37）	投词 nañ 是不变词。
na+（ ）	avyayādāpsupaḥ //（P.2.4.82）	消隐（luk）替换不变词后的格尾。
na	pratyayasya lukślulupaḥ //（P.1.1.61）	luk、ślu、lup 是词缀的消隐替换。消隐是不显现。
na	pratyayalope pratyayalakṣaṇam //（P.1.1.62）	词缀消隐后，词缀的因还在。

na	suptiṅantaṃ padam //（P.1.4.14）	以格尾为末的 na 是字。

小结：

na 是投词，不变词，意为“非”“无”。

asti

词根：第二类动词词根（adādigaṇa），2.56 asa bhuvi（as 存在）。

演变过程（一）：

as+**laṭ**	vartamāne laṭ //（P.3.2.123）	laṭ（第一罗）表示正在发生。
as+l	tasya lopaḥ //（P.1.3.9）	消隐替换 laṭ 的符号 a、ṭ。
as+**tip**	laḥ parasmaipadam //（P.1.4.99） śeṣāt kartari parasmaipadam //（P.1.3.78） tiptasjhi…iḍvahimahiṅ //（P.3.4.78）	替换罗的是主动语态。 排除了中间语态因素的词根后是主动语态。格尾表主动者。 主动语态第三人称单数的 laṭ 的替换是 tip。
as+**tip**	tiṅśit sārvadhātukam //（P.3.4.113）	tiṅ、带符号 ś 的词缀是全界。
as+**śap**+tip	kartari śap //（P.3.1.68）	遇到表示主动者为目的全界词缀时，词根后加插入音 śap。
as+**śap**+tip	tiṅśit sārvadhātukam //（P.3.4.113）	tiṅ、带符号 ś 的词缀是全界。
as+śap+tip	yasmātpratyayavidhistadādi pratyaye 'ṅgam //（P.1.4.13）	其后安排了词缀的词，以此词为始，在词缀前叫词干。
as+（ ）+tip	adiprabhṛtibhyaḥ śapaḥ //（P.2.4.72）	ad 为首的第二类动词词根后的 śap 由消隐（luk）替换。
as+（ ）+ti	na lumatāṅgasya //（P.1.1.63）	消隐是由于含有 lu 造成的话，针对词干的操作免于发生。
as+（ ）+tip	yasmātpratyayavidhistadādi pratyaye 'ṅgam //（P.1.4.13）	其后安排了词缀的词，以此词为始，在词缀前叫词干。
as+（ ）+ti	tasya lopaḥ //（P.1.3.9）	消隐替换 tip 的符号 p。
as+ti	adarśanaṃ lopaḥ //（P.1.1.60）	不显现的是消隐。
asti	suptiṅantaṃ padam //（P.1.4.14）	以语尾为末的 asti 是字。

词名词词基：asti（实有）。

演变过程（二）：

asti	arthavadadhāturapratyayaḥ prātipadikam //（P.1.2.45）	既非词根，亦非词缀，有意义的（词）是名词词基。 [asti 是不可拆分（avyutpanna）的名词词基。]
asti+**su**	ṅyāpprātipadikāt //（P.4.1.1） svaujasamauṭchaṣ…sup //（P.4.1.2）	在以 ṅī、āp 为末的词后，以及在名词词基后是 su 等格尾。 单数第一格加格尾 su。
asti+su	svarādinipātamavyayam //（P.1.1.37）	asti 是属于 svar 为首的群中的不变词。
asti+（ ）	avyayādāpsupaḥ //（P.2.4.82）	消隐（luk）替换不变词后的格尾。
asti	pratyayasya lukślulupaḥ //（P.1.1.61）	luk、ślu、lup 是词缀的消隐替换。消隐是不显现。
asti	pratyayalope pratyayalakṣaṇam //（P.1.1.62）	词缀消隐后，词缀的因还在。
asti	suptiṅantaṃ padam //（P.1.4.14）	以格尾为末的 asti 是字。

小结：

在演变过程（一）中，asti 的词根是第二类动词词根 as（存在）。asti 是现在时，陈述语气，主动语态，第三人称，单数，翻译为“它存在”。但一般的情况下，颂文中该 asti 会省略不写。

在演变过程（二）中，asti 是不变词，意为“实有”。此 asti 并非是由词根 as 加直接后缀构成的。因为根据经文“asterbhūḥ //（P.2.4.52）”可知，词根 as 后加半界词缀时，as 要由 bhū 替换，故不存在可以拆分的以直接后缀为末的 asti。如在“说一切有部”的梵文名称 sarva-asti-vādin 中的 asti 就是不可拆分的不变词，含义是“实有”。

本颂的 asti 兼有以上两种含义，但主要表达“实有”“实在”的含义。

tena

词根：第八类动词词根（tanādigaṇa），8.1 tanu vistāre（tan 扩展）。

直接后缀：adi。

演变过程：

tan+**adi**	tyajitaniyajbhyo ḍit // （Uṇādisūtra 1.132）	词根 tyaj、tan、yaj 后加直接后缀 adi。该词缀如同带 ḍ 符号。
tan+**adi**	ārdhadhātukaṃ śeṣaḥ // （P.3.4.114）	全界之外的（adi）是半界词缀。
tan+ad	tasya lopaḥ // （P.1.3.9）	adi 的符号 i 由消隐替换。
tan+ad	yasmātpratyayavidhistadādi pratyaye 'ṅgam //（P.1.4.13）	其后安排了词缀的词，以此词为始，在词缀前叫词干。
t+ad	ṭeḥ // （P.6.4.143）	遇到 ḍ 符号时，词干末音节由消隐替换。
tad	kṛttaddhitasamāsāśca // （P.1.2.46）	以直接后缀为末的是名词词基。
tad	sarvādīni sarvanāmāni // （P.1.1.27）	sarva 等词是代词。
tad+**ṭā**	ṅyāpprātipadikāt // （P.4.1.1） svaujasamauṭchaṣ…sup // （P.4.1.2）	在以 ṅī、āp 为末的词后，以及在名词词基后是 su 等格尾。 单数第三格加格尾 ṭā。
ta+**a**+ṭā	tyadādīnāmaḥ // （P.7.2.102）	遇到词尾时，tyad 等代词的末音的替换是 a 音。
t+**a**+ṭā	āto guṇe // （P.6.1.97）	非字末的 a 音遇到二合元音时，前后两者的音位由后者的元音形式作唯一替换。
t+a+**ina**	ṭāṅasiṅasāminātsyāḥ // （P.7.1.12）	替换 ṭā、ṅasi、ṇas 的是 ina、āt、sya。
t+**e**+na	ādguṇaḥ // （P.6.1.87）	a 音后遇元音时，由一个二合元音替换前后两音位。
tena	suptiṅantaṃ padam // （P.1.4.14）	以格尾为末的 tena 是字。

小结：

tena 是阳性，单数，第三格，表示原因。该 tean 既可以表示进一步的因果关系，翻译为“因此”，也有可能等同于前一个 tean，指代的是 vikalpa（分别）。

idaṃ

词根：第一类动词词根（bhvādigaṇa），1.64 idi paramaiśvarye（ind 变得有超能力）。
直接后缀：kami。
演变过程：

idi	bhūvādayo dhātavaḥ //（P.1.3.1）	bhū 等是词根。
id	tasya lopaḥ //（P.1.3.9）	idi 的符号 i 由消隐替换。
ind	idito num dhātoḥ //（P.7.1.58）	携带符号 i 的词根要在元音后插入 n 音。
id+**kami**	indeḥ kamirnalopaśca//（Uṇādisūtra 4.156）	直接后缀 kami 加在词根 ind 后，且词根的 n 音消失。
id+**kami**	ārdhadhātukaṃ śeṣaḥ //（P.3.4.114）	kami 是半界词缀。
id+am	tasya lopaḥ //（P.1.3.9）	kami 的符号 k、i 由消隐替换。
id+am	yasmātpratyayavidhistadādi pratyaye 'ṅgam //（P.1.4.13）	其后安排了词缀的词，以此词为始，在词缀前叫词干。
ed+am	pugantalaghūpadhasya ca//（P.7.3.86）	遇到半界和全界词缀时，轻音节词干的排列倒数第二的短元音 i、u、ṛ、ḷ 由二合元音替换。
id+am	kṅiti ca //（P.1.1.5）	受 g、k、ṅ 符号的影响，二合、三合元音的替换被禁止。
idam	kṛttaddhitasamāsāśca //（P.1.2.46）	直接后缀为末的是名词词基。
idam	sarvādīni sarvanāmāni //（P.1.1.27）	idam 属于 sarva 为首的代词。
idam+**su**	ṅyāpprātipadikāt //（P.4.1.1） svaujasamauṭchaṣ…sup //（P.4.1.2）	在以 ṅī、āp 为末的词后，以及在名词词基后是 su 等格尾。 单数第一格加格尾 su。
idam+（ ）	svamornapuṃsakāt //（P.7.1.23）	中性词后，su 和 am 由消隐（luk）替换。
idam	pratyayasya lukślulupaḥ //（P.1.1.61）	luk、ślu、lup 是词缀的消隐替换。消隐是不显现。
idam	pratyayalope pratyayalakṣaṇam //（P.1.1.62）	词缀消隐后，词缀的因还在。
idam	suptiṅantaṃ padam //（P.1.4.14）	以格尾为末的 idam 是字。
idaṃ	mo 'nusvāraḥ //（P.8.3.23）	字末的 m 音在辅音前由鼻腔音替代。

小结：

idam 是代词，中性，单数，第一格，意为“此”“这”。idam 经常指代“此世界”“此世间”。

sarvaṃ

词根：第一类动词词根（bhvādigaṇa），1.982 sṛ gatau（sṛ 走）；第三类动词词根（juhotyādigaṇa）3.17 sṛ gatau（sṛ 走）。

直接后缀：van。

演变过程：

sṛ+van	sarva-nighṛṣva-riṣva-laṣva-śiva-paṭva-prahva-īṣvā asvatantre //（Uṇādisūtra 1.154）	sarva 等词由直接后缀 van 构成，且不作为主动者。
sṛ+**van**	ārdhadhātukaṃ śeṣaḥ //（P.3.4.114）	van 是半界词缀。
sṛ+va	tasya lopaḥ //（P.1.3.9）	van 的符号 n 由消隐替换。
sṛ+**iṭ**+va	ārdhadhātukasyeḍvalādeḥ //（P.7.2.35）	在以对收 val 为首位音的半界词缀前，插入联系元音 iṭ。
sṛ+va	neḍvaśi kṛti //（P.7.2.8）	在以 vaś 为对收的浊辅音起始的直接后缀前，不加联系元音 iṭ。 [经文 P.7.2.8 是对 P.7.2.35 的禁止，故实际上没运行 P.7.2.35。]
sṛ+va	yasmātpratyayavidhistadādi pratyaye 'ṅgam //（P.1.4.13）	其后安排了词缀的词，以此词为始，在词缀前叫词干。
sar+va	sārvadhātukārdhadhātukayoḥ //（P.7.3.84） uraṇ raparaḥ //（P.1.1.51）	遇到半界词缀，词干的末元音 ṛ 由二合元音（guṇa）替换。 ṛ、ṝ 音的替换，需由其后带 r 音的 a、i、u 及其长音来替换。
sarva	kṛttaddhitasamāsāśca //（P.1.2.46）	以直接后缀 van 为末的是名词词基。
sarva	sarvādīni sarvanāmāni //（P.1.1.27）	sarva 等词是代词。
sarva	hrasvo napuṃsake prātipadikasya //（P.1.2.47）	词为中性时，短元音替换名词词基的末音。
sarva+**su**	ṅyāpprātipadikāt //（P.4.1.1） svaujasamauṭchaṣ…sup //（P.4.1.2）	在以 ṅī、āp 为末的词后，以及在名词词基后是 su 等格尾。 单数第一格加格尾 su。
sarva+**am**	ato 'm //（P.7.1.24）	以 a 落尾的中性词后，am 替换格尾 su 和 am。
sarv+**a**+m	ami pūrvaḥ //（P.6.1.107）	在 a、ā 以及单元音后，遇到 am 的元音时，前面的元音形式是唯一的替代。
sarvam	suptiṅantaṃ padam //（P.1.4.14）	以格尾为末的是字。

sarva**ṃ**	mo 'nusvāraḥ // （P.8.3.23）	字末的 m 音在辅音前由鼻腔音替代。
sarva**m**	anusvārasya yayi parasavarṇaḥ // （P.8.4.58）	遇到除咝音和 h 音以外的辅音时，后面的同类音替换鼻腔音。
sarvaṃ	vā padāntasya // （P.8.4.59）	字末的同类鼻音的替换可做可不做。

小结：

根据 *Uṇādisūtra* 可知，sarva 是由词根 sṛ 和直接后缀 van 构成的。sarva 作为代词，指的是“一切”。

sarvam 是中性，单数，第一格，含义是“一切”。

vijñapti

词根：第十类动词词根（curādigaṇa），10.81 jñapa jñāna-jñāpana-māraṇa-toṣaṇa-niśāna-niśāmaneṣu [jñap 知晓（jñāna），应用（jñāpana），消灭（māraṇa），满意（toṣaṇa），锐化（niśāna），看或听（niśāmana）]。①

近置词：vi（viśeṣe 差别，nānātve 多样性，vicāra 分析，niśāmane 看或听，saṃjñāyām 认知）。[依据：upasargāḥ kriyāyoge //（P.1.4.59）。]

直接后缀：ktin。

演变过程：

jñap+**ṇic**	satyāpa…cūrādibhyo ṇic // （P.3.1.25）	第十类动词词根本身必须加上 ṇic 词缀，表原义。
jñap+**ṇic**	ārdhadhātukaṃ śeṣaḥ // （P.3.4.114）	全界词缀之外的（ṇic）是半界词缀。
jñap+ṇic	yasmātpratyayavidhistadādi pratyaye 'ṅgam //（P.1.4.13）	其后安排了词缀的词，以此词为始，在词缀前叫词干。
jñ**ā**p+ṇic	ata upadhāyāḥ // （P.7.2.116）	遇 ñ、ṇ 符号的后缀时，词干倒数第二的 a 音由三合元音替换。
jñ**a**p+ṇic	nānye mito 'hetau // （Dhātupāṭha Gaṇasūtra） mitāṃ hrasvaḥ // （P.6.4.92）	jñap、cah、rah、bala、yam、ci 这六个第十类动词词根表达非使役含义时，被称作 mit。 当词根有 mit 的术语称谓时，ṇic 前面的词根的倒数第二字母的长元音变短。

① Otto Böhtlingk 在其《*Pāṇini's Grammatik*》的《界读》（*Dhātupāṭha*）中给出的 jñap 词根的含义不全，mit 的范围也不全。故参考其他书后进行了修改和补充。

jñap+ṇic	sanādyantā dhātavaḥ //（P.3.1.32）	以 ṇic 词缀落尾的“jñap+ṇic”是新词根。
vi+jñap+ṇic+**ktin**	striyāṃ ktin //（P.3.3.94）	要表阴性时，加直接后缀 ktin，表行为等含义。
vi+jñap+ṇic+**ktin**	ārdhadhātukaṃ śeṣaḥ //（P.3.4.114）	ktin 是半界词缀。
vi+jñap+ṇic+ti	tasya lopaḥ //（P.1.3.9）	ktin 的符号 k、n 由消隐替换。
vi+jñap+ṇic+**iṭ**+ti	ārdhadhātukasyeḍvalādeḥ //（P.7.2.35）	在以对收 val 为首位音的半界词缀前，插入联系元音 iṭ。
vi+jñap+ṇic+**ti**	titutratathasisusarakaseṣu ca //（P.7.2.9）	直接后缀 ti 前不加联系元音 iṭ。[ktin 是 aniṭ 词缀。]
vi+jñap+（ ）+ti	ṇeraniṭi //（P.6.4.51）	当遇到 aniṭ 半界词缀时，消隐（lopa）替换前面的 ṇic。
vi+jñap+（ ）+ti	pratyayalope pratyayalakṣaṇam //（P.1.1.62）	ṇic 词缀消隐后，ṇic 词缀的因还在。
vi+**jñap+**（ ）+ti	sanādyantā dhātavaḥ //（P.3.1.32）	“jñap+（ ）”仍是新词根。
vi+**jñap+**（ ）+ti	yasmātpratyayavidhistadādi pratyaye 'ṅgam //（P.1.4.13）	其后安排了词缀的词，以此词为始，在词缀前叫词干。
vi+jñap+ti	adarśanaṃ lopaḥ //（P.1.1.60）	不显现的是消隐。
vijñapti	kṛttaddhitasamāsāśca //（P.1.2.46）	直接后缀 ktin 为末的 vijñapti 是名词词基。

小结：

第十类动词词根 jñap 有许多含义，与“认知”相关的 vijñapti 主要是采用词根 jñap 的“知晓”（jñāna）这一含义。

解释直接后缀 ktin 的经文 P.3.3.94 在领句经文“bhāve //（P.3.3.18）”的控制之下，所以 vijñapti 可以作为表行为含义的阴性动名词，翻译为“了别”。由于“bhāve //（P.3.3.18）”指的是 siddhabhāva，表示行为的已成就状态，该动名词“了别”其实指的是某种状态，而非正在发生的行为。

另外，siddhabhāva 还可指行为结束后产生的事物，故可用作专有名词（saṃjñā）。所以 vijñapti 还可以作为专有名词“识体”来使用。由于 vijñapti 是因缘和合后所成的事物，属于造作所成之物，故不是本来就有的事物，更不是超越时间的永恒之物。因此，文法学家认为，属于 siddhabhāva 所成之物，只能如同实体（dravyavat）看待。

因此我们看到，诠释 ktin 直接后缀的经文 P.3.3.94 也在领句经文“akartari ca kārake saṃjñāyām //（P.3.3.19）”的控制和解释之下。即作为专有名词的事物时，vijñapti 可以作为表词根含义的行为的造者（kāraka），但非为主动者（kartṛ）。此如同实体看待的 vijñapti 翻译为“识”，但该识不是认知行为的主动者，故符合佛教“诸行无常，诸法无我”的思想。

造者（kāraka）指的是事件的发生因或构成要素。所以 vijñapti 作为认知事件的造者时，可以指所从取者（apādāna），即认知产生的缘由、源头；另外也可作为受用者（sampradāna），即认知信息的承受者；还可作为认知的作用具（karaṇa），即作为认知中介的思维概念、智慧等。世亲之所以要创作 vijñapti 一词表示“识体”，就是要表达：识体（vijñapti）是一种包含所从取者（apādāna）、作用具（karaṇa）、受用者（sampradāna）三重行相的认知单元。这种认知单元各自相续地只存在一刹那。刹那是不可再被分割的时间的最小单元。故该识体单元发挥“产生认知信息”，与“接受自身的认知信息”的功用时，并非分为前后两个阶段，而是同时进行的。否则就犯了刹那可以再被分割的错误。故本颂的 vijñapti 采用“识体”这种理解。

在此颂中，之所以“唯识”一词不用 vijñāna-mātraka，是因为 vijñāna 是不可拆分的词汇，无法依据《八章书》来进行语法分析，无法表达 vijñapti 所具有的无我义。另外，本颂的 pariṇāma、vikalpa、vijñapti 都是同时受经文 P.3.3.18、P.3.3.19 控制的词汇，甚至可作同义词。安慧的《唯识三十颂疏》提到：“yadi sarva-vijñapti-mātrakam eva na tato ’nyaḥ kartā karaṇaṃ ca asti[①] [若一切唯识，那么就不存在其他形式的作者（kartṛ）和行为（karaṇa）]。”由此可见，安慧认为 vijñapti 是蕴含 kāraka 和 bhāva 两重含义的。类似地，本颂中的 pariṇāma、vikalpa 也具有 kāraka 和 bhāva 两重含义。

mātra

词根：第二类动词词根（adādigaṇa），2.53 mā māne（mā 测量）；第三类动词词根（juhotyādigaṇa），3.6 māṅ māne śabde ca（mā 测量，发声）；第四类动词词根（divādigaṇa），4.34 māṅ mane（mā 测量）。

直接后缀：tran。

演变过程：

mā+**tran**	huyāmāśrubhasibhyastran //（Uṇādisūtra 4.167）	直接后缀 tran 加在词根 hu、yā、mā、śru、bhas 后。
mā+**tran**	ārdhadhātukaṃ śeṣaḥ //（P.3.4.114）	全界词缀之外的（tran）是半界词缀。
mā+tra	tasya lopaḥ //（P.1.3.9）	tran 的符号 n 由消隐替换。

① 韩廷杰：《梵文佛典研究（一）》，宗教文化出版社 2012 年版，第 411 页。

mā+**iṭ**+tra	ārdhadhātukasyeḍvalādeḥ //（P.7.2.35）	在以对收 val 为首位音的半界词缀前，插入联系元音 iṭ。
mā+tra	titutratathasisusarakaseṣu ca //（P.7.2.9）	直接后缀 tra 前不加联系元音 iṭ。[tran 是 aniṭ 词缀。]
mā+tra	yasmātpratyayavidhistadādi pratyaye 'ṅgam //（P.1.4.13）	其后安排了词缀的词，以此词为始，在词缀前叫词干。
mātra	kṛttaddhitasamāsāśca //（P.1.2.46）	以直接后缀 tran 为末的是名词词基。

小结：

mātra 的基本含义是“度量”。印度古老的词典《无灭宝藏》（*Amarakośa*）对 mātra 的解释：“alpe ca parimāṇe sā mātraṃ kārtsnye 'vadhāraṇe //3.3.178//。”[①]即 mātra 的含义有：小（alpa）[②]、度量（parimāṇa）、全部（kārtsnya）、限定（avadhāraṇa）。

因此“唯识”（vijñaptimātra）用的是 mātra 的“全部”（kārtsnya）和“限定”（avadhāraṇa）两重含义。

vijñapti-mātrakam

世俗拆分：vijñaptir mātraṃ yasya tat。

非世俗拆分：vijñapti+su+mātra+su。

名词词基：vijñapti（识）；mātra（全部，限定）。

派生词缀：kap。

演变过程：

vijñapti+su+ mātra+su	anekamanyapadārthe //（P.2.2.24）	两个以上（以第一格收尾）的词，若以表达另一个词为目的，构成的是多财释复合词。
vijñapti+su+ mātra+su	kṛttaddhitasamāsāśca //（P.1.2.46）	有意义的复合词是名词词基。
vijñapti+mātra	supo dhātuprātipadikayoḥ //（P.2.4.71） pratyayasya lukślulupaḥ //（P.1.1.61）	词根、名词词基中蕴含的格尾由消隐（luk）替换。 luk、ślu、lup 是词缀的消隐替换。消隐是不显现。
vijñaptimātra	kṛttaddhitasamāsāśca //（P.1.2.46）	有意义的复合词是名词词基。

① N.G.Sardesai & D.G.Padhye, *Amarakośa of Amarasingh*, Varanasi: Chowkhamba Vidyabhawan, 2009, p.134.

② 印度六派哲学数论派的“五唯”梵文为 pañca-tanmātra。其中的 mātra 就是“微小”的意思。

vijñaptimātra+**kap**	śeṣādvibhāṣā //（P.5.4.154）	在未提到的多财释复合词后可加不产生新意的派生词缀 kap。
vijñaptimātra+ka	tasya lopaḥ //（P.1.3.9）	kap 的符号 p 由消隐替换。
vijñaptimātraka	kṛttaddhitasamāsāśca //（P.1.2.46）	以派生词缀为尾的是名词词基。
vijñaptimātrak**a**	hrasvo napuṃsake prātipadikasya //（P.1.2.47）	词为中性时，短元音替换名词词基的末音。
vijñaptimātraka+**su**	ṅyāpprātipadikāt //（P.4.1.1） svaujasamauṭchaṣ…sup //（P.4.1.2）	在以 ṅī、āp 为末的词后，以及在名词词基后是 su 等格尾。 单数第一格加格尾 su。
vijñaptimātraka+**am**	ato 'm //（P.7.1.24）	以 a 落尾的中性词后，am 替换格尾 su 和 am。
vijñaptimātrak+**a**+m	ami pūrvaḥ //（P.6.1.107）	在 a、ā 以及单元音后，遇到 am 的元音时，前面的元音形式是唯一的替代。
vijñaptimātrakam	suptiṅantaṃ padam //（P.1.4.14）	以格尾为末的是字。

小结：

vijñaptimātra 中的 mātra 用的是“全部”（kārtsnya）和“限定”（avadhāraṇa）两重含义。故 vijñaptimātra 有“一切都是识”“识为其（限定、本质）范畴”的含义。

vijñaptimātraka 是在多财释复合词 vijñapti-mātra 后加了不产生新意的 kap 派生词缀而产生的名词词基。该多财释复合词指向的是 idaṃ sarvaṃ，故与后者同性数格。

根据经文“na saṃjñāyām //（P.5.4.155）”可知，作为专有名词的多财释复合词后不能加派生词缀 kap，所以 vijñaptimātra、vijñaptimātraka 不能作为专有名词来使用。因此 vijñaptimātra、vijñaptimātraka 不能作为指代 idam（此世间）和 sarva（一切）的专有名称。而且 vijñaptimātra、vijñaptimātraka 只能与所指代的 idam（此世间）、sarva（一切）一起联用。因为如果 vijñaptimātra、vijñaptimātraka 指代的是心（citta）的话，那么这两复合词的“唯识”的含义就变得毫无意义。

能单独使用的是 vijñaptimātratā 或 vijñaptimātratva，两者的含义是“唯识性”。

本颂 vijñaptimātrakam 是中性，单数，第一格，直译为“唯识者”，意译是“一切”“此世间”“此世间的一切”。

第十八颂

सर्वबीजं हि विज्ञानं परिणामस्तथा तथा ।
यात्यन्योन्यवशाद् येन विकल्पः स स जायते ॥१८॥

sarva-bījaṃ hi vijñānaṃ pariṇāmas tathā tathā /
yāty anyonya-vaśād yena vikalpaḥ sa sa jāyate //18//

玄奘译：由一切种识，如是如是变，以展转力故，彼彼分别生。

真谛译《转识论》：又说唯识义得成者，谓是一切法种子识。如此如此造作回转，或于自于他，互相随逐，起种种分别及所分别。由此义故，离识之外，诸事不成。

霍韬晦译：识有一切种。以相互力故，如是如是转，彼彼分别生。

现译：因有一切种识，故有如是如是的转变状况。如此，由展转相互的力的缘故，生出种种分别状况。

sarva

词根：第一类动词词根（bhvādigaṇa），1.982 sṛ gatau（sṛ 走）；第三类动词词根（juhotyādigaṇa）3.17 sṛ gatau（sṛ 走）。

直接后缀：van。

演变过程：

sṛ+van	sarva-nighṛṣva-riṣva-laṣva-śiva-paṭva-prahva-īṣvā asvatantre //（Uṇādisūtra 1.154）	sarva 等词由直接后缀 van 构成，且不作为主动者。
sṛ+**van**	ārdhadhātukaṃ śeṣaḥ //（P.3.4.114）	van 是半界词缀。
sṛ+va	tasya lopaḥ //（P.1.3.9）	van 的符号 n 由消隐替换。
sṛ+**iṭ**+va	ārdhadhātukasyeḍvalādeḥ //（P.7.2.35）	在以对收 val 为首位音的半界词缀前，插入联系元音 iṭ。
sṛ+va	neḍvaśi kṛti //（P.7.2.8）	在以 vaś 为对收的浊辅音起始的直接后缀前，不加联系元音 iṭ。

		[经文 P.7.2.8 是对 P.7.2.35 的禁止，故实际上没运行 P.7.2.35。]
sṛ+va	yasmātpratyayavidhistadādi pratyaye 'ṅgam //（P.1.4.13）	其后安排了词缀的词，以此词为始，在词缀前叫词干。
sar+va	sārvadhātukārdhadhātukayoḥ //（P.7.3.84） uraṇ raparaḥ //（P.1.1.51）	遇到半界词缀，词干的末元音 ṛ 由二合元音（guṇa）替换。 ṛ、ṝ 音的替换，需由其后带 r 音的 a、i、u 及其长音来替换。
sarva	kṛttaddhitasamāsāśca //（P.1.2.46）	以直接后缀 van 为末的是名词词基。
sarva	sarvādīni sarvanāmāni //（P.1.1.27）	sarva 等词是代词。

小结：

根据 *Uṇādisūtra* 可知，sarva 是由词根 sṛ 和直接后缀 van 构成的。sarva 作为代词，指的是“一切”。

bīja

词根：第一类动词词根（bhvādigaṇa），1.196 ījа gatikutsanayoḥ（īj 走，谴责）。

近置词：vi（viśeṣe 差异，viśleṣe 分离）。[依据：upasargāḥ kriyāyoge //（P.1.4.59）。]

直接后缀：ac。

演变过程（一）：

vi+īj+**ac**	nandigrahipacādibhyo lyuṇinyacaḥ //（P.3.1.134）	加在 nandi、grahi、pac 等词根后的是直接后缀 lyu、ṇini、ac，表主动者的含义。[ac 实际可以加在所有词根后。]
vi+īj+**ac**	ārdhadhātukaṃ śeṣaḥ //（P.3.4.114）	全界词缀之外的（ac）是半界词缀。
vi+īj+a	tasya lopaḥ //（P.1.3.9）	ac 的符号 c 由消隐替换。
vi+**īj**+a	yasmātpratyayavidhistadādi pratyaye 'ṅgam //（P.1.4.13）	其后安排了词缀的词，以此词为始，在词缀前叫词干。
bī+īja	upasargasya dīrghaḥ bavayorabhedaḥ //	近置词元音变长，其前的 b 音和 v 音无区分。 [该规则无专门经文。]
b+**ī**+ja	akaḥ savarṇe dīrghaḥ //（P.6.1.101）	以 ak 为对收的末音后遇同类音时，一长音替换前后两音位。
bīja	kṛttaddhitasamāsāśca //（P.1.2.46）	直接后缀为末的是名词词基。

词根：第三类动词词根（juhotyādigaṇa），3.24 jana janane（jan 生）；第四类动词词根（divādigaṇa），4.41 janī prādurbhāte（jan 显现）。

近置词：vi（viśeṣe 差异，viśleṣe 分离）。[依据：upasargāḥ kriyāyoge //（P.1.4.59）。]

直接后缀：ḍa。

演变过程（二）：

vi+jan+**ḍa**	ñamantāḍ ḍaḥ // （Uṇādisūtra 1.114） 或 upasarge ca saṃjñāyām // （P.3.2.99）	末尾为鼻音的词根后加直接后缀 ḍa。 前有近置词时，ḍa 加在词根 jan 后，成为专有术语。
vi+jan+**ḍa**	ārdhadhātukaṃ śeṣaḥ // （P.3.4.114）	全界词缀之外的（ḍa）是半界词缀。
vi+jan+a	tasya lopaḥ // （P.1.3.9）	ḍa 的符号 ḍ 由消隐替换。
vi+**jan**+a	yasmātpratyayavidhistadādi pratyaye 'ṅgam //（P.1.4.13）	其后安排了词缀的词，以此词为始，在词缀前叫词干。
vi+j+a	ṭeḥ // （P.6.4.143）	遇到 ḍ 符号时，词干末音节由消隐替换。
bī+j+a	upasargasya dīrghaḥ bavayorabhedaḥ //	近置词元音变长，其前的 b 音和 v 音无区分。 [该规则无专门经文。]
bīja	kṛttaddhitasamāsāśca // （P.1.2.46）	直接后缀为末的是名词词基。

小结：

演变过程（一）中，加 ac 直接后缀表达主动者（kartṛ）的含义，所以 bīja 有“行者”的意思。说明 bīja 是有为法。

演变过程（二）中， bīja 与生长、现行有关，义为“种子”。本颂采用这种理解。

sarva-bījaṃ

世俗拆分：sarvo bījo yasmin tad。

非世俗拆分：sarva+su+bīja+su。

名词词基：sarva（一切）；bīja（种）。

演变过程：

sarva+su+bīja+su	anekamanyapadārthe // （P.2.2.24）	两个以上（以第一格收尾）的词，若以表达另一个词为目的，构成的是多财释复合词。

sarva+su+bīja+su	kṛttaddhitasamāsāśca // （P.1.2.46）	有意义的复合词是名词词基。
sarva+bīja	supo dhātuprātipadikayoḥ // （P.2.4.71） pratyayasya lukślulupaḥ // （P.1.1.61）	词根、名词词基中蕴含的格尾由消隐（luk）替换。 luk、ślu、lup 是词缀的消隐替换。消隐是不显现。
sarva+bīja	saptamīviśeṣaṇe bahuvrīhau // （P.2.2.35）	于多财释复合词中，以第七格收尾的以及形容词是前部的。
sarvabīja	kṛttaddhitasamāsāśca // （P.1.2.46）	有意义的复合词是名词词基。
sarvabīj**a**	hrasvo napuṃsake prātipadikasya // （P.1.2.47）	词为中性时，短元音替换名词词基的末音。
sarvabīja+**su**	ṅyāpprātipadikāt // （P.4.1.1） svaujasamauṭchaṣ…sup // （P.4.1.2）	在以 ṅī、āp 为末的词后，以及在名词词基后是 su 等格尾。 单数第一格加格尾 su。
sarvabīja+**am**	ato 'm // （P.7.1.24）	以 a 落尾的中性词后，am 替换格尾 su 和 am。
sarvabīj+**a**+m	ami pūrvaḥ // （P.6.1.107）	在 a、ā 以及单元音后，遇到 am 的元音时，前面的元音形式是唯一的替代。
sarvabījam	suptiṅantaṃ padam // （P.1.4.14）	以格尾为末的是字。
sarvabīja**ṃ**	mo 'nusvāraḥ // （P.8.3.23）	字末的 m 音在辅音前由鼻腔音替代。

小结：

sarvabīja 是多财释复合词，指向的是 vijñana，所以此复合词根据 vijñana 的性而成中性。另外被修饰词 vijñana 对于多财释复合词 sarvabīja 来说是第七格的关系，所以安慧在《唯识三十颂疏》中说："sarva-dharma-bīja-āśrayatvāt sarvabījakam // ① [从一切法的种子的所依的特性来说，（其为）一切种者]。"

之所以要提出一切种识（sarva-bījaṃ vijñānaṃ）这个说法，是因为在印度六派哲学中的数论派所主张的二元二十五谛中的自性（prakṛti），又被称作胜因（pradhāna），就被该派认为是一切种。如安慧在《唯识三十颂疏》中说："vijñānād anyad api kaiś cit pradhānādi sarvabījaṃ kalpyata iti vijñānam ity āha / ②。" [除识之外，另一初始的胜因亦被某些人分别为一切种，故言"识"。]

① 韩廷杰：《梵文佛典研究（一）》，宗教文化出版社 2012 年版，第 328 页。
② 韩廷杰：《梵文佛典研究（一）》，宗教文化出版社 2012 年版，第 412 页。

第二颂中出现了加 kap 派生词缀的 sarvabījaka。由经文“na saṃjñāyām //（P.5.4.155）”可知，作为专有名词的多财释复合词后不能加 kap。故 sarva-bīja 和 sarvabījaka 不是第八识的专有名词，不能单独使用，必须和所指代的 vijñana 联用才能表第八识。

因此 sarvabījam 是中性，单数，第一格，含义是“一切种（的所依）者”。

hi

名词词基：hi（因为）。

演变过程：

hi	arthavadadhāturapratyayaḥ prātipadikam //（P.1.2.45）	既非词根，亦非词缀，有意义的（词）是名词词基。 [hi 是不可拆分（avyutpanna）的名词词基。]
hi+**sup**	ṅyāpprātipadikāt //（P.4.1.1） svaujasamauṭchaṣ…sup //（P.4.1.2）	在以 ṅī、āp 为末的词后，以及在名词词基后是 su 等格尾。 根据需要加某一 sup 格尾。
hi+sup	cādayo 'sattve //（P.1.4.57）	非实物意义的 ca 等词是投词（nipāta）。
hi+sup	svarādinipātamavyayam //（P.1.1.37）	投词 hi 是不变词。
hi+（ ）	avyayādāpsupaḥ //（P.2.4.82）	消隐（luk）替换不变词后的格尾。
hi	pratyayasya lukślulupaḥ //（P.1.1.61）	luk、ślu、lup 是词缀的消隐替换。消隐是不显现。
hi	pratyayalope pratyayalakṣaṇam //（P.1.1.62）	词缀消隐后，词缀的因还在。
hi	suptiṅantaṃ padam //（P.1.4.14）	以格尾为末的 hi 是字。

小结：

hi 是投词，不变词，表原因。值得一提的是，该词不放在句首。

vijñānaṃ

名词词基：vijñāna（识）。

演变过程：

vijñāna	arthavadadhāturapratyayaḥ prātipadikam //（P.1.2.45）	既非词根，亦非词缀，有意义的（词）是名词词基。 [“识”含义的 vijñāna 是不可拆分（avyutpanna）的名词词基。]
vijñāna+**su**	ṅyāpprātipadikāt //（P.4.1.1） svaujasamauṭchaṣ…sup //（P.4.1.2）	在以 ṅī、āp 为末的词后，以及在名词词基后是 su 等格尾。 单数第一格加格尾 su。
vijñāna+**am**	ato ’m //（P.7.1.24）	以 a 落尾的中性词后，am 替换格尾 su 和 am。
vijñān+**a**+m	ami pūrvaḥ //（P.6.1.107）	在 a、ā 以及单元音后，遇到 am 的元音时，前面的元音形式是唯一的替代。
vijñānam	suptiṅantaṃ padam //（P.1.4.14）	以格尾为末的是字。
vijñāna**ṃ**	mo ’nusvāraḥ //（P.8.3.23）	字末的 m 音在辅音前由鼻腔音替代。
vijñāna**m**	anusvārasya yayi parasavarṇaḥ //（P.8.4.58）	遇到除咝音和 h 音以外的辅音时，后面的同类音替换鼻腔音。
vijñānaṃ	vā padāntasya //（P.8.4.59）	字末的同类鼻音的替换可做可不做。

小结：

vijñāna 一词表达“识”的含义时，作为专有名词，笔者认为是佛教的特殊用法。故此词也许是佛陀创造的俗语词汇。因为婆罗门教中，作为认知主体的 citta、manas、ātman 等词都是表示有恒常实体的认知主体，不符合佛陀所主张的“诸行无常，诸法无我”的观点，故不适合引入到佛教体系中来。因此佛陀必须创造出一个全新的俗语词汇来表示无常的认知主体。现在看到的“识”含义的佛教梵语词汇 vijñāna，是在保持该佛教俗语词汇的原音的基础上，而引入的外来词汇。故佛教梵语中的表达“识”含义的 vijñāna 是不可拆分（avyutpanna）的词汇。

vijñānam 是中性，单数，第一格，表示有认知能力的个体，翻译为“识”。

pariṇāmas

词根：第一类动词词根（bhvādigaṇa），1.1030 ṇama prahvatve śabde ca（nam 弯腰，赞颂）。

近置词：pari（vivarte 旋转）。[依据：upasargāḥ kriyāyoge //（P.1.4.59）。]

演变过程：

ṇama	bhūvādayo dhātavaḥ //（P.1.3.1）	ṇama 是词根
ṇam	tasya lopaḥ //（P.1.3.9）	ṇama 的符号 a 由消隐替换。
nam	ṇo naḥ //（P.6.1.65）	词根首位的 ṇ 音由 n 音替换。
pari+nam+**ghañ**	bhāve //（P.3.3.18） akartari ca kārake saṃjñāyām //（P.3.3.19）	当表达达到已成就状态的词根意义时，词根后加 ghañ 词缀。 当作术语时，（加 ghañ 词缀）也表示造者，但主动者除外。
pari+nam+**ghañ**	ārdhadhātukaṃ śeṣaḥ //（P.3.4.114）	全界之外的（ghañ）是半界词缀。
pari+nam+a	tasya lopaḥ //（P.1.3.9）	ghañ 的符号 gh、ñ 由消隐替换。
pari+**nam**+a	yasmātpratyayavidhistadādi pratyaye 'ṅgam //（P.1.4.13）	其后安排了词缀的词，以此词为始，在词缀前叫词干。
pari+n**ā**m+a	ata upadhāyāḥ //（P.7.2.116）	遇 ñ、ṇ 符号的后缀时，词干倒数第二的 a 音由三合元音替换。
pari+**ṇ**ām+a	aṭkupvāṅnumvyavāye 'pi //（P.8.4.2） upasargādasamāse 'pi ṇopadeśasya //（P.8.4.14）	即使有元音、半元音、h 音、喉音族、唇音族、ā 音以及 n 音的加入，r、ṣ 音之后的 n 音也应由 ṇ 音替换。 即使不是复合词，在近置词中有改变的因素时，词根原始发音的 ṇ 音所变成的 n 音，也由 ṇ 音替换。
pariṇāma	kṛttaddhitasamāsāśca //（P.1.2.46）	直接后缀 ghañ 为末的 pariṇāma 是名词词基。
pariṇāma+**su**	ṅyāpprātipadikāt //（P.4.1.1） svaujasamauṭchaṣ…sup //（P.4.1.2）	在以 ṅī、āp 为末的词后，以及在名词词基后是 su 等格尾。 单数第一格加格尾 su。
pariṇāma+s	tasya lopaḥ //（P.1.3.9）	su 的符号 u 由消隐替换。
pariṇāmas	suptiṅantaṃ padam //（P.1.4.14）	以格尾为末的是字。
pariṇāma**r**	sasajuṣo ruḥ //（P.8.2.66）	r 音替换字末的 s 音。
pariṇāma**ḥ**	kharavasānayorvisarjanīyaḥ //（P.8.3.15）	在清辅音和停顿前，送气音替换字末的 r 音。
pariṇāma**s**	visarjanīyasya saḥ //（P.8.3.34）	在清辅音前，s 音替换送气音。

小结：

一方面，根据经文“bhāve //（P.3.3.18）”可知，pariṇāma 表达的是行为的已成就状态（siddhabhāva）。即因缘和合之后，所达到的果的状态，故其含义是“转变状态”，不可翻译为“转变过程”。“转变过程”意味着转变还在演变之中，这不符合唯识宗所认为的，唯有现在世存在，现在刹那不可分割的观点。

另一方面，依据经文“akartari ca kārake saṃjñāyām //（P.3.3.19）”可知，加直接后缀 ghañ 的 pariṇāma，还可表达造者（kāraka）的含义，但不能是作者或主动者（kartṛ）。所谓的造者（kāraka），就是行为产生的因。

本颂实际是对第一颂的回顾。第一颂中出现两个 pariṇāma，分别表示以上的两种含义。而本颂的 pariṇāma 一词，实际综合了以上两重含义，因此翻译为“转变状况”为好。

pariṇāmas 是阳性，单数，第一格，含义是“转变状况”。

tad

词根：第八类动词词根（tanādigaṇa），8.1 tanu vistāre（tan 扩展）。

直接后缀：adi。

演变过程：

tan+**adi**	tyajitaniyajbhyo ḍit //（Uṇādisūtra 1.132）	词根 tyaj、tan、yaj 后加直接后缀 adi。该词缀如同带 ḍ 符号。
tan+**adi**	ārdhadhātukaṃ śeṣaḥ //（P.3.4.114）	全界之外的（adi）是半界词缀。
tan+ad	tasya lopaḥ //（P.1.3.9）	adi 的符号 i 由消隐替换。
tan+ad	yasmātpratyayavidhistadādi pratyaye 'ṅgam //（P.1.4.13）	其后安排了词缀的词，以此词为始，在词缀前叫词干。
t+ad	ṭeḥ //（P.6.4.143）	遇到 ḍ 符号时，词干末音节由消隐替换。
tad	kṛttaddhitasamāsāśca //（P.1.2.46）	以直接后缀为末的是名词词基。
tad	sarvādīni sarvanāmāni //（P.1.1.27）	sarva 等词是代词。

小结：

tad 是代词，有阳、阴、中三性，含义是“彼”。

tathā

世俗拆分： tena prakāreṇa。

非世俗拆分： tad+ṭā+thāl。

名词词基： tad（彼）。

派生词缀： thāl。

演变过程：

tad	sarvādīni sarvanāmāni //（P.1.1.27）	sarva 等词是代词。
tad+ṭā+**thāl**	prakāravacane thāl //（P.5.3.23）	表某种存在方式时，词缀 thāl 加在 P.5.3.2 提到的代词等词后。
tad+ṭā+thāl	kṛttaddhitasamāsāśca //（P.1.2.46）	以派生词缀 thāl 为尾的是名词词基。
tad+thāl	supo dhātuprātipadikayoḥ //（P.2.4.71） pratyayasya lukślulupaḥ //（P.1.1.61）	词根、名词词基中蕴含的格尾由消隐（luk）替换。 luk、ślu、lup 是词缀的消隐替换。消隐是不显现。
tad+**thāl**	prāgdiśo vibhaktiḥ //（P.5.3.1）	从此经文到 P.5.3.27，所讨论的词缀叫 prāgdiśīya 派生词缀。这些词缀是词尾（vibhakti）。
tad+thā	tasya lopaḥ //（P.1.3.9）	thāl 的符号 l 由消隐替换。
ta+**a**+thā	tyadādīnāmaḥ //（P.7.2.102）	遇到词尾时，tyad 等代词的末音的替换是 a 音。
t+**a**+thā	āto guṇe //（P.6.1.97）	非字末的 a 音遇到二合元音时，前后两者的音位由后者的元音形式作唯一替换。
tathā	kṛttaddhitasamāsāśca //（P.1.2.46）	以派生词缀为尾的是名词词基。
tathā+**sup**	ṅyāpprātipadikāt //（P.4.1.1） svaujasamauṭchaṣ…sup //（P.4.1.2）	在以 ṅī、āp 为末的词后，以及在名词词基后是 su 等格尾。 根据需要加某一 sup 格尾。
tathā+sup	svarādinipātamavyayam //（P.1.1.37）	svarādi 群中（254.89）tasilādi 等派生词缀为尾的是不变词。 [经文 P.5.3.7 至 P.5.3.47 涉及形成不变词的派生词缀。]
tathā+（ ）	avyayādāpsupaḥ //（P.2.4.82）	消隐（luk）替换不变词后的格尾。

tathā	pratyayasya lukślulupaḥ //（P.1.1.61）	luk、ślu、lup 是词缀的消隐替换。消隐是不显现。
tathā	pratyayalope pratyayalakṣaṇam //（P.1.1.62）	词缀消隐后，词缀的因还在。
tathā	suptiṅantaṃ padam //（P.1.4.14）	以格尾为末的 tathā 是字。

小结：

tathā 是不变词，表达“如彼”“同彼”的意思。

tathā

世俗拆分： tena prakāreṇa。

非世俗拆分： tad+ṭā+thāl。

名词词基： tad（彼）。

派生词缀： thāl。

演变过程：

tad	sarvādīni sarvanāmāni //（P.1.1.27）	sarva 等词是代词。
tad+ṭā+**thāl**	prakāravacane thāl //（P.5.3.23）	表某种存在方式时，词缀 thāl 加在 P.5.3.2 提到的代词等词后。
tad+ṭā+thāl	kṛttaddhitasamāsāśca //（P.1.2.46）	以派生词缀 thāl 为尾的是名词词基。
tad+thāl	supo dhātuprātipadikayoḥ //（P.2.4.71） pratyayasya lukślulupaḥ //（P.1.1.61）	词根、名词词基中蕴含的格尾由消隐（luk）替换。 luk、ślu、lup 是词缀的消隐替换。消隐是不显现。
tad+**thāl**	prāgdiśo vibhaktiḥ //（P.5.3.1）	从此经文到 P.5.3.27，所讨论的词缀叫 prāgdiśīya 派生词缀。这些词缀是词尾（vibhakti）。
tad+thā	tasya lopaḥ //（P.1.3.9）	thāl 的符号 l 由消隐替换。
ta+**a**+thā	tyadādīnāmaḥ //（P.7.2.102）	遇到词尾时，tyad 等代词的末音的替换是 a 音。
t+**a**+thā	āto guṇe //（P.6.1.97）	非字末的 a 音遇到二合元音时，前后两者的音位由后者的元音形式作唯一替换。
tathā	kṛttaddhitasamāsāśca //（P.1.2.46）	以派生词缀为尾的是名词词基。

tathā+**sup**	ṅyāpprātipadikāt //（P.4.1.1） svaujasamauṭchaṣ…sup //（P.4.1.2）	在以 ṅī、āp 为末的词后，以及在名词词基后是 su 等格尾。 根据需求加某一 sup 格尾。
tathā+sup	svarādinipātamavyayam //（P.1.1.37）	svarādi 群中（254.89）tasilādi 等派生词缀为尾的是不变词。 [经文 P.5.3.7 至 P.5.3.47 涉及形成不变词的派生词缀。]
tathā+（ ）	avyayādāpsupaḥ //（P.2.4.82）	消隐（luk）替换不变词后的格尾。
tathā	pratyayasya lukślulupaḥ //（P.1.1.61）	luk、ślu、lup 是词缀的消隐替换。消隐是不显现。
tathā	pratyayalope pratyayalakṣaṇam //（P.1.1.62）	词缀消隐后，词缀的因还在。
tathā	suptiṅantaṃ padam //（P.1.4.14）	以格尾为末的 tathā 是字。

小结：

tathā 是不变词，表达“如彼”“同彼”的意思。

根据经文“nityavīpsayoḥ //（P.8.1.4）”可知，整词重复是表达“总是”或“每一”的意思。因此此颂中“tathā tathā”的重复，表达含义是：从转变的类别上说是“种种”（anekaprakāra），从转变的相续刹那上说是“时时”。

yāty

名词词基： yāti（如此）。

演变过程：

yāti	arthavadadhāturapratyayaḥ prātipadikam //（P.1.2.45）	既非词根，亦非词缀，有意义的（词）是名词词基。 [yāti 是不可拆分（avyutpanna）的名词词基。]
yāti+**sup**	ṅyāpprātipadikāt //（P.4.1.1） svaujasamauṭchaṣ…sup //（P.4.1.2）	在以 ṅī、āp 为末的词后，以及在名词词基后是 su 等格尾。 根据需要加某一 sup 格尾。
yāti+sup	svarādinipātamavyayam //（P.1.1.37）	yāti 是 svar 为首群中不变词。
yāti+（ ）	avyayādāpsupaḥ //（P.2.4.82）	消隐（luk）替换不变词后的格尾。

yāti	pratyayasya lukślulupaḥ //（P.1.1.61）	luk、ślu、lup 是词缀的消隐替换。消隐是不显现。
yāti	pratyayalope pratyayalakṣaṇam //（P.1.1.62）	词缀消隐后，词缀的因还在。
yāti	suptiṅantaṃ padam //（P.1.4.14）	以格尾为末的 yāti 是字。
yāty	iko yaṇaci //（P.6.1.77）	发生连音时，若后遇元音，半元音替代以 ik 为对收的元音。

小结：

如果 yāti 是带 tiṅ 语尾的动词的话，那么 yāti 指的是“它走”的含义。但安慧的《唯识三十颂疏》中提到“evam anyonya-vaśād”。由此可知，yāti 含义是 evam。因此 yāti 是个不变词。但在 svarādi 和 cādi 二群中实际没有收录此词。

yāti 是不变词，意为“如此”。

anya

词根：第二类动词词根（adādigaṇa），2.61 ana prāṇane（an 呼吸）；第四类动词词根（divādigaṇa），4.66 ana prāṇane（an 呼吸）。

直接后缀：ya。

演变过程：

an+**ya**	māchāsasibhyo yaḥ //（Uṇādisūtra 4.109）	直接后缀 ya 加在词根 mā、cho、ṣasa 之后。 [Swāmi Dayānand 认为 anya 也是根据此规则构成的。①]
an+**ya**	ārdhadhātukaṃ śeṣaḥ //（P.3.4.114）	全界词缀之外的（ya）是半界词缀。
an+ya	yasmātpratyayavidhistadādi pratyaye 'ṅgam //（P.1.4.13）	其后安排了词缀的词，以此词为始，在词缀前叫词干。
anya	kṛttaddhitasamāsāśca //（P.1.2.46）	以直接后缀 kta 为末的是名词词基。
anya	sarvādīni sarvanāmāni //（P.1.1.27）	anya 是在以 sarva 为首的群中的代词。

小结：

anya 是代词，有阳、中二性，含义是“其他”。

① Srisa Chandra Vasu & Vāman Dās Vasu, *The Siddhanta Kaumudi of Bhattoji Dikshita*,Vol.2, Part 2, Allahabad: The Panini Office, Bhuvaneshvari Ashram, 1907, p.287.

anyonyasya

世俗拆分： anyasya anyasya。

非世俗拆分： anyasya+anyasya。

名词词基： anya（其他）。

演变过程：

anyasya anyasya	nityavīpsapoḥ //（P.8.1.4）	整个字重复表示的是“总是”或“每一个”。
anyasya+anyasya	asamāsavadbhāve pūrvapada-sthasya supaḥ survaktavyaḥ //（Vārttika 4700）	《月光疏》经文 2147 的《补释》经文：重复时，如同非复合词处理。
anya+**su**+anyasya	asamāsavadbhāve pūrvapada-sthasya supaḥ survaktavyaḥ //（Vārttika 4700）	《月光疏》经文 2147 的《补释》经文：前部字的格尾由 su 替换。
anya+s+anyasya	tasya lopaḥ //（P.1.3.9）	su 的符号 u 由消隐替换。
anya+**r**+anyasya	sasajuṣo ruḥ //（P.8.2.66）	r 音替换字末的 s 音。
anya+**u**+anyasya	ato roraplutādaplute //（P.6.1.113）	在非引的 a 音之后，在非引的 a 音之前，r 被 u 音替换。
any+**o**+anyasya	ādguṇaḥ //（P.6.1.87）	a 音后遇元音时，由一个二合元音替换前后两音位。
any+**o**+nyasya	eṅaḥ padāntādati //（P.6.1.109）	字末的 e、o 音后，遇短元音 a 时，前面的元音形式是唯一的替代。
anyonyasya	suptiṅantaṃ padam //（P.1.4.14）	以格尾为末的是字。

小结：

根据《八章书》经文 8.1.4 可知，整个字重复表示的是“总是”或“每一个”的意思。anyonyasya 表示的是“每一个”，故翻译为“相互的”。

vaśa

词根： 第二类动词词根（adādigaṇa），2.70 vaśa kāntau（vaś 欲求）。

直接后缀： ac。

演变过程：

vaś+**ac**	nandigrahipacādibhyo lyuṇinyacaḥ //（P.3.1.134）	加在 nandi、grahi、pac 等词根后的是直接后缀 lyu、ṇini、ac，表主动者的含义。

		[ac 实际可以加在所有词根后。]
vaś+**ac**	ārdhadhātukaṃ śeṣaḥ //（P.3.4.114）	全界词缀之外的（ac）是半界词缀。
vaś+a	tasya lopaḥ //（P.1.3.9）	ac 的符号 c 由消隐替换。
vaś+a	yasmātpratyayavidhistadādi pratyaye 'ṅgam //（P.1.4.13）	其后安排了词缀的词，以此词为始，在词缀前叫词干。
vaśa	kṛttaddhitasamāsāśca //（P.1.2.46）	直接后缀为末的是名词词基。

小结：

加 ac 直接后缀表达主动者（kartṛ）的含义，所以 vaśa 是“力”的意思。

anyonya-vaśād

世俗拆分： anyonyasya vaśaḥ。

非世俗拆分： anyonya+ṅas+vaśa+su。

名词词基： anyonya（相互）；vaśa（力）。

演变过程：

anyonya+ṅas+vaśa+su	ṣaṣṭhī //（P.2.2.8）	第六格与以格尾收尾的词构成依主释复合词。
anyonya+ṅas+vaśa+su	kṛttaddhitasamāsāśca //（P.1.2.46）	有意义的复合词是名词词基。
anyonya+vaśa	supo dhātuprātipadikayoḥ //（P.2.4.71） pratyayasya lukślulupaḥ //（P.1.1.61）	词根、名词词基中蕴含的格尾由消隐（luk）替换。 luk、ślu、lup 是词缀的消隐替换。消隐是不显现。
anyonya+vaśa	prathamānirdiṣṭaṃ samāsa upasarjanam //（P.1.2.43）	于复合词一节中，第一格所指示的是附属词。 [针对经文 P.2.2.8。]
anyonya+vaśa	upasarjanaṃ pūrvam //（P.2.2.30）	附属词是前部字。
anyonyavaśa	kṛttaddhitasamāsāśca //（P.1.2.46）	有意义的复合词是名词词基。
anyonyavaśa	paravalliṅgaṃ dvaṃdva-tatpuruṣayoḥ //（P.2.4.26）	相违释和依主释复合词的性如后部字。 [该复合词为阳性。]
anyonyavaśa+**ṅasi**	ṅyāpprātipadikāt //（P.4.1.1） svaujasamauṭchaṣ…sup //	在以 ṅī、āp 为末的词后，以及在名词词基后是 su 等格尾。 单数第五格加格尾 ṅasi。

	（P.4.1.2）	
anyonyavaśa+**āt**	ṭāṅasiṅasāminātsyāḥ // （P.7.1.12）	替换 ṭā、ṅasi、ṇas 的是 ina、āt、sya。
anyonyavaś+**ā**+t	akaḥ savarṇe dīrghaḥ // （P.6.1.101）	以 ak 为对收的末音后遇同类音时，一长音替换前后两音位。
anyonyavaśāt	suptiṅantaṃ padam // （P.1.4.14）	以格尾为末的是字。
anyonyavaśāt**d**	jhalāṃ jaśo 'nte // （P.8.2.39）	字末的 jhal 对收音由 jaś 对收音替换。

小结：

anyonyavaśāt 是依主释复合词，阳性，单数，第五格，含义是“由展转相互的力的缘故”。

yena

词根：第一类动词词根（bhvādigaṇa），1.1051 yaja devapūjāsaṃgatikaraṇadāneṣu（yaj 有牺牲品的祭祀，荣耀，奉献）。

直接后缀：adi。

演变过程：

yaj+**adi**	tyajitaniyajbhyo ḍit // （Uṇādisūtra 1.132）	词根 tyaj、tan、yaj 后加直接后缀 adi。该词缀如同带 ḍ 符号。
yaj+**adi**	ārdhadhātukaṃ śeṣaḥ // （P.3.4.114）	全界之外的（adi）是半界词缀。
yaj+ad	tasya lopaḥ // （P.1.3.9）	adi 的符号 i 由消隐替换。
yaj+ad	yasmātpratyayavidhistadādi pratyaye 'ṅgam //（P.1.4.13）	其后安排了词缀的词，以此词为始，在词缀前叫词干。
y+ad	ṭeḥ // （P.6.4.143）	遇到 ḍ 符号时，词干末音节由消隐替换。
yad	kṛttaddhitasamāsāśca // （P.1.2.46）	以直接后缀为末的是名词词基。
yad	sarvādīni sarvanāmāni // （P.1.1.27）	sarva 等词是代词。
yad+**ṭā**	ṅyāpprātipadikāt // （P.4.1.1） svaujasamauṭchaṣ…sup // （P.4.1.2）	在以 ṅī、āp 为末的词后，以及在名词词基后是 su 等格尾。 单数第三格加格尾 ṭā。
ya+**a**+ṭā	tyadādīnāmaḥ //	遇到词尾时，tyad 等代词的末音的替换

	（P.7.2.102）	是 a 音。
y+**a**+ṭā	āto guṇe // （P.6.1.97）	非字末的 a 音遇到二合元音时，前后两者的音位由后者的元音形式作唯一替换。
y+a+**ina**	ṭāṅasiṅasāminātsyāḥ // （P.7.1.12）	替换 ṭā、ṅasi、ṇas 的是 ina、āt、sya。
y+**e**+na	ādguṇaḥ // （P.6.1.87）	a 音后遇元音时，由一个二合元音替换前后两音位。
yena	suptiṅantaṃ padam // （P.1.4.14）	以格尾为末的 yena 是字。

小结：

yean 是代词，阳性，单数，第三格，表原因。含义是“因那个”。

vikalpaḥ

词根：第一类动词词根（bhvādigaṇa），1.799 kṛpū sāmarthye（kṛp 技能化、功能化）。

近置词：vi（viśeṣe 差别，niśāmane 看、听，vicāre 分析，saṃjñāyām 认识）。[依据：upasargāḥ kriyāyoge //（P.1.4.59）。]

直接后缀：ghañ 或 ac。

演变过程（一）：

kṛpū	bhūvādayo dhātavaḥ // （P.1.3.1）	bhū 等是动词词根。
kṛp	tasya lopaḥ // （P.1.3.9）	kṛpū 的符号 ū 由消隐替换。
kḷp	kṛpo ro laḥ // （P.8.2.18）	kṛpū 词根 ṛ、r 由 ḷ、l 替换。
vi+kḷp+**ghañ** 或 vi+kḷp+**ac**	bhāve // （P.3.3.18） akartari ca kārake saṃjñāyām // （P.3.3.19） 或 nandigrahipacādibhyo lyuṇinyacaḥ //（P.3.1.134）	当表达达到已成就状态的词根意义时，词根后加 ghañ 词缀。 当作术语时，（加 ghañ 词缀）也表示造者，但主动者除外。 加在 nandi、grahi、pac 等词根后的是直接后缀 lyu、ṇini、ac，表主动者的含义。 [ac 实际可以加在所有词根后。]
vi+kḷp+**ghañ** 或 vi+kḷp+**ac**	ārdhadhātukaṃ śeṣaḥ // （P.3.4.114）	全界词缀之外的是半界词缀。

vi+kḷp+a	tasya lopaḥ // （P.1.3.9）	ghañ、ac 的符号由消隐替换。
vi+**kḷp**+a	yasmātpratyayavidhistadādi pratyaye 'ṅgam //（P.1.4.13）	其后安排了词缀的词，以此词为始，在词缀前叫词干。
vi+k**al**p+a	pugantalaghūpadhasya ca // （P.7.3.86） uraṇ raparaḥ // （P.1.1.51）	遇到半界和全界词缀时，轻音节词干的排列倒数第二的短元音 i、u、ṛ、ḷ 由二合元音替换。 ḷ 音的替换，需由其后带 l 音的 a、i、u 及其长音来替换。
vikalpa	kṛttaddhitasamāsāśca // （P.1.2.46）	直接后缀为末的是名词词基。
vikalpa+**su**	ṅyāpprātipadikāt // （P.4.1.1） svaujasamauṭchaṣ…sup // （P.4.1.2）	在以 ṅī、āp 为末的词后，以及在名词词基后是 su 等格尾。 单数第一格加格尾 su。
vikalpa+s	tasya lopaḥ // （P.1.3.9）	su 的符号 u 由消隐替换。
vikalpas	suptiṅantaṃ padam // （P.1.4.14）	以格尾为末的是字。
vikalpa**r**	sasajuṣo ruḥ // （P.8.2.66）	r 音替换字末的 s 音。
vikalpa**ḥ**	kharavasānayorvisarjanīyaḥ // （P.8.3.15）	在清辅音和停顿前，送气音替换字末的 r 音。
vikalpa**s**	visarjanīyasya saḥ // （P.8.3.34）	在清辅音前，s 音替换送气音。
vikalpa**ḥ**	vā śari // （P.8.3.36）	在咝音前，送气音替换送气音也是一种选择。

词根：第十类动词词根（curādigaṇa），10.208 kṛpeśca avakalkane（kṛp 涂油）。

近置词：vi（viśeṣe 差别，niśāmane 看、听，vicāre 分析，saṃjñāyām 认识）。[依据：upasargāḥ kriyāyoge //（P.1.4.59）。]

直接后缀：ac。

演变过程（二）：

kṛpa	bhūvādayo dhātavaḥ // （P.1.3.1）	bhū 等是动词词根。
kṛp	tasya lopaḥ // （P.1.3.9）	kṛpa 的符号 a 由消隐替换。
kḷp	kṛpo ro laḥ // （P.8.2.18）	kṛpa 词根 ṛ、r 由 ḷ、l 替换。
kḷp+**ṇic**	satyāpa…cūrādibhyo ṇic //	第十类动词词根本身必须加上 ṇic 词

	（P.3.1.25）	缀，表原义。
kḷp+**ṇic**	ārdhadhātukaṃ śeṣaḥ // （P.3.4.114）	ṇic 是半界词缀。
kḷp+ṇic	yasmātpratyayavidhistadādi pratyaye 'ṅgam //（P.1.4.13）	其后安排了词缀的词，以此词为始，在词缀前叫词干。
kalp+ṇic	pugantalaghūpadhasya ca // （P.7.3.86） uraṇ raparaḥ // （P.1.1.51）	遇到半界和全界词缀时，轻音节词干的排列倒数第二的短元音 i、u、ṛ、ḷ 由二合元音替换。 ḷ 音的替换，需由其后带 l 音的 a、i、u 及其长音来替换。
kalp+ṇic	sanādyantā dhātavaḥ // （P.3.1.32）	以 ṇic 词缀落尾的“kalp+ṇic”是新词根。
vi+kalp+ṇic+**ac**	erac // （P.3.3.56） 或 nandigrahipacādibhyo lyuṇinyacaḥ //（P.3.1.134）	i、ī 音落尾的词根后加直接后缀 ac。 加在 nandi、grahi、pac 等词根后的是直接后缀 lyu、ṇini、ac，表主动者的含义。[ac 实际可以加在所有词根后。]
vi+kalp+ṇic+**ac**	ārdhadhātukaṃ śeṣaḥ // （P.3.4.114）	ac 是半界词缀。
vi+kalp+ṇic+a	tasya lopaḥ // （P.1.3.9）	ac 的符号 c 由消隐替换。
vi+kalp+ṇic+**a**	ārdhadhātukasyeḍvalādeḥ // （P.7.2.35）	在以对收 val 为首位音的半界词缀前，插入联系元音 iṭ。 [但 ac 不在其中，是 aniṭ 词缀。]
vi+kalp+（ ）+a	ṇeraniṭi // （P.6.4.51）	当遇到 aniṭ 半界词缀时，消隐（lopa）替换前面的 ṇic。
vi+kalp+（ ）+a	pratyayalope pratyayalakṣaṇam // （P.1.1.62）	ṇic 词缀消隐后，ṇic 词缀的因还在。
vi+**kalp+**（ ）+a	sanādyantā dhātavaḥ // （P.3.1.32）	“kalp+（ ）”仍是新词根。
vi+**kalp+**（ ）+a	yasmātpratyayavidhistadādi pratyaye 'ṅgam //（P.1.4.13）	其后安排了词缀的词，以此词为始，在词缀前叫词干。
vi+kalp+a	adarśanaṃ lopaḥ // （P.1.1.60）	不显现的是消隐。
vikalpa	kṛttaddhitasamāsāśca // （P.1.2.46）	直接后缀为末的 vikalpa 是名词词基。
vikalpa+**su**	ṅyāpprātipadikāt // （P.4.1.1） svaujasamauṭchaṣ…sup // （P.4.1.2）	在以 ṅī、āp 为末的词后，以及在名词词基后是 su 等格尾。 单数第一格加格尾 su。
vikalpa+s	tasya lopaḥ // （P.1.3.9）	su 的符号 u 由消隐替换。

vikalpas	suptiṅantaṃ padam //（P.1.4.14）	以格尾为末的是字。
vikalpa**r**	sasajuṣo ruḥ //（P.8.2.66）	r 音替换字末的 s 音。
vikalpa**ḥ**	kharavasānayorvisarjanīyaḥ //（P.8.3.15）	在清辅音和停顿前，送气音替换字末的 r 音。
vikalpa**s**	visarjanīyasya saḥ //（P.8.3.34）	在清辅音前，s 音替换送气音。
vikalpa**ḥ**	vā śari //（P.8.3.36）	在咝音前，送气音替换送气音也是一种选择。

小结：

一者，vikalpa 若是依据“bhāve //（P.3.3.18）”加直接后缀 ghañ 而成的，或依据“erac //（P.3.3.56）”加直接后缀 ac 而成，表达的是行为的已成就状态（siddhabhāva）。即因缘和合之后，达到的已成就状态，故翻译为“分别状态”，但不可翻译为“分别过程”。“分别过程”意味着分别还在演进之中。任何一刹那的分别，无论对错与否，清晰与否，都是一种“已知”状态。

二者，若 vikalpa 是依据经文“akartari ca kārake saṃjñāyām //（P.3.3.19）”加直接后缀 ghañ 而成，或依据“erac //（P.3.3.56）”加直接后缀 ac 而成，还可表达造者（kāraka）的含义，但不能是作者或主动者（kartṛ）。所谓的造者（kāraka），就是行为产生的因。即 vikalpa 还可作为“分别”这一状态的（结构）要素。

三者，若 vikalpa 是依据 P.3.1.134 加直接后缀 ac 构成的话，代表的是分别的主动者（kartṛ）。

综合以上的三重含义，vikalpas 翻译为“分别状况”为好。即分别时，可有虚假的“能分别者”；而作为缘起的转变（pariṇāma）则无“能转变者”。

vikalpas 是阳性，单数，第一格，含义是“分别状况”。

tad

词根：第八类动词词根（tanādigaṇa），8.1 tanu vistāre（tan 扩展）。

直接后缀：adi。

演变过程：

tan+**adi**	tyajitaniyajbhyo ḍit //（Uṇādisūtra 1.132）	词根 tyaj、tan、yaj 后加直接后缀 adi。该词缀如同带 ḍ 符号。
tan+**adi**	ārdhadhātukaṃ śeṣaḥ //（P.3.4.114）	全界之外的（adi）是半界词缀。

tan+ad	tasya lopaḥ // （P.1.3.9）	adi 的符号 i 由消隐替换。
tan+ad	yasmātpratyayavidhistadādi pratyaye 'ṅgam //（P.1.4.13）	其后安排了词缀的词，以此词为始，在词缀前叫词干。
t+ad	ṭeḥ // （P.6.4.143）	遇到 ḍ 符号时，词干末音节由消隐替换。
tad	kṛttaddhitasamāsāśca // （P.1.2.46）	以直接后缀为末的是名词词基。
tad	sarvādīni sarvanāmāni // （P.1.1.27）	sarva 等词是代词。

小结：

tad 是代词，有阳、阴、中三性，含义是“彼”。

sa

名词词基：tad（彼）。

演变过程：

tad	sarvādīni sarvanāmāni // （P.1.1.27）	sarva 等词是代词。
tad+**su**	ṅyāpprātipadikāt // （P.4.1.1） svaujasamauṭchaṣ…sup // （P.4.1.2）	在以 ṅī、āp 为末的词后，以及在名词词基后是 su 等格尾。 单数第一格加格尾 su。
ta+**a**+su	tyadādīnāmaḥ // （P.7.2.102）	遇到词尾时，tyad 等代词的末音的替换是 a 音。
t+**a**+su	āto guṇe // （P.6.1.97）	非字末的 a 音遇到二合元音时，前后两者的音位只能由后者的元音形式作唯一替换。
s+a+su	tadoḥ saḥ sāvanantyayoḥ // （P.7.2.106）	遇到格尾 su 时，tyad 等词的非落尾的 t 和 d 音由 s 音替换。
s+a+（ ）	etattadoḥ sulopo 'koranañsamāse hali // （P.6.1.132）	遇到辅音时，无 ka 的 etad 和 tad 的 su 格尾消隐，但在否定复合词中除外。
s+a	adarśanaṃ lopaḥ // （P.1.1.60）	不显现的是消隐。
s+a	pratyayalope pratyayalakṣaṇam // （P.1.1.62）	词缀消隐后，词缀的因还在。
sa	suptiṅantaṃ padam // （P.1.4.14）	以格尾为末的 sa 是字。

小结：

sa 是代词，阳性，单数，第一格，意为“彼”。

sa

名词词基：tad（彼）。

演变过程：

tad	sarvādīni sarvanāmāni //（P.1.1.27）	sarva 等词是代词。
tad+**su**	ṅyāpprātipadikāt //（P.4.1.1） svaujasamauṭchaṣ…sup //（P.4.1.2）	在以 ṅī、āp 为末的词后，以及在名词词基后是 su 等格尾。 单数第一格加格尾 su。
ta+**a**+su	tyadādīnāmaḥ //（P.7.2.102）	遇到词尾时，tyad 等代词的末音的替换是 a 音。
t+**a**+su	āto guṇe //（P.6.1.97）	非字末的 a 音遇到二合元音时，前后两者的音位由后者的元音形式作唯一替换。
s+a+su	tadoḥ saḥ sāvanantyayoḥ //（P.7.2.106）	遇到格尾 su 时，tyad 等词的非落尾的 t 和 d 音由 s 音替换。
s+a+（ ）	etattadoḥ sulopo ’koranañsamāse hali //（P.6.1.132）	遇到辅音时，无 ka 的 etad 和 tad 的 su 格尾消隐，但在否定复合词中除外。
s+a	adarśanaṃ lopaḥ //（P.1.1.60）	不显现的是消隐。
s+a	pratyayalope pratyayalakṣaṇam //（P.1.1.62）	词缀消隐后，词缀的因还在。
sa	suptiṅantaṃ padam //（P.1.4.14）	以格尾为末的 sa 是字。

小结：

sa 是代词，阳性，单数，第一格，意为“彼”。

根据经文“nityavīpsayoḥ //（P.8.1.4）”可知，整词重复是表达“总是”或“每一”的意思。因此此颂中“sa sa”的重复，表达含义是：从分别的类别上说是“种种”，从分别的相续刹那上说是“时时”。

jāyate

词根：第四类动词词根（divādigaṇa），4.41 janī prādurbhāve（jan 生、创造）。

演变过程：

jan+**laṭ**	vartamāne laṭ //（P.3.2.123）	laṭ（第一罗）表示正在发生。
jan+l	tasya lopaḥ //（P.1.3.9）	消隐替换 laṭ 的符号 a、ṭ。
jan+**ta**	laḥ parasmaipadam //（P.1.4.99） anudāttaṅita ātmanepadam //（P.1.3.12） tiptasjhi…iḍvahimahiṅ //（P.3.4.78）	替换罗的是主动语态。 在非高音的词根后，替换罗的是中间语态。 中间语态第三人称单数的 laṭ 的替换是 ta。
jan+**ta**	tiṅśit sārvadhātukam //（P.3.4.113）	tiṅ、带符号 ś 的词缀是全界。
jan+**śyan**+ta	divādibhyaḥ śyan //（P.3.1.69）	遇到表示主动者为目的全界词缀时，div 词根为首的第四类后加插入音 śyan。
jan+**śyan**+ta	tiṅśit sārvadhātukam //（P.3.4.113）	tiṅ、带符号 ś 的词缀是全界。
jan+ya+ta	tasya lopaḥ //（P.1.3.9）	消隐替换 śyan 的符号 ś、n。
jan+ya+ta	yasmātpratyayavidhistadādi pratyaye 'ṅgam //（P.1.4.13）	其后安排了词缀的词，以此词为始，在词缀前叫词干。
jā+ya+ta	jñājanorjā //（P.7.3.79）	在遇到带 ś 符号的词缀时，词根 jan、jñā 由 jā 替换。
jā+ya+**te**	ṭita ātmanepadānāṃ ṭere //（P.3.4.79）	替换了带 ṭ 符号之（罗）的中间语态语尾，其末音由 e 音替换。
jāyate	suptiṅantaṃ padam //（P.1.4.14）	以语尾为末的 jāyate 是字。

小结：

jāyate 的词根的原始发音是“janī”。其中带鼻腔音的符号 ī 根据传承发低音。由经文“anudāttaṅita ātmanepadam //（P.1.3.12）”可知，具有发非高音的符号的词根后替换罗的是中间语态。

jāyate 是现在时，陈述语气，中间语态，第三人称，单数，翻译为“它生”。

第十九颂

कर्मणो वासना ग्राहद्वयवासनया सह ।
क्षीणे पूर्वविपाकेऽन्यद्विपाकं जनयन्ति तत् ॥१९॥

karmaṇo vāsanā grāha-dvaya-vāsanayā saha /
kṣīṇe pūrva-vipāke 'nyad vipākaṃ janayanti tat //19//

玄奘译：由诸业习气，二取习气俱，前异熟既尽，复生余异熟。

真谛译《转识论》：记曰：由二种宿业熏习及二种习气，能为集谛，成立生死。

霍韬晦译：诸业习气与二取习气俱。前异熟尽时，余异熟彼生。

现译：在前异熟（果体/报体）灭时，与成对的（能取与所取的）取的习气一起的业的诸熏习成果使得另一（作为）异熟（果体/报体）的彼（阿赖耶识）出生。

karmaṇo

词根：第八类动词词根（tanādigaṇa），8.10 ḍukṛñ karaṇe（kṛ 做）。

直接后缀：manin。

演变过程：

kṛ+**manin**	anyebhyo 'pi dṛśyante //（P.3.2.75） sarvadhātubhyo manin //（Uṇādisūtra 4.144）	在其他非 ā 为末的词根后加后缀 man、van、vic 的情况也被见到。 一切词根后可加 manin。
kṛ+**manin**	ārdhadhātukaṃ śeṣaḥ //（P.3.4.114）	manin 是半界词缀。
kṛ+man	tasya lopaḥ //（P.1.3.9）	manin 的符号由消隐替换。
kṛ+**iṭ**+man	ārdhadhātukasyeḍvalādeḥ //（P.7.2.35）	在以对收 val 为首位音的半界词缀前，插入联系元音 iṭ。
kṛ+man	naḍvaśi kṛti //（P.7.2.8）	在以 vaś 为对收的浊辅音起始的直接后缀前，不加联系元音 iṭ。 [经文 P.7.2.8 是对 P.7.2.35 的禁止，故

		实际上没运行 P.7.2.35。]
kṛ+man	yasmātpratyayavidhistadādi pratyaye 'ṅgam //（P.1.4.13）	其后安排了词缀的词，以此词为始，在词缀前叫词干。
k**ar**+man	sārvadhātukārdhadhātukayoḥ //（P.7.3.84） uraṇ raparaḥ //（P.1.1.51）	遇到全界、半界词缀，词干的末元音 ṛ 由二合元音替换。 ṛ、ṝ 音的替换，需由其后带 r 音的 a、i、u 及其长音来替换。
karman	kṛttaddhitasamāsāśca //（P.1.2.46）	以直接后缀为末的是名词词基。
karman+**ṅas**	ṅyāpprātipadikāt //（P.4.1.1） svaujasamauṭchaṣ…sup //（P.4.1.2）	在以 ṅī、āp 为末的词后，以及在名词词基后是 su 等格尾。 单数第六格加格尾 ṅas。
karman+as	tasya lopaḥ //（P.1.3.9）	ṅas 的符号 ṅ 由消隐替换。
karmanas	suptiṅantaṃ padam //（P.1.4.14）	以格尾为末的是字。
karmana**r**	sasajuṣo ruḥ //（P.8.2.66）	r 音替换字末的 s 音。
karmana+**u**	haśi ca //（P.6.1.114）	在非引的 a 音之后，在后一词的浊辅音之前，r 音由 u 音替换。
karman**o**	ādguṇaḥ //（P.6.1.87）	a 音后遇元音时，由一个二合元音替换前后两音位。
karmaṇo	aṭkupvāṅnumvyavāye 'pi //（P.8.4.2）	即使有元音、半元音、h 音、喉音族、唇音族、ā 音以及 n 音的加入，r、ṣ 音之后的 n 音也应由 ṇ 音替换。

小结：

根据 *Uṇādisūtra* 可知，任何词根后可加直接后缀 manin，表行动。因此 karman 的含义是“行为”“业”。

karmanas 是中性、单数、第六格，含义是“业的”。

vāsanā

词根：第二类动词词根（adādigaṇa），2.13 vasa ācchādane（vas 覆盖）；第四类动词词根（divādigaṇa），4.105 vasu stambhe（vas 强化）。

直接后缀：yuc。

阴性词缀：ṭāp。

演变过程：

vas+nic	hetumati ca //（P.3.1.26）	当表达使役含义时，加 ṇic 词缀。[ṇ、c 是符号。]
vas+**ṇic**	ārdhadhātukaṃ śeṣaḥ //（P.3.4.114）	全界词缀之外的（ṇic）是半界词缀。
vas+ṇic	yasmātpratyayavidhistadādi pratyaye 'ṅgam //（P.1.4.13）	其后安排了词缀的词，以此词为始，在词缀前叫词干。
v**ā**s+ṇic	ata upadhāyāḥ //（P.7.2.116）	遇 ñ、ṇ 符号的后缀时，词干倒数第二的 a 音由三合元音替换。
vās+ṇic	sanādyantā dhātavaḥ //（P.3.1.32）	ṇic 为末的"vās+ṇic"是新词根。
vās+ṇic+**yuc**	ṇyāsaśrantho yuc //（P.3.3.107）	当要形成阴性词时，以 ṇi 为末的词根后加直接后缀 yuc。
vās+ṇic+**yuc**	ārdhadhātukaṃ śeṣaḥ //（P.3.4.114）	全界词缀之外的（yuc）是半界词缀。
vās+ṇic+yu	tasya lopaḥ //（P.1.3.9）	yuc 的符号 c 由消隐替换。
vās+ṇic+**ana**	yuvoranākau //（P.7.1.1）	yu 和 vu 由 ana 和 aka 替换。
vās+ṇic+**ana**	ārdhadhātukasyeḍvalādeḥ //（P.7.2.35）	在以对收 val 为首位音的半界词缀前，插入联系元音 iṭ。[ana 不在其中，是 aniṭ 词缀。]
vās+（ ）+ana	ṇeraniṭi //（P.6.4.51）	当遇到 aniṭ 半界词缀时，消隐（lopa）替换前面的 ṇic。
vās+（ ）+ana	pratyayalope pratyayalakṣaṇam //（P.1.1.62）	ṇic 词缀消隐后，ṇic 词缀的因还在。
vās+（ ）+ana	sanādyantā dhātavaḥ //（P.3.1.32）	ṇic 为末的"vās+（ ）"仍是新词根。
vās+（ ）+ana	yasmātpratyayavidhistadādi pratyaye 'ṅgam //（P.1.4.13）	其后安排了词缀的词，以此词为始，在词缀前叫词干。
vās+ana	adarśanaṃ lopaḥ //（P.1.1.60）	不显现的是消隐。
vāsana	kṛttaddhitasamāsāśca //（P.1.2.46）	以直接后缀 yuc 为末的是名词词基。
vāsana+**ṭāp**	ajādyataṣṭāp //（P.4.1.4）	aja 等以及以 a 为末音的，于阴性时，加 ṭāp。
vāsana+ā	tasya lopaḥ //（P.1.3.9）	ṭāp 的符号 ṭ、p 由消隐替换。
vāsan**ā**	akaḥ savarṇe dīrghaḥ //（P.6.1.101）	以 ak 为对收的末音后遇同类音时，一长音替换前后两音位。
vāsanā+**jas**	ṅyāpprātipadikāt //（P.4.1.1）	在以 ṅī、āp 为末的词后，以及在名词词基后是 su 等格尾。

	svaujasamauṭchaṣ…sup // （P.4.1.2）	复数第一格加格尾 jas。
vāsanā+as	tasya lopaḥ // （P.1.3.9）	jas 的符号 j 由消隐替换。
vāsan+**ā**+s	prathamayoḥ pūrvasavarṇaḥ // （P.6.1.102）	非复合元音后遇到前两格的元音时，前面元音的同类长音是前后两音位的唯一替代。
vāsanās	suptiṅantaṃ padam // （P.1.4.14）	以格尾为末的是字。
vāsanā**r**	sasajuṣo ruḥ // （P.8.2.66）	r 音替换字末的 s 音。
vāsanā**y**	bho-bha-go-agho-a-pūrvasya yo 'śi //（P.8.3.17）	在下一浊音（g）前，a、ā 在前的 r 音由 y 音替换。
vāsanā	hali sarvaṣām // （P.8.3.22）	在辅音前，a、ā 在前的 y 由消隐替换。

小结：

vāsanā 是加直接后缀 yuc，再加阴性词缀 ṭāp 构成的阴性词。而加 yuc 的条件是词根以 ṇic 为尾。词根“vas”加 ṇic 表达的是使役的含义。

由于 yuc 词缀在领句经文“bhāve //（P.3.3.18）”的控制之下，故 vāsanā 表达是“熏习”行为的已成就状态。其中“熏习”的含义来自第二类、第四类动词词根的综合含义。

另外 yuc 词缀也在领句经文“akartari ca kārake saṃjñāyām //（P.3.3.19）”的控制之下。故 vāsanā 可以作为非主动者（akartṛ）的造者（kāraka），且是专有名词。根据经文“karturīpsitatamaṃ karma //（P.1.4.49）”可知，行为者最希求得到的是“业”。如果采用“业”（karman）这一造者（kāraka）代表结果时，那么 vāsanā 指的是：善恶行为的熏习在阿赖耶识中留下来的“熏习成果”，本质上是受熏的种子和熏习而成的新种子。此处的 vāsanā 采用这种理解。

vāsanās 是阴性，复数，第一格，含义是“诸熏习成果”。

grāha

词根：第九类动词词根（kryādigaṇa），9.61 graha upādāne（grah 取得）。

直接后缀：ghañ。

演变过程（一）：

grah+**ghañ**	bhāve // （P.3.3.18） 或 akartari ca kārake saṃjñāyām //	当表达达到已成就状态的词根意义时，词根后加 ghañ 词缀。 当作术语时，（加 ghañ 词缀）也表示造

	（P.3.3.19）	者，但主动者除外。
grah+**ghañ**	ārdhadhātukaṃ śeṣaḥ // （P.3.4.114）	全界词缀之外的（ghañ）是半界词缀。
grah+a	tasya lopaḥ // （P.1.3.9）	ghañ 的符号 gh、ñ 由消隐替换。
grah+a	yasmātpratyayavidhistadādi pratyaye 'ṅgam //（P.1.4.13）	其后安排了词缀的词，以此词为始，在词缀前叫词干。
grā**h**+a	ata upadhāyāḥ // （P.7.2.116）	遇 ñ、ṇ 符号的后缀时，词干倒数第二的 a 音由三合元音替换。
grāha	kṛttaddhitasamāsāśca // （P.1.2.46）	直接后缀 ghañ 为末的 grāha 是名词词基。

词根：第九类动词词根（kryādigaṇa），9.61 graha upādāne（grah 取）。

直接后缀：ṇa。

演变过程（二）：

grah+**ṇa**	vibhāṣā grahaḥ // （P.3.1.143）	词根 grah 之后也可加直接后缀 ṇa，表主动者。
grah+**ṇa**	ārdhadhātukaṃ śeṣaḥ // （P.3.4.114）	全界词缀之外的（ṇa）是半界词缀。
grah+a	tasya lopaḥ // （P.1.3.9）	ṇa 的符号 ṇ 由消隐替换。
grah+a	yasmātpratyayavidhistadādi pratyaye 'ṅgam //（P.1.4.13）	其后安排了词缀的词，以此词为始，在词缀前叫词干。
grā**h**+a	ata upadhāyāḥ // （P.7.2.116）	遇 ñ、ṇ 符号的后缀时，词干倒数第二的 a 音由三合元音替换。
grāha	kṛttaddhitasamāsāśca // （P.1.2.46）	直接后缀为末的是名词词基。

小结：

在演变过程（一）中，grāha 如果是依据“bhāve //（P.3.3.18）”加直接后缀 ghañ 而成的话，表达的是行为达到的已成就状态，翻译为“取”。

若 grāha 是依据经文“akartari ca kārake saṃjñāyām //（P.3.3.19）”加直接后缀 ghañ 而成的话，那么 grāha 可以作为非主动者（akartṛ）的造者（kāraka），且是专有名词。根据经文“karturīpsitatamaṃ karma //（P.1.4.49）”可知，行为者最希求得到的是“业”。如果采用“业”（karman）这一造者代表对象时，那么 grāha 指的是“所取”。

在演变过程（二）中，grāha 是由加直接后缀 ṇa 形成的，表主动者（kartṛ）的含义。因此这种情况下，grāha 翻译为“能取”。

由上可知，grāha 有三种含义：作为行为状态翻译为“取”；作为主动者翻译为“能取”；作为取的对象翻译为“所取”。综合三种含义 grāha 简要翻译为“取”。

dvaya

世俗拆分：dvāv avayavau yasya。

非世俗拆分：dvi+au+tayap。

名词词基：dvi（二）。

派生词缀：tayap。

演变过程：

dvi	arthavadadhāturapratyayaḥ prātipadikam //（P.1.2.45）	既非词根，亦非词缀，有意义的（词）是名词词基。[dvi 是不可拆分（avyutpanna）的名词词基。]
dvi+au+**tayap**	saṃkhāyā avayave tayap //（P.5.2.42）	当表达某事物有多个部分时，在数字后加派生词缀 tayap。
dvi+au+**ayac**	dvitribhyāṃ tayasyāyajvā //（P.5.2.43）	当前面是 dvi、tri 时，ayac 可以替换 tayap。
dvi+au+ayac	kṛttaddhitasamāsāśca //（P.1.2.46）	以派生词缀为尾的是名词词基。
dvi+ayac	supo dhātuprātipadikayoḥ //（P.2.4.71） pratyayasya lukślulupaḥ //（P.1.1.61）	词根、名词词基中蕴含的格尾由消隐（luk）替换。 luk、ślu、lup 是词缀的消隐替换。消隐是不显现。
dvi+ayac	yasmātpratyayavidhistadādi pratyaye 'ṅgam //（P.1.4.13）	其后安排了词缀的词，以此词为始，在词缀前叫词干。
dvi+aya	tasya lopaḥ //（P.1.3.9）	ayac 的符号 c 由消隐替换。
dvi+aya	yaci bham //（P.1.4.18）	以 y 音或元音为首位音的格尾以及部分派生词缀前的词干，称作 bha 词干。
dv+aya	yasyeti ca //（P.6.4.148）	遇到派生词缀或 ī 音时，替换 bha 词干末尾的 i、ī 和 a、ā 的是消隐（lopa）。
dvaya	kṛttaddhitasamāsāśca //（P.1.2.46）	以派生词缀为尾的是名词词基。

小结：

dvaya 的含义是“有二部分者”，即“两个为一组者”“成对者”。

grāha-dvaya

世俗拆分： grāhaṃ dvayam。

非世俗拆分： grāha+su+dvaya+su。

名词词基： grāha（取）；dvaya（成对者）。

演变过程：

grāha+su+dvaya+su	tatpuruṣaḥ samānādhikaraṇaḥ karmadhārayaḥ //（P.1.2.42）	具有一致的语法关系的依主释（复合词）是持业释（复合词）。
grāha+su+dvaya+su	kṛttaddhitasamāsāśca //（P.1.2.46）	有意义的复合词是名词词基。
grāha+dvaya	supo dhātuprātipadikayoḥ //（P.2.4.71） pratyayasya lukślulupaḥ //（P.1.1.61）	词根、名词词基中蕴含的格尾由消隐（luk）替换。 luk、ślu、lup 是词缀的消隐替换。消隐是不显现。
grāhadvaya	kṛttaddhitasamāsāśca //（P.1.2.46）	有意义的复合词是名词词基。

小结：

grāhadvaya 是持业释复合词，前部字 grāha 与后部字 dvaya（成对者）是同一个事物。这说明 grāha（取）这一事情包含“能取”和“所取”两种情况。对于本颂，安慧在其《唯识三十颂疏》中指出，“grāha-dvayaṃ grāhya-grāho grāhaka-grāhaś ca /” ① [成对的取有：对所取的取和对能取的取]。

因此 grāhadvaya 的含义是“成对的取”。

vāsanā

词根： 第二类动词词根（adādigaṇa），2.13 vasa ācchādane（vas 覆盖）；第四类动词词根（divādigaṇa），4.105 vasu stambhe（vas 强化）。

直接后缀： yuc。

阴性词缀： ṭāp。

演变过程：

vas+nic	hetumati ca //（P.3.1.26）	当表达使役含义时，加 ṇic 词缀。[ṇ、c 是符号。]

① 韩廷杰：《梵文佛典研究（一）》，宗教文化出版社 2012 年版，第 414 页。

vas+**ṇic**	ārdhadhātukaṃ śeṣaḥ //（P.3.4.114）	全界词缀之外的（ṇic）是半界词缀。
vas+ṇic	yasmātpratyayavidhistadādi pratyaye 'ṅgam //（P.1.4.13）	其后安排了词缀的词，以此词为始，在词缀前叫词干。
v**ā**s+ṇic	ata upadhāyāḥ //（P.7.2.116）	遇 ñ、ṇ 符号的后缀时，词干倒数第二的 a 音由三合元音替换。
vās+ṇic	sanādyantā dhātavaḥ //（P.3.1.32）	ṇic 为末的"vās+ṇic"是新词根。
vās+ṇic+**yuc**	ṇyāsaśrantho yuc //（P.3.3.107）	当要形成阴性词时，以 ṇi 为末的词根后加直接后缀 yuc。
vās+ṇic+**yuc**	ārdhadhātukaṃ śeṣaḥ //（P.3.4.114）	全界词缀之外的（yuc）是半界词缀。
vās+ṇic+yu	tasya lopaḥ //（P.1.3.9）	yuc 的符号 c 由消隐替换。
vās+ṇic+**ana**	yuvoranākau //（P.7.1.1）	yu 和 vu 由 ana 和 aka 替换。
vās+ṇic+**ana**	ārdhadhātukasyeḍvalādeḥ //（P.7.2.35）	在以对收 val 为首位音的半界词缀前，插入联系元音 iṭ。 [ana 不在其中，是 aniṭ 词缀。]
vās+（ ）+ana	ṇeraniṭi //（P.6.4.51）	当遇到 aniṭ 半界词缀时，消隐（lopa）替换前面的 ṇic。
vās+（ ）+ana	pratyayalope pratyayalakṣaṇam //（P.1.1.62）	ṇic 词缀消隐后，ṇic 词缀的因还在。
vās+（ ）+ana	sanādyantā dhātavaḥ //（P.3.1.32）	ṇic 为末的"vās+（ ）"仍是新词根。
vās+（ ）+ana	yasmātpratyayavidhistadādi pratyaye 'ṅgam //（P.1.4.13）	其后安排了词缀的词，以此词为始，在词缀前叫词干。
vās+ana	adarśanaṃ lopaḥ //（P.1.1.60）	不显现的是消隐。
vāsana	kṛttaddhitasamāsāśca //（P.1.2.46）	以直接后缀 yuc 为末的是名词词基。
vāsana+**ṭāp**	ajādyataṣṭāp //（P.4.1.4）	aja 等以及以 a 为末音的，于阴性时，加 ṭāp。
vāsana+ā	tasya lopaḥ //（P.1.3.9）	ṭāp 的符号 ṭ、p 由消隐替换。
vāsan**ā**	akaḥ savarṇe dīrghaḥ //（P.6.1.101）	以 ak 为对收的末音后遇同类音时，一长音替换前后两音位。

小结：

vāsanā 是加直接后缀 yuc，再加阴性词缀 ṭāp 构成的阴性词。而加 yuc 的条件是词根以 ṇic 为尾。词根"vas"加 ṇic 表达的是使役的含义。

由于 yuc 词缀在领句经文"bhāve //（P.3.3.18）"的控制之下，所以 vāsanā 表达是

“使加强”“使覆盖”的行为的已成就状态，可以理解为“习惯”“习气”。

另外 yuc 词缀也在领句经文“akartari ca kārake saṃjñāyām //（P.3.3.19）”的控制之下。在这种情况下，vāsanā 可以作为非主动者（akartṛ）的造者（kāraka），且是专有名词。根据经文“karturīpsitatamaṃ karma //（P.1.4.49）”可知，行为者最希求得到的是“业”。如果采用“业”（karman）这一造者代表结果时，那么 vāsanā 指的是二取的习惯留下来的“熏习成果”，本质上是受熏的种子和熏习而成的新种子。

此处的 vāsanā 是指“取”的这种习惯，翻译为“习气”，为阴性词。

grāha-dvaya-vāsanayā

世俗拆分：grāhadvayasya vāsanā。

非世俗拆分：grāhadvaya+ṅas+vāsanā+su。

名词词基：grāhadvaya（成对的取）；vāsanā（习气）。

演变过程：

grāhadvaya+**ṅas**+ vāsanā+su	ṣaṣṭhī // （P.2.2.8）	第六格与以格尾收尾的词构成依主释复合词。
grāhadvaya+ṅas+ vāsanā+su	kṛttaddhitasamāsāśca // （P.1.2.46）	有意义的复合词是名词词基。
grāhadvaya+vāsanā	supo dhātuprātipadikayoḥ // （P.2.4.71） pratyayasya lukślulupaḥ // （P.1.1.61）	词根、名词词基中蕴含的格尾由消隐（luk）替换。 luk、ślu、lup 是词缀的消隐替换。消隐是不显现。
grāhadvaya+vāsanā	prathamānirdiṣṭaṃ samāsa upasarjanam // （P.1.2.43）	于复合词一节中，第一格所指示的是附属词。 [针对经文 P.2.2.8。]
grāhadvaya+vāsanā	upasarjanaṃ pūrvam // （P.2.2.30）	附属词是前部字。
grāhadvayavāsanā	kṛttaddhitasamāsāśca // （P.1.2.46）	有意义的复合词是名词词基。
grāhadvayavāsanā	paravalliṅgaṃ dvandva-tatpuruṣayoḥ //（P.2.4.26）	相违释和依主释复合词的性如后部字。 [此复合词为阴性。]
grāhadvayavāsanā+**ṭā**	ṅyāpprātipadikāt // （P.4.1.1） svaujasamauṭchaṣ…sup // （P.4.1.2）	在以 ṅī、āp 为末的词后，以及在名词词基后是 su 等格尾。 单数第三格加格尾 ṭā。
grāhadvayavāsan**e**+ṭā	āṅi cāpaḥ // （P.7.3.105）	当遇到单数第三格以及双数第六、七格时，e 音替换末音 ā。

grāhadvayavāsane+ā	tasya lopaḥ // （P.1.3.9）	ṭā 的符号 ā 由消隐替换。
grāhadvayavāsan**ay**+ā	eco 'yavāyāvaḥ // （P.6.1.78）	遇到元音时，复合元音应由 ay、av、āy、āv 替换。
grāhadvayavāsanayā	suptiṅantaṃ padam // （P.1.4.14）	以格尾为末的是字。

小结：

grāhadvaya-vāsanā 是依主释复合词，含义是“成对的取的习气”。

grāhadvayavāsanayā 是阴性，单数，第三格，翻译为“与成对的取的习气（一起）”。

saha

名词词基：saha（伴同）。

演变过程：

saha	arthavadadhāturapratyayaḥ prātipadikam //（P.1.2.45）	既非词根，亦非词缀，有意义的（词）是名词词基。 [saha 是不可拆分（avyutpanna）的名词词基。]
saha+**sup**	ṅyāpprātipadikāt // （P.4.1.1） svaujasamauṭchaṣ…sup // （P.4.1.2）	在以 ṅī、āp 为末的词后，以及在名词词基后是 su 等格尾。 根据需求加某一 sup 格尾。
saha+sup	cādayo 'sattve // （P.1.4.57）	非实物意义的 ca 等词是投词（nipāta）。
saha+sup	svarādinipātamavyayam // （P.1.1.37）	投词 saha 是不变词。
saha+（ ）	avyayādāpsupaḥ // （P.2.4.82）	消隐（luk）替换不变词后的格尾。
saha	pratyayasya lukślulupaḥ // （P.1.1.61）	luk、ślu、lup 是词缀的消隐替换。消隐是不显现。
saha	pratyayalope pratyayalakṣaṇam // （P.1.1.62）	词缀消隐后，词缀的因还在。
saha	suptiṅantaṃ padam // （P.1.4.14）	以格尾为末的 saha 是字。

小结：

saha 是投词，不变词，意为“伴同”。

kṣīṇe

词根：第一类动词词根（bhvādigaṇa），1.255 kṣi kṣaye（kṣi 衰退）；第五类动词词根（svādigaṇa），5.30 kṣi hiṃsāyām（kṣi 杀）；第九类动词词根（kryādigaṇa），9.35 kṣiṣ hiṃsāyām（kṣi 杀）。

直接后缀：kta。

演变过程：

kṣi+**kta**	niṣṭhā// （P.3.2.102） ktaktavatū niṣṭhā // （P.1.1.26）	在体现过去意义时，词根后加成就词缀。 kta 和 ktavatu 是成就词缀。
kṣi+ta	tasya lopaḥ // （P.1.3.9）	kta 的符号 k 由消隐替换。
kṣi+**ta**	ārdhadhātukaṃ śeṣaḥ // （P.3.4.114）	全界之外的（kta）是半界词缀。
kṣi+**iṭ**+ta	ārdhadhātukasyeḍvalādeḥ // （P.7.2.35）	在以对收 val 为首位音的半界词缀前，插入联系元音 iṭ。
kṣi+ta	ekāca upadeśe 'nudāttāt // （P.7.2.10）	于原始发音状态的非高音的单音节词根之后不加 iṭ。
kṣ**ī**+ta	niṣṭhāyāmaṇyadarthe // （P.6.4.60）	当加成就词缀不表达必要分词含义时，词根 kṣi 中的 i 音由长音替换。
kṣī+**na**	kṣiyo dīrghāt // （P.8.2.46）	当 kṣi 的 i 音变长时，成就词缀 ta 由 na 替换。
kṣī+**ṇ**a	aṭkupvāṅnumvyavāye 'pi // （P.8.4.2）	即使有元音、半元音、h 音、喉音族、唇音族、ā 音以及 n 音的加入，r、ṣ 音之后的 n 音也应由 ṇ 音替换。
kṣīṇa	kṛttaddhitasamāsāśca // （P.1.2.46）	以直接后缀为末的是名词词基。
kṣīṇa+**ṅi**	ṅyāpprātipadikāt // （P.4.1.1） svaujasamauṭchaṣ…sup // （P.4.1.2）	在以 ṅī、āp 为末的词后，以及在名词词基后是 su 等格尾。 单数第七格加格尾 ṅi。
kṣīṇa+i	tasya lopaḥ // （P.1.3.9）	ṅi 的符号 ṅ 由消隐替换。
kṣīṇ+**e**	ādguṇaḥ // （P.6.1.87）	a 音后遇元音时，由一个二合元音替换前后两音位。
kṣīṇe	suptiṅantaṃ padam // （P.1.4.14）	以格尾为末的是字。

小结：

词根 kṣi 加 kta 词缀依据的经文是 P.6.4.60。该经文指出此时 kta 不表必要分词 ṇyat 的含义。也就是说经文 P.6.4.60 是对经文“tayor eva kṛtya-kta-khalarthāḥ //（P.3.4.70）”的否定。即 kṣīṇa 表过去，但不表被动，故表达的是主动的含义。这反映异熟果（vipāka）的消失不是被谁灭的，而是自然灭的。这也反映了经量部和瑜伽行派“灭不待因”的思想。这区别于说一切有部认为事物的消灭是被动的，需要一个灭因——生住异灭四相中的灭相。如果灭要待因，具有被动性，那么此处“灭”一词应该为 kṣita。

kṣīṇe 是阳性，单数，第七格，含义是“已灭时”。

pūrva

词根：第一类动词词根（bhvādigaṇa），1.607 pūrva pūraṇe（pūrv 充满）。

直接后缀：ac。

演变过程（一）：

pūrv+**ac**	nandigrahipacādibhyo lyuṇinyacaḥ //（P.3.1.134）	加在 nandi、grahi、pac 等词根后的是直接后缀 lyu、ṇini、ac，表主动者的含义。[实际上所有词根都可加 ac。]
pūrv+**ac**	ārdhadhātukaṃ śeṣaḥ //（P.3.4.114）	全界词缀之外的（ac）是半界词缀。
pūrv+a	tasya lopaḥ //（P.1.3.9）	ac 的符号 c 由消隐替换。
pūrv+a	yasmātpratyayavidhistadādi pratyaye 'ṅgam //（P.1.4.13）	其后安排了词缀的词，以此词为始，在词缀前叫词干。
pūrva	kṛttaddhitasamāsāśca //（P.1.2.46）	直接后缀为末的是名词词基。
pūrva	sarvādīni sarvanāmāni //（P.1.1.27）	sarva 等词是代词。

词根：第十类动词词根（curādigaṇa），10.127 pūrva nivāse（pūrv 居住）。

直接后缀：ac。

演变过程（二）：

pūrv+**ṇic**	satyāpa…cūrādibhyo ṇic //（P. 3.1.25）	第十类动词词根本身必须加上 ṇic 词缀，表原义。
pūrv+**ṇic**	ārdhadhātukaṃ śeṣaḥ //（P.3.4.114）	全界词缀之外的（ṇic）是半界词缀。
pūrv+ṇic	yasmātpratyayavidhistadādi pratyaye 'ṅgam //（P.1.4.13）	其后安排了词缀的词，以此词为始，在词缀前叫词干。

pūrv+ṇic	sanādyantā dhātavaḥ // （P.3.1.32）	以 ṇic 词缀落尾的是新词根。
pūrv+ṇic+**ac**	nandigrahipacādibhyo lyuṇinyacaḥ //（P.3.1.134）	加在 nandi、grahi、pac 等词根后的是直接后缀 lyu、ṇini、ac，表主动者的含义。 [实际上所有词根都可加 ac。]
pūrv+ṇic+**ac**	ārdhadhātukaṃ śeṣaḥ // （P.3.4.114）	全界词缀之外的（ac）是半界词缀。
pūrv+ṇic+a	tasya lopaḥ // （P.1.3.9）	ac 的符号 c 由消隐替换。
pūrv+ṇic+**a**	ārdhadhātukasyeḍvalādeḥ // （P.7.2.35）	在以对收 val 为首位音的半界词缀前，插入联系元音 iṭ。 [但 ac 不在其中，为 aniṭ 词缀。]
pūrv+（ ）+a	ṇeraniṭi // （P.6.4.51）	当遇到 aniṭ 半界词缀时，消隐（lopa）替换前面的 ṇic。
pūrv+（ ）+a	pratyayalope pratyayalakṣaṇam // （P.1.1.62）	ṇic 词缀消隐后，ṇic 词缀的因还在。
pūrv+（ ）+a	sanādyantā dhātavaḥ // （P.3.1.32）	“pūrv+（ ）”仍是新词根。
pūrv+（ ）+a	yasmātpratyayavidhistadādi pratyaye 'ṅgam //（P.1.4.13）	其后安排了词缀的词，以此词为始，在词缀前叫词干。
pūrv+a	adarśanaṃ lopaḥ // （P.1.1.60）	不显现的是消隐。
pūrva	kṛttaddhitasamāsāśca // （P.1.2.46）	直接后缀为末的是名词词基。
pūrva	sarvādīni sarvanāmāni // （P.1.1.27）	sarva 等词是代词。

小结：

经文 P.3.1.134 形成的词汇有主动者的含义。因此 pūrva 作为代词含义是“前者”。

经文 P.3.3.18、P.3.3.19、P.3.3.56 以及经文“halaśca //（P.3.3.121）”都可形成 pūrva，但该词只是阳性。而由经文“ardharcāḥ puṃsi ca //（P.2.4.31）”可知，pūrva 是属于 ardharca 群中的词，是兼有阳性、中性的词。所以 pūrva 一词应该由经文 P.3.1.134 形成。

vipāka

词根：第一类动词词根（bhvādigaṇa），1.1045 ḍupacaṣ pāke（pac 烧煮）。

近置词：vi（viśeṣe 差异，viśleṣe 分离）。[依据：upasargāḥ kriyāyoge //（P.1.4.59）。]

直接后缀：ghañ。

演变过程：

vi+pac+**ghañ**	bhāve // （P.3.3.18） 或 akartari ca kārake saṃjñāyām // （P.3.3.19）	当表达达到已成就状态的词根意义时，词根后加 ghañ 词缀。 当作术语时，（加 ghañ 词缀）也表示造者，但主动者除外。
vi+pac+**ghañ**	ārdhadhātukaṃ śeṣaḥ // （P.3.4.114）	全界词缀之外的（ghañ）是半界词缀。
vi+pac+a	tasya lopaḥ // （P.1.3.9）	ghañ 的符号 gh、ñ 由消隐替换。
vi+**pac**+a	yasmātpratyayavidhistadādi pratyaye 'ṅgam //（P.1.4.13）	其后安排了词缀的词，以此词为始，在词缀前叫词干。
vi+pa**k**+a	cajoḥ ku ghiṇṇyatoḥ // （P.7.3.52）	c 和 j 由喉音替换，当遇到 gh 和 ṇyat 时。 [ghañ 中有 gh 符号。]
vi+p**ā**k+a	ata upadhāyāḥ // （P.7.2.116）	遇 ñ、ṇ 符号的后缀时，词干倒数第二的 a 音由三合元音替换。
vipāka	kṛttaddhitasamāsāśca // （P.1.2.46）	直接后缀 ghañ 为末的 vipāka 是名词词基。

小结：

如果 vipāka 是依据“bhāve //（P.3.3.18）”加直接后缀 ghañ 而成的话，表达的是行为达到的已成就状态，翻译为“异熟”。

如果 vipāka 是依据“akartari ca kārake saṃjñāyām //（P.3.3.19）”加直接后缀 ghañ 而成的话，vipāka 可以作为非主动者（akartṛ）的造者（kāraka），且是专有名词。根据经文“karturīpsitatamaṃ karma //（P.1.4.49）”可知，行为者最希望得到的是业（karman）。因此 vipāka 采用“业”这种造者，作为专有名词，可以命名为“结果”“效果”等。在佛典中 vipāka 可翻译为“异熟果”；另一方面，依据经文“karmaṇā yamabhipraiti sa sampradānam（P.1.4.32）”可知，以给予的业为途径要达到的那个叫作受用者。如果 vipāka 采用受用者（sampradāna）这一造者时，vipāka 可以翻译为“异熟受者”。如安慧在《唯识三十颂疏》中解释本颂时提到，“**upabhuktād** vipākād anyad vipākaṃ tad eva ālayavijñānaṃ janayanti /”[离（前）受用异熟，它们使得另一彼异熟阿赖耶识出生]。由此可知 vipāka 兼具“异熟果”和“异熟受者”双重含义，即生命体既是异熟果体，也是异熟（果的）承受体、受报体。这从而解决了有业报而无轮回主体的问题。本颂的 vipāka 采用这种理解，翻译为“异熟（果体/报体）”。

pūrva-vipāke

世俗拆分：pūrvo vipākaḥ。

非世俗拆分：pūrva+su+vipāka+su。

名词词基：pūrva（前者）；vipāka（异熟果体，异熟报体）。

演变过程：

pūrva+su+vipāka+su	pūrva-apara-prathama……madyama-vīrāśca //（P.2.1.58）	pūrva、apara 等词与一个格尾一样的词构成依主释复合词。
pūrva+su+vipāka+su	tatpuruṣaḥ samānādhikaraṇaḥ karmadhārayaḥ //（P.1.2.42）	具有一致的语法关系的依主释（复合词）是持业释（复合词）。
pūrva+su+vipāka+su	kṛttaddhitasamāsāśca //（P.1.2.46）	有意义的复合词是名词词基。
pūrva+vipāka	supo dhātuprātipadikayoḥ //（P.2.4.71） pratyayasya lukślulupaḥ //（P.1.1.61）	词根、名词词基中蕴含的格尾由消隐（luk）替换。 luk、ślu、lup 是词缀的消隐替换。消隐是不显现。
pūrva+vipāka	prathamānirdiṣṭaṃ samāsa upasarjanam //（P.1.2.43）	于复合词一节中，第一格所指示的是附属词。[针对经文 P.2.1.58。]
pūrva+vipāka	upasarjanaṃ pūrvam //（P.2.2.30）	附属词是前部字。
pūrvavipāka	kṛttaddhitasamāsāśca //（P.1.2.46）	复合词是名词词基。
pūrvavipāka+**ṅi**	ṅyāpprātipadikāt //（P.4.1.1） svaujasamauṭchaṣ…sup //（P.4.1.2）	在以 ṅī、āp 为末的词后，以及在名词词基后是 su 等格尾。 单数第七格加格尾 ṅi。
pūrvavipāka+i	tasya lopaḥ //（P.1.3.9）	ṅi 的符号 ṅ 由消隐替换。
pūrvavipāk+**e**	ādguṇaḥ //（P.6.1.87）	a 音后遇元音时，由一个二合元音替换前后两音位。
pūrvavipāke	suptiṅantaṃ padam //（P.1.4.14）	以格尾为末的是字。

小结：

pūrvavipāka 是持业释复合词，前部字 pūrva 与后部字 vipāka 有一致的语法关系，含义是“先前的异熟（果体/报体）”。

pūrvavipāke 是阳，单数，第七格，含义是“在前异熟（果体/报体）……时”。

’nyad

词根：第二类动词词根（adādigaṇa），2.61 ana prāṇane（an 呼吸）；第四类动词词根（divādigaṇa），4.66 ana prāṇane（an 呼吸）。

直接后缀：ya。

演变过程：

an+**ya**	māchāsasibhyo yaḥ //（Uṇādisūtra 4.109）	直接后缀 ya 加在词根 mā、cho、ṣasa 之后。[Swāmi Dayānand 认为 anya 也是根据此规则构成的。①]
an+**ya**	ārdhadhātukaṃ śeṣaḥ //（P.3.4.114）	全界词缀之外的（ya）是半界词缀。
an+ya	yasmātpratyayavidhistadādi pratyaye ’ṅgam //（P.1.4.13）	其后安排了词缀的词，以此词为始，在词缀前叫词干。
anya	kṛttaddhitasamāsāśca //（P.1.2.46）	以直接后缀 kta 为末的是名词词基。
anya	sarvādīni sarvanāmāni //（P.1.1.27）	anya 是在以 sarva 为首的群中的代词。
anya+**am**	ṅyāpprātipadikāt //（P.4.1.1） svaujasamauṭchaṣ…sup //（P.4.1.2）	在以 ṅī、āp 为末的词后，以及在名词词基后是 su 等格尾。 单数第二格加格尾 am。
anya+**adḍ**	adḍ itarādibhyaḥ pañcabhyaḥ //（P.7.1.25）	中性的代词 anya 的单数格尾 su、am 由 adḍ 替换
anya+adḍ	yasmātpratyayavidhistadādi pratyaye ’ṅgam //（P.1.4.13）	其后安排了词缀的词，以此词为始，在词缀前叫词干。
anya+ad	tasya lopaḥ //（P.1.3.9）	adḍ 的符号 ḍ 由消隐替换。
any+ad	ṭeḥ //（P.6.4.143）	遇到 ḍ 符号时，词干末音节由消隐替换。
anyad	suptiṅantaṃ padam //（P.1.4.14）	以格尾为末的是字。
’nyad	eṅaḥ padāntādati //（P.6.1.109）	字末的 e、o 音后，遇短元音 a 时，前面的元音形式是唯一的替代。
’nya**d**	jhalāṃ jaśo ’nte //（P.8.2.39）	字末的 jhal 对收音由 jaś 对收音替换。

① Srisa Chandra Vasu & Vāman Dās Vasu. *The Siddhanta Kaumudi of Bhattoji Dikshita* ,Vol.2, Part 2, Allahabad: The Panini Office, Bhuvaneshvari Ashram, 1907, p.287.

小结：

根据经文“adaḍ itarādibhyaḥ pañcabhyaḥ（P.7.2.25）”可知代词 anya 的单数格尾 su、am 由 adaḍ 替换，形成 anyad。故此处 anya 为代词，含义是“其他”。

anyad 是阳性，单数，第二格，含义是“另一”，指代的是本颂阳性的 vipākam。

vipākaṃ

词根：第一类动词词根（bhvādigaṇa），1.1045 ḍupacaṣ pāke（pac 烧煮）。

近置词：vi（viśeṣe 差异，viśleṣe 分离）。[依据：upasargāḥ kriyāyoge //（P.1.4.59）。]

直接后缀：ghañ。

演变过程：

vi+pac+**ghañ**	bhāve // （P.3.3.18） 或 akartari ca kārake saṃjñāyām // （P.3.3.19）	当表达达到已成就状态的词根意义时，词根后加 ghañ 词缀。 当作术语时，（加 ghañ 词缀）也表示造者，但主动者除外。
vi+pac+**ghañ**	ārdhadhātukaṃ śeṣaḥ // （P.3.4.114）	全界词缀之外的（ghañ）是半界词缀。
vi+pac+a	tasya lopaḥ // （P.1.3.9）	ghañ 的符号 gh、ñ 由消隐替换。
vi+**pac**+a	yasmātpratyayavidhistadādi pratyaye 'ṅgam //（P.1.4.13）	其后安排了词缀的词，以此词为始，在词缀前叫词干。
vi+pa**k**+a	cajoḥ ku ghiṇṇyatoḥ // （P.7.3.52）	c 和 j 由喉音替换，当遇到 gh 和 ṇyat 时。 [ghañ 中有 gh 符号。]
vi+p**ā**k+a	ata upadhāyāḥ // （P.7.2.116）	遇 ñ、ṇ 符号的后缀时，词干倒数第二的 a 音由三合元音替换。
vipāka	kṛttaddhitasamāsāśca // （P.1.2.46）	直接后缀 ghañ 为末的 vipāka 是名词词基。
vipāka+**am**	ṅyāpprātipadikāt // （P.4.1.1） svaujasamauṭchaṣ…sup // （P.4.1.2）	在以 ṅī、āp 为末的词后，以及在名词词基后是 su 等格尾。 单数第二格加格尾 am。
vipāk+**a**+m	ami pūrvaḥ // （P.6.1.107）	在 a、ā 以及单元音后，遇到 am 的元音时，前面的元音形式是唯一的替代。
vipākam	suptiṅantaṃ padam // （P.1.4.14）	以格尾为末的是字。
vipāka**ṃ**	mo 'nusvāraḥ // （P.8.3.23）	字末的 m 音在辅音前由鼻腔音替代。

vipāka**ñ**	anusvārasya yayi parasavarṇaḥ //（P.8.4.58）	遇到除咝音和 h 音以外的辅音时，后面的同类音替换鼻腔音。
vipākaṃ	vā padāntasya //（P.8.4.59）	字末的同类鼻音的替换可做可不做。

小结：

如果 vipāka 是依据"bhāve //（P.3.3.18）"加直接后缀 ghañ 而成的话，表达的是行为达到的已成就状态，翻译为"异熟"。

如果 vipāka 是依据"akartari ca kārake saṃjñāyām //（P.3.3.19）"加直接后缀 ghañ 而成的话，vipāka 可以作为非主动者（akartṛ）的造者（kāraka），且是专有名词。根据经文"kartur̄īpsitatamaṃ karma //（P.1.4.49）"可知，行为者最希望得到的是业（karman）。因此 vipāka 采用"业"这种造者，作为专有名词，可以命名为"结果""效果"等。在佛典中 vipāka 可翻译为"异熟果"；另一方面，依据经文"karmaṇā yamabhipraiti sa sampradānam（P.1.4.32）"可知，以给予的业为途径要达到的那个叫作受用者。如果 vipāka 采用受用者（sampradāna）这一造者时，vipāka 可以翻译为"异熟受者"。如安慧在《唯识三十颂疏》中解释本颂时提到，"**upabhuktād** vipākād anyad vipākaṃ tad eva ālayavijñānaṃ janayanti /" [离（前）受用异熟，它们使得另一彼异熟阿赖耶识出生]。由此可知 vipāka 兼具"异熟果"和"异熟受者"双重含义，即生命体既是异熟果体，也是异熟（果的）承受体、受报体。这从而解决了有业报而无轮回主体的问题。

此处的 vipāka 采用这种理解，翻译为"异熟（果体/报体）"。

vipākam 为阳性，单数，第二格，含义是"异熟（果体/报体）"。

janayanti

词根：第四类动词词根（divādigaṇa），4.41 janī prādurbhāve（jan 生，创造）。

演变过程：

jan+**ṇic**	hetumati ca //（P.3.1.26）	当表达使役含义时，加 ṇic 词缀。[ṇ、c 是符号。]
jan+**ṇic**	ārdhadhātukaṃ śeṣaḥ //（P.3.4.114）	ṇic 是半界词缀。
jan+ṇic	yasmātpratyayavidhistadādi pratyaye 'ṅgam //（P.1.4.13）	其后安排了词缀的词，以此词为始，在词缀前叫词干。
j**ā**n+ṇic	ata upadhāyāḥ //（P.7.2.116）	遇 ñ、ṇ 符号的后缀时，词干倒数第二的 a 音由三合元音替换。

jan+ṇic	ghaṭādayo mitaḥ //[①] （Dhātupāṭha Gaṇasūtra） mitāṃ hrasvaḥ // （P.6.4.92）	ghaṭ 为首的词根群有 mit 的术语称谓。[janī 是 ghaṭādi 群中的 1.862 号词根。] 当词根有 mit 的术语称谓时，ṇic 前面词根的倒数第二字母的长元音变短。
jan+i	tasya lopaḥ // （P.1.3.9）	消隐替换 ṇic 的符号 ṇ、c。
jani	sanādyantā dhātavaḥ // （P.3.1.32）	以 ṇic 词缀落尾的“jani”是新词根。
jani+**laṭ**	vartamāne laṭ // （P.3.2.123）	laṭ（第一罗）表示正在发生。
jani+l	tasya lopaḥ // （P.1.3.9）	消隐替换 laṭ 的符号 a、ṭ。
jani+**jhi**	laḥ parasmaipadam // （P.1.4.99） śeṣāt kartari parasmaipadam //（P.1.3.78） tiptasjhi…iḍvahimahiṅ // （P.3.4.78）	替换罗的是主动语态。 排除了中间语态因素的词根后是主动语态。格尾表主动者。 主动语态第三人称复数的 laṭ 的替换是 jhi。
jani+**jhi**	tiṅśit sārvadhātukam // （P.3.4.113）	tiṅ、带符号 ś 的词缀是全界。
jani+**śap**+jhi	kartari śap // （P.3.1.68）	遇到表示主动者为目的全界词缀时，词根后加插入音 śap。
jani+**śap**+jhi	tiṅśit sārvadhātukam // （P.3.4.113）	tiṅ、带符号 ś 的词缀是全界。
jani+a+jhi	tasya lopaḥ // （P.1.3.9）	消隐替换 śap 的符号 ś、p。
jani+a+jhi	yasmātpratyayavidhistadādi pratyaye 'ṅgam //（P.1.4.13）	其后安排了词缀的词，以此词为始，在词缀前叫词干。
jan**e**+a+jhi	sārvadhātukārdhadhātukayoḥ // （P.7.3.84）	遇到全界词缀，词干的末元音 i 由二合元音（guṇa）替换。
jan**ay**+a+jhi	eco 'yavāyāvaḥ // （P.6.1.78）	遇到元音时，复合元音应由 ay、av、āy、āv 替换。
janay+a+**anti**	jho 'ntaḥ // （P.7.1.3）	替换 jh 音的是 ant。
janay+**a**+nti	ato guṇe // （P.6.1.97）	a 音后遇二合元音时，后面的元音形式是唯一的替代。

① Otto Böhtlingk, *Pāṇini's Grammatik*, Vol.II, Delhi: Motilal Banarsidass Publishers Private Limited, 1998, p.67.

janayanti	suptiṅantaṃ padam //（P.1.4.14）	以语尾为末的 janayanti 是字。

小结：

janayanti 的词根是第四类动词词根 jan（生，创造）加表使役含义的 ṇic 词缀后变成新的词根 jani。根据经文"ṇicaśca //（P.1.3.74）"可知，加 ṇic 的新词根后也可以加中间语态而形成 janayante。但中间语态表示行为的结果涉及行动者。因此，如果该颂使用 janayante 的话，意味着前世善恶业熏习的种子生成此世的阿赖耶识的行为，会反过来作用于作为能生者的业习种子，这会造成无限因果循环。而主动语态的行为则是为了他者，没有以上的悖论。

janayanti 是现在时，陈述语气，主动语态，第三人称，复数，翻译为"使它们生"。

tat

名词根：第八类动词词根（tanādigaṇa），8.1 tanu vistāre（tan 扩展）。

直接后缀：adi。

演变过程：

tan+**adi**	tyajitaniyajbhyo ḍit //（Uṇādisūtra 1.132）	词根 tyaj、tan、yaj 后加直接后缀 adi。该词缀如同带 ḍ 符号。
tan+**adi**	ārdhadhātukaṃ śeṣaḥ //（P.3.4.114）	全界之外的（adi）是半界词缀。
tan+ad	tasya lopaḥ //（P.1.3.9）	adi 的符号 i 由消隐替换。
tan+ad	yasmātpratyayavidhistadādi pratyaye 'ṅgam //（P.1.4.13）	其后安排了词缀的词，以此词为始，在词缀前叫词干。
t+ad	ṭeḥ //（P.6.4.143）	遇到 ḍ 符号时，词干末音节由消隐替换。
tad	kṛttaddhitasamāsāśca //（P.1.2.46）	以直接后缀为末的是名词词基。
tad	sarvādīni sarvanāmāni //（P.1.1.27）	sarva 等词是代词。
tad+**su**	ṅyāpprātipadikāt //（P.4.1.1） svaujasamauṭchaṣ…sup //（P.4.1.2）	在以 ṅī、āp 为末的词后，以及在名词词基后是 su 等格尾。 单数第一格加格尾 su。
tad+（ ）	svamornapuṃsakāt //（P.7.1.23）	中性词后，su 和 am 由消隐（luk）替换。

tad	pratyayasya lukślulupaḥ // （P.1.1.61）	luk、ślu、lup 是词缀的消隐替换。消隐是不显现。
tad	pratyayalope pratyayalakṣaṇam // （P.1.1.62）	词缀消隐后，词缀的因还在。
tad	suptiṅantaṃ padam // （P.1.4.14）	以格尾为末的 tad 是字。
tat	vāvasāne // （P.8.4.56）	在停顿时，以 jhal 为对收的辅音可以由清辅音替换。

小结：

tad 是代词，中性，单数，第一格，意为“彼”。此处的 tad 应该指代的是中性词 ālaya-vijñāna（阿赖耶识）。

第二十颂

येन येन विकल्पेन यद्यद् वस्तु विकल्प्यते ।
परिकल्पित एवासौ स्वभावो न स विद्यते ॥२०॥

yena yena vikalpena yad yad vastu vikalpyate /
parikalpita eva asau sva-bhāvo na sa vidyate //20//

玄奘译：由彼彼遍计，遍计种种物，此遍计所执，自性无所有。

真谛译《转识论》：记曰：如是如是分别，若分别如是如是类，此类类名分别性。此但唯有名，名所显体实无。此所显体实无。

霍韬晦译：由彼彼分别，种种物分别。此遍计所执自性，无所有。

现译：依据种种分别状况，有被分别的种种物体。彼正因是被遍计所执的，（故）其不存在自性。

yena

词根：第一类动词词根（bhvādigaṇa），1.1051 yaja devapūjāsaṃgatikaraṇadāneṣu（yaj 有牺牲品的祭祀，荣耀，奉献）。

直接后缀：adi。

演变过程：

yaj+**adi**	tyajitaniyajbhyo ḍit //（Uṇādisūtra 1.132）	词根 tyaj、tan、yaj 后加直接后缀 adi。该词缀如同带 ḍ 符号。
yaj+**adi**	ārdhadhātukaṃ śeṣaḥ //（P.3.4.114）	全界之外的（adi）是半界词缀。
yaj+ad	tasya lopaḥ //（P.1.3.9）	adi 的符号 i 由消隐替换。
yaj+ad	yasmātpratyayavidhistadādi pratyaye 'ṅgam //（P.1.4.13）	其后安排了词缀的词，以此词为始，在词缀前叫词干。
y+ad	ṭeḥ //（P.6.4.143）	遇到 ḍ 符号时，词干末音节由消隐替换。

yad	kṛttaddhitasamāsāśca //（P.1.2.46）	以直接后缀为末的是名词词基。
yad	sarvādīni sarvanāmāni //（P.1.1.27）	sarva 等词是代词。
yad+**ṭā**	ṅyāpprātipadikāt //（P.4.1.1） svaujasamauṭchaṣ…sup //（P.4.1.2）	在以 ṅī、āp 为末的词后，以及在名词词基后是 su 等格尾。 单数第三格加格尾 ṭā。
ya+**a**+ṭā	tyadādīnāmaḥ //（P.7.2.102）	遇到词尾时，tyad 等代词的末音的替换是 a 音。
y+**a**+ṭā	āto guṇe //（P.6.1.97）	非字末的 a 音遇到二合元音时，前后两者的音位由后者的元音形式作唯一替换。
y+a+**ina**	ṭāṅasiṅasāminātsyāḥ //（P.7.1.12）	替换 ṭā、ṅasi、ṇas 的是 ina、āt、sya。
y+**e**+na	ādguṇaḥ //（P.6.1.87）	a 音后遇元音时，由一个二合元音替换前后两音位。
yena	suptiṅantaṃ padam //（P.1.4.14）	以格尾为末的 yena 是字。

小结：

yean 是代词，阳性，单数，第三格，表原因，含义是“依据那”。

yena

词根：第一类动词词根（bhvādigaṇa），1.1051 yaja devapūjāsaṃgatikaraṇadāneṣu（yaj 有牺牲品的祭祀，荣耀，奉献）。

直接后缀：adi。

演变过程：

yaj+**adi**	tyajitaniyajbhyo ḍit //（Uṇādisūtra 1.132）	在词根 tyaj、tan、yaj 后加直接后缀 adi。该词缀如同带有 ḍ 符号。
yaj+**adi**	ārdhadhātukaṃ śeṣaḥ //（P.3.4.114）	全界之外的（adi）是半界词缀。
yaj+ad	tasya lopaḥ //（P.1.3.9）	adi 的符号 i 由消隐替换。
yaj+ad	yasmātpratyayavidhistadādi pratyaye 'ṅgam //（P.1.4.13）	其后安排了词缀的词，以此词为始，在词缀前叫词干。
y+ad	ṭeḥ //（P.6.4.143）	遇到 ḍ 符号时，词干末音节由消隐替换。

yad	kṛttaddhitasamāsāśca //（P.1.2.46）	以直接后缀为末的是名词词基。
yad	sarvādīni sarvanāmāni //（P.1.1.27）	sarva 等词是代词。
yad+**ṭā**	ṅyāpprātipadikāt //（P.4.1.1） svaujasamauṭchaṣ…sup //（P.4.1.2）	在以 ṅī、āp 为末的词后，以及在名词词基后是 su 等格尾。 单数第三格加格尾 ṭā。
ya+**a**+ṭā	tyadādīnāmaḥ //（P.7.2.102）	遇到词尾时，tyad 等代词的末音的替换是 a 音。
y+**a**+ṭā	āto guṇe //（P.6.1.97）	非字末的 a 音遇到二合元音时，前后两者的音位由后者的元音形式作唯一替换。
y+a+**ina**	ṭāṅasiṅasāminātsyāḥ //（P.7.1.12）	替换 ṭā、ṅasi、ṇas 的是 ina、āt、sya。
y+**e**+na	ādguṇaḥ //（P.6.1.87）	a 音后遇元音时，由一个二合元音替换前后两音位。
yena	suptiṅantaṃ padam //（P.1.4.14）	以格尾为末的 yena 是字。

小结：

yean 是代词，阳性，单数，第三格，表原因，含义是“依据那”。

根据经文“nityavīpsayoḥ //（P.8.1.4）”可知，整词重复是表达“总是”或“每一”的意思，因此此颂中“yean yean”的重复，表达“依据种种”的含义。

vikalpena

词根：第一类动词词根（bhvādigaṇa），1.799 kṛpū sāmarthye（kṛp 技能化、功能化）。

近置词：vi（viśeṣe 差别，niśāmane 看、听，vicāre 分析，saṃjñāyām 认识）。[依据：upasargāḥ kriyāyoge //（P.1.4.59）。]

直接后缀：ghañ 或 ac。

演变过程（一）：

kṛpū	bhūvādayo dhātavaḥ //（P.1.3.1）	bhū 等是动词词根。
kṛp	tasya lopaḥ //（P.1.3.9）	kṛpū 的符号 ū 由消隐替换。
kḷp	kṛpo ro laḥ //（P.8.2.18）	kṛpū 词根 ṛ、r 由 ḷ、l 替换。

vi+kḷp+**ghañ** 或 vi+kḷp+**ac**	bhāve // （P.3.3.18） akartari ca kārake saṃjñāyām // （P.3.3.19） 或 nandigrahipacādibhyo lyuṇinyacaḥ //（P.3.1.134）	当表达达到已成就状态的词根意义时，词根后加 ghañ 词缀。 当作术语时，（加 ghañ 词缀）也表示造者，但主动者除外。 加在 nandi、grahi、pac 等词根后的是直接后缀 lyu、ṇini、ac，表主动者的含义。[ac 实际可以加在所有词根后。]
vi+kḷp+**ghañ** **或** vi+kḷp+**ac**	ārdhadhātukaṃ śeṣaḥ // （P.3.4.114）	全界词缀之外的是半界词缀。
vi+kḷp+a	tasya lopaḥ // （P.1.3.9）	ghañ、ac 的符号由消隐替换。
vi+**kḷp**+a	yasmātpratyayavidhistadādi pratyaye 'ṅgam //（P.1.4.13）	其后安排了词缀的词，以此词为始，在词缀前叫词干。
vi+**kalp**+a	pugantalaghūpadhasya ca // （P.7.3.86） uraṇ raparaḥ // （P.1.1.51）	遇到半界和全界词缀时，轻音节词干的排列倒数第二的短元音 i、u、ṛ、ḷ 由二合元音替换。 ḷ 音的替换，需由其后带 l 音的 a、i、u 及其长音来替换。
vikalpa	kṛttaddhitasamāsāśca // （P.1.2.46）	直接后缀为末的是名词词基。
vikalpa+**ṭā**	ṅyāpprātipadikāt // （P.4.1.1） svaujasamauṭchaṣ…sup // （P.4.1.2）	在以 ṅī、āp 为末的词后，以及在名词词基后是 su 等格尾。 单数第三格加格尾 ṭā。
vikalpa+**ina**	ṭāṅasiṅasāminātsyāḥ // （P.7.1.12）	替换 ṭā、ṅasi、ṅas 的是 ina、āt、sya。
vikalp+**e**+na	ādguṇaḥ // （P.6.1.87）	a 音后遇元音时，由一个二合元音替换前后两音位。
vikalpena	suptiṅantaṃ padam // （P.1.4.14）	以格尾为末的是字。

词根：第十类动词词根（curādigaṇa），10.208 kṛpeśca avakalkane（kṛp 涂油）。

近置词：vi（viśeṣe 差别，niśāmane 看、听，vicāre 分析，saṃjñāyām 认识）。[依据：upasargāḥ kriyāyoge //（P.1.4.59）。]

直接后缀：ac。

演变过程（二）：

kṛpa	bhūvādayo dhātavaḥ //（P.1.3.1）	bhū 等是动词词根。
kṛp	tasya lopaḥ //（P.1.3.9）	kṛpa 的符号 a 由消隐替换。
kḷp	kṛpo ro laḥ //（P.8.2.18）	kṛpa 词根 ṛ、r 由 ḷ、l 替换。
klp+**ṇic**	satyāpa…cūrādibhyo ṇic //（P.3.1.25）	第十类动词词根本身必须加上 ṇic 词缀，表原义。
klp+**ṇic**	ārdhadhātukaṃ śeṣaḥ //（P.3.4.114）	ṇic 是半界词缀。
kḷp+ṇic	yasmātpratyayavidhistadādi pratyaye 'ṅgam //（P.1.4.13）	其后安排了词缀的词，以此词为始，在词缀前叫词干。
kalp+ṇic	pugantalaghūpadhasya ca //（P.7.3.86） uraṇ raparaḥ //（P.1.1.51）	遇到半界和全界词缀时，轻音节词干的排列倒数第二的短元音 i、u、ṛ、ḷ 由二合元音替换。 ḷ 音的替换，需由其后带 l 音的 a、i、u 及其长音来替换。
kalp+ṇic	sanādyantā dhātavaḥ //（P.3.1.32）	以 ṇic 词缀落尾的“kalp+ṇic”是新词根。
vi+kalp+ṇic+**ac**	erac //（P.3.3.56） 或 nandigrahipacādibhyo lyuṇinyacaḥ //（P.3.1.134）	i、ī 音落尾的词根后加直接后缀 ac。 加在 nandi、grahi、pac 等词根后的是直接后缀 lyu、ṇini、ac，表主动者的含义。[ac 实际可以加在所有词根后。]
vi+kalp+ṇic+**ac**	ārdhadhātukaṃ śeṣaḥ //（P.3.4.114）	ac 是半界词缀。
vi+kalp+ṇic+a	tasya lopaḥ //（P.1.3.9）	ac 的符号 c 由消隐替换。
vi+kalp+ṇic+**a**	ārdhadhātukasyeḍvalādeḥ //（P.7.2.35）	在以对收 val 为首位音的半界词缀前，插入联系元音 iṭ。 [但 ac 不在其中，是 aniṭ 词缀。]
vi+kalp+（ ）+a	ṇeraniṭi //（P.6.4.51）	当遇到 aniṭ 半界词缀时，消隐（lopa）替换前面的 ṇic。
vi+kalp+（ ）+a	pratyayalope pratyayalakṣaṇam //（P.1.1.62）	ṇic 词缀消隐后，ṇic 词缀的因还在。
vi+**kalp+**（ ）+a	sanādyantā dhātavaḥ //（P.3.1.32）	“kalp+（ ）”仍是新词根。
vi+**kalp+**（ ）+a	yasmātpratyayavidhistadādi pratyaye 'ṅgam //（P.1.4.13）	其后安排了词缀的词，以此词为始，在词缀前叫词干。
vi+kalp+a	adarśanaṃ lopaḥ //（P.1.1.60）	不显现的是消隐。

vikalpa	kṛttaddhitasamāsāśca //（P.1.2.46）	直接后缀为末的 vikalpa 是名词词基。
vikalpa+**ṭā**	ṅyāpprātipadikāt //（P.4.1.1） svaujasamauṭchaṣ…sup //（P.4.1.2）	在以 ṅī、āp 为末的词后，以及在名词词基后是 su 等格尾。 单数第三格加格尾 ṭā。
vikalpa+**ina**	ṭāṅasiṅasāminātsyāḥ //（P.7.1.12）	替换 ṭā、ṅasi、ṇas 的是 ina、āt、sya。
vikalp+**e**+na	ādguṇaḥ //（P.6.1.87）	a 音后遇元音时，由一个二合元音替换前后两音位。
vikalpena	suptiṅantaṃ padam //（P.1.4.14）	以格尾为末的是字。

小结：

一者，vikalpa 若是依据“bhāve //（P.3.3.18）”加直接后缀 ghañ 而成的，或依据“erac //（P.3.3.56）”加直接后缀 ac 而成，表达的是行为的已成就状态（siddhabhāva）。即因缘和合之后，达到的已成就状态，故翻译为“分别状态”，但不可翻译为“分别过程”。“分别过程”意味着分别还在演进之中。任何一刹那的分别，无论对错与否，清晰与否，都是一种“已知”状态。

二者，若 vikalpa 是依据经文“akartari ca kārake saṃjñāyām //（P.3.3.19）”加直接后缀 ghañ 而成，或依据“erac //（P.3.3.56）”加直接后缀 ac 而成，还可表达造者（kāraka）的含义，但不能是作者或主动者（kartṛ）。所谓的造者（kāraka），就是行为产生的因。即 vikalpa 还可作为“分别”这一状态的（结构）要素。

三者，若 vikalpa 是依据 P.3.1.134 加直接后缀 ac 构成的话，代表的是分别的主动者（kartṛ）。

综合以上的三重含义，vikalpas 翻译为“分别状况”为好。即分别时，可有虚假的“能分别者”；而作为缘起的转变（pariṇāma）则无“能转变者”。

vikalpena 是阳性，单数，第三格，含义是“依据分别状况”。

yad

词根：第一类动词词根（bhvādigaṇa），1.1051 yaja devapūjāsaṃgatikaraṇadāneṣu（yaj 有牺牲品的祭祀，荣耀，奉献）。

直接后缀：adi。

演变过程：

yaj+**adi**	tyajitaniyajbhyo ḍit //（Uṇādisūtra 1.132）	在词根 tyaj、tan、yaj 后加直接后缀 adi。该词缀如同带 ḍ 符号。
yaj+**adi**	ārdhadhātukaṃ śeṣaḥ //（P.3.4.114）	全界之外的（adi）是半界词缀。
yaj+ad	tasya lopaḥ //（P.1.3.9）	adi 的符号 i 由消隐替换。
yaj+ad	yasmātpratyayavidhistadādi pratyaye 'ṅgam //（P.1.4.13）	其后安排了词缀的词，以此词为始，在词缀前叫词干。
y+ad	ṭeḥ //（P.6.4.143）	遇到 ḍ 符号时，词干末音节由消隐替换。
yad	kṛttaddhitasamāsāśca //（P.1.2.46）	以直接后缀为末的是名词词基。
yad	sarvādīni sarvanāmāni //（P.1.1.27）	sarva 等词是代词。
yad+**su**	ṅyāpprātipadikāt //（P.4.1.1） svaujasamauṭchaṣ…sup //（P.4.1.2）	在以 ṅī、āp 为末的词后，以及在名词词基后是 su 等格尾。 单数第一格加格尾 su。
yad+（ ）	svamornapuṃsakāt //（P.7.1.23）	中性词后，su 和 am 由消隐（luk）替换。
yad	pratyayasya lukślulupaḥ //（P.1.1.61）	luk、ślu、lup 是词缀的消隐替换。消隐是不显现。
yad	pratyayalope pratyayalakṣaṇam //（P.1.1.62）	词缀消隐后，词缀的因还在。
yad	suptiṅantaṃ padam //（P.1.4.14）	以格尾为末的 yad 是字。
yad	jhalāṃ jaśo 'nte //（P.8.2.39）	字末的 jhal 对收音由 jaś 对收音替换。

小结：

yad 是代词，中性，单数，第一格，意为“那”。

yad

词根：第一类动词词根（bhvādigaṇa），1.1051 yaja devapūjāsaṃgatikaraṇadāneṣu（yaj 有牺牲品的祭祀，荣耀，奉献）。

直接后缀：adi。

演变过程：

yaj+**adi**	tyajitaniyajbhyo ḍit // （Uṇādisūtra 1.132）	在词根 tyaj、tan、yaj 后加直接后缀 adi。该词缀如同带 ḍ 符号。
yaj+**adi**	ārdhadhātukaṃ śeṣaḥ // （P.3.4.114）	全界之外的（adi）是半界词缀。
yaj+ad	tasya lopaḥ // （P.1.3.9）	adi 的符号 i 由消隐替换。
yaj+ad	yasmātpratyayavidhistadādi pratyaye 'ṅgam //（P.1.4.13）	其后安排了词缀的词，以此词为始，在词缀前叫词干。
y+ad	ṭeḥ // （P.6.4.143）	遇到 ḍ 符号时，词干末音节由消隐替换。
yad	kṛttaddhitasamāsāśca // （P.1.2.46）	以直接后缀为末的是名词词基。
yad	sarvādīni sarvanāmāni // （P.1.1.27）	sarva 等词是代词。
yad+**su**	ṅyāpprātipadikāt // （P.4.1.1） svaujasamauṭchaṣ…sup // （P.4.1.2）	在以 ṅī、āp 为末的词后，以及在名词词基后是 su 等格尾。 单数第一格加格尾 su。
yad+（ ）	svamornapuṃsakāt // （P.7.1.23）	中性词后，su 和 am 由消隐（luk）替换。
yad	pratyayasya lukślulupaḥ // （P.1.1.61）	luk、ślu、lup 是词缀的消隐替换。消隐是不显现。
yad	pratyayalope pratyayalakṣaṇam // （P.1.1.62）	词缀消隐后，词缀的因还在。
yad	suptiṅantaṃ padam // （P.1.4.14）	以格尾为末的 yad 是字。
ya**d**	jhalāṃ jaśo 'nte // （P.8.2.39）	字末的 jhal 对收音由 jaś 对收音替换。

小结：

yad 是代词，中性，单数，第一格，意为“那”。

根据经文“nityavīpsayoḥ //（P.8.1.4）”可知，整词重复是表达“总是”或“每一”的意思。因此此颂中“yad yad”的重复，表达“种种”的含义。

vastu

词根：第一类动词词根（bhvādigaṇa），1.1054 vasa nivāse（vas 居住）。

直接后缀：tun。

演变过程：

vas+**tun**	vasestun // （Uṇādisūtra 1.75）	词根 vas 后加 tun 直接后缀。
vas+**tun**	ārdhadhātukaṃ śeṣaḥ // （P.3.4.114）	tun 是半界词缀。
vas+tu	tasya lopaḥ // （P.1.3.9）	tun 的符号 n 由消隐替换。
vas+**iṭ**+tu	ārdhadhātukasyeḍvalādeḥ // （P.7.2.35）	在以对收 val 为首位音的半界词缀前，插入联系元音 iṭ。
vas+**tu**	titutratathasisusarakaseṣu ca // （P.7.2.9）	直接后缀 tu 前不加联系元音 iṭ。 [tun 是 aniṭ 词缀。]
vas+tu	yasmātpratyayavidhistadādi pratyaye 'ṅgam //（P.1.4.13）	其后安排了词缀的词，以此词为始，在词缀前叫词干。
vastu	kṛttaddhitasamāsāśca // （P.1.2.46）	直接后缀为末的是名词词基。
vast**u**	hrasvo napuṃsake prātipadikasya // （P.1.2.47）	词为中性时，短元音替换名词词基的末音。
vastu+**su**	ṅyāpprātipadikāt // （P.4.1.1） svaujasamauṭchaṣ…sup // （P.4.1.2）	在以 ṅī、āp 为末的词后，以及在名词词基后是 su 等格尾。 单数第一格加格尾 su。
vastu+（ ）	svamornapuṃsakāt // （P.7.1.23）	中性词后，su 和 am 由消隐（luk）替换。
vastu	pratyayasya lukślulupaḥ // （P.1.1.61）	luk、ślu、lup 是词缀的消隐替换。消隐是不显现。
vastu	pratyayalope pratyayalakṣaṇam // （P.1.1.62）	词缀消隐后，词缀的因还在。
vastu	suptiṅantaṃ padam // （P.1.4.14）	以格尾为末的 vastu 是字。

小结：

vastu 是中性，单数，第一格，含义是“物品”“物体”。

vikalpyate

词根：第十类动词词根（curādigaṇa），10.208 kṛpeśca avakalkane（kṛp 涂油）。

近置词：vi（viśeṣe 差别，niśāmane 看、听，vicāre 分析，saṃjñāyām 认识）。[依据：upasargāḥ kriyāyoge //（P.1.4.59）。]

演变过程：

kṛpa	bhūvādayo dhātavaḥ //（P.1.3.1）	bhū 等是动词词根。
kṛpa	tasya lopaḥ //（P.1.3.9）	kṛpa 的符号 a 由消隐替换。
k**ḷ**p	kṛpo ro laḥ //（P.8.2.18）	kṛpa 词根 ṛ、r 由 ḷ、l 替换。
kḷp+**ṇic**	satyāpa…cūrādibhyo ṇic //（P.3.1.25）	第十类动词词根本身必须加上 ṇic 词缀，表原义。
kḷp+**ṇic**	ārdhadhātukaṃ śeṣaḥ //（P.3.4.114）	ṇic 是半界词缀。
kḷp+ṇic	yasmātpratyayavidhistadādi pratyaye 'ṅgam //（P.1.4.13）	其后安排了词缀的词，以此词为始，在词缀前叫词干。
kalp+ṇic	pugantalaghūpadhasya ca //（P.7.3.86） uraṇ raparaḥ //（P.1.1.51）	遇到半界和全界词缀时，轻音节词干的排列倒数第二的短元音 i、u、ṛ、ḷ 由二合元音替换。 ḷ 音的替换，需由其后带 l 音的 a、i、u 及其长音来替换。
kalp+ṇic	sanādyantā dhātavaḥ //（P.3.1.32）	以 ṇic 词缀落尾的“kalp+ṇic”是新词根。
vi+kalp+ṇic+**laṭ**	vartamāne laṭ //（P.3.2.123）	laṭ（第一罗）表示正在发生。
vi+kalp+ṇic+l	tasya lopaḥ //（P.1.3.9）	消隐替换 laṭ 的符号 a、ṭ。
vi+kalp+ṇic+**ta**	laḥ parasmaipadam //（P.1.4.99） bhāvakarmaṇoḥ //（P.1.3.13） tiptasjhi…iḍvahimahiṅ //（P.3.4.78）	替换罗的是主动语态。 当强调行为和业时，替换罗的是中间语态。 中间语态第三人称单数的 laṭ 的替换是 ta。
vi+kalp+ṇic+**ta**	tiṅśit sārvadhātukam //（P.3.4.113）	tiṅ、带符号 ś 的词缀是全界。
vi+kalp+ṇic+**yak**+ta	sārvadhātuke yak //（P.3.1.67）	在强调行为和业时，应在全界词缀前，词根后加 yak。
vi+kalp+ṇic+**yak**+ta	ārdhadhātukaṃ śeṣaḥ //（P.3.4.114）	全界词缀之外的 yak 是半界词缀。
vi+kalp+ṇic+ya+ta	tasya lopaḥ //（P.1.3.9）	消隐替换 yak 的符号 k。
vi+kalp+ṇic+**ya**+ta	ārdhadhātukasyeḍvalādeḥ //（P.7.2.35）	在以对收 val 为首位音的半界词缀前，插入联系元音 iṭ。[yak 不在其中，为 aniṭ 词缀。]
vi+kalp+（ ）+ya+ta	ṇeraniṭi //（P.6.4.51）	当遇到 aniṭ 半界词缀时，消隐（lopa）替换前面的 ṇic。

vi+kalp+（ ）+ya+ta	pratyayalope pratyayalakṣaṇam //（P.1.1.62）	ṇic 词缀消隐后，ṇic 词缀的因还在。
vi+**kalp**+（ ）+ya+ta	sanādyantā dhātavaḥ //（P.3.1.32）	“kalp+（ ）”仍是新词根。
vi+**kalp**+（ ）+ya+ta	yasmātpratyayavidhistadādi pratyaye 'ṅgam //（P.1.4.13）	其后安排了词缀的词，以此词为始，在词缀前叫词干。
vi+kalp+（ ）+ya+**te**	ṭita ātmanepadānāṃ ṭere //（P.3.4.79）	替换了带 ṭ 符号之（罗）的中间语态语尾，其末音由 e 音替换。
vi+kalp+ya+te	adarśanaṃ lopaḥ //（P.1.1.60）	不显现的是消隐。
vikalpyate	suptiṅantaṃ padam //（P.1.4.14）	vikalpyate 是带语尾的字。

小结：

vikalpyate 是现在时，陈述语气，被动语态，第三人称，单数，翻译为“它被分别”。

parikalpita

词根：第一类动词词根（bhvādigaṇa），1.799 kṛpū sāmarthye（kṛp 技能化、功能化）；第十类动词词根（curādigaṇa），10.208 kṛpeśca avakalkane（kṛp 涂油）。

近置词：pari（samantatve 全面）。[依据：upasargāḥ kriyāyoge //（P.1.4.59）。]

直接后缀：kta。

演变过程：

kṛpū **或** **kṛpa**	bhūvādayo dhātavaḥ //（P.1.3.1）	bhū 等是动词词根。
kṛp	tasya lopaḥ //（P.1.3.9）	kṛpu、kṛpa 的符号 ū、a 由消隐替换。
kḷp	kṛpo ro laḥ //（P.8.2.18）	kṛp 词根 ṛ、r 由 ḷ、l 替换。
kḷp+**ṇic**	satyāpa…cūrādibhyo ṇic //（P.3.1.25） 或 hetumati ca //（P.3.1.26）	第十类动词词根 10.208 kṛpa 本身必须加上 ṇic 词缀，表原义。 第一类动词词根 1.799 kṛpū 当表达使役含义时，加 ṇic 词缀。
kḷp+**ṇic**	ārdhadhātukaṃ śeṣaḥ //（P.3.4.114）	全界词缀之外的 ṇic 是半界词缀。
kḷp+ṇic	yasmātpratyayavidhistadādi pratyaye 'ṅgam //（P.1.4.13）	其后安排了词缀的词，以此词为始，在词缀前叫词干。

kalp+ṇic	pugantalaghūpadhasya ca //（P.7.3.86） uraṇ raparaḥ //（P.1.1.51）	遇到半界和全界词缀时，轻音节词干的排列倒数第二的短元音 i、u、ṛ、ḷ 由二合元音替换。 ḷ 音的替换，需由其后带 l 音的 a、i、u 及其长音来替换。
kalp+ṇic	sanādyantā dhātavaḥ //（P.3.1.32）	以 ṇic 词缀落尾的“kalp+ṇic”是新词根。
pari+kalp+ṇic+**kta**	tayoreva kṛtyaktakhalarthāḥ//（P.3.4.70）	kṛtya、kta 以及具有 khal 意义的词缀强调行为和业。
pari+kalp+ṇic+**kta**	ārdhadhātukaṃ śeṣaḥ //（P.3.4.114）	全界之外的（kta）是半界词缀。
pari+kalp+ṇic+ta	tasya lopaḥ //（P.1.3.9）	kta 的符号 k 由消隐替换。
pari+kalp+ṇic+**iṭ**+ta	ārdhadhātukasyeḍvalādeḥ //（P.7.2.35）	在以对收 val 为首位音的半界词缀前，插入联系元音 iṭ。
pari+kalp+（ ）+iṭ+ta	niṣṭhāyāṃ seṭi //（P.6.4.52）	遇到成就词缀前有联系元音 iṭ 时，ṇic 由消隐（lopa）替换。
pari+kalp+（ ）+iṭ+ta	pratyayalope pratyayalakṣaṇam //（P.1.1.62）	词缀消隐后，词缀（ṇic）的因还在。
pari+**kalp+**（ ）+iṭ+ta	sanādyantā dhātavaḥ //（P.3.1.32）	以 ṇic 词缀落尾的“kalp+（ ）”仍是新词根。
pari+kalp+（ ）+i+ta	tasya lopaḥ //（P.1.3.9）	iṭ 的符号 ṭ 由消隐替换。
pari+kalp+（ ）+**ita**	ādyantau ṭakitau //（P.1.1.46）	以 ṭ 符号和 k 符号结尾的是首位音或末音。
pari+**kalp+**（ ）+ita	yasmātpratyayavidhistadādi pratyaye 'ṅgam //（P.1.4.13）	其后安排了词缀的词，以此词为始，在词缀前叫词干。
pari+kalp+ita	adarśanaṃ lopaḥ //（P.1.1.60）	不显现的是消隐。
parikalpita	kṛttaddhitasamāsāśca //（P.1.2.46）	以直接后缀 kta 为末的是名词词基。
parikalpita+**su**	ṅyāpprātipadikāt //（P.4.1.1） svaujasamauṭchaṣ…sup //（P.4.1.2）	在以 ṅī、āp 为末的词后，以及在名词词基后是 su 等格尾。 单数第一格加格尾 su。
parikalpita+s	tasya lopaḥ //（P.1.3.9）	su 的符号 u 由消隐替换。
parikalpitas	suptiṅantaṃ padam //（P.1.4.14）	以格尾为末的是字。
parikalpita**r**	sasajuṣo ruḥ //（P.8.2.66）	r 音替换字末的 s 音。

parikalpita**y**	bho-bhago-agho-apūrvasya yo 'śi //（P.8.3.17）	在浊音前，a、ā 在前的 r 音由 y 音替换。
parikalpita	lopaḥ śākalyasya //（P.8.3.19）	根据沙迦略的观点，当遇到以 aś 为对收的浊音随后时，有 a 字符在其前的字末的 y 和 v 可以发生消隐替换。

小结：

词根 kḷp 有“技能化”“涂油”的含义。对于混杂的情况，安慧在《三十唯识释》中说：“tathā hy ekasmin vastuni tadabhāve ca paraspara-viruddha-aneka-vikalpa-pravṛttir dṛṣṭā / [在一事物中，或虽无彼，而且见互相违，非一分别转]。”①

根据经文 P.3.4.70 可知，加 kta 直接后缀可以强调被动的业（karman）的含义，故 parikalpita 指的是“所遍计的（对象）”。

parikalpitas 是阳性，单数，第一格，含义是“（被）遍计所执的（对象）”。

eva

词根：第二类动词词根（adādigaṇa），2.36 iṇ gatau（i 行走）。

直接后缀：van。

演变过程：

i+van	iṇ iṇaśībhyāṃ van //（Uṇādisūtra 1.153）	词根 i（行走）、śī（睡）后加直接后缀 van。
i+**van**	ārdhadhātukaṃ śeṣaḥ //（P.3.4.114）	全界之外的（van）是半界词缀。
i+va	tasya lopaḥ //（P.1.3.9）	van 的符号 n 由消隐替换。
i+**iṭ**+va	ārdhadhātukasyeḍvalādeḥ //（P.7.2.35）	在以对收 val 为首位音的半界词缀前，插入联系元音 iṭ。
i+va	ekāca upadeśe 'nudāttāt //（P.7.2.10） neḍvaśi kṛti //（P.7.2.8）	于原始发音状态的非高音的单音节词根后不加联系元音 iṭ。 在以对收 vaś 的浊辅音起始的直接后缀前，不加联系元音 iṭ。
i+va	yasmātpratyayavidhistadādi pratyaye 'ṅgam //（P.1.4.13）	其后安排了词缀的词，以此词为始，在词缀前叫词干。
e+va	sārvadhātukārdhadhātukayoḥ //（P.7.3.84）	遇到半界词缀，词干的末元音 i 由二合元音（guṇa）替换。

① 韩廷杰：《梵文佛典研究（一）》，宗教文化出版社 2012 年版，第 426—427 页。

eva	kṛttaddhitasamāsāśca //（P.1.2.46）	以直接后缀为末的是名词词基。
eva+**sup**	ṅyāpprātipadikāt //（P.4.1.1） svaujasamauṭchaṣ…sup //（P.4.1.2）	在以 ṅī、āp 为末的词后，以及在名词词基后是 su 等格尾。 根据需要加某一 sup 格尾。
eva+sup	cādayo 'sattve //（P.1.4.57）	非实物意义的 ca 等词是投词（nipāta）。
eva+sup	svarādinipātamavyayam //（P.1.1.37）	投词 eva 是不变词。
eva+（ ）	avyayādāpsupaḥ //（P.2.4.82）	消隐（luk）替换不变词后的格尾。
eva	pratyayasya lukślulupaḥ //（P.1.1.61）	luk、ślu、lup 是词缀的消隐替换。消隐是不显现。
eva	pratyayalope pratyayalakṣaṇam //（P.1.1.62）	词缀消隐后，词缀的因还在。
eva	suptiṅantaṃ padam //（P.1.4.14）	以格尾为末的 eva 是字。

小结：

eva 是加直接后缀 van 而成的，表达的含义是“行走”“快速”。

但非实物意义的 eva 是不变词，其含义是“正是”“只有”等。本颂采用“正是”这种理解。

asau

名词词基：adas（彼）。

演变过程：

adas	arthavadadhāturapratyayaḥ prātipadikam //（P.1.2.45）	既非词根，亦非词缀，有意义的（词）是名词词基。 [adas 是不可拆分（avyutpanna）的名词词基。]
adas	sarvādīni sarvanāmāni //（P.1.1.27）	sarva 等词是代词。
adas+**su**	ṅyāpprātipadikāt //（P.4.1.1） svaujasamauṭchaṣ…sup //（P.4.1.2）	在以 ṅī、āp 为末的词后，以及在名词词基后是 su 等格尾。 单数第一格加格尾 su。

ada+**au**+（ ）	adas au sulopaśca //（P.7.2.107）	adas 的末音由 au 替换，并且单数第一格的格尾消隐。
ad+**au**+（ ）	vṛddhireci //（P.6.1.88）	a 后遇复合元音时，三合元音是前后两音位的唯一替代。
ad+au+（ ）	pratyayalope pratyayalakṣaṇam //（P.1.1.62）	词缀消隐后，词缀的因还在。
a**s**+au+（ ）	tadoḥ saḥ sāvanantyayoḥ //（P.7.2.106）	遇到格尾 su 时，tyad 等词的非落尾的 t 和 d 音由 s 音替换。
as+au	adarśanaṃ lopaḥ //（P.1.1.60）	不显现的是消隐。
asau	suptiṅantaṃ padam //（P.1.4.14）	以格尾为末的是字。

小结：

adas 是代词，含义是“彼”，有阳、阴、中三性。

asau 是代词，阳性，单数，第一格，意为“彼”“那个”。

bhāva

词根：第一类动词词根（bhvādigaṇa），1.1 bhū sattāyām（bhū 存在）。

直接后缀：ghañ。

演变过程（一）：

bhū+**ghañ**	śriṇībhuvo 'nupasarge //（P.3.3.24）	当前面没有近置词时，词根 bhū 后加直接后缀 ghañ。
bhū+**ghañ**	ārdhadhātukaṃ śeṣaḥ //（P.3.4.114）	全界词缀之外的（ghañ）是半界词缀。
bhū+a	tasya lopaḥ //（P.1.3.9）	ghañ 的符号 gh、ñ 由消隐替换。
bhū+a	yasmātpratyayavidhistadādi pratyaye 'ṅgam //（P.1.4.13）	其后安排了词缀的词，以此词为始，在词缀前叫词干。
bh**au**+a	aco ñṇiti //（P.7.2.115）	遇到 ñ、ṇ 符号时，发生三合元音对词干末元音的替换。
bhā**v**+a	eco 'yavāyāvaḥ //（P.6.1.78）	遇到元音时，复合元音应由 ay、av、āy、āv 替换。
bhāva	kṛttaddhitasamāsāśca //（P.1.2.46）	直接后缀 ghañ 为末的 bhāva 是名词词基。

词根：第一类动词词根（bhvādigaṇa），1.1 bhū sattāyām（bhū 存在）。

直接后缀：ac。

演变过程（二）：

bhū+**ṇic**	hetumati ca // （P.3.1.26）	当表达使役含义时，加 ṇic 词缀。 [ṇ、c 是符号。]
bhū+**ṇic**	ārdhadhātukaṃ śeṣaḥ // （P.3.4.114）	全界词缀之外的（ṇic）是半界词缀。
bhū+ṇic	yasmātpratyayavidhistadādi pratyaye 'ṅgam //（P.1.4.13）	其后安排了词缀的词，以此词为始，在词缀前叫词干。
bhau+ṇic	aco ñṇiti // （P.7.2.115）	遇到 ñ、ṇ 符号时，发生三合元音对词干末元音的替换。
bhau+ṇic	sanādyantā dhātavaḥ // （P.3.1.32）	以 ṇic 落尾的"bhau+ṇic"是新词根。
bhau+ṇic+**ac**	nandigrahipacādibhyo lyuṇinyacaḥ //（P.3.1.134） 或 erac // （P.3.3.56）	加在 nandi、grahi、pac 等词根后的是直接后缀 lyu、ṇini、ac，表主动者的含义。[实际上所有词根都可加 ac。] i、ī 音落尾的词根后加直接后缀 ac。
bhau+ṇic+**ac**	ārdhadhātukaṃ śeṣaḥ // （P.3.4.114）	全界词缀之外的 ac 是半界词缀。
bhau+ṇic+a	tasya lopaḥ // （P.1.3.9）	ac 的符号 c 由消隐替换。
bhau+ṇic+**a**	ārdhadhātukasyeḍvalādeḥ // （P.7.2.35）	在以对收 val 为首位音的半界词缀前，插入联系元音 iṭ。 [但 ac 不在其中，为 aniṭ 词缀。]
bhau+（ ）+a	ṇeraniṭi // （P.6.4.51）	当遇到 aniṭ 半界词缀时，消隐（lopa）替换前面的 ṇic。
bhau+（ ）+a	pratyayalope pratyayalakṣaṇam // （P.1.1.62）	ṇic 词缀消隐后，ṇic 词缀的因还在。
bhau+（ ）+a	sanādyantā dhātavaḥ // （P.3.1.32）	"bhau+（ ）"仍是新词根。
bhau+（ ）+a	yasmātpratyayavidhistadādi pratyaye 'ṅgam //（P.1.4.13）	其后安排了词缀的词，以此词为始，在词缀前叫词干。
bhau+a	adarśanaṃ lopaḥ // （P.1.1.60）	不显现的是消隐。
bh**āv**+a	eco 'yavāyāvaḥ // （P.6.1.78）	遇到元音时，复合元音应由 ay、av、āy、āv 替换。
bhāva	kṛttaddhitasamāsāśca // （P.1.2.46）	直接后缀 ac 为末的 bhāva 是名词词基。

词根：第一类动词词根（bhvādigaṇa），1.1 bhū sattāyām（bhū 存在）。

直接后缀：ṇa。

演变过程（三）：

bhū+**ṇa**	bhavateśceti vaktavyam //（Vārttika）①	《迦湿伽》P.3.1.143 经文的《补释》经文：词根 bhū 既可加直接后缀 ṇa，也可加 ac，以表达主动者之义。
bhū+**ṇa**	ārdhadhātukaṃ śeṣaḥ //（P.3.4.114）	全界词缀之外的（ṇa）是半界词缀。
bhū+a	tasya lopaḥ //（P.1.3.9）	ṇa 的符号 ṇ 由消隐替换。
bhū+a	yasmātpratyayavidhistadādi pratyaye 'ṅgam //（P.1.4.13）	其后安排了词缀的词，以此词为始，在词缀前叫词干。
bh**au**+a	aco ñṇiti //（P.7.2.115）	遇到 ñ、ṇ 符号时，发生三合元音对词干末元音的替换。
bh**āv**+a	eco 'yavāyāvaḥ //（P.6.1.78）	遇到元音时，复合元音应由 ay、av、āy、āv 替换。
bhāva	kṛttaddhitasamāsāśca //（P.1.2.46）	直接后缀 ṇa 为末的 bhāva 是名词词基。

小结：

演变过程（一）中，经文 P.3.3.24 在领句经文"bhāve //（P.3.3.18）"的控制之下，加直接后缀 ghañ 代表处于某种行为的已成就状态。故 bhāva 翻译为"存在""状态"。

演变过程（二）中，加 ṇic 词缀表达使动的含义，加 ac 可表达主动者（kartṛ）的含义，或已成就状态的含义。所以此时 bhāva 翻译为"使存在者""生者""生"。

演变过程（三）中，加直接后缀 ṇa 表达的是主动者的含义。故此时 bhāva 的含义是"存在者"。

因此 bhāva 主要具有五种含义：状态、存在、生、生者、存在者。

值得一提的是，根据《八章书》经文"asterbhūḥ //（P.2.4.52）"可知，第二类动词词根（adādigaṇa）的 as [2.56 asa bhuvi（as 存在）] 遇到半界词缀时，会发成词根替换。即词根 as 由词根 bhū 替换。因此以上演变过程应该可以由词根 as 加同样的词缀构成，含义也基本一样。

sva-bhāvo

世俗拆分： svasya bhāvaḥ。

非世俗拆分： sva+ṅas+bhāva+su。

名词词基： sva（自身）；bhāva（状态）。

---

① Śrīśa Chandra Vasu, *The Aṣṭādhyāyī of Pāṇini interpreted according to The Kāśikāvṛtti of Jayāditya and Vāmana*, Vol.III, Allahabad: Satyajnan Chaterji, 1894, p.404.

演变过程（一）：

sva+ṅas+bhāva+su	ṣaṣṭhī //（P.2.2.8）	第六格与以格尾收尾的词构成依主释复合词。
sva+ṅas+bhāva+su	kṛttaddhitasamāsāśca //（P.1.2.46）	有意义的复合词是名词词基。
sva+bhāva	supo dhātuprātipadikayoḥ //（P.2.4.71） pratyayasya lukślulupaḥ //（P.1.1.61）	词根、名词词基中蕴含的格尾由消隐（luk）替换。 luk、ślu、lup 是词缀的消隐替换。消隐是不显现。
sva+bhāva	prathamānirdiṣṭaṃ samāsa upasarjanam //（P.1.2.43）	于复合词一节中，第一格所指示的是附属词。 [针对经文 P.2.2.8。]
sva+bhāva	upasarjanaṃ pūrvam //（P.2.2.30）	附属词是前部字。
svabhāva	kṛttaddhitasamāsāśca //（P.1.2.46）	有意义的复合词是名词词基。
svabhāva+**su**	ṅyāpprātipadikāt //（P.4.1.1） svaujasamauṭchaṣ…sup //（P.4.1.2）	在以 ṅī、āp 为末的词后，以及在名词词基后是 su 等格尾。 单数第一格加格尾 su。
svabhāva+s	tasya lopaḥ //（P.1.3.9）	su 的符号 u 由消隐替换。
svabhāvas	suptiṅantaṃ padam //（P.1.4.14）	以格尾为末的是字。
svabhāva**r**	sasajuṣo ruḥ //（P.8.2.66）	r 音替换字末的 s 音。
svabhāva+**u**	haśi ca //（P.6.1.114）	在非引的 a 音之后，在后一词的浊辅音之前，r 音由 u 音替换。
svabhāv**o**	ādguṇaḥ //（P.6.1.87）	a 音后遇元音时，由一个二合元音替换前后两音位。

世俗拆分： svena bhāvaḥ。

非世俗拆分： sva+ṭā+bhāva+su。

名词词基： sva（自身）；bhāva（存在，生）。

演变过程（二）：

sva+ṭā+bhāva+su	tṛtīyā tatkṛtārthena guṇavacanena //（P.2.1.30）	第三格的词构成依主释复合词。
sva+ṭā+bhāva+su	kṛttaddhitasamāsāśca //（P.1.2.46）	有意义的复合词是名词词基。
sva+bhāva	supo dhātuprātipadikayoḥ //（P.2.4.71）	词根、名词词基中蕴含的格尾由消隐（luk）替换。

	pratyayasya lukślulupaḥ //（P.1.1.61）	luk、ślu、lup 是词缀的消隐替换。消隐是不显现。
sva+bhāva	prathamānirdiṣṭaṃ samāsa upasarjanam //（P.1.2.43）	于复合词一节中，第一格所指示的是附属词。 [针对经文 P.2.1.30。]
sva+bhāva	upasarjanaṃ pūrvam //（P.2.2.30）	附属词是前部字。
svabhāva	kṛttaddhitasamāsāśca //（P.1.2.46）	有意义的复合词是名词词基。
svabhāva+**su**	ṅyāpprātipadikāt //（P.4.1.1） svaujasamauṭchaṣ…sup //（P.4.1.2）	在以 ṅī、āp 为末的词后，以及在名词词基后是 su 等格尾。 单数第一格加格尾 su。
svabhāva+s	tasya lopaḥ //（P.1.3.9）	su 的符号 u 由消隐替换。
svabhāvas	suptiṅantaṃ padam //（P.1.4.14）	以格尾为末的是字。
svabhāva**r**	sasajuṣo ruḥ //（P.8.2.66）	r 音替换字末的 s 音。
svabhāva+**u**	haśi ca //（P.6.1.114）	在非引的 a 音之后，在后一词的浊辅音之前，r 音由 u 音替换。
svabhāv**o**	ādguṇaḥ //（P.6.1.87）	a 音后遇元音时，由一个二合元音替换前后两音位。

世俗拆分： svo bhāvo yasmin saḥ。

非世俗拆分： sva+su+bhāva+su。

名词词基： sva（自身）；bhāva（存在，状态）。

演变过程（三）：

sva+su+bhāva+su	anekamanyapadārthe //（P.2.2.24）	两个以上（以第一格收尾）的词，若以表达另一个词为目的，构成的是多财释复合词。
sva+su+bhāva+su	kṛttaddhitasamāsāśca //（P.1.2.46）	有意义的复合词是名词词基。
sva+bhāva	supo dhātuprātipadikayoḥ //（P.2.4.71） pratyayasya lukślulupaḥ //（P.1.1.61）	词根、名词词基中蕴含的格尾由消隐（luk）替换。 luk、ślu、lup 是词缀的消隐替换。消隐是不显现。
svabhāva	kṛttaddhitasamāsāśca //（P.1.2.46）	有意义的复合词是名词词基。

svabhāva+**su**	ṅyāpprātipadikāt //（P.4.1.1） svaujasamauṭchaṣ…sup //（P.4.1.2）	在以 ṅī、āp 为末的词后，以及在名词词基后是 su 等格尾。 单数第一格加格尾 su。
svabhāva+s	tasya lopaḥ //（P.1.3.9）	su 的符号 u 由消隐替换。
svabhāvas	suptiṅantaṃ padam //（P.1.4.14）	以格尾为末的是字。
svabhāva**r**	sasajuṣo ruḥ //（P.8.2.66）	r 音替换字末的 s 音。
svabhāva+**u**	haśi ca //（P.6.1.114）	在非引的 a 音之后，在后一词的浊辅音之前，r 音由 u 音替换。
svabhāv**o**	ādguṇaḥ //（P.6.1.87）	a 音后遇元音时，由一个二合元音替换前后两音位。

世俗拆分： svo bhāvaḥ。

非世俗拆分： sva+su+bhāva+su。

名词词基： sva（自身）；bhāva（生者，存在者）。

演变过程（四）：

sva+su+bhāva+su	tatpuruṣaḥ samānādhikaraṇaḥ karmadhārayaḥ //（P.1.2.42）	具有一致的语法关系的依主释（复合词）是持业释（复合词）。
sva+su+bhāva+su	kṛttaddhitasamāsāśca //（P.1.2.46）	有意义的复合词是名词词基。
sva+bhāva	supo dhātuprātipadikayoḥ //（P.2.4.71） pratyayasya lukślulupaḥ //（P.1.1.61）	词根、名词词基中蕴含的格尾由消隐（luk）替换。 luk、ślu、lup 是词缀的消隐替换。消隐是不显现。
svabhāva	kṛttaddhitasamāsāśca //（P.1.2.46）	有意义的复合词是名词词基。
svabhāva+**su**	ṅyāpprātipadikāt //（P.4.1.1） svaujasamauṭchaṣ…sup //（P.4.1.2）	在以 ṅī、āp 为末的词后，以及在名词词基后是 su 等格尾。 单数第一格加格尾 su。
svabhāva+s	tasya lopaḥ //（P.1.3.9）	su 的符号 u 由消隐替换。
svabhāvas	suptiṅantaṃ padam //（P.1.4.14）	以格尾为末的是字。
svabhāva**r**	sasajuṣo ruḥ //（P.8.2.66）	r 音替换字末的 s 音。

svabhāva+**u**	haśi ca // （P.6.1.114）	在非引的 a 音之后，在后一词的浊辅音之前，r 音由 u 音替换。
svabhāv**o**	ādguṇaḥ // （P.6.1.87）	a 音后遇元音时，由一个二合元音替换前后两音位。

小结：

根据经文“svamajñātidhanākhyāyām //（P.1.1.35）”可知，当 sva 不表示“亲属”“财富”时，可作为代词表“自身”的含义。此含义的 sva 是不可拆分的名词词基。

演变过程（一）中，svabhāva 是依主释复合词，含义是“自身的状态”。代表事物的“本质”。

演变过程（二）中，svabhāva 是依主释复合词，含义是“自身决定存在”“自己决定出生”。代表事物不待因缘。

演变过程（三）中，svabhāva 是多财释复合词，含义是“自身的存在所依处者”或“自身的性质所依处者”。代表本体、实体（dravya）的含义。

演变过程（四）中，svabhāva 是持业释复合词，前部字 sva 与后部字 bhāva 是同一个事物，其含义是“自身是生者”和“自身是存在者”。

svabhāva 综合了以上五种含义，统一翻译为“自性”。

svabhāvas 是阳性，单数，第一格，含义是“自性”。

na

名词词基： nañ（非、无）。

演变过程：

nañ	arthavadadhāturapratyayaḥ prātipadikam //（P.1.2.45）	既非词根，亦非词缀，有意义的（词）是名词词基。 [na 是不可拆分（avyutpanna）的名词词基。]
na	tasya lopaḥ // （P.1.3.9）	nañ 的符号 ñ 由消隐替换。
na+**sup**	ṅyāpprātipadikāt // （P.4.1.1） svaujasamauṭchaṣ…sup // （P.4.1.2）	在以 ṅī、āp 为末的词后，以及在名词词基后是 su 等格尾。 根据需求加某一 sup 格尾。
na+sup	cādayo ’sattve // （P.1.4.57）	非实物意义的 ca 等词是投词（nipāta）。
na+sup	svarādinipātamavyayam // （P.1.1.37）	投词 nañ 是不变词。

na+（ ）	avyayādāpsupaḥ // （P.2.4.82）	消隐（luk）替换不变词后的格尾。
na	pratyayasya lukślulupaḥ // （P.1.1.61）	luk、ślu、lup 是词缀的消隐替换。消隐是不显现。
na	pratyayalope pratyayalakṣaṇam // （P.1.1.62）	词缀消隐后，词缀的因还在。
na	suptiṅantaṃ padam // （P.1.4.14）	以格尾为末的 na 是字。

小结：

na 是投词，不变词，意为“非”“无”。

tad

词根：第八类动词词根（tanādigaṇa），8.1 tanu vistāre（tan 扩展）。

直接后缀：adi。

演变过程：

tan+**adi**	tyajitaniyajbhyo ḍit // （Uṇādisūtra 1.132）	在词根 tyaj、tan、yaj 后加直接后缀 adi。该词缀如同带 ḍ 符号。
tan+**adi**	ārdhadhātukaṃ śeṣaḥ // （P.3.4.114）	全界之外的（adi）是半界词缀。
tan+ad	tasya lopaḥ // （P.1.3.9）	adi 的符号 i 由消隐替换。
tan+ad	yasmātpratyayavidhistadādi pratyaye ’ṅgam //（P.1.4.13）	其后安排了词缀的词，以此词为始，在词缀前叫词干。
t+ad	ṭeḥ // （P.6.4.143）	遇到 ḍ 符号时，词干末音节由消隐替换。
tad	kṛttaddhitasamāsāśca // （P.1.2.46）	以直接后缀为末的是名词词基。
tad	sarvādīni sarvanāmāni // （P.1.1.27）	sarva 等词是代词。

小结：

tad 是代词，有阳、阴、中三性，含义是“彼”。

sa

名词词基：tad（彼）。

演变过程：

tad	kṛttaddhitasamāsāśca // （P.1.2.46）	以直接后缀 adi 为末的是名词词基。
tad	sarvādīni sarvanāmāni // （P.1.1.27）	sarva 等词是代词。
tad+**su**	ṅyāpprātipadikāt // （P.4.1.1） svaujasamauṭchaṣ…sup // （P.4.1.2）	在以 ṅī、āp 为末的词后，以及在名词词基后是 su 等格尾。 单数第一格加格尾 su。
ta+**a**+su	tyadādīnāmaḥ // （P.7.2.102）	遇到词尾时，tyad 等代词的末音的替换是 a 音。
t+**a**+su	āto guṇe // （P.6.1.97）	非字末的 a 音遇到二合元音时，前后两者的音位由后者的元音形式作唯一替换。
s+a+su	tadoḥ saḥ sāvanantyayoḥ // （P.7.2.106）	遇到格尾 su 时，tyad 等词的非落尾的 t 和 d 音由 s 音替换。
s+a+（ ）	etattadoḥ sulopo ’koranañsamāse hali // （P.6.1.132）	遇到辅音时，无 ka 的 etad 和 tad 的 su 格尾消隐，但在否定复合词中除外。
s+a	adarśanaṃ lopaḥ // （P.1.1.60）	不显现的是消隐。
s+a	pratyayalope pratyayalakṣaṇam // （P.1.1.62）	词缀消隐后，词缀的因还在。
sa	suptiṅantaṃ padam // （P.1.4.14）	以格尾为末的 sa 是字。

小结：

sa 是代词，阳性，单数，第一格，意为“彼”“其”。

vidyate

词根：第四类动词词根（divādigaṇa），4.62 vida sattāyām（vid 存在）。

演变过程：

vid+**laṭ**	vartamāne laṭ // （P.3.2.123）	laṭ（第一罗）表示正在发生。
vid+l	tasya lopaḥ // （P.1.3.9）	消隐替换 laṭ 的符号 a、ṭ。
vid+**ta**	laḥ parasmaipadam // （P.1.4.99） anudāttaṅita ātmanepadam //	替换罗的是主动语态。 在非高音的词根后，替换罗的是中间语

	（P.1.3.12） tiptasjhi…iḍvahimahiṅ // （P.3.4.78）	态。 中间语态第三人称单数的 laṭ 的替换是 ta。
vid+**ta**	tiṅśit sārvadhātukam // （P.3.4.113）	tiṅ、带符号 ś 的词缀是全界。
vid+**śyan**+ta	divādibhyaḥ śyan // （P.3.1.69）	遇到表示主动者为目的全界词缀时，div 等词后，插入 śyan。
vid+**śyan**+ta	tiṅśit sārvadhātukam // （P.3.4.113）	tiṅ、带符号 ś 的词缀是全界。
vid+ya+ta	tasya lopaḥ // （P.1.3.9）	消隐替换 śyan 的符号 ś、n。
vid+ya+ta	yasmātpratyayavidhistadādi pratyaye 'ṅgam //（P.1.4.13）	其后安排了词缀的词，以此词为始，在词缀前叫词干。
ved+ya+ta	pugantalaghūpadhasya ca// （P.7.3.86）	遇到半界和全界词缀时，轻音节词干的排列倒数第二的短元音 i、u、ṛ、ḷ 由二合元音替换。
vid+ya+ta	sārvadhātukamapit // （P.1.2.4） kṅiti ca // （P.1.1.5）	无 p 符号的全界词缀（śyan）如带了 ṅ 符号一般。 受 g、k、ṅ 符号的影响，二合、三合元音的替换被禁止。 [此经文是对 P.7.3.86 的禁止。]
vid+ya+**te**	ṭita ātmanepadānāṃ ṭere // （P.3.4.79）	替换了带 ṭ 符号之（罗）的中间语态语尾，其末音由 e 音替换。
vidyate	suptiṅantaṃ padam // （P.1.4.14）	以语尾为末的 vidyate 是字。

小结：

vidyate 的词根是第四类动词词根，其原始发音是“vida”。其中带鼻腔音的符号 a 根据传承发低音。由经文“anudāttaṅita ātmanepadam //（P.1.3.12）”可知，具有发非高音的符号的词根后替换罗的是中间语态。

jāyate 是现在时，陈述语气，中间语态，第三人称，单数，翻译为“它存在”。

第二十一颂

परतन्त्रस्वभावस्तु विकल्पः प्रत्ययोद्भवः।
निष्पन्नस्तस्य पूर्वेण सदा रहितता तु या॥२१॥

paratantra-svabhāvas tu vikalpaḥ pratyaya-udbhavaḥ /
niṣpannas tasya pūrveṇa sadā rahitatā tu yā //21//

玄奘译：依他起自性，分别缘所生。圆成实于彼，常远离前性。

真谛译《转识论》：此分别者，因他故起，立名依他性。此前后两性未曾相离，即是实实性。

霍韬晦译：依他起自性分别；缘所生。圆成性即彼，常远离前性。

现译：但分别状况是待缘而生起的（法），故（其）自性为依他。而圆成实则恒常地（有）对彼（待缘而生起的自性为依他的法）的前（遍计所执）的远离性。（故圆成实）是那（待缘而生起的法的法性）。

para

词根：第三类动词词根（juhotyādigaṇa），3.4 pṝ pālanapūraṇayoḥ（pṝ 保护，充实）；第九类动词词根（kryādigaṇa），9.19 pṝ pālanapūraṇayoḥ（pṝ 保护，充实）。

直接后缀：ap 或 ac。

演变过程：

pṝ+**ap** 或 pṝ+**ac**	ṝdorap // （P.3.3.57） 或 nandigrahipacādibhyo lyuṇinyacaḥ //（P.3.1.134）	词根末元音是 ṝ、u、ū 的可加 ap 直接后缀。 加在 nandi、grahi、pac 等词根后的是直接后缀 lyu、ṇini、ac，表主动者的含义。 [实际上所有词根都可加 ac。]
pṝ+**ap** 或 pṝ+**ac**	ārdhadhātukaṃ śeṣaḥ // （P.3.4.114）	全界词缀之外的是半界词缀。
pṝ+a	tasya lopaḥ //	ap 的符号 p 由消隐替换。

	（P.1.3.9）	ac 的符号 c 由消隐替换。
pṝ+a	yasmātpratyayavidhistadādi pratyaye 'ṅgam //（P.1.4.13）	其后安排了词缀的词，以此词为始，在词缀前叫词干。
par+a	sārvadhātukārdhadhātukayoḥ //（P.7.3.84） uraṇ raparaḥ //（P.1.1.51）	遇到全界、半界词缀，词干的末元音 ṝ 由二合元音替换。 ṛ、ṝ 音的替换，需由其后带 r 音的 a、i、u 及其长音来替换。
para	kṛttaddhitasamāsāśca //（P.1.2.46）	直接后缀为末的是名词词基。

小结：

如果 para 是加直接后缀 ap 构成的话，由于经文 P.3.3.57 在经文“bhāve //（P.3.3.18）”的控制之下，para 表达处于某种行为的已成就状态，故翻译为“更高的”。

如果 para 是加直接后缀 ac 构成的话，根据经文 P.3.1.134 可知，para 表达主动者的含义，故翻译为“他者”。又根据经文“sarvādīni sarvanāmāni //（P.1.1.27）”可知，para 是代词。本颂采用这种理解。

tantra

词根：第十类动词词根（curādigaṇa），10.139 tatri kuṭumbadhāraṇe（tantr 如家般地管理、如家般地支撑）。

直接后缀：ac。

演变过程：

tatri	bhūvādayo dhātavaḥ //（P.1.3.1）	bhū 等是动词词根。
tatr	tasya lopaḥ //（P.1.3.9）	符号 i 由消隐替换。
tantr	idito num dhātoḥ //（P.7.1.58）	携带符号 i 的词根要在元音后插入 n 音。
tantr+**ṇic**	satyāpa…cūrādibhyo ṇic //（P.3.1.25）	第十类动词词根本身必须加上 ṇic 词缀，表原义。
tantr+**ṇic**	ārdhadhātukaṃ śeṣaḥ //（P.3.4.114）	ṇic 是半界词缀。
tantr+ṇic	yasmātpratyayavidhistadādi pratyaye 'ṅgam //（P.1.4.13）	其后安排了词缀的词，以此词为始，在词缀前叫词干。
tantr+ṇic	sanādyantā dhātavaḥ //（P.3.1.32）	以 ṇic 词缀落尾的“tantr+ṇic”是新词根。

		[ṇic 的 ṇ、c 是符号。]
tantr+ṇic+**ac**	erac //（P.3.3.56）	i、ī 音落尾的词根后加直接后缀 ac。
tantr+ṇic+**ac**	ārdhadhātukaṃ śeṣaḥ //（P.3.4.114）	ac 是半界词缀。
tantr+ṇic+a	tasya lopaḥ //（P.1.3.9）	ac 的符号 c 由消隐替换。
tantr+ṇic+**a**	ārdhadhātukasyeḍvalādeḥ //（P.7.2.35）	在以对收 val 为首位音的半界词缀前，插入联系元音 iṭ。 [但 ac 不在其中，为 aniṭ 词缀。]
tantr+（ ）+a	ṇeraniṭi //（P.6.4.51）	当遇到 aniṭ 半界词缀时，消隐（lopa）替换前面的 ṇic。
tantr+（ ）+a	pratyayalope pratyayalakṣaṇam //（P.1.1.62）	ṇic 词缀消隐后，ṇic 词缀的因还在。
tantr+（ ） +a	sanādyantā dhātavaḥ //（P.3.1.32）	“tantr+（ ）”仍是新词根。
tantr+（ ） +a	yasmātpratyayavidhistadādi pratyaye 'ṅgam //（P.1.4.13）	其后安排了词缀的词，以此词为始，在词缀前叫词干。
tantr+a	adarśanaṃ lopaḥ //（P.1.1.60）	不显现的是消隐。
tantra	kṛttaddhitasamāsāśca //（P.1.2.46）	直接后缀为末的是名词词基。

小结：

解释直接后缀 ac 的经文 P.3.3.56 在领句经文“bhāve //（P.3.3.18）”的控制之下，表达的是行为达到的已成就状态，tantra 可翻译为“依靠”。

另外，经文 P.3.3.56 也在领句经文“akartari ca kārake saṃjñāyām //（P.3.3.19）”的控制之下。此时 tantra 可以作为非主动者（akartṛ）的造者（kāraka），且是专有名词。如果采用场所（adhikaraṇa）这一造者时，那么 tantra 可以指如同实体看待（dravyavat）的“基础”。[另外，tantra 也可以依据经文“halaśca //（P.3.3.121）”加直接后缀 ghañ 而成。但此 tantra 指的是“具有实在性的基础”，不符合大乘佛教的观点，故不作选项。]

本颂采用以上两种理解：“依靠”“基础”。该词为阳性。

paratantra

世俗拆分： paraṃ tantram。

非世俗拆分： para+su+tantra+su。

名词词基： para（他者）；tantra（基础）。

演变过程（一）：

para+su+tantra+su	tatpuruṣaḥ samānādhikaraṇaḥ karmadhārayaḥ //（P.1.2.42）	具有一致的语法关系的依主释（复合词）是持业释（复合词）。
para+su+tantra+su	kṛttaddhitasamāsāśca //（P.1.2.46）	有意义的复合词是名词词基。
para+tantra	supo dhātuprātipadikayoḥ //（P.2.4.71） pratyayasya lukślulupaḥ //（P.1.1.61）	词根、名词词基中蕴含的格尾由消隐（luk）替换。 luk、ślu、lup 是词缀的消隐替换。消隐是不显现。
paratantra	kṛttaddhitasamāsāśca //（P.1.2.46）	有意义的复合词是名词词基。
paratantra	paravalliṅgaṃ dvaṃdva-tatpuruṣayoḥ //（P.2.4.26）	相违释和依主释复合词的性如后部字。[该复合词为阳性。]

世俗拆分：parena tantram。

非世俗拆分：para+ṭā+tantra+su。

名词词基：para（他者）；tantra（依靠）。

演变过程（二）：

para+ṭā+tantra+su	tṛtīyā tatkṛtārthena guṇavacanena //（P.2.1.30）	第三格的词构成依主释复合词。
para+ṭā+tantra+su	kṛttaddhitasamāsāśca //（P.1.2.46）	有意义的复合词是名词词基。
para+tantra	supo dhātuprātipadikayoḥ //（P.2.4.71） pratyayasya lukślulupaḥ //（P.1.1.61）	词根、名词词基中蕴含的格尾由消隐（luk）替换。 luk、ślu、lup 是词缀的消隐替换。消隐是不显现。
para+tantra	prathamānirdiṣṭaṃ samāsa upasarjanam //（P.1.2.43）	于复合词一节中，第一格所指示的是附属词。 [针对经文 P.2.1.30。]
para+tantra	upasarjanaṃ pūrvam //（P.2.2.30）	附属词是前部字。
paratantra	kṛttaddhitasamāsāśca //（P.1.2.46）	有意义的复合词是名词词基。
paratantra	paravalliṅgaṃ dvaṃdva-tatpuruṣayoḥ //（P.2.4.26）	相违释和依主释复合词的性如后部字。[该复合词为阳性。]

小结：

在演变过程（一）中，para-tantra 是持业释复合词，前、后部字是同一事物，含义是“他者为基础”。

在演变过程（二）中，para-tantra 是依主释复合词，含义是“以他者为依靠（的）”。

本颂的 para-tantra 兼有以上两种含义，综合翻译为“依他”。

para-tantra 的反义词是 svatantra 或 ātmatantra，含义是“独立”。波你尼在《八章书》中指出，“svatantraḥ kartā（P.1.4.54）”，即“依自”（svatantra）的是“主动者”（kartṛ）。因此唯识宗提出 para-tantra（依他）这个概念，是针对 svatantra，从而提出反对法我执和人我执的主张。

bhāva

词根：第一类动词词根（bhvādigaṇa），1.1 bhū sattāyām（bhū 存在）。

直接后缀：ghañ。

演变过程（一）：

bhū+**ghañ**	śriṇībhuvo ’nupasarge //（P.3.3.24）	当前面没有近置词时，词根 bhū 后加直接后缀 ghañ。
bhū+**ghañ**	ārdhadhātukaṃ śeṣaḥ //（P.3.4.114）	全界词缀之外的（ghañ）是半界词缀。
bhū+a	tasya lopaḥ //（P.1.3.9）	ghañ 的符号 gh、ñ 由消隐替换。
bhū+a	yasmātpratyayavidhistadādi pratyaye ’ṅgam //（P.1.4.13）	其后安排了词缀的词，以此词为始，在词缀前叫词干。
bh**au**+a	aco ñṇiti //（P.7.2.115）	遇到 ñ、ṇ 符号时，发生三合元音对词干末元音的替换。
bh**āv**+a	eco ’yavāyāvaḥ //（P.6.1.78）	遇到元音时，复合元音应由 ay、av、āy、āv 替换。
bhāva	kṛttaddhitasamāsāśca //（P.1.2.46）	直接后缀 ghañ 为末的 bhāva 是名词词基。

词根：第一类动词词根（bhvādigaṇa），1.1 bhū sattāyām（bhū 存在）。

直接后缀：ac。

演变过程（二）：

bhū+**nic**	hetumati ca //（P.3.1.26）	当表达使役含义时，加 ṇic 词缀。[ṇ、c 是符号。]
bhū+**ṇic**	ārdhadhātukaṃ śeṣaḥ //（P.3.4.114）	全界词缀之外的（ṇic）是半界词缀。
bhū+ṇic	yasmātpratyayavidhistadādi pratyaye ’ṅgam //（P.1.4.13）	其后安排了词缀的词，以此词为始，在词缀前叫词干。
bhau+ṇic	aco ñṇiti //（P.7.2.115）	遇到 ñ、ṇ 符号时，发生三合元音对词干末元音的替换。

bhau+ṇic	sanādyantā dhātavaḥ //（P.3.1.32）	以 ṇic 落尾的“bhau+ṇic”是新词根。
bhau+ṇic+**ac**	nandigrahipacādibhyo lyuṇinyacaḥ //（P.3.1.134） 或 erac //（P.3.3.56）	加在 nandi、grahi、pac 等词根后的是直接后缀 lyu、ṇini、ac，表主动者的含义。[实际上所有词根都可加 ac。] i、ī 音落尾的词根后加直接后缀 ac。
bhau+ṇic+**ac**	ārdhadhātukaṃ śeṣaḥ //（P.3.4.114）	全界词缀之外的 ac 是半界词缀。
bhau+ṇic+a	tasya lopaḥ //（P.1.3.9）	ac 的符号 c 由消隐替换。
bhau+ṇic+**a**	ārdhadhātukasyeḍvalādeḥ //（P.7.2.35）	在以对收 val 为首位音的半界词缀前，插入联系元音 iṭ。[但 ac 不在其中，为 aniṭ 词缀。]
bhau+（ ）+a	ṇeraniṭi //（P.6.4.51）	当遇到 aniṭ 半界词缀时，消隐（lopa）替换前面的 ṇic。
bhau+（ ）+a	pratyayalope pratyayalakṣaṇam //（P.1.1.62）	ṇic 词缀消隐后，ṇic 词缀的因还在。
bhau+（ ）+a	sanādyantā dhātavaḥ //（P.3.1.32）	“bhau+（ ）”仍是新词根。
bhau+（ ）+a	yasmātpratyayavidhistadādi pratyaye 'ṅgam //（P.1.4.13）	其后安排了词缀的词，以此词为始，在词缀前叫词干。
bhau+a	adarśanaṃ lopaḥ //（P.1.1.60）	不显现的是消隐。
bh**āv**+a	eco 'yavāyāvaḥ //（P.6.1.78）	遇到元音时，复合元音应由 ay、av、āy、āv 替换。
bhāva	kṛttaddhitasamāsāśca //（P.1.2.46）	直接后缀 ac 为末的 bhāva 是名词词基。

词根：第一类动词词根（bhvādigaṇa），1.1 bhū sattāyām（bhū 存在）。

直接后缀：ṇa。

演变过程（三）：

bhū+**ṇa**	bhavateśceti vaktavyam //（Vārttika）①	《迦湿伽》P.3.1.143 经文的《补释》经文：词根 bhū 既可加直接后缀 ṇa，也可加 ac，以表达主动者之义。
bhū+**ṇa**	ārdhadhātukaṃ śeṣaḥ //（P.3.4.114）	全界词缀之外的（ṇa）是半界词缀。

① Śrīśa Chandra Vasu, *The Aṣṭādhyāyī of Pāṇini interpreted according to The Kāśikāvṛtti of Jayāditya and Vāmana*, Vol.III, Allahabad: Satyajnan Chaterji, 1894, p.404.

bhū+a	tasya lopaḥ //（P.1.3.9）	ṇa 的符号 ṇ 由消隐替换。
bhū+a	yasmātpratyayavidhistadādi pratyaye 'ṅgam //（P.1.4.13）	其后安排了词缀的词，以此词为始，在词缀前叫词干。
bh**au**+a	aco ñṇiti //（P.7.2.115）	遇到 ñ、ṇ 符号时，发生三合元音对词干末元音的替换。
bh**āv**+a	eco 'yavāyāvaḥ //（P.6.1.78）	遇到元音时，复合元音应由 ay、av、āy、āv 替换。
bhāva	kṛttaddhitasamāsāśca //（P.1.2.46）	直接后缀 ṇa 为末的 bhāva 是名词词基。

小结：

演变过程（一）中，经文 P.3.3.24 在领句经文"bhāve //（P.3.3.18）"的控制之下，加直接后缀 ghañ 代表处于某种行为的已成就状态，故 bhāva 翻译为"存在""状态"。

演变过程（二）中，加 ṇic 词缀表达使动的含义，加 ac 可表达主动者（kartṛ）的含义，或已成就状态的含义。所以此时 bhāva 翻译为"使存在者""生者""生"。

演变过程（三）中，加直接后缀 ṇa 表达的是主动者的含义，故此时 bhāva 的含义是"存在者"。

因此 bhāva 主要具有五种含义：状态、存在、生、生者、存在者。

值得一提的是，根据《八章书》经文"asterbhūḥ //（P.2.4.52）"可知，第二类动词词根（adādigaṇa）的 as [2.56 asa bhuvi（as 存在）] 遇到半界词缀时，会发成词根替换，即词根 as 由词根 bhū 替换。因此以上演变过程应该可以由词根 as 加同样的词缀构成，含义也基本一样。

sva-bhāva

世俗拆分：svasya bhāvaḥ。

非世俗拆分：sva+ṅas+bhāva+su。

名词词基：sva（自身）；bhāva（状态）。

演变过程（一）：

sva+ṅas+bhāva+su	ṣaṣṭhī //（P.2.2.8）	第六格与以格尾收尾的词构成依主释复合词。
sva+ṅas+bhāva+su	kṛttaddhitasamāsāśca //（P.1.2.46）	有意义的复合词是名词词基。
sva+bhāva	supo dhātuprātipadikayoḥ //（P.2.4.71）	词根、名词词基中蕴含的格尾由消隐（luk）替换。

	pratyayasya lukślulupaḥ //（P.1.1.61）	luk、ślu、lup 是词缀的消隐替换。消隐是不显现。
sva+bhāva	prathamānirdiṣṭaṃ samāsa upasarjanam //（P.1.2.43）	于复合词一节中，第一格所指示的是附属词。 [针对经文 P.2.2.8。]
sva+bhāva	upasarjanaṃ pūrvam //（P.2.2.30）	附属词是前部字。
svabhāva	kṛttaddhitasamāsāśca //（P.1.2.46）	有意义的复合词是名词词基。

世俗拆分：svean bhāvaḥ。

非世俗拆分：sva+ṭā+bhāva+su。

名词词基：sva（自身）；bhāva（存在，生）。

演变过程（二）：

sva+ṭā+bhāva+su	tṛtīyā tatkṛtārthena guṇavacanena //（P.2.1.30）	第三格的词构成依主释复合词。
sva+ṭā+bhāva+su	kṛttaddhitasamāsāśca //（P.1.2.46）	有意义的复合词是名词词基。
sva+bhāva	supo dhātuprātipadikayoḥ //（P.2.4.71） pratyayasya lukślulupaḥ //（P.1.1.61）	词根、名词词基中蕴含的格尾由消隐（luk）替换。 luk、ślu、lup 是词缀的消隐替换。消隐是不显现。
sva+bhāva	prathamānirdiṣṭaṃ samāsa upasarjanam //（P.1.2.43）	于复合词一节中，第一格所指示的是附属词。 [针对经文 P.2.1.30。]
sva+bhāva	upasarjanaṃ pūrvam //（P.2.2.30）	附属词是前部字。
svabhāva	kṛttaddhitasamāsāśca //（P.1.2.46）	有意义的复合词是名词词基。

世俗拆分：svo bhāvo yasmin saḥ。

非世俗拆分：sva+su+bhāva+su。

名词词基：sva（自身）；bhāva（存在，状态）。

演变过程（三）：

sva+su+bhāva+su	anekamanyapadārthe //（P.2.2.24）	两个以上（以第一格收尾）的词，若以表达另一个词为目的，构成的是多财释复合词。
sva+su+bhāva+su	kṛttaddhitasamāsāśca //（P.1.2.46）	有意义的复合词是名词词基。

sva+bhāva	supo dhātuprātipadikayoḥ //（P.2.4.71） pratyayasya lukślulupaḥ //（P.1.1.61）	词根、名词词基中蕴含的格尾由消隐（luk）替换。 luk、ślu、lup 是词缀的消隐替换。消隐是不显现。
svabhāva	kṛttaddhitasamāsāśca //（P.1.2.46）	有意义的复合词是名词词基。

世俗拆分：svo bhāvaḥ。

非世俗拆分：sva+su+bhāva+su。

名词词基：sva（自身）；bhāva（生者，存在者）。

演变过程（四）：

sva+su+bhāva+su	tatpuruṣaḥ samānādhikaraṇaḥ karmadhārayaḥ //（P.1.2.42）	具有一致的语法关系的依主释（复合词）是持业释（复合词）。
sva+su+bhāva+su	kṛttaddhitasamāsāśca //（P.1.2.46）	有意义的复合词是名词词基。
sva+bhāva	supo dhātuprātipadikayoḥ //（P.2.4.71） pratyayasya lukślulupaḥ //（P.1.1.61）	词根、名词词基中蕴含的格尾由消隐（luk）替换。 luk、ślu、lup 是词缀的消隐替换。消隐是不显现。
svabhāva	kṛttaddhitasamāsāśca //（P.1.2.46）	有意义的复合词是名词词基。

小结：

根据经文“svamajñātidhanākhyāyām //（P.1.1.35）”可知，当 sva 不表示“亲属”“财富”时，可作为代词表“自身”的含义。此含义的 sva 是不可拆分的名词词基。

演变过程（一）中，svabhāva 是依主释复合词，含义是“自身的状态”，代表事物的“本质”。

演变过程（二）中，svabhāva 是依主释复合词，含义是“自身决定存在”“自己决定出生”。代表事物不待因缘。

演变过程（三）中，svabhāva 是多财释复合词，含义是“自身的存在所依处者”或“自身的性质所依处者”，代表本体、实体（dravya）的含义。

演变过程（四）中，svabhāva 是持业释复合词，前部字 sva 与后部字 bhāva 是同一个事物，其含义是“自身是生者”和“自身是存在者”。

svabhāva 综合了以上五种含义，统一翻译为“自性”。

paratantra-svabhāvas

世俗拆分： paratantrasya svabhāvaḥ。

非世俗拆分： paratantra+ṅas+svabhāva+su。

名词词基： paratantra（依他）；svabhāva（自性）。

演变过程（一）：

paratantra+ṅas+ svabhāva+su	ṣaṣṭhī //（P.2.2.8）	第六格与以格尾收尾的词构成依主释复合词。
paratantra+ṅas+ svabhāva+su	kṛttaddhitasamāsāśca //（P.1.2.46）	有意义的复合词是名词词基。
paratantra+svabhāva	supo dhātuprātipadikayoḥ //（P.2.4.71） pratyayasya lukślulupaḥ //（P.1.1.61）	词根、名词词基中蕴含的格尾由消隐（luk）替换。 luk、ślu、lup 是词缀的消隐替换。消隐是不显现。
paratantra+svabhāva	prathamānirdiṣṭaṃ samāsa upasarjanam //（P.1.2.43）	于复合词一节中，第一格所指示的是附属词。 [针对经文 P.2.2.8。]
paratantra+svabhāva	upasarjanaṃ pūrvam //（P.2.2.30）	附属词是前部字。
paratantrasvabhāva	kṛttaddhitasamāsāśca //（P.1.2.46）	有意义的复合词是名词词基。
paratantra-svabhāva+**su**	ṅyāpprātipadikāt //（P.4.1.1） svaujasamauṭchaṣ…sup //（P.4.1.2）	在以 ṅī、āp 为末的词后，以及在名词词基后是 su 等格尾。 单数第一格加格尾 su。
paratantra-svabhāva+s	tasya lopaḥ //（P.1.3.9）	su 的符号 u 由消隐替换。
paratantra-svabhāvas	suptiṅantaṃ padam //（P.1.4.14）	以格尾为末的是字。
paratantra-svabhāva**r**	sasajuṣo ruḥ //（P.8.2.66）	r 音替换字末的 s 音。
paratantra-svabhāva**ḥ**	kharavasānayorvisarjanīyaḥ //（P.8.3.15）	在清辅音和停顿前，送气音替换字末的 r 音。
paratantra-svabhāvas	visarjanīyasya saḥ //（P.8.3.34）	在清辅音前，s 音替换送气音。

世俗拆分： paratantraḥ svabhāvaḥ。

非世俗拆分： paratantra+su+svabhāva+su。

名词词基： paratantra（依他）；svabhāva（自性）。

演变过程（二）：

paratantra+su+ svabhāva+su	tatpuruṣaḥ samānādhikaraṇaḥ karmadhārayaḥ //（P.1.2.42）	具有一致的语法关系的依主释（复合词）是持业释（复合词）。
paratantra+su+ svabhāva+su	kṛttaddhitasamāsāśca //（P.1.2.46）	有意义的复合词是名词词基。
paratantra+svabhāva	supo dhātuprātipadikayoḥ //（P.2.4.71） pratyayasya lukślulupaḥ //（P.1.1.61）	词根、名词词基中蕴含的格尾由消隐（luk）替换。 luk、ślu、lup 是词缀的消隐替换。消隐是不显现。
paratantrasvabhāva	kṛttaddhitasamāsāśca //（P.1.2.46）	有意义的复合词是名词词基。
paratantra-svabhāva+**su**	ṅyāpprātipadikāt //（P.4.1.1） svaujasamauṭchaṣ…sup //（P.4.1.2）	在以 ṅī、āp 为末的词后，以及在名词词基后是 su 等格尾。 单数第一格加格尾 su。
paratantra-svabhāva+s	tasya lopaḥ //（P.1.3.9）	su 的符号 u 由消隐替换。
paratantra-svabhāvas	suptiṅantaṃ padam //（P.1.4.14）	以格尾为末的是字。
paratantra-svabhāva**r**	sasajuṣo ruḥ //（P.8.2.66）	r 音替换字末的 s 音。
paratantra-svabhāva**ḥ**	kharavasānayorvisarjanīyaḥ //（P.8.3.15）	在清辅音和停顿前，送气音替换字末的 r 音。
paratantra-svabhāva**s**	visarjanīyasya saḥ //（P.8.3.34）	在清辅音前，s 音替换送气音。

小结：

在演变过程（一）中，paratantra-svabhāva 是依主释复合词，含义是“依他的自性”。

在演变过程（二）中，paratantra-svabhāva 是持业释复合词，含义是“依他为自性”。本颂主要采用这种理解。

paratantra-svabhāvas 是阳性，单数，第一格，含义是“自性为依他”。

tu

名词词基：tu（但是）。

演变过程：

tu	arthavadadhāturapratyayaḥ prātipadikam //（P.1.2.45）	既非词根，亦非词缀，有意义的（词）是名词词基。 [tu 是不可拆分（avyutpanna）的名词词基。]

tu+**sup**	ṅyāpprātipadikāt // （P.4.1.1） svaujasamauṭchaṣ…sup // （P.4.1.2）	在以 ṅī、āp 为末的词后，以及在名词词基后是 su 等格尾。 根据需要加某一 sup 格尾。
tu+sup	cādayo 'sattve // （P.1.4.57）	非实物意义的 ca 等词是投词（nipāta）。
tu+sup	svarādinipātamavyayam // （P.1.1.37）	投词 tu 是不变词。
tu+（ ）	avyayādāpsupaḥ // （P.2.4.82）	消隐（luk）替换不变词后的格尾。
tu	pratyayasya lukślulupaḥ // （P.1.1.61）	luk、ślu、lup 是词缀的消隐替换。消隐是不显现。
tu	pratyayalope pratyayalakṣaṇam // （P.1.1.62）	词缀消隐后，词缀的因还在。
tu	suptiṅantaṃ padam // （P.1.4.14）	以格尾为末的 tu 是字。

小结：

tu 是投词，不变词，意为“但是”。

vikalpaḥ

词根：第一类动词词根（bhvādigaṇa），1.799 kṛpū sāmarthye（kṛp 技能化、功能化）。

近置词：vi（viśeṣe 差别，niśāmane 看、听，vicāre 分析，saṃjñāyām 认识）。[依据：upasargāḥ kriyāyoge //（P.1.4.59）。]

直接后缀：ghañ 或 ac。

演变过程（一）：

kṛpū	bhūvādayo dhātavaḥ // （P.1.3.1）	bhū 等是动词词根。
kṛp	tasya lopaḥ // （P.1.3.9）	kṛpū 的符号 ū 由消隐替换。
kḷp	kṛpo ro laḥ // （P.8.2.18）	kṛpū 词根 ṛ、r 由 ḷ、l 替换。
vi+kḷp+**ghañ**	bhāve // （P.3.3.18） akartari ca kārake saṃjñāyām // （P.3.3.19）	当表达达到已成就状态的词根意义时，词根后加 ghañ 词缀。 当作术语时，（加 ghañ 词缀）也表示造者，但主动者除外。

或 vi+kḷp+**ac**	或 nandigrahipacādibhyo lyuṇinyacaḥ // （P.3.1.134）	加在 nandi、grahi、pac 等词根后的是直接后缀 lyu、ṇini、ac，表主动者的含义。 [ac 实际可以加在所有词根后。]
vi+kḷp+**ghañ** **或** vi+kḷp+**ac**	ārdhadhātukaṃ śeṣaḥ // （P.3.4.114）	全界词缀之外的是半界词缀。
vi+kḷp+a	tasya lopaḥ // （P.1.3.9）	ghañ、ac 的符号由消隐替换。
vi+**kḷp**+a	yasmātpratyayavidhistadādi pratyaye 'ṅgam //（P.1.4.13）	其后安排了词缀的词，以此词为始，在词缀前叫词干。
vi+k**al**p+a	pugantalaghūpadhasya ca // （P.7.3.86） uraṇ raparaḥ // （P.1.1.51）	遇到半界和全界词缀时，轻音节词干的排列倒数第二的短元音 i、u、ṛ、ḷ 由二合元音替换。 ḷ 音的替换，需由其后带 l 音的 a、i、u 及其长音来替换。
vikalpa	kṛttaddhitasamāsāśca // （P.1.2.46）	直接后缀为末的是名词词基。
vikalpa+**su**	ṅyāpprātipadikāt // （P.4.1.1） svaujasamauṭchaṣ…sup // （P.4.1.2）	在以 ṅī、āp 为末的词后，以及在名词词基后是 su 等格尾。 单数第一格加格尾 su。
vikalpa+s	tasya lopaḥ // （P.1.3.9）	su 的符号 u 由消隐替换。
vikalpas	suptiṅantaṃ padam // （P.1.4.14）	以格尾为末的是字。
vikalpa**r**	sasajuṣo ruḥ // （P.8.2.66）	r 音替换字末的 s 音。
vikalpa**ḥ**	kharavasānayorvisarjanīyaḥ // （P.8.3.15）	在清辅音和停顿前，送气音替换字末的 r 音。
vikalpa**s**	visarjanīyasya saḥ // （P.8.3.34）	在清辅音前，s 音替换送气音。
vikalpa**ḥ**	kupvoḥ≍ka≍au ca // （P.8.3.37）	在喉音和唇音前，送气音替换送气音也是一种选择。

词根：第十类动词词根（curādigaṇa），10.208 kṛpeśca avakalkane（kṛp 涂油）。

近置词：vi（viśeṣe 差别，niśāmane 看、听，vicāre 分析，saṃjñāyām 认识）。[依据：upasargāḥ kriyāyoge //（P.1.4.59）。]

直接后缀：ac。

演变过程（二）：

kṛpa	bhūvādayo dhātavaḥ //（P.1.3.1）	bhū 等是动词词根。
kṛp	tasya lopaḥ //（P.1.3.9）	kṛpa 的符号 a 由消隐替换。
kḷp	kṛpo ro laḥ //（P.8.2.18）	kṛpa 词根 ṛ、r 由 ḷ、l 替换。
klp+**ṇic**	satyāpa…cūrādibhyo ṇic //（P.3.1.25）	第十类动词词根本身必须加上 ṇic 词缀，表原义。
klp+**ṇic**	ārdhadhātukaṃ śeṣaḥ //（P.3.4.114）	ṇic 是半界词缀。
kḷp+ṇic	yasmātpratyayavidhistadādi pratyaye 'ṅgam //（P.1.4.13）	其后安排了词缀的词，以此词为始，在词缀前叫词干。
kalp+ṇic	pugantalaghūpadhasya ca //（P.7.3.86） uraṇ raparaḥ //（P.1.1.51）	遇到半界和全界词缀时，轻音节词干的排列倒数第二的短元音 i、u、ṛ、ḷ 由二合元音替换。 ḷ 音的替换，需由其后带 l 音的 a、i、u 及其长音来替换。
kalp+ṇic	sanādyantā dhātavaḥ //（P.3.1.32）	以 ṇic 词缀落尾的“kalp+ṇic”是新词根。
vi+kalp+ṇic+**ac**	erac //（P.3.3.56） 或 nandigrahipacādibhyo lyuṇinyacaḥ //（P.3.1.134）	i、ī 音落尾的词根后加直接后缀 ac。 加在 nandi、grahi、pac 等词根后的是直接后缀 lyu、ṇini、ac，表主动者的含义。 [ac 实际可以加在所有词根后。]
vi+kalp+ṇic+**ac**	ārdhadhātukaṃ śeṣaḥ //（P.3.4.114）	ac 是半界词缀。
vi+kalp+ṇic+a	tasya lopaḥ //（P.1.3.9）	ac 的符号 c 由消隐替换。
vi+kalp+ṇic+**a**	ārdhadhātukasyeḍvalādeḥ //（P.7.2.35）	在以对收 val 为首位音的半界词缀前，插入联系元音 iṭ。 [但 ac 不在其中，是 aniṭ 词缀。]
vi+kalp+（ ）+a	ṇeraniṭi //（P.6.4.51）	当遇到 aniṭ 半界词缀时，消隐（lopa）替换前面的 ṇic。
vi+kalp+（ ）+a	pratyayalope pratyayalakṣaṇam //（P.1.1.62）	ṇic 词缀消隐后，ṇic 词缀的因还在。
vi+**kalp+**（ ）+a	sanādyantā dhātavaḥ //（P.3.1.32）	“kalp+（ ）”仍是新词根。
vi+**kalp+**（ ）+a	yasmātpratyayavidhistadādi pratyaye 'ṅgam //（P.1.4.13）	其后安排了词缀的词，以此词为始，在词缀前叫词干。
vi+kalp+a	adarśanaṃ lopaḥ //（P.1.1.60）	不显现的是消隐。

vikalpa	kṛttaddhitasamāsāśca //（P.1.2.46）	直接后缀为末的 vikalpa 是名词词基。
vikalpa+**su**	ṅyāpprātipadikāt //（P.4.1.1） svaujasamauṭchaṣ…sup //（P.4.1.2）	在以 ṅī、āp 为末的词后，以及在名词词基后是 su 等格尾。 单数第一格加格尾 su。
vikalpa+s	tasya lopaḥ //（P.1.3.9）	su 的符号 u 由消隐替换。
vikalpas	suptiṅantaṃ padam //（P.1.4.14）	以格尾为末的是字。
vikalpa**r**	sasajuṣo ruḥ //（P.8.2.66）	r 音替换字末的 s 音。
vikalpa**ḥ**	kharavasānayorvisarjanīyaḥ //（P.8.3.15）	在清辅音和停顿前，送气音替换字末的 r 音。
vikalpa**s**	visarjanīyasya saḥ //（P.8.3.34）	在清辅音前，s 音替换送气音。
vikalpa**ḥ**	kupvoḥ≍ka≍pau ca //（P.8.3.37）	在喉音和唇音前，送气音替换送气音也是一种选择。

小结：

一者，vikalpa 若是依据“bhāve //（P.3.3.18）”加直接后缀 ghañ 而成的，或依据“erac //（P.3.3.56）”加直接后缀 ac 而成，表达的是行为的已成就状态（siddhabhāva）。即因缘和合之后达到的已成就状态，故翻译为“分别状态”，但不可翻译为“分别过程”。“分别过程”意味着分别还在演进之中。任何一刹那的分别，无论对错与否，清晰与否，都是一种“已知”状态。

二者，若 vikalpa 是依据经文“akartari ca kārake saṃjñāyām //（P.3.3.19）”加直接后缀 ghañ 而成，或依据“erac //（P.3.3.56）”加直接后缀 ac 而成，还可表达造者（kāraka）的含义，但不能是作者或主动者（kartṛ）。所谓的造者（kāraka）指的是产生行为的诸因缘，故 vikalpa 还可作为“分别”这一状态的（结构性）要素。

三者，若 vikalpa 是依据 P.3.1.134 加直接后缀 ac 构成的话，代表的是分别的主动者（kartṛ）。

综合以上的三重含义，vikalpas 翻译为“分别状况”为好。即分别时，可有虚假的“能分别者”；而作为缘起的转变（pariṇāma）则无“能转变者”。

vikalpas 是阳性，单数，第一格，含义是“分别状况”。

pratyaya

词根：第二类动词词根（adādigaṇa），2.36 iṇ gatau（i 行走）。

近置词：prati（sambhāvanāyām 聚集，vyāptau 各自）。[依据：upasargāḥ kriyāyoge //（P.1.4.59）。]

直接后缀：ac。

演变过程：

prati+i+**ac**	erac // （P.3.3.56）	i、ī 音落尾的词根后加直接后缀 ac。
prati+i+**ac**	ārdhadhātukaṃ śeṣaḥ // （P.3.4.114）	全界词缀之外的（ac）是半界词缀。
prati+i+a	tasya lopaḥ // （P.1.3.9）	ac 的符号 c 由消隐替换。
prati+**i**+a	yasmātpratyayavidhistadādi pratyaye 'ṅgam //（P.1.4.13）	其后安排了词缀的词，以此词为始，在词缀前叫词干。
prati+**e**+a	sārvadhātukārdhadhātukayoḥ // （P.7.3.84）	遇到半界词缀，词干的末元音 i 由二合元音（guṇa）替换。
prati+**ay**+a	eco 'yavāyāvaḥ // （P.6.1.78）	遇到元音时，复合元音应由 ay、av、āy、āv 替换。
prat**y**+aya	iko yaṇaci // （P.6.1.77）	发生连音时，若后遇元音，半元音替代以 ik 为对收的元音。
pratyaya	kṛttaddhitasamāsāśca // （P.1.2.46）	直接后缀 ac 为末的 viṣaya 是名词词基。

小结：

加直接后缀 ac 的经文“erac //（P.3.3.56）”在领句经文“akartari ca kārake saṃjñāyām //（P.3.3.19）”的控制之下。在这种情况下，pratyaya 可以作为非主动者（akartṛ）的造者（kāraka），且是专有名词。如果采用作用具（karaṇa）这一造者则表俱时的原因；若采用所从取者（apādāna）这一造者时则表异时的原因。此处统一翻译为“缘”。

udbhava

词根：第一类动词词根（bhvādigaṇa），1.1 bhū sattāyām（bhū 存在）。

近置词：ut（janmani 产生，uccaistve 高）。[依据：upasargāḥ kriyāyoge //（P.1.4.59）。]

直接后缀：ap。

演变过程：

ut+bhū+**ap**	ṝdorap // （P.3.3.57）	词根末元音是 ṝ、u、ū 的可加 ap 直接后缀。
ut+bhū+**ap**	ārdhadhātukaṃ śeṣaḥ // （P.3.4.114）	全界词缀之外的（ap）是半界词缀。
ut+**bhū**+ap	yasmātpratyayavidhistadādi pratyaye 'ṅgam //（P.1.4.13）	其后安排了词缀的词，以此词为始，在词缀前叫词干。
ut+bh**o**+ap	sārvadhātukārdhadhātukayoḥ // （P.7.3.84）	遇到半界词缀，词干的末元音 ū 由二合元音（guṇa）替换。
ut+bho+a	tasya lopaḥ // （P.1.3.9）	ap 的符号 p 由消隐替换。
ut+bh**av**+a	eco 'yavāyāvaḥ // （P.6.1.78）	遇到元音时，复合元音应由 ay、av、āy、āv 替换。
u**d**+bhava	jhalāṃ jaśo 'nte // （P.8.2.39）	字末的 jhal 对收音由 jaś 对收音替换。
udbhava	kṛttaddhitasamāsāśca // （P.1.2.46）	直接后缀为末的是名词词基。

小结：

解释直接后缀 ap 的经文 P.3.3.57 在领句经文"bhāve //（P.3.3.18）"的控制之下，所以 udbhava 表示行为的已成就状态（siddhabhāva），表示"生起"的状态。

pratyaya-udbhavaḥ

世俗拆分： pratyayena udbhavaḥ，或 pratyayād udbhavaḥ

非世俗拆分： pratyaya+ṭā+udbhava+su，或 pratyaya+ṅasi+udbhava+su

名词词基： pratyaya（缘）；udbhava（生起）。

演变过程：

pratyaya+ṭā+ udbhava+su 或 **pratyaya+ṅasi+ udbhava+su**	tṛtīyā tatkṛtārthena guṇavacanena // （P.2.1.30） 或 pañcamī bhayena // （P.2.1.37）	第三格的词可构成依主释复合词。 第五格的词可构成依主释复合词。
pratyaya+ṭā+ udbhava+su **或** **pratyaya+ṅasi+ udbhava+su**	kṛttaddhitasamāsāśca // （P.1.2.46）	有意义的复合词是名词词基。
pratyaya+udbhava	supo dhātuprātipadikayoḥ // （P.2.4.71） pratyayasya lukślulupaḥ //	词根、名词词基中蕴含的格尾由消隐（luk）替换。 luk、ślu、lup 是词缀的消隐替换。消隐

	（P.1.1.61）	是不显现。
pratyaya+udbhava	prathamānirdiṣṭaṃ samāsa upasarjanam //（P.1.2.43）	于复合词一节中，第一格所指示的是附属词。 [针对经文 P.2.1.30 和 P.2.1.37。]
pratyaya+udbhava	upasarjanaṃ pūrvam //（P.2.2.30）	附属词是前部字。
pratyay+**o**+dbhava	ādguṇaḥ //（P.6.1.87）	a 音后遇元音时，由一个二合元音替换前后两音位。
pratyayodbhava	kṛttaddhitasamāsāśca //（P.1.2.46）	有意义的复合词是名词词基。
pratyayodbhava+**su**	ṅyāpprātipadikāt //（P.4.1.1） svaujasamauṭchaṣ…sup //（P.4.1.2）	在以 ṅī、āp 为末的词后，以及在名词词基后是 su 等格尾。 单数第一格加格尾 su。
pratyayodbhava+s	tasya lopaḥ //（P.1.3.9）	su 的符号 u 由消隐替换。
pratyayodbhavas	suptiṅantaṃ padam //（P.1.4.14）	以格尾为末的是字。
pratyayodbhava**r**	sasajuṣo ruḥ //（P.8.2.66）	r 音替换字末的 s 音。
pratyayodbhava**ḥ**	kharavasānayorvisarjanīyaḥ //（P.8.3.15）	在停顿前，送气音替换字末的 r 音。

小结：

pratyaya-udbhava 是依主释复合词，有两种非世俗拆分。第一种情况是，前部字是第三格，说明缘与果是俱时的关系；第二种情况是，前部字是第五格，说明缘与果是异时的先后关系。这两种情况都指“待缘而生起”的意思。

pratyayodbhavas 是阳性，单数，第一格，含义是“待缘而生起的（法）”。

niṣpannas

词根：第四类动词词根（divādigaṇa），4.60 pada gatau（pad 行）。

直接后缀：kta。

近置词：nis（sampattau 完满，śāntau 寂静，sukhe 乐，viyoge 分离）。[依据：upasargāḥ kriyāyoge //（P.1.4.59）。]

演变过程：

nis+pad+**kta**	niṣṭhā//（P.3.2.102）	在体现过去意义时，词根后加成就词缀。

	ktaktavatū niṣṭhā // （P.1.1.26） gatyarthākarmakaśliṣa… jīryatibhyaśca //（P.3.4.72）	kta 和 ktavatu 是成就词缀。 kta 加在表行走含义的词根后，指示主动者。
nis+pad+**kta**	ārdhadhātukaṃ śeṣaḥ // （P.3.4.114）	全界之外的（kta）是半界词缀。
nis+pad+ta	tasya lopaḥ // （P.1.3.9）	kta 的符号 k 由消隐替换。
nis+pad+**iṭ**+ta	ārdhadhātukasyeḍvalādeḥ // （P.7.2.35）	在以对收 val 为首位音的半界词缀前，插入联系元音 iṭ。
nis+pad+ta	ekāca upadeśe 'nudāttāt // （P.7.2.10）	于原始发音状态的非高音的单音节词根（pad）之后不加 iṭ。 [以 d 结尾的第四类动词词根 pad 是 aniṭ 词根。]
nis+**pad**+ta	yasmātpratyayavidhistadādi pratyaye 'ṅgam //（P.1.4.13）	其后安排了词缀的词，以此词为始，在词缀前叫词干。
nis+pa**n**+**na**	radābhyāṃ niṣṭhāto naḥ pūrvasya ca daḥ //（P.8.2.42）	在 r、d 音后，niṣṭhā 的 t 由 n 音替换，其前的 d 也由 n 音替换。
ni**r**+panna	sasajuṣo ruḥ // （P.8.2.66）	r 音替换字末的 s 音。
ni**ḥ**+panna	kharavasānayorvisarjanīyaḥ // （P.8.3.15）	在清辅音和停顿前，送气音替换字末的 r 音。
ni**s**+panna	visarjanīyasya saḥ // （P.8.3.34）	在清辅音前，s 音替换送气音。
ni**ṣ**+panna	ādeśapratyayoḥ // （P.8.3.59）	在非 a、ā 元音以及喉音族辅音后的、非词末的替换音 s，以及词缀一部分的 s，这样的 s 音由其顶化音 ṣ 替换。
niṣpanna	kṛttaddhitasamāsāśca // （P.1.2.46）	以直接后缀为末的是名词词基。
niṣpanna+**su**	ṅyāpprātipadikāt // （P.4.1.1） svaujasamauṭchaṣ…sup // （P.4.1.2）	在以 ṅī、āp 为末的词后，以及在名词词基后是 su 等格尾。 单数第一格加格尾 su。
niṣpanna+s	tasya lopaḥ // （P.1.3.9）	su 的符号 u 由消隐替换。
niṣpannas	suptiṅantaṃ padam // （P.1.4.14）	以格尾为末的是字。
niṣpanna**r**	sasajuṣo ruḥ // （P.8.2.66）	r 音替换字末的 s 音。
niṣpanna**ḥ**	kharavasānayorvisarjanīyaḥ // （P.8.3.15）	在清辅音和停顿前，送气音替换字末的 r 音。

niṣpannas	visarjanīyasya saḥ // （P.8.3.34）	在清辅音前，s 音替换送气音。

小结：

如果选择第十类动词词根（curādigaṅa）的“10.350 pada gatau”的话，加 niṣṭha 词缀后，形成的是 niṣpadita，故不符合要求。

niṣpanna 是第四类动词词根“4.60 pada gatau”加成就词缀 kta 构成的。但根据经文 P.3.4.72 可知，表行走含义的词根加 kta 可以指示主动者，故 niṣpanna 表达的是主动的状态，含义为“全面达成”，即圆满成就诸法实性，翻译为“圆成实”。

niṣpannas 是阳性，单数，第一格，含义是“圆成实”。

tasya

词根：第八类动词词根（tanādigaṇa），8.1 tanu vistāre（tan 扩展）。

直接后缀：adi。

演变过程：

tan+**adi**	tyajitaniyajbhyo ḍit // （Uṇādisūtra 1.132）	在词根 tyaj、tan、yaj 后加直接后缀 adi。该词缀如同带 ḍ 符号。
tan+**adi**	ārdhadhātukaṃ śeṣaḥ // （P.3.4.114）	全界之外的（adi）是半界词缀。
tan+ad	tasya lopaḥ // （P.1.3.9）	adi 的符号 i 由消隐替换。
tan+ad	yasmātpratyayavidhistadādi pratyaye 'ṅgam //（P.1.4.13）	其后安排了词缀的词，以此词为始，在词缀前叫词干。
t+ad	ṭeḥ // （P.6.4.143）	遇到 ḍ 符号时，词干末音节由消隐替换。
tad	kṛttaddhitasamāsāśca // （P.1.2.46）	以直接后缀为末的是名词词基。
tad	sarvādīni sarvanāmāni // （P.1.1.27）	sarva 等词是代词。
tad+**ṅas**	ṅyāpprātipadikāt // （P.4.1.1） svaujasamauṭchaṣ…sup // （P.4.1.2）	在以 ṅī、āp 为末的词后，以及在名词词基后是 su 等格尾。 单数第六格加格尾 ṅas。
ta+**a**+ṅas	tyadādīnāmaḥ // （P.7.2.102）	遇到词尾时，tyad 等代词的末音的替换是 a 音。
t+**a**+ṅas	āto guṇe //	非字末的 a 音遇到二合元音时，前后两

	（P.6.1.97）	者的音位由后者的元音形式作唯一替换。
t+a+**sya**	ṭāṅasiṅasāminātsyāḥ //（P.7.1.12）	替换 ṭā、ṅasi、ṇas 的是 ina、āt、sya。
tasya	suptiṅantaṃ padam //（P.1.4.14）	以格尾为末的 tasya 是字。

小结：

tad 是代词“彼”，指代的是阳性词汇 pratyaya-udbhava （待缘而生起）或 paratantra-svabhāvas（自性为依他）。

tasya 是阳性，单数，第六格，意为“彼的”。

pūrveṇa

词根：第一类动词词根（bhvādigaṇa），1.607 pūrva pūraṇe（pūrv 充满）。

直接后缀：ac。

演变过程（一）：

pūrv+**ac**	nandigrahipacādibhyo lyuṇinyacaḥ //（P.3.1.134）	加在 nandi、grahi、pac 等词根后的是直接后缀 lyu、ṇini、ac，表主动者的含义。[实际上所有词根都可加 ac。]
pūrv+**ac**	ārdhadhātukaṃ śeṣaḥ //（P.3.4.114）	全界词缀之外的（ac）是半界词缀。
pūrv+a	tasya lopaḥ //（P.1.3.9）	ac 的符号 c 由消隐替换。
pūrv+a	yasmātpratyayavidhistadādi pratyaye 'ṅgam //（P.1.4.13）	其后安排了词缀的词，以此词为始，在词缀前叫词干。
pūrva	kṛttaddhitasamāsāśca //（P.1.2.46）	直接后缀为末的是名词词基。
pūrva	sarvādīni sarvanāmāni //（P.1.1.27）	sarva 等词是代词。
pūrva+**ṭā**	dūrāntikārthebhyo dvitīyā ca //（P.2.3.35） svaujasamauṭchaṣ…sup //（P.4.1.2）	表达远、近时，可以用第二格及第三、第五格。 单数第三格加格尾 ṭā。
pūrva+**ina**	ṭāṅasiṅasāminātsyāḥ //（P.7.1.12）	替换 ṭā、ṅasi、ṇas 的是 ina、āt、sya。
pūrv+**e**+na	ādguṇaḥ //（P.6.1.87）	a 音后遇元音时，由一个二合元音替换前后两音位。

pūrv+e+**ṇ**a	aṭkupvāṅnumvyavāye 'pi //（P.8.4.2）	即使有元音、半元音、h 音、喉音族、唇音族、ā 音以及 n 音的加入，r、ṣ 音之后的 n 音也应由 ṇ 音替换。
pūrveṇa	suptiṅantaṃ padam //（P.1.4.14）	以格尾为末的是字。

词根：第十类动词词根（curādigaṇa），10.127 pūrva nivāse（pūrv 居住）。

直接后缀：ac。

演变过程（二）：

pūrv+**ṇic**	satyāpa…cūrādibhyo ṇic //（P. 3.1.25）	第十类动词词根本身必须加上 ṇic 词缀，表原义。
pūrv+**ṇic**	ārdhadhātukaṃ śeṣaḥ //（P.3.4.114）	全界词缀之外的（ṇic）是半界词缀。
pūrv+ṇic	yasmātpratyayavidhistadādi pratyaye 'ṅgam //（P.1.4.13）	其后安排了词缀的词，以此词为始，在词缀前叫词干。
pūrv+ṇic	sanādyantā dhātavaḥ //（P.3.1.32）	以 ṇic 词缀落尾的是新词根。
pūrv+ṇic+**ac**	nandigrahipacādibhyo lyuṇinyacaḥ //（P.3.1.134）	加在 nandi、grahi、pac 等词根后的是直接后缀 lyu、ṇini、ac，表主动者的含义。 [实际上所有词根都可加 ac。]
pūrv+ṇic+**ac**	ārdhadhātukaṃ śeṣaḥ //（P.3.4.114）	全界词缀之外的（ac）是半界词缀。
pūrv+ṇic+a	tasya lopaḥ //（P.1.3.9）	ac 的符号 c 由消隐替换。
pūrv+ṇic+**a**	ārdhadhātukasyeḍvalādeḥ //（P.7.2.35）	在以对收 val 为首位音的半界词缀前，插入联系元音 iṭ。 [但 ac 不在其中，为 aniṭ 词缀。]
pūrv+（ ）+a	ṇeraniṭi //（P.6.4.51）	当遇到 aniṭ 半界词缀时，消隐（lopa）替换前面的 ṇic。
pūrv+（ ）+a	pratyayalope pratyayalakṣaṇam //（P.1.1.62）	ṇic 词缀消隐后，ṇic 词缀的因还在。
pūrv+（ ）+a	sanādyantā dhātavaḥ //（P.3.1.32）	"pūrv+（ ）"仍是新词根。
pūrv+（ ）+a	yasmātpratyayavidhistadādi pratyaye 'ṅgam //（P.1.4.13）	其后安排了词缀的词，以此词为始，在词缀前叫词干。
pūrv+a	adarśanaṃ lopaḥ //（P.1.1.60）	不显现的是消隐。
pūrva	kṛttaddhitasamāsāśca //（P.1.2.46）	直接后缀为末的是名词词基。
pūrva	sarvādīni sarvanāmāni //（P.1.1.27）	sarva 等词是代词。

pūrva+**ṭā**	ṅyāpprātipadikāt //（P.4.1.1） dūrāntikārthebhyo dvitīyā ca //（P.2.3.35） svaujasamauṭchaṣ…sup //（P.4.1.2）	在以 ṅī、āp 为末的词后，以及在名词词基后是 su 等格尾。 表达远、近时，可以用第二格及第三、第五格。 单数第三格加格尾 ṭā。
pūrva+**ina**	ṭāṅasiṅasāmināṭsyāḥ //（P.7.1.12）	替换 ṭā、ṅasi、ṇas 的是 ina、āt、sya。
pūrv+**e**+na	ādguṇaḥ //（P.6.1.87）	a 音后遇元音时，由一个二合元音替换前后两音位。
pūrv+e+**ṇ**a	aṭkupvāṅnumvyavāye 'pi //（P.8.4.2）	即使有元音、半元音、h 音、喉音族、唇音族、ā 音以及 n 音的加入，r、ṣ 音之后的 n 音也应由 ṇ 音替换。
pūrveṇa	suptiṅantaṃ padam //（P.1.4.14）	以格尾为末的是字。

小结：

经文 P.3.1.134 形成的词有主动者的含义，pūrva 作为代词含义是“前者”。

经文 P.3.3.18、P.3.3.19、P.3.3.56 以及经文“halaśca //（P.3.3.121）”都可加 ghañ 直接后缀形成 pūrva，但该词只是阳性。而由经文“ardharcāḥ puṃsi ca //（P.2.4.31）”可知，pūrva 是属于 ardharca 群中的词，兼有阳、中二性。故 pūrva 一词应该由经文 P.3.1.134 形成。

因为表达远、近的含义，所以使用第三格。因此不能因为此词第三格就认为 rahitatā 中的名词词基 rahita 有被动的含义。

pūrvena 是阳性，第三格，含义是“前者”，指代“前一颂”的阳性词 parikalpita（遍计所执）。

sadā

世俗拆分： sarvasmin kāle。

非世俗拆分： sarva+ṅi+dā。[依据：samarthānāṃ prathamādvā //（P.4.1.82）]

名词词基： sarva（一切）。

派生词缀： dā。

演变过程：

sarva+ṅi+**dā**	sarvaikānyakiṃyattadaḥ kāle dā //（P.5.3.15）	sarva、eka、anya、kim、yad、tad 于第七格表时间时，加词缀 dā。

sarva+ṅi+dā	kṛttaddhitasamāsāśca //（P.1.2.46）	以派生词缀为尾的是名词词基。
sarva+dā	supo dhātuprātipadikayoḥ //（P.2.4.71） pratyayasya lukślulupaḥ //（P.1.1.61）	词根、名词词基中蕴含的格尾由消隐（luk）替换。 luk、ślu、lup 是词缀的消隐替换。消隐是不显现。
sarva+**dā**	prāgdiśo vibhaktiḥ //（P.5.3.1）	从此经文到 P.5.3.27，所讨论的词缀叫 prāgdiśīya 派生词缀。这些词缀是词尾（vibhakti）。
sa+dā	sarvasya so 'nyatarasyāṃ di //（P.5.3.6）	当所加的 prāgdiśīya 派生词缀以 d 为首时，sa 可以替代 sarva。
sadā	kṛttaddhitasamāsāśca //（P.1.2.46）	以派生词缀为尾的是名词词基。
sadā+**ṅi**	ṅyāpprātipadikāt //（P.4.1.1） svaujasamauṭchaṣ…sup //（P.4.1.2）	在以 ṅī、āp 为末的词后，以及在名词词基后是 su 等格尾。 单数第七格加格尾 ṅi。
sadā+ṅi	taddhitaścāsarvavibhaktiḥ //（P.1.1.38）	某些派生词缀构成的词，其后并非可加所有格尾，其为不变词。
sadā+（ ）	avyayādāpsupaḥ //（P.2.4.82）	消隐（luk）替换不变词后的格尾。
sadā	pratyayasya lukślulupaḥ //（P.1.1.61）	luk、ślu、lup 是词缀的消隐替换。消隐是不显现。
sadā	pratyayalope pratyayalakṣaṇam //（P.1.1.62）	词缀消隐后，词缀的因还在。
sadā	suptiṅantaṃ padam //（P.1.4.14）	以格尾为末的 sadā 是字。

小结：

sadā 是不变词，表达“一切时候”“常常”“恒常”的意思。

rahita

词根：第一类动词词根（bhvādigaṇa），1.767 raha tyāge（rah 离弃）。

直接后缀：kta。

演变过程（一）：

rah+**kta**	napuṃsake bhāve ktaḥ //（P.3.3.114） 或	词为中性，表主动行为时，可加直接后缀 kta。

	gatyarthākarmakaśliṣa… jīryatibhyaśca //（P.3.4.72）	kta 加在表行走含义的词根后，指示主动者。
rah+**kta**	ārdhadhātukaṃ śeṣaḥ // （P.3.4.114）	全界之外的（kta）是半界词缀。
rah+ta	tasya lopaḥ // （P.1.3.9）	kta 的符号 k 由消隐替换。
rah+**iṭ**+ta	ārdhadhātukasyeḍvalādeḥ // （P.7.2.35）	在以对收 val 为首位音的半界词缀前，插入联系元音 iṭ。
rah+**i**+ta	tasya lopaḥ // （P.1.3.9）	iṭ 的符号 ṭ 由消隐替换。
rah+**ita**	ādyantau ṭakitau // （P.1.1.46）	以 ṭ 符号和 k 符号结尾的是首位音或末音。
rah+ita	yasmātpratyayavidhistadādi pratyaye 'ṅgam //（P.1.4.13）	其后安排了词缀的词，以此词为始，在词缀前叫词干。
rahita	kṛttaddhitasamāsāśca // （P.1.2.46）	以直接后缀 kta 为末的是名词词基。

词根：第十类动词词根（curādigaṇa），10.84 raha tyāge ca（rah 离弃）。

直接后缀：kta。

演变过程（二）：

rah+**ṇic**	satyāpa…cūrādibhyo ṇic // （P.3.1.25）	第十类动词词根本身必须加上 ṇic 词缀，表原义。
rah+**ṇic**	ārdhadhātukaṃ śeṣaḥ // （P.3.4.114）	全界词缀之外的 ṇic 是半界词缀。
rah+ṇic	yasmātpratyayavidhistadādi pratyaye 'ṅgam //（P.1.4.13）	其后安排了词缀的词，以此词为始，在词缀前叫词干。
r**ā**h+ṇic	ata upadhāyāḥ // （P.7.2.116）	遇 ñ、ṇ 符号的后缀时，词干倒数第二的 a 音由三合元音替换。
r**a**h+ṇic	nānye mito 'hetau // （Dhātupāṭha Gaṇasūtra） mitāṃ hrasvaḥ // （P.6.4.92）	jñap、cah、rah、bala、yam、ci 这六个第十类动词词根表达非使役含义时，被称作 mit。 当词根有 mit 的术语称谓时，ṇic 前面词根的倒数第二字母的长元音变短。
rah+ṇic	sanādyantā dhātavaḥ // （P.3.1.32）	以 ṇic 词缀落尾的“rah+ṇic”是新词根。
rah+ṇic+**kta**	napuṃsake bhāve ktaḥ // （P.3.3.114） 或 gatyarthākarmakaśliṣa… jīryatibhyaśca //（P.3.4.72）	词为中性，表主动行为时，可加直接后缀 kta。 kta 加在表行走含义的词根后，指示主动者。
rah+ṇic+**kta**	ārdhadhātukaṃ śeṣaḥ // （P.3.4.114）	全界之外的（kta）是半界词缀。

rah+ṇic+ta	tasya lopaḥ //（P.1.3.9）	kta 的符号 k 由消隐替换。
rah+ṇic+**iṭ**+ta	ārdhadhātukasyeḍvalādeḥ //（P.7.2.35）	在以对收 val 为首位音的半界词缀前，插入联系元音 iṭ。
rah+（ ）+iṭ+ta	niṣṭhāyāṃ seṭi //（P.6.4.52）	遇到成就词缀前有联系元音 iṭ 时，ṇic 由消隐（lopa）替换。
rah+（ ）+iṭ+ta	pratyayalope pratyayalakṣaṇam //（P.1.1.62）	词缀消隐后，词缀（ṇic）的因还在。
rah+（ ）+iṭ+ta	sanādyantā dhātavaḥ //（P.3.1.32）	以 ṇic 词缀落尾的“rah+（ ）”仍是新词根。
rah+（ ）+**i**+ta	tasya lopaḥ //（P.1.3.9）	iṭ 的符号 ṭ 由消隐替换。
rah+（ ）+**ita**	ādyantau ṭakitau //（P.1.1.46）	以 ṭ 符号和 k 符号结尾的是首位音或末音。
rah+（ ）+ita	yasmātpratyayavidhistadādi pratyaye 'ṅgam //（P.1.4.13）	其后安排了词缀的词，以此词为始，在词缀前叫词干。
rah+ita	adarśanaṃ lopaḥ //（P.1.1.60）	不显现的是消隐。
rahita	kṛttaddhitasamāsāśca //（P.1.2.46）	以直接后缀 kta 为末的是名词词基。

词根：第十类动词词根（curādigaṇa），10.312 raha tyāge（raha 离弃）。

直接后缀：kta。

演变过程（三）：

raha+**ṇic**	satyāpa...cūrādibhyo ṇic //（P.3.1.25）	第十类动词词根本身必须加上 ṇic 词缀，表原义。
raha+**ṇic**	ārdhadhātukaṃ śeṣaḥ //（P.3.4.114）	全界之外的（ṇic）是半界词缀。
rah+（ ）+ṇic	ato lopaḥ //（P.6.4.48）	于半界词缀前，原始发音状态中的落尾 a 音由消隐替换。
rah+（ ）+ṇic	yasmātpratyayavidhistadādi pratyaye 'ṅgam //（P.1.4.13）	其后安排了词缀的词，以此词为始，在词缀前叫词干。
r**ā**h+（ ）+ṇic	ata upadhāyāḥ //（P.7.2.116）	遇 ñ、ṇ 符号的后缀时，词干倒数第二的 a 音由三合元音替换。
rah+（ ）+ṇic	acaḥ parasminpūrvavidhau //（P.1.1.57）	因随后音的缘故而发生的对元音的替换，依照之前的规则。[消隐的 a 音如本位音看待，故以上的三合元音替换不能成立。]
rah+（ ）**+ṇic**	sanādyantā dhātavaḥ //（P.3.1.32）	以 ṇic 词缀落尾的“rah+（ ）+ṇic”是新词根。
rah+（ ）+ṇic+**kta**	napuṃsake bhāve ktaḥ //（P.3.3.114）	词为中性，表主动行为时，可加直接后缀 kta。

	或 gatyarthākarmakaśliṣa… jīryatibhyaśca //（P.3.4.72）	kta 加在表行走含义的词根后，指示主动者。
rah+（ ）+ṇic+**kta**	ārdhadhātukaṃ śeṣaḥ // （P.3.4.114）	全界之外的（kta）是半界词缀。
rah+（ ）+ṇic+ta	tasya lopaḥ // （P.1.3.9）	kta 的符号 k 由消隐替换。
rah+（ ）+ṇic+**iṭ**+ta	ārdhadhātukasyeḍvalādeḥ // （P.7.2.35）	在以对收 val 为首位音的半界词缀前，插入联系元音 iṭ。
rah+（ ）+（ ）+iṭ+ta	niṣṭhāyāṃ seṭi // （P.6.4.52）	遇到成就词缀前有联系元音 iṭ 时，ṇic 由消隐（lopa）替换。
rah+（ ）+（ ）+iṭ+ta	pratyayalope pratyayalakṣaṇam // （P.1.1.62）	词缀消隐后，词缀（ṇic）的因还在。
rah+（ ）+（ ）+iṭ+ta	sanādyantā dhātavaḥ // （P.3.1.32）	以 ṇic 词缀落尾的“rah+（ ）+（ ）”是新词根。
rah+（ ）+（ ）+i+ta	tasya lopaḥ // （P.1.3.9）	iṭ 的符号 ṭ 由消隐替换。
rah+（ ）+（ ）+**i**ta	ādyantau ṭakitau // （P.1.1.46）	以 ṭ 符号和 k 符号结尾的是首位音或末音。
rah+（ ）+（ ）+ita	yasmātpratyayavidhistadādi pratyaye ’ṅgam //（P.1.4.13）	其后安排了词缀的词，以此词为始，在词缀前叫词干。
rah+ita	adarśanaṃ lopaḥ // （P.1.1.60）	不显现的是消隐。
rahita	kṛttaddhitasamāsāśca // （P.1.2.46）	以直接后缀 kta 为末的是名词词基。

小结：

由上可知，三个词根都具有“离弃”的含义，都可形成 rahita 一词。若依据经文 P.3.3.114 加 kta 表示主动行为，rahita 是中性词；若依据经文 P.3.4.72 形成 rahita，该词指示的主动者是 niṣpanna。因此 rahita 都翻译为“离弃”。

rahitatā

世俗拆分：rahitasya bhāvaḥ。

非世俗拆分：rahita+ṅas+tal。

名词词基：rahita（离弃）。

派生词缀：tal。

演变过程：

rahita+ṅas+**tal**	tasya bhāvastvatalau //（P.5.1.119）	（表现）其本性、状态时，用 tva 和 tal。
rahita+ṅas+tal	kṛttaddhitasamāsāśca //（P.1.2.46）	以派生词缀为尾的是名词词基。
rahita+tal	supo dhātuprātipadikayoḥ //（P.2.4.71） pratyayasya lukślulupaḥ //（P.1.1.61）	词根、名词词基中蕴含的格尾由消隐（luk）替换。 luk、ślu、lup 是词缀的消隐替换。消隐是不显现。
rahita+ta	tasya lopaḥ //（P.1.3.9）	tal 符号 l 由消隐替换。
rahita+ta	talantaṃ striyām //（Sārasiddhāntakaumudī 708）[①]	以 tal 收尾的是阴性。
rahitata+**ṭāp**	ajādyataṣṭāp //（P.4.1.4）	aja 等以及以 a 为末的，于阴性时，加 ṭāp。
rahitata+ā	tasya lopaḥ //（P.1.3.9）	ṭāp 的符号 ṭ、p 由消隐替换。
rahitat**ā**	akaḥ savarṇe dīrghaḥ //（P.6.1.101）	以 ak 为对收的末音后遇同类音时，一长音替换前后两音位。
rahitatā+**su**	ṅyāpprātipadikāt //（P.4.1.1） svaujasamauṭchaṣ…sup //（P.4.1.2）	在以 ṅī、āp 为末的词后，以及在名词词基后是 su 等格尾。 单数第一格加格尾 su。
rahitatā+s	tasya lopaḥ //（P.1.3.9）	su 的符号 u 由消隐替换。
rahitatā+（ ）	halṅyābbhyo dīrghāt sutisy-apṛktaṃ hal //（P.6.1.68）	在辅音后，在保留长音的 ṅī、āp 后，格尾 su、语尾 tip、sip 的单辅音词缀由消隐（lopa）替换。
rahitatā	adarśanaṃ lopaḥ //（P.1.1.60）	不显现的是消隐。
rahitatā	pratyayalope pratyayalakṣaṇam //（P.1.1.62）	词缀消隐后，词缀的因还在。
rahitatā	suptiṅantaṃ padam //（P.1.4.14）	以格尾为末的是字。

小结：

rahitatā 的基本含义是“离弃的特性”。由于 pūrvena 第三格表示远近的含义，所以 rahitatā 翻译为“远离性”。

rahitatā 阴性，单数，第一格，含义是“远离性”。

① 段晴：《波你尼语法入门》，北京大学出版社 2001 年版，第 507 页。

tu

名词词基： tu（但是）。

演变过程：

tu	arthavadadhāturapratyayaḥ prātipadikam //（P.1.2.45）	既非词根，亦非词缀，有意义的（词）是名词词基。 [tu 是不可拆分（avyutpanna）的名词词基。]
tu+**sup**	ṅyāpprātipadikāt //（P.4.1.1） svaujasamauṭchaṣ…sup //（P.4.1.2）	在以 ṅī、āp 为末的词后，以及在名词词基后是 su 等格尾。 根据需要加某一 sup 格尾。
tu+sup	cādayo ’sattve //（P.1.4.57）	非实物意义的 ca 等词是投词（nipāta）。
tu+sup	svarādinipātamavyayam //（P.1.1.37）	投词 tu 是不变词。
tu+（ ）	avyayādāpsupaḥ //（P.2.4.82）	消隐（luk）替换不变词后的格尾。
tu	pratyayasya lukślulupaḥ //（P.1.1.61）	luk、ślu、lup 是词缀的消隐替换。消隐是不显现。
tu	pratyayalope pratyayalakṣaṇam //（P.1.1.62）	词缀消隐后，词缀的因还在。
tu	suptiṅantaṃ padam //（P.1.4.14）	以格尾为末的 tu 是字。

小结：

tu 是投词，不变词，意为“但是”。

yad

词根： 第一类动词词根（bhvādigaṇa），1.1051 yaja devapūjāsaṃgatikaraṇadāneṣu（yaj 有牺牲品的祭祀，荣耀，奉献）。

直接后缀： adi。

演变过程：

yaj+**adi**	tyajitaniyajbhyo ḍit //（Uṇādisūtra 1.132）	词根 tyaj、tan、yaj 后加直接后缀 adi。该词缀如同带 ḍ 符号。
yaj+**adi**	ārdhadhātukaṃ śeṣaḥ //（P.3.4.114）	全界之外的（adi）是半界词缀。
yaj+ad	tasya lopaḥ //（P.1.3.9）	adi 的符号 i 由消隐替换。

yaj+ad	yasmātpratyayavidhistadādi pratyaye 'ṅgam //（P.1.4.13）	其后安排了词缀的词，以此词为始，在词缀前叫词干。
y+ad	ṭeḥ // （P.6.4.143）	遇到 ḍ 符号时，词干末音节由消隐替换。
yad	kṛttaddhitasamāsāśca // （P.1.2.46）	以直接后缀为末的是名词词基。
yad	sarvādīni sarvanāmāni // （P.1.1.27）	sarva 等词是代词。

小结：

yad 是代词，含义是“那”。该词有阳、阴、中三性。

yā

名词词基： yad（那）。

阴性词缀： ṭāp。

演变过程：

yad	kṛttaddhitasamāsāśca // （P.1.2.46）	以直接后缀为末的是名词词基。
yad	sarvādīni sarvanāmāni // （P.1.1.27）	sarva 等词是代词。
yad	striyām// （P.4.1.3）	当词是阴性时。
yad+**su**	ṅyāpprātipadikāt // （P.4.1.1） svaujasamauṭchaṣ…sup // （P.4.1.2）	在以 ṅī、āp 为末的词后，以及在名词词基后是 su 等格尾。 单数第一格加格尾 su。
yad+s	tasya lopaḥ // （P.1.3.9）	su 的符号 u 由消隐替换。
ya+**a**+s	tyadādīnāmaḥ // （P.7.2.102）	遇到词尾时，tyad 等代词的末音的替换是 a 音。
y+**a**+s	āto guṇe // （P.6.1.97）	非字末的 a 音遇到二合元音时，前后两者的音位由后者的元音形式作唯一替换。
ya+**ṭāp**+s	ajādyataṣṭāp // （P.4.1.4）	aja 等以及以 a 为末音的，于阴性时，加 ṭāp。
ya+ā+s	tasya lopaḥ // （P.1.3.9）	ṭāp 的符号 ṭ、p 由消隐替换。
y+**ā**+s	akaḥ savarṇe dīrghaḥ // （P.6.1.101）	以 ak 为对收的末音后遇同类音时，一长音替换前后两音位。

y+ā+（ ）	halṅyābbhyo dīrghāt sutisy-apṛktaṃ hal //（P.6.1.68）	在辅音后，在保留长音的 ṅī、āp 后，格尾 su、语尾 tip、sip 的单辅音词缀由消隐（lopa）替换。
y+ā	adarśanaṃ lopaḥ //（P.1.1.60）	不显现的是消隐。
y+ā	pratyayalope pratyayalakṣaṇam //（P.1.1.62）	词缀消隐后，词缀的因还在。
yā	suptiṅantaṃ padam //（P.1.4.14）	以格尾为末的 sā 是字。

小结：

yā 是阴性的代词 yad 的单数，第一格，含义是“那个”。

yā 对应的是 tasya，故指的是“待缘而起的法的法性”。因为安慧在《三十唯识释》中说，“pariniṣpannaś ca paratantra-dharmatā”① [且圆成实就是依他的法性]。即圆成实是对依他缘起的法的前遍计所执的恒常远离，故退回来说，圆成实就等同于依他缘起的法的法性了。

① 韩廷杰：《梵文佛典研究（一）》，宗教文化出版社 2012 年版，第 430 页。

第二十二颂

अत एव स नैवान्यो नानन्यः परतन्त्रतः।
अनित्यतादिवद् वाच्यो नादृष्टेऽस्मिन् स दृश्यते॥२२॥

ata eva sa na eva anyo na ananyaḥ para-tantrataḥ /
anityatā-ādi-vad vācyo na adṛṣṭe ’smin sa dṛśyate //22//

玄奘译：故此与依他，非异非不异，如无常等性，非不见此彼。

真谛译《转识论》：若相离者，唯识义不成，有境识异故。由不相离故，唯识无境界。无境界故，识亦成无。由境无识无故，立唯识义，是乃成立。是故前性于后性，不一不异。若定一异，则有过失。何耶？分别与依他定一者，分别性决定永无，不为五法藏所摄，依他性亦应永无。若尔，便无生死、解脱、善恶、律戒法。此为不可。既不如此故，分别性与依他性不得定一；若定异者，则分别性便不能遣依他性。既由观分别性是无所有，方见依他性亦无所有故，不得定异。又若分别性定异依他性者，分别性体应定是有，非谓永无。有可异无，何所论异？是故但说不一不异。不可定说一异也。如无常与有为法，亦不得定说一异。前无后无是无常义，五阴是有为法。若无常与有为法定一者。无常是无，一切诸法并皆是无。既不并无，故不得定一；若定异者，观无常时，不应通有为法。以其通故，不得定异。此亦是不一不异也。如是一切诸法皆尔。如色等与瓶，亦不一不异。若色与瓶定一，香等不成瓶，瓶则真实。若色定异瓶，见色不应通瓶。是故不定一异也。两说亦尔。若不见分别性，则不见依他性，是故不一不异。

霍韬晦译：故此与依他，非异非不异。如无常等性，此隐时彼隐。

现译：由此，彼（圆成实性）相对于依他（性）是非异非不异的（关系）。正如非常性等性，（故）应说：在此（圆成实性）未被见到时，彼（依他性）（也）不能被见到。

etad

词根：第二类动词词根（adādigaṇa），2.36 iṇ gatau（i 行走）。

直接后缀：adi。

演变过程：

i+**tuṭ+adi**	etestuṭ ca // （Uṇādisūtra 1.133）	直接后缀 adi 加在词根 i 后，且插入 tuṭ，且 i 由二合元音 e 替换。
i+tuṭ+**adi**	ārdhadhātukaṃ śeṣaḥ // （P.3.4.114）	全界之外的（adi）是半界词缀。
i+t+ad	tasya lopaḥ // （P.1.3.9）	tuṭ 的符号由消隐替换。 adi 的符号由消隐替换。
i+**t**ad	ādyantau ṭakitau // （P.1.1.46）	以 ṭ 符号和 k 符号结尾的是首位音或末音。
i+**iṭ**+tad	ārdhadhātukasyeḍvalādeḥ // （P.7.2.35）	在以对收 val 为首位音的半界词缀前，插入联系元音 iṭ。
i+tad	ekāca upadeśe 'nudāttāt // （P.7.2.10）	于原始发音状态的非高音的单音节词根（i）之后不加 iṭ。
i+tad	yasmātpratyayavidhistadādi pratyaye 'ṅgam //（P.1.4.13）	其后安排了词缀的词，以此词为始，在词缀前叫词干。
e+tad	sārvadhātukārdhadhātukayoḥ // （P.7.3.84）	遇到半界词缀，词干的末元音 i 由二合元音（guṇa）替换。
etad	kṛttaddhitasamāsāśca // （P.1.2.46）	以直接后缀为末的是名词词基。
etad	sarvādīni sarvanāmāni // （P.1.1.27）	sarva 等词是代词。

小结：

etad 作为代词，含义是“此”。

ata（atas）

世俗拆分： etasmāt。

非世俗拆分： etad+ṅasi+tas。

名词词基： etad（此）。

派生词缀： tasil。

演变过程：

etad	sarvādīni sarvanāmāni // （P.1.1.27）	sarva 等词是代词。
etad+ṅasi+**tasil**	pañcamyāstasil // （P.5.3.7）	派生词缀 tas 加在有第五格格尾的代词后。
etad+ṅasi+tasil	kṛttaddhitasamāsāśca // （P.1.2.46）	以派生词缀 thāl 为尾的是名词词基。

etad+tasil	supo dhātuprātipadikayoḥ //（P.2.4.71） pratyayasya lukślulupaḥ //（P.1.1.61）	词根、名词词基中蕴含的格尾由消隐（luk）替换。 luk、ślu、lup 是词缀的消隐替换。消隐是不显现。
etad+**tasil**	prāgdiśo vibhaktiḥ //（P.5.3.1）	从此经文到 P.5.3.27，所讨论的词缀叫 prāgdiśīya 派生词缀。这些词缀是词尾（vibhakti）。
etad+tas	tasya lopaḥ //（P.1.3.9）	tasil 的符号由消隐替换。
an+tas	etado 'n //（P.5.3.5）	当派生词缀代表词尾时，etad 由 an 替换。
a+tas	nalopaḥ prātipadikāntasya //（P.8.2.7）	一个属于名词词基范畴的（完成格尾变化的）字，它的尾部 n 音由消隐（lopa）替换。
atas	kṛttaddhitasamāsāśca //（P.1.2.46）	以派生词缀为尾的是名词词基。
atas+**ṅasi**	ṅyāpprātipadikāt //（P.4.1.1） svaujasamauṭchaṣ…sup //（P.4.1.2）	在以 ṅī、āp 为末的词后，以及在名词词基后是 su 等格尾。 单数第五格加格尾 ṅasi。
atas+ṅasi	taddhitaścāsarvavibhaktiḥ //（P.1.1.38）	某些派生词缀构成的词，其后并非可加所有格尾，其为不变词。
atas+（ ）	avyayādāpsupaḥ //（P.2.4.82）	消隐（luk）替换不变词后的格尾。
atas	pratyayasya lukślulupaḥ //（P.1.1.61）	luk、ślu、lup 是词缀的消隐替换。消隐是不显现。
atas	pratyayalope pratyayalakṣaṇam //（P.1.1.62）	词缀消隐后，词缀的因还在。
atas	suptiṅantaṃ padam //（P.1.4.14）	以格尾为末的 atas 是字。
ata**r**	sasajuṣo ruḥ //（P.8.2.66）	r 音替换字末的 s 音。
ata**y**	bho-bhago-agho-apūrvasya yo 'śi //（P.8.3.17）	在浊音前，a、ā 在前的 r 音由 y 音替换。
ata	lopaḥ śākalyasya //（P.8.3.19）	根据沙迦略的观点，当遇到以 aś 为对收的浊音随后时，有 a 字符在其前的字末的 y 和 v 可以发生消隐替换。

小结：

atas 由派生词缀 tas 形成的不变词，表达“由此”“因此”的意思。

eva

词根：第二类动词词根（adādigaṇa），2.36 iṇ gatau（i 行走）。

直接后缀：van。

演变过程：

i+van	iṇ iṇaśībhyāṃ van //（Uṇādisūtra 1.153）	词根 i（行走）、śī（睡）后加直接后缀 van。
i+**van**	ārdhadhātukaṃ śeṣaḥ //（P.3.4.114）	全界之外的（van）是半界词缀。
i+va	tasya lopaḥ //（P.1.3.9）	van 的符号 n 由消隐替换。
i+**iṭ**+va	ārdhadhātukasyeḍvalādeḥ //（P.7.2.35）	在以对收 val 为首位音的半界词缀前，插入联系元音 iṭ。
i+va	ekāca upadeśe 'nudāttāt //（P.7.2.10） neḍvaśi kṛti //（P.7.2.8）	于原始发音状态的非高音的单音节词根后，不加联系元音 iṭ。 在以 vaś 为对收的浊辅音起始的直接后缀前，不加联系元音 iṭ。
i+va	yasmātpratyayavidhistadādi pratyaye 'ṅgam //（P.1.4.13）	其后安排了词缀的词，以此词为始，在词缀前叫词干。
e+va	sārvadhātukārdhadhātukayoḥ //（P.7.3.84）	遇到半界词缀，词干的末元音 i 由二合元音（guṇa）替换。
eva	kṛttaddhitasamāsāśca //（P.1.2.46）	以直接后缀为末的是名词词基。
eva+**sup**	ṅyāpprātipadikāt //（P.4.1.1） svaujasamauṭchaṣ…sup //（P.4.1.2）	在以 ṅī、āp 为末的词后，以及在名词词基后是 su 等格尾。 根据需要加某一 sup 格尾。
eva+sup	cādayo 'sattve //（P.1.4.57）	非实物意义的 ca 等词是投词（nipāta）。
eva+sup	svarādinipātamavyayam //（P.1.1.37）	投词 eva 是不变词。
eva+（ ）	avyayādāpsupaḥ //（P.2.4.82）	消隐（luk）替换不变词后的格尾。
eva	pratyayasya lukślulupaḥ //（P.1.1.61）	luk、ślu、lup 是词缀的消隐替换。消隐是不显现。
eva	pratyayalope pratyayalakṣaṇam //（P.1.1.62）	词缀消隐后，词缀的因还在。
eva	suptiṅantaṃ padam //（P.1.4.14）	以格尾为末的 eva 是字。

小结：

eva 是加直接后缀 van 而成的，表达的含义是“行走”“快速”。

但非实物意义的 eva 是不变词，其含义是“正是”“只有”等。本颂采用“正是”这种理解。

tad

词根：第八类动词词根（tanādigaṇa），8.1 tanu vistāre（tan 扩展）。

直接后缀：adi。

演变过程：

tan+**adi**	tyajitaniyajbhyo ḍit //（Uṇādisūtra 1.132）	在词根 tyaj、tan、yaj 后加直接后缀 adi。该词缀如同带 ḍ 符号。
tan+**adi**	ārdhadhātukaṃ śeṣaḥ //（P.3.4.114）	全界之外的（adi）是半界词缀。
tan+ad	tasya lopaḥ //（P.1.3.9）	adi 的符号 i 由消隐替换。
tan+ad	yasmātpratyayavidhistadādi pratyaye 'ṅgam //（P.1.4.13）	其后安排了词缀的词，以此词为始，在词缀前叫词干。
t+ad	ṭeḥ //（P.6.4.143）	遇到 ḍ 符号时，词干末音节由消隐替换。
tad	kṛttaddhitasamāsāśca //（P.1.2.46）	以直接后缀为末的是名词词基。
tad	sarvādīni sarvanāmāni //（P.1.1.27）	sarva 等词是代词。

小结：

tad 是代词，有阳、阴、中三性，含义是“彼”。

sa

名词词基：tad（彼）。

演变过程：

tad	kṛttaddhitasamāsāśca //（P.1.2.46）	以直接后缀为末的是名词词基。
tad	sarvādīni sarvanāmāni //（P.1.1.27）	sarva 等词是代词。
tad+**su**	ṅyāpprātipadikāt //（P.4.1.1）	在以 ṅī、āp 为末的词后，以及在名词词基后是 su 等格尾。

	svaujasamauṭchaṣ…sup //（P.4.1.2）	单数第一格加格尾 su。
ta+**a**+su	tyadādīnāmaḥ //（P.7.2.102）	遇到词尾时，tyad 等代词的末音的替换是 a 音。
t+**a**+su	āto guṇe //（P.6.1.97）	非字末的 a 音遇到二合元音时，前后两者的音位由后者的元音形式作唯一替换。
s+a+su	tadoḥ saḥ sāvanantyayoḥ //（P.7.2.106）	遇到格尾 su 时，tyad 等词的非落尾的 t 和 d 音由 s 音替换。
s+a+（ ）	etattadoḥ sulopo 'koranañsamāse hali //（P.6.1.132）	遇到辅音时，无 ka 的 etad 和 tad 的 su 格尾消隐，但在否定复合词中除外。
s+a	adarśanaṃ lopaḥ //（P.1.1.60）	不显现的是消隐。
s+a	pratyayalope pratyayalakṣaṇam //（P.1.1.62）	词缀消隐后，词缀的因还在。
sa	suptiṅantaṃ padam //（P.1.4.14）	以格尾为末的 sa 是字。

小结：

sa 是代词，阳性，单数，第一格，意为“彼”。指代的是第 21 颂的 niṣpanna（圆成实）。安慧在《三十唯识释》中说，“pariniṣpannaś ca paratantra-dharmatā”① [且圆成实就是依他的法性]。即圆成实本质是法性，故 sa 指代的 niṣpanna 可以翻译为“彼（圆成实性）”。

na

名词词基：nañ（非）。

演变过程：

nañ	arthavadadhāturapratyayaḥ prātipadikam //（P.1.2.45）	既非词根，亦非词缀，有意义的（词）是名词词基。 [na 是不可拆分（avyutpanna）的名词词基。]
na	tasya lopaḥ //（P.1.3.9）	nañ 的符号 ñ 由消隐替换。
na+**sup**	ṅyāpprātipadikāt //（P.4.1.1） svaujasamauṭchaṣ…sup //（P.4.1.2）	在以 ṅī、āp 为末的词后，以及在名词词基后是 su 等格尾。 根据需求加某一 sup 格尾。

① 韩廷杰：《梵文佛典研究（一）》，宗教文化出版社 2012 年版，第 430 页。

na+sup	cādayo ’sattve // （P.1.4.57）	非实物意义的 ca 等词是投词（nipāta）。
na+sup	svarādinipātamavyayam // （P.1.1.37）	投词 nañ 是不变词。
na+（ ）	avyayādāpsupaḥ // （P.2.4.82）	消隐（luk）替换不变词后的格尾。
na	pratyayasya lukślulupaḥ // （P.1.1.61）	luk、ślu、lup 是词缀的消隐替换。消隐是不显现。
na	pratyayalope pratyayalakṣaṇam // （P.1.1.62）	词缀消隐后，词缀的因还在。
na	suptiṅantaṃ padam // （P.1.4.14）	以格尾为末的 na 是字。

小结：

na 是投词，不变词，意为“非”“无”。

eva

词根：第二类动词词根（adādigaṇa），2.36 iṇ gatau（i 行走）。

直接后缀：van。

演变过程：

i+van	iṇ iṇaśībhyāṃ van // （Uṇādisūtra 1.153）	词根 i（行走）、śī（睡）后加直接后缀 van。
i+**van**	ārdhadhātukaṃ śeṣaḥ // （P.3.4.114）	全界之外的（van）是半界词缀。
i+va	tasya lopaḥ // （P.1.3.9）	van 的符号 n 由消隐替换。
i+**iṭ**+va	ārdhadhātukasyeḍvalādeḥ // （P.7.2.35）	在以对收 val 为首位音的半界词缀前，插入联系元音 iṭ。
i+va	ekāca upadeśe ’nudāttāt // （P.7.2.10） neḍvaśi kṛti // （P.7.2.8）	于原始发音状态的非高音的单音节词根后，不加联系元音 iṭ。 在以 vaś 为对收的浊辅音起始的直接后缀前，不加联系元音 iṭ。
i+va	yasmātpratyayavidhistadādi pratyaye ’ṅgam //（P.1.4.13）	其后安排了词缀的词，以此词为始，在词缀前叫词干。
e+va	sārvadhātukārdhadhātukayoḥ // （P.7.3.84）	遇到半界词缀，词干的末元音 i 由二合元音（guṇa）替换。
eva	kṛttaddhitasamāsāśca // （P.1.2.46）	以直接后缀为末的是名词词基。

eva+**sup**	ṅyāpprātipadikāt //（P.4.1.1） svaujasamauṭchaṣ…sup //（P.4.1.2）	在以 ṅī、āp 为末的词后，以及在名词词基后是 su 等格尾。 根据需要加某一 sup 格尾。
eva+sup	cādayo 'sattve //（P.1.4.57）	非实物意义的 ca 等词是投词（nipāta）。
eva+sup	svarādinipātamavyayam //（P.1.1.37）	投词 eva 是不变词。
eva+（ ）	avyayādāpsupaḥ //（P.2.4.82）	消隐（luk）替换不变词后的格尾。
eva	pratyayasya lukślulupaḥ //（P.1.1.61）	luk、ślu、lup 是词缀的消隐替换。消隐是不显现。
eva	pratyayalope pratyayalakṣaṇam //（P.1.1.62）	词缀消隐后，词缀的因还在。
eva	suptiṅantaṃ padam //（P.1.4.14）	以格尾为末的 eva 是字。

小结：

eva 是加直接后缀 van 而成的，表达的含义是“行走”“快速”。

但非实物意义的 eva 是不变词，其含义是“正是”“只有”等。本颂采用“正是”这种理解。

anyo

词根：第二类动词词根（adādigaṇa），2.61 ana prāṇane（an 呼吸）；第四类动词词根（divādigaṇa），4.66 ana prāṇane（an 呼吸）。

直接后缀：ya。

演变过程：

an+**ya**	māchāsasibhyo yaḥ //（Uṇādisūtra 4.109）	直接后缀 ya 加在词根 mā、cho、ṣasa 之后。 [Swāmi Dayānand 认为 anya 也是根据此规则构成的。①]
an+**ya**	ārdhadhātukaṃ śeṣaḥ //（P.3.4.114）	全界词缀之外的（ya）是半界词缀。
an+ya	yasmātpratyayavidhistadādi pratyaye 'ṅgam //（P.1.4.13）	其后安排了词缀的词，以此词为始，在词缀前叫词干。

① Srisa Chandra Vasu & Vāman Dās Vasu, *The Siddhanta Kaumudi of Bhattoji Dikshita* ,Vol.2, Part 2, Allahabad: The Panini Office, Bhuvaneshvari Ashram, 1907, p.287.

anya	kṛttaddhitasamāsāśca //（P.1.2.46）	以直接后缀 kta 为末的是名词词基。
anya+**su**	ṅyāpprātipadikāt //（P.4.1.1） svaujasamauṭchaṣ…sup //（P.4.1.2）	在以 ṅī、āp 为末的词后，以及在名词词基后是 su 等格尾。 单数第一格加格尾 su。
anya+s	tasya lopaḥ //（P.1.3.9）	su 的符号 u 由消隐替换。
anyas	suptiṅantaṃ padam //（P.1.4.14）	以格尾为末的是字。
anya**r**	sasajuṣo ruḥ //（P.8.2.66）	r 音替换字末的 s 音。
anya+**u**	haśi ca //（P.6.1.114）	在非引的 a 音之后，在后一词的浊辅音之前，r 音由 u 音替换。
any**o**	ādguṇaḥ //（P.6.1.87）	a 音后遇元音时，由一个二合元音替换前后两音位。

小结：

根据经文“adaḍ itarādibhyaḥ pañcabhyaḥ（P.7.2.25）”可知代词 anya 的单数格尾 su、am 由 adaḍ 替换，形成 anyad。而本颂 anyas 是单数第一格，故此 anya 不是能作为代词翻译为“其他”，而只能作为形容词翻译为“不一样”。

anyas 是阳性，单数，第一格，含义是“异”。

na

名词词基：nañ（非）。

演变过程：

nañ	arthavadadhāturapratyayaḥ prātipadikam //（P.1.2.45）	既非词根，亦非词缀，有意义的（词）是名词词基。 [na 是不可拆分（avyutpanna）的名词词基。]
na	tasya lopaḥ //（P.1.3.9）	nañ 的符号 ñ 由消隐替换。
na+**sup**	ṅyāpprātipadikāt //（P.4.1.1） svaujasamauṭchaṣ…sup //（P.4.1.2）	在以 ṅī、āp 为末的词后，以及在名词词基后是 su 等格尾。 根据需求加某一 sup 格尾。
na+sup	cādayo ’sattve //（P.1.4.57）	非实物意义的 ca 等词是投词（nipāta）。

na+sup	svarādinipātamavyayam //（P.1.1.37）	投词 nañ 是不变词。
na+（ ）	avyayādāpsupaḥ //（P.2.4.82）	消隐（luk）替换不变词后的格尾。
na	pratyayasya lukślulupaḥ //（P.1.1.61）	luk、ślu、lup 是词缀的消隐替换。消隐是不显现。
na	pratyayalope pratyayalakṣaṇam //（P.1.1.62）	词缀消隐后，词缀的因还在。
na	suptiṅantaṃ padam //（P.1.4.14）	以格尾为末的 na 是字。

小结：

na 是投词，不变词，意为“非”“无”。

ananyaḥ

世俗拆分： na anyaḥ。

非世俗拆分： na+anya+su。

名词词基： na（非，无）；anya（异）。

演变过程：

na+anya+su	nañ //（P.2.2.6）	nañ 与以格尾收尾的词组成依主释复合词。[nañ 的 ñ 是符号。]
na+anya+su	kṛttaddhitasamāsāśca //（P.1.2.46）	有意义的复合词是名词词基。
na+anya	supo dhātuprātipadikayoḥ //（P.2.4.71） pratyayasya lukślulupaḥ //（P.1.1.61）	词根、名词词基中蕴含的格尾由消隐（luk）替换。 luk、ślu、lup 是词缀的消隐替换。消隐是不显现。
na+anya	prathamānirdiṣṭaṃ samāsa upasarjanam //（P.1.2.43）	在复合词一节中，第一格所指示的是附属词。[P.2.2.6 中 nañ 是第一格。]
na+anya	upasarjanaṃ pūrvam //（P.2.2.30）	附属词是前部的。
a+anya	nalopo nañaḥ //（P.6.3.73）	在后部字前，nañ 的 n 音由消隐替换。
a+**n**+anya	tasmānnuḍaci //（P.6.3.74）	在 nañ 的 n 音消隐替换之后，在其后的元音前插入 n 音。
ananya	kṛttaddhitasamāsāśca //（P.1.2.46）	有意义的复合词是名词词基。

ananya	paravalliṅgaṃ dvaṃdva-tatpuruṣayoḥ //（P.2.4.26）	相违释和依主释复合词的性如后部字。[该复合词为阳性。]
ananya+**su**	ṅyāpprātipadikāt //（P.4.1.1） svaujasamauṭchaṣ…sup //（P.4.1.2）	在以 ṅī、āp 为末的词后，以及在名词词基后是 su 等格尾。 单数第一格加格尾 su。
ananya+s	tasya lopaḥ //（P.1.3.9）	su 的符号 u 由消隐替换。
ananyas	suptiṅantaṃ padam //（P.1.4.14）	以格尾为末的是字。
ananya**r**	sasajuṣo ruḥ //（P.8.2.66）	r 音替换字末的 s 音。
ananya**ḥ**	kharavasānayorvisarjanīyaḥ //（P.8.3.15）	在清辅音和停顿前，送气音替换字末的 r 音。
ananya**s**	visarjanīyasya saḥ //（P.8.3.34）	在清辅音前，s 音替换送气音。
ananya**ḥ**	kupvoḥ≍ka≍pau ca //（P.8.3.37）	在喉音和唇音前，送气音替换送气音也是一种选择。

小结：

ananya 是依主释复合词。前部字是 nañ 有六种含义：相似、无实在、与此物异、缺乏此物、不值得赞扬、相矛盾。此处应该采用“相矛盾”的含义，ananya 翻译为“非异”。该复合词的性如后部字，为阳性。

ananyas 是阳性，单数，第一格，含义是“非异”。

para

词根：第三类动词词根（juhotyādigaṇa），3.4 pṝ pālanapūraṇayoḥ（pṝ 保护，充实）；第九类动词词根（kryādigaṇa），9.19 pṝ pālanapūraṇayoḥ（pṝ 保护，充实）。

直接后缀：ap 或 ac。

演变过程：

pṝ+**ap** 或 **pṝ+ac**	ṝdorap //（P.3.3.57） 或 nandigrahipacādibhyo lyuṇinyacaḥ //（P.3.1.134）	词根末元音是 ṝ、u、ū 的可加 ap 直接后缀。 加在 nandi、grahi、pac 等词根后的是直接后缀 lyu、ṇini、ac，表主动者的含义。[实际上所有词根都可加 ac。]
pṝ+**ap** 或	ārdhadhātukaṃ śeṣaḥ //（P.3.4.114）	全界词缀之外的是半界词缀。

pṝ+**ac**		
pṝ+a	tasya lopaḥ // （P.1.3.9）	ap 的符号 p 由消隐替换。 ac 的符号 c 由消隐替换。
pṝ+a	yasmātpratyayavidhistadādi pratyaye 'ṅgam //（P.1.4.13）	其后安排了词缀的词，以此词为始，在词缀前叫词干。
par+a	sārvadhātukārdhadhātukayoḥ // （P.7.3.84） uraṇ raparaḥ // （P.1.1.51）	遇到全界、半界词缀，词干的末元音 ṝ 由二合元音替换。 ṛ、ṝ 音的替换，需由其后带 r 音的 a、i、u 及其长音来替换。
para	kṛttaddhitasamāsāśca // （P.1.2.46）	直接后缀为末的是名词词基。

小结：

如果 para 是加直接后缀 ap 构成的话，经文 P.3.3.57 在经文“bhāve //（P.3.3.18）”的控制之下，故可知加直接后缀 ap 代表处于某种行为的已成就状态，所以 para 翻译为“更高的”。

如果 para 是加直接后缀 ac 构成的话，根据经文 P.3.1.134 可知，para 表达主动者的含义，故翻译为“他者”。根据经文“sarvādīni sarvanāmāni //（P.1.1.27）”可知，para 是代词。本颂采用这种理解。

tantra

词根：第十类动词词根（curādigaṇa），10.139 tatri kuṭumbadhāraṇe（tantr 如家般地管理、如家般地支撑）。

直接后缀：ac。

演变过程：

tatri	bhūvādayo dhātavaḥ // （P.1.3.1）	bhū 等是动词词根。
tatr	tasya lopaḥ // （P.1.3.9）	符号 i 由消隐替换。
ta**n**tr	idito num dhātoḥ // （P.7.1.58）	携带符号 i 的词根要在元音后插入 n 音。
tantr+**ṇic**	satyāpa…cūrādibhyo ṇic // （P.3.1.25）	第十类动词词根本身必须加上 ṇic 词缀，表原义。
tantr+**ṇic**	ārdhadhātukaṃ śeṣaḥ // （P.3.4.114）	ṇic 是半界词缀。
tantr+ṇic	yasmātpratyayavidhistadādi	其后安排了词缀的词，以此词为始，在

	pratyaye 'ṅgam //（P.1.4.13）	词缀前叫词干。
tantr+ṇic	sanādyantā dhātavaḥ //（P.3.1.32）	以 ṇic 词缀落尾的“tantr+i”是新词根。[ṇic 的 ṇ、c 是符号。]
tantr+ṇic+**ac**	erac //（P.3.3.56）	i、ī 音落尾的词根后加直接后缀 ac。
tantr+ṇic+**ac**	ārdhadhātukaṃ śeṣaḥ //（P.3.4.114）	ac 是半界词缀。
tantr+ṇic+a	tasya lopaḥ //（P.1.3.9）	ac 的符号 c 由消隐替换。
tantr+ṇic+**a**	ārdhadhātukasyeḍvalādeḥ //（P.7.2.35）	在以对收 val 为首位音的半界词缀前，插入联系元音 iṭ。[但 ac 不在其中，为 aniṭ 词缀。]
tantr+（ ）+a	ṇeraniṭi //（P.6.4.51）	当遇到 aniṭ 半界词缀时，消隐（lopa）替换前面的 ṇic。
tantr+（ ）+a	pratyayalope pratyayalakṣaṇam //（P.1.1.62）	ṇic 词缀消隐后，ṇic 词缀的因还在。
tantr+（ ）+a	sanādyantā dhātavaḥ //（P.3.1.32）	“tantr+（ ）”仍是新词根。
tantr+（ ）+a	yasmātpratyayavidhistadādi pratyaye 'ṅgam //（P.1.4.13）	其后安排了词缀的词，以此词为始，在词缀前叫词干。
tantr+a	adarśanaṃ lopaḥ //（P.1.1.60）	不显现的是消隐。
tantra	kṛttaddhitasamāsāśca //（P.1.2.46）	直接后缀为末的是名词词基。

小结：

解释直接后缀 ac 的经文 P.3.3.56 在领句经文“bhāve //（P.3.3.18）”的控制之下，表达的是行为达到的已成就状态，tantra 可翻译为“依靠”。

另外，经文 P.3.3.56 也在领句经文“akartari ca kārake saṃjñāyām //（P.3.3.19）”的控制之下。此时 tantra 可以作为非主动者（akartṛ）的造者（kāraka），且是专有名词。如果采用场所（adhikaraṇa）这一造者时，那么 tantra 可以指如同实体看待（dravyavat）的“基础”。[另外，tantra 也可以依据经文“halaśca //（P.3.3.121）”加直接后缀 ghañ 而成。但此 tantra 指的是“具有实在性的基础”，不符合大乘佛教的观点，故不作选项。]

本颂采用以上两种理解：“依靠”“基础”。该词为阳性。

para-tantra

世俗拆分： paraṃ tantram。

非世俗拆分： para+su+tantra+su。

名词词基：para（他者）；tantra（基础）。

演变过程（一）：

para+su+tantra+su	tatpuruṣaḥ samānādhikaraṇaḥ karmadhārayaḥ //（P.1.2.42）	具有一致的语法关系的依主释（复合词）是持业释（复合词）。
para+su+tantra+su	kṛttaddhitasamāsāśca //（P.1.2.46）	有意义的复合词是名词词基。
para+tantra	supo dhātuprātipadikayoḥ //（P.2.4.71） pratyayasya lukślulupaḥ //（P.1.1.61）	词根、名词词基中蕴含的格尾由消隐(luk)替换。 luk、ślu、lup 是词缀的消隐替换。消隐是不显现。
paratantra	kṛttaddhitasamāsāśca //（P.1.2.46）	有意义的复合词是名词词基。
paratantra	paravalliṅgaṃ dvaṃdva-tatpuruṣayoḥ //（P.2.4.26）	相违释和依主释复合词的性如后部字。[该复合词为阳性。]

世俗拆分：parena tantram。

非世俗拆分：para+ṭā+tantra+su。

名词词基：para（他者）；tantra（依靠）。

演变过程（二）：

para+ṭā+tantra+su	tṛtīyā tatkṛtārthena guṇavacanena //（P.2.1.30）	第三格的词构成依主释复合词。
para+ṭā+tantra+su	kṛttaddhitasamāsāśca //（P.1.2.46）	有意义的复合词是名词词基。
para+tantra	supo dhātuprātipadikayoḥ //（P.2.4.71） pratyayasya lukślulupaḥ //（P.1.1.61）	词根、名词词基中蕴含的格尾由消隐（luk）替换。 luk、ślu、lup 是词缀的消隐替换。消隐是不显现。
para+tantra	prathamānirdiṣṭaṃ samāsa upasarjanam //（P.1.2.43）	于复合词一节中，第一格所指示的是附属词。[针对经文 P.2.1.30。]
para+tantra	upasarjanaṃ pūrvam //（P.2.2.30）	附属词是前部字。
paratantra	kṛttaddhitasamāsāśca //（P.1.2.46）	有意义的复合词是名词词基。
paratantra	paravalliṅgaṃ dvaṃdva-tatpuruṣayoḥ //（P.2.4.26）	相违释和依主释复合词的性如后部字。[该复合词为阳性。]

小结：

在演变过程（一）中，para-tantra 是持业释复合词，前、后部字是同一事物，含义是“他者为基础”。

在演变过程（二）中，para-tantra 是依主释复合词，含义是“以他者为依靠（的）”。

本颂的 para-tantra 兼有以上两种含义，综合翻译为“依他”。

para-tantra 的反义词是 svatantra 或 ātmatantra，含义是“独立”。波你尼在《八章书》中指出，“svatantraḥ kartā（P.1.4.54）”，即“依自”（svatantra）的是“主动者”（kartṛ）。因此唯识宗提出 para-tantra（依他）这个概念，是针对 svatantra，从而提出反对法我执和人我执的主张。

第 21 颂中提到了 paratantra-svabhāva，因此我们知道，paratantra 是一种本性。故 para-tantra 可以翻译为“依他（性）”。

paratantrataḥ

世俗拆分：paratantrāt。

非世俗拆分：paratantra+ṇasi+tas。

名词词基：paratantra（依他、依他性）。

派生词缀：tasi。

演变过程：

paratantra+**ṇasi**	anya-ārād-itara…yukte//（P.2.3.29）	与 anya、ārat、itara 等词结合时，加第五格格尾。
paratantra+ṇasi+**tasi**	apādāne cāhīyaruhoḥ //（P.5.4.45）	在表所从取者含义的第五格的词后加派生词缀 tasi。
paratantra+ṇasi+tasi	kṛttaddhitasamāsāśca //（P.1.2.46）	以派生词缀为尾的是名词词基。
paratantra+tasi	supo dhātuprātipadikayoḥ //（P.2.4.71） pratyayasya lukślulupaḥ //（P.1.1.61）	词根、名词词基中蕴含的格尾由消隐（luk）替换。 luk、ślu、lup 是词缀的消隐替换。消隐是不显现。
paratantra+tas	tasya lopaḥ //（P.1.3.9）	tasi 的符号 i 由消隐替换。
paratantratas	kṛttaddhitasamāsāśca //（P.1.2.46）	以派生词缀为尾的是名词词基。
paratantratas+**ṇasi**	ṅyāpprātipadikāt //（P.4.1.1） svaujasamauṭchaṣ…sup //（P.4.1.2）	在以 ṅī、āp 为末的词后，以及在名词词基后是 su 等格尾。 单数第五格加格尾 ṅasi。
paratantratas+ṇasi	taddhitaścāsarvavibhaktiḥ //（P.1.1.38）	某些派生词缀构成的词，其后并非可加所有格尾，其为不变词。
paratantratas+（ ）	avyayādāpsupaḥ //（P.2.4.82）	消隐（luk）替换不变词后的格尾。

paratantratas	pratyayasya lukślulupaḥ //（P.1.1.61）	luk、ślu、lup 是词缀的消隐替换。消隐是不显现。
paratantratas	pratyayalope pratyayalakṣaṇam //（P.1.1.62）	词缀消隐后，词缀的因还在。
paratantratas	suptiṅantaṃ padam //（P.1.4.14）	以格尾为末的是字。
paratantrata**r**	sasajuṣo ruḥ //（P.8.2.66）	r 音替换字末的 s 音。
paratantrata**ḥ**	kharavasānayorvisarjanīyaḥ //（P.8.3.15）	在停顿前，送气音替换词末的 r。

小结：

由于颂中有 anya 一词，表示"不一样"的含义，所以 paratantra 要加第五格。加 tasi 派生词缀可以表达第五格的含义。

paratantrataḥ 作为不变词，其含义是"与依他（性）相比"。

nitya

世俗拆分： dhruvam；niyataṃ bhāvam。

非世俗拆分： ni+tyap。

名词词基： ni（svabhāve 自性，anantare 无间）。

派生词缀： tyap。

演变过程：

ni	arthavadadhāturapratyayaḥ prātipadikam //（P.1.2.45）	既非词根，亦非词缀，有意义的（词）是名词词基。 [ni 是不可拆分（avyutpanna）的名词词基。]
ni+**sup**	ṅyāpprātipadikāt //（P.4.1.1） svaujasamauṭchaṣ…sup //（P.4.1.2）	在以 ṅī、āp 为末的词后，以及在名词词基后是 su 等格尾。 根据需求加某一 sup 格尾。
ni+sup	prādayaḥ //（P.1.4.58）	ni 属于以 pra 为首的投词。
ni+sup	svarādinipātamavyayam //（P.1.1.37）	投词 ni 是不变词。
ni+（ ）	avyayādāpsupaḥ //（P.2.4.82）	消隐（luk）替换不变词后的格尾。
ni	pratyayasya lukślulupaḥ //（P.1.1.61）	luk、ślu、lup 是词缀的消隐替换。消隐是不显现。

ni	pratyayalope pratyayalakṣaṇam //（P.1.1.62）	词缀消隐后，词缀的因还在。
ni	suptiṅantaṃ padam //（P.1.4.14）	以格尾为末的是字。
ni+tyap	avyayāttyap //（P.4.2.104） tyabnerdhruve iti vaktavyam //（Vārttika 2780）	不变词后加派生词缀 tyap，表“保留”的含义。 《月光疏》经文 1324 的《补释》经文：不变词 ni 加 tyap，表恒常。
ni+tya	tasya lopaḥ //（P.1.3.9）	tyap 的符号 p 由消隐替换。
nitya	kṛttaddhitasamāsāśca //（P.1.2.46）	以派生词缀为尾的是名词词基。

小结：

nitya 是“固定、永恒”的意思。

anitya

世俗拆分： na nityam。

非世俗拆分： na+nitya+su。

名词词基： na（非，无）；nitya（常）。

演变过程：

na+nitya+su	nañ //（P.2.2.6）	nañ 与以格尾收尾的词组成依主释复合词。 [nañ 的 ñ 是符号。]
na+nitya+su	kṛttaddhitasamāsāśca //（P.1.2.46）	有意义的复合词是名词词基。
na+nitya	supo dhātuprātipadikayoḥ //（P.2.4.71） pratyayasya lukślulupaḥ //（P.1.1.61）	词根、名词词基中蕴含的格尾由消隐（luk）替换。 luk、ślu、lup 是词缀的消隐替换。消隐是不显现。
na+nitya	prathamānirdiṣṭaṃ samāsa upasarjanam //（P.1.2.43）	在复合词一节中，第一格所指示的是附属词。 [P.2.2.6 中 nañ 是第一格。]
na+nitya	upasarjanaṃ pūrvam //（P.2.2.30）	附属词是前部的。
a+nitya	nalopo nañaḥ //（P.6.3.73）	在后部字前，nañ 的 n 音由消隐替换。

anitya	kṛttaddhitasamāsāśca // （P.1.2.46）	有意义的复合词是名词词基。

小结：

anitya 是依主释复合词。前部字是 nañ 有六种含义：相似、无实在、与此物异、缺乏此物、不值得赞扬、相矛盾。此处采用“相矛盾”的含义，anitya 翻译为“非常”。

anityatā

世俗拆分：anityasya bhāvaḥ。

非世俗拆分：anitya+ṅas+tal。

名词词基：anitya（非常）。

派生词缀：tal。

演变过程：

anitya+ṅas+**tal**	tasya bhāvastvatalau // （P.5.1.119）	（表现）其本性、状态时，用 tva 和 tal。
anitya+ṅas+tal	kṛttaddhitasamāsāśca // （P.1.2.46）	以派生词缀为尾的是名词词基。
anitya+tal	supo dhātuprātipadikayoḥ // （P.2.4.71） pratyayasya lukślulupaḥ // （P.1.1.61）	词根、名词词基中蕴含的格尾由消隐（luk）替换。 luk、ślu、lup 是词缀的消隐替换。消隐是不显现。
anitya+ta	tasya lopaḥ // （P.1.3.9）	tal 符号 l 由消隐替换。
anitya+ta	talantaṃ striyām // （Sārasiddhāntakaumudī 708）	以 tal 收尾的是阴性词。
anityata+**ṭāp**	ajādyataṣṭāp // （P.4.1.4）	aja 等以及以 a 为末的，于阴性时，加 ṭāp。
anityata+ā	tasya lopaḥ // （P.1.3.9）	ṭāp 的符号 ṭ、p 由消隐替换。
anityat**ā**	akaḥ savarṇe dīrghaḥ // （P.6.1.101）	以 ak 为对收的末音后遇同类音时，一长音替换前后两音位。
anityatā+**su**	ṅyāpprātipadikāt // （P.4.1.1） svaujasamauṭchaṣ…sup // （P.4.1.2）	在以 ṅī、āp 为末的词后，以及在名词词基后是 su 等格尾。 单数第一格加格尾 su。
anityatā+s	tasya lopaḥ // （P.1.3.9）	su 的符号 u 由消隐替换。

anityatā+（ ）	halṅyābbhyo dīrghāt sutisy-apṛktaṃ hal //（P.6.1.68）	在辅音后，在保留长音的 ṅī、āp 后，格尾 su、语尾 tip、sip 的单辅音词缀由消隐（lopa）替换。
anityatā	adarśanaṃ lopaḥ //（P.1.1.60）	不显现的是消隐。
anityatā	pratyayalope pratyayalakṣaṇam //（P.1.1.62）	词缀消隐后，词缀的因还在。
anityatā	suptiṅantaṃ padam //（P.1.4.14）	以格尾为末的是字。

小结：

anityatā 的基本含义是"非常的特性""非常性"。

ādi

词根：第一类动词词根（bhvādigaṇa），1.977 dāṇ dāne（dā 给予）；第三类动词词根（juhotyādigaṇa），3.9 ḍudāñ dāne（dā 给予）。

近置词：ā（abhimukhe 趋向，krāntau 进程）。[依据：upasargāḥ kriyāyoge //（P.1.4.59）。]

直接后缀：ki。

演变过程：

dā	dādhā ghvadāp //（P.1.1.20）	拥有 dā、dhā 形式的词根被称作 ghu。
ā+dā+**ki**	upasarge ghoḥ kiḥ //（P.3.3.92）	当前有近置词，且表达行为和造者含义时，ghu 类词根后加 ki。
ā+dā+**ki**	ārdhadhātukaṃ śeṣaḥ //（P.3.4.114）	全界词缀之外的（ki）是半界词缀。
ā+dā+i	tasya lopaḥ //（P.1.3.9）	ki 的符号 k 由消隐替换。
ā+**dā**+i	yasmātpratyayavidhistadādi pratyaye 'ṅgam //（P.1.4.13）	其后安排了词缀的词，以此词为始，在词缀前叫词干。
ā+d+i	āto lopa iṭi ca //（P.6.4.64）	当遇到带 k、ṅ 符号的词缀，或带联系元音 iṭ 的半界词缀时，词干收尾的 ā 音由消隐替换。
ādi	kṛttaddhitasamāsāśca //（P.1.2.46）	以直接后缀 ki 为末的是名词词基。

小结：

经文 P.3.3.92 在领句经文"bhāve //（P.3.3.18）"的控制之下，表达的是词根所代表的运动和行为达到的已成就状态，翻译为"开始"。

经文 P.3.3.92 也在领句经文“akartari ca kārake samjñāyām //（P.3.3.19）”控制之下。故 ādi 可以作为非主动者（akartṛ）的造者（kāraka），且是专有名词。若采用所从取者（apādāna）这一造者时，ādi 指“第一”“首”的含义。本颂采用这种理解。

anityatā-ādi

世俗拆分： anityatā ādir yeṣāṃ te，或 anityatā ādir yeṣu te。

非世俗拆分： anityatā+su+ādi+su。

名词词基： anityatā（非常性）；ādi（首）。

演变过程：

anityatā+su+ādi+su	anekamanyapadārthe //（P.2.2.24）	两个以上（以第一格收尾）的词，若以表达另一个词为目的，构成的是多财释复合词。
anityatā+su+ādi+su	kṛttaddhitasamāsāśca //（P.1.2.46）	有意义的复合词是名词词基。
anityatā+ādi	supo dhātuprātipadikayoḥ //（P.2.4.71） pratyayasya lukślulupaḥ //（P.1.1.61）	词根、名词词基中蕴含的格尾由消隐（luk）替换。 luk、ślu、lup 是词缀的消隐替换。消隐是不显现。
anityat+**ā**+di	akaḥ savarṇe dīrghaḥ //（P.6.1.101）	以 ak 为对收的末音后遇同类音时，一长音替换前后两音位。
anityatādi	kṛttaddhitasamāsāśca //（P.1.2.46）	复合词是名词词基。

小结：

anityatādi 是多财释复合词，含义是：“其首是非常性者”或“其中非常性为首者”，即非常等一组法性。通常上翻译为“非常性等（法性）”。

anityatā-ādi-vad

世俗拆分： anityatādyā tulyam vartate，或 anityatādinā tulyam vartate。

非世俗拆分： anityatādi+ṭā+vati。

名词词基： anityatādi（非常性等法性）。

派生词缀： vati。

演变过程：

anityatādi+ṭā+**vati**	tena tulyaṃ kriyā cedvatiḥ //（P.5.1.115）	与其相似，如果指行为，加 vati。
anityatādi+ṭā+vati	kṛttaddhitasamāsāśca //（P.1.2.46）	以派生词缀 vati 为尾的是名词词基。
anityatādi+vat	supo dhātuprātipadikayoḥ //（P.2.4.71） pratyayasya lukślulupaḥ //（P.1.1.61）	词根、名词词基中蕴含的格尾由消隐(luk)替换。 luk、ślu、lup 是词缀的消隐替换。消隐是不显现。
anityatādi+vat	tasya lopaḥ //（P.1.3.9）	vati 的符号 i 由消隐替换。
anityatādivat	kṛttaddhitasamāsāśca //（P.1.2.46）	以派生词缀为尾的是名词词基。
anityatādivat+**ṭā**	ṅyāpprātipadikāt //（P.4.1.1） svaujasamauṭchaṣ…sup //（P.4.1.2）	在以 ṅī、āp 为末的词后，以及在名词词基后是 su 等格尾。 单数第三格加格尾 ṭā。
anityatādivat+ṭā	taddhitaścāsarvavibhaktiḥ //（P.1.1.38）	某些派生词缀构成的词，其后并非可加所有格尾，其为不变词。
anityatādivat+（ ）	avyayādāpsupaḥ //（P.2.4.82）	消隐（luk）替换不变词后的格尾。
anityatādivat	pratyayasya lukślulupaḥ //（P.1.1.61）	luk、ślu、lup 是词缀的消隐替换。消隐是不显现。
anityatādivat	pratyayalope pratyayalakṣaṇam //（P.1.1.62）	词缀消隐后，词缀的因还在。
anityatādivat	suptiṅantaṃ padam //（P.1.4.14）	以格尾为末的是字。
anityatādiva**d**	jhalāṃ jaśo 'nte //（P.8.2.39）	字末的 jhal 对收音由 jaś 对收音替换。

小结：

anityatādivat 是不变词，表达相似的行为。翻译为“如非常性等（法性）”。

vācyo

词根：第二类动词词根（adādigaṇa），2.54 vaca paribhāṣaṇe（vac 说话）。

直接后缀：ṇyat。

演变过程：

vac+**ṇyat**	ṛhalorṇyat //（P.3.1.124）	于 ṛ 音以及辅音后，加 ṇyat。

vac+**ṇyat**	ārdhadhātukaṃ śeṣaḥ //（P.3.4.114）	全界词缀之外的（ṇyat）是半界词缀。
vac+ya	tasya lopaḥ //（P.1.3.9）	ṇyat 的符号 ṇ、t 由消隐替换。
vac+ya	yasmātpratyayavidhistadādi pratyaye 'ṅgam //（P.1.4.13）	其后安排了词缀的词，以此词为始，在词缀前叫词干。
v**ā**c+ya	ata upadhāyāḥ //（P.7.2.116）	遇 ñ、ṇ 符号的后缀时，词干倒数第二的 a 音由三合元音替换。
vācya	kṛttaddhitasamāsāśca //（P.1.2.46）	直接后缀为末的是名词词基。
vācya+**su**	ṅyāpprātipadikāt //（P.4.1.1） svaujasamauṭchaṣ…sup //（P.4.1.2）	在以 ṅī、āp 为末的词后，以及在名词词基后是 su 等格尾。 单数第一格加格尾 su。
vācya+s	tasya lopaḥ //（P.1.3.9）	su 的符号 u 由消隐替换。
vācyas	suptiṅantaṃ padam //（P.1.4.14）	以格尾为末的是字。
vācya**r**	sasajuṣo ruḥ //（P.8.2.66）	r 音替换字末的 s 音。
vācya+**u**	haśi ca //（P.6.1.114）	在非引的 a 音之后，在后一词的浊辅音之前，r 音由 u 音替换。
vācya**o**	ādguṇaḥ //（P.6.1.87）	a 音后遇元音时，由一个二合元音替换前后两音位。

小结：

解释 ṇyat 的经文 P.3.1.124 在领句经文“kṛtyāḥ //（P.3.1.95）”的控制之下，所以 ṇyat 属于 kṛtya 类词缀。kṛtya 可翻译为“原始被动词缀”或“直接被动词缀”。再根据经文“tayoreva kṛtyaktakhalarthāḥ //（P.3.4.70）”可知，kṛtya 词缀可以强调行为和业。即 vācya 表示被动行为时，可以翻译作“应被说”。

vācyas 阳性，单数，第一格，含义是：“应被说（成是）”。

na

名词词基： nañ（非）。

演变过程：

nañ	arthavadadhāturapratyayaḥ prātipadikam //（P.1.2.45）	既非词根，亦非词缀，有意义的（词）是名词词基。 [na 是不可拆分（avyutpanna）的名词词基。]

na	tasya lopaḥ // （P.1.3.9）	nañ 的符号 ñ 由消隐替换。
na+**sup**	ṅyāpprātipadikāt // （P.4.1.1） svaujasamauṭchaṣ…sup // （P.4.1.2）	在以 ṅī、āp 为末的词后，以及在名词词基后是 su 等格尾。 根据需求加某一 sup 格尾。
na+sup	cādayo 'sattve // （P.1.4.57）	非实物意义的 ca 等词是投词（nipāta）。
na+sup	svarādinipātamavyayam // （P.1.1.37）	投词 nañ 是不变词。
na+（ ）	avyayādāpsupaḥ // （P.2.4.82）	消隐（luk）替换不变词后的格尾。
na	pratyayasya lukślulupaḥ // （P.1.1.61）	luk、ślu、lup 是词缀的消隐替换。消隐是不显现。
na	pratyayalope pratyayalakṣaṇam // （P.1.1.62）	词缀消隐后，词缀的因还在。
na	suptiṅantaṃ padam // （P.1.4.14）	以格尾为末的 na 是字。

小结：

na 是投词，不变词，意为"非""无"。

dṛṣṭa

词根：第一类动词词根（bhvādigaṇa），1.1037 dṛśir prekṣaṇe（dṛś 见）。

直接后缀：kta。

演变过程：

dṛś+**kta**	niṣṭhā// （P.3.2.102） ktaktavatū niṣṭhā // （P.1.1.26） tayoreva kṛtyaktakhalarthāḥ// （P.3.4.70）	在体现过去意义时，词根后加成就词缀。 kta 和 ktavatu 是成就词缀。 kṛtya、kta 以及具有 khal 意义的词缀强调行为和业。
dṛś+**kta**	ārdhadhātukaṃ śeṣaḥ // （P.3.4.114）	全界之外的（kta）是半界词缀。
dṛś+ta	tasya lopaḥ // （P.1.3.9）	kta 的符号 k 由消隐替换。

dṛś+**iṭ**+ta	ārdhadhātukasyeḍvalādeḥ // （P.7.2.35）	在以对收 val 为首位音的半界词缀前，插入联系元音 iṭ。
dṛś+ta	ekāca upadeśe 'nudāttāt // （P.7.2.10）	于原始发音状态的非高音的单音节词根（dṛś）之后不加 iṭ。
dṛś+ta	yasmātpratyayavidhistadādi pratyaye 'ṅgam // （P.1.4.13）	其后安排了词缀的词，以此词为始，在词缀前叫词干。
darś+ta	pugantalaghūpadhasya ca // （P.7.3.86） uraṇ raparaḥ // （P.1.1.51）	遇到半界和全界词缀时，轻音节词干的排列倒数第二的短元音 i、u、ṛ、ḷ 由二合元音替换。 ṛ 音的替换，需由其后带 r 音的 a、i、u 及其长音来替换。
dṛś+ta	kṅiti ca // （P.1.1.5）	受 g、k、ṅ 符号的影响，二合、三合元音的替换被禁止。
dṛṣ+ta	vrśca-bhrasja-sṛja-mṛja-yaja-rāja-bhrājacchaśāṃ ṣaḥ // （P.8.2.36）	当遇到 jhal 对收的辅音时，vrśc、bhrasj 等词根，以及以 ch、ś 结尾的词根，其末音由 ṣ 音替换。
dṛṣ+ṭa	ṣṭunā ṣṭuḥ // （P.8.4.41）	与 ṣ 和顶音族结合的由 ṣ 和顶音族替换。
dṛṣṭa	kṛttaddhitasamāsāśca // （P.1.2.46）	以直接后缀 kta 为末的是名词词基。

小结：

dṛṣṭa 是加成就词缀 kta 形成的，且强调被动的行为和业。因此 dṛṣṭa 翻译为“被见到”。

adṛṣṭe

世俗拆分： na dṛṣṭam。

非世俗拆分： na+dṛṣṭa+su。

名词词基： na（非，无）；dṛṣṭa（被见到）。

演变过程：

na+dṛṣṭa+su	nañ // （P.2.2.6）	nañ 与以格尾收尾的词组成依主释复合词。 [nañ 的 ñ 是符号。]
na+dṛṣṭa+su	kṛttaddhitasamāsāśca // （P.1.2.46）	有意义的复合词是名词词基。
na+dṛṣṭa	supo dhātuprātipadikayoḥ // （P.2.4.71）	词根、名词词基中蕴含的格尾由消隐（luk）替换。

	pratyayasya lukślulupaḥ //（P.1.1.61）	luk、ślu、lup 是词缀的消隐替换。消隐是不显现。
na+dṛṣṭa	prathamānirdiṣṭaṃ samāsa upasarjanam //（P.1.2.43）	在复合词一节中，第一格所指示的是附属词。 [P.2.2.6 中 nañ 是第一格。]
na+dṛṣṭa	upasarjanaṃ pūrvam //（P.2.2.30）	附属词是前部的。
a+dṛṣṭa	nalopo nañaḥ //（P.6.3.73）	在后部字前，nañ 的 n 音由消隐替换。
adṛṣṭa	kṛttaddhitasamāsāśca //（P.1.2.46）	有意义的复合词是名词词基。
adṛṣṭa+**ṅi**	ṅyāpprātipadikāt //（P.4.1.1） svaujasamauṭchaṣ…sup //（P.4.1.2）	在以 ṅī、āp 为末的词后，以及在名词词基后是 su 等格尾。 单数第七格加格尾 ṅi。
adṛṣṭa+i	tasya lopaḥ //（P.1.3.9）	ṅi 的符号 ṅ 由消隐替换。
adṛṣṭ+**e**	ādguṇaḥ //（P.6.1.87）	a 音后遇元音时，由一个二合元音替换前后两音位。
adṛṣṭe	suptiṅantaṃ padam //（P.1.4.14）	以格尾为末的是字。

小结：

adṛṣṭa 是依主释复合词。前部字是 nañ 有六种含义：相似、无实在、与此物异、缺乏此物、不值得赞扬、相矛盾。此处采用“相矛盾”之义，adṛṣṭa 译为“未被见到”。

adṛṣṭe 是中性，单数，第七格，含义是“未被见到时”。

idam

词根：第一类动词词根（bhvādigaṇa），1.64 idi paraiśvarye（ind 变得有超能力）。

直接后缀：kami。

演变过程：

idi	bhūvādayo dhātavaḥ //（P.1.3.1）	bhū 等是词根。
id	tasya lopaḥ //（P.1.3.9）	idi 的符号 i 由消隐替换。
ind	idito num dhātoḥ //（P.7.1.58）	携带符号 i 的词根要在元音后插入 n 音。

id+**kami**	indeḥ kamirnalopaśca// （Uṇādisūtra 4.156）	直接后缀 kami 加在词根 ind 后，且词根的 n 音消失。
id+**kami**	ārdhadhātukaṃ śeṣaḥ // （P.3.4.114）	kami 是半界词缀。
id+am	tasya lopaḥ // （P.1.3.9）	kami 的符号由消隐替换。
id+am	yasmātpratyayavidhistadādi pratyaye 'ṅgam //（P.1.4.13）	其后安排了词缀的词，以此词为始，在词缀前叫词干。
ed+am	pugantalaghūpadhasya ca// （P.7.3.86）	遇到半界和全界词缀时，轻音节词干的排列倒数第二的短元音 i、u、ṛ、ḷ 由二合元音替换。
id+am	kṅiti ca // （P.1.1.5）	受 g、k、ṅ 符号的影响，二合、三合元音的替换被禁止。
idam	kṛttaddhitasamāsāśca // （P.1.2.46）	直接后缀为末的是名词词基。
idam	sarvādīni sarvanāmāni // （P.1.1.27）	idam 属于 sarva 为首的代词。

小结：

idam 是代词， 阳、阴、中三性。含义是“此”。

'smin（asmin）

名词词基：idam（此）。

演变过程：

idam	kṛttaddhitasamāsāśca // （P.1.2.46）	直接后缀为末的是名词词基。
idam	sarvādīni sarvanāmāni // （P.1.1.27）	idam 属于 sarva 为首的代词。
idam+**ṅi**	ṅyāpprātipadikāt // （P.4.1.1） svaujasamauṭchaṣ…sup // （P.4.1.2）	在以 ṅī、āp 为末的词后，以及在名词词基后是 su 等格尾。 单数第七格加格尾 ṅi。
ida+**a**+ṅi	tyadādīnāmaḥ // （P.7.2.102）	遇到词尾时，tyad 等代词的末音的替换是 a 音。
id+**a**+ṅi	āto guṇe // （P.6.1.97）	非字末的 a 音遇到二合元音时，前后两者的音位由后者的元音形式作唯一替换。
id+a+**smin**	ṅasiṅayoḥ smātsminau // （P.7.1.15）	在以 a 音为末的代词后，smin 替换 ṅi。

（ ）+a+**smin**	hali lopaḥ // （P.7.2.113）	遇到辅音为首的格尾时，idam 的 id 由消失替换。
asmin	suptiṅantaṃ padam // （P.1.4.14）	以格尾为末的是字。
’smin	eṅaḥ padāntādati // （P.6.1.109）	字末的 e、o 音后，遇短元音 a 时，前面的元音形式是唯一的替代。

小结：

idam 是代词，含义是“此”。指代的是“圆成实（性）”。

asmin 是 idam 的阳性，单数，第七格，含义是“在此……的情况下”。

sa

名词词基：tad（彼）。

演变过程：

tad	kṛttaddhitasamāsāśca // （P.1.2.46）	以直接后缀为末的是名词词基。
tad	sarvādīni sarvanāmāni // （P.1.1.27）	sarva 等词是代词。
tad+**su**	ṅyāpprātipadikāt // （P.4.1.1） svaujasamauṭchaṣ…sup // （P.4.1.2）	在以 ṅī、āp 为末的词后，以及在名词词基后是 su 等格尾。 单数第一格加格尾 su。
ta+**a**+su	tyadādīnāmaḥ // （P.7.2.102）	遇到词尾时，tyad 等代词的末音的替换是 a 音。
t+**a**+su	āto guṇe // （P.6.1.97）	非字末的 a 音遇到二合元音时，前后两者的音位由后者的元音形式作唯一替换。
s+a+su	tadoḥ saḥ sāvanantyayoḥ // （P.7.2.106）	遇到格尾 su 时，tyad 等词的非落尾的 t 和 d 音由 s 音替换。
s+a+（ ）	etattadoḥ sulopo ’koranañsamāse hali // （P.6.1.132）	遇到辅音时，无 ka 的 etad 和 tad 的 su 格尾消隐，但在否定复合词中除外。
s+a	adarśanaṃ lopaḥ // （P.1.1.60）	不显现的是消隐。
s+a	pratyayalope pratyayalakṣaṇam // （P.1.1.62）	词缀消隐后，词缀的因还在。
sa	suptiṅantaṃ padam // （P.1.4.14）	以格尾为末的 sa 是字。

小结：

sa 是代词，阳性，单数，第一格，意为“彼”。指代的是“依他（性）”。因为《成唯识论》卷第八中说：“非不证见此圆成实，而能见彼依他起性。未达遍计所执性空，不如实知依他有故。”

dṛśyate

词根：第一类动词词根（bhvādigaṇa），1.1037 dṛśir prekṣaṇe（dṛś 见）。

演变过程：

dṛś+**laṭ**	vartamāne laṭ //（P.3.2.123）	laṭ（第一罗）表示正在发生。
dṛś+l	tasya lopaḥ //（P.1.3.9）	消隐替换 laṭ 的符号 a、ṭ。
dṛś+**ta**	laḥ parasmaipadam //（P.1.4.99） bhāvakarmaṇoḥ //（P.1.3.13） tiptasjhi…iḍvahimahiṅ //（P.3.4.78）	替换罗的是主动语态。 当强调行为和业时，替换罗的是中间语态。 中间语态第三人称单数的 laṭ 的替换是 ta。
dṛś+**ta**	tiṅśit sārvadhātukam //（P.3.4.113）	tiṅ、带符号 ś 的词缀是全界。
dṛś+**yak**+ta	sārvadhātuke yak //（P.3.1.67）	在强调行为和业时，应在全界词缀前，词根后加 yak。
dṛś+**yak**+ta	ārdhadhātukaṃ śeṣaḥ //（P.3.4.114）	全界词缀之外的（yak）是半界词缀。
dṛś+ya+ta	tasya lopaḥ //（P.1.3.9）	消隐替换 yak 的符号 k。
dṛś+ya+ta	yasmātpratyayavidhistadādi pratyaye 'ṅgam //（P.1.4.13）	其后安排了词缀的词，以此词为始，在词缀前叫词干。
d**ar**ś+ya+ta	pugantalaghūpadhasya ca //（P.7.3.86） uraṇ raparaḥ //（P.1.1.51）	遇到半界和全界词缀时，轻音节词干的排列倒数第二的短元音 i、u、ṛ、ḷ 由二合元音替换。 ṛ 音的替换，需由其后带 r 音的 a、i、u 及其长音来替换。
dṛś+ya+ta	kṅiti ca //（P.1.1.5）	受 g、k、ṅ 符号的影响，二合、三合元音的替换被禁止。
dṛś+ya+**te**	ṭita ātmanepadānāṃ ṭere //（P.3.4.79）	替换了带 ṭ 符号之（罗）的中间语态语尾，其末音由 e 音替换。

dṛśyate	suptiṅantaṃ padam // （P.1.4.14）	dṛśyate 是带语尾的字。

小结：

dṛśyate 是现在时，陈述语气，被动语态，第三人称，单数，翻译为“它被看见”。

第二十三颂

त्रिविधस्य स्वभावस्य त्रिविधां निःस्वभावताम्।
संधाय सर्वधर्माणां देशिता निःस्वभावता ॥२३॥

tri-vidhasya sva-bhāvasya tri-vidhāṃ niḥsvabhāvatām /
saṃdhāya sarva-dharmāṇāṃ deśitā niḥsvabhāvatā //23//

玄奘译：即依此三性，立彼三无性，故佛密意说，一切法无性。

真谛译《转识论》：然一切诸法但有三性，摄法皆尽。如来为众生说诸法无性，亦有三种。三性如前说，前二是俗谛，后一是真谛，真、俗二谛摄一切法皆尽。三无性者，即不离前三性。

霍韬晦译：于此三自性，即有三无性。密意故说言，一切法无性。

现译：在正确建立了有三种的自性（对应）的（亦）有三种的无自性性之后，一切诸法的无自性性才被（佛）指示了出来。

tri

词根：第一类动词词根（bhvādigaṇa），1.1018 tṝ plavanataraṇayoḥ（tṝ 跳跃，超越）。

直接后缀：ḍri。

演变过程：

tṝ+**ḍri**	taraterḍriḥ // （Uṇādisūtra 5.66）	直接后缀 ḍri 加在词根 tṝ 之后。
tṝ+**ḍri**	ārdhadhātukaṃ śeṣaḥ // （P.3.4.114）	全界词缀之外的 ḍri 是半界词缀。
tṝ+ri	tasya lopaḥ // （P.1.3.9）	ḍri 的符号 ḍ 由消隐替换。
tṝ+**iṭ**+ri	ārdhadhātukasyeḍvalādeḥ // （P.7.2.35）	在以对收 val 为首位音的半界词缀前，插入联系元音 iṭ。
tṝ+ri	neḍvaśi kṛti // （P.7.2.8）	在以 vaś 为对收的浊辅音起始的直接后缀前，不加联系元音 iṭ。 [经文 P.7.2.8 是对 P.7.2.35 的禁止，故

		实际上没运行 P.7.2.35。]
tṝ+ri	yasmātpratyayavidhistadādi pratyaye 'ṅgam //（P.1.4.13）	其后安排了词缀的词，以此词为始，在词缀前叫词干。
tar+ri	sārvadhātukārdhadhātukayoḥ //（P.7.3.84） uraṇ raparaḥ //（P.1.1.51）	遇到全界、半界词缀，词干的末元音 ṝ 由二合元音替换。 ṛ、ṝ 音的替换，需由其后带 r 音的 a、i、u 及其长音来替换。
t+ri	ṭeḥ //（P.6.4.143）	遇到 ḍ 符号时，词干末音节由消隐替换。
tri	kṛttaddhitasamāsāśca //（P.1.2.46）	直接后缀为末的是名词词基。

小结：

tri 是数词“三”。

vidha

词根：第六类动词词根（tudādigaṇa），6.36 vidha vidhāne（vidh 安排）。

直接后缀：ka。

演变过程：

vidh+**ka**	igupadhajñāprīkiraḥ kaḥ //（P.3.1.135）	在倒数第二个音是 i、u、ṛ、ḷ 及其长音的词根后，加直接后缀 ka，表主动者含义。
vidh+**ka**	ārdhadhātukaṃ śeṣaḥ //（P.3.4.114）	直接后缀 ka 是半界词缀。
vidh+a	tasya lopaḥ //（P.1.3.9）	ka 的符号 k 由消隐替换。
vidh+a	yasmātpratyayavidhistadādi pratyaye 'ṅgam //（P.1.4.13）	其后安排了词缀的词，以此词为始，在词缀前叫词干。
vedh+**a**	pugantalaghūpadhasya ca //（P.7.3.86）	遇到半界和全界词缀时，轻音节词干的排列倒数第二的短元音 i、u、ṛ、ḷ 由二合元音替换。
vidh+a	kṅiti ca //（P.1.1.5）	受 g、k、ṅ 符号的影响，二合、三合元音的替换被禁止。 [经文 P.1.1.5 是对 P.7.3.86 的禁止，故 P.7.3.86 未运行。]
vidha	kṛttaddhitasamāsāśca //（P.1.2.46）	直接后缀 ka 为末的 vidha 是名词词基。

小结：

vidha 作为阳性名词，有“模式”“种类”的意思。

tri-vidhasya

世俗拆分： trayāṇāṃ vidhānāṃ samāhāraḥ。

非世俗拆分： tri+ām+vidha+ām。

名词词基： tri（三）；vidha（种类，模式）。

演变过程：

tri+ām+vidha+ām	saṃkhyāpūrvo dviguḥ //（P.2.1.52）	数字在前的是双牛释复合词。
tri+ām+vidha+ām	kṛttaddhitasamāsāśca //（P.1.2.46）	有意义的复合词是名词词基。
tri+vidha	supo dhātuprātipadikayoḥ //（P.2.4.71） pratyayasya lukślulupaḥ //（P.1.1.61）	词根、名词词基中蕴含的格尾由消隐（luk）替换。 luk、ślu、lup 是词缀的消隐替换。消隐是不显现。
trividha	kṛttaddhitasamāsāśca //（P.1.2.46）	复合词是名词词基。
trividha	dvigurekavacanam //（P.2.4.1）	双牛释（复合词的意义是集合体时，格尾按照）单数（变化）。
trividha	sa napuṃsakam //（P.2.4.17）	表示集体含义的双牛释以及相违释复合词是中性的词。
trividh**a**	hrasvo napuṃsake prātipadikasya //（P.1.2.47）	词为中性时，短元音替换名词词基的末音。
trividha+**ṅas**	ṅyāpprātipadikāt //（P.4.1.1） svaujasamauṭchaṣ…sup //（P.4.1.2）	在以 ṅī、āp 为末的词后，以及在名词词基后是 su 等格尾。 单数第六格加格尾 ṅas。
trividha+**sya**	ṭāṅasiṅasāminātsyāḥ //（P.7.1.12）	替换 ṭā、ṅasi、ṇas 的是 ina、āt、sya。
trividhasya	suptiṅantaṃ padam //（P.1.4.14）	以格尾为末的是字。

小结：

trividha 前部字 tri 是数词“三”，后部字 vidha 的含义是“种类”“模式”。trividha 是双牛释复合词，作为整体，故为单数，因此该词含义是“有三种的”。

trividhasya 是中性，单数，第六格，含义是“有三种的……（对应）的”。

bhāva

词根：第一类动词词根（bhvādigaṇa），1.1 bhū sattāyām（bhū 存在）。

直接后缀：ghañ。

演变过程（一）：

bhū+**ghañ**	śriṇībhuvo 'nupasarge //（P.3.3.24）	当前面没有近置词时，词根 bhū 后加直接后缀 ghañ。
bhū+**ghañ**	ārdhadhātukaṃ śeṣaḥ //（P.3.4.114）	全界词缀之外的（ghañ）是半界词缀。
bhū+a	tasya lopaḥ //（P.1.3.9）	ghañ 的符号 gh、ñ 由消隐替换。
bhū+a	yasmātpratyayavidhistadādi pratyaye 'ṅgam //（P.1.4.13）	其后安排了词缀的词，以此词为始，在词缀前叫词干。
bh**au**+a	aco ñṇiti //（P.7.2.115）	遇到 ñ、ṇ 符号时，发生三合元音对词干末元音的替换。
bh**āv**+a	eco 'yavāyāvaḥ //（P.6.1.78）	遇到元音时，复合元音应由 ay、av、āy、āv 替换。
bhāva	kṛttaddhitasamāsāśca //（P.1.2.46）	直接后缀 ghañ 为末的 bhāva 是名词词基。

词根：第一类动词词根（bhvādigaṇa），1.1 bhū sattāyām（bhū 存在）。

直接后缀：ac。

演变过程（二）：

bhū+**ṇic**	hetumati ca //（P.3.1.26）	当表达使役含义时，加 ṇic 词缀。[ṇ、c 是符号。]
bhū+**ṇic**	ārdhadhātukaṃ śeṣaḥ //（P.3.4.114）	全界词缀之外的（ṇic）是半界词缀。
bhū+ṇic	yasmātpratyayavidhistadādi pratyaye 'ṅgam //（P.1.4.13）	其后安排了词缀的词，以此词为始，在词缀前叫词干。
bhau+ṇic	aco ñṇiti //（P.7.2.115）	遇到 ñ、ṇ 符号时，发生三合元音对词干末元音的替换。
bhau+ṇic	sanādyantā dhātavaḥ //（P.3.1.32）	以 ṇic 落尾的“bhau+ṇic”是新词根。
bhau+ṇic+**ac**	nandigrahipacādibhyo lyuṇinyacaḥ //（P.3.1.134） 或 erac //（P.3.3.56）	加在 nandi、grahi、pac 等词根后的是直接后缀 lyu、ṇini、ac，表主动者的含义。[实际上所有词根都可加 ac。] i、ī 音落尾的词根后加直接后缀 ac。

bhau+ṇic+**ac**	ārdhadhātukaṃ śeṣaḥ //（P.3.4.114）	全界词缀之外的 ac 是半界词缀。
bhau+ṇic+a	tasya lopaḥ //（P.1.3.9）	ac 的符号 c 由消隐替换。
bhau+ṇic+**a**	ārdhadhātukasyeḍvalādeḥ //（P.7.2.35）	在以对收 val 为首位音的半界词缀前，插入联系元音 iṭ。 [但 ac 不在其中，为 aniṭ 词缀。]
bhau+（ ）+a	ṇeraniṭi //（P.6.4.51）	当遇到 aniṭ 半界词缀时，消隐（lopa）替换前面的 ṇic。
bhau+（ ）+a	pratyayalope pratyayalakṣaṇam //（P.1.1.62）	ṇic 词缀消隐后，ṇic 词缀的因还在。
bhau+（ ）+a	sanādyantā dhātavaḥ //（P.3.1.32）	“bhau+（ ）”仍是新词根。
bhau+（ ）+a	yasmātpratyayavidhistadādi pratyaye 'ṅgam //（P.1.4.13）	其后安排了词缀的词，以此词为始，在词缀前叫词干。
bhau+a	adarśanaṃ lopaḥ //（P.1.1.60）	不显现的是消隐。
bh**āv**+a	eco 'yavāyāvaḥ //（P.6.1.78）	遇到元音时，复合元音应由 ay、av、āy、āv 替换。
bhāva	kṛttaddhitasamāsāśca //（P.1.2.46）	直接后缀 ac 为末的 bhāva 是名词词基。

词根：第一类动词词根（bhvādigaṇa），1.1 bhū sattāyām（bhū 存在）。

直接后缀：ṇa。

演变过程（三）：

bhū+**ṇa**	bhavateśceti vaktavyam //（Vārttika）	《迦湿伽》P.3.1.143 经文的《补释》经文：词根 bhū 既可加直接后缀 ṇa，也可加 ac，以表达主动者之义。
bhū+**ṇa**	ārdhadhātukaṃ śeṣaḥ //（P.3.4.114）	全界词缀之外的（ṇa）是半界词缀。
bhū+a	tasya lopaḥ //（P.1.3.9）	ṇa 的符号 ṇ 由消隐替换。
bhū+a	yasmātpratyayavidhistadādi pratyaye 'ṅgam //（P.1.4.13）	其后安排了词缀的词，以此词为始，在词缀前叫词干。
bh**au**+a	aco ñṇiti //（P.7.2.115）	遇到 ñ、ṇ 符号时，发生三合元音对词干末元音的替换。
bh**āv**+a	eco 'yavāyāvaḥ //（P.6.1.78）	遇到元音时，复合元音应由 ay、av、āy、āv 替换。
bhāva	kṛttaddhitasamāsāśca //（P.1.2.46）	直接后缀 ṇa 为末的 bhāva 是名词词基。

小结：

演变过程（一）中，经文 P.3.3.24 在领句经文“bhāve //（P.3.3.18）”的控制之下，加直接后缀 ghañ 代表处于某种行为的已成就状态。故 bhāva 翻译为“存在”“状态”。

演变过程（二）中，加 ṇic 词缀表达使动的含义，加 ac 可表达主动者（kartṛ）的含义，或已成就状态的含义。所以此时 bhāva 翻译为“使存在者”“生者”“生”。

演变过程（三）中，加直接后缀 ṇa 表达的是主动者的含义。故此时 bhāva 的含义是“存在者”。

因此 bhāva 主要具有五种含义：状态、存在、生、生者、存在者。

值得一提的是，根据《八章书》经文“asterbhūḥ //（P.2.4.52）”可知，第二类动词词根（adādigaṇa）的 as [2.56 asa bhuvi（as 存在）]遇到半界词缀时，会发成词根替换。即词根 as 由词根 bhū 替换。因此以上演变过程应该可以由词根 as 加同样的词缀构成，含义也基本一样。

sva-bhāvasya

世俗拆分：svasya bhāvaḥ。

非世俗拆分：sva+ṅas+bhāva+su。

名词词基：sva（自身）；bhāva（状态）。

演变过程（一）：

sva+ṅas+bhāva+su	ṣaṣṭhī //（P.2.2.8）	第六格与以格尾收尾的词构成依主释复合词。
sva+ṅas+bhāva+su	kṛttaddhitasamāsāśca //（P.1.2.46）	有意义的复合词是名词词基。
sva+bhāva	supo dhātuprātipadikayoḥ //（P.2.4.71） pratyayasya lukślulupaḥ //（P.1.1.61）	词根、名词词基中蕴含的格尾由消隐（luk）替换。 luk、ślu、lup 是词缀的消隐替换。消隐是不显现。
sva+bhāva	prathamānirdiṣṭaṃ samāsa upasarjanam //（P.1.2.43）	于复合词一节中，第一格所指示的是附属词。 [针对经文 P.2.2.8。]
sva+bhāva	upasarjanaṃ pūrvam //（P.2.2.30）	附属词是前部字。
svabhāva	kṛttaddhitasamāsāśca //（P.1.2.46）	有意义的复合词是名词词基。
svabhāva+**ṅas**	ṅyāpprātipadikāt //（P.4.1.1）	在以 ṅī、āp 为末的词后，以及在名词词基后是 su 等格尾。

	svaujasamauṭchaṣ…sup //（P.4.1.2）	单数第六格加格尾 ṅas。
svabhāva+**sya**	ṭāṅasiṅasāminātsyāḥ //（P.7.1.12）	替换 ṭā、ṅasi、ṇas 的是 ina、āt、sya。
svabhāvasya	suptiṅantaṃ padam //（P.1.4.14）	以格尾为末的是字。

世俗拆分： svean bhāvaḥ。

非世俗拆分： sva+ṭā+bhāva+su。

名词词基： sva（自身）；bhāva（存在，生）。

演变过程（二）：

sva+ṭā+bhāva+su	tṛtīyā tatkṛtārthena guṇavacanena //（P.2.1.30）	第三格的词构成依主释复合词。
sva+ṭā+bhāva+su	kṛttaddhitasamāsāśca //（P.1.2.46）	有意义的复合词是名词词基。
sva+bhāva	supo dhātuprātipadikayoḥ //（P.2.4.71） pratyayasya lukślulupaḥ //（P.1.1.61）	词根、名词词基中蕴含的格尾由消隐（luk）替换。 luk、ślu、lup 是词缀的消隐替换。消隐是不显现。
sva+bhāva	prathamānirdiṣṭaṃ samāsa upasarjanam //（P.1.2.43）	于复合词一节中，第一格所指示的是附属词。 [针对经文 P.2.1.30。]
sva+bhāva	upasarjanaṃ pūrvam //（P.2.2.30）	附属词是前部字。
svabhāva	kṛttaddhitasamāsāśca //（P.1.2.46）	有意义的复合词是名词词基。
svabhāva+**ṅas**	ṅyāpprātipadikāt //（P.4.1.1） svaujasamauṭchaṣ…sup //（P.4.1.2）	在以 ṅī、āp 为末的词后，以及在名词词基后是 su 等格尾。 单数第六格加格尾 ṅas。
svabhāva+**sya**	ṭāṅasiṅasāminātsyāḥ //（P.7.1.12）	替换 ṭā、ṅasi、ṇas 的是 ina、āt、sya。
svabhāvasya	suptiṅantaṃ padam //（P.1.4.14）	以格尾为末的是字。

世俗拆分： svo bhāvo yasmin saḥ。

非世俗拆分： sva+su+bhāva+su。

名词词基： sva（自身）；bhāva（存在，状态）。

演变过程（三）：

sva+su+bhāva+su	anekamanyapadārthe //（P.2.2.24）	两个以上（以第一格收尾）的词，若以表达另一个词为目的，构成的是多财释复合词。
sva+su+bhāva+su	kṛttaddhitasamāsāśca //（P.1.2.46）	有意义的复合词是名词词基。
sva+bhāva	supo dhātuprātipadikayoḥ //（P.2.4.71） pratyayasya lukślulupaḥ //（P.1.1.61）	词根、名词词基中蕴含的格尾由消隐（luk）替换。 luk、ślu、lup 是词缀的消隐替换。消隐是不显现。
svabhāva	kṛttaddhitasamāsāśca //（P.1.2.46）	有意义的复合词是名词词基。
svabhāva+**ṅas**	ṅyāpprātipadikāt //（P.4.1.1） svaujasamauṭchaṣ…sup //（P.4.1.2）	在以 ṅī、āp 为末的词后，以及在名词词基后是 su 等格尾。 单数第六格加格尾 ṅas。
svabhāva+**sya**	ṭāṅasiṅasāminātsyāḥ //（P.7.1.12）	替换 ṭā、ṅasi、ṇas 的是 ina、āt、sya。
svabhāvasya	suptiṅantaṃ padam //（P.1.4.14）	以格尾为末的是字。

世俗拆分： svo bhāvaḥ。

非世俗拆分： sva+su+bhāva+su。

名词词基： sva（自身）；bhāva（生者，存在者）。

演变过程（四）：

sva+su+bhāva+su	tatpuruṣaḥ samānādhikaraṇaḥ karmadhārayaḥ //（P.1.2.42）	具有一致的语法关系的依主释（复合词）是持业释（复合词）。
sva+su+bhāva+su	kṛttaddhitasamāsāśca //（P.1.2.46）	有意义的复合词是名词词基。
sva+bhāva	supo dhātuprātipadikayoḥ //（P.2.4.71） pratyayasya lukślulupaḥ //（P.1.1.61）	词根、名词词基中蕴含的格尾由消隐（luk）替换。 luk、ślu、lup 是词缀的消隐替换。消隐是不显现。
svabhāva	kṛttaddhitasamāsāśca //（P.1.2.46）	有意义的复合词是名词词基。
svabhāva+**ṅas**	ṅyāpprātipadikāt //（P.4.1.1） svaujasamauṭchaṣ…sup //（P.4.1.2）	在以 ṅī、āp 为末的词后，以及在名词词基后是 su 等格尾。 单数第六格加格尾 ṅas。

svabhāva+**sya**	ṭāṅasiṅasāminātsyāḥ //（P.7.1.12）	替换 ṭā、ṅasi、ṇas 的是 ina、āt、sya。
svabhāvasya	suptiṅantaṃ padam //（P.1.4.14）	以格尾为末的是字。

小结：

根据经文“svamajñātidhanākhyāyām //（P.1.1.35）”可知，当 sva 不表示“亲属”“财富”时，可作为代词表“自身”的含义。此含义的 sva 是不可拆分的名词词基。

演变过程（一）中，svabhāva 是依主释复合词，含义是“自身的状态”，代表事物的“本质”。

演变过程（二）中，svabhāva 是依主释复合词，含义是“自身决定存在”“自己决定出生”。代表事物不待因缘。

演变过程（三）中，svabhāva 是多财释复合词，含义是“自身的存在所依处者”或“自身的性质所依处者”，代表本体、实体（dravya）的含义。

演变过程（四）中，svabhāva 是持业释复合词，前部字 sva 与后部字 bhāva 是同一个事物，其含义是“自身是生者”和“自身是存在者”。

svabhāva 综合了以上五种含义，统一翻译为“自性”。

svabhāvasya 是阳性，单数，第六格，含义是“自性（对应）的”。

vidhā

词根：第六类动词词根（tudādigaṇa），1324 vidha vidhāne（vidh 安排）。

直接后缀：ka。

演变过程：

vidh+**ka**	igupadhajñāprīkiraḥ kaḥ //（P.3.1.135）	在倒数第二个音是 i、u、ṛ、ḷ 及其长音的词根后，加直接后缀 ka，表主动者含义。
vidh+**ka**	ārdhadhātukaṃ śeṣaḥ //（P.3.4.114）	直接后缀 ka 是半界词缀。
vidh+a	tasya lopaḥ //（P.1.3.9）	ka 的符号 k 由消隐替换。
vidh+a	yasmātpratyayavidhistadādi pratyaye 'ṅgam //（P.1.4.13）	其后安排了词缀的词，以此词为始，在词缀前叫词干。
vedh+a	pugantalaghūpadhasya ca //（P.7.3.86）	遇到半界和全界词缀时，轻音节词干的排列倒数第二的短元音 i、u、ṛ、ḷ 由二合元音替换。

vidh+a	kṅiti ca // （P.1.1.5）	受 g、k、ṅ 符号的影响，二合、三合元音的替换被禁止。 [经文 P.1.1.5 是对 P.7.3.86 的禁止，故 P.7.3.86 未运行。]
vidha	kṛttaddhitasamāsāśca // （P.1.2.46）	直接后缀 ka 为末的 vidha 是名词词基。
vidha+**ṭāp**	ajādyataṣṭāp // （P.4.1.4）	aja 等以及以 a 为末音的，于阴性时，加 ṭāp。
vidha+ā	tasya lopaḥ // （P.1.3.9）	ṭāp 的符号 ṭ、p 由消隐替换。
vidh**ā**	akaḥ savarṇe dīrghaḥ // （P.6.1.101）	以 ak 为对收的末音后遇同类音时，一长音替换前后两音位。

小结：

vidhā 作为阴性名词，有“模式”“种类”的意思。

trividhāṃ

世俗拆分： tisṛṇāṃ vidhānāṃ samāhārā。

非世俗拆分： tri+ām+vidhā+ām。

名词词基： tri（三）；vidhā（种类、模式）。

演变过程：

tri+ām+vidhā+ām	saṃkhyāpūrvo dviguḥ // （P.2.1.52）	数字在前的是双牛释复合词。
tri+ām+vidhā+su	kṛttaddhitasamāsāśca // （P.1.2.46）	有意义的复合词是名词词基。
tri+vidhā	supo dhātuprātipadikayoḥ // （P.2.4.71） pratyayasya lukślulupaḥ // （P.1.1.61）	词根、名词词基中蕴含的格尾由消隐（luk）替换。 luk、ślu、lup 是词缀的消隐替换。消隐是不显现。
trividhā	kṛttaddhitasamāsāśca // （P.1.2.46）	复合词是名词词基。
trividhā	dvigurekavacanam // （P.2.4.1）	双牛释（复合词的意义是集合体时，格尾按照）单数（变化）。
trividhā+**am**	ṅyāpprātipadikāt // （P.4.1.1） svaujasamauṭchaṣ…sup // （P.4.1.2）	在以 ṅī、āp 为末的词后，以及在名词词基后是 su 等格尾。 单数第二格加格尾 am。

trividh+**ā**+m	ami pūrvaḥ // （P.6.1.107）	在 a、ā 及单元音后，遇到 am 时，前面的元音是唯一的替代。
trividhām	suptiṅantaṃ padam // （P.1.4.14）	以格尾为末的是字。
trividhā**ṃ**	mo 'nusvāraḥ // （P.8.3.23）	字末的 m 音在辅音前由鼻腔音替代。
trividhā**n**	anusvārasya yayi parasavarṇaḥ // （P.8.4.58）	遇到除咝音和 h 音以外的辅音时，后面的同类音替换鼻腔音。
trividhāṃ	vā padāntasya // （P.8.4.59）	字末的同类鼻音的替换可做可不做。

小结：

如果在复合词 tri-vidha 后再加阴性词缀，那么根据经文“dvigoḥ //（P.4.1.21）”可知，应该加阴性词缀 ṅīp，获得 trividhī。

trividhā 是双牛释复合词，作为整体，故为单数，因此该词含义是“有三种的”。

trividhām 是阴性，单数，第二格，含义是“有三种的”。

niḥsvabhāva

世俗拆分： svabhāvāt niṣkrāntaḥ。

非世俗拆分： svabhāva+ṅasi+nir。

名词词基： svabhāva（自性）；nis（消失，远离）。

演变过程：

svabhāva+**ṅasi+nis**	kugatiprādayaḥ // （P.2.2.18） nirādayaḥ krāntādyarthe pañcamyā //（Vārttika）[①]	ku、gati、pra 等与能够合意搭配的词构成必然复合词。 《大疏》P.2.2.18 经文中的《补释》经文：表达远离等含义时，nis 等词与第五格的词构成复合词。
svabhāva+ṅasi+nis	kṛttaddhitasamāsāśca // （P.1.2.46）	有意义的复合词是名词词基。
svabhāva+nis	supo dhātuprātipadikayoḥ // （P.2.4.71） pratyayasya lukślulupaḥ // （P.1.1.61）	词根、名词词基中蕴含的格尾由消隐（luk）替换。 luk、ślu、lup 是词缀的消隐替换。消隐是不显现。

① F. Kielhorn, *The Vyākaraṇa-mahābhāṣya of Patañjali*, Vol.I, Bombay: Government Central Book Depot, 1892, p.416.

svabhāva+**nis**	prathamānirdiṣṭaṃ samāsa upasarjanam //（P.1.2.43）	在复合词一节中，第一格所指示的是附属词。 [《释补》中提到的 nis 是第一格。经文 P.2.2.18 中的 pra 等是第一格。]
nis+svabhāva	upasarjanaṃ pūrvam //（P.2.2.30）	附属词是前部的。
ni**r**+svabhāva	sasajuṣo ruḥ //（P.8.2.66）	r 音替换字末的 s 音。
ni**ḥ**+svabhāva	kharavasānayorvisarjanīyaḥ //（P.8.3.15）	在清辅音和停顿前，送气音替换字末的 r 音。
nis+svabhāva	visarjanīyasya saḥ //（P.8.3.34）	在清辅音前，s 音替换送气音。
ni**ḥ**+svabhāva	vā śari //（P.8.3.36）	在咝音前，送气音替换送气音也是一种选择。
niḥsvabhāva	kṛttaddhitasamāsāśca //（P.1.2.46）	有意义的复合词是名词词基。

小结：

niḥsvabhāva 是依主释复合词。根据经文“kugatiprādayaḥ //（P.2.2.18）”可知，该复合词是不存在自形世俗拆分的必然复合词。其原义是“svabhāvāt niṣkrāntaḥ”，故其含义是“自性不存在”“远离自性”。因此 niḥsvabhāva 综合翻译为“无自性”。

niḥsvabhāvatām

世俗拆分： niḥsvabhāvasya bhāvaḥ。

非世俗拆分： niḥsvabhāva+ṅas+tal。

名词词基： niḥsvabhāva（无自性）。

派生词缀： tal。

演变过程：

niḥsvabhāva+ṅas+**tal**	tasya bhāvastvatalau //（P.5.1.119）	（表现）其本性、状态时，用 tva 和 tal。
niḥsvabhāva+ṅas+tal	kṛttaddhitasamāsāśca //（P.1.2.46）	以派生词缀为尾的是名词词基。
niḥsvabhāva+tal	supo dhātuprātipadikayoḥ //（P.2.4.71） pratyayasya lukślulupaḥ //（P.1.1.61）	词根、名词词基中蕴含的格尾由消隐（luk）替换。 luk、ślu、lup 是词缀的消隐替换。消隐是不显现。
niḥsvabhāva+ta	tasya lopaḥ //（P.1.3.9）	tal 符号 l 由消隐替换。

niḥsvabhāva+ta	talantaṃ striyām // （Sārasiddhāntakaumudī708）[①]	以 tal 收尾的是阴性。
niḥsvabhāvata+**ṭāp**	ajādyataṣṭāp // （P.4.1.4）	aja 等以及以 a 为末的，于阴性时，加 ṭāp。
niḥsvabhāvata+ā	tasya lopaḥ // （P.1.3.9）	ṭāp 的符号 ṭ、p 由消隐替换。
niḥsvabhāvat**ā**	akaḥ savarṇe dīrghaḥ // （P.6.1.101）	以 ak 为对收的末音后遇同类音时，一长音替换前后两音位。
niḥsvabhāvatā+**am**	ṅyāpprātipadikāt // （P.4.1.1） svaujasamauṭchaṣ…sup // （P.4.1.2）	在以 ṅī、āp 为末的词后，以及在名词词基后是 su 等格尾。 单数第二格加格尾 am。
niḥsvabhāvat+**ā**+m	ami pūrvaḥ // （P.6.1.107）	在 a、ā 及单元音后，遇到 am 时，前面的元音是唯一的替代。
niḥsvabhāvatām	suptiṅantaṃ padam // （P.1.4.14）	以格尾为末的是字。

小结：

niḥsvabhāvatā 的基本含义是“无自性的特性”。

niḥsvabhāvatām 阴性，单数，第二格，含义是“无自性性”。

saṃdhāya

词根：第三类动词词根（juhotyādigaṇa），3.10 ḍudhāñ dhāraṇa-poṣaṇayoḥ（dhā 保持，支持）。

近置词：sam（samyaktve 完善，samantatvam 全面，satye 正确，śuddhau 洁净）。[依据：upasargāḥ kriyāyoge //（P.1.4.59）。]

直接后缀：ktvā。

演变过程：

sam+dhā+**ktvā**	samānakartṛkayoḥ pūrvakāle// （P.3.4.21）	当两个行为拥有同一的主动者时，直接后缀 ktvā 加在时间在前的词根后。
sam+dhā+**ktvā**	ārdhadhātukaṃ śeṣaḥ // （P.3.4.114）	全界词缀之外的（ktvā）是半界词缀。
sam+dhā+**lyap**	samāse 'nañpūrve ktvo lyap // （P.7.1.37）	遇到前部是不变词的、非否定的复合词时，lyap 替换 ktvā。
sam+dhā+ya	tasya lopaḥ // （P.1.3.9）	lyap 的符号 l、p 由消隐替换。

① 段晴：《波你尼语法入门》，北京大学出版社 2001 年版，第 507 页。

sam+**dhā**+ya	yasmātpratyayavidhistadādi pratyaye 'ṅgam //（P.1.4.13）	其后安排了词缀的词，以此词为始，在词缀前叫词干。
sam+dh**ā**+ya	na lyapi //（P.6.4.69）	ghu 类词根，以及 mā、sthā、gā、pā 等词根，遇到 lyap，不发生 ī 替换词根末音 ā。 [dhā 属于 ghu 类词根。]
sa**ṃ**+dhāya	mo 'nusvāraḥ //（P.8.3.23）	字末的 m 音在辅音前由鼻腔音替代。
sa**n**+dhāya	anusvārasya yayi parasavarṇaḥ //（P.8.4.58）	遇到除咝音和 h 音以外的辅音时，后面的同类音替换鼻腔音。
saṃ+dhāya	vā padāntasya //（P.8.4.59）	字末的同类鼻音的替换可做可不做。
saṃdhāya	kṛttaddhitasamāsāśca //（P.1.2.46）	以直接后缀 kta 为末的是名词词基。
saṃdhāya+**sup**	ṅyāpprātipadikāt //（P.4.1.1） svaujasamauṭchaṣ…sup //（P.4.1.2）	在以 ṅī、āp 为末的词后，以及在名词词基后是 su 等格尾。 根据需要加某一 sup 格尾。
saṃdhāya+sup	ktvātosankasunaḥ //（P.1.1.40） sthānivadādeśo 'nalvidhau //（P.1.1.56）	以 ktvā、tosun、kasun 收尾的词是不变词。 替换音如本位音（变化），但其字符规则无效。 [即加 lyap 的词如同加 ktvā 的词，属于不变词。]
saṃdhāya+（ ）	avyayādāpsupaḥ //（P.2.4.82）	消隐（luk）替换不变词后的格尾。
saṃdhāya	pratyayasya lukślulupaḥ //（P.1.1.61）	luk、ślu、lup 是词缀的消隐替换。消隐是不显现。
saṃdhāya	pratyayalope pratyayalakṣaṇam //（P.1.1.62）	词缀消隐后，词缀的因还在。
saṃdhāya	suptiṅantaṃ padam //（P.1.4.14）	以格尾为末的是字。

小结：

saṃdhāya 是独立式动词，表同一主语先完成的行为。该词是不变词，含义是“正确建立之后”。

sarva

词根：第一类动词词根（bhvādigaṇa），1.982 sṛ gatau（sṛ 走）；第三类动词词根（juhotyādigaṇa）3.17 sṛ gatau（sṛ 走）。

直接后缀：van。

演变过程：

sṛ+van	sarva-nighṛṣva-riṣva-laṣva-śiva-paṭva-prahva-īṣvā asvatantre //（Uṇādisūtra 1.154）	sarva 等词由直接后缀 van 构成，且不作为主动者。
sṛ+**van**	ārdhadhātukaṃ śeṣaḥ //（P.3.4.114）	van 是半界词缀。
sṛ+va	tasya lopaḥ //（P.1.3.9）	van 的符号 n 由消隐替换。
sṛ+**iṭ**+va	ārdhadhātukasyeḍvalādeḥ //（P.7.2.35）	在以对收 val 为首位音的半界词缀前，插入联系元音 iṭ。
sṛ+va	neḍvaśi kṛti //（P.7.2.8）	在以 vaś 为对收的浊辅音起始的直接后缀前，不加联系元音 iṭ。 [经文 P.7.2.8 是对 P.7.2.35 的禁止，故实际上没运行 P.7.2.35。]
sṛ+va	yasmātpratyayavidhistadādi pratyaye 'ṅgam //（P.1.4.13）	其后安排了词缀的词，以此词为始，在词缀前叫词干。
sar+va	sārvadhātukārdhadhātukayoḥ //（P.7.3.84） uraṇ raparaḥ //（P.1.1.51）	遇到半界词缀，词干的末元音 ṛ 由二合元音（guṇa）替换。 ṛ、ṝ 音的替换，需由其后带 r 音的 a、i、u 及其长音来替换。
sarva	kṛttaddhitasamāsāśca //（P.1.2.46）	以直接后缀 van 为末的是名词词基。
sarva	sarvādīni sarvanāmāni //（P.1.1.27）	sarva 等词是代词。

小结：

根据 *Uṇādisūtra* 可知，sarva 是由词根 sṛ 和直接后缀 van 构成的。sarva 作为代词，指的是"一切"。

dharma

词根：第一类动词词根（bhvādigaṇa），1.948 dhṛñ dhāraṇe（dhṛ 执持）。

直接后缀：man。

演变过程：

dhṛ+**man**	artistusuhusṛdhukṣi… man //（Uṇādisūtra 1.140）	词根 dhṛ 加直接后缀 man。
dhṛ+**man**	ārdhadhātukaṃ śeṣaḥ //（P.3.4.114）	直接后缀 man 是半界词缀。

dhṛ+ma	tasya lopaḥ //（P.1.3.9）	man 的符号 n 由消隐替换。
dhṛ+**iṭ**+ma	ārdhadhātukasyeḍvalādeḥ //（P.7.2.35）	在以对收 val 为首位音的半界词缀前，插入联系元音 iṭ。
dhṛ+ma	ekāca upadeśe 'nudāttāt //（P.7.2.10） neḍvaśi kṛti //（P.7.2.8）	于原始发音状态的非高音的单音节词根后，不加联系元音 iṭ。 在以 vaś 为对收的浊辅音起始的直接后缀前，不加联系元音 iṭ。
dhṛ+ma	yasmātpratyayavidhistadādi pratyaye 'ṅgam //（P.1.4.13）	其后安排了词缀的词，以此词为始，在词缀前叫词干。
dh**ar**+ma	sārvadhātukārdhadhātukayoḥ //（P.7.3.84） uraṇ raparaḥ //（P.1.1.51）	遇到全界、半界词缀，词干的末元音 ṛ 由二合元音替换。 ṛ、ṝ 音的替换，需由其后带 r 音的 a、i、u 及其长音来替换。
dharma	kṛttaddhitasamāsāśca //（P.1.2.46）	直接后缀为末的 dharma 是名词词基。

小结：

dharma 的基本含义是保持，在《杂阿毗昙心论》卷第一中说道："法者持也。持自性故名法。"①因此 dharma 翻译为"法"。

sarva-dharmāṇām

世俗拆分： sarve dharmāḥ。

非世俗拆分： sarva+jas+dharma+jas。

名词词基： sarva（一切）；dharma（法）。

演变过程：

sarva+su+dharma+su	pūrvakālaikasarvajarat-purāṇanavakevalāḥ samāna-adhikaraṇena //（P.2.1.49）	sarva 等词与同格尾的词构成依主释复合词。
sarva+su+dharma+su	tatpuruṣaḥ samānādhikaraṇaḥ karmadhārayaḥ //（P.1.2.42）	具有一致的语法关系的依主释（复合词）是持业释（复合词）。
sarva+su+dharma+su	kṛttaddhitasamāsāśca //（P.1.2.46）	有意义的复合词是名词词基。
sarva+dharma	supo dhātuprātipadikayoḥ //（P.2.4.71）	词根、名词词基中蕴含的格尾由消隐（luk）替换。

① 法救造，僧伽跋摩等译：《杂阿毗昙心论》，大正新修大藏经，第 28 册，第 870 页下。

	pratyayasya lukślulupaḥ //（P.1.1.61）	luk、ślu、lup 是词缀的消隐替换。消隐是不显现。
sarva+dharma	prathamānirdiṣṭaṃ samāsa upasarjanam //（P.1.2.43）	在复合词一节中，第一格所指示的是附属词。 [P.2.1.49 中 sarva 是第一格。]
sarva+dharma	upasarjanaṃ pūrvam //（P.2.2.30）	附属词是前部的。
sarvadharma	kṛttaddhitasamāsāśca //（P.1.2.46）	有意义的复合词是名词词基。
sarvadharma+**ām**	ṅyāpprātipadikāt //（P.4.1.1） svaujasamauṭchaṣ…sup //（P.4.1.2）	在以 ṅī、āp 为末的词后，以及在名词词基后是 su 等格尾。 复数第六格加格尾 ām。
sarvadharma+ām	yasmātpratyayavidhistadādi pratyaye 'ṅgam //（P.1.4.13）	其后安排了词缀的词，以此词为始，在词缀前叫词干。
sarvadharma+**n**+ām	hrasvanadyāpo nuṭ //（P.7.1.54）	在以短元音落尾的词干后，在 nadī 以及 āp 之后，ām 前插入 nuṭ。
sarvadharm**ā**+nām	nāmi //（P.6.4.3）	遇到 nām 时，词干的末元音由长音替换。
sarvadharmā+**ṇ**ām	aṭkupvāṅnumavyavāye 'pi //（P.8.4.2）	即使有元音、半元音、h 音、喉音族、唇音族、ā 音以及 n 音的加入，r、ṣ 音之后的 n 音也应由 ṇ 音替换。
sarvadharmāṇām	suptiṅantaṃ padam //（P.1.4.14）	以格尾为末的是字。
sarvadharmāṇā**ṃ**	mo 'nusvāraḥ //（P.8.3.23）	字末的 m 音在辅音前由鼻腔音替代。
sarvadharmāṇā**n**	anusvārasya yayi parasavarṇaḥ //（P.8.4.58）	遇到除咝音和 h 音以外的辅音时，后面的同类音替换鼻腔音。
sarvadharmāṇāṃ	vā padāntasya //（P.8.4.59）	字末的同类鼻音的替换可做可不做。

小结：

sarva-dharma 是前部字与后部字同格的依主释复合词，所以其实是持业释复合词。含义是“一切诸法”。

sarvadharmāṇām 是阳性，复数，第六格。含义是“一切诸法的”。

deśitā

词根：第六类动词词根（tudādigaṇa），6.3 diśa atisarjane（diś 显示）。

直接后缀：kta。

演变过程：

diś+**ṇic**	hetumati ca // （P. 3.1.26）	当表达使役含义时，加 ṇic 词缀。 [ṇ、c 是符号。]
diś+**ṇic**	ārdhadhātukaṃ śeṣaḥ // （P.3.4.114）	全界词缀之外的 ṇic 是半界词缀。
diś+ṇic	yasmātpratyayavidhistadādi pratyaye 'ṅgam //（P.1.4.13）	其后安排了词缀的词，以此词为始，在词缀前叫词干。
deś+ṇic	pugantalaghūpadhasya ca // （P.7.3.86）	遇到半界和全界词缀时，轻音节词干的排列倒数第二的短元音 i、u、ṛ、ḷ 由二合元音替换。
deś+ṇic	sanādyantā dhātavaḥ // （P.3.1.32）	以 ṇic 词缀落尾的"deś+ṇic"是新词根。
deś+ṇic+**kta**	tayoreva kṛtyaktakhalarthāḥ// （P.3.4.70） ktaktavatū niṣṭhā // （P.1.1.26）	kṛtya、kta 以及具有 khal 意义的词缀强调行为和业。 kta 和 ktavatu 是成就词缀。
deś+ṇic+**kta**	ārdhadhātukaṃ śeṣaḥ // （P.3.4.114）	全界之外的（kta）是半界词缀。
deś+ṇic+ta	tasya lopaḥ // （P.1.3.9）	kta 的符号 k 由消隐替换。
deś+ṇic+**iṭ**+ta	ārdhadhātukasyeḍvalādeḥ // （P.7.2.35）	在以对收 val 为首位音的半界词缀前，插入联系元音 iṭ。
deś+（ ）+iṭ+ta	niṣṭhāyāṃ seṭi // （P.6.4.52）	遇到成就词缀前有联系元音 iṭ 时，ṇic 由消隐（lopa）替换。
deś+（ ）+iṭ+ta	pratyayalope pratyayalakṣaṇam // （P.1.1.62）	词缀消隐后，词缀（ṇic）的因还在。
deś+（ ）+iṭ+ta	sanādyantā dhātavaḥ // （P.3.1.32）	以 ṇic 词缀落尾的"deś+（ ）"是新词根。
deś+（ ）+i+ta	tasya lopaḥ // （P.1.3.9）	iṭ 的符号 ṭ 由消隐替换。
deś+（ ）+**ita**	ādyantau ṭakitau // （P.1.1.46）	以 ṭ 符号和 k 符号结尾的是首位音或末音。
deś+（ ）+ita	yasmātpratyayavidhistadādi pratyaye 'ṅgam //（P.1.4.13）	其后安排了词缀的词，以此词为始，在词缀前叫词干。
deś+ita	adarśanaṃ lopaḥ // （P.1.1.60）	不显现的是消隐。
deśita	kṛttaddhitasamāsāśca // （P.1.2.46）	以直接后缀 kta 为末的是名词词基。
deśita+**ṭāp**	ajādyataṣṭāp // （P.4.1.4）	aja 等以及以 a 为末音的，于阴性时，加 ṭāp。

deśita+ā	tasya lopaḥ //（P.1.3.9）	ṭāp 的符号 ṭ、p 由消隐替换。
deśitā	akaḥ savarṇe dīrghaḥ //（P.6.1.101）	以 ak 为对收的末音后遇同类音时，一长音替换前后两音位。
deśitā+**su**	ṅyāpprātipadikāt //（P.4.1.1） svaujasamauṭchaṣ…sup //（P.4.1.2）	在以 ṅī、āp 为末的词后，以及在名词词基后是 su 等格尾。 单数第一格加格尾 su。
deśitā+s	tasya lopaḥ //（P.1.3.9）	su 的符号 u 由消隐替换。
deśitā+（ ）	halṅyābbhyo dīrghāt sutisyapṛktaṃ hal //（P.6.1.68）	在辅音后，在保留长音的 ṅī、āp 后，格尾 su、语尾 tip、sip 的单辅音词缀由消隐（lopa）替换。
deśitā	adarśanaṃ lopaḥ //（P.1.1.60）	不显现的是消隐。
deśitā	pratyayalope pratyayalakṣaṇam //（P.1.1.62）	词缀消隐后，词缀的因还在。
deśitā	suptiṅantaṃ padam //（P.1.4.14）	以格尾为末的是字。

小结：

deśitā 具有使役的含义，而且有被动、过去的含义，所以直译为“已使被显现”，其实可译为“已被指出”。

deśitā 是阴性，单数，第一格，含义是“被指示了出来”。

niḥsvabhāvatā

世俗拆分：niḥsvabhāvasya bhāvaḥ。

非世俗拆分：niḥsvabhāva+ṅas+tal。

名词词基：niḥsvabhāva（无自性）。

派生词缀：tal。

演变过程：

niḥsvabhāva+ṅas+**tal**	tasya bhāvastvatalau //（P.5.1.119）	（表现）其本性、状态时，用 tva 和 tal。
niḥsvabhāva+ṅas+tal	kṛttaddhitasamāsāśca //（P.1.2.46）	以派生词缀为尾的是名词词基。
niḥsvabhāva+tal	supo dhātuprātipadikayoḥ //（P.2.4.71）	词根、名词词基中蕴含的格尾由消隐（luk）替换。

	pratyayasya lukślulupaḥ //（P.1.1.61）	luk、ślu、lup 是词缀的消隐替换。消隐是不显现。
niḥsvabhāva+ta	tasya lopaḥ //（P.1.3.9）	tal 符号 l 由消隐替换。
niḥsvabhāva+ta	talantaṃ striyām //（Sārasiddhāntakaumudī 708）	以 tal 收尾的是阴性。
niḥsvabhāvata+**ṭāp**	ajādyataṣṭāp //（P.4.1.4）	aja 等以及以 a 为末的，于阴性时，加 ṭāp。
niḥsvabhāvata+ā	tasya lopaḥ //（P.1.3.9）	ṭāp 的符号 ṭ、p 由消隐替换。
niḥsvabhāvat**ā**	akaḥ savarṇe dīrghaḥ //（P.6.1.101）	以 ak 为对收的末音后遇同类音时，一长音替换前后两音位。
niḥsvabhāvatā+**su**	ṅyāpprātipadikāt //（P.4.1.1） svaujasamauṭchaṣ…sup //（P.4.1.2）	在以 ṅī、āp 为末的词后，以及在名词词基后是 su 等格尾。 单数第一格加格尾 su。
niḥsvabhāvatā+s	tasya lopaḥ //（P.1.3.9）	su 的符号 u 由消隐替换。
niḥsvabhāvatā+（ ）	halṅyābbhyo dīrghāt sutisyapṛktaṃ hal //（P.6.1.68）	在辅音后，在保留长音的 ṅī、āp 后，格尾 su、语尾 tip、sip 的单辅音词缀由消隐（lopa）替换。
niḥsvabhāvatā	adarśanaṃ lopaḥ //（P.1.1.60）	不显现的是消隐。
niḥsvabhāvatā	pratyayalope pratyayalakṣaṇam //（P.1.1.62）	词缀消隐后，词缀的因还在。
niḥsvabhāvatā	suptiṅantaṃ padam //（P.1.4.14）	以格尾为末的是字。

小结：

niḥsvabhāvatā 的基本含义是“无自性的特性”。

niḥsvabhāvatā 阴性，单数，第一格，含义是“无自性性”。

第二十四颂

प्रथमो लक्षणेनैव निःस्वभावोऽपरः पुनः ।
न स्वयंभाव एतस्येत्यपरा निःस्वभावता ।। २४ ।।

prathamo lakṣaṇena eva niḥsvabhāvo ’paraḥ punaḥ /
na svayaṃ-bhāva etasya ity aparā niḥsvabhāvatā //24//

玄奘译：初即相无性，次无自然性，后由远离前，所执我法性。

真谛译《转识论》：分别性名无相性，无体相故。依他性名无生性，体及因果无所有，体似尘相，尘即分别性。分别既无，体亦是无也。因亦无者，本由分别性为境，能发生识果。境界既无，云何生果？如种子能生芽。种子既无，芽从何出？是故无生也。真实性名无性性，无有性，无无性，约人法故无有性，约二空故无无性，即是非有性非无性，故重称无性性也。

霍韬晦译：初由相故无；次非自身有。复有圆成者，彼亦无自性。

现译：首位（遍计所执性）正是因为相而是无自性。复次，后者（依他起性）的（无自性）是无自然性。对于此（圆成实性）来说，即是最胜无自性性。

prathamo

词根：第一类动词词根（bhvādigaṇa），1.802 pratha prakhyāne（prath 向外传播）。

直接后缀：amac。

演变过程：

prath+**amac**	pratheramac //（Uṇādisūtra 5.68）	直接后缀 amac 加在词根 prath 之后。
prath+**amac**	ārdhadhātukaṃ śeṣaḥ //（P.3.4.114）	全界词缀之外的（amac）是半界词缀。
prath+ama	tasya lopaḥ //（P.1.3.9）	amac 的符号 c 由消隐替换。
prath+ama	yasmātpratyayavidhistadādi pratyaye ’ṅgam //（P.1.4.13）	其后安排了词缀的词，以此词为始，在词缀前叫词干。

prathama	kṛttaddhitasamāsāśca //（P.1.2.46）	直接后缀为末的是名词词基。
prathama+**su**	ṅyāpprātipadikāt //（P.4.1.1） svaujasamauṭchaṣ…sup //（P.4.1.2）	在以 ṅī、āp 为末的词后，以及在名词词基后是 su 等格尾。 单数第一格加格尾 su。
prathama+s	tasya lopaḥ //（P.1.3.9）	su 的符号 u 由消隐替换。
prathmas	suptiṅantaṃ padam //（P.1.4.14）	以格尾为末的是字。
prathama**r**	sasajuṣo ruḥ //（P.8.2.66）	r 音替换字末的 s 音。
prathama+**u**	haśi ca //（P.6.1.114）	在非引的 a 音之后，在后一词的浊辅音之前，r 音由 u 音替换。
prathamo	ādguṇaḥ //（P.6.1.87）	a 音后遇元音时，由一个二合元音替换前后两音位。

小结：

prathamas 是阳性，单数，第一格，含义是“第一”“首位”。

lakṣaṇena

词根：第十类动词词根（curādigaṇa），10.5 lakṣa darśana-aṅkanayoḥ（lakṣ 见，标记）；第十类动词词根（curādigaṇa），10.157 lakṣa ālocane（lakṣ 考虑）。

直接后缀：lyuṭ。

演变过程：

lakṣ+**ṇic**	satyāpa…cūrādibhyo ṇic //（P.3.1.25）	第十类动词词根本身必须加上 ṇic 词缀，表原义。
lakṣ+**ṇic**	ārdhadhātukaṃ śeṣaḥ //（P.3.4.114）	ṇic 是半界词缀。
lakṣ+ṇic	yasmātpratyayavidhistadādi pratyaye 'ṅgam //（P.1.4.13）	其后安排了词缀的词，以此词为始，在词缀前叫词干。
lakṣ+ṇic	sanādyantā dhātavaḥ //（P.3.1.32）	以 ṇic 词缀落尾的“lakṣ+ṇic”是新词根。
lakṣ+ṇic+**lyuṭ**	karaṇādhikaraṇayośca //（P.3.3.117）	加 lyuṭ 后缀的词可以表达作用具或场所这两种造者的含义。
lakṣ+ṇic+**lyuṭ**	ārdhadhātukaṃ śeṣaḥ //（P.3.4.114）	lyuṭ 是半界词缀。

lakṣ+ṇic+yu	tasya lopaḥ // （P.1.3.9）	lyuṭ 的符号 l、ṭ 由消隐替换。
lakṣ+ṇic+ana	yuvoranākau // （P.7.1.1）	yu 和 vu 由 ana 和 aka 替换。
lakṣ+ṇic+**ana**	ārdhadhātukasyeḍvalādeḥ // （P.7.2.35）	在以对收 val 为首位音的半界词缀前，插入联系元音 iṭ。 [ana 不在其中，为 aniṭ 词缀。]
lakṣ+（ ）+ana	ṇeraniṭi // （P.6.4.51）	当遇到 aniṭ 半界词缀时，消隐（lopa）替换前面的 ṇic。
lakṣ+（ ）+ana	pratyayalope pratyayalakṣaṇam // （P.1.1.62）	ṇic 词缀消隐后，ṇic 词缀的因还在。
lakṣ+（ ）+ana	sanādyantā dhātavaḥ // （P.3.1.32）	“lakṣ+（ ）”仍是新词根。
lakṣ+（ ）+ana	yasmātpratyayavidhistadādi pratyaye 'ṅgam //（P.1.4.13）	其后安排了词缀的词，以此词为始，在词缀前叫词干。
lakṣ+ana	adarśanaṃ lopaḥ // （P.1.1.60）	不显现的是消隐。
lakṣana	kṛttaddhitasamāsāśca // （P.1.2.46）	直接后缀 lyuṭ 为末的 lakṣana 是名词词基。
lakṣana+**ṭā**	ṅyāpprātipadikāt // （P.4.1.1） svaujasamauṭchaṣ…sup // （P.4.1.2）	在以 ṅī、āp 为末的词后，以及在名词词基后是 su 等格尾。 单数第三格加格尾 ṭā。
lakṣana+**ina**	ṭāṅasiṅasāminātsyāḥ // （P.7.1.12）	替换 ṭā、ṅasi、ṅas 的是 ina、āt、sya。
lakṣan+**e**+na	ādguṇaḥ // （P.6.1.87）	a 音后遇元音时，由一个二合元音替换前后两音位。
lakṣa**ṇ**+e+na	aṭkupvāṅnumvyavāye 'pi // （P.8.4.2）	即使有元音、半元音、h 音、喉音族、唇音族、ā 音以及 n 音的加入，r、ṣ 音之后的 n 音也应由 ṇ 音替换。
lakṣaṇena	suptiṅantaṃ padam // （P.1.4.14）	以格尾为末的是字。

小结：

词根 10.5 lakṣa 可加主动语态和中间语态的语尾，而 10.157 lakṣa 只能加中间语态的语尾。

若 lakṣ 词根采用“标记”这一含义，根据经文 P.3.3.117 可知，加 lyuṭ 可表达作用具的含义，此时 lakṣana 含义是“标记用的工具”，故可翻译为“记号”“相”。

若 lakṣ 词根采用“见”“考虑”这二含义，根据经文 P.3.3.117 可知，加 lyuṭ 可表达场所的含义，此时 lakṣana 指的是“见”或“考虑”的主题（viṣaya）。viṣaya 在印度一般有“主题”的含义，在佛教中则更多地翻译为“境”。

综合以上两种分析，我们把 lakṣana 统一翻译为“相”。

对于 lakṣanena 采取第三格的原因，有下面三种可能：

一者，依据经文“itthaṃbhūtalakṣaṇe //（P.2.3.21）”可知，以某一标记或属性来指代某种特殊的状态时，用第三格。

二者，依据经文“saṃjño 'nyatarasyāṃ karmaṇi //（P.2.3.22）”可知，认知的对象可以采用第二或第三格，故 lakṣana 是认知的对象。

三者，依据经文“vibhāṣā guṇe 'striyām //（P.2.3.25）”可知，表示造成行为的性质含义时，非阴性词汇，可以采用第三或第五格，故遍计所执的 lakṣaṇa 作为一种性质是无自性的。

lakṣanena 是中性，单数，第三格，含义是“因为相”。

eva

词根：第二类动词词根（adādigaṇa），2.36 iṇ gatau（i 行走）。

直接后缀：van。

演变过程：

i+van	iṇ iṇaśībhyāṃ van // （Uṇādisūtra 1.153）	词根 i（行走）、śī（睡）后加直接后缀 van。
i+**van**	ārdhadhātukaṃ śeṣaḥ // （P.3.4.114）	全界之外的（van）是半界词缀。
i+va	tasya lopaḥ // （P.1.3.9）	van 的符号 n 由消隐替换。
i+**iṭ**+va	ārdhadhātukasyeḍvalādeḥ // （P.7.2.35）	在以对收 val 为首位音的半界词缀前，插入联系元音 iṭ。
i+va	ekāca upadeśe 'nudāttāt // （P.7.2.10） neḍvaśi kṛti // （P.7.2.8）	于原始发音状态的非高音的单音节词根后，不加联系元音 iṭ。 在以 vaś 为对收的浊辅音起始的直接后缀前，不加联系元音 iṭ。
i+va	yasmātpratyayavidhistadādi pratyaye 'ṅgam //（P.1.4.13）	其后安排了词缀的词，以此词为始，在词缀前叫词干。
e+va	sārvadhātukārdhadhātukayoḥ // （P.7.3.84）	遇到半界词缀，词干的末元音 i 由二合元音（guṇa）替换。
eva	kṛttaddhitasamāsāśca // （P.1.2.46）	以直接后缀为末的是名词词基。
eva+**sup**	ṅyāpprātipadikāt // （P.4.1.1）	在以 ṅī、āp 为末的词后，以及在名词词基后是 su 等格尾。

	svaujasamauṭchaṣ…sup //（P.4.1.2）	根据需求加某一 sup 格尾。
eva+sup	cādayo 'sattve //（P.1.4.57）	非实物意义的 ca 等词是投词（nipāta）。
eva+sup	svarādinipātamavyayam //（P.1.1.37）	投词 eva 是不变词。
eva+（ ）	avyayādāpsupaḥ //（P.2.4.82）	消隐（luk）替换不变词后的格尾。
eva	pratyayasya lukślulupaḥ //（P.1.1.61）	luk、ślu、lup 是词缀的消隐替换。消隐是不显现。
eva	pratyayalope pratyayalakṣaṇam //（P.1.1.62）	词缀消隐后，词缀的因还在。
eva	suptiṅantaṃ padam //（P.1.4.14）	以格尾为末的 eva 是字。

小结：

eva 是加直接后缀 van 而成的，表达的含义是“行走”“快速”。

但非实物意义的 eva 是不变词，其含义是“正是”“只有”等。本颂采用“正是”这种理解。

bhāva

词根：第一类动词词根（bhvādigaṇa），1.1 bhū sattāyām（bhū 存在）。

直接后缀：ghañ。

演变过程（一）：

bhū+**ghañ**	śriṇībhuvo 'nupasarge //（P.3.3.24）	当前面没有近置词时，词根 bhū 后加直接后缀 ghañ。
bhū+**ghañ**	ārdhadhātukaṃ śeṣaḥ //（P.3.4.114）	全界词缀之外的（ghañ）是半界词缀。
bhū+a	tasya lopaḥ //（P.1.3.9）	ghañ 的符号 gh、ñ 由消隐替换。
bhū+a	yasmātpratyayavidhistadādi pratyaye 'ṅgam //（P.1.4.13）	其后安排了词缀的词，以此词为始，在词缀前叫词干。
bh**au**+a	aco ñṇiti //（P.7.2.115）	遇到 ñ、ṇ 符号时，发生三合元音对词干末元音的替换。
bh**āv**+a	eco 'yavāyāvaḥ //（P.6.1.78）	遇到元音时，复合元音应由 ay、av、āy、āv 替换。
bhāva	kṛttaddhitasamāsāśca //（P.1.2.46）	直接后缀 ghañ 为末的 bhāva 是名词词基。

词根：第一类动词词根（bhvādigaṇa），1.1 bhū sattāyām（bhū 存在）。

直接后缀：ac。

演变过程（二）：

bhū+**nic**	hetumati ca //（P.3.1.26）	当表达使役含义时，加 ṇic 词缀。[ṇ、c 是符号。]
bhū+**ṇic**	ārdhadhātukaṃ śeṣaḥ //（P.3.4.114）	全界词缀之外的（ṇic）是半界词缀。
bhū+ṇic	yasmātpratyayavidhistadādi pratyaye 'ṅgam //（P.1.4.13）	其后安排了词缀的词，以此词为始，在词缀前叫词干。
bhau+ṇic	aco ñṇiti //（P.7.2.115）	遇到 ñ、ṇ 符号时，发生三合元音对词干末元音的替换。
bhau+ṇic	sanādyantā dhātavaḥ //（P.3.1.32）	以 ṇic 落尾的“bhau+ṇic”是新词根。
bhau+ṇic+**ac**	nandigrahipacādibhyo lyuṇinyacaḥ //（P.3.1.134） 或 erac //（P.3.3.56）	加在 nandi、grahi、pac 等词根后的是直接后缀 lyu、ṇini、ac，表主动者的含义。[实际上所有词根都可加 ac。] i、ī 音落尾的词根后加直接后缀 ac。
bhau+ṇic+**ac**	ārdhadhātukaṃ śeṣaḥ //（P.3.4.114）	全界词缀之外的 ac 是半界词缀。
bhau+ṇic+a	tasya lopaḥ //（P.1.3.9）	ac 的符号 c 由消隐替换。
bhau+ṇic+**a**	ārdhadhātukasyeḍvalādeḥ //（P.7.2.35）	在以对收 val 为首位音的半界词缀前，插入联系元音 iṭ。[但 ac 不在其中，为 aniṭ 词缀。]
bhau+（ ）+a	ṇeraniṭi //（P.6.4.51）	当遇到 aniṭ 半界词缀时，消隐（lopa）替换前面的 ṇic。
bhau+（ ）+a	pratyayalope pratyayalakṣaṇam //（P.1.1.62）	ṇic 词缀消隐后，ṇic 词缀的因还在。
bhau+（ ）+a	sanādyantā dhātavaḥ //（P.3.1.32）	“bhau+（ ）”仍是新词根。
bhau+（ ）+a	yasmātpratyayavidhistadādi pratyaye 'ṅgam //（P.1.4.13）	其后安排了词缀的词，以此词为始，在词缀前叫词干。
bhau+a	adarśanaṃ lopaḥ //（P.1.1.60）	不显现的是消隐。
bh**āv**+a	eco 'yavāyāvaḥ //（P.6.1.78）	遇到元音时，复合元音应由 ay、av、āy、āv 替换。
bhāva	kṛttaddhitasamāsāśca //（P.1.2.46）	直接后缀 ac 为末的 bhāva 是名词词基。

词根：第一类动词词根（bhvādigaṇa），1.1 bhū sattāyām（bhū 存在）。

直接后缀：ṇa。

演变过程（三）：

bhū+**ṇa**	bhavateśceti vaktavyam //（Vārttika）	《迦湿伽》P.3.1.143 经文的《补释》经文：词根 bhū 既可加直接后缀 ṇa，也可加 ac，以表达主动者之义。
bhū+**ṇa**	ārdhadhātukaṃ śeṣaḥ //（P.3.4.114）	全界词缀之外的（ṇa）是半界词缀。
bhū+a	tasya lopaḥ //（P.1.3.9）	ṇa 的符号 ṇ 由消隐替换。
bhū+a	yasmātpratyayavidhistadādi pratyaye 'ṅgam //（P.1.4.13）	其后安排了词缀的词，以此词为始，在词缀前叫词干。
bh**au**+a	aco ñṇiti //（P.7.2.115）	遇到 ñ、ṇ 符号时，发生三合元音对词干末元音的替换。
bh**āv**+a	eco 'yavāyāvaḥ //（P.6.1.78）	遇到元音时，复合元音应由 ay、av、āy、āv 替换。
bhāva	kṛttaddhitasamāsāśca //（P.1.2.46）	直接后缀 ṇa 为末的 bhāva 是名词词基。

小结：

演变过程（一）中，经文 P.3.3.24 在领句经文“bhāve //（P.3.3.18）”的控制之下，加直接后缀 ghañ 代表处于某种行为的已成就状态。故 bhāva 翻译为“存在”“状态”。

演变过程（二）中，加 ṇic 词缀表达使动的含义，加 ac 可表达主动者（kartṛ）的含义，或已成就状态的含义。所以此时 bhāva 翻译为“使存在者”“生者”“生”。

演变过程（三）中，加直接后缀 ṇa 表达的是主动者的含义。故此时 bhāva 的含义是“存在者”。

因此 bhāva 主要具有五种含义：状态、存在、生、生者、存在者。

值得一提的是，根据《八章书》经文“asterbhūḥ //（P.2.4.52）”可知，第二类动词词根（adādigaṇa）的 as [2.56 asa bhuvi（as 存在）]遇到半界词缀时，会发成词根替换。即词根 as 由词根 bhū 替换。因此以上演变过程应该可以由词根 as 加同样的词缀构成，含义也基本一样。

sva-bhāva

世俗拆分：svasya bhāvaḥ。

非世俗拆分：sva+ṅas+bhāva+su。

名词词基：sva（自身）；bhāva（状态）。

演变过程（一）：

sva+ṅas+bhāva+su	ṣaṣṭhī //（P.2.2.8）	第六格与以格尾收尾的词构成依主释复合词。
sva+ṅas+bhāva+su	kṛttaddhitasamāsāśca //（P.1.2.46）	有意义的复合词是名词词基。
sva+bhāva	supo dhātuprātipadikayoḥ //（P.2.4.71） pratyayasya lukślulupaḥ //（P.1.1.61）	词根、名词词基中蕴含的格尾由消隐（luk）替换。 luk、ślu、lup 是词缀的消隐替换。消隐是不显现。
sva+bhāva	prathamānirdiṣṭaṃ samāsa upasarjanam //（P.1.2.43）	于复合词一节中，第一格所指示的是附属词。 [针对经文 P.2.2.8。]
sva+bhāva	upasarjanaṃ pūrvam //（P.2.2.30）	附属词是前部字。
svabhāva	kṛttaddhitasamāsāśca //（P.1.2.46）	有意义的复合词是名词词基。

世俗拆分： svean bhāvaḥ。

非世俗拆分： sva+ṭā+bhāva+su。

名词词基： sva（自身）；bhāva（存在，生）。

演变过程（二）：

sva+ṭā+bhāva+su	tṛtīyā tatkṛtārthena guṇavacanena //（P.2.1.30）	第三格的词构成依主释复合词。
sva+ṭā+bhāva+su	kṛttaddhitasamāsāśca //（P.1.2.46）	有意义的复合词是名词词基。
sva+bhāva	supo dhātuprātipadikayoḥ //（P.2.4.71） pratyayasya lukślulupaḥ //（P.1.1.61）	词根、名词词基中蕴含的格尾由消隐（luk）替换。 luk、ślu、lup 是词缀的消隐替换。消隐是不显现。
sva+bhāva	prathamānirdiṣṭaṃ samāsa upasarjanam //（P.1.2.43）	于复合词一节中，第一格所指示的是附属词。 [针对经文 P.2.1.30。]
sva+bhāva	upasarjanaṃ pūrvam //（P.2.2.30）	附属词是前部字。
svabhāva	kṛttaddhitasamāsāśca //（P.1.2.46）	有意义的复合词是名词词基。

世俗拆分： svo bhāvo yasmin saḥ。

非世俗拆分： sva+su+bhāva+su。

名词词基：sva（自身）；bhāva（存在，状态）。

演变过程（三）：

sva+su+bhāva+su	anekamanyapadārthe //（P.2.2.24）	两个以上（以第一格收尾）的词，若以表达另一个词为目的，构成的是多财释复合词。
sva+su+bhāva+su	kṛttaddhitasamāsāśca //（P.1.2.46）	有意义的复合词是名词词基。
sva+bhāva	supo dhātuprātipadikayoḥ //（P.2.4.71） pratyayasya lukślulupaḥ //（P.1.1.61）	词根、名词词基中蕴含的格尾由消隐（luk）替换。 luk、ślu、lup 是词缀的消隐替换。消隐是不显现。
svabhāva	kṛttaddhitasamāsāśca //（P.1.2.46）	有意义的复合词是名词词基。

世俗拆分：svo bhāvaḥ。

非世俗拆分：sva+su+bhāva+su。

名词词基：sva（自身）；bhāva（生者，存在者）。

演变过程（四）：

sva+su+bhāva+su	tatpuruṣaḥ samānādhikaraṇaḥ karmadhārayaḥ //（P.1.2.42）	具有一致的语法关系的依主释（复合词）是持业释（复合词）。
sva+su+bhāva+su	kṛttaddhitasamāsāśca //（P.1.2.46）	有意义的复合词是名词词基。
sva+bhāva	supo dhātuprātipadikayoḥ //（P.2.4.71） pratyayasya lukślulupaḥ //（P.1.1.61）	词根、名词词基中蕴含的格尾由消隐（luk）替换。 luk、ślu、lup 是词缀的消隐替换。消隐是不显现。
svabhāva	kṛttaddhitasamāsāśca //（P.1.2.46）	有意义的复合词是名词词基。

小结：

根据经文“svamajñātidhanākhyāyām //（P.1.1.35）”可知，当 sva 不表示“亲属”“财富”时，可作为代词表“自身”的含义。此含义的 sva 是不可拆分的名词词基。

演变过程（一）中，svabhāva 是依主释复合词，含义是“自身的状态”，代表事物的“本质”。

演变过程（二）中，svabhāva 是依主释复合词，含义是“自身决定存在”“自己决定出生”，代表事物不待因缘。

演变过程（三）中，svabhāva 是多财释复合词，含义是“自身的存在所依处者”或

“自身的性质所依处者”，代表本体、实体（dravya）的含义。

演变过程（四）中，svabhāva 是持业释复合词，前部字 sva 与后部字 bhāva 是同一个事物，其含义是“自身是生者”和“自身是存在者”。

svabhāva 综合了以上五种含义，统一翻译为“自性”。

niḥsvabhāvo

世俗拆分： svabhāvāt niṣkrāntaḥ。

非世俗拆分： svabhāva+ṅasi+nir。

名词词基： svabhāva（自性）；nis（消失，远离）。

演变过程：

svabhāva+**ṅasi+nis**	kugatiprādayaḥ //（P.2.2.18） nirādayaḥ krāntādyarthe pañcamyā //（Vārttika）	ku、gati、pra 等与能够合意搭配的词构成必然复合词。 《大疏》P.2.2.18 经文中的《补释》经文：表达远离等含义时，nis 等词与第五格的词构成复合词。
svabhāva+ṅasi+nis	kṛttaddhitasamāsāśca //（P.1.2.46）	有意义的复合词是名词词基。
svabhāva+nis	supo dhātuprātipadikayoḥ //（P.2.4.71） pratyayasya lukślulupaḥ //（P.1.1.61）	词根、名词词基中蕴含的格尾由消隐（luk）替换。 luk、ślu、lup 是词缀的消隐替换。消隐是不显现。
svabhāva+**nis**	prathamānirdiṣṭaṃ samāsa upasarjanam //（P.1.2.43）	在复合词一节中，第一格所指示的是附属词。 [《释补》中提到的 nis 是第一格。经文 P.2.2.18 中的 prādi 是第一格。]
nis+svabhāva	upasarjanaṃ pūrvam //（P.2.2.30）	附属词是前部的。
ni**r**+svabhāva	sasajuṣo ruḥ //（P.8.2.66）	r 音替换字末的 s 音。
ni**ḥ**+svabhāva	kharavasānayorvisarjanīyaḥ //（P.8.3.15）	在清辅音和停顿前，送气音替换字末的 r 音。
ni**s**+svabhāva	visarjanīyasya saḥ //（P.8.3.34）	在清辅音前，s 音替换送气音。
ni**ḥ**+svabhāva	vā śari //（P.8.3.36）	在咝音前，送气音替换送气音也是一种选择。
niḥsvabhāva	kṛttaddhitasamāsāśca //（P.1.2.46）	有意义的复合词是名词词基。

niḥsvabhāva+**su**	ṅyāpprātipadikāt // （P.4.1.1） svaujasamauṭchaṣ…sup // （P.4.1.2）	在以 ṅī、āp 为末的词后，以及在名词词基后是 su 等格尾。 单数第一格加格尾 su。
niḥsvabhāva+s	tasya lopaḥ // （P.1.3.9）	su 的符号 u 由消隐替换。
niḥsvabhāvas	suptiṅantaṃ padam // （P.1.4.14）	以格尾为末的是字。
niḥsvabhāva**r**	sasajuṣo ruḥ // （P.8.2.66）	r 音替换字末的 s 音。
niḥsvabhāva+**u**	ato roraplutādaplute // （P.6.1.113）	在非引的 a 音之后，在非引的 a 音之前，r 被 u 音替换。
niḥsvabhāv**o**	ādguṇaḥ // （P.6.1.87）	a 音后遇元音时，由一个二合元音替换前后两音位。

小结：

niḥsvabhāva 是依主释复合词。根据经文“kugatiprādayaḥ //（P.2.2.18）”可知，该复合词是不存在自形世俗拆分的必然复合词，称作 prādi 类依主释复合词。其原义是“svabhāvāt niṣkrāntaḥ”，故其含义是“自性不存在”“远离自性”。因此 niḥsvabhāva 综合翻译为“无自性”。

niḥsvabhāvas 是阳性，单数，第一格，含义是“无自性”。

para

词根：第三类动词词根（juhotyādigaṇa），3.4 pṝ pālanapūraṇayoḥ（pṝ 保护，充实）；第九类动词词根（kryādigaṇa），9.19 pṝ pālanapūraṇayoḥ（pṝ 保护，充实）。

直接后缀：ap 或 ac。

演变过程：

pṝ+**ap** **或** pṝ+**ac**	ṝdorap // （P.3.3.57） 或 nandigrahipacādibhyo lyuṇinyacaḥ //（P.3.1.134）	词根末元音是 ṝ、u、ū 的可加 ap 直接后缀。 加在 nandi、grahi、pac 等词根后的是直接后缀 lyu、ṇini、ac，表主动者的含义。[实际上所有词根都可以加 ac。]
pṝ+**ap** **或** pṝ+**ac**	ārdhadhātukaṃ śeṣaḥ // （P.3.4.114）	全界词缀之外的是半界词缀。
pṝ+a	tasya lopaḥ // （P.1.3.9）	ap 的符号 p 由消隐替换。 ac 的符号 c 由消隐替换。

pṝ+a	yasmātpratyayavidhistadādi pratyaye 'ṅgam //（P.1.4.13）	其后安排了词缀的词，以此词为始，在词缀前叫词干。
par+a	sārvadhātukārdhadhātukayoḥ //（P.7.3.84） uraṇ raparaḥ //（P.1.1.51）	遇到全界、半界词缀，词干的末元音 ṝ 由二合元音替换。 ṛ、ṝ 音的替换，需由其后带 r 音的 a、i、u 及其长音来替换。
para	kṛttaddhitasamāsāśca //（P.1.2.46）	直接后缀为末的是名词词基。

小结：

如果 para 是加直接后缀 ap 构成的话，经文 P.3.3.57 在经文“bhāve //（P.3.3.18）”的控制之下。加直接后缀 ap 代表处于某种行为的已成就状态。故 para 翻译为“更高的”。

如果 para 是加直接后缀 ac 构成的话，根据经文 P.3.1.134 可知，para 表达主动者的含义，故翻译为“他者”“前者”。根据经文“sarvādīni sarvanāmāni //（P.1.1.27）”可知，para 是代词。此处采用“前者”这种理解。

'paraḥ

世俗拆分： na paraḥ。

非世俗拆分： na+para+su。

名词词基： na（非，无）；para（前者）。

演变过程：

na+para+su	nañ //（P.2.2.6）	nañ 与以格尾收尾的词组成依主释复合词。 [nañ 的 ñ 是符号。]
na+para+su	kṛttaddhitasamāsāśca //（P.1.2.46）	有意义的复合词是名词词基。
na+para	supo dhātuprātipadikayoḥ //（P.2.4.71） pratyayasya lukślulupaḥ //（P.1.1.61）	词根、名词词基中蕴含的格尾由消隐（luk）替换。 luk、ślu、lup 是词缀的消隐替换。消隐是不显现。
na+para	prathamānirdiṣṭaṃ samāsa upasarjanam //（P.1.2.43）	在复合词一节中，第一格所指示的是附属词。 [P.2.2.6 中 nañ 是第一格。]
na+para	upasarjanaṃ pūrvam //（P.2.2.30）	附属词是前部的。
a+para	nalopo nañaḥ //（P.6.3.73）	在后部字前，nañ 的 n 音由消隐替换。

apara	kṛttaddhitasamāsāśca //（P.1.2.46）	有意义的复合词是名词词基。
apara	paravalliṅgaṃ dvaṃdva-tatpuruṣayoḥ //（P.2.4.26）	相违释和依主释复合词的性如后部字。[该复合词为阳性。]
apara	sarvādīni sarvanāmāni //（P.1.1.27）	apara 是代词。
apara+**su**	ṅyāpprātipadikāt //（P.4.1.1） svaujasamauṭchaṣ…sup //（P.4.1.2）	在以 ṅī、āp 为末的词后，以及在名词词基后是 su 等格尾。 单数第一格加格尾 su。
apara+s	tasya lopaḥ //（P.1.3.9）	su 的符号 u 由消隐替换。
aparas	suptiṅantaṃ padam //（P.1.4.14）	以格尾为末的是字。
'paras	eṅaḥ padāntādati //（P.6.1.109）	字末的 e、o 音后，遇短元音 a 时，前面的元音形式是唯一的替代。
'para**r**	sasajuṣo ruḥ //（P.8.2.66）	r 音替换字末的 s 音。
'para**ḥ**	kharavasānayorvisarjanīyaḥ //（P.8.3.15）	在清辅音和停顿前，送气音替换字末的 r 音。
'para**s**	visarjanīyasya saḥ //（P.8.3.34）	在清辅音前，s 音替换送气音。
'para**ḥ**	kupvoḥ≍ka≍pau ca //（P.8.3.37）	在喉音和唇音前，送气音替换送气音也是一种选择。

小结：

apara 是依主释复合词。前部字是 nañ 有六种含义：相似、无实在、与此物异、缺乏此物、不值得赞扬、相矛盾。此处应该采用"相矛盾"的含义，当 para 作"前者"理解时，apara 翻译为"后者"。该复合词的性如后部字，为阳性。

aparas 是代词，阳性，单数，第一格，含义是"后者"。

punaḥ

名词词基：punar（再，又）。

演变过程：

punar	arthavadadhāturapratyayaḥ prātipadikam //（P.1.2.45）	既非词根，亦非词缀，有意义的（词）是名词词基。 [punar 是不可拆分（avyutpanna）的名词词基。]

punar+**sup**	ṅyāpprātipadikāt //（P.4.1.1） svaujasamauṭchaṣ…sup //（P.4.1.2）	在以 ṅī、āp 为末的词后，以及在名词词基后是 su 等格尾。 根据需要加某一 sup 格尾。
punar+sup	svarādinipātamavyayam //（P.1.1.37）	在 svar 为首的群中的 punar 是不变词。
punar+（ ）	avyayādāpsupaḥ //（P.2.4.82）	消隐（luk）替换不变词后的格尾。
punar	pratyayasya lukślulupaḥ //（P.1.1.61）	luk、ślu、lup 是词缀的消隐替换。消隐是不显现。
punar	pratyayalope pratyayalakṣaṇam //（P.1.1.62）	词缀消隐后，词缀的因还在。
punar	suptiṅantaṃ padam //（P.1.4.14）	以格尾为末的 punar 是字。
puna**ḥ**	kharavasānayorvisarjanīyaḥ //（P.8.3.15）	在停顿前，送气音替换字末的 r 音。

小结：

punar 是 svarādi 群中的不变词，意为“又”“再”“复次”。

na

名词词基：nañ（非）。

演变过程：

nañ	arthavadadhāturapratyayaḥ prātipadikam //（P.1.2.45）	既非词根，亦非词缀，有意义的（词）是名词词基。 [na 是不可拆分（avyutpanna）的名词词基。]
na	tasya lopaḥ //（P.1.3.9）	nañ 的符号 ñ 由消隐替换。
na+**sup**	ṅyāpprātipadikāt //（P.4.1.1） svaujasamauṭchaṣ…sup //（P.4.1.2）	在以 ṅī、āp 为末的词后，以及在名词词基后是 su 等格尾。 根据需求加某一 sup 格尾。
na+sup	cādayo 'sattve //（P.1.4.57）	非实物意义的 ca 等词是投词（nipāta）。
na+sup	svarādinipātamavyayam //（P.1.1.37）	投词 nañ 是不变词。
na+（ ）	avyayādāpsupaḥ //（P.2.4.82）	消隐（luk）替换不变词后的格尾。

na	pratyayasya lukślulupaḥ //（P.1.1.61）	luk、ślu、lup 是词缀的消隐替换。消隐是不显现。
na	pratyayalope pratyayalakṣaṇam //（P.1.1.62）	词缀消隐后，词缀的因还在。
na	suptiṅantaṃ padam //（P.1.4.14）	以格尾为末的 na 是字。

小结：

na 是投词，不变词，意为“非”“无”。

svayam

词根：第一类动词词根（bhvādigaṇa），1.503 aya gatau（ay 行走）。

近置词：su（sauṣṭhave 优秀，akṛcchre 无难）。[依据：upasargāḥ kriyāyoge //（P.1.4.59）。]

直接后缀：kamul。

演变过程：

su+ay+**kamul**	śaki ṇamulkamulau //（P.3.4.12）	表达能力时，直接后缀 ṇamul、kamul 加在词根后。
su+ay+**kamul**	ārdhadhātukaṃ śeṣaḥ //（P.3.4.114）	kamul 是半界词缀。
su+ay+am	tasya lopaḥ //（P.1.3.9）	kamul 的符号 k、l 由消隐替换。[u 是为了发音的方便。]
su+**ay**+am	yasmātpratyayavidhistadādi pratyaye 'ṅgam //（P.1.4.13）	其后安排了词缀的词，以此词为始，在词缀前叫词干。
sv+ayam	iko yaṇaci //（P.6.1.77）	发生连音时，若后遇元音，半元音替代以 ik 为对收的元音。
svayam	kṛttaddhitasamāsāśca //（P.1.2.46）	直接后缀为末的是名词词基。

小结：

svayam 的含义是“自由”“自主”“自立”“自在”“自然”“自己”。

bhāva

词根：第一类动词词根（bhvādigaṇa），1.1 bhū sattāyām（bhū 存在）。

直接后缀：ghañ。

演变过程（一）：

bhū+**ghañ**	śriṇībhuvo ’nupasarge //（P.3.3.24）	当前面没有近置词时，词根 bhū 后加直接后缀 ghañ。
bhū+**ghañ**	ārdhadhātukaṃ śeṣaḥ //（P.3.4.114）	全界词缀之外的（ghañ）是半界词缀。
bhū+a	tasya lopaḥ //（P.1.3.9）	ghañ 的符号 gh、ñ 由消隐替换。
bhū+a	yasmātpratyayavidhistadādi pratyaye ’ṅgam //（P.1.4.13）	其后安排了词缀的词，以此词为始，在词缀前叫词干。
bh**au**+a	aco ñṇiti //（P.7.2.115）	遇到 ñ、ṇ 符号时，发生三合元音对词干末元音的替换。
bh**āv**+a	eco ’yavāyāvaḥ //（P.6.1.78）	遇到元音时，复合元音应由 ay、av、āy、āv 替换。
bhāva	kṛttaddhitasamāsāśca //（P.1.2.46）	直接后缀 ghañ 为末的 bhāva 是名词词基。

词根：第一类动词词根（bhvādigaṇa），1.1 bhū sattāyām（bhū 存在）。

直接后缀：ac。

演变过程（二）：

bhū+**nic**	hetumati ca //（P.3.1.26）	当表达使役含义时，加 ṇic 词缀。[ṇ、c 是符号。]
bhū+**ṇic**	ārdhadhātukaṃ śeṣaḥ //（P.3.4.114）	全界词缀之外的（ṇic）是半界词缀。
bhū+ṇic	yasmātpratyayavidhistadādi pratyaye ’ṅgam //（P.1.4.13）	其后安排了词缀的词，以此词为始，在词缀前叫词干。
bhau+ṇic	aco ñṇiti //（P.7.2.115）	遇到 ñ、ṇ 符号时，发生三合元音对词干末元音的替换。
bhau+ṇic	sanādyantā dhātavaḥ //（P.3.1.32）	以 ṇic 落尾的“bhau+ṇic”是新词根。
bhau+ṇic+**ac**	nandigrahipacādibhyo lyuṇinyacaḥ //（P.3.1.134） 或 erac //（P.3.3.56）	加在 nandi、grahi、pac 等词根后的是直接后缀 lyu、ṇini、ac，表主动者的含义。[实际上所有词根都可加 ac。] i、ī 音落尾的词根后加直接后缀 ac。
bhau+ṇic+**ac**	ārdhadhātukaṃ śeṣaḥ //（P.3.4.114）	全界词缀之外的 ac 是半界词缀。
bhau+ṇic+a	tasya lopaḥ //（P.1.3.9）	ac 的符号 c 由消隐替换。
bhau+ṇic+**a**	ārdhadhātukasyeḍvalādeḥ //（P.7.2.35）	在以对收 val 为首位音的半界词缀前，插入联系元音 iṭ。[但 ac 不在其中，为 aniṭ 词缀。]

bhau+（ ）+a	ṇeraniṭi //（P.6.4.51）	当遇到 aniṭ 半界词缀时，消隐（lopa）替换前面的 ṇic。
bhau+（ ）+a	pratyayalope pratyayalakṣaṇam //（P.1.1.62）	ṇic 词缀消隐后，ṇic 词缀的因还在。
bhau+（ ）+a	sanādyantā dhātavaḥ //（P.3.1.32）	“bhau+（ ）”仍是新词根。
bhau+（ ）+a	yasmātpratyayavidhistadādi pratyaye 'ṅgam //（P.1.4.13）	其后安排了词缀的词，以此词为始，在词缀前叫词干。
bhau+a	adarśanaṃ lopaḥ //（P.1.1.60）	不显现的是消隐。
bh**āv**+a	eco 'yavāyāvaḥ //（P.6.1.78）	遇到元音时，复合元音应由 ay、av、āy、āv 替换。
bhāva	kṛttaddhitasamāsāśca //（P.1.2.46）	直接后缀 ac 为末的 bhāva 是名词词基。

小结：

演变过程（一）中，经文 P.3.3.24 在领句经文“bhāve //（P.3.3.18）”的控制之下，加直接后缀 ghañ 代表处于某种行为的已成就状态。故 bhāva 翻译为“存在”“状态”。

演变过程（二）中，加 ṇic 词缀表达使动的含义，加 ac 可表达主动者（kartṛ）的含义，或已成就状态的含义。所以此时 bhāva 翻译为“使存在者”“生者”“生”。

因此此处的 bhāva 主要具有四种含义：状态、存在、生、生者。

svayaṃ-bhāva

世俗拆分： svayaṃ bhāvaḥ。

非世俗拆分： svayam+bhāva+su。

名词词基： svayam（自主，自己）；bhāva（存在状态，生，生者）。

演变过程：

svayam	kṛttaddhitasamāsāśca //（P.1.2.46）	直接后缀为末的是名词词基。
svayam+**sup**	ṅyāpprātipadikāt //（P.4.1.1） svaujasamauṭchaṣ…sup //（P.4.1.2）	在以 ṅī、āp 为末的词后，以及在名词词基后是 su 等格尾。 根据需要加某一 sup 格尾。
svayam+sup	svarādinipātamavyayam //（P.1.1.37）	在 svar 为首的群中的 svayam 是不变词。
svayam+（ ）	avyayādāpsupaḥ //（P.2.4.82）	消隐（luk）替换不变词后的格尾。

svayam	pratyayasya lukślulupaḥ // （P.1.1.61）	luk、ślu、lup 是词缀的消隐替换。消隐是不显现。
svayam	pratyayalope pratyayalakṣaṇam // （P.1.1.62）	词缀消隐后，词缀的因还在。
svayam	suptiṅantaṃ padam // （P.1.4.14）	以格尾为末的 svayam 是字。
svayam+bhāva+su	tatpuruṣaḥ samānādhikaraṇaḥ karmadhārayaḥ //（P.1.2.42）	具有一致的语法关系的依主释（复合词）是持业释（复合词）。
svayam+bhāva+su	kṛttaddhitasamāsāśca // （P.1.2.46）	有意义的复合词是名词词基。
svayam+bhāva	supo dhātuprātipadikayoḥ // （P.2.4.71） pratyayasya lukślulupaḥ // （P.1.1.61）	词根、名词词基中蕴含的格尾由消隐（luk）替换。 luk、ślu、lup 是词缀的消隐替换。消隐是不显现。
svaya**ṃ**+bhāva	mo 'nusvāraḥ // （P.8.3.23）	字末的 m 音在辅音前由鼻腔音替代。
svaya**m**+bhāva	anusvārasya yayi parasavarṇaḥ // （P.8.4.58）	遇到除咝音和 h 音以外的辅音时，后面的同类音替换鼻腔音。
svayaṃ+bhāva	vā padāntasya // （P.8.4.59）	字末的同类鼻音的替换可做可不做。
svayaṃbhāva	kṛttaddhitasamāsāśca // （P.1.2.46）	有意义的复合词是名词词基。
svayaṃbhāva+**su**	ṅyāpprātipadikāt // （P.4.1.1） svaujasamauṭchaṣ…sup // （P.4.1.2）	在以 ṅī、āp 为末的词后，以及在名词词基后是 su 等格尾。 单数第一格加格尾 su。
svayaṃbhāva+s	tasya lopaḥ // （P.1.3.9）	su 的符号 u 由消隐替换。
svayaṃbhāvas	suptiṅantaṃ padam // （P.1.4.14）	以格尾为末的 svayaṃbhāvas 是字。
svayaṃbhāva**r**	sasajuṣo ruḥ // （P.8.2.66）	r 音替换字末的 s 音。
svayaṃbhāva**y**	bho-bhago-agho-apūrvasya yo 'śi //（P.8.3.17）	在浊音前，a、ā 在前的 r 音由 y 音替换。
svayaṃbhāva	lopaḥ śākalyasya // （P.8.3.19）	根据沙迦略的观点，当遇到以 aś 为对收的浊音随后时，有 a 字符在其前的字末的 y 和 v 可以发生消隐替换。

小结：

svayaṃ-bhāva 是持业释复合词，前部字 svayam 与后部字 bhāva 是同一个事物，其含义是“自主地存在状态”“自主地生”或“自己是生者”。前者表达“不待因缘”，后者指的是说一切有部的“生相”或数论派的“自性”(Prakṛti)。综合两种含义翻译为“自然性”。

svayaṃ-bhāvas 是阳性，单数，第一格，含义是“自然性”。

etasya

词根：第二类动词词根（adādigaṇa），2.36 iṇ gatau（i 行走）。

直接后缀：adi。

演变过程：

i+**tuṭ**+**adi**	etestuṭ ca //（Uṇādisūtra 1.133）	直接后缀 adi 加在词根 i 后，且插入 tuṭ，且 i 由二合元音 e 替换。
i+tuṭ+**adi**	ārdhadhātukaṃ śeṣaḥ //（P.3.4.114）	全界之外的（adi）是半界词缀。
i+t+ad	tasya lopaḥ //（P.1.3.9）	tuṭ 的符号由消隐替换。 adi 的符号由消隐替换。
i+**t**ad	ādyantau ṭakitau //（P.1.1.46）	以 ṭ 符号和 k 符号结尾的是首位音或末音。
i+**iṭ**+tad	ārdhadhātukasyeḍvalādeḥ //（P.7.2.35）	在以对收 val 为首位音的半界词缀前，插入联系元音 iṭ。
i+tad	ekāca upadeśe ’nudāttāt //（P.7.2.10）	于原始发音状态的非高音的单音节词根（i）之后不加 iṭ。
i+tad	yasmātpratyayavidhistadādi pratyaye ’ṅgam //（P.1.4.13）	其后安排了词缀的词，以此词为始，在词缀前叫词干。
e+tad	sārvadhātukārdhadhātukayoḥ //（P.7.3.84）	遇到半界词缀，词干的末元音 i 由二合元音（guṇa）替换。
etad	kṛttaddhitasamāsāśca //（P.1.2.46）	以直接后缀为末的是名词词基。
etad	sarvādīni sarvanāmāni //（P.1.1.27）	sarva 等词是代词。
etad+**ṅas**	ṅyāpprātipadikāt //（P.4.1.1） svaujasamauṭchaṣ…sup //（P.4.1.2）	在以 ṅī、āp 为末的词后，以及在名词词基后是 su 等格尾。 单数第六格加格尾 ṅas。
eta+**a**+ṅas	tyadādīnāmaḥ //（P.7.2.102）	遇到词尾时，tyad 等代词的末音的替换是 a 音。
et+**a**+ṅas	āto guṇe //（P.6.1.97）	非字末的 a 音遇到二合元音时，前后两者的音位由后者的元音形式作唯一替换。
et+a+**sya**	ṭāṅasiṅasāminātsyāḥ //（P.7.1.12）	替换 ṭā、ṅasi、ṇas 的是 ina、āt、sya。

etasya	suptiṅantaṃ padam // （P.1.4.14）	以格尾为末的 etasya 是字。

小结：

etad 作为代词，含义是“此”。指代的是“圆成实性”。

etasya 为阳性或中性，单数，第六格，含义是“此的”。翻译为“对于此（圆成实性）来说”。

ity

词根：第二类动词词根（adādigaṇa），2.36 iṇ gatau（i 行走）。

直接后缀：ktic。

演变过程：

i+**ktic**	kticktau ca saṃjñāyām // （P.3.3.174）	加 ktic 或 kta 直接后缀，表祝福义。
i+**ktic**	ārdhadhātukaṃ śeṣaḥ // （P.3.4.114）	ktic 是半界词缀。
i+ti	tasya lopaḥ // （P.1.3.9）	ktic 的符号 k、c 由消隐替换。
i+**iṭ**+ti	ārdhadhātukasyeḍvalādeḥ // （P.7.2.35）	在以对收 val 为首位音的半界词缀前，插入联系元音 iṭ。
i+**ti**	titutratathasisusarakaseṣu ca // （P.7.2.9）	直接后缀 ti 前不加联系元音 iṭ。 [ktic 是 aniṭ 词缀。]
i+ti	yasmātpratyayavidhistadādi pratyaye 'ṅgam //（P.1.4.13）	其后安排了词缀的词，以此词为始，在词缀前叫词干。
e+ti	sārvadhātukārdhadhātukayoḥ // （P.7.3.84）	遇到半界词缀，词干的末元音 i 由二合元音（guṇa）替换。
i+ti	kṅiti ca // （P.1.1.5）	受 g、k、ṅ 符号的影响，二合、三合元音的替换被禁止。
iti	kṛttaddhitasamāsāśca // （P.1.2.46）	直接后缀为末的是名词词基。
iti+**sup**	ṅyāpprātipadikāt // （P.4.1.1） svaujasamauṭchaṣ…sup // （P.4.1.2）	在以 ṅī、āp 为末的词后，以及在名词词基后是 su 等格尾。 根据需要加某一 sup 格尾。
iti+sup	cādayo 'sattve // （P.1.4.57）	非实物意义的 ca 等词是投词（nipāta）。
iti+sup	svarādinipātamavyayam // （P.1.1.37）	投词 iti 是不变词。

iti+（ ）	avyayādāpsupaḥ // （P.2.4.82）	消隐（luk）替换不变词后的格尾。
iti	pratyayasya lukślulupaḥ // （P.1.1.61）	luk、ślu、lup 是词缀的消隐替换。消隐是不显现。
iti	pratyayalope pratyayalakṣaṇam // （P.1.1.62）	词缀消隐后，词缀的因还在。
iti	suptiṅantaṃ padam // （P.1.4.14）	以格尾为末的 iti 是字。
it**y**	iko yaṇaci // （P.6.1.77）	发生连音时，若后遇元音，半元音替代以 ik 为对收的元音。

小结：

iti 是投词，不变词，意为“即是”“所谓”。

para

词根：第三类动词词根（juhotyādigaṇa），3.4 pṝ pālanapūraṇayoḥ（pṝ 保护，充实）；第九类动词词根（kryādigaṇa），9.19 pṝ pālanapūraṇayoḥ（pṝ 保护，充实）。

直接后缀：ap 或 ac。

演变过程：

pṝ+**ap** 或 pṝ+**ac**	ṝdorap // （P.3.3.57） 或 nandigrahipacādibhyo lyuṇinyacaḥ //（P.3.1.134）	词根末元音是 ṝ、u、ū 的可加 ap 直接后缀。 加在 nandi、grahi、pac 等词根后的是直接后缀 lyu、ṇini、ac，表主动者的含义。[实际上所有词根都可加 ac。]
pṝ+**ap** 或 pṝ+**ac**	ārdhadhātukaṃ śeṣaḥ // （P.3.4.114）	全界词缀之外的是半界词缀。
pṝ+a	tasya lopaḥ // （P.1.3.9）	ap 的符号 p 由消隐替换。 ac 的符号 c 由消隐替换。
pṝ+a	yasmātpratyayavidhistadādi pratyaye 'ṅgam //（P.1.4.13）	其后安排了词缀的词，以此词为始，在词缀前叫词干。
p**ar**+a	sārvadhātukārdhadhātukayoḥ // （P.7.3.84） uraṇ raparaḥ // （P.1.1.51）	遇到全界、半界词缀，词干的末元音 ṝ 由二合元音替换。 ṛ、ṝ 音的替换，需由其后带 r 音的 a、i、u 及其长音来替换。
para	kṛttaddhitasamāsāśca // （P.1.2.46）	直接后缀为末的是名词词基。

小结：

如果 para 是加直接后缀 ac 构成的话，根据经文 P.3.1.134 可知，para 表达主动者的含义，故翻译为“他者”“前者”。根据经文“sarvādīni sarvanāmāni //（P.1.1.27）”可知，para 是代词。

如果 para 是加直接后缀 ap 构成的话，经文 P.3.3.57 在经文“bhāve //（P.3.3.18）”的控制之下。加直接后缀 ap 代表处于某种行为的已成就状态。所以 para 翻译为“更高的”。此处采用这种理解。

aparā

世俗拆分： na paraḥ。

非世俗拆分： na+para+su。

名词词基： na（非，无）；para（更高的）。

阴性词缀： ṭāp

演变过程：

na+para+su	nañ //（P.2.2.6）	nañ 与以格尾收尾的词组成依主释复合词。[nañ 的 ñ 是符号。]
na+para+su	kṛttaddhitasamāsāśca //（P.1.2.46）	有意义的复合词是名词词基。
na+para	supo dhātuprātipadikayoḥ //（P.2.4.71） pratyayasya lukślulupaḥ //（P.1.1.61）	词根、名词词基中蕴含的格尾由消隐（luk）替换。 luk、ślu、lup 是词缀的消隐替换。消隐是不显现。
na+para	prathamānirdiṣṭaṃ samāsa upasarjanam //（P.1.2.43）	在复合词一节中，第一格所指示的是附属词。[P.2.2.6 中 nañ 是第一格。]
na+para	upasarjanaṃ pūrvam //（P.2.2.30）	附属词是前部的。
a+para	nalopo nañaḥ //（P.6.3.73）	在后部字前，nañ 的 n 音由消隐替换。
apara	kṛttaddhitasamāsāśca //（P.1.2.46）	有意义的复合词是名词词基。
apara	sarvādīni sarvanāmāni //（P.1.1.27）	apara 是代词。
apara+**ṭāp**	ajādyataṣṭāp //（P.4.1.4）	aja 等以及以 a 为末音的，于阴性时，加 ṭāp。
apara+ā	tasya lopaḥ //（P.1.3.9）	ṭāp 的符号 ṭ、p 由消隐替换。

aparā	akaḥ savarṇe dīrghaḥ //（P.6.1.101）	以 ak 为对收的末音后遇同类音时，一长音替换前后两音位。
aparā+**su**	ṅyāpprātipadikāt //（P.4.1.1） svaujasamauṭchaṣ…sup //（P.4.1.2）	在以 ṅī、āp 为末的词后，以及在名词词基后是 su 等格尾。 单数第一格加格尾 su。
aparā+s	tasya lopaḥ //（P.1.3.9）	su 的符号 u 由消隐替换。
aparā+（ ）	halṅyābbhyo dīrghāt sutisyapṛktaṃ hal //（P.6.1.68）	在辅音后，在保留长音的 ṅī、āp 后，格尾 su、语尾 tip、sip 的单辅音词缀由消隐（lopa）替换。
aparā	adarśanaṃ lopaḥ //（P.1.1.60）	不显现的是消隐。
aparā	pratyayalope pratyayalakṣaṇam //（P.1.1.62）	词缀消隐后，词缀的因还在。
aparā	suptiṅantaṃ padam //（P.1.4.14）	以格尾为末的是字。

小结：

aparā 是依主释复合词。前部字是 nañ 有六种含义：相似、无实在、与此物异、缺乏此物、不值得赞扬、相矛盾。此处应该采用"缺乏此物"的含义，当 para 作"更高的"理解时，apara 翻译为"无更高的"，再加阴性词缀变成 aparā。

aparā 是阴性，单数，第一格，含义是"无更高的""最胜的"。

niḥsvabhāvatā

世俗拆分： niḥsvabhāvasya bhāvaḥ。

非世俗拆分： niḥsvabhāva+ṅas+tal。

名词词基： niḥsvabhāva（无自性）。

派生词缀： tal。

演变过程：

niḥsvabhāva+ṅas+**tal**	tasya bhāvastvatalau //（P.5.1.119）	（表现）其本性、状态时，用 tva 和 tal。
niḥsvabhāva+ṅas+tal	kṛttaddhitasamāsāśca //（P.1.2.46）	以派生词缀为尾的是名词词基。
niḥsvabhāva+tal	supo dhātuprātipadikayoḥ //（P.2.4.71）	词根、名词词基中蕴含的格尾由消隐（luk）替换。

	pratyayasya lukślulupaḥ //（P.1.1.61）	luk、ślu、lup 是词缀的消隐替换。消隐是不显现。
niḥsvabhāva+ta	tasya lopaḥ //（P.1.3.9）	tal 符号 l 由消隐替换。
niḥsvabhāva+ta	talantaṃ striyām //（Sārasiddhāntakaumudī 708）	以 tal 收尾的是阴性词。
niḥsvabhāvata+**ṭāp**	ajādyataṣṭāp //（P.4.1.4）	aja 等以及以 a 为末的，于阴性时，加 ṭāp。
niḥsvabhāvata+ā	tasya lopaḥ //（P.1.3.9）	ṭāp 的符号 ṭ、p 由消隐替换。
niḥsvabhāvat**ā**	akaḥ savarṇe dīrghaḥ //（P.6.1.101）	以 ak 为对收的末音后遇同类音时，一长音替换前后两音位。
niḥsvabhāvatā+**su**	ṅyāpprātipadikāt //（P.4.1.1） svaujasamauṭchaṣ…sup //（P.4.1.2）	在以 ṅī、āp 为末的词后，以及在名词词基后是 su 等格尾。 单数第一格加格尾 su。
niḥsvabhāvatā+s	tasya lopaḥ //（P.1.3.9）	su 的符号 u 由消隐替换。
niḥsvabhāvatā+（ ）	halṅyābbhyo dīrghāt sutisy-apṛktaṃ hal //（P.6.1.68）	在辅音后，在保留长音的 ṅī、āp 后，格尾 su、语尾 tip、sip 的单辅音词缀由消隐（lopa）替换。
niḥsvabhāvatā	adarśanaṃ lopaḥ //（P.1.1.60）	不显现的是消隐。
niḥsvabhāvatā	pratyayalope pratyayalakṣaṇam //（P.1.1.62）	词缀消隐后，词缀的因还在。
niḥsvabhāvatā	suptiṅantaṃ padam //（P.1.4.14）	以格尾为末的是字。

小结：

niḥsvabhāvatā 的基本含义是“无自性的特性”。

niḥsvabhāvatā 阴性，单数，第一格，含义是“无自性性”。

第二十五颂

धर्माणां परमार्थश्च स यतस्तथतापि सः।
सर्वकालं तथाभावात् सैव विज्ञप्तिमात्रता ॥ २५ ॥

dharmāṇāṃ parama-arthaś ca sa yatas tathatā api saḥ /
sarva-kālaṃ tathā-bhāvāt sā eva vijñapti-mātratā //25//

玄奘译：此诸法胜义，亦即是真如，常如其性故，即唯识实性。

真谛译《转识论》：此三无性，是一切法真实。以其离有，故名常。欲显此三无性，故明唯识义也。

霍韬晦译：此诸法胜义，亦即是真如。常如此有故。彼即唯表性。

现译：另外，诸法的胜义就是真如。因为恒常地如实地存在，彼（真如）就是唯识性。

dharmāṇāṃ

词根：第一类动词词根（bhvādigaṇa），1.948 dhṛñ dhāraṇe（dhṛ 执持）。

直接后缀：man。

演变过程：

dhṛ+**man**	artistusuhusṛdhukṣi… man //（Uṇādisūtra 1.140）	词根 dhṛ 加直接后缀 man。
dhṛ+**man**	ārdhadhātukaṃ śeṣaḥ //（P.3.4.114）	直接后缀 man 是半界词缀。
dhṛ+ma	tasya lopaḥ //（P.1.3.9）	man 的符号 n 由消隐替换。
dhṛ+**iṭ**+ma	ārdhadhātukasyeḍvalādeḥ //（P.7.2.35）	在以对收 val 为首位音的半界词缀前，插入联系元音 iṭ。
dhṛ+ma	ekāca upadeśe 'nudāttāt //（P.7.2.10） neḍvaśi kṛti //（P.7.2.8）	于原始发音状态的非高音的单音节词根后，不加联系元音 iṭ。 在以 vaś 为对收的浊辅音起始的直接后缀前，不加联系元音 iṭ。

dhṛ+ma	yasmātpratyayavidhistadādi pratyaye 'ṅgam //（P.1.4.13）	其后安排了词缀的词，以此词为始，在词缀前叫词干。
dh**ar**+ma	sārvadhātukārdhadhātukayoḥ //（P.7.3.84） uraṇ raparaḥ //（P.1.1.51）	遇到全界、半界词缀，词干的末元音 ṛ 由二合元音替换。 ṛ、ṝ 音的替换，需由其后带 r 音的 a、i、u 及其长音来替换。
dharma	kṛttaddhitasamāsāśca //（P.1.2.46）	直接后缀为末的 dharma 是名词词基。
dharma+**ām**	ṅyāpprātipadikāt //（P.4.1.1） svaujasamauṭchaṣ…sup //（P.4.1.2）	在以 ṅī、āp 为末的词后，以及在名词词基后是 su 等格尾。 复数第六格加格尾 ām。
dharma+ām	yasmātpratyayavidhistadādi pratyaye 'ṅgam //（P.1.4.13）	其后安排了词缀的词，以此词为始，在词缀前叫词干。
dharma+**n**+ām	hrasvanadyāpo nuṭ //（P.7.1.54）	在以短元音落尾的词干后，在 nadī 以及 āp 之后，ām 前插入 nuṭ。
dharm**ā**+nām	nāmi //（P.6.4.3）	遇到 nām 时，词干的末元音由长音替换。
dharmā+**ṇ**ām	aṭkupvāṅnumvyavāye 'pi //（P.8.4.2）	即使有元音、半元音、h 音、喉音族、唇音族、ā 音以及 n 音的加入，r、ṣ 音之后的 n 音也应由 ṇ 音替换。
dharmāṇām	suptiṅantaṃ padam //（P.1.4.14）	以格尾为末的是字。
dharmāṇā**ṃ**	mo 'nusvāraḥ //（P.8.3.23）	字末的 m 音在辅音前由鼻腔音替代。
dharmāṇā**m**	anusvārasya yayi parasavarṇaḥ //（P.8.4.58）	遇到除咝音和 h 音以外的辅音时，后面的同类音替换鼻腔音。
dharmāṇāṃ	vā padāntasya //（P.8.4.59）	字末的同类鼻音的替换可做可不做。

小结：

dharma 的基本含义是保持，在《杂阿毗昙心论》卷第一中说道："法者持也。持自性故名法。"[①]因此 dharma 翻译为"法"。

dharmāṇām 是阳性，复数，第六格，含义是"诸法的"。

para

词根：第三类动词词根（juhotyādigaṇa），3.4 pṝ pālanapūraṇayoḥ（pṝ 保护，充实）；

① 法救造，僧伽跋摩等译：《杂阿毗昙心论》，大正新修大藏经，第 28 册，第 870 页下。

第九类动词词根（kryādigaṇa），9.19 pṝ pālanapūraṇayoḥ（pṝ 保护，充实）。

直接后缀：ap。

演变过程：

pṝ+**ap**	ṝdorap // （P.3.3.57）	词根末元音是 ṝ、u、ū 的可加 ap 直接后缀。
pṝ+**ap**	ārdhadhātukaṃ śeṣaḥ // （P.3.4.114）	全界词缀之外的是半界词缀。
pṝ+a	tasya lopaḥ // （P.1.3.9）	ap 的符号 p 由消隐替换。
pṝ+a	yasmātpratyayavidhistadādi pratyaye 'ṅgam //（P.1.4.13）	其后安排了词缀的词，以此词为始，在词缀前叫词干。
par+a	sārvadhātukārdhadhātukayoḥ // （P.7.3.84） uraṇ raparaḥ // （P.1.1.51）	遇到全界、半界词缀，词干的末元音 ṝ 由二合元音替换。 ṛ、ṝ 音的替换，需由其后带 r 音的 a、i、u 及其长音来替换。
para	kṛttaddhitasamāsāśca // （P.1.2.46）	直接后缀为末的是名词词基。

小结：

解释直接后缀 ap 的经文 P.3.3.57 在经文“bhāve //（P.3.3.18）”的控制之下，表达的是行为达到的已成就状态，para 翻译为“更高的”。

parama

世俗拆分：param utkṛṣṭaṃ māti。

非世俗拆分：para+ṅas+mā+ka。

名词词基：para（更高的）。

词根：第二类动词词根（adādigaṇa），2.53 mā māne（mā 衡量）；第三类动词词根（juhotyādigaṇa），3.6 māṅ māne śabde ca（mā 衡量，发声）；第四类动词词根（divādigaṇa），4.34 māṅ mane（mā 衡量）。

直接后缀：ka。

演变过程：

para+**ṅas**+mā+**ka**	karmaṇyaṇ // （P.3.2.1） āto 'nupasarge kaḥ // （P.3.2.3）	当业是附加字时，在词根后加 aṇ。 无近置词时的 ā 音后加 ka。

	kartṛkarmaṇoḥ kṛti //（P.2.3.65）	在加了直接后缀的词前，第六格表示主动者和业。
para+ṅas+mā+**ka**	ārdhadhātukaṃ śeṣaḥ //（P.3.4.114）	ka 是半界词缀。
para+ṅas+mā+a	tasya lopaḥ //（P.1.3.9）	ka 的符号 k 由消隐替换。
para+ṅas+**mā**+a	yasmātpratyayavidhistadādi pratyaye 'ṅgam //（P.1.4.13）	其后安排了词缀的词，以此词为始，在词缀前叫词干。
para+ṅas+**m**（ ）+a	āto lopa iṭi ca //（P.6.4.64）	当遇到带 k、ṅ 符号的词缀，或带联系元音 iṭ 的半界词缀时，词干收尾的 ā 音由消隐替换。
para+ṅas+**ma**	kṛttaddhitasamāsāśca //（P.1.2.46）	直接后缀为末的 ma 是名词词基。
para+ṅas+ma	tatropapadaṃ saptamīstham //（P.3.1.92）	在此范围内，处于第七格的是附加字。[针对 P.3.2.1 的 karmaṇi。]
para+ṅas+ma	upapadamatiṅ //（P.2.2.19）	附加字与相关的词构成必然复合词，且是非以 tiṅ 收尾的词。
para+ṅas+ma	kṛttaddhitasamāsāśca //（P.1.2.46）	有意义的复合词是名词词基。
para+ma	supo dhātuprātipadikayoḥ //（P.2.4.71） pratyayasya lukślulupaḥ //（P.1.1.61）	词根、名词词基中蕴含的格尾由消隐（luk）替换。 luk、ślu、lup 是词缀的消隐替换。消隐是不显现。
para+ma	prathamānirdiṣṭaṃ samāsa upasarjanam //（P.1.2.43）	于复合词章节中，第一格所指示的是附属词。[针对经文 P.2.2.19。]
para+ma	upasarjanaṃ pūrvam //（P.2.2.30）	附属词是前部字。
parama	kṛttaddhitasamāsāśca //（P.1.2.46）	有意义的复合词是名词词基。

小结：

parama 是依主释复合词，这种复合词是属于经文“upapadamatiṅ //（P.2.2.19）”所描述的带附加字的必然复合词。必然复合词不存在原形的世俗拆分，parama 表达的含义是“paraṃ utkṛṣṭaṃ māti”[最优秀的程度]。因此 parama 义为“最高的”“终极的”。

artha

词根：第十类动词词根（curādigaṇa），10.357 artha upayācñāyām（arth 求）。

直接后缀：ac。

演变过程：

arth+**ṇic**	satyāpa…cūrādibhyo ṇic //（P.3.1.25）	第十类动词词根本身必须加上 ṇic 词缀，表原义。[ṇic 的 ṇ、c 是符号。]
arth+**ṇic**	ārdhadhātukaṃ śeṣaḥ //（P.3.4.114）	全界词缀之外的 ṇic 是半界词缀。
arth+ṇic	yasmātpratyayavidhistadādi pratyaye 'ṅgam //（P.1.4.13）	其后安排了词缀的词，以此词为始，在词缀前叫词干。
arth+ṇic	sanādyantā dhātavaḥ //（P.3.1.32）	以 ṇic 词缀落尾的“arth+i”是新词根。[ṇic 的 ṇ、c 是符号。]
arth+ṇic+**ac**	erac //（P.3.3.56）	i、ī 音落尾的词根后加直接后缀 ac。
arth+ṇic+**ac**	ārdhadhātukaṃ śeṣaḥ //（P.3.4.114）	全界词缀之外的（ac）是半界词缀。
arth+ṇic+a	tasya lopaḥ //（P.1.3.9）	ac 的符号 c 由消隐替换。
arth+ṇic+**a**	ārdhadhātukasyeḍvalādeḥ //（P.7.2.35）	在以对收 val 为首位音的半界词缀前，插入联系元音 iṭ。[但 ac 不在其中，为 aniṭ 词缀。]
arth+（ ）+a	ṇeraniṭi //（P.6.4.51）	当遇到 aniṭ 半界词缀时，消隐（lopa）替换前面的 ṇic。
arth+（ ）+a	pratyayalope pratyayalakṣaṇam //（P.1.1.62）	ṇic 词缀消隐后，ṇic 词缀的因还在。
arth+（ ）+a	sanādyantā dhātavaḥ //（P.3.1.32）	“arth+（ ）”仍是新词根。
arth+（ ）+a	yasmātpratyayavidhistadādi pratyaye 'ṅgam //（P.1.4.13）	其后安排了词缀的词，以此词为始，在词缀前叫词干。
arth+a	adarśanaṃ lopaḥ //（P.1.1.60）	不显现的是消隐。
artha	kṛttaddhitasamāsāśca //（P.1.2.46）	直接后缀为末的是名词词基。

小结：

经文 P.3.3.56 在领句经文“akartari ca kārake saṃjñāyām //（P.3.3.19）”的控制之下，故加直接后缀 ac 的 artha 可以作为非主动者（akartṛ）的造者（kāraka），且是专有名词。如果采用业（karman）这一造者时，那么 artha 指的是所求的对象，翻译为“利”“意义”“目标”。综合翻译为“义”。

parama-arthaś

世俗拆分： paramaś ca asau arthaś ca。

非世俗拆分：parama+su+artha+su。

名词词基：parama（最高的）；artha（义）。

演变过程：

parama+su+artha+su	sanmahatparamottamotkṛṣṭāḥ pūjyamānau //（P.2.1.61）	sat、mahad、parama 等词与一个表“值得赞扬”的词构成依主释复合词。
parama+su+artha+su	tatpuruṣaḥ samānādhikaraṇaḥ karmadhārayaḥ //（P.1.2.42）	具有一致的语法关系的依主释（复合词）是持业释（复合词）。
parama+su+artha+su	kṛttaddhitasamāsāśca //（P.1.2.46）	有意义的复合词是名词词基。
parama+artha	supo dhātuprātipadikayoḥ //（P.2.4.71） pratyayasya lukślulupaḥ //（P.1.1.61）	词根、名词词基中蕴含的格尾由消隐（luk）替换。 luk、ślu、lup 是词缀的消隐替换。消隐是不显现。
parama+artha	prathamānirdiṣṭaṃ samāsa upasarjanam //（P.1.2.43）	在复合词一节中，第一格所指示的是附属词。 [P.2.1.61 中 parama 是第一格。]
parama+artha	upasarjanaṃ pūrvam //（P.2.2.30）	附属词是前部的。
param+**ā**+rtha	akaḥ savarṇe dīrghaḥ //（P.6.1.101）	以 ak 为对收的末音后遇同类音时，一长音替换前后两音位。
paramārtha	kṛttaddhitasamāsāśca //（P.1.2.46）	复合词是名词词基。
paramārtha+**su**	ṅyāpprātipadikāt //（P.4.1.1） svaujasamauṭchaṣ…sup //（P.4.1.2）	在以 ṅī、āp 为末的词后，以及在名词词基后是 su 等格尾。 单数第一格加格尾 su。
paramārtha+s	tasya lopaḥ //（P.1.3.9）	su 的符号 u 由消隐替换。
paramārthas	suptiṅantaṃ padam //（P.1.4.14）	以格尾为末的是字。
paramārtha**r**	sasajuṣo ruḥ //（P.8.2.66）	r 音替换字末的 s 音。
paramārtha**ḥ**	kharavasānayorvisarjanīyaḥ //（P.8.3.15）	在清辅音和停顿前，送气音替换字末的 r 音。
paramārtha**s**	visarjanīyasya saḥ //（P.8.3.34）	在清辅音前，s 音替换送气音。
paramārtha**ś**	stoḥ ścunā ścuḥ //（P.8.4.40）	ś 和腭音族取代与 ś 和腭音族（结合的）s 和齿音族。

小结：

parama-artha 是前部字与后部字同格的依主释复合词，所以其实是持业释复合词。

含义是“最高的意义”“胜义”。而且根据经文“tatpuruṣo 'nañkarmadhārayaḥ //（P.2.4.19）”可知，该持业释复合词不能转作中性，否则只能作为简单的依主释复合词来理解。

paramārthas 是阳性，复数，第一格。含义是“胜义”。

ca

名词词基： ca（和）。

演变过程：

ca	arthavadadhāturapratyayaḥ prātipadikam //（P.1.2.45）	既非词根，亦非词缀，有意义的（词）是名词词基。 [ca 是不可拆分（avyutpanna）的名词词基。]
ca+**sup**	ṅyāpprātipadikāt //（P.4.1.1） svaujasamauṭchaṣ…sup //（P.4.1.2）	在以 ṅī、āp 为末的词后，以及在名词词基后是 su 等格尾。 根据需要加某一 sup 格尾。
ca+sup	cādayo 'sattve //（P.1.4.57）	非实物意义的 ca 等词是投词（nipāta）。
ca+sup	svarādinipātamavyayam //（P.1.1.37）	投词 ca 是不变词。
ca+（ ）	avyayādāpsupaḥ //（P.2.4.82）	消隐（luk）替换不变词后的格尾。
ca	pratyayasya lukślulupaḥ //（P.1.1.61）	luk、ślu、lup 是词缀的消隐替换。消隐是不显现。
ca	pratyayalope pratyayalakṣaṇam //（P.1.1.62）	词缀消隐后，词缀的因还在。
ca	suptiṅantaṃ padam //（P.1.4.14）	以格尾为末的 ca 是字。

小结：

ca 是投词，不变词，意为“和”。

tad

词根： 第八类动词词根（tanādigaṇa），8.1 tanu vistāre（tan 扩展）。

直接后缀： adi。

演变过程：

tan+**adi**	tyajitaniyajbhyo ḍit // （Uṇādisūtra 1.132）	在词根 tyaj、tan、yaj 后加直接后缀 adi。该词缀如同带 ḍ 符号。
tan+**adi**	ārdhadhātukaṃ śeṣaḥ // （P.3.4.114）	全界之外的（adi）是半界词缀。
tan+ad	tasya lopaḥ // （P.1.3.9）	adi 的符号 i 由消隐替换。
tan+ad	yasmātpratyayavidhistadādi pratyaye 'ṅgam //（P.1.4.13）	其后安排了词缀的词，以此词为始，在词缀前叫词干。
t+ad	ṭeḥ // （P.6.4.143）	遇到 ḍ 符号时，词干末音节由消隐替换。
tad	kṛttaddhitasamāsāśca // （P.1.2.46）	以直接后缀为末的是名词词基。
tad	sarvādīni sarvanāmāni // （P.1.1.27）	sarva 等词是代词。

小结：

tad 是代词，有阳、阴、中三性，含义是“彼”。

sa

名词词基：tad（彼）。

演变过程：

tad	sarvādīni sarvanāmāni // （P.1.1.27）	sarva 等词是代词。
tad+**su**	ṅyāpprātipadikāt // （P.4.1.1） svaujasamauṭchaṣ…sup // （P.4.1.2）	在以 ṅī、āp 为末的词后，以及在名词词基后是 su 等格尾。 单数第一格加格尾 su。
ta+**a**+su	tyadādīnāmaḥ // （P.7.2.102）	遇到词尾时，tyad 等代词的末音的替换是 a 音。
t+**a**+su	āto guṇe // （P.6.1.97）	非字末的 a 音遇到二合元音时，前后两者的音位由后者的元音形式作唯一替换。
s+a+su	tadoḥ saḥ sāvanantyayoḥ // （P.7.2.106）	遇到格尾 su 时，tyad 等词的非落尾的 t 和 d 音由 s 音替换。
s+a+（ ）	etattadoḥ sulopo 'koranañsamāse hali // （P.6.1.132）	遇到辅音时，无 ka 的 etad 和 tad 的 su 格尾消隐，但在否定复合词中除外。
s+a	adarśanaṃ lopaḥ // （P.1.1.60）	不显现的是消隐。
s+a	pratyayalope pratyayalakṣaṇam //	词缀消隐后，词缀的因还在。

	（P.1.1.62）	
sa	suptiṅantaṃ padam // （P.1.4.14）	以格尾为末的 sa 是字。

小结：

sa 是代词，阳性，单数，第一格，意为“彼”。

yad

词根：第一类动词词根（bhvādigaṇa），1.1051 yaja devapūjāsaṃgatikaraṇadāneṣu（yaj 有牺牲品的祭祀，荣耀，奉献）。

直接后缀：adi。

演变过程：

yaj+**adi**	tyajitaniyajbhyo ḍit // （Uṇādisūtra 1.132）	在词根 tyaj、tan、yaj 后加直接后缀 adi。该词缀如同带 ḍ 符号。
yaj+**adi**	ārdhadhātukaṃ śeṣaḥ // （P.3.4.114）	全界之外的（adi）是半界词缀。
yaj+ad	tasya lopaḥ // （P.1.3.9）	adi 的符号 i 由消隐替换。
yaj+ad	yasmātpratyayavidhistadādi pratyaye 'ṅgam //（P.1.4.13）	其后安排了词缀的词，以此词为始，在词缀前叫词干。
y+ad	ṭeḥ // （P.6.4.143）	遇到 ḍ 符号时，词干末音节由消隐替换。
yad	kṛttaddhitasamāsāśca // （P.1.2.46）	以直接后缀为末的是名词词基。
yad	sarvādīni sarvanāmāni // （P.1.1.27）	sarva 等词是代词。

小结：

yad 是代词，有阳、阴、中三性，含义是“那”。

yatas

世俗拆分：yasmāt。

非世俗拆分：yad+ṇasi+tasil。

名词词基：yad（那）。

派生词缀：tasil

演变过程：

yad	sarvādīni sarvanāmāni //（P.1.1.27）	sarva 等词是代词。
yad+ṇasi+**tasil**	pañcamyāstasil //（P.5.3.7）	代词表第五格含义时，派生词缀 tasil 加在后面。
yad+ṇasi+tasil	kṛttaddhitasamāsāśca //（P.1.2.46）	以派生词缀为尾的是名词词基。
yad+tasil	supo dhātuprātipadikayoḥ //（P.2.4.71） pratyayasya lukślulupaḥ //（P.1.1.61）	词根、名词词基中蕴含的格尾由消隐（luk）替换。 luk、ślu、lup 是词缀的消隐替换。消隐是不显现。
yad+**tasil**	prāgdiśo vibhaktiḥ //（P.5.3.1）	从此经文到 P.5.3.27，所讨论的词缀叫 prāgdiśīya 派生词缀。这些词缀是词尾（vibhakti）。
yad+tas	tasya lopaḥ //（P.1.3.9）	tasil 的符号由消隐替换。
ya+**a**+tas	tyadādīnāmaḥ //（P.7.2.102）	遇到词尾时，tyad 等代词的末音的替换是 a 音。
y+**a**+tas	āto guṇe //（P.6.1.97）	非字末的 a 音遇到二合元音时，前后两者的音位由后者的元音形式作唯一替换。
yatas	kṛttaddhitasamāsāśca //（P.1.2.46）	以派生词缀为尾的是名词词基。
yatas+**ṇasi**	ṅyāpprātipadikāt //（P.4.1.1） svaujasamauṭchaṣ…sup //（P.4.1.2）	在以 ṅī、āp 为末的词后，以及在名词词基后是 su 等格尾。 单数第五格加格尾 ṅasi。
yatas+ṇasi	taddhitaścāsarvavibhaktiḥ //（P.1.1.38）	某些派生词缀构成的词，其后并非可加所有格尾，其为不变词。
yatas+（ ）	avyayādāpsupaḥ //（P.2.4.82）	消隐（luk）替换不变词后的格尾。
yatas	pratyayasya lukślulupaḥ //（P.1.1.61）	luk、ślu、lup 是词缀的消隐替换。消隐是不显现。
yatas	pratyayalope pratyayalakṣaṇam //（P.1.1.62）	词缀消隐后，词缀的因还在。
yatas	suptiṅantaṃ padam //（P.1.4.14）	以格尾为末的是字。
yatar	sasajuṣo ruḥ //（P.8.2.66）	r 音替换字末的 s 音。
yataḥ	kharavasānayorvisarjanīyaḥ //（P.8.3.15）	在清辅音和停顿前，送气音替换字末的 r 音。
yatas	visarjanīyasya saḥ //（P.8.3.34）	在清辅音前，s 音替换送气音。

小结：

yatas 是不变词，翻译为“由于那”。

tathā

世俗拆分：tena prakāreṇa。

非世俗拆分：tad+ṭā+thāl。

名词词基：tad（彼）。

派生词缀：thāl。

演变过程：

tad	sarvādīni sarvanāmāni //（P.1.1.27）	sarva 等词是代词。
tad+ṭā+**thāl**	prakāravacane thāl //（P.5.3.23）	表某种存在方式时，词缀 thāl 加在 P.5.3.2 提到的代词等词后。
tad+ṭā+thāl	kṛttaddhitasamāsāśca //（P.1.2.46）	以派生词缀 thāl 为尾的是名词词基。
tad+thāl	supo dhātuprātipadikayoḥ //（P.2.4.71） pratyayasya lukślulupaḥ //（P.1.1.61）	词根、名词词基中蕴含的格尾由消隐（luk）替换。 luk、ślu、lup 是词缀的消隐替换。消隐是不显现。
tad+**thāl**	prāgdiśo vibhaktiḥ //（P.5.3.1）	从此经文到 P.5.3.27，所讨论的词缀叫 prāgdiśīya 派生词缀。这些词缀是词尾（vibhakti）。
tad+thā	tasya lopaḥ //（P.1.3.9）	thāl 的符号 l 由消隐替换。
ta+**a**+thā	tyadādīnāmaḥ //（P.7.2.102）	遇到词尾时，tyad 等代词的末音的替换是 a 音。
t+**a**+thā	āto guṇe //（P.6.1.97）	非字末的 a 音遇到二合元音时，前后两者的音位由后者的元音形式作唯一替换。
tathā	kṛttaddhitasamāsāśca //（P.1.2.46）	以派生词缀为尾的是名词词基。
tathā+**sup**	ṅyāpprātipadikāt //（P.4.1.1） svaujasamauṭchaṣ…sup //（P.4.1.2）	在以 ṅī、āp 为末的词后，以及在名词词基后是 su 等格尾。 根据需求加某一 sup 格尾。
tathā+sup	svarādinipātamavyayam //（P.1.1.37）	svarādi 群中（254.89）tasilādi 等派生词缀为尾的是不变词。 [经文 P.5.3.7 至 P.5.3.47 涉及形成不变词的派生词缀。]

tathā+（ ）	avyayādāpsupaḥ //（P.2.4.82）	消隐（luk）替换不变词后的格尾。
tathā	pratyayasya lukślulupaḥ //（P.1.1.61）	luk、ślu、lup 是词缀的消隐替换。消隐是不显现。
tathā	pratyayalope pratyayalakṣaṇam //（P.1.1.62）	词缀消隐后，词缀的因还在。
tathā	suptiṅantaṃ padam //（P.1.4.14）	以格尾为末的 tathā 是字。

小结：

tathā 是不变词，表达“如彼”“同彼”的意思。

tathatā

世俗拆分：tathātvam；tathā bhūtatvam。

非世俗拆分：tathā+tal。

名词词基：tathā（如彼）。

派生词缀：tal。

演变过程（一）：

tathā+ṅas	ṅyāpprātipadikāt //（P.4.1.1） svaujasamauṭchaṣ…sup //（P.4.1.2）	在以 ṅī、āp 为末的词后，以及在名词词基后是 su 等格尾。 单数第六格加格尾 ṅas。
tathā+ṅas	svarādinipātamavyayam //（P.1.1.37）	svarādi 群（254.89）中 tasilādi 等派生词缀为尾的是不变词。 [P.5.3.7 至 P.5.3.47 是形成不变词的派生词缀。]
tathā+（ ）	avyayādāpsupaḥ //（P.2.4.82）	消隐（luk）替换不变词后的格尾。
tathā	pratyayasya lukślulupaḥ //（P.1.1.61）	luk、ślu、lup 是词缀的消隐替换。消隐是不显现。
tathā	pratyayalope pratyayalakṣaṇam //（P.1.1.62）	词缀消隐后，词缀的因还在。
tathā	suptiṅantaṃ padam //（P.1.4.14）	以格尾为末的是字。
tathā+**tal**	tasya bhāvastvatalau //（P.5.1.119）	（表现）其本性、状态时，用 tva 和 tal。
tathā+tal	kṛttaddhitasamāsāśca //（P.1.2.46）	以派生词缀为尾的是名词词基。

tathā+ta	tasya lopaḥ //（P.1.3.9）	tal 符号 l 由消隐替换。
tathāta	talantaṃ striyām //（Sārasiddhāntakaumudī 708）	以 tal 收尾的是阴性。
tathāta+**ṭāp**	ajādyataṣṭāp //（P.4.1.4）	aja 等以及以 a 为末的，于阴性时，加 ṭāp。
tathāta+ā	tasya lopaḥ //（P.1.3.9）	ṭāp 的符号 ṭ、p 由消隐替换。
tathāt+**ā**	akaḥ savarṇe dīrghaḥ //（P.6.1.101）	以 ak 为对收的末音后遇同类音时，一长音替换前后两音位。
tathātā	kṛttaddhitasamāsāśca //（P.1.2.46）	以派生词缀为尾的是名词词基。
tathātā+**su**	ṅyāpprātipadikāt //（P.4.1.1） svaujasamauṭchaṣ…sup //（P.4.1.2）	在以 ṅī、āp 为末的词后，以及在名词词基后是 su 等格尾。 单数第一格加格尾 su。
tathātā+s	tasya lopaḥ //（P.1.3.9）	su 的符号 u 由消隐替换。
tathātā+（ ）	halṅyābbhyo dīrghāt sutisyapṛktaṃ hal //（P.6.1.68）	在辅音后，在保留长音的 ṅī、āp 后，格尾 su、语尾 tip、sip 的单辅音词缀由消隐（lopa）替换。
tathātā	adarśanaṃ lopaḥ //（P.1.1.60）	不显现的是消隐。
tathātā	pratyayalope pratyayalakṣaṇam //（P.1.1.62）	词缀消隐后，词缀的因还在。
tathātā	suptiṅantaṃ padam //（P.1.4.14）	以格尾为末的是字。

名词词基：tathatā（真如）。

演变过程（二）：

tathatā	arthavadadhāturapratyayaḥ prātipadikam //（P.1.2.45）	既非词根，亦非词缀，有意义的（词）是名词词基。 [tathatā 是不可拆分（avyutpanna）的名词词基。]
tathatā+**su**	ṅyāpprātipadikāt //（P.4.1.1） svaujasamauṭchaṣ…sup //（P.4.1.2）	在以 ṅī、āp 为末的词后，以及在名词词基后是 su 等格尾。 单数第一格加格尾 su。
tathatā+s	tasya lopaḥ //（P.1.3.9）	su 的符号 u 由消隐替换。
tathatā+（ ）	halṅyābbhyo dīrghāt sutisyapṛktaṃ hal //（P.6.1.68）	在辅音后，在保留长音的 ṅī、āp 后，格尾 su、语尾 tip、sip 的单辅音词缀由消隐

		（lopa）替换。
tathatā	adarśanaṃ lopaḥ // （P.1.1.60）	不显现的是消隐。
tathatā	pratyayalope pratyayalakṣaṇam // （P.1.1.62）	词缀消隐后，词缀的因还在。
tathatā	suptiṅantaṃ padam // （P.1.4.14）	以格尾为末的是字。

小结：

演变过程（一）中，只能得到 tathātā，其含义是“如事物的本性”。

演变过程（二）中，tathatā（真如）是佛教的特殊用法，该形式的词汇无法用波你尼语法来拆分理解，故是不可拆分的词汇。随着时间的变迁，该佛教词条也被婆罗门教等派别所接受。

tathatā 阴性，单数，第一格，含义是“真如”。

api

名词词基：api（也）。

演变过程：

api	arthavadadhāturapratyayaḥ prātipadikam //（P.1.2.45）	既非词根，亦非词缀，有意义的（词）是名词词基。 [api 是不可拆分（avyutpanna）的名词词基。]
api+**sup**	ṅyāpprātipadikāt // （P.4.1.1） svaujasamauṭchaṣ…sup // （P.4.1.2）	在以 ṅī、āp 为末的词后，以及在名词词基后是 su 等格尾。 根据需要加某一 sup 格尾。
api+sup	cādayo ’sattve // （P.1.4.57）	非实物意义的 ca 等词是投词（nipāta）。
api+sup	svarādinipātamavyayam // （P.1.1.37）	投词 api 是不变词。
api+（ ）	avyayādāpsupaḥ // （P.2.4.82）	消隐（luk）替换不变词后的格尾。
api	pratyayasya lukślulupaḥ // （P.1.1.61）	luk、ślu、lup 是词缀的消隐替换。消隐是不显现。
api	pratyayalope pratyayalakṣaṇam // （P.1.1.62）	词缀消隐后，词缀的因还在。
api	suptiṅantaṃ padam // （P.1.4.14）	以格尾为末的 api 是字。

小结：

api 是投词，不变词，意为“也”。

saḥ

名词词基：tad（彼）。

演变过程：

tad	sarvādīni sarvanāmāni //（P.1.1.27）	sarva 等词是代词。
tad+**su**	ṅyāpprātipadikāt //（P.4.1.1） svaujasamauṭchaṣ…sup //（P.4.1.2）	在以 ṅī、āp 为末的词后，以及在名词词基后是 su 等格尾。 单数第一格加格尾 su。
ta+**a**+su	tyadādīnāmaḥ //（P.7.2.102）	遇到词尾时，tyad 等代词的末音的替换是 a 音。
t+**a**+su	āto guṇe //（P.6.1.97）	非字末的 a 音遇到二合元音时，前后两者的音位由后者的元音形式作唯一替换。
s+a+su	tadoḥ saḥ sāvanantyayoḥ //（P.7.2.106）	遇到格尾 su 时，tyad 等词的非落尾的 t 和 d 音由 s 音替换。
s+a+s	tasya lopaḥ //（P.1.3.9）	su 的符号 u 由消隐替换。
sas	suptiṅantaṃ padam //（P.1.4.14）	以格尾为末的 sas 是字。
sa**r**	sasajuṣo ruḥ //（P.8.2.66）	r 音替换字末的 s 音。
sa**ḥ**	kharavasānayorvisarjanīyaḥ //（P.8.3.15）	在停顿前，送气音替换词末的 r。

小结：

sas 是代词，阳性，单数，第一格，意为“彼”。

sarva

词根：第一类动词词根（bhvādigaṇa），1.982 sṛ gatau（sṛ 走）；第三类动词词根（juhotyādigaṇa）3.17 sṛ gatau（sṛ 走）。

直接后缀：van。

演变过程：

sṛ+van	sarva-nighṛṣva-riṣva-laṣva-śiva-paṭva-prahva-īṣvā asvatantre //（Uṇādisūtra 1.154）	sarva 等词由直接后缀 van 构成，且不作为主动者。
sṛ+**van**	ārdhadhātukaṃ śeṣaḥ //（P.3.4.114）	van 是半界词缀。
sṛ+va	tasya lopaḥ //（P.1.3.9）	van 的符号 n 由消隐替换。
sṛ+**iṭ**+va	ārdhadhātukasyeḍvalādeḥ //（P.7.2.35）	在以对收 val 为首位音的半界词缀前，插入联系元音 iṭ。
sṛ+va	neḍvaśi kṛti //（P.7.2.8）	在以 vaś 为对收的浊辅音起始的直接后缀前，不加联系元音 iṭ。 [经文 P.7.2.8 是对 P.7.2.35 的禁止，故实际上没运行 P.7.2.35。]
sṛ+va	yasmātpratyayavidhistadādi pratyaye 'ṅgam //（P.1.4.13）	其后安排了词缀的词，以此词为始，在词缀前叫词干。
sar+va	sārvadhātukārdhadhātukayoḥ //（P.7.3.84） uraṇ raparaḥ //（P.1.1.51）	遇到半界词缀，词干的末元音 ṛ 由二合元音（guṇa）替换。 ṛ、ṝ 音的替换，需由其后带 r 音的 a、i、u 及其长音来替换。
sarva	kṛttaddhitasamāsāśca //（P.1.2.46）	以直接后缀 van 为末的是名词词基。
sarva	sarvādīni sarvanāmāni //（P.1.1.27）	sarva 等词是代词。

小结：

根据 *Uṇādisūtra* 可知，sarva 是由词根 sṛ 和直接后缀 van 构成的。sarva 作为代词，指的是“一切”。

kāla

词根：第十类动词词根（curādigaṇa），10.319 kala gatau saṃkhyāne ca（kal 走，计数）。

直接后缀：ac。

演变过程：

kal+**ṇic**	satyāpa…cūrādibhyo ṇic //（P.3.1.25）	第十类动词词根本身必须加上 ṇic 词缀，表原义。 [ṇic 的 ṇ、c 是符号。]
kal+**ṇic**	ārdhadhātukaṃ śeṣaḥ //（P.3.4.114）	全界词缀之外的 ṇic 是半界词缀。
kal+ṇic	yasmātpratyayavidhistadādi pratyaye 'ṅgam //（P.1.4.13）	其后安排了词缀的词，以此词为始，在词缀前叫词干。

kāl+ṇic	ata upadhāyāḥ //（P.7.2.116）	遇 ñ、ṇ 符号的后缀时，词干倒数第二的 a 音由三合元音替换。
kāl+ṇic	sanādyantā dhātavaḥ //（P.3.1.32）	以 ṇic 词缀落尾的“kāl+ṇic”是新词根。
kāl+ṇic+**ac**	nandigrahipacādibhyo lyuṇinyacaḥ //（P.3.1.134）	加在 nandi、grahi、pac 等词根后的是直接后缀 lyu、ṇini、ac，表主动者的含义。[实际上所有词根都可加 ac。]
kāl+ṇic+**ac**	ārdhadhātukaṃ śeṣaḥ //（P.3.4.114）	全界词缀之外的 ac 是半界词缀。
kāl+ṇic+a	tasya lopaḥ //（P.1.3.9）	ac 的符号 c 由消隐替换。
kāl+ṇic+**a**	ārdhadhātukasyeḍ valādeḥ //（P.7.2.35）	在以对收 val 为首位音的半界词缀前，插入联系元音 iṭ。[但 ac 不在其列，是 aniṭ 词缀。]
kāl+（ ）+a	ṇeraniṭi //（P.6.4.51）	当遇到 aniṭ 半界词缀时，消隐（lopa）替换前面的 ṇic。
kāl+（ ）+a	pratyayalope pratyayalakṣaṇam //（P.1.1.62）	ṇic 词缀消隐后，ṇic 词缀的因还在。
kāl+（ ）+a	sanādyantā dhātavaḥ //（P.3.1.32）	“kāl+（ ）”仍是新词根。
kāl+（ ）+a	yasmātpratyayavidhistadādi pratyaye 'ṅgam //（P.1.4.13）	其后安排了词缀的词，以此词为始，在词缀前叫词干。
kāl+a	adarśanaṃ lopaḥ //（P.1.1.60）	不显现的是消隐。
kāla	kṛttaddhitasamāsāśca //（P.1.2.46）	直接后缀 ac 为末的 kāla 是名词词基。

小结：

加 ac 直接后缀表达主动者（kartṛ）的含义，故 kāla 的意思是“行走者”“计数者”，故翻译为“时”。

sarva-kālaṃ

世俗拆分： sarvaḥ kālaḥ。

非世俗拆分： sarva+su+kāla+su。

名词词基： sarva（一切）；kāla（时）。

演变过程：

sarva+**su**+kāla+**su**	pūrvakālaikasarvajarat-purāṇanavakevalāḥ samāna-adhikaraṇena //（P.2.1.49）	sarva 等词与同格尾的词构成依主释复合词。

sarva+su+kāla+su	kṛttaddhitasamāsāśca //（P.1.2.46）	有意义的复合词是名词词基。
sarva+kāla	supo dhātuprātipadikayoḥ //（P.2.4.71） pratyayasya lukślulupaḥ //（P.1.1.61）	词根、名词词基中蕴含的格尾由消隐（luk）替换。 luk、ślu、lup 是词缀的消隐替换。消隐是不显现。
sarva+kāla	prathamānirdiṣṭaṃ samāsa upasarjanam //（P.1.2.43）	在复合词一节中，第一格所指示的是附属词。 [P.2.1.49 中 sarva 是第一格。]
sarva+kāla	upasarjanaṃ pūrvam //（P.2.2.30）	附属词是前部的。
sarvakāla	kṛttaddhitasamāsāśca //（P.1.2.46）	有意义的复合词是名词词基。
sarvakāla	kriyāviśeṣaṇānāṃ karmatvaṃ napuṃsakaliṅgatā ca vaktvyā //（Vārttika）①	《迦湿伽》P.2.4.18 经文的《补释》经文：修饰行为的副词（karmatva）是中性。
sarvakāl**a**	hrasvo napuṃsake prātipadikasya //（P.1.2.47）	词为中性时，短元音替换名词词基的末音。
sarvakāla+**su**	ṅyāpprātipadikāt //（P.4.1.1） svaujasamauṭchaṣ…sup //（P.4.1.2）	在以 ṅī、āp 为末的词后，以及在名词词基后是 su 等格尾。 单数第一格加格尾 su。
sarvakāla+**am**	ato 'm //（P.7.1.24）	以 a 落尾的中性词后，am 替换格尾 su 和 am。
sarvakāl+**a**+m	ami pūrvaḥ //（P.6.1.107）	在 a、ā 以及单元音后，遇到 am 的元音时，前面的元音形式是唯一的替代。
sarvakālam	suptiṅantaṃ padam //（P.1.4.14）	以格尾为末的是字。

小结：

sarvakālam 是修饰行为的副词，中性，单数，第一格，译为“一切时地”“恒常地”。

根据经文“tatpuruṣo 'nañkarmadhārayaḥ //（P.2.4.19）”可知，该持业释复合词不能转作中性，故该复合词只能作为依主释复合词来理解。

另外，Bhartṛhari 在 *Vākhyapadīya* 书中指出，“kālabhāvādhvadeśānām antarbhūta-kriyāntaraiḥ / sarvair akarmakair yoge karmatvam upajāyate //（3.7.67）”②，即表达跨越的

① Śrīśa Chandra Vasu, *The Aṣṭādhyāyī of Pāṇini interpreted according to The Kāśikāvṛtti of Jayāditya and Vāmana,* Vol.II, Allahabad: Satyajnan Chaterji, 1894, p.315.

② Hairsh Chandra Mani Tripthi, *Vākyapadīyaṃ*, Part 3, Vol.2, Varanasi: Sampurnanand Sanskrit University, 1997, p.212.

时间时，时间作为“业”这种造者。这种情况下，sarvakālam 是阳性，单数，第二格，含义是“（是跨越）一切时”。但这样的理解，意味真如是有为法，故不可取。

tathā

世俗拆分： tena prakāreṇa。

非世俗拆分： tad+ṭā+thāl。

名词词基： tad（彼）。

派生词缀： thāl。

演变过程：

tad	sarvādīni sarvanāmāni //（P.1.1.27）	sarva 等词是代词。
tad+ṭā+**thāl**	prakāravacane thāl //（P.5.3.23）	表某种存在方式时，词缀 thāl 加在 P.5.3.2 提到的代词等词后。
tad+ṭā+thāl	kṛttaddhitasamāsāśca //（P.1.2.46）	以派生词缀 thāl 为尾的是名词词基。
tad+thāl	supo dhātuprātipadikayoḥ //（P.2.4.71） pratyayasya lukślulupaḥ //（P.1.1.61）	词根、名词词基中蕴含的格尾由消隐（luk）替换。 luk、ślu、lup 是词缀的消隐替换。消隐是不显现。
tad+**thāl**	prāgdiśo vibhaktiḥ //（P.5.3.1）	从此经文到 P.5.3.27，所讨论的词缀叫 prāgdiśīya 派生词缀。这些词缀是词尾（vibhakti）。
tad+thā	tasya lopaḥ //（P.1.3.9）	thāl 的符号 l 由消隐替换。
ta+**a**+thā	tyadādīnāmaḥ //（P.7.2.102）	遇到词尾时，tyad 等代词的末音的替换是 a 音。
t+**a**+thā	āto guṇe //（P.6.1.97）	非字末的 a 音遇到二合元音时，前后两者的音位由后者的元音形式作唯一替换。
tathā	kṛttaddhitasamāsāśca //（P.1.2.46）	以派生词缀为尾的是名词词基。
tathā+**sup**	ṅyāpprātipadikāt //（P.4.1.1） svaujasamauṭchaṣ…sup //（P.4.1.2）	在以 ṅī、āp 为末的词后，以及在名词词基后是 su 等格尾。 根据需求加某一 sup 格尾。
tathā+sup	svarādinipātamavyayam //（P.1.1.37）	svarādi 群中（254.89）tasilādi 等派生词缀为尾的是不变词。 [经文 P.5.3.7 至 P.5.3.47 涉及形成不变词的派生词缀。]

tathā+（ ）	avyayādāpsupaḥ //（P.2.4.82）	消隐（luk）替换不变词后的格尾。
tathā	pratyayasya lukślulupaḥ //（P.1.1.61）	luk、ślu、lup 是词缀的消隐替换。消隐是不显现。
tathā	pratyayalope pratyayalakṣaṇam //（P.1.1.62）	词缀消隐后，词缀的因还在。
tathā	suptiṅantaṃ padam //（P.1.4.14）	以格尾为末的 tathā 是字。

小结：

tathā 是不变词，表达“如彼”“同彼”“那样”的意思。

bhāva

词根：第一类动词词根（bhvādigaṇa），1.1 bhū sattāyām（bhū 存在）。

直接后缀：ghañ。

演变过程：

bhū+**ghañ**	śriṇībhuvo ’nupasarge //（P.3.3.24）	当前面没有近置词时，词根 bhū 后加直接后缀 ghañ。
bhū+**ghañ**	ārdhadhātukaṃ śeṣaḥ //（P.3.4.114）	全界词缀之外的（ghañ）是半界词缀。
bhū+a	tasya lopaḥ //（P.1.3.9）	ghañ 的符号 gh、ñ 由消隐替换。
bhū+a	yasmātpratyayavidhistadādi pratyaye ’ṅgam //（P.1.4.13）	其后安排了词缀的词，以此词为始，在词缀前叫词干。
bh**au**+a	aco ñṇiti //（P.7.2.115）	遇到 ñ、ṇ 符号时，发生三合元音对词干末元音的替换。
bh**āv**+a	eco ’yavāyāvaḥ //（P.6.1.78）	遇到元音时，复合元音应由 ay、av、āy、āv 替换。
bhāva	kṛttaddhitasamāsāśca //（P.1.2.46）	直接后缀 ghañ 为末的 bhāva 是名词词基。

小结：

经文 P.3.3.24 在领句经文“bhāve //（P.3.3.18）”的控制之下，加直接后缀 ghañ 代表处于某种行为的已成就状态。所以 bhāva 翻译为“存在”“状态”。根据对 sarvakālam 的语法分析可知，sarvakālam 为副词，是对行为的修饰，所以 bhāva 只能采用“存在”这一动名词来理解。

tathā-bhāvāt

世俗拆分： bhāvo ’natikramya。

非世俗拆分： bhāva+su+tathā。

名词词基： bhāva（存在）；tathā（如彼）。

演变过程：

bhāva+su+tathā	avyayaṃ vibhktisamīpa… yathānupūrya… sākalyāntavacaneṣu//（P.2.1.6） yathāsādṛśye //（P.2.1.7）	当表示词尾、临近……yathā、顺序……全部、结束意义时，一个不变词（与另一个以格尾收尾的词组成不变状必然复合词）。 不表相似意义时，yathā 也可和一个格尾收尾的词构成不变状复合词。
bhāva+su+tathā	kṛttaddhitasamāsāśca //（P.1.2.46）	有意义的复合词是名词词基。
bhāva+tathā	supo dhātuprātipadikayoḥ //（P.2.4.71） pratyayasya lukślulupaḥ //（P.1.1.61）	词根、名词词基中蕴含的格尾由消隐（luk）替换。 luk、ślu、lup 是词缀的消隐替换。消隐是不显现。
bhāva+**tathā**	prathamānirdiṣṭaṃ samāsa upasarjanam //（P.1.2.43）	在复合词一节中，第一格所指示的是附属词。[P.2.1.6 中 avyayaṃ，P.2.1.7 的 yathā 都是第一格。]
tathā+bhāva	upasarjanaṃ pūrvam //（P.2.2.30）	附属词是前部的。
tathābhāva	kṛttaddhitasamāsāśca //（P.1.2.46）	有意义的复合词是名词词基。
tathābhāva+**ṅasi**	ṅyāpprātipadikāt //（P.4.1.1） svaujasamauṭchaṣ…sup //（P.4.1.2）	在以 ṅī、āp 为末的词后，以及在名词词基后是 su 等格尾。 单数第五格加格尾 ṅasi。
tathābhāva+**āt**	ṭāṅasiṅasāminātsyāḥ //（P.7.1.12）	替换 ṭā、ṅasi、ṇas 的是 ina、āt、sya。
tathābhāv+**ā**+t	akaḥ savarṇe dīrghaḥ //（P.6.1.101）	以 ak 为对收的末音后遇同类音时，一长音替换前后两音位。
tathābhāvāt	suptiṅantaṃ padam //（P.1.4.14）	以格尾为末的是字。
tathābhāvāt	khari ca //（P.8.4.55）	遇到清辅音时，jhal 对收辅音可由清辅音替代。

小结：

tathābhāva 作为以前部字为主的不变状复合词（avyayībhāva-samāsa）属于必然复合词（nitya-samāsa），故不存在原形的世俗拆分。该复合词表达的是经文 P.2.1.6 的 yathā（如）的含义。但根据经文 P.2.1.7 可知，复合词中的 yathā 不能表达“相似”的含义，故前部字不能用 yathā 一字。在波你尼文法学派体系中，一般用不变词 anu、sa 来作前部字，表达“如”的含义。[①]佛教没有随顺这一传统，而是用不变词 tathā 来表达“如”的含义，同时又不与经文 P.2.1.7 相冲突。tathābhāva 的含义是“如其存在”。

根据经文“nāvyayībhāvādato ’m tvapañcamyāḥ //（P.2.4.83）”可知，不变状复合词的第五格不由 am 替换。

tathābhāvāt 是阳性，单数，第五格，含义是“因为如其存在”或“因为如实地存在”。

sā

名词词基：tad（彼）。

阴性词缀：ṭāp。

演变过程：

tad	kṛttaddhitasamāsāśca //（P.1.2.46）	以直接后缀为末的是名词词基。
tad	sarvādīni sarvanāmāni //（P.1.1.27）	sarva 等词是代词。
tad	striyām//（P.4.1.3）	当词是阴性时。
tad+**su**	ṅyāpprātipadikāt //（P.4.1.1） svaujasamauṭchaṣ…sup //（P.4.1.2）	在以 ṅī、āp 为末的词后，以及在名词词基后是 su 等格尾。 单数第一格加格尾 su。
tad+s	tasya lopaḥ //（P.1.3.9）	su 的符号 u 由消隐替换。
ta+**a**+s	tyadādīnāmaḥ //（P.7.2.102）	遇到词尾时，tyad 等代词的末音的替换是 a 音。
t+**a**+s	āto guṇe //（P.6.1.97）	非字末的 a 音遇到二合元音时，前后两者的音位由后者的元音形式作唯一替换。
ta+**ṭāp**+s	ajādyataṣṭāp //（P.4.1.4）	aja 等以及以 a 为末音的，于阴性时，加 ṭāp。
ta+ā+s	tasya lopaḥ //（P.1.3.9）	ṭāp 的符号 ṭ、p 由消隐替换。

① 段晴：《波你尼语法入门》，北京大学出版社 2001 年版，第 428 页。

t+**ā**+s	akaḥ savarṇe dīrghaḥ //（P.6.1.101）	以 ak 为对收的末音后遇同类音时，一长音替换前后两音位。
s+ā+s	tadoḥ saḥ sāvanantyayoḥ //（P.7.2.106）	遇到格尾 su 时，tyad 等词的非落尾的 t 和 d 音由 s 音替换。
s+ā+（ ）	halṅyābbhyo dīrghāt sutisy-apṛktaṃ hal //（P.6.1.68）	在辅音后，在保留长音的 ṅī、āp 后，格尾 su、语尾 tip、sip 的单辅音词缀由消隐（lopa）替换。
s+ā	adarśanaṃ lopaḥ //（P.1.1.60）	不显现的是消隐。
s+ā	pratyayalope pratyayalakṣaṇam //（P.1.1.62）	词缀消隐后，词缀的因还在。
sā	suptiṅantaṃ padam //（P.1.4.14）	以格尾为末的 sā 是字。

小结：

sā 是代词，阴性，单数，第一格，含义是“彼”，指代的是 tathatā（真如）。

eva

词根：第二类动词词根（adādigaṇa），2.36 iṇ gatau（i 行走）。

直接后缀：van。

演变过程：

i+van	iṇ iṇaśībhyāṃ van //（Uṇādisūtra 1.153）	词根 i（行走）、śī（睡）后加直接后缀 van。
i+**van**	ārdhadhātukaṃ śeṣaḥ //（P.3.4.114）	全界之外的（van）是半界词缀。
i+va	tasya lopaḥ //（P.1.3.9）	van 的符号 n 由消隐替换。
i+**iṭ**+va	ārdhadhātukasyeḍvalādeḥ //（P.7.2.35）	在以对收 val 为首位音的半界词缀前，插入联系元音 iṭ。
i+va	ekāca upadeśe 'nudāttāt //（P.7.2.10） neḍvaśi kṛti //（P.7.2.8）	于原始发音状态的非高音的单音节词根后，不加联系元音 iṭ。 在以 vaś 为对收的浊辅音起始的直接后缀前，不加联系元音 iṭ。
i+va	yasmātpratyayavidhistadādi pratyaye 'ṅgam //（P.1.4.13）	其后安排了词缀的词，以此词为始，在词缀前叫词干。
e+va	sārvadhātukārdhadhātukayoḥ //（P.7.3.84）	遇到半界词缀，词干的末元音 i 由二合元音（guṇa）替换。
eva	kṛttaddhitasamāsāśca //（P.1.2.46）	以直接后缀为末的是名词词基。

eva+**sup**	ṅyāpprātipadikāt //（P.4.1.1） svaujasamauṭchaṣ…sup //（P.4.1.2）	在以 ṅī、āp 为末的词后，以及在名词词基后是 su 等格尾。 根据需要加某一 sup 格尾。
eva+sup	cādayo 'sattve //（P.1.4.57）	非实物意义的 ca 等词是投词（nipāta）。
eva+sup	svarādinipātamavyayam //（P.1.1.37）	投词 eva 是不变词。
eva+（ ）	avyayādāpsupaḥ //（P.2.4.82）	消隐（luk）替换不变词后的格尾。
eva	pratyayasya lukślulupaḥ //（P.1.1.61）	luk、ślu、lup 是词缀的消隐替换。消隐是不显现。
eva	pratyayalope pratyayalakṣaṇam //（P.1.1.62）	词缀消隐后，词缀的因还在。
eva	suptiṅantaṃ padam //（P.1.4.14）	以格尾为末的 eva 是字。

小结：

eva 是加直接后缀 van 而成的，表达的含义是“行走”“快速”。

但非实物意义的 eva 是不变词，其含义是“正是”“只有”等。本颂采用“正是”这种理解。

vijñapti

词根：第十类动词词根（curādigaṇa），10.81 jñapa jñāna-jñāpana-māraṇa-toṣaṇa-niśāna-niśāmaneṣu [jñap 知晓（jñāna），应用（jñāpana），消灭（māraṇa），满意（toṣaṇa），锐化（niśāna），看或听（niśāmana）]。①

近置词：vi（viśeṣe 差别，nānātve 多样性，vicāra 分析，niśāmane 看或听，saṃjñāyām 认知）。[依据：upasargāḥ kriyāyoge //（P.1.4.59）。]

直接后缀：ktin。

演变过程：

jñap+**ṇic**	satyāpa…cūrādibhyo ṇic //（P.3.1.25）	第十类动词词根本身必须加上 ṇic 词缀，表原义。
jñap+**ṇic**	ārdhadhātukaṃ śeṣaḥ //（P.3.4.114）	全界词缀之外的（ṇic）是半界词缀。
jñap+ṇic	yasmātpratyayavidhistadādi	其后安排了词缀的词，以此词为始，在词

① Otto Böhtlingk 在其《*Pāṇini's Grammatik*》的《界读》（*Dhātupāṭha*）中给出的 jñap 词根的含义不全，mit 的范围也不全。故参考其他书后进行了修改和补充。

	pratyaye 'ṅgam //（P.1.4.13）	缀前叫词干。
jñāp+ṇic	ata upadhāyāḥ //（P.7.2.116）	遇 ñ、ṇ 符号的后缀时，词干倒数第二的 a 音由三合元音替换。
jña**ap**+ṇic	nānye mito 'hetau //（Dhātupāṭha-gaṇasūtra） mitāṃ hrasvaḥ //（P.6.4.92）	jñap、cah、rah、bala、yam、ci 这六个第十类动词词根表达非使役含义时，被称作 mit。 当词根有 mit 的术语称谓时，ṇic 前面的词根的倒数第二字母的长元音变短。
jñap+ṇic	sanādyantā dhātavaḥ //（P.3.1.32）	以 ṇic 词缀落尾的"jñap+ṇic"是新词根。
vi+jñap+ṇic+**ktin**	striyāṃ ktin //（P.3.3.94）	要表阴性时，加直接后缀 ktin，表行为等含义。
vi+jñap+ṇic+**ktin**	ārdhadhātukaṃ śeṣaḥ //（P.3.4.114）	ktin 是半界词缀。
vi+jñap+ṇic+ti	tasya lopaḥ //（P.1.3.9）	ktin 的符号 k、n 由消隐替换。
vi+jñap+ṇic+**iṭ**+ti	ārdhadhātukasyeḍvalādeḥ //（P.7.2.35）	在以对收 val 为首位音的半界词缀前，插入联系元音 iṭ。
vi+jñap+ṇic+**ti**	titutratathasisusarakaseṣu ca //（P.7.2.9）	直接后缀 ti 前不加联系元音 iṭ。 [ktin 是 aniṭ 词缀。]
vi+jñap+（ ）+ti	ṇeraniṭi //（P.6.4.51）	当遇到 aniṭ 半界词缀时，消隐（lopa）替换前面的 ṇic。
vi+jñap+（ ）+ti	pratyayalope pratyayalakṣaṇam //（P.1.1.62）	ṇic 词缀消隐后，ṇic 词缀的因还在。
vi+**jñap+**（ ）+ti	sanādyantā dhātavaḥ //（P.3.1.32）	"jñap+（ ）"仍是新词根。
vi+**jñap+**（ ）+ti	yasmātpratyayavidhistadādi pratyaye 'ṅgam //（P.1.4.13）	其后安排了词缀的词，以此词为始，在词缀前叫词干。
vi+jñap+ti	adarśanaṃ lopaḥ //（P.1.1.60）	不显现的是消隐。
vijñapti	kṛttaddhitasamāsāśca //（P.1.2.46）	直接后缀ktin为末的vijñapti是名词词基。

小结：

第十类动词词根 jñap 有许多含义，与"认知"相关的 vijñapti 主要是采用词根 jñap 的"知晓"（jñāna）这一含义。

解释直接后缀 ktin 的经文 P.3.3.94 在领句经文"bhāve //（P.3.3.18）"的控制之下，所以 vijñapti 可以作为表行为含义的阴性动名词，翻译为"了别"。由于"bhāve //(P.3.3.18）"指的是 siddhabhāva，表示行为的已成就状态，该动名词"了别"其实指的是某种状态，而非正在发生的行为。

另外，siddhabhāva 还可指行为结束后产生的事物，故可用作专有名词（saṃjñā）。所以 vijñapti 还可以作为专有名词“识体”来使用。由于 vijñapti 是因缘和合后所成的事物，属于造作所成之物，故不是本来就有的事物，更不是超越时间的永恒之物。因此，文法学家认为，属于 siddhabhāva 所成之物，只能如同实体（dravyavat）看待。

因此我们看到，诠释 ktin 直接后缀的经文 P.3.3.94 也在领句经文“akartari ca kārake saṃjñāyām //（P.3.3.19）”的控制和解释之下。即作为专有名词的事物时，vijñapti 可以作为表词根含义的行为的造者（kāraka），但不能是主动者（kartṛ）。此如同实体看待的 vijñapti 翻译为“识”，但该识不是认知行为的主动者，故符合佛教“诸行无常，诸法无我”的思想。

造者（kāraka）指的是事件的发生因或构成要素。所以 vijñapti 作为认知事件的造者时，可以指所从取者（apādāna），即认知产生的缘由、源头；另外也可作为受用者（sampradāna），即认知信息的承受者；还可作为认知的作用具（karaṇa），即作为认知中介的思维概念、智慧等。世亲之所以要创作 vijñapti 一词表示“识体”，就是要表达：识体（vijñapti）是一种包含所从取者（apādāna）、作用具（karaṇa）、受用者（sampradāna）三重行相的认知单元。这种认知单元各自相续地只存在一刹那。刹那是不可再被分割的时间的最小单元。故该识体单元发挥“产生认知信息”，与“接受自身的认知信息”的功用时，并非分为前后两个阶段，而是同时进行的。否则就犯了刹那可以再被分割的错误。故本颂的 vijñapti 采用“识体”这种理解。

mātra

词根：第二类动词词根（adādigaṇa），2.53 mā māne（mā 测量）；第三类动词词根（juhotyādigaṇa），3.6 māṅ māne śabde ca（mā 测量，发声）；第四类动词词根（divādigaṇa），4.34 māṅ mane（mā 测量）。

直接后缀：tran。

演变过程：

mā+**tran**	huyāmāśru bhasibhyastran //（Uṇādisūtra 4.167）	直接后缀 tran 加在词根 hu、yā、māu、bhas 后
mā+**tran**	ārdhadhātukaṃ śeṣaḥ //（P.3.4.114）	全界词缀之外的（tran）是半界词缀。
mā+tra	tasya lopaḥ //（P.1.3.9）	tran 的符号 n 由消隐替换。
mā+**iṭ**+tra	ārdhadhātukasyeḍvalādeḥ //（P.7.2.35）	在以对收 val 为首位音的半界词缀前，插入联系元音 iṭ。

mā+tra	titutratathasisusarakaseṣu ca //（P.7.2.9）	直接后缀 tra 前不加联系元音 iṭ。[tran 是 aniṭ 词缀。]
mā+tra	yasmātpratyayavidhistadādi pratyaye 'ṅgam //（P.1.4.13）	其后安排了词缀的词，以此词为始，在词缀前叫词干。
mātra	kṛttaddhitasamāsāśca //（P.1.2.46）	以直接后缀 tran 为末的是名词词基。

小结：

mātra 的基本含义是“度量”。印度古老的词典《无灭宝藏》（*Amarakośa*）对 mātra 的解释：“alpe ca parimāṇe sā mātraṃ kārtsnye 'vadhāraṇe //3.3.178//。”[①]即 mātra 的含义有：小（alpa）[②]、度量（parimāṇa）、全部（kārtsnya）、限定（avadhāraṇa）。

因此“唯识”（vijñaptimātra）用的是 mātra 的“全部”（kārtsnya）和“限定”（avadhāraṇa）两重含义。

vijñapti-mātra

世俗拆分： vijñaptir mātram。

非世俗拆分： vijñapti+su+mātra+su。

名词词基： vijñapti（识）；mātra（全部，限定）。

演变过程：

vijñapti+su+ mātra+su	saha supā //（P.2.1.4）	以格尾收尾的词可以与以格尾收尾的词构成复合词。
vijñapti+su+ mātra+su	kṛttaddhitasamāsāśca //（P.1.2.46）	有意义的复合词是名词词基。
vijñapti+mātra	supo dhātuprātipadikayoḥ //（P.2.4.71） pratyayasya lukślulupaḥ //（P.1.1.61）	词根、名词词基中蕴含的格尾由消隐（luk）替换。 luk、ślu、lup 是词缀的消隐替换。消隐是不显现。
vijñaptimātra	kṛttaddhitasamāsāśca //（P.1.2.46）	有意义的复合词是名词词基。

小结：

vijñaptimātra 中的 mātra 用的是“全部”（kārtsnya）和“限定”（avadhāraṇa）两重含

① N. G. Sardesai & D. G. Padhye, *Amarakośa of Amarasingh*, 2009, p.134.

② 印度六派哲学中的数论派的二十五谛中的“五唯”梵文为 pañca-tanmātra。其中的 mātra 就是“微小”的意思。

义。故 vijñaptimātra 有“一切都是识”“识为其（限定、本质）范畴”的含义。

本颂的 vijñaptimātra 是属于没有特殊术语的纯粹复合词（kevalasamāsa）[①]，综合翻译为“唯识”。

vijñapti-mātratā

世俗拆分： vijñapti-mātrasya bhāvaḥ。

非世俗拆分： vijñapti-mātra+ṅas+tal。

名词词基： vijñapti-mātra（唯识性）。

派生词缀： tal。

演变过程：

vijñapti-mātra+ṅas+ **tal**	tasya bhāvastvatalau // （P.5.1.119）	（表现）其本性、状态时，用 tva 和 tal。
vijñapti-mātra+ṅas+ tal	kṛttaddhitasamāsāśca // （P.1.2.46）	以派生词缀为尾的是名词词基。
vijñapti-mātra+tal	supo dhātuprātipadikayoḥ // （P.2.4.71） pratyayasya lukślulupaḥ // （P.1.1.61）	词根、名词词基中蕴含的格尾由消隐（luk）替换。 luk、ślu、lup 是词缀的消隐替换。消隐是不显现。
vijñapti-mātra+ta	tasya lopaḥ // （P.1.3.9）	tal 的符号 l 由消隐替换。
vijñapti-mātra+ta	talantaṃ striyām / （Sārasiddhāntakaumudī 708）	以 tal 收尾的词是阴性。
vijñapti-mātrata+**ṭāp**	ajādyataṣṭāp // （P.4.1.4）	aja 等以及以 a 为末的，于阴性时，加 ṭāp。
vijñapti-mātrata+ā	tasya lopaḥ // （P.1.3.9）	ṭāp 的符号 ṭ、p 由消隐替换。
vijñapti-mātrat**ā**	akaḥ savarṇe dīrghaḥ // （P.6.1.101）	以 ak 为对收的末音后遇同类音时，一长音替换前后两音位。
vijñapti-mātratā+**su**	ṅyāpprātipadikāt // （P.4.1.1） svaujasamauṭchaṣ…sup // （P.4.1.2）	在以 ṅī、āp 为末的词后，以及在名词词基后是 su 等格尾。 单数第一格加格尾 su。
vijñapti-mātratā+s	tasya lopaḥ // （P.1.3.9）	su 的符号 u 由消隐替换。
vijñapti-mātratā+（ ）	halṅyābbhyo dīrghāt sutisy- apṛktaṃ hal //（P.6.1.68）	在辅音后，在保留长音的 ṅī、āp 后，格尾 su、语尾 tip、sip 的单辅音词缀由消隐

① 段晴：《波你尼语法入门》，北京大学出版社 2001 年版，第 415 页。

		（lopa）替换。
vijñapti-mātratā	adarśanaṃ lopaḥ //（P.1.1.60）	不显现的是消隐。
vijñapti-mātratā	pratyayalope pratyayalakṣaṇam //（P.1.1.62）	词缀消隐后，词缀的因还在。
vijñapti-mātratā	suptiṅantaṃ padam //（P.1.4.14）	以格尾为末的是字。

小结：

vijñapti-mātratā 的基本含义是“唯识的特性”。

vijñapti-mātratā 阴性，单数，第一格，翻译为“唯识性”。

第二十六颂

यावद्विज्ञप्तिमात्रत्वे विज्ञानं नावतिष्ठति ।
ग्राहद्वयस्यानुशयस्तावन्न विनिवर्तते ॥ २६ ॥

yāvad vijñaptimātratve vijñānaṃ na avatiṣṭhati /
grāha-dvayasya anuśayas tāvan na vinivartate //26//

玄奘译：乃至未起识，求住唯识性，于二取随眠，犹未能伏灭。

真谛译《转识论》：若人修道智慧未住此唯识义者，二执随眠所生众惑不得灭离。根本不灭故，由此义故，立一乘，皆令学菩萨道。

霍韬晦译：乃至唯表性，识未安住时，彼二取随眠，犹未能伏灭。

现译：直至认知/智慧/识未安住于唯识性，成对的取的随眠就仍未伏灭。

yad

词根：第一类动词词根（bhvādigaṇa），1.1051 yaja devapūjāsaṃgatikaraṇadāneṣu（yaj 有牺牲品的祭祀，荣耀，奉献）。

直接后缀：adi。

演变过程：

yaj+**adi**	tyajitaniyajbhyo ḍit //（Uṇādisūtra 1.132）	在词根 tyaj、tan、yaj 后加直接后缀 adi。该词缀如同带 ḍ 符号。
yaj+**adi**	ārdhadhātukaṃ śeṣaḥ //（P.3.4.114）	全界之外的（adi）是半界词缀。
yaj+ad	tasya lopaḥ //（P.1.3.9）	adi 的符号 i 由消隐替换。
yaj+ad	yasmātpratyayavidhistadādi pratyaye ’ṅgam //（P.1.4.13）	其后安排了词缀的词，以此词为始，在词缀前叫词干。
y+ad	ṭeḥ //（P.6.4.143）	遇到 ḍ 符号时，词干末音节由消隐替换。
yad	kṛttaddhitasamāsāśca //（P.1.2.46）	以直接后缀为末的是名词词基。

yad	sarvādīni sarvanāmāni //（P.1.1.27）	sarva 等词是代词。

小结：

yad 是代词，有阳、阴、中三性，含义是“那”。

yāvad

世俗拆分： yat parimāṇam asya。

非世俗拆分： yad+su+vatup。

名词词基： yad（那）。

派生词缀： vatup。

演变过程：

yad	sarvādīni sarvanāmāni //（P.1.1.27）	sarva 等词是代词。
yad+su+**vatup**	yattadetebhyaḥ parimāṇe vatup //（P.5.2.39）	派生词缀 vatup 加在第一格的 yad、tad、etad 词后，表完全的尺度。
yad+su+vatup	kṛttaddhitasamāsāśca //（P.1.2.46）	以派生词缀为尾的是名词词基。
yad+vatup	supo dhātuprātipadikayoḥ //（P.2.4.71） pratyayasya lukślulupaḥ //（P.1.1.61）	词根、名词词基中蕴含的格尾由消隐（luk）替换。 luk、ślu、lup 是词缀的消隐替换。消隐是不显现。
yad+vat	tasya lopaḥ //（P.1.3.9）	vatup 的符号由消隐替换。
ya+**ā**+vat	ā sarvanāmnaḥ //（P.6.3.91）	在 dṛk、dṛś 词前，及 vat 词缀前，ā 音替换代词的末音。
y+**ā**+vat	akaḥ savarṇe dīrghaḥ //（P.6.1.101）	以 ak 为对收的末音后遇同类音时，一长音替换前后两音位。
yāvat	kṛttaddhitasamāsāśca //（P.1.2.46）	以派生词缀为尾的是名词词基。
yāvat+**sup**	ṅyāpprātipadikāt //（P.4.1.1） svaujasamauṭchaṣ…sup //（P.4.1.2）	在以 ṅī、āp 为末的词后，以及在名词词基后是 su 等格尾。 根据需求加某一 sup 格尾。
yāvat+sup	cādayo 'sattve //（P.1.4.57）	yāvat 是属于以 ca 为首的群中非实物意义的投词（nipāta）。
yāvat+sup	svarādinipātamavyayam //（P.1.1.37）	投词是不变词。

yāvat+（ ）	avyayādāpsupaḥ //（P.2.4.82）	消隐（luk）替换不变词后的格尾。
yāvat	pratyayasya lukślulupaḥ //（P.1.1.61）	luk、ślu、lup 是词缀的消隐替换。消隐是不显现。
yāvat	pratyayalope pratyayalakṣaṇam //（P.1.1.62）	词缀消隐后，词缀的因还在。
yāvat	suptiṅantaṃ padam //（P.1.4.14）	以格尾为末的 yāvat 是字。
yāva**d**	jhalāṃ jaśo 'nte //（P.8.2.39）	字末的 jhal 对收音由 jaś 对收音替换。

小结：

yāvat 是不变词，英语的含义“as much as”，中文翻译为“直至”。

vijñapti

词根： 第十类动词词根（curādigaṇa），10.81 jñapa jñāna-jñāpana-māraṇa-toṣaṇa-niśāna-niśāmaneṣu [jñap 知晓（jñāna），应用（jñāpana），消灭（māraṇa），满意（toṣaṇa），锐化（niśāna），看或听（niśāmana）]。[①]

近置词： vi（viśeṣe 差别，nānātve 多样性，vicāra 分析，niśāmane 看或听，saṃjñāyām 认知）。[依据：upasargāḥ kriyāyoge //（P.1.4.59）。]

直接后缀： ktin。

演变过程：

jñap+**ṇic**	satyāpa…curādibhyo ṇic //（P.3.1.25）	第十类动词词根本身必须加上 ṇic 词缀，表原义。
jñap+**ṇic**	ārdhadhātukaṃ śeṣaḥ //（P.3.4.114）	全界词缀之外的（ṇic）是半界词缀。
jñap+ṇic	yasmātpratyayavidhistadādi pratyaye 'ṅgam //（P.1.4.13）	其后安排了词缀的词，以此词为始，在词缀前叫词干。
jñ**ā**p+ṇic	ata upadhāyāḥ //（P.7.2.116）	遇 ñ、ṇ 符号的后缀时，词干倒数第二的 a 音由三合元音替换。
jñ**a**p+ṇic	nānye mito 'hetau //（Dhātupāṭha-gaṇasūtra） mitāṃ hrasvaḥ //（P.6.4.92）	jñap、cah、rah、bala、yam、ci 这六个第十类动词词根表达非使役含义时，被称作 mit。 当词根有 mit 的术语称谓时，ṇic 前面词根的倒数第二字母的长元音变短。

① Otto Böhtlingk 在其《*Pāṇini's Grammatik*》的《界读》（*Dhātupāṭha*）中给出的 jñap 词根的含义不全，mit 的范围也不全。故参考其他书后进行了修改和补充。

jñap+ṇic	sanādyantā dhātavaḥ //（P.3.1.32）	以 ṇic 词缀落尾的“jñap+ṇic”是新词根。
vi+jñap+ṇic+**ktin**	striyāṃ ktin //（P.3.3.94）	要表阴性时，加直接后缀 ktin，表行为等含义。
vi+jñap+ṇic+**ktin**	ārdhadhātukaṃ śeṣaḥ //（P.3.4.114）	ktin 是半界词缀。
vi+jñap+ṇic+ti	tasya lopaḥ //（P.1.3.9）	ktin 的符号 k、n 由消隐替换。
vi+jñap+ṇic+**iṭ**+ti	ārdhadhātukasyeḍvalādeḥ //（P.7.2.35）	在以对收 val 为首位音的半界词缀前，插入联系元音 iṭ。
vi+jñap+ṇic+**ti**	titutratathasisusarakaseṣu ca //（P.7.2.9）	直接后缀 ti 前不加联系元音 iṭ。[ktin 是 aniṭ 词缀。]
vi+jñap+（ ）+ti	ṇeraniṭi //（P.6.4.51）	当遇到 aniṭ 半界词缀时，消隐（lopa）替换前面的 ṇic。
vi+jñap+（ ）+ti	pratyayalope pratyayalakṣaṇam //（P.1.1.62）	ṇic 词缀消隐后，ṇic 词缀的因还在。
vi+**jñap+**（ ）+ti	sanādyantā dhātavaḥ //（P.3.1.32）	“jñap+（ ）”仍是新词根。
vi+**jñap+**（ ）+ti	yasmātpratyayavidhistadādi pratyaye 'ṅgam //（P.1.4.13）	其后安排了词缀的词，以此词为始，在词缀前叫词干。
vi+jñap+ti	adarśanaṃ lopaḥ //（P.1.1.60）	不显现的是消隐。
vijñapti	kṛttaddhitasamāsāśca //（P.1.2.46）	直接后缀 ktin 为末的 vijñapti 是名词词基。

小结：

第十类动词词根 jñap 有许多含义，与“认知”相关的 vijñapti 主要是采用词根 jñap 的“知晓”（jñāna）这一含义。

解释直接后缀 ktin 的经文 P.3.3.94 在领句经文“bhāve //（P.3.3.18）”的控制之下，所以 vijñapti 可以作为表行为含义的阴性动名词，翻译为“了别”。由于“bhāve //（P.3.3.18）”指的是 siddhabhāva，表示行为的已成就状态，该动名词“了别”其实指的是某种状态，而非正在发生的行为。

另外，siddhabhāva 还可指行为结束后产生的事物，故可用作专有名词（saṃjñā）。所以 vijñapti 还可以作为专有名词“识体”来使用。由于 vijñapti 是因缘和合后所成的事物，属于造作所成之物，故不是本来就有的事物，更不是超越时间的永恒之物。因此，文法学家认为，属于 siddhabhāva 所成之物，只能如同实体（dravyavat）看待。

因此我们看到，诠释 ktin 直接后缀的经文 P.3.3.94 也在领句经文“akartari ca kārake saṃjñāyām //（P.3.3.19）”的控制和解释之下，即作为专有名词的事物时，vijñapti 可以作为表词根含义的行为的造者（kāraka），但主动者（kartṛ）除外。此如同实体看待的 vijñapti 翻译为“识”，但该识不是认知行为的主动者，故符合佛教“诸行无常，诸法无我”的思想。

造者（kāraka）指的是事件的发生因或构成要素。所以 vijñapti 作为认知事件的造者时，可以指所从取者（apādāna），即认知产生的缘由、源头；另外也可作为受用者（sampradāna），即认知信息的承受者；还可作为认知的作用具（karaṇa），即作为认知中介的思维概念、智慧等。世亲之所以要创作 vijñapti 一词表示“识体”，就是要表达：识体（vijñapti）是一种包含所从取者（apādāna）、作用具（karaṇa）、受用者（sampradāna）三重行相的认知单元。这种认知单元各自相续地只存在一刹那。刹那是不可再被分割的时间的最小单元。故该识体单元发挥“产生认知信息”，与“接受自身的认知信息”的功用时，并非分为前后两个阶段，而是同时进行的。否则就犯了刹那可以再被分割的错误。故本颂的 vijñapti 采用“识体”这种理解。

mātra

词根：第二类动词词根（adādigaṇa），2.53 mā māne（mā 测量）；第三类动词词根（juhotyādigaṇa），3.6 māṅ māne śabde ca（mā 测量，发声）；第四类动词词根（divādigaṇa），4.34 māṅ mane（mā 测量）。

直接后缀：tran。

演变过程：

mā+**tran**	huyāmāśru bhasibhyastran //（Uṇādisūtra 4.167）	直接后缀 tran 加在词根 hu、yā、mā、śru、bhas 后。
mā+**tran**	ārdhadhātukaṃ śeṣaḥ //（P.3.4.114）	全界词缀之外的（tran）是半界词缀。
mā+tra	tasya lopaḥ //（P.1.3.9）	tran 的符号 n 由消隐替换。
mā+**iṭ**+tra	ārdhadhātukasyeḍvalādeḥ //（P.7.2.35）	在以对收 val 为首位音的半界词缀前，插入联系元音 iṭ。
mā+tra	titutratathasisusarakaseṣu ca //（P.7.2.9）	直接后缀 tra 前不加联系元音 iṭ。[tran 是 aniṭ 词缀。]
mā+tra	yasmātpratyayavidhistadādi pratyaye 'ṅgam //（P.1.4.13）	其后安排了词缀的词，以此词为始，在词缀前叫词干。
mātra	kṛttaddhitasamāsāśca //（P.1.2.46）	以直接后缀为末的是名词词基。

小结：

mātra 的基本含义是“度量”。印度古老的词典《无灭宝藏》（*Amarakośa*）对 mātra 的解释：“alpe ca parimāṇe sā mātraṃ kārtsnye ’vadhāraṇe //3.3.178//。”即 mātra 的含义有：小（alpa）、度量（parimāṇa）、全部（kārtsnya）、限定（avadhāraṇa）。

因此“唯识”（vijñaptimātra）用的是 mātra 的“全部”（kārtsnya）和“限定”（avadhāraṇa）两重含义。

vijñapti-mātra

世俗拆分： vijñaptir mātram。

非世俗拆分： vijñapti+su+mātra+su。

名词词基： vijñapti（识）；mātra（全部，限定）。

演变过程：

vijñapti+su+ mātra+su	saha supā //（P.2.1.4）	以格尾收尾的词可以与以格尾收尾的词构成复合词。
vijñapti+su+ mātra+su	kṛttaddhitasamāsāśca //（P.1.2.46）	有意义的复合词是名词词基。
vijñapti+mātra	supo dhātuprātipadikayoḥ //（P.2.4.71） pratyayasya lukślulupaḥ //（P.1.1.61）	词根、名词词基中蕴含的格尾由消隐（luk）替换。 luk、ślu、lup 是词缀的消隐替换。消隐是不显现。
vijñaptimātra	kṛttaddhitasamāsāśca //（P.1.2.46）	有意义的复合词是名词词基。

小结：

vijñaptimātra 中的 mātra 用的是“全部”（kārtsnya）和“限定”（avadhāraṇa）两重含义。故 vijñaptimātra 有“一切都是识”“识为其（限定、本质）范畴”的含义。

本颂 vijñaptimātra 是属于没有特殊术语的纯粹复合词（kevalasamāsa）[①]，综合翻译为“唯识”。

vijñaptimātratve

世俗拆分： vijñaptimātrasya bhāvaḥ。

① 段晴：《波你尼语法入门》，北京大学出版社 2001 年版，第 415 页。

非世俗拆分： vijñaptimātra+ṅas+tva。

名词词基： vijñaptimātra（唯识）。

派生词缀： tva。

演变过程：

vijñaptimātra+ṇas+**tva**	tasya bhāvastvatalau //（P.5.1.119）	（表现）其本性、状态时，用 tva 和 tal。
vijñaptimātra+ṇas+ tva	kṛttaddhitasamāsāśca //（P.1.2.46）	派生词缀为末的是名词词基。
vijñaptimātra+tva	supo dhātuprātipadikayoḥ //（P.2.4.71） pratyayasya lukślulupaḥ //（P.1.1.61）	词根、名词词基中蕴含的格尾由消隐（luk）替换。 luk、ślu、lup 是词缀的消隐替换。消隐是不显现。
vijñaptimātratva	kṛttaddhitasamāsāśca //（P.1.2.46）	派生词缀为末的是名词词基。
vijñaptimātratva+**ṅi**	ṅyāpprātipadikāt //（P.4.1.1） svaujasamauṭchaṣ…sup //（P.4.1.2）	在以 ṅī、āp 为末的词后，以及在名词词基后是 su 等格尾。 单数第七格加格尾 ṅi。
vijñaptimātratva+i	tasya lopaḥ //（P.1.3.9）	ṅi 的符号 ṅ 由消隐替换。
vijñaptimātratv+**e**	ādguṇaḥ //（P.6.1.87）	a 音后遇元音时，由一个二合元音替换前后两音位。
vijñaptimātratve	suptiṅantaṃ padam //（P.1.4.14）	以格尾为末的是字。

小结：

vijñaptimātra 后加派生词缀 tva 表达其性质、状态的含义，故其含义是“唯识性”。vijñaptimātratve 是中性，单数，第七格。翻译为“依于唯识性”。

vijñānaṃ

词根： 第九类动词词根（kryādigaṇa），9.36 jñā avabodhane（jñā 知晓）。[①]

① 同为第九类动词词根（kryādigaṇa）的 jñā 还有“1.849 jñā māraṇa-toṣaṇa-niśāna-niśāmaneṣu [jñā 消灭（māraṇa），满意（toṣaṇa），锐化（niśāna），看或听（niśāmana）]”。该词根 jñā 虽然放在第一类动词词根群（bhvādigaṅa）中，但实际是第九类动词词根。只是表“消灭”等含义的 jñā 属于 ghaṭādi 群中的词根，所以波你尼在《界读》中才把相关不同类别的 ghaṭādi 词根都收集在了一起，（转下页）（接上页）放在 bhvādigaṅa 中。也就是说，作为第九类动词词根的 jñā 实际有两大类含义：前一类为知晓的含义，后一类为非知晓的含义。

近置词：vi（viśeṣe 差别，nānātve 多样性，vicāra 分析，niśāmane 看或听，saṃjñāyām 认知）。[依据：upasargāḥ kriyāyoge //（P.1.4.59）。]

直接后缀：lyuṭ。

演变过程（一）：

vi+jñā+**lyuṭ**	lyuṭ ca //（P.3.3.115） 或 karaṇādhikaraṇayośca //（P.3.3.117）	当作为中性名词表达词根意义的行动和行为时，加 lyuṭ 后缀。 加 lyuṭ 后缀的词可以表达作用具或场所这两种造者的含义。
vi+jñā+**lyuṭ**	ārdhadhātukaṃ śeṣaḥ //（P.3.4.114）	直接后缀 lyuṭ 是半界词缀。
vi+jñā+yu	tasya lopaḥ //（P.1.3.9）	lyuṭ 的符号 l、ṭ 由消隐替换。
vi+jñā+**ana**	yuvoranākau //（P.7.1.1）	yu 和 vu 由 ana 和 aka 替换。
vi+**jñā**+ana	yasmātpratyayavidhistadādi pratyaye 'ṅgam //（P.1.4.13）	其后安排了词缀的词，以此词为始，在词缀前叫词干。
vi+jñ+**ā**+na	akaḥ savarṇe dīrghaḥ //（P.6.1.101）	以 ak 为对收的末音后遇同类音时，一长音替换前后两音位。
vijñāna	kṛttaddhitasamāsāśca //（P.1.2.46）	直接后缀为末的是名词词基。
vijñān**a**	hrasvo napuṃsake prātipadikasya //（P.1.2.47）	词为中性时，短元音替换名词词基的末音。
vijñāna+**su**	ṅyāpprātipadikāt //（P.4.1.1） svaujasamauṭchaṣ…sup //（P.4.1.2）	在以 ṅī、āp 为末的词后，以及在名词词基后是 su 等格尾。 单数第一格加格尾 su。
vijñāna+**am**	ato 'm //（P.7.1.24）	以 a 落尾的中性词后，am 替换格尾 su 和 am。
vijñān+**a**+m	ami pūrvaḥ //（P.6.1.107）	在 a、ā 以及单元音后，遇到 am 的元音时，前面的元音形式是唯一的替代。
vijñānam	suptiṅantaṃ padam //（P.1.4.14）	以格尾为末的是字。
vijñāna**ṃ**	mo 'nusvāraḥ //（P.8.3.23）	字末的 m 音在辅音前由鼻腔音替代。
vijñāna**n**	anusvārasya yayi parasavarṇaḥ //（P.8.4.58）	遇到除咝音和 h 音以外的辅音时，后面的同类音替换鼻腔音。
vijñānaṃ	vā padāntasya //（P.8.4.59）	字末的同类鼻音的替换可做可不做。

名词词基：vijñāna（识）。

演变过程（二）：

vijñāna	arthavadadhāturapratyayaḥ prātipadikam //（P.1.2.45）	既非词根，亦非词缀，有意义的（词）是名词词基。 [“识”含义的 vijñāna 是不可拆分（avyutpanna）的名词词基。]
vijñān**a**	hrasvo napuṃsake prātipadikasya //（P.1.2.47）	词为中性时，短元音替换名词词基的末音。
vijñāna+**su**	ṅyāpprātipadikāt //（P.4.1.1） svaujasamauṭchaṣ…sup //（P.4.1.2）	在以 ṅī、āp 为末的词后，以及在名词词基后是 su 等格尾。 单数第一格加格尾 su。
vijñāna+**am**	ato 'm //（P.7.1.24）	以 a 落尾的中性词后，am 替换格尾 su 和 am。
vijñān+**a**+m	ami pūrvaḥ //（P.6.1.107）	在 a、ā 以及单元音后，遇到 am 的元音时，前面的元音形式是唯一的替代。
vijñānam	suptiṅantaṃ padam //（P.1.4.14）	以格尾为末的是字。
vijñāna**ṃ**	mo 'nusvāraḥ //（P.8.3.23）	字末的 m 音在辅音前由鼻腔音替代。
vijñāna**n**	anusvārasya yayi parasavarṇaḥ //（P.8.4.58）	遇到除咝音和 h 音以外的辅音时，后面的同类音替换鼻腔音。
vijñānaṃ	vā padāntasya //（P.8.4.59）	字末的同类鼻音的替换可做可不做。

小结：

在演变过程（一）中，加 lyuṭ 直接后缀依据两种情况。

一者，依据经文“lyuṭ ca //（P.3.3.115）”而得到 vijñāna 一词，该词是表达词根含义的行为的中性动名词，可以翻译为“认知”。

二者，依据经文“karaṇādhikaraṇayośca //（P.3.3.117）”，vijñāna 表达的是产生词根所代表的行为的作用具或场所这样的造者（kāraka）的含义。当 vijñāna 作为作用具（karaṇa）时，指的是产生认知的工具、中介，即符号、名称、心相、智慧等。其中第二十八颂的 vijñānaṃ 玄奘翻译为“智”；当 vijñāna 作为场所（adhikaraṇa）时，指的是认知的主题（Subject）和领域（Field）。此时 vijñāna 可以翻译为“知识”（Knowledge）。

综上所述，在婆罗门教体系中，vijñāna 无“识”这种认知主体的含义，而且无法通过波你尼梵语语法的分析推导出“识”这一含义。

在演变过程（二）中，vijñāna 一词表达“识”的含义时，作为专有名词，笔者认为是佛教的特殊用法，故此词也许是佛陀创造的俗语词汇。因为婆罗门教中，作为认知主体的 citta、manas、ātman 等词都是表示有恒常实体的认知主体，不符合佛陀所主张的“诸行无常，诸法无我”的观点，故不适合引入到佛教体系中来。因此佛陀必须创造出一个全新的俗语词汇来表示无常的认知主体。现在看到的“识”含义的佛教梵语词汇 vijñāna，是在保持该佛教俗语词汇的原音的基础上，而引入的外来词汇。故佛教梵语中的表达“识”含义的 vijñāna 是不可拆分（avyutpanna）的词汇。

本颂中的 vijñāna 应该具有以上三大类含义：认知、智慧、识。

vijñānam 是中性，单数，第一格，含义是认知、智慧、识。

na

名词词基： nañ（非）。

演变过程：

nañ	arthavadadhāturapratyayaḥ prātipadikam //（P.1.2.45）	既非词根，亦非词缀，有意义的（词）是名词词基。 [na 是不可拆分（avyutpanna）的名词词基。]
na	tasya lopaḥ //（P.1.3.9）	nañ 的符号 ñ 由消隐替换。
na+**sup**	ṅyāpprātipadikāt //（P.4.1.1） svaujasamauṭchaṣ…sup //（P.4.1.2）	在以 ṅī、āp 为末的词后，以及在名词词基后是 su 等格尾。 根据需求加某一 sup 格尾。
na+sup	cādayo ’sattve //（P.1.4.57）	非实物意义的 ca 等词是投词（nipāta）。
na+sup	svarādinipātamavyayam //（P.1.1.37）	投词 nañ 是不变词。
na+（ ）	avyayādāpsupaḥ //（P.2.4.82）	消隐（luk）替换不变词后的格尾。
na	pratyayasya lukślulupaḥ //（P.1.1.61）	luk、ślu、lup 是词缀的消隐替换。消隐是不显现。
na	pratyayalope pratyayalakṣaṇam //（P.1.1.62）	词缀消隐后，词缀的因还在。
na	suptiṅantaṃ padam //（P.1.4.14）	以格尾为末的 na 是字。

小结：

na 是投词，不变词，意为“非”“无”。

avatiṣṭhati

词根：第一类动词词根（bhvādigaṇa），1.975 ṣṭhā gatinivṛttau（sthā 驻留）。

近置词：ava（śuddhau 洁净，nyagbhāve 处下）。[依据：upasargāḥ kriyāyoge //（P.1.4.59）。]

演变过程：

ṣṭhā	bhūvādayo dhātavaḥ //（P.1.3.1）	ṣṭhā 是词根。
sthā	dhātvādeḥ ṣaḥ saḥ //（P.3.4.114）	词根的首位音 ṣ 由 s 音替换。
ava+sthā+**laṭ**	vartamāne laṭ //（P.3.2.123）	laṭ（第一罗）表示正在发生。
ava+sthā+l	tasya lopaḥ //（P.1.3.9）	消隐替换 laṭ 的符号 a、ṭ。
ava+sthā+**tip**	laḥ parasmaipadam //（P.1.4.99） śeṣāt kartari parasmaipadam//（P.1.3.78） tiptasjhi…iḍvahimahiṅ //（P.3.4.78）	替换罗的是主动语态。 排除了中间语态因素的词根后是主动语态。格尾表主动者。 主动语态第三人称单数的 laṭ 的替换是 tip。
ava+sthā+**tip**	tiṅśit sārvadhātukam //（P.3.4.113）	tiṅ、带符号 ś 的词缀是全界。
ava+sthā+**śap**+tip	kartari śap //（P.3.1.68）	遇到表示主动者为目的全界词缀时，词根后加插入音 śap。
ava+**tiṣṭha**+śap+tip	pāghrādhmāsthā…pibajighradhamatiṣṭha…//（P.7.3.78）	遇到带 ś 符号的词缀时，词根 sthā 由 tiṣṭha 替换。
ava+tiṣṭha+**śap**+tip	tiṅśit sārvadhātukam //（P.3.4.113）	tiṅ、带符号 ś 的词缀是全界。
ava+tiṣṭha+a+tip	tasya lopaḥ //（P.1.3.9）	消隐替换 śap 的符号 ś、p。
ava+**tiṣṭha**+a+tip	yasmātpratyayavidhistadādi pratyaye 'ṅgam //（P.1.4.13）	其后安排了词缀的词，以此词为始，在词缀前叫词干。
ava+tiṣṭh+**a**+tip	ato guṇe //（P.6.1.97）	a 音后遇二合元音时，后面的元音形式是唯一的替代。
ava+tiṣṭh+a+ti	tasya lopaḥ //（P.1.3.9）	消隐替换 tip 的符号 p。
avatiṣṭhati	suptiṅantaṃ padam //（P.1.4.14）	以语尾为末的是字。

小结：

avatiṣṭhati 的词根是第一类动词词根的 ṣṭhā gatinivṛttau。

avatiṣṭhati 是现在时，陈述语气，主动语态，第三人称，单数，翻译为“它安住”。

grāha

词根：第九类动词词根（kryādigaṇa），9.61 graha upādāne（grah 取得）。

直接后缀：ghañ。

演变过程（一）：

grah+**ghañ**	bhāve // （P.3.3.18） 或 akartari ca kārake saṃjñāyām // （P.3.3.19）	当表达达到已成就状态的词根意义时，词根后加 ghañ 词缀。 当作术语时，（加 ghañ 词缀）也表示造者，但主动者除外。
grah+**ghañ**	ārdhadhātukaṃ śeṣaḥ // （P.3.4.114）	全界词缀之外的（ghañ）是半界词缀。
grah+a	tasya lopaḥ // （P.1.3.9）	ghañ 的符号 gh、ñ 由消隐替换。
grah+a	yasmātpratyayavidhistadādi pratyaye 'ṅgam //（P.1.4.13）	其后安排了词缀的词，以此词为始，在词缀前叫词干。
gr**ā**h+a	ata upadhāyāḥ // （P.7.2.116）	遇 ñ、ṇ 符号的后缀时，词干倒数第二的 a 音由三合元音替换。
grāha	kṛttaddhitasamāsāśca // （P.1.2.46）	直接后缀 ghañ 为末的 grāha 是名词词基。

词根：第九类动词词根（kryādigaṇa），9.61 graha upādāne（grah 取）。

直接后缀：ṇa。

演变过程（二）：

grah+**ṇa**	vibhāṣā grahaḥ // （P.3.1.143）	词根 grah 之后也可加直接后缀 ṇa，表主动者。
grah+**ṇa**	ārdhadhātukaṃ śeṣaḥ // （P.3.4.114）	全界词缀之外的（ṇa）是半界词缀。
grah+a	tasya lopaḥ // （P.1.3.9）	ṇa 的符号 ṇ 由消隐替换。
grah+a	yasmātpratyayavidhistadādi pratyaye 'ṅgam //（P.1.4.13）	其后安排了词缀的词，以此词为始，在词缀前叫词干。
gr**ā**h+a	ata upadhāyāḥ // （P.7.2.116）	遇 ñ、ṇ 符号的后缀时，词干倒数第二的 a 音由三合元音替换。
grāha	kṛttaddhitasamāsāśca // （P.1.2.46）	直接后缀为末的是名词词基。

小结：

在演变过程（一）中，grāha 如果是依据“bhāve //（P.3.3.18）”加直接后缀 ghañ 而成的话，表达的是行为达到的已成就状态，翻译为“取”。

若 grāha 是依据经文“akartari ca kārake saṃjñāyām //（P.3.3.19）”加直接后缀 ghañ 而成的话，那么 grāha 可以作为非主动者（akartṛ）的造者（kāraka），且是专有名词。根据经文“karturīpsitatamaṃ karma //（P.1.4.49）”可知，行为者最希求得到的是“业”。如果采用“业”（karman）这一造者代表对象时，那么 grāha 指的是“所取”。

在演变过程（二）中，grāha 是由加直接后缀 ṇa 形成的，表主动者（kartṛ）的含义。因此这种情况下，grāha 翻译为“能取”。

由上可知，grāha 有三种含义：作为行为状态翻译为“取”；作为主动者翻译为“能取”；作为取的对象翻译为“所取”。综合三种含义 grāha 简要翻译为“取”。

dvaya

世俗拆分：dvāv avayavau yasya。

非世俗拆分：dvi+au+tayap。

名词词基：dvi（二）。

派生词缀：tayap。

演变过程：

dvi	arthavadadhāturapratyayaḥ prātipadikam //（P.1.2.45）	既非词根，亦非词缀，有意义的（词）是名词词基。 [dvi 是不可拆分（avyutpanna）的名词词基。]
dvi+au+**tayap**	saṃkhyāyā avayave tayap //（P.5.2.42）	当表达某事物有多个部分时，在数字后加派生词缀 tayap。
dvi+au+**ayac**	dvitribhyāṃ tayasyāyajvā //（P.5.2.43）	当前面是 dvi、tri 时，ayac 可以替换 tayap。
dvi+au+ayac	kṛttaddhitasamāsāśca //（P.1.2.46）	以派生词缀为尾的是名词词基。
dvi+ayac	supo dhātuprātipadikayoḥ //（P.2.4.71） pratyayasya lukślulupaḥ //（P.1.1.61）	词根、名词词基中蕴含的格尾由消隐（luk）替换。 luk、ślu、lup 是词缀的消隐替换。消隐是不显现。
dvi+ayac	yasmātpratyayavidhistadādi pratyaye 'ṅgam //（P.1.4.13）	其后安排了词缀的词，以此词为始，在词缀前叫词干。
dvi+aya	tasya lopaḥ //（P.1.3.9）	ayac 的符号 c 由消隐替换。

dvi+aya	yaci bham // （P.1.4.18）	以 y 音或元音为首位音的格尾以及部分派生词缀前的词干，称作 bha 词干。
dv+aya	yasyeti ca // （P.6.4.148）	遇到派生词缀或 ī 音时，替换 bha 词干末尾的 i、ī 和 a、ā 的是消隐（lopa）。
dvaya	kṛttaddhitasamāsāśca // （P.1.2.46）	以派生词缀为尾的是名词词基。

小结：

dvaya 的含义是“有二部分者”。即“两个为一组者”“成对者”。

grāha-dvayasya

世俗拆分： grāhaṃ dvayam。

非世俗拆分： grāha+su+dvaya+su。

名词词基： grāha（取）；dvaya（成对者）。

演变过程：

grāha+su+dvaya+su	tatpuruṣaḥ samānādhikaraṇaḥ karmadhārayaḥ //（P.1.2.42）	具有一致的语法关系的依主释（复合词）是持业释（复合词）。
grāha+su+dvaya+su	kṛttaddhitasamāsāśca // （P.1.2.46）	有意义的复合词是名词词基。
grāha+dvaya	supo dhātuprātipadikayoḥ // （P.2.4.71） pratyayasya lukślulupaḥ // （P.1.1.61）	词根、名词词基中蕴含的格尾由消隐（luk）替换。 luk、ślu、lup 是词缀的消隐替换。消隐是不显现。
grāhadvaya	kṛttaddhitasamāsāśca // （P.1.2.46）	复合词是名词词基。
grāhadvaya+**ṅas**	ṅyāpprātipadikāt // （P.4.1.1） svaujasamauṭchaṣ…sup // （P.4.1.2）	在以 ṅī、āp 为末的词后，以及在名词词基后是 su 等格尾。 单数第六格加格尾 ṅas。
grāhadvaya+**sya**	ṭāṅasiṅasāminātsyāḥ // （P.7.1.12）	替换 ṭā、ṅasi、ṇas 的是 ina、āt、sya。
grāhadvayasya	suptiṅantaṃ padam // （P.1.4.14）	以格尾为末的是字。

小结：

grāhadvaya 是持业释复合词，前部字 grāha 与后部字 dvaya（成对者）是同一个事物。这说明 grāha（取）这一事情包含“能取”和“所取”两种情况。对于 19 颂，安慧在其

《唯识三十颂疏》中指出，“grāha-dvayaṃ grāhya-grāho grāhaka-grāhaś ca /” [成对的取有：对所取的取和对能取的取]。因此 grāhadvaya 的含义是“成对的取”。

grāhadvayasya 是阳性，单数，第六格，含义是“成对的取的”。

anuśayas

词根：第二类动词词根（adādigaṇa），2.22 śīṅ svapne（śī 睡）。

近置词：anu（ānupūrvye 顺序，sādṛśye 相似）。[依据：upasargāḥ kriyāyoge //（P.1.4.59）。]

直接后缀：ac。

演变过程：

anu+śī+**ac**	erac //（P.3.3.56）	i、ī 音落尾的词根后加直接后缀 ac。
anu+śī+**ac**	ārdhadhātukaṃ śeṣaḥ //（P.3.4.114）	全界词缀之外的（ac）是半界词缀。
anu+śī+a	tasya lopaḥ //（P.1.3.9）	ac 的符号 c 由消隐替换。
anu+**śī**+a	yasmātpratyayavidhistadādi pratyaye 'ṅgam //（P.1.4.13）	其后安排了词缀的词，以此词为始，在词缀前叫词干。
anu+**śe**+a	sārvadhātukārdhadhātukayoḥ //（P.7.3.84）	遇到半界词缀，词干的末元音 ī 由二合元音（guṇa）替换。
anu+ś**ay**+a	eco 'yavāyāvaḥ //（P.6.1.78）	遇到元音时，复合元音应由 ay、av、āy、āv 替换。
anuśaya	kṛttaddhitasamāsāśca //（P.1.2.46）	直接后缀为末的是名词词基。
anuśaya+**su**	ṅyāpprātipadikāt //（P.4.1.1） svaujasamauṭchaṣ…sup //（P.4.1.2）	在以 ṅī、āp 为末的词后，以及在名词词基后是 su 等格尾。 单数第一格加格尾 su。
anuśaya+s	tasya lopaḥ //（P.1.3.9）	su 的符号 u 由消隐替换。
anuśyas	suptiṅantaṃ padam //（P.1.4.14）	以格尾为末的是字。
anuśaya**r**	sasajuṣo ruḥ //（P.8.2.66）	r 音替换字末的 s 音。
anuśaya**ḥ**	kharavasānayorvisarjanīyaḥ //（P.8.3.15）	在清辅音和停顿前，送气音替换字末的 r 音。
anuśaya**s**	visarjanīyasya saḥ //（P.8.3.34）	在清辅音前，s 音替换送气音。

小结：

加直接后缀 ac 的经文“erac //（P.3.3.56）”在领句经文“bhāve //（P.3.3.18）”的控制之下，所以 anuśaya 表示行为的已成就状态（siddhabhāva）。因此 anuśaya 指的是“随眠的状态”。

anuśayas 是阳性，单数，第一格，含义是“随眠”。

tad

词根：第八类动词词根（tanādigaṇa），8.1 tanu vistāre（tan 扩展）。

直接后缀：adi。

演变过程：

tan+**adi**	tyajitaniyajbhyo ḍit //（Uṇādisūtra 1.132）	在词根 tyaj、tan、yaj 后加直接后缀 adi。该词缀如同带 ḍ 符号。
tan+**adi**	ārdhadhātukaṃ śeṣaḥ //（P.3.4.114）	全界之外的（adi）是半界词缀。
tan+ad	tasya lopaḥ //（P.1.3.9）	adi 的符号 i 由消隐替换。
tan+ad	yasmātpratyayavidhistadādi pratyaye 'ṅgam //（P.1.4.13）	其后安排了词缀的词，以此词为始，在词缀前叫词干。
t+ad	ṭeḥ //（P.6.4.143）	遇到 ḍ 符号时，词干末音节由消隐替换。
tad	kṛttaddhitasamāsāśca //（P.1.2.46）	以直接后缀为末的是名词词基。
tad	sarvādīni sarvanāmāni //（P.1.1.27）	sarva 等词是代词。

小结：

tad 是代词，有阳、阴、中三性，含义是“彼”。

tāvan

世俗拆分：tat parimāṇam asya。

非世俗拆分：tad+su+vatup。

名词词基：tad（彼）。

派生词缀：vatup。

演变过程：

tad	sarvādīni sarvanāmāni //（P.1.1.27）	sarva 等词是代词。

tad+su+**vatup**	yattadetebhyaḥ parimāṇe vatup //（P.5.2.39）	派生词缀 vatup 加在第一格的 yad、tad、etad 词后，表完全的尺度。
tad+su+vatup	kṛttaddhitasamāsāśca //（P.1.2.46）	以派生词缀为尾的是名词词基。
tad+vatup	supo dhātuprātipadikayoḥ //（P.2.4.71） pratyayasya lukślulupaḥ //（P.1.1.61）	词根、名词词基中蕴含的格尾由消隐（luk）替换。 luk、ślu、lup 是词缀的消隐替换。消隐是不显现。
tad+vat	tasya lopaḥ //（P.1.3.9）	vatup 的符号 p 由消隐替换。 [u 是为了发音方便。]
ta+**ā**+vat	ā sarvanāmnaḥ //（P.6.3.91）	在 dṛk、dṛś 词前，及 vat 词缀前，ā 音替换代词的末音。
t+**ā**+vat	akaḥ savarṇe dīrghaḥ //（P.6.1.101）	以 ak 为对收的末音后遇同类音时，一长音替换前后两音位。
tāvat	kṛttaddhitasamāsāśca //（P.1.2.46）	以派生词缀为尾的是名词词基。
tāvat+**sup**	ṅyāpprātipadikāt //（P.4.1.1） svaujasamauṭchaṣ…sup //（P.4.1.2）	在以 ṅī、āp 为末的词后，以及在名词词基后是 su 等格尾。 根据需求加某一 sup 格尾。
tāvat+sup	cādayo ’sattve //（P.1.4.57）	tāvat 是属于以 ca 为首的群中非实物意义的投词（nipāta）。
tāvat+sup	svarādinipātamavyayam //（P.1.1.37）	投词是不变词。
tāvat+（ ）	avyayādāpsupaḥ //（P.2.4.82）	消隐（luk）替换不变词后的格尾。
tāvat	pratyayasya lukślulupaḥ //（P.1.1.61）	luk、ślu、lup 是词缀的消隐替换。消隐是不显现。
tāvat	pratyayalope pratyayalakṣaṇam //（P.1.1.62）	词缀消隐后，词缀的因还在。
tāvat	suptiṅantaṃ padam //（P.1.4.14）	以格尾为末的 tāvat 是字。
tāva**d**	jhalāṃ jaśo ’nte //（P.8.2.39）	字末的 jhal 对收音由 jaś 对收音替换。
tāva**n**	yaro ’nunāsike ’nunāsiko vā //（P.8.4.45）	遇到鼻音时，词末的对收音 yar 可以由鼻音替换。

小结：

tāvat 是不变词，与 yāvat 对应，翻译为“才”“乃”“仍然”。

na

名词词基：nañ（非）。

演变过程：

nañ	arthavadadhāturapratyayaḥ prātipadikam //（P.1.2.45）	既非词根，亦非词缀，有意义的（词）是名词词基。 [na 是不可拆分（avyutpanna）的名词词基。]
na	tasya lopaḥ //（P.1.3.9）	nañ 的符号 ñ 由消隐替换。
na+**sup**	ṅyāpprātipadikāt //（P.4.1.1） svaujasamauṭchaṣ…sup //（P.4.1.2）	在以 ṅī、āp 为末的词后，以及在名词词基后是 su 等格尾。 根据需求加某一 sup 格尾。
na+sup	cādayo 'sattve //（P.1.4.57）	非实物意义的 ca 等词是投词（nipāta）。
na+sup	svarādinipātamavyayam //（P.1.1.37）	投词 nañ 是不变词。
na+（ ）	avyayādāpsupaḥ //（P.2.4.82）	消隐（luk）替换不变词后的格尾。
na	pratyayasya lukślulupaḥ //（P.1.1.61）	luk、ślu、lup 是词缀的消隐替换。消隐是不显现。
na	pratyayalope pratyayalakṣaṇam //（P.1.1.62）	词缀消隐后，词缀的因还在。
na	suptiṅantaṃ padam //（P.1.4.14）	以格尾为末的 na 是字。

小结：

na 是投词，不变词，意为“非”“无”。

vinivartate

词根：第一类动词词根（bhvādigaṇa），1.795 vṛtu vartane（vṛt 存在、运转）。

近置词：vi（nāśe 消失，anyathātve 异样）；ni（nyagbhāve 处下，ante 边界，nāśane 消灭）。[依据：upasargāḥ kriyāyoge //（P.1.4.59）。]

演变过程：

vi+ni+vṛt+**laṭ**	vartamāne laṭ //（P.3.2.123）	laṭ（第一罗）表示正在发生。

vi+ni+vṛt+l	tasya lopaḥ //（P.1.3.9）	消隐替换 laṭ 的符号 a、ṭ。
vi+ni+vṛt+**ta**	laḥ parasmaipadam //（P.1.4.99） anudāttaṅita ātmanepadam //（P.1.3.12） tiptasjhi…iḍvahimahiṅ //（P.3.4.78）	替换罗的是主动语态。 在非高音的词根后，替换罗的是中间语态。 中间语态第三人称单数的 laṭ 的替换是 ta。
vi+ni+vṛt+**ta**	tiṅśit sārvadhātukam //（P.3.4.113）	tiṅ、带符号 ś 的词缀是全界。
vi+ni+vṛt+**śap**+ta	kartari śap //（P.3.1.68）	遇到表示主动者为目的全界词缀时，词根后加插入音 śap。
vi+ni+vṛt+**śap**+ta	tiṅśit sārvadhātukam //（P.3.4.113）	tiṅ、带符号 ś 的词缀是全界。
vi+ni+vṛt+a+ta	tasya lopaḥ //（P.1.3.9）	消隐替换 śap 的符号 ś、p。
vi+ni+**vṛt**+a+ta	yasmātpratyayavidhistadādi pratyaye 'ṅgam //（P.1.4.13）	其后安排了词缀的词，以此词为始，在词缀前叫词干。
vi+ni+v**ar**t+a+ta	pugantalaghūpadhasya ca//（P.7.3.86） uraṇ raparaḥ //（P.1.1.51）	遇到半界和全界词缀时，轻音节词干的排列倒数第二的短元音 i、u、ṛ、ḷ 由二合元音替换。 ṛ、ṝ 音的替换，需由其后带 r 音的 a、i、u 及其长音来替换。
vi+ni+vart+a+**te**	ṭita ātmanepadānāṃ ṭere //（P.3.4.79）	替换了带 ṭ 符号之（罗）的中间语态语尾，其末音由 e 音替换。
vinivartate	suptiṅantaṃ padam //（P.1.4.14）	以语尾为末的 vinivartate 是字。

小结：

vinivartate 的词根的原始发音是“vṛtu”。其中带鼻腔音的符号 u 根据传承发低音。由经文“anudāttaṅita ātmanepadam //（P.1.3.12）”可知，具有发非高音的符号的词根后替换罗的是中间语态。

vinivartate 是现在时，陈述语气，中间语态，第三人称，单数，翻译为“止灭”“伏灭”。

第二十七颂

विज्ञप्तिमात्रमेवेदमित्यपि ह्युपलम्भतः ।
स्थापयन्नग्रतः किंचित् तन्मात्रे नावतिष्ठते ॥ २७ ॥

vijñapti-mātram eva idam ity api hy upalambhataḥ /
sthāpayann agrataḥ kiṃ cit tan-mātre na avatiṣṭhate //27//

玄奘译：现在立少物，谓是唯识性，以有所得故，非实住唯识。

真谛译《转识论》：若谓但唯有识，现前起此执者，若未离此执，不得入唯识中。

霍韬晦译：谓是唯表别，然有所得故；现前立少物，实未住唯表。

现译：（有人）虽然也说："此世间者一切都是识，识为其限定范畴。"但因为仍然还设立任何一点点东西于（与外境）同为前方（的相分）中，从有所得的角度来说，其人并非安住于唯其（识）的（此世间）。

vijñapti

词根：第十类动词词根（curādigaṇa），10.81 jñapa jñāna-jñāpana-māraṇa-toṣaṇa-niśāna-niśāmaneṣu [jñap 知晓（jñāna），应用（jñāpana），消灭（māraṇa），满意（toṣaṇa），锐化（niśāna），看或听（niśāmana）]。①

近置词：vi（viśeṣe 差别，nānātve 多样性，vicāra 分析，niśāmane 看或听，saṃjñāyām 认知）。[依据：upasargāḥ kriyāyoge //（P.1.4.59）]

直接后缀：ktin。

演变过程：

jñap+**ṇic**	satyāpa…cūrādibhyo ṇic //（P.3.1.25）	第十类动词词根本身必须加上 ṇic 词缀，表原义。
jñap+**ṇic**	ārdhadhātukaṃ śeṣaḥ //（P.3.4.114）	全界词缀之外的（ṇic）是半界词缀。

① Otto Böhtlingk 在其《*Pāṇini's Grammatik*》的《界读》（*Dhātupāṭha*）中给出的 jñap 词根的含义不全，mit 的范围也不全。故参考其他书后进行了修改和补充。

jñap+ṇic	yasmātpratyayavidhistadādi pratyaye 'ṅgam //（P.1.4.13）	其后安排了词缀的词，以此词为始，在词缀前叫词干。
jñ**ā**p+ṇic	ata upadhāyāḥ //（P.7.2.116）	遇 ñ、ṇ 符号的后缀时，词干倒数第二的 a 音由三合元音替换。
jñ**a**p+ṇic	nānye mito 'hetau //（Dhātupāṭha-gaṇasūtra） mitāṃ hrasvaḥ //（P.6.4.92）	jñap、cah、rah、bala、yam、ci 这六个第十类动词词根表达非使役含义时，被称作 mit。 当词根有 mit 的术语称谓时，ṇic 前面词根的倒数第二字母的长元音变短。
jñap+ṇic	sanādyantā dhātavaḥ //（P.3.1.32）	以 ṇic 词缀落尾的"jñap+ṇic"是新词根。
vi+jñap+ṇic+**ktin**	striyāṃ ktin //（P.3.3.94）	要表阴性时，加直接后缀 ktin，表行为等含义。
vi+jñap+ṇic+**ktin**	ārdhadhātukaṃ śeṣaḥ //（P.3.4.114）	ktin 是半界词缀。
vi+jñap+ṇic+ti	tasya lopaḥ //（P.1.3.9）	ktin 的符号 k、n 由消隐替换。
vi+jñap+ṇic+**iṭ**+ti	ārdhadhātukasyeḍvalādeḥ //（P.7.2.35）	在以对收 val 为首位音的半界词缀前，插入联系元音 iṭ。
vi+jñap+ṇic+**ti**	titutratathasisusarakaseṣu ca //（P.7.2.9）	直接后缀 ti 前不加联系元音 iṭ。 [ktin 是 aniṭ 词缀。]
vi+jñap+（ ）+ti	ṇeraniṭi //（P.6.4.51）	当遇到 aniṭ 半界词缀时，消隐（lopa）替换前面的 ṇic。
vi+jñap+（ ）+ti	pratyayalope pratyayalakṣaṇam //（P.1.1.62）	ṇic 词缀消隐后，ṇic 词缀的因还在。
vi+**jñap+**（ ）+ti	sanādyantā dhātavaḥ //（P.3.1.32）	"jñap+（ ）"仍是新词根。
vi+**jñap+**（ ）+ti	yasmātpratyayavidhistadādi pratyaye 'ṅgam //（P.1.4.13）	其后安排了词缀的词，以此词为始，在词缀前叫词干。
vi+jñap+ti	adarśanaṃ lopaḥ //（P.1.1.60）	不显现的是消隐。
vijñapti	kṛttaddhitasamāsāśca //（P.1.2.46）	直接后缀 ktin 为末的 vijñapti 是名词词基。

小结：

第十类动词词根 jñap 有许多含义，与"认知"相关的 vijñapti 主要是采用词根 jñap 的"知晓"（jñāna）这一含义。

解释直接后缀 ktin 的经文 P.3.3.94 在领句经文"bhāve //（P.3.3.18）"的控制之下，所以 vijñapti 可以作为表行为含义的阴性动名词，翻译为"了别"。由于"bhāve //（P.3.3.18）"指的是 siddhabhāva，表示行为的已成就状态，该动名词"了别"其实指的是某种状态，而非正在发生的行为。

另外，siddhabhāva 还可指行为结束后产生的事物，故可用作专有名词（saṃjñā）。所以 vijñapti 还可以作为专有名词“识体”来使用。由于 vijñapti 是因缘和合后所成的事物，属于造作所成之物，故不是本来就有的事物，更不是超越时间的永恒之物。因此，文法学家认为，属于 siddhabhāva 所成之物，只能如同实体（dravyavat）看待。

因此我们看到，诠释 ktin 直接后缀的经文 P.3.3.94 也在领句经文“akartari ca kārake saṃjñāyām //（P.3.3.19）”的控制和解释之下。即作为专有名词的事物时，vijñapti 可以作为表词根含义的行为的造者（kāraka），但不能是主动者（kartṛ）。此如同实体看待的 vijñapti 翻译为“识”，但该识不是认知行为的主动者，故符合佛教“诸行无常，诸法无我”的思想。

造者（kāraka）指的是事件的发生因或构成要素。所以 vijñapti 作为认知事件的造者时，可以指所从取者（apādāna），即认知产生的缘由、源头；另外也可作为受用者（sampradāna），即认知信息的承受者；还可作为认知的作用具（karaṇa），即作为认知中介的思维概念、智慧等。世亲之所以要创作 vijñapti 一词表示“识体”，就是要表达：识体（vijñapti）是一种包含所从取者（apādāna）、作用具（karaṇa）、受用者（sampradāna）三重行相的认知单元。这种认知单元各自相续地只存在一刹那。刹那是不可再被分割的时间的最小单元。故该识体单元发挥“产生认知信息”，与“接受自身的认知信息”的功用时，并非分为前后两个阶段，而是同时进行的。否则就犯了刹那可以再被分割的错误。故本颂的 vijñapti 采用“识体”这种理解。

mātra

词根：第二类动词词根（adādigaṇa），2.53 mā māne（mā 测量）；第三类动词词根（juhotyādigaṇa），3.6 māṅ māne śabde ca（mā 测量，发声）；第四类动词词根（divādigaṇa），4.34 māṅ mane（mā 测量）。

直接后缀：tran。

演变过程：

mā+**tran**	huyāmāśru bhasibhyastran //（Uṇādisūtra 4.167）	直接后缀 tran 加在词根 hu、yā、mā、śru、bhas 后。
mā+**tran**	ārdhadhātukaṃ śeṣaḥ //（P.3.4.114）	全界词缀之外的（tran）是半界词缀。
mā+tra	tasya lopaḥ //（P.1.3.9）	tran 的符号 n 由消隐替换。
mā+**iṭ**+tra	ārdhadhātukasyeḍvalādeḥ //（P.7.2.35）	在以对收 val 为首位音的半界词缀前，插入联系元音 iṭ。
mā+tra	titutratathasisusarakaseṣu ca //	直接后缀 tra 前不加联系元音 iṭ。

	（P.7.2.9）	[tran 是 aniṭ 词缀。]
mā+tra	yasmātpratyayavidhistadādi pratyaye ’ṅgam //（P.1.4.13）	其后安排了词缀的词，以此词为始，在词缀前叫词干。
mātra	kṛttaddhitasamāsāśca //（P.1.2.46）	以直接后缀为末的是名词词基。

小结：

mātra 的基本含义是“度量”。印度古老的词典《无灭宝藏》（*Amarakośa*）对 mātra 的解释：“alpe ca parimāṇe sā mātraṃ kārtsnye ’vadhāraṇe //3.3.178//。”即 mātra 的含义有：小（alpa）、度量（parimāṇa）、全部（kārtsnya）、限定（avadhāraṇa）。

因此“唯识”（vijñaptimātra）用的是 mātra 的“全部”（kārtsnya）和“限定”（avadhāraṇa）两重含义。

vijñapti-mātram

世俗拆分：vijñaptir mātraṃ yasya tat。

非世俗拆分：vijñapti+su+mātra+su。

名词词基：vijñapti（识）；mātra（全部，限定）。

演变过程：

vijñapti+su+ mātra+su	anekamanyapadārthe //（P.2.2.24）	两个以上（以第一格收尾）的词，若以表达另一个词为目的，构成的是多财释复合词。
vijñapti+su+ mātra+su	kṛttaddhitasamāsāśca //（P.1.2.46）	有意义的复合词是名词词基。
vijñapti+mātra	supo dhātuprātipadikayoḥ //（P.2.4.71） pratyayasya lukślulupaḥ //（P.1.1.61）	词根、名词词基中蕴含的格尾由消隐（luk）替换。 luk、ślu、lup 是词缀的消隐替换。消隐是不显现。
vijñaptimātra	kṛttaddhitasamāsāśca //（P.1.2.46）	有意义的复合词是名词词基。
vijñaptimātr**a**	hrasvo napuṃsake prātipadikasya //（P.1.2.47）	词为中性时，短元音替换名词词基的末音。
vijñaptimātra+**su**	ṅyāpprātipadikāt //（P.4.1.1） svaujasamauṭchaṣ…sup //（P.4.1.2）	在以 ṅī、āp 为末的词后，以及在名词词基后是 su 等格尾。 单数第一格加格尾 su。
vijñaptimātra+**am**	ato ’m //（P.7.1.24）	以 a 落尾的中性词后，am 替换格尾 su 和 am。

vijñaptimātr+**a**+m	ami pūrvaḥ // （P.6.1.107）	在 a、ā 以及单元音后，遇到 am 的元音时，前面的元音形式是唯一的替代。
vijñaptimātram	suptiṅantaṃ padam // （P.1.4.14）	以格尾为末的是字。

小结：

vijñaptimātra 中的 mātra 用的是“全部”（kārtsnya）和“限定”（avadhāraṇa）两重含义。故 vijñaptimātra 有“一切都是识”“识为其（限定、本质）范畴”的含义。

作为多财释的复合词 vijñaptimātra 也在第 17 颂中出现过。并且在其后加了不产生新意的 kap 派生词缀而产生了 vijñaptimātraka，该多财释复合词指向的是 idaṃ sarvaṃ。

根据经文“na saṃjñāyām //（P.5.4.155）”可知，作为专有名词的多财释复合词后不能加派生词缀 kap，所以 vijñaptimātra、vijñaptimātraka 不能作为专有名词来使用。因此 vijñaptimātra、vijñaptimātraka 不能作为指代 idam（此世间）和 sarva（一切）的专有名称。而且 vijñaptimātra、vijñaptimātraka 只能与所指代的 idam（此世间）、sarva（一切）一起联用。因为如果 vijñaptimātra、vijñaptimātraka 指代的是心（citta）的话，那么这两复合词的“唯识”的含义就变得毫无意义。

能单独使用的是 vijñaptimātratā 或 vijñaptimātratva，两者的含义是“唯识性”。

本颂的 vijñaptimātram 是中性，单数，第一格，指代的是 idam，直译为“唯识者”，意译是“此世间”。

eva

词根：第二类动词词根（adādigaṇa），2.36 iṇ gatau（i 行走）。

直接后缀：van。

演变过程：

i+van	iṇ iṇaśībhyāṃ van // （Uṇādisūtra 1.153）	词根 i（行走）、śī（睡）后加直接后缀 van。
i+**van**	ārdhadhātukaṃ śeṣaḥ // （P.3.4.114）	全界之外的（van）是半界词缀。
i+va	tasya lopaḥ // （P.1.3.9）	van 的符号 n 由消隐替换。
i+**iṭ**+va	ārdhadhātukasyeḍvalādeḥ // （P.7.2.35）	在以对收 val 为首位音的半界词缀前，插入联系元音 iṭ。
i+va	ekāca upadeśe 'nudāttāt // （P.7.2.10） neḍvaśi kṛti //	于原始发音状态的非高音的单音节词根后不加联系元音 iṭ。 在 vaś 为对收的浊辅音起始的直接后缀前，

	（P.7.2.8）	不加联系元音 iṭ。
i+va	yasmātpratyayavidhistadādi pratyaye 'ṅgam //（P.1.4.13）	其后安排了词缀的词，以此词为始，在词缀前叫词干。
e+va	sārvadhātukārdhadhātukayoḥ //（P.7.3.84）	遇到半界词缀，词干的末元音 i 由二合元音（guṇa）替换。
eva	kṛttaddhitasamāsāśca //（P.1.2.46）	以直接后缀为末的是名词词基。
eva+**sup**	ṅyāpprātipadikāt //（P.4.1.1） svaujasamauṭchaṣ…sup //（P.4.1.2）	在以 ṅī、āp 为末的词后，以及在名词词基后是 su 等格尾。 根据需要加某一 sup 格尾。
eva+sup	cādayo 'sattve //（P.1.4.57）	非实物意义的 ca 等词是投词（nipāta）。
eva+sup	svarādinipātamavyayam //（P.1.1.37）	投词 eva 是不变词。
eva+（ ）	avyayādāpsupaḥ //（P.2.4.82）	消隐（luk）替换不变词后的格尾。
eva	pratyayasya lukślulupaḥ //（P.1.1.61）	luk、ślu、lup 是词缀的消隐替换。消隐是不显现。
eva	pratyayalope pratyayalakṣaṇam //（P.1.1.62）	词缀消隐后，词缀的因还在。
eva	suptiṅantaṃ padam //（P.1.4.14）	以格尾为末的 eva 是字。

小结：

eva 是加直接后缀 van 而成的，表达的含义是“行走”“快速”。

但非实物意义的 eva 是不变词，其含义是“正是”“只有”等。本颂采用“正是”这种理解。

idam

词根：第一类动词词根（bhvādigaṇa），1.64 idi paramaiśvarye（ind 变得有超能力）。

直接后缀：kami。

演变过程：

idi	bhūvādayo dhātavaḥ //（P.1.3.1）	bhū 等是词根。
id	tasya lopaḥ //（P.1.3.9）	idi 的符号 i 由消隐替换。

ind	idito num dhātoḥ //（P.7.1.58）	携带符号 i 的词根要在元音后插入 n 音。
id+**kami**	indeḥ kamirnalopaśca//（Uṇādisūtra 4.156）	直接后缀 kami 加在词根 ind 后，且词根的 n 音消失。
id+**kami**	ārdhadhātukaṃ śeṣaḥ //（P.3.4.114）	kami 是半界词缀。
id+am	tasya lopaḥ //（P.1.3.9）	kami 的符号 k、i 由消隐替换。
id+am	yasmātpratyayavidhistadādi pratyaye 'ṅgam //（P.1.4.13）	其后安排了词缀的词，以此词为始，在词缀前叫词干。
ed+am	pugantalaghūpadhasya ca//（P.7.3.86）	遇到半界和全界词缀时，轻音节词干的排列倒数第二的短元音 i、u、ṛ、ḷ 由二合元音替换。
id+am	kṅiti ca //（P.1.1.5）	受 g、k、ṅ 符号的影响，二合、三合元音的替换被禁止。
idam	kṛttaddhitasamāsāśca //（P.1.2.46）	直接后缀为末的是名词词基。
idam+**su**	ṅyāpprātipadikāt //（P.4.1.1） svaujasamauṭchaṣ…sup //（P.4.1.2）	在以 ṅī、āp 为末的词后，以及在名词词基后是 su 等格尾。 单数第一格加格尾 su。
idam+（ ）	svamornapuṃsakāt //（P.7.1.23）	中性词后，su 和 am 由消隐（luk）替换。
idam	pratyayasya lukślulupaḥ //（P.1.1.61）	luk、ślu、lup 是词缀的消隐替换。消隐是不显现。
idam	pratyayalope pratyayalakṣaṇam //（P.1.1.62）	词缀消隐后，词缀的因还在。
idam	suptiṅantaṃ padam //（P.1.4.14）	以格尾为末的 idam 是字。

小结：

idam 是代词，中性，单数，第一格，意为“此”“这”。idam 经常指代“此世界”“此世间”。

ity

词根：第二类动词词根（adādigaṇa），2.36 iṇ gatau（i 行走）。

直接后缀：ktic。

演变过程：

i+**ktic**	kticktau ca saṃjñāyām //（P.3.3.174）	加 ktic 或 kta 直接后缀，表祝福义。
i+**ktic**	ārdhadhātukaṃ śeṣaḥ //（P.3.4.114）	ktic 是半界词缀。
i+ti	tasya lopaḥ //（P.1.3.9）	ktic 的符号 k、c 由消隐替换。
i+**iṭ**+ti	ārdhadhātukasyeḍvalādeḥ //（P.7.2.35）	在以对收 val 为首位音的半界词缀前，插入联系元音 iṭ。
i+**ti**	titutratathasisusarakaseṣu ca //（P.7.2.9）	直接后缀 ti 前不加联系元音 iṭ。 [ktic 是 aniṭ 词缀。]
i+ti	yasmātpratyayavidhistadādi pratyaye 'ṅgam //（P.1.4.13）	其后安排了词缀的词，以此词为始，在词缀前叫词干。
e+ti	sārvadhātukārdhadhātukayoḥ //（P.7.3.84）	遇到半界词缀，词干的末元音 i 由二合元音（guṇa）替换。
i+ti	kṅiti ca //（P.1.1.5）	受 g、k、ṅ 符号的影响，二合、三合元音的替换被禁止。
iti	kṛttaddhitasamāsāśca //（P.1.2.46）	直接后缀为末的是名词词基。
iti+**sup**	ṅyāpprātipadikāt //（P.4.1.1） svaujasamauṭchaṣ…sup //（P.4.1.2）	在以 ṅī、āp 为末的词后，以及在名词词基后是 su 等格尾。 根据需要加某一 sup 格尾。
iti+sup	cādayo 'sattve //（P.1.4.57）	非实物意义的 ca 等词是投词（nipāta）。
iti+sup	svarādinipātamavyayam //（P.1.1.37）	投词 iti 是不变词。
iti+（ ）	avyayādāpsupaḥ //（P.2.4.82）	消隐（luk）替换不变词后的格尾。
iti	pratyayasya lukślulupaḥ //（P.1.1.61）	luk、ślu、lup 是词缀的消隐替换。消隐是不显现。
iti	pratyayalope pratyayalakṣaṇam //（P.1.1.62）	词缀消隐后，词缀的因还在。
iti	suptiṅantaṃ padam //（P.1.4.14）	以格尾为末的 iti 是字。
ity	iko yaṇaci //（P.6.1.77）	发生连音时，若后遇元音，半元音替代以 ik 为对收的元音。

小结：

iti 是投词，不变词，意为“即是”“所谓”。

api

名词词基：api（也）。

演变过程：

api	arthavadadhāturapratyayaḥ prātipadikam //（P.1.2.45）	既非词根，亦非词缀，有意义的（词）是名词词基。 [api 是不可拆分（avyutpanna）的名词词基。]
api+**sup**	ṅyāpprātipadikāt //（P.4.1.1） svaujasamauṭchaṣ…sup //（P.4.1.2）	在以 ṅī、āp 为末的词后，以及在名词词基后是 su 等格尾。 根据需要加某一 sup 格尾。
api+sup	cādayo ’sattve //（P.1.4.57）	非实物意义的 ca 等词是投词（nipāta）。
api+sup	svarādinipātamavyayam //（P.1.1.37）	投词 api 是不变词。
api+（ ）	avyayādāpsupaḥ //（P.2.4.82）	消隐（luk）替换不变词后的格尾。
api	pratyayasya lukślulupaḥ //（P.1.1.61）	luk、ślu、lup 是词缀的消隐替换。消隐是不显现。
api	pratyayalope pratyayalakṣaṇam //（P.1.1.62）	词缀消隐后，词缀的因还在。
api	suptiṅantaṃ padam //（P.1.4.14）	以格尾为末的 api 是字。

小结：

api 是投词，不变词，意为“也”“虽然……也”。

hy

名词词基：hi（因为）。

演变过程：

hi	arthavadadhāturapratyayaḥ prātipadikam //（P.1.2.45）	既非词根，亦非词缀，有意义的（词）是名词词基。 [hi 是不可拆分（avyutpanna）的名词词基。]
hi+**sup**	ṅyāpprātipadikāt //（P.4.1.1） svaujasamauṭchaṣ…sup //（P.4.1.2）	在以 ṅī、āp 为末的词后，以及在名词词基后是 su 等格尾。 根据需要加某一 sup 格尾。

hi+sup	cādayo ’sattve //（P.1.4.57）	非实物意义的 ca 等词是投词（nipāta）。
hi+sup	svarādinipātamavyayam //（P.1.1.37）	投词 hi 是不变词。
hi+（ ）	avyayādāpsupaḥ //（P.2.4.82）	消隐（luk）替换不变词后的格尾。
hi	pratyayasya lukślulupaḥ //（P.1.1.61）	luk、ślu、lup 是词缀的消隐替换。消隐是不显现。
hi	pratyayalope pratyayalakṣaṇam //（P.1.1.62）	词缀消隐后，词缀的因还在。
hi	suptiṅantaṃ padam //（P.1.4.14）	以格尾为末的 hi 是字。
hy	iko yaṇaci //（P.6.1.77）	发生连音时，若后遇元音，半元音替代以 ik 为对收的元音。

小结：

hi 是投词，不变词，表原因。该词不放在句首。

upalambha

词根：第一类动词词根（bhvādigaṇa），1.1024 ḍulabhaṣ prāptau（labh 获得）。

近置词：upa（grahaṇe 抓取，sāmīpye 靠近）。[依据：upasargāḥ kriyāyoge //（P.1.4.59）。]

直接后缀：ghañ。

演变过程：

upa+labh+**ghañ**	bhāve //（P.3.3.18） akartari ca kārake saṃjñāyām //（P.3.3.19）	当表达达到已成就状态的词根意义时，词根后加 ghañ 词缀。 当作术语时，（加 ghañ 词缀）也表示造者，但主动者除外。
upa+labh+**ghañ**	ārdhadhātukaṃ śeṣaḥ //（P.3.4.114）	直接后缀 ghañ 是半界词缀。
upa+labh+a	tasya lopaḥ //（P.1.3.9）	ghañ 的符号 gh、ñ 由消隐替换。
upa+**labh**+a	yasmātpratyayavidhistadādi pratyaye ’ṅgam //（P.1.4.13）	其后安排了词缀的词，以此词为始，在词缀前叫词干。
upa+la**m**bh+a	upasargātkhalghañoḥ //（P.7.1.67）	在近置词后的 labh，遇 khal 或 ghañ 直接后缀时，插入鼻音。
upalambha	kṛttaddhitasamāsāśca //（P.1.2.46）	直接后缀 ghañ 为末的是名词词基。

小结：

若 upalambha 是依据“bhāve //（P.3.3.18）”而成的话，表行为的已成就状态，翻译为“得”。

若 upalambha 是依据经文“akartari ca kārake samjñāyām //（P.3.3.19）”加直接后缀 ghañ 而成的，可作为非主动者（akartṛ）的造者（kāraka），且是专有名词。若采用业（karman）这一造者，代表行为者最希望获得的果时，upalambha 指的是“所得”。此颂采用这种理解。

upalambhataḥ

世俗拆分： upalambhāt。

非世俗拆分： upalambha+ṇasi+tasi。

名词词基： upalambha（所得）。

派生词缀： tasi

演变过程：

upalambha+ṇasi+**tasi**	apādāne cāhīyaruhoḥ //（P.5.4.45）	派生词缀 tasi 加在表所从取者意义的格尾后。
upalambha+ṇasi+tasi	kṛttaddhitasamāsāśca //（P.1.2.46）	以派生词缀为尾的是名词词基。
upalambha+tasi	supo dhātuprātipadikayoḥ //（P.2.4.71） pratyayasya lukślulupaḥ //（P.1.1.61）	词根、名词词基中蕴含的格尾由消隐（luk）替换。 luk、ślu、lup 是词缀的消隐替换。消隐是不显现。
upalambha+tas	tasya lopaḥ //（P.1.3.9）	tasi 的符号 i 由消隐替换。
upalambhatas	kṛttaddhitasamāsāśca //（P.1.2.46）	以派生词缀为尾的是名词词基。
upalambhatas+**ṇasi**	ṅyāpprātipadikāt //（P.4.1.1） svaujasamauṭchaṣ…sup //（P.4.1.2）	在以 ṅī、āp 为末的词后，以及在名词词基后是 su 等格尾。 单数第五格加格尾 ṅasi。
upalambhatas+ṇasi	taddhitaścāsarvavibhaktiḥ //（P.1.1.38）	某些派生词缀构成的词，其后并非可加所有格尾，其为不变词。
upalambhatas+（ ）	avyayādāpsupaḥ //（P.2.4.82）	消隐（luk）替换不变词后的格尾。
upalambhatas	pratyayasya lukślulupaḥ //（P.1.1.61）	luk、ślu、lup 是词缀的消隐替换。消隐是不显现。

upalambhatas	pratyayalope pratyayalakṣaṇam //（P.1.1.62）	词缀消隐后，词缀的因还在。
upalambhatas	suptiṅantaṃ padam //（P.1.4.14）	以格尾为末的 upalambhatas 是字。
upalambhata**r**	sasajuṣo ruḥ //（P.8.2.66）	r 音替换字末的 s 音。
upalambhataḥ	kharavasānayorvisarjanīyaḥ //（P.8.3.15）	在停顿前，送气音替换字末的 r 音。

小结：

upalambhatas 的派生词缀 tasi 表所从取者，故翻译为“从有所得的角度来说”。

sthāpayan

词根：第一类动词词根（bhvādigaṇa），1.975 ṣṭhā gatinivṛttau（sthā 驻留）。

直接后缀：śatṛ。

演变过程：

ṣṭhā	bhūvādayo dhātavaḥ //（P.1.3.1）	ṣṭhā 是词根。
sthā	dhātvādeḥ ṣaḥ saḥ //（P.3.4.114）	词根的首位音 ṣ 由 s 音替换。
sthā+**ṇic**	hetumati ca //（P.3.1.26）	当表达使役含义时，加 ṇic 词缀。[ṇ、c 是符号。]
sthā+**ṇic**	ārdhadhātukaṃ śeṣaḥ //（P.3.4.114）	全界词缀之外的（ṇic）是半界词缀。
sthā+ṇic	yasmātpratyayavidhistadādi pratyaye 'ṅgam //（P.1.4.13）	其后安排了词缀的词，以此词为始，在词缀前叫词干。
sthā+puk+ṇic	artihrīvlīrīknūyīkṣmāyyātāṃ pugṇau //（P.7.3.36）	长音 ā 为末的词干后，遇到 ṇic 时，插入 puk。
sthā+p+i	tasya lopaḥ //（P.1.3.9）	消隐替换 puk 的符号 u、k。消隐替换 ṇic 的符号 ṇ、c。
sthāpi	sanādyantā dhātavaḥ //（P.3.1.32）	以 ṇic 落尾的 sthāpi 是新词根。
sthāpi+**laṭ**	vartamāne laṭ //（P.3.2.123）	laṭ（第一罗）表示正在发生。
sthāpi+**śatṛ**	lakṣaṇahetvoḥ kriyāyāḥ //（P.3.2.126）	当标记另一行为或造成另一行为时，现在时主动态分词词缀 śatṛ 替换 laṭ 罗。
sthāpi+**śatṛ**	tiṅśit sārvadhātukam //（P.3.4.113）	tiṅ、带符号 ś 的词缀是全界。
sthāpi+**śap**+śatṛ	kartari śap //	遇到表示主动者为目的全界词缀时，词根

	（P.3.1.68）	后加插入音 śap。
sthāpi+**śap**+śatṛ	tiṅśit sārvadhātukam // （P.3.4.113）	tiṅ、带符号 ś 的词缀是全界。
sthāpi+a+at	tasya lopaḥ // （P.1.3.9）	消隐替换 śap 的符号 ś、p。 消隐替换 śatṛ 的符号 ś、ṛ。
sthāpi+a+at	yasmātpratyayavidhistadādi pratyaye 'ṅgam //（P.1.4.13）	其后安排了词缀的词，以此词为始，在词缀前叫词干。 [śap 前的 sthāpi 是词干。]
sthāp**e**+a+at	sārvadhātukārdhadhātukayoḥ // （P.7.3.84）	遇到全界词缀，词干的末元音 i 由二合元音（guṇa）替换。
sthāpay+a+at	eco 'yavāyāvaḥ // （P.6.1.78）	遇到元音时，复合元音应由 ay、av、āy、āv 替换。
sthāpay+**a**+t	ato guṇe // （P.6.1.97）	a 音后遇二合元音时，后面的元音形式是唯一的替代。
sthāpayat	kṛttaddhitasamāsāśca // （P.1.2.46）	以直接后缀 śatṛ 为末的是名词词基。
sthāpayat+**su**	ṅyāpprātipadikāt // （P.4.1.1） svaujasamauṭchaṣ…sup // （P.4.1.2）	在以 ṅī、āp 为末的词后，以及在名词词基后是 su 等格尾。 单数第一格加格尾 su。
sthāpayat+s	tasya lopaḥ // （P.1.3.9）	su 的符号 u 由消隐替换。
sthāpayat+**s**	suḍanapuṃsakasya // （P.1.1.43）	从单数第一格到双数第二格，非中性的，叫代词基。
sthāpaya**nt**+s	ugidacāṃ sarvanāmasthāne 'dhātoḥ //（P.7.1.70）	所遇是代词基时，非词根的、带 u、ṛ、ḷ 符号的词以及 ac 要加（插入音 n）。 [śatṛ 带 ṛ 符号。]
sthāpayan	saṃyogāntasya lopaḥ // （P.8.2.23）	复辅音的末音由消隐替换。
sthāpayan	suptiṅantaṃ padam // （P.1.4.14）	以格尾为末的是字。
sthāpayan+agrataḥ	paraḥ saṃnikarṣaḥ saṃhitā // （P.1.4.109）	紧密排列的是连音。
sthāpayan+**nuṭ**+agrataḥ	ṅamo hrasvādaci ṅamuṇnityam // （P.8.3.32）	字末的 ṅ、ṇ、n 遇短元音时，应插入同类的 ṅuṭ、ṇuṭ、nuṭ。
sthāpayannagrataḥ	tasya lopaḥ // （P.1.3.9）	nuṭ 的符号由消隐替换。

小结：

词根 ṣṭhā 加表使役含义的 ṇic 词根词缀构成的新词根 sthāpi，再加现在时主动态分词词缀 śatṛ，得的 sthāpayat。由于该词是第一格，所以不是依经文 P.3.2.124 加的 śatṛ。

依据 P.3.2.126 加 śatṛ 表示标记另一行为或造成另一行为的含义，故 sthāpayan 是有所得（upalambha）的原因。

sthāpayan 是阳性，单数，第一格，含义是“(因为）使正立于”，翻译为“(因为）正设立”。

agra

词根：第一类动词词根（bhvādigaṇa），1.830 aga kuṭilāyaṃ gatau（ag 曲折前行）。

直接后缀：ra。

演变过程：

ag+ra	ṛjrendrāgravajravipra... //（Uṇādisūtra 2.28）	agra 是加直接后缀 ra 而成的。
ag+**ra**	ārdhadhātukaṃ śeṣaḥ //（P.3.4.114）	全界之外的 ra 是半界词缀。
ag+**iṭ**+ra	ārdhadhātukasyeḍvalādeḥ //（P.7.2.35）	在以对收 val 为首位音的半界词缀前，插入联系元音 iṭ。
ag+ra	neḍvaśi kṛti //（P.7.2.8）	在 vaś 为对收的浊辅音起始的直接后缀前，不加联系元音 iṭ。[经文 P.7.2.8 是对 P.7.2.35 的禁止，故实际上没运行 P.7.2.35。]
ag+ra	yasmātpratyayavidhistadādi pratyaye 'ṅgam //（P.1.4.13）	其后安排了词缀的词，以此词为始，在词缀前叫词干。
agra	kṛttaddhitasamāsāśca //（P.1.2.46）	以直接后缀为末的是名词词基。

小结：

agra 的含义是“第一”“前方”。

agrataḥ

世俗拆分：agrena ekadig。

非世俗拆分：agra+ṭā+tasi。

名词词基：agra（前方）。

派生词缀：tasi

演变过程：

agra+ṭā+**tasi**	uraso yacca //（P.4.3.114）	派生词缀 yat、tasi 加在一词后，表同一方向。

agra+ṭā+tasi	kṛttaddhitasamāsāśca // （P.1.2.46）	以派生词缀为尾的是名词词基。
agra+tasi	supo dhātuprātipadikayoḥ // （P.2.4.71） pratyayasya lukślulupaḥ // （P.1.1.61）	词根、名词词基中蕴含的格尾由消隐（luk）替换。 luk、ślu、lup 是词缀的消隐替换。消隐是不显现。
agra+tas	tasya lopaḥ // （P.1.3.9）	tasi 的符号 i 由消隐替换。
agratas	kṛttaddhitasamāsāśca // （P.1.2.46）	以派生词缀为尾的是名词词基。
agratas+**ṅi**	ṅyāpprātipadikāt // （P.4.1.1） svaujasamauṭchaṣ…sup // （P.4.1.2）	在以 ṅī、āp 为末的词后，以及在名词词基后是 su 等格尾。 单数第七格加格尾 ṅi。
agratas+ṅi	taddhitaścāsarvavibhaktiḥ // （P.1.1.38）	某些派生词缀构成的词，其后并非可加所有格尾，其为不变词。
agratas+（ ）	avyayādāpsupaḥ // （P.2.4.82）	消隐（luk）替换不变词后的格尾。
agratas	pratyayasya lukślulupaḥ // （P.1.1.61）	luk、ślu、lup 是词缀的消隐替换。消隐是不显现。
agratas	pratyayalope pratyayalakṣaṇam // （P.1.1.62）	词缀消隐后，词缀的因还在。
agratas	suptiṅantaṃ padam // （P.1.4.14）	以格尾为末的是字。
agrata**r**	sasajuṣo ruḥ // （P.8.2.66）	r 音替换字末的 s 音。
agrataḥ	kharavasānayorvisarjanīyaḥ // （P.8.3.15）	在清辅音和停顿前，送气音替换字末的 r 音。
agrata**s**	visarjanīyasya saḥ // （P.8.3.34）	在清辅音前，s 音替换送气音。
agrata**ḥ**	kupvoḥ≍ka≍au ca // （P.8.3.37）	在喉音和唇音前，送气音替换送气音也是一种选择。

小结：

agra 的含义是“前方”，agrataḥ 含义是“与前方同一方向”。本来可以直接使用 agre（于前）一词来表达“前方”之义，故 agrataḥ 要表达的是：与外境同为前方的相分。

agratas 是不变词，若作第七格理解，译为：“于（与外境）同为前方（的相分）中”。

kiṃ

词根：第一类动词词根（bhvādigaṇa），1.964 kai śabde（kai 发声）。

直接后缀： adi。

演变过程：

kai+ḍimi	kāyaterḍimiḥ //（Uṇādisūtra 4.157）	直接后缀 ḍimi 加在词根 kai 后。
kai+**ḍimi**	ārdhadhātukaṃ śeṣaḥ //（P.3.4.114）	全界之外的（ḍimi）是半界词缀。
kai+im	tasya lopaḥ //（P.1.3.9）	ḍimi 的符号 ḍ、i 由消隐替换。
kai+im	yasmātpratyayavidhistadādi pratyaye 'ṅgam //（P.1.4.13）	其后安排了词缀的词，以此词为始，在词缀前叫词干。
k+im	ṭeḥ //（P.6.4.143）	遇到 ḍ 符号时，词干末音节由消隐替换。
kim	kṛttaddhitasamāsāśca //（P.1.2.46）	以直接后缀为末的是名词词基。
kim	sarvādīni sarvanāmāni //（P.1.1.27）	kim 等词是代词。
kim+**am**	ṅyāpprātipadikāt //（P.4.1.1） svaujasamauṭchaṣ…sup //（P.4.1.2）	在以 ṅī、āp 为末的词后，以及在名词词基后是 su 等格尾。 单数第二格加格尾 am。
kim+（ ）	svamornapuṃsakāt //（P.7.1.23）	中性词后，su 和 am 由消隐（luk）替换。
kim	pratyayasya lukślulupaḥ //（P.1.1.61）	luk、ślu、lup 是词缀的消隐替换。消隐是不显现。
kim	pratyayalope pratyayalakṣaṇam //（P.1.1.62）	词缀消隐后，词缀的因还在。
kim	suptiṅantaṃ padam //（P.1.4.14）	以格尾为末的 kim 是字。
ki**ṃ**	mo 'nusvāraḥ //（P.8.3.23）	字末的 m 音在辅音前由鼻腔音替代。
ki**ñ**	anusvārasya yayi parasavarṇaḥ //（P.8.4.58）	遇到除咝音和 h 音以外的辅音时，后面的同类音替换鼻腔音。
kiṃ	vā padāntasya //（P.8.4.59）	字末的同类鼻音的替换可做可不做。

小结：

kim 是疑问代词，中性，单数，第二格，含义是“哪”。

cit

名词词基： cid（也）。

演变过程：

cid	arthavadadhāturapratyayaḥ prātipadikam //（P.1.2.45）	既非词根，亦非词缀，有意义的（词）是名词词基。 [cid 是不可拆分（avyutpanna）的名词词基。]
cid+**su**	ṅyāpprātipadikāt //（P.4.1.1） svaujasamauṭchaṣ…sup //（P.4.1.2）	在以 ṅī、āp 为末的词后，以及在名词词基后是 su 等格尾。 单数第一格加格尾 su。
cid+su	cādayo 'sattve //（P.1.4.57）	非实物意义的 ca 等词是投词（nipāta）。
cid+su	svarādinipātamavyayam //（P.1.1.37）	投词 cid 是不变词。
cid+（ ）	avyayādāpsupaḥ //（P.2.4.82）	消隐（luk）替换不变词后的格尾。
cid	pratyayasya lukślulupaḥ //（P.1.1.61）	luk、ślu、lup 是词缀的消隐替换。消隐是不显现。
cid	pratyayalope pratyayalakṣaṇam //（P.1.1.62）	词缀消隐后，词缀的因还在。
cid	suptiṅantaṃ padam //（P.1.4.14）	以格尾为末的 cid 是字。
cit	khari ca //（P.8.4.55）	在清辅音前，浊辅音由清辅音替换。

小结：

cid 是投词，不变词，意为“也”。kiṃ cit 的含义是“一点儿”“任何一点点东西”。

tad

词根：第八类动词词根（tanādigaṇa），8.1 tanu vistāre（tan 扩展）。

直接后缀：adi。

演变过程：

tan+**adi**	tyajitaniyajbhyo ḍit //（Uṇādisūtra 1.132）	在词根 tyaj、tan、yaj 后加直接后缀 adi。该词缀如同带 ḍ 符号。
tan+**adi**	ārdhadhātukaṃ śeṣaḥ //（P.3.4.114）	全界之外的（adi）是半界词缀。
tan+ad	tasya lopaḥ //（P.1.3.9）	adi 的符号 i 由消隐替换。
tan+ad	yasmātpratyayavidhistadādi pratyaye 'ṅgam //（P.1.4.13）	其后安排了词缀的词，以此词为始，在词缀前叫词干。

t+ad	ṭeḥ // （P.6.4.143）	遇到 ḍ 符号时，词干末音节由消隐替换。
tad	kṛttaddhitasamāsāśca // （P.1.2.46）	以直接后缀为末的是名词词基。
tad	sarvādīni sarvanāmāni // （P.1.1.27）	sarva 等词是代词。

小结：

tad 是代词，有阳、阴、中三性，含义是“彼”。此处的 tad 其指代的是中性词 vijñāna（识）或阴性词 vijñapti（识）。

mātra

词根：第二类动词词根（adādigaṇa），2.53 mā māne（mā 测量）；第三类动词词根（juhotyādigaṇa），3.6 māṅ māne śabde ca（mā 测量，发声）；第四类动词词根（divādigaṇa），4.34 māṅ mane（mā 测量）。

直接后缀：tran。

演变过程：

mā+**tran**	huyāmāśru bhasibhyastran // （Uṇādisūtra 4.167）	直接后缀 tran 加在词根 hu、yā、mā、śru、bhas 后。
mā+**tran**	ārdhadhātukaṃ śeṣaḥ // （P.3.4.114）	全界词缀之外的（tran）是半界词缀。
mā+tra	tasya lopaḥ // （P.1.3.9）	tran 的符号 n 由消隐替换。
mā+**iṭ**+tra	ārdhadhātukasyeḍvalādeḥ // （P.7.2.35）	在以对收 val 为首位音的半界词缀前，插入联系元音 iṭ。
mā+tra	titutratathasisusarakaseṣu ca // （P.7.2.9）	直接后缀 tra 前不加联系元音 iṭ。 [tran 是 aniṭ 词缀。]
mā+tra	yasmātpratyayavidhistadādi pratyaye 'ṅgam //（P.1.4.13）	其后安排了词缀的词，以此词为始，在词缀前叫词干。
mātra	kṛttaddhitasamāsāśca // （P.1.2.46）	以直接后缀为末的是名词词基。

小结：

mātra 的基本含义是“度量”。印度古老的词典《无灭宝藏》（*Amarakośa*）对 mātra 的解释：“alpe ca parimāṇe sā mātraṃ kārtsnye 'vadhāraṇe //3.3.178//。”即 mātra 的含义有：小（alpa）、度量（parimāṇa）、全部（kārtsnya）、限定（avadhāraṇa）。

因此“唯识”（vijñaptimātra）用的是 mātra 的“全部”（kārtsnya）和“限定”

（avadhāraṇa）两重含义。

tan-mātre

世俗拆分：tad mātraṃ yasya tat。

非世俗拆分：tad+su+mātra+su。

名词词基：tad（彼）；mātra（全部，限定）。

演变过程：

tad+su+ mātra+su	anekamanyapadārthe // （P.2.2.24）	两个以上（以第一格收尾）的词，若以表达另一个词为目的，构成的是多财释复合词。
tad+su+ mātra+su	kṛttaddhitasamāsāśca // （P.1.2.46）	有意义的复合词是名词词基。
tad+mātra	supo dhātuprātipadikayoḥ // （P.2.4.71） pratyayasya lukślulupaḥ // （P.1.1.61）	词根、名词词基中蕴含的格尾由消隐（luk）替换。 luk、ślu、lup 是词缀的消隐替换。消隐是不显现。
ta**n**+mātra	yaro ’nunāsike ’nunāsiko vā // （P.8.4.45）	遇到鼻音时，对收 yar 音可以由鼻音替换。
tanmātra	kṛttaddhitasamāsāśca // （P.1.2.46）	有意义的复合词是名词词基。
tanmātra+**ṅi**	ṅyāpprātipadikāt // （P.4.1.1） svaujasamauṭchaṣ…sup // （P.4.1.2）	在以 ṅī、āp 为末的词后，以及在名词词基后是 su 等格尾。 单数第七格加格尾 ṅi。
tanmātra+i	tasya lopaḥ // （P.1.3.9）	ṅi 的符号 ṅ 由消隐替换。
tanmātra+**e**	ādguṇaḥ // （P.6.1.87）	a 音后遇元音时，由一个二合元音替换前后两音位。
tanmātre	suptiṅantaṃ padam // （P.1.4.14）	以格尾为末的是字。

小结：

tanmātra 是多财释复合词，其中前部字 tad 指代的是中性词 vijñāna（识）或阴性词 vijñapti（识）。由此，做好了 vijñapti-mātra 向 vijñāna-mātra 的中间过渡。

整个复合词 tanmātra 指向的是本颂中的中性词 idam（此世间）。

tanmātre 是中性，单数，第七格，直译为“于唯识者中”，意译是“于此世间”。

na

名词词基： nañ（非）。

演变过程：

nañ	arthavadadhāturapratyayaḥ prātipadikam //（P.1.2.45）	既非词根，亦非词缀，有意义的（词）是名词词基。 [na 是不可拆分（avyutpanna）的名词词基。]
na	tasya lopaḥ //（P.1.3.9）	nañ 的符号 ñ 由消隐替换。
na+**sup**	ṅyāpprātipadikāt //（P.4.1.1） svaujasamauṭchaṣ…sup //（P.4.1.2）	在以 ṅī、āp 为末的词后，以及在名词词基后是 su 等格尾。 根据需求加某一 sup 格尾。
na+sup	cādayo 'sattve //（P.1.4.57）	非实物意义的 ca 等词是投词（nipāta）。
na+sup	svarādinipātamavyayam //（P.1.1.37）	投词 nañ 是不变词。
na+（ ）	avyayādāpsupaḥ //（P.2.4.82）	消隐（luk）替换不变词后的格尾。
na	pratyayasya lukślulupaḥ //（P.1.1.61）	luk、ślu、lup 是词缀的消隐替换。消隐是不显现。
na	pratyayalope pratyayalakṣaṇam //（P.1.1.62）	词缀消隐后，词缀的因还在。
na	suptiṅantaṃ padam //（P.1.4.14）	以格尾为末的 na 是字。

小结：

na 是投词，不变词，意为“非”“无”。

avatiṣṭhate

词根： 第一类动词词根（bhvādigaṇa），1.975 ṣṭhā gatinivṛttau（sthā 驻留）。

近置词： ava（śuddhau 洁净，nyagbhāve 处下，daśāyām 状态）。[依据：upasargāḥ kriyāyoge //（P.1.4.59）。]

演变过程：

ṣṭhā	bhūvādayo dhātavaḥ //（P.1.3.1）	ṣṭhā 是词根。
sthā	dhātvādeḥ ṣaḥ saḥ //（P.3.4.114）	词根的首位音 ṣ 由 s 音替换。

ava+sthā+**laṭ**	vartamāne laṭ //（P.3.2.123）	laṭ（第一罗）表示正在发生。
ava+sthā+l	tasya lopaḥ //（P.1.3.9）	消隐替换 laṭ 的符号 a、ṭ。
ava+sthā+ta	laḥ parasmaipadam //（P.1.4.99） samavapravibhyaḥ sthaḥ //（P.1.3.22） tiptasjhi…iḍvahimahiṅ //（P.3.4.78）	替换罗的是主动语态。 词根 sthā 前有 sam、ava、pra、vi 时，可用中间语态词缀。 中间态第三人称单数的 laṭ 的替换是 ta。
ava+sthā+**ta**	tiṅśit sārvadhātukam //（P.3.4.113）	tiṅ、带符号 ś 的词缀是全界。
ava+sthā+**śap**+ta	kartari śap //（P.3.1.68）	遇到表示主动者为目的全界词缀时，词根后加插入音 śap。
ava+**tiṣṭha**+śap+ta	pāghrādhmāsthā…pibajighradhamatiṣṭha…//（P.7.3.78）	遇到带 ś 符号的词缀时，词根 sthā 由 tiṣṭha 替换。
ava+tiṣṭha+**śap**+ta	tiṅśit sārvadhātukam //（P.3.4.113）	tiṅ、带符号 ś 的词缀是全界。
ava+tiṣṭha+a+ta	tasya lopaḥ //（P.1.3.9）	消隐替换 śap 的符号 ś、p。
ava+**tiṣṭha**+a+ta	yasmātpratyayavidhistadādi pratyaye 'ṅgam //（P.1.4.13）	其后安排了词缀的词，以此词为始，在词缀前叫词干。
ava+tiṣṭh+**a**+ta	ato guṇe //（P.6.1.97）	a 音后遇二合元音时，后面的元音形式是唯一的替代。
ava+tiṣṭh+a+**te**	ṭita ātmanepadānāṃ ṭere //（P.3.4.79）	替换了带 ṭ 符号之（罗）的中间语态语尾，其末音由 e 音替换。
avatiṣṭhate	suptiṅantaṃ padam //（P.1.4.14）	以语尾为末的是字。

小结：

avatiṣṭhate 是现在时，陈述语气，中间语态，第三人称，单数，译为“他安住”。

第二十八颂

यदालम्बनं विज्ञानं नैवोपलभते तदा।
स्थितं विज्ञानमात्रत्वे ग्राह्याभावे तदग्रहात् ॥ २८ ॥

yadā ālambanaṃ vijñānaṃ na eva upalabhate tadā /
sthitaṃ vijñāna-mātratve grāhya-abhāve tad agrahāt //28//

玄奘译： 若时于所缘，智都无所得，尔时住唯识，离二取相故。
真谛译《转识论》： 若智者不更缘此境，二不显现，是时行者名入唯识。
霍韬晦译： 若智于所缘，全然无所得，尔时住唯表，无二取相故。
现译： 当认知于所缘确实无所得的时候，即是所取不存在的情况，由于（亦）无能取，彼（认知）住于唯识性中。

yad

词根： 第一类动词词根（bhvādigaṇa），1.1051 yaja devapūjāsaṃgatikaraṇadāneṣu（yaj 有牺牲品的祭祀，荣耀，奉献）。
直接后缀： adi。
演变过程：

yaj+**adi**	tyajitaniyajbhyo ḍit //（Uṇādisūtra 1.132）	在词根 tyaj、tan、yaj 后加直接后缀 adi。该词缀如同带 ḍ 符号。
yaj+**adi**	ārdhadhātukaṃ śeṣaḥ //（P.3.4.114）	全界之外的（adi）是半界词缀。
yaj+ad	tasya lopaḥ //（P.1.3.9）	adi 的符号 i 由消隐替换。
yaj+ad	yasmātpratyayavidhistadādi pratyaye 'ṅgam //（P.1.4.13）	其后安排了词缀的词，以此词为始，在词缀前叫词干。
y+ad	ṭeḥ //（P.6.4.143）	遇到 ḍ 符号时，词干末音节由消隐替换。
yad	kṛttaddhitasamāsāśca //（P.1.2.46）	以直接后缀为末的是名词词基。

yad	sarvādīni sarvanāmāni //（P.1.1.27）	sarva 等词是代词。

小结：

yad 是代词，有阳、阴、中三性，含义是“那”。

yadā

世俗拆分： yasmin kāle。

非世俗拆分： yad+ṅi+dā。

名词词基： yad（那）。

派生词缀： dā。

演变过程：

yad+ṅi+**dā**	sarvaikānyakiṃyattadaḥ kāle dā //（P.5.3.15）	sarva、eka、anya、kim、yad、tad 于第七格表时间时，加词缀 dā。
yad+ṅi+dā	kṛttaddhitasamāsāśca //（P.1.2.46）	以派生词缀为尾的是名词词基。
yad+dā	supo dhātuprātipadikayoḥ //（P.2.4.71） pratyayasya lukślulupaḥ //（P.1.1.61）	词根、名词词基中蕴含的格尾由消隐（luk）替换。 luk、ślu、lup 是词缀的消隐替换。消隐是不显现。
yad+**dā**	prāgdiśo vibhaktiḥ //（P.5.3.1）	从此经文到 P.5.3.27，所讨论的词缀叫 prāgdiśīya 派生词缀。这些词缀是词尾（vibhakti）。
ya+**a**+dā	tyadādīnāmaḥ //（P.7.2.102）	遇到词尾时，tyad 等代词的末音的替换是 a 音。
y+**a**+dā	āto guṇe //（P.6.1.97）	非字末的 a 音遇到二合元音时，前后两者的音位由后者的元音形式作唯一替换。
yadā	kṛttaddhitasamāsāśca //（P.1.2.46）	以派生词缀为尾的是名词词基。
yadā+**ṅi**	ṅyāpprātipadikāt //（P.4.1.1） svaujasamauṭchaṣ…sup //（P.4.1.2）	在以 ṅī、āp 为末的词后，以及在名词词基后是 su 等格尾。 单数第七格加格尾 ṅi。
yadā+ṅi	taddhitaścāsarvavibhaktiḥ //（P.1.1.38）	某些派生词缀构成的词，其后并非可加所有格尾，其为不变词。
yadā+（ ）	avyayādāpsupaḥ //（P.2.4.82）	消隐（luk）替换不变词后的格尾。

yadā	pratyayasya lukślulupaḥ //（P.1.1.61）	luk、ślu、lup 是词缀的消隐替换。消隐是不显现。
yadā	pratyayalope pratyayalakṣaṇam //（P.1.1.62）	词缀消隐后，词缀的因还在。
yadā	suptiṅantaṃ padam //（P.1.4.14）	以格尾为末的 yadā 是字。

小结：

yadā 是不变词，表达“当……的时候”的意思。

ālambanaṃ

词根：第一类动词词根（bhvādigaṇa），1.402 labi śabde（lanb 发声）；第一类动词词根（bhvādigaṇa），1.404 labi avasraṃsane（lanb 悬挂）。

近置词：ā（grahaṇe 抓取，ābhimukhye 面向）。[依据：upasargāḥ kriyāyoge //（P.1.4.59）。]

直接后缀：lyuṭ。

演变过程：

labi	bhūvādayo dhātavaḥ //（P.1.3.1）	labi 是词根。
lab	tasya lopaḥ //（P.1.3.9）	labi 的符号 i 由消隐替换。
la**n**b	idito num dhātoḥ //（P.7.1.58）	携带符号 i 的词根要在元音后插入 n 音。
la**ṃ**b	naścāpadāntasya jhali //（P.8.3.24）	非字末的 n 音在辅音前由鼻腔音替代。
la**m**b	anusvārasya yayi parasavarṇaḥ //（P.8.4.58）	遇到除咝音和 h 音以外的辅音，后面的同类音替换鼻腔音。
ā+lamb+**lyuṭ**	karaṇādhikaraṇayośca //（P.3.3.117）	加 lyuṭ 后缀的词可以表达作用具或场所这两种造者的含义。
ā+lamb+**lyuṭ**	ārdhadhātukaṃ śeṣaḥ //（P.3.4.114）	直接后缀 lyuṭ 是半界词缀。
ā+lamb+yu	tasya lopaḥ //（P.1.3.9）	lyuṭ 的符号 l、ṭ 由消隐替换。
ā+lamb+**ana**	yuvoranākau //（P.7.1.1）	yu 和 vu 由 ana 和 aka 替换。
ā+**lamb**+ana	yasmātpratyayavidhistadādi pratyaye 'ṅgam //（P.1.4.13）	其后安排了词缀的词，以此词为始，在词缀前叫词干。
ālambana	kṛttaddhitasamāsāśca //（P.1.2.46）	直接后缀为末的是名词词基。

ālamban**a**	hrasvo napuṃsake prātipadikasya // （P.1.2.47）	词为中性时，短元音替换名词词基的末音。
ālambana+**su**	ṅyāpprātipadikāt // （P.4.1.1） svaujasamauṭchaṣ…sup // （P.4.1.2）	在以 ṅī、āp 为末的词后，以及在名词词基后是 su 等格尾。 单数第一格加格尾 su。
ālambana+**am**	ato 'm // （P.7.1.24）	以 a 落尾的中性词后，am 替换格尾 su 和 am。
ālamban+**a**+m	ami pūrvaḥ // （P.6.1.107）	在 a、ā 以及单元音后，遇到 am 的元音时，前面的元音形式是唯一的替代。
ālambanam	suptiṅantaṃ padam // （P.1.4.14）	以格尾为末的是字。
ālambana**ṃ**	mo 'nusvāraḥ // （P.8.3.23）	字末的 m 音在辅音前由鼻腔音替代。
ālambana**m**	anusvārasya yayi parasavarṇaḥ // （P.8.4.58）	遇到除咝音和 h 音以外的辅音时，后面的同类音替换鼻腔音。
ālambanaṃ	vā padāntasya // （P.8.4.59）	字末的同类鼻音的替换可做可不做。

小结：

ālambana 是加直接后缀 lyuṭ 构成的，表作用具或场所的含义。当作为场所（adhikaraṇa）这一造者时，指缘取的境界（viṣaya）、主题。故翻译为“所缘”。

后一词 vijñāna（认知）也是由 lyuṭ 构成的。根据经文“kṛtyalyuṭo bhahulam //（P.3.3.113）”可知，与 lyuṭ 构成的动名词相关的另一词的格尾能有多种理解。所以与 vijñāna 相关的 ālambanam 虽然是第一格，其实可以作第七格来理解，故玄奘翻译为“于所缘”。

ālambanam 是中性，单数，第一格，但表达的是第七格的含义，翻译为“于所缘”。

vijñānaṃ

词根：第九类动词词根（kryādigaṇa），9.36 jñā avabodhane（jñā 知晓）。①

近置词：vi（viśeṣe 差别，nānātve 多样性，vicāra 分析，niśāmane 看或听，saṃjñāyām

① 同为第九类动词词根（kryādigaṇa）的 jñā 还有“1.849 jñā māraṇa-toṣaṇa-niśāna-niśāmaneṣu [jñā 消灭（māraṇa），满意（toṣaṇa），锐化（niśāna），看或听（niśāmana）]”。该词根 jñā 虽然放在第一类动词词根群（bhvādigaṅa）中，但实际是第九类动词词根。只是表“消灭”等含义的 jñā 属于 ghaṭādi 群中的词根，所以波你尼在《界读》中才把相关不同类别的 ghaṭādi 词根都收集在了一起，放在 bhvādigaṅa 中。也就是说，作为第九类动词词根的 jñā 实际有两大类含义：前一类为知晓的含义，后一类为非知晓的含义。

认知）。[依据：upasargāḥ kriyāyoge //（P.1.4.59）。]

直接后缀：lyuṭ。

演变过程：

vi+jñā+**lyuṭ**	lyuṭ ca //（P.3.3.115） 或 karaṇādhikaraṇayośca //（P.3.3.117）	当作为中性名词表达词根意义的行动和行为时，加 lyuṭ 后缀。 加 lyuṭ 后缀的词可以表达作用具或场所这两种造者的含义。
vi+jñā+**lyuṭ**	ārdhadhātukaṃ śeṣaḥ //（P.3.4.114）	全界词缀之外的（lyuṭ）是半界词缀。
vi+jñā+yu	tasya lopaḥ //（P.1.3.9）	lyuṭ 的符号 l、ṭ 由消隐替换。
vi+jñā+**ana**	yuvoranākau //（P.7.1.1）	yu 和 vu 由 ana 和 aka 替换。
vi+**jñā**+ana	yasmātpratyayavidhistadādi pratyaye 'ṅgam //（P.1.4.13）	其后安排了词缀的词，以此词为始，在词缀前叫词干。
vi+jñ+**ā**+na	akaḥ savarṇe dīrghaḥ //（P.6.1.101）	以 ak 为对收的末音后遇同类音时，一长音替换前后两音位。
vijñāna	kṛttaddhitasamāsāśca //（P.1.2.46）	直接后缀为末的是名词词基。
vijñān**a**	hrasvo napuṃsake prātipadikasya //（P.1.2.47）	词为中性时，短元音替换名词词基的末音。
vijñāna+**su**	ṅyāpprātipadikāt //（P.4.1.1） svaujasamauṭchaṣ…sup //（P.4.1.2）	在以 ṅī、āp 为末的词后，以及在名词词基后是 su 等格尾。 单数第一格加格尾 su。
vijñāna+**am**	ato 'm //（P.7.1.24）	以 a 落尾的中性词后，am 替换格尾 su 和 am。
vijñān+**a**+m	ami pūrvaḥ //（P.6.1.107）	在 a、ā 以及单元音后，遇到 am 的元音时，前面的元音形式是唯一的替代。
vijñānam	suptiṅantaṃ padam //（P.1.4.14）	以格尾为末的是字。
vijñāna**ṃ**	mo 'nusvāraḥ //（P.8.3.23）	字末的 m 音在辅音前由鼻腔音替代。
vijñāna**n**	anusvārasya yayi parasavarṇaḥ //（P.8.4.58）	遇到除咝音和 h 音以外的辅音时，后面的同类音替换鼻腔音。
vijñānaṃ	vā padāntasya //（P.8.4.59）	字末的同类鼻音的替换可做可不做。

小结：

加 lyuṭ 直接后缀依据两种情况。

一者，依据经文“karaṇādhikaraṇayośca //（P.3.3.117）”，vijñāna 表达的是产生词根所代表的行为的作用具或场所这样的造者（kāraka）的含义。当 vijñāna 作为作用具（karaṇa）时，指的是产生认知的工具、中介，即符号、名称、心相、智慧等。如此处的 vijñānaṃ 玄奘翻译为“智”；当 vijñāna 作为场所（adhikaraṇa）时，指的是认知的主题（Subject）和领域（Field）。此时 vijñāna 可以翻译为“知识”（Knowledge）。但若采用这两种翻译的话，前面的 ālambana 应采用第六格或第七格。

二者，依据经文“lyuṭ ca //（P.3.3.115）”而得到 vijñāna 一词，该词是表达词根含义的行为的中性动名词，可以翻译为“认知”。本颂采用这一理解。

vijñānam 是中性，单数，第一格，含义是“认知”。

na

名词词基： nañ（非）。

演变过程：

nañ	arthavadadhāturapratyayaḥ prātipadikam //（P.1.2.45）	既非词根，亦非词缀，有意义的（词）是名词词基。 [na 是不可拆分（avyutpanna）的名词词基。]
na	tasya lopaḥ //（P.1.3.9）	nañ 的符号 ñ 由消隐替换。
na+**sup**	ṅyāpprātipadikāt //（P.4.1.1） svaujasamauṭchaṣ…sup //（P.4.1.2）	在以 ṅī、āp 为末的词后，以及在名词词基后是 su 等格尾。 根据需求加某一 sup 格尾。
na+sup	cādayo 'sattve //（P.1.4.57）	非实物意义的 ca 等词是投词（nipāta）。
na+sup	svarādinipātamavyayam //（P.1.1.37）	投词 nañ 是不变词。
na+（ ）	avyayādāpsupaḥ //（P.2.4.82）	消隐（luk）替换不变词后的格尾。
na	pratyayasya lukślulupaḥ //（P.1.1.61）	luk、ślu、lup 是词缀的消隐替换。消隐是不显现。
na	pratyayalope pratyayalakṣaṇam //（P.1.1.62）	词缀消隐后，词缀的因还在。
na	suptiṅantaṃ padam //（P.1.4.14）	以格尾为末的 na 是字。

小结：

na 是投词，不变词，意为“非”“无”。

eva

词根：第二类动词词根（adādigaṇa），2.36 iṇ gatau（i 行走）。

直接后缀：van。

演变过程：

i+van	iṇ iṇaśībhyāṃ van //（Uṇādisūtra 1.153）	词根 i（行走）、śī（睡）后加直接后缀 van。
i+**van**	ārdhadhātukaṃ śeṣaḥ //（P.3.4.114）	全界之外的（van）是半界词缀。
i+va	tasya lopaḥ //（P.1.3.9）	van 的符号 n 由消隐替换。
i+**iṭ**+va	ārdhadhātukasyeḍvalādeḥ //（P.7.2.35）	在以对收 val 为首位音的半界词缀前，插入联系元音 iṭ。
i+va	ekāca upadeśe ’nudāttāt //（P.7.2.10） neḍvaśi kṛti //（P.7.2.8）	于原始发音状态的非高音的单音节词根后不加联系元音 iṭ。 在 vaś 为对收的浊辅音起始的直接后缀前，不加联系元音 iṭ。
i+va	yasmātpratyayavidhistadādi pratyaye ’ṅgam //（P.1.4.13）	其后安排了词缀的词，以此词为始，在词缀前叫词干。
e+va	sārvadhātukārdhadhātukayoḥ //（P.7.3.84）	遇到半界词缀，词干的末元音 i 由二合元音（guṇa）替换。
eva	kṛttaddhitasamāsāśca //（P.1.2.46）	以直接后缀为末的是名词词基。
eva+**sup**	ṅyāpprātipadikāt //（P.4.1.1） svaujasamauṭchaṣ…sup //（P.4.1.2）	在以 ṅī、āp 为末的词后，以及在名词词基后是 su 等格尾。 根据需要加某一 sup 格尾。
eva+sup	cādayo ’sattve //（P.1.4.57）	非实物意义的 ca 等词是投词（nipāta）。
eva+sup	svarādinipātamavyayam //（P.1.1.37）	投词 eva 是不变词。
eva+（ ）	avyayādāpsupaḥ //（P.2.4.82）	消隐（luk）替换不变词后的格尾。
eva	pratyayasya lukślulupaḥ //（P.1.1.61）	luk、ślu、lup 是词缀的消隐替换。消隐是不显现。
eva	pratyayalope pratyayalakṣaṇam //（P.1.1.62）	词缀消隐后，词缀的因还在。
eva	suptiṅantaṃ padam //（P.1.4.14）	以格尾为末的 eva 是字。

小结：

eva 是加直接后缀 van 而成的，表达的含义是“行走”“快速”。

但非实物意义的 eva 是不变词，其含义是“正是”“只有”等。本颂采用“正是”这种理解。

upalabhate

词根：第一类动词词根（bhvādigaṇa），1.1024 ḍulabhaṣ prāptau（labh 获得）。

近置词：upa（grahaṇe 抓取，sāmīpye 靠近）。[依据：upasargāḥ kriyāyoge //（P.1.4.59）。]

演变过程：

upa+labh+**laṭ**	vartamāne laṭ //（P.3.2.123）	laṭ（第一罗）表示正在发生。
upa+labh+l	tasya lopaḥ //（P.1.3.9）	消隐替换 laṭ 的符号 a、ṭ。
upa+labh+**ta**	laḥ parasmaipadam //（P.1.4.99） anudāttaṅita ātmanepadam //（P.1.3.12） tiptasjhi…iḍvahimahiṅ //（P.3.4.78）	替换罗的是主动语态。 在非高音的词根后，替换罗的是中间语态。 中间语态第三人称单数的 laṭ 的替换是 ta。
upa+labh+**ta**	tiṅśit sārvadhātukam //（P.3.4.113）	tiṅ、带符号 ś 的词缀是全界。
upa+labh+**śap**+ta	kartari śap //（P.3.1.68）	遇到表示主动者为目的全界词缀时，词根后加插入音 śap。
upa+labh+**śap**+ta	tiṅśit sārvadhātukam //（P.3.4.113）	tiṅ、带符号 ś 的词缀是全界。
upa+labh+a+ta	tasya lopaḥ //（P.1.3.9）	消隐替换 śap 的符号 ś、p。
upa+**labh**+a+ta	yasmātpratyayavidhistadādi pratyaye 'ṅgam //（P.1.4.13）	其后安排了词缀的词，以此词为始，在词缀前叫词干。
upa+labh+a+**te**	ṭita ātmanepadānāṃ ṭere //（P.3.4.79）	替换了带 ṭ 符号之（罗）的中间语态语尾，其末音由 e 音替换。
upalabhate	suptiṅantaṃ padam //（P.1.4.14）	以语尾为末的 upalabhate 是字。

小结：

upalabhate 的词根的原始发音是“ḍulabhaṣ”。其中倒数第二的 a 音带鼻腔音，依据经文 P.1.3.2，故其为符号。根据古代师生的口授传承此 a 音发低音。由经文“anudāttaṅita ātmanepadam //（P.1.3.12）”可知，具有发非高音的符号的词根后替换罗的是中间语态。

upalabhate 是现在时，陈述语气，中间语态，第三人称，单数，翻译为“它获得”。

tad

词根：第八类动词词根（tanādigaṇa），8.1 tanu vistāre（tan 扩展）。

直接后缀：adi。

演变过程：

tan+**adi**	tyajitaniyajbhyo ḍit //（Uṇādisūtra 1.132）	在词根 tyaj、tan、yaj 后加直接后缀 adi。该词缀如同带 ḍ 符号。
tan+**adi**	ārdhadhātukaṃ śeṣaḥ //（P.3.4.114）	全界之外的（adi）是半界词缀。
tan+ad	tasya lopaḥ //（P.1.3.9）	adi 的符号 i 由消隐替换。
tan+ad	yasmātpratyayavidhistadādi pratyaye 'ṅgam //（P.1.4.13）	其后安排了词缀的词，以此词为始，在词缀前叫词干。
t+ad	ṭeḥ //（P.6.4.143）	遇到 ḍ 符号时，词干末音节由消隐替换。
tad	kṛttaddhitasamāsāśca //（P.1.2.46）	以直接后缀为末的是名词词基。
tad	sarvādīni sarvanāmāni //（P.1.1.27）	sarva 等词是代词。

小结：

tad 是代词，有阳、阴、中三性，含义是“彼”。本颂 tad 指代的是 vijñānaṃ（认识）。

tadā

世俗拆分：tasmin kāle。

非世俗拆分：tad+ṅi+dā。

名词词基：tad（彼）。

派生词缀：dā。

演变过程：

tad+ṅi+**dā**	sarvaikānyakiṃyattadaḥ kāle dā //（P.5.3.15）	sarva、eka、anya、kim、yad、tad 于第七格表时间时，加词缀 dā。

tad+ṅi+dā	kṛttaddhitasamāsāśca //（P.1.2.46）	以派生词缀为尾的是名词词基。
tad+dā	supo dhātuprātipadikayoḥ //（P.2.4.71） pratyayasya lukślulupaḥ //（P.1.1.61）	词根、名词词基中蕴含的格尾由消隐（luk）替换。 luk、ślu、lup 是词缀的消隐替换。消隐是不显现。
tad+**dā**	prāgdiśo vibhaktiḥ //（P.5.3.1）	从此经文到 P.5.3.27，所讨论的词缀叫 prāgdiśīya 派生词缀。这些词缀是词尾（vibhakti）。
ta+**a**+dā	tyadādīnāmaḥ //（P.7.2.102）	遇到词尾时，tyad 等代词的末音的替换是 a 音。
t+**a**+dā	āto guṇe //（P.6.1.97）	非字末的 a 音遇到二合元音时，前后两者的音位由后者的元音形式作唯一替换。
tadā	kṛttaddhitasamāsāśca //（P.1.2.46）	以派生词缀为尾的是名词词基。
tadā+**ṅi**	ṅyāpprātipadikāt //（P.4.1.1） svaujasamauṭchaṣ…sup //（P.4.1.2）	在以 ṅī、āp 为末的词后，以及在名词词基后是 su 等格尾。 单数第七格加格尾 ṅi。
tadā+ṅi	taddhitaścāsarvavibhaktiḥ //（P.1.1.38）	某些派生词缀构成的词，其后并非可加所有格尾，其为不变词。
tadā+（ ）	avyayādāpsupaḥ //（P.2.4.82）	消隐（luk）替换不变词后的格尾。
tadā	pratyayasya lukślulupaḥ //（P.1.1.61）	luk、ślu、lup 是词缀的消隐替换。消隐是不显现。
tadā	pratyayalope pratyayalakṣaṇam //（P.1.1.62）	词缀消隐后，词缀的因还在。
tadā	suptiṅantaṃ padam //（P.1.4.14）	以格尾为末的 tadā 是字。

小结：

tadā 是不变词，表达“彼时”。yadā 与 tadā 合在一起表达“当……的时候，就是……的时候”的意思。

sthitaṃ

词根：第一类动词词根（bhvādigaṇa），1.975 ṣṭhā gatinivṛttau（sthā 驻留）。

直接后缀：kta。

演变过程：

ṣṭhā	bhūvādayo dhātavaḥ //（P.1.3.1）	bhū 等是动词词根。
sthā	dhātvādeḥ ṣaḥ saḥ //（P.6.1.64）	词根的首位音 ṣ 由 s 替换。
sthā+**kta**	napuṃsake bhāve ktaḥ //（P.3.3.114）	词为中性，表主动行为时，可加直接后缀 kta。
sthā+**kta**	ārdhadhātukaṃ śeṣaḥ //（P.3.4.114）	全界之外的（kta）是半界词缀。
sthā+ta	tasya lopaḥ //（P.1.3.9）	kta 的符号 k 由消隐替换。
sthā+**iṭ**+ta	ārdhadhātukasyeḍvalādeḥ //（P.7.2.35）	在以对收 val 为首位音的半界词缀前，插入联系元音 iṭ。
sthā+ta	ekāca upadeśe 'nudāttāt //（P.7.2.10）	于原始发音状态的非高音的单音节词根后，不加联系元音 iṭ。
sthā+ta	yasmātpratyayavidhistadādi pratyaye 'ṅgam //（P.1.4.13）	其后安排了词缀的词，以此词为始，在词缀前叫词干。
sth+**i**+ta	dyatisyatimāsthāmitti kati //（P.7.4.40）	当遇到首音为 t，带 k 符号的词缀时，i 替 sthā 的末音。
sthita	kṛttaddhitasamāsāśca //（P.1.2.46）	以直接后缀 kta 为末的是名词词基。
sthit**a**	hrasvo napuṃsake prātipadikasya //（P.1.2.47）	词为中性时，短元音替换名词词基的末音。
sthita+**su**	ṅyāpprātipadikāt //（P.4.1.1） svaujasamauṭchaṣ…sup //（P.4.1.2）	在以 ṅī、āp 为末的词后，以及在名词词基后是 su 等格尾。 单数第一格加格尾 su。
sthita+**am**	ato 'm //（P.7.1.24）	以 a 落尾的中性词后，am 替换格尾 su 和 am。
sthit+**a**+m	ami pūrvaḥ //（P.6.1.107）	在 a、ā 以及单元音后，遇到 am 的元音时，前面的元音形式是唯一的替代。
sthitam	suptiṅantaṃ padam //（P.1.4.14）	以格尾为末的是字。
sthita**ṃ**	mo 'nusvāraḥ //（P.8.3.23）	字末的 m 音在辅音前由鼻腔音替代。
sthita**m**	anusvārasya yayi parasavarṇaḥ //（P.8.4.58）	遇到除咝音和 h 音以外的辅音时，后面的同类音替换鼻腔音。
sthitaṃ	vā padāntasya //（P.8.4.59）	字末的同类鼻音的替换可做可不做。

小结：

依据经文 P.3.3.114 加 kta 表示主动行为，是中性词。因此 sthita 都翻译为“住于”。

sthitam 是中性，单数，第一格，含义是“住于”。

vijñāna

名词词基：vijñāna（识）。

演变过程：

vijñāna	arthavadadhāturapratyayaḥ prātipadikam //（P.1.2.45）	既非词根，亦非词缀，有意义的（词）是名词词基。 [“识”含义的 vijñāna 是不可拆分(avyutpanna)的名词词基。]

小结：

前半颂提到的 vijñāna 是加 lyuṭ 直接后缀构成的，含义有：认知、智慧、知识等。实际上，在婆罗门教体系中，vijñāna 无“识”这种认知主体的含义，而且无法通过波你尼梵语语法的分析推导出“识”这一含义。

因此笔者认为，vijñāna 一词表达“识”的含义时，作为专有名词，是佛教的特殊用法。故此词也许是佛陀创造的俗语词汇。因为婆罗门教中，作为认知主体的 citta、manas、ātman 等词都是表示有恒常实体的认知主体，不符合佛陀所主张的“诸行无常，诸法无我”的观点，故不适合引入到佛教体系中来。因此佛陀必须创造出一个全新的俗语词汇来表示无常的认知主体。现在看到的“识”含义的佛教梵语词汇 vijñāna，是在保持该佛教俗语词汇的原音的基础上，而引入的外来词汇。故佛教梵语中的表达“识”含义的 vijñāna 是不可拆分（avyutpanna）的词汇。

此处的 vijñāna 是不可拆分，中性，表示有认知能力的个体，翻译为“识”。

mātra

词根：第二类动词词根（adādigaṇa），2.53 mā māne（mā 测量）；第三类动词词根（juhotyādigaṇa），3.6 māṅ māne śabde ca（mā 测量，发声）；第四类动词词根（divādigaṇa），4.34 māṅ mane（mā 测量）。

直接后缀：tran。

演变过程：

mā+**tran**	huyāmāśru bhasibhyastran //（Uṇādisūtra 4.167）	直接后缀 tran 加在词根 hu、yā、mā、śru、bhas 后。
mā+**tran**	ārdhadhātukaṃ śeṣaḥ //（P.3.4.114）	全界词缀之外的（tran）是半界词缀。

mā+tra	tasya lopaḥ // （P.1.3.9）	tran 的符号 n 由消隐替换。
mā+**iṭ**+tra	ārdhadhātukasyeḍvalādeḥ // （P.7.2.35）	在以对收 val 为首位音的半界词缀前，插入联系元音 iṭ。
mā+tra	titutratathasisusarakaseṣu ca // （P.7.2.9）	直接后缀 tra 前不加联系元音 iṭ。 [tran 是 aniṭ 词缀。]
mā+tra	yasmātpratyayavidhistadādi pratyaye 'ṅgam //（P.1.4.13）	其后安排了词缀的词，以此词为始，在词缀前叫词干。
mātra	kṛttaddhitasamāsāśca // （P.1.2.46）	以直接后缀 tran 为末的是名词词基。

小结：

mātra 的基本含义是“度量”。印度古老的词典《无灭宝藏》（*Amarakośa*）对 mātra 的解释：“alpe ca parimāṇe sā mātraṃ kārtsnye 'vadhāraṇe //3.3.178//。”即 mātra 的含义有：小（alpa）、度量（parimāṇa）、全部（kārtsnya）、限定（avadhāraṇa）。

因此“唯识”（vijñaptimātra）用的是 mātra 的“全部”（kārtsnya）和“限定”（avadhāraṇa）两重含义。

vijñāna-mātra

世俗拆分： vijñānaṃ mātram。

非世俗拆分： vijñāna+su+mātra+su。

名词词基： vijñāna（识）；mātra（全部，限定）。

演变过程：

vijñāna+su+ mātra+su	saha supā // （P.2.1.4）	以格尾收尾的词可以与以格尾收尾的词构成复合词。
vijñāna+su+ mātra+su	kṛttaddhitasamāsāśca // （P.1.2.46）	有意义的复合词是名词词基。
vijñāna+mātra	supo dhātuprātipadikayoḥ // （P.2.4.71） pratyayasya lukślulupaḥ // （P.1.1.61）	词根、名词词基中蕴含的格尾由消隐（luk）替换。 luk、ślu、lup 是词缀的消隐替换。消隐是不显现。
vijñānamātra	kṛttaddhitasamāsāśca // （P.1.2.46）	有意义的复合词是名词词基。

小结：

vijñaptimātra 中的 mātra 用的是“全部”（kārtsnya）和“限定”（avadhāraṇa）两重含

义。故 vijñaptimātra 有“一切都是识”“识为其（限定、本质）范畴”的含义。

此 vijñānamātra 是无特殊术语的纯粹复合词（kevalasamāsa），综合译为“唯识”。

vijñāna-mātratve

世俗拆分： vijñānamātrasya bhāvaḥ。

非世俗拆分： vijñānamātra+ṅas+tva。

名词词基： vijñānamātra（唯识）。

派生词缀： tva。

演变过程：

vijñānamātra+ṇas+**tva**	tasya bhāvastvatalau //（P.5.1.119）	（表现）其本性、状态时，用 tva 和 tal。
vijñānamātra+ṇas+ tva	kṛttaddhitasamāsāśca //（P.1.2.46）	派生词缀为末的是名词词基。
vijñānamātra+tva	supo dhātuprātipadikayoḥ //（P.2.4.71） pratyayasya lukślulupaḥ //（P.1.1.61）	词根、名词词基中蕴含的格尾由消隐（luk）替换。 luk、ślu、lup 是词缀的消隐替换。消隐是不显现。
vijñānamātratva	kṛttaddhitasamāsāśca //（P.1.2.46）	派生词缀为末的是名词词基。
vijñānamātratva+**ṅi**	ṅyāpprātipadikāt //（P.4.1.1） svaujasamauṭchaṣ…sup //（P.4.1.2）	在以 ṅī、āp 为末的词后，以及在名词词基后是 su 等格尾。 单数第七格加格尾 ṅi。
vijñānamātratva+i	tasya lopaḥ //（P.1.3.9）	ṅi 的符号 ṅ 由消隐替换。
vijñānamātratv+**e**	ādguṇaḥ //（P.6.1.87）	a 音后遇元音时，由一个二合元音替换前后两音位。
vijñānamātratve	suptiṅantaṃ padam //（P.1.4.14）	以格尾为末的是字。

小结：

vijñānamātra 后加派生词缀 tva 表达其性质、状态的含义，故其含义是“唯识性”。

vijñānamātratve 是中性，单数，第七格，翻译为“于唯识性中”。

grāhya

词根： 第九类动词词根（kryādigaṇa），9.61 graha upādāne（grah 取）。

直接后缀： ṇyat。

演变过程：

grah+**ṇyat**	ṛhalorṇyat //（P.3.1.124）	于 ṛ 音以及辅音后，加 ṇyat。
grah+**ṇyat**	ārdhadhātukaṃ śeṣaḥ //（P.3.4.114）	全界词缀之外的（ṇyat）是半界词缀。
grah+ya	tasya lopaḥ //（P.1.3.9）	ṇyat 的符号 ṇ、t 由消隐替换。
grah+ya	yasmātpratyayavidhistadādi pratyaye 'ṅgam //（P.1.4.13）	其后安排了词缀的词，以此词为始，在词缀前叫词干。
gr**ā**h+ya	ata upadhāyāḥ //（P.7.2.116）	遇 ñ、ṇ 符号的后缀时，词干倒数第二的 a 音由三合元音替换。
grāhya	kṛttaddhitasamāsāśca //（P.1.2.46）	直接后缀为末的是名词词基。

小结：

解释 ṇyat 的经文 P.3.1.124 在领句经文“kṛtyāḥ //（P.3.1.95）”的控制之下。所以 ṇyat 属于 kṛtya 类词缀。kṛtya 可翻译为“原始被动词缀”或“直接被动词缀”。再根据经文“tayoreva kṛtyaktakhalarthāḥ //（P.3.4.70）”可知，kṛtya 词缀可以强调被动的行为和业。即 grāhya 表示被动的业时，可以翻译作“所取”。

bhāva

词根： 第一类动词词根（bhvādigaṇa），1.1 bhū sattāyām（bhū 存在）。

直接后缀： ghañ。

演变过程：

bhū+**ghañ**	śriṇībhuvo 'nupasarge //（P.3.3.24）	当前面没有近置词时，词根 bhū 后加直接后缀 ghañ。
bhū+**ghañ**	ārdhadhātukaṃ śeṣaḥ //（P.3.4.114）	全界词缀之外的（ghañ）是半界词缀。
bhū+a	tasya lopaḥ //（P.1.3.9）	ghañ 的符号 gh、ñ 由消隐替换。
bhū+a	yasmātpratyayavidhistadādi pratyaye 'ṅgam //（P.1.4.13）	其后安排了词缀的词，以此词为始，在词缀前叫词干。
bh**au**+a	aco ñṇiti //（P.7.2.115）	遇到 ñ、ṇ 符号时，发生三合元音对词干末元音的替换。
bh**āv**+a	eco 'yavāyāvaḥ //（P.6.1.78）	遇到元音时，复合元音应由 ay、av、āy、āv 替换。
bhāva	kṛttaddhitasamāsāśca //（P.1.2.46）	直接后缀 ghañ 为末的 bhāva 是名词词基。

小结：

经文 P.3.3.24 在领句经文“bhāve //（P.3.3.18）”的控制之下，加直接后缀 ghañ 代表处于某种行为的已成就状态。所以 bhāva 翻译为“存在”。

abhāva

世俗拆分： na bhāvaḥ。
非世俗拆分： na+bhāva+su。
名词词基： na（非，无）；bhāva（存在）。
演变过程：

na+bhāva+su	nañ //（P.2.2.6）	nañ 与以格尾收尾的词组成依主释复合词。[nañ 的 ñ 是符号。]
na+bhāva+su	kṛttaddhitasamāsāśca //（P.1.2.46）	有意义的复合词是名词词基。
na+bhāva	supo dhātuprātipadikayoḥ //（P.2.4.71） pratyayasya lukślulupaḥ //（P.1.1.61）	词根、名词词基中蕴含的格尾由消隐（luk）替换。 luk、ślu、lup 是词缀的消隐替换。消隐是不显现。
na+bhāva	prathamānirdiṣṭaṃ samāsa upasarjanam //（P.1.2.43）	在复合词一节中，第一格所指示的是附属词。[P.2.2.6 中 nañ 是第一格，故是附属词。]
na+bhāva	upasarjanaṃ pūrvam //（P.2.2.30）	附属词是前部的。
a+bhāva	nalopo nañaḥ //（P.6.3.73）	在后部字前，nañ 的 n 音由消隐替换。
abhāva	kṛttaddhitasamāsāśca //（P.1.2.46）	有意义的复合词是名词词基。
abhāva	paravalliṅgaṃ dvaṃdva-tatpuruṣayoḥ //（P.2.4.26）	相违释和依主释复合词的性如后部字。

小结：

abhāva 是依主释复合词。前部字是 nañ 有六种含义：相似、无实在、与此物异、缺乏此物、不值得赞扬、相矛盾。[①] 此处应该采用“无实在”或“相矛盾”的含义，故 abhāva 翻译为“不存在”。该复合词的性如后部字，为阳性。

① 段晴：《波你尼语法入门》，北京大学出版社 2001 年版，第 455 页。

grāhya-abhāve

世俗拆分：grāhyasya abhāvaḥ。

非世俗拆分：grāhya+ṅas+abhāva+su。

名词词基：grāhya（所取）；abhāva（不存在）。

演变过程：

grāhya+ṅas+ abhāva+su	ṣaṣṭhī //（P.2.2.8）	第六格与以格尾收尾的词构成依主释复合词。
grāhya+ṅas+ abhāva+su	kṛttaddhitasamāsāśca //（P.1.2.46）	有意义的复合词是名词词基。
grāhya+abhāva	supo dhātuprātipadikayoḥ //（P.2.4.71） pratyayasya lukślulupaḥ //（P.1.1.61）	词根、名词词基中蕴含的格尾由消隐（luk）替换。 luk、ślu、lup 是词缀的消隐替换。消隐是不显现。
grāhya+abhāva	prathamānirdiṣṭaṃ samāsa upasarjanam //（P.1.2.43）	在复合词一节中，第一格所指示的是附属词。 [P.2.2.8 中 ṣaṣṭhī 是第一格。]
grāhya+abhāva	upasarjanaṃ pūrvam //（P.2.2.30）	附属词是前部的。
grāhy+**ā**+bhāva	akaḥ savarṇe dīrghaḥ //（P.6.1.101）	以 ak 为对收的末音后遇同类音时，一长音替换前后两音位。
grāhyābhāva	kṛttaddhitasamāsāśca //（P.1.2.46）	有意义的复合词是名词词基。
grāhyābhāva	paravalliṅgaṃ dvaṃdva-tatpuruṣayoḥ //（P.2.4.26）	相违释和依主释复合词的性如后部字。 [故该复合词为阳性。]
grāhyābhāva+**ṅi**	ṅyāpprātipadikāt //（P.4.1.1） svaujasamauṭchaṣ…sup //（P.4.1.2）	在以 ṅī、āp 为末的词后，以及在名词词基后是 su 等格尾。 单数第七格加格尾 ṅi。
grāhyābhāva+i	tasya lopaḥ //（P.1.3.9）	ṅi 的符号 ṅ 由消隐替换。
grāhyābhāv+**e**	ādguṇaḥ //（P.6.1.87）	a 音后遇元音时，由一个二合元音替换前后两音位。
grāhyābhāve	suptiṅantaṃ padam //（P.1.4.14）	以格尾为末的是字。

小结：

grāhya-abhāva 是依主释复合词，含义是“所取的不存在”。

grāhyābhāve 是阳性，单数，第七格，含义是“当所取不存在的情况下”。

tad

词根：第八类动词词根（tanādigaṇa），8.1 tanu vistāre（tan 扩展）。

直接后缀：adi。

演变过程：

tan+**adi**	tyajitaniyajbhyo ḍit //（Uṇādisūtra 1.132）	在词根 tyaj、tan、yaj 后加直接后缀 adi。该词缀如同带 ḍ 符号。
tan+**adi**	ārdhadhātukaṃ śeṣaḥ //（P.3.4.114）	全界之外的（adi）是半界词缀。
tan+ad	tasya lopaḥ //（P.1.3.9）	adi 的符号 i 由消隐替换。
tan+ad	yasmātpratyayavidhistadādi pratyaye 'ṅgam //（P.1.4.13）	其后安排了词缀的词，以此词为始，在词缀前叫词干。
t+ad	ṭeḥ //（P.6.4.143）	遇到 ḍ 符号时，词干末音节由消隐替换。
tad	kṛttaddhitasamāsāśca //（P.1.2.46）	以直接后缀为末的是名词词基。
tad	sarvādīni sarvanāmāni //（P.1.1.27）	sarva 等词是代词。
tad+**su**	ṅyāpprātipadikāt //（P.4.1.1） svaujasamauṭchaṣ…sup //（P.4.1.2）	在以 ṅī、āp 为末的词后，以及在名词词基后是 su 等格尾。 单数第一格加格尾 su。
tad+（ ）	svamornapuṃsakāt //（P.7.1.23）	中性词后，su 和 am 由消隐（luk）替换。
tad	pratyayasya lukślulupaḥ //（P.1.1.61）	luk、ślu、lup 是词缀的消隐替换。消隐是不显现。
tad	pratyayalope pratyayalakṣaṇam //（P.1.1.62）	词缀消隐后，词缀的因还在。
tad	suptiṅantaṃ padam //（P.1.4.14）	以格尾为末的 tad 是字。
tad	jhalāṃ jaśo 'nte //（P.8.2.39）	字末的 jhal 对收音由 jaś 对收音替换。

小结：

tad 是代词，中性，单数，第一格，意为“彼”。指代的是 vijñāna（认知）。

graha

词根：第九类动词词根（kryādigaṇa），9.61 graha upādāne（grah 取）。

直接后缀：ac。

演变过程：

grah+**ac**	nandigrahipacādibhyo lyuṇinyacaḥ //（P.3.1.134）	加在 nandi、grahi、pac 等词根后的是直接后缀 lyu、ṇini、ac，表主动者的含义。[实际上所有词根都可加 ac。]
grah+**ac**	ārdhadhātukaṃ śeṣaḥ //（P.3.4.114）	全界词缀之外的（ac）是半界词缀。
grah+a	tasya lopaḥ //（P.1.3.9）	ac 的符号 c 由消隐替换。
grah+a	yasmātpratyayavidhistadādi pratyaye 'ṅgam //（P.1.4.13）	其后安排了词缀的词，以此词为始，在词缀前叫词干。
graha	kṛttaddhitasamāsāśca //（P.1.2.46）	直接后缀为末的是名词词基。

小结：

若依据经文"vibhāṣā grahaḥ //（P.3.1.143）"词根 grah 加直接后缀 ṇa，形成 grāha 表主动者（kartṛ）的含义。或依据经文 P.3.1.134 加直接后缀 ac，形成 graha 也表主动者的含义。因此两者都有"能取"的意思。

此颂的 graha 译为"能取"。

agrahāt

世俗拆分： na grahaḥ。

非世俗拆分： na+graha+su。

名词词基： na（非，无）；graha（能取）。

演变过程：

na+graha+su	nañ //（P.2.2.6）	nañ 与以格尾收尾的词组成依主释复合词。[nañ 的 ñ 是符号。]
na+graha+su	kṛttaddhitasamāsāśca //（P.1.2.46）	有意义的复合词是名词词基。
na+graha	supo dhātuprātipadikayoḥ //（P.2.4.71） pratyayasya lukślulupaḥ //（P.1.1.61）	词根、名词词基中蕴含的格尾由消隐（luk）替换。 luk、ślu、lup 是词缀的消隐替换。消隐是不显现。
na+graha	prathamānirdiṣṭaṃ samāsa upasarjanam //（P.1.2.43）	在复合词一节中，第一格所指示的是附属词。[P.2.2.6 中 nañ 是第一格。]
na+graha	upasarjanaṃ pūrvam //（P.2.2.30）	附属词是前部的。
a+graha	nalopo nañaḥ //	在后部字前，nañ 的 n 音由消隐替换。

	（P.6.3.73）	
agraha	kṛttaddhitasamāsāśca //（P.1.2.46）	有意义的复合词是名词词基。
agraha	paravalliṅgaṃ dvaṃdva-tatpuruṣayoḥ //（P.2.4.26）	相违释和依主释复合词的性如后部字。
agraha+**ṅasi**	ṅyāpprātipadikāt //（P.4.1.1） svaujasamauṭchaṣ…sup //（P.4.1.2）	在以 ṅī、āp 为末的词后，以及在名词词基后是 su 等格尾。 单数第五格加格尾 ṅasi。
agraha+**āt**	ṭāṅasiṅasāminātsyāḥ //（P.7.1.12）	替换 ṭā、ṅasi、ṇas 的是 ina、āt、sya。
agrah+**ā**+t	akaḥ savarṇe dīrghaḥ //（P.6.1.101）	以 ak 为对收的末音后遇同类音时，一长音替换前后两音位。
agrahāt	suptiṅantaṃ padam //（P.1.4.14）	以格尾为末的是字。
agrahāt	vāvasāne //（P.8.4.56）	在停顿时，以 jhal 为对收的辅音可以由清辅音替换。

小结：

agraha 是依主释复合词。前部字是 nañ 有六种含义：相似、无实在、与此物异、缺乏此物、不值得赞扬、相矛盾。此处应该采用“无实在”的含义，故 agraha 翻译为“无能取”。该复合词的性如后部字，为阳性。

agrahāt 是阳性，单数，第五格，含义是“因为无能取”。

第二十九颂

अचित्तोऽनुपलम्भोऽसौ ज्ञानं लोकोत्तरं च तत्।
आश्रयस्य परावृत्तिर्द्विधा दौष्ठुल्यहानितः॥२९॥

acitto ’nupalambho ’sau jñānaṃ loka-uttaraṃ ca tat /
āśrayasya parāvṛttir dvidhā dauṣṭhulya-hānitaḥ //29//

玄奘译：无得不思议，是出世间智，舍二粗重故，便证得转依。

真谛译《转识论》：何以故？由修观，熟乱执尽，是名无所得，非心非境。是智名出世无分别智，即是境智无差别，名如如智，亦名转依，舍生死依，但依如理故，粗重及执二俱尽故。粗重即分别性，执即依他性，二种俱尽也。

霍韬晦译：彼无心、无得，是出世间智。所依得转换，舍二粗重故。

现译：其人是无思虑者，是无所得者，则其智乃是出世间。依处的转变状态是从两种粗重态的舍弃的角度来说的。

citta

词根：第一类动词词根（bhvādigaṇa），1.39 citī saṃjñāne（cit 知晓、想）。

直接后缀：kta。

演变过程：

cit+**kta**	napuṃsake bhāve ktaḥ //（P.3.3.114）	词为中性，表主动行为时，可加直接后缀 kta。
cit+k**ta**	ārdhadhātukaṃ śeṣaḥ //（P.3.4.114）	全界之外的（kta）是半界词缀。
cit+ta	tasya lopaḥ //（P.1.3.9）	kta 的符号 k 由消隐替换。
cit+**iṭ**+ta	ārdhadhātukasyeḍvalādeḥ //（P.7.2.35）	在以对收 val 为首位音的半界词缀前，插入联系元音 iṭ。
cit+ta	śvīdito niṣṭhāyām //（P.7.2.14）	在 śvi 及带符合 ī 的词根后，成就词缀前不加联系元音 iṭ。
cit+ta	yasmātpratyayavidhistadādi	其后安排了词缀的词，以此词为始，在词缀

	pratyaye 'ṅgam //（P.1.4.13）	前叫词干。
cet+ta	pugantalaghūpadhasya ca //（P.7.3.86）	遇到半界和全界词缀时，轻音节词干的排列倒数第二的短元音 i、u、ṛ、ḷ 由二合元音替换。
cit+ta	kṅiti ca //（P.1.1.5）	受 g、k、ṅ 符号的影响，二合、三合元音的替换被禁止。
citta	kṛttaddhitasamāsāśca //（P.1.2.46）	以直接后缀 kta 为末的是名词词基。

小结：

此处加 kta 直接后缀，表达的是现在的主动的行为，且 citta 是中性，故含义是“思虑”。

acitto

世俗拆分： avidyamānaṃ cittaṃ yasya saḥ。

非世俗拆分： avidyamāna+su+citta+su。

名词词基： avidyamāna（不存在）；citta（思虑）。

演变过程：

avidyamāna+su+citta+su	anekamanyapadārthe //（P.2.2.24）	两个以上（以第一格收尾）的词，若以表达另一个词为目的，构成的是多财释复合词。
a+citta+su	naño 'styarthānām vācyo vā cottarapadalopaḥ //（Vārttika 1361）	《月光疏》经文 830 的《补释》经文：nañ 后面的表存在意义的后部字 vidyamāna 由消隐替换。
a+citta+su	kṛttaddhitasamāsāśca //（P.1.2.46）	有意义的复合词是名词词基。
a+citta	supo dhātuprātipadikayoḥ //（P.2.4.71） pratyayasya lukślulupaḥ //（P.1.1.61）	词根、名词词基中蕴含的格尾由消隐（luk）替换。 luk、ślu、lup 是词缀的消隐替换。消隐是不显现。
a+citta	saptamīviśeṣaṇe bahuvrīhau //（P.2.2.35）	于多财释复合词中，以第七格收尾的以及形容词是前部的。
acitta	kṛttaddhitasamāsāśca //（P.1.2.46）	有意义的复合词是名词词基。
acitta	paravalliṅgaṃ dvaṃdva-tatpuruṣayoḥ //（P.2.4.26）	相违释和依主释复合词的性如后部字。
acitta+**su**	ṅyāpprātipadikāt //（P.4.1.1）	在以 ṅī、āp 为末的词后，以及在名词词基后是 su 等格尾。

	svaujasamauṭchaṣ…sup //（P.4.1.2）	单数第一格加格尾 su。
acitta+s	tasya lopaḥ //（P.1.3.9）	su 的符号 u 由消隐替换。
acittas	suptiṅantaṃ padam //（P.1.4.14）	以格尾为末的是字。
acitta**r**	sasajuṣo ruḥ //（P.8.2.66）	r 音替换字末的 s 音。
acitta+**u**	ato roraplutādaplute //（P.6.1.113）	在非引的 a 音之后，在非引的 a 音之前，r 被 u 音替换。
acitta**o**	ādguṇaḥ //（P.6.1.87）	a 音后遇元音时，由一个二合元音替换前后两音位。

小结：

若 acitta 是依主释复合词，根据经文“paravalliṅgaṃ dvaṃdvatatpuruṣayoḥ //（P.2.4.26）”可知，其性如后部字，应该为中性，这显然不符合要求。

此处 acitta 是多财释复合词，指向的是阳性的 asau，所以虽然 citta 是中性，但 acitta 是阳性。此时 acitta 翻译为“无思虑者”。

upalambha

词根：第一类动词词根（bhvādigaṇa），1.1024 ḍulabhaṣ prāptau（labh 获得）。

近置词：upa（grahaṇe 抓取，sāmīpye 靠近）。[依据：upasargāḥ kriyāyoge //（P.1.4.59）。]

直接后缀：ghañ。

演变过程：

upa+labh+**ghañ**	bhāve //（P.3.3.18） 或 akartari ca kārake saṃjñāyām //（P.3.3.19）	当表达达到已成就状态的词根意义时，词根后加 ghañ 词缀。 当作术语时，（加 ghañ 词缀）也表示造者，但主动者除外。
upa+labh+**ghañ**	ārdhadhātukaṃ śeṣaḥ //（P.3.4.114）	直接后缀 ghañ 是半界词缀。
upa+labh+a	tasya lopaḥ //（P.1.3.9）	ghañ 的符号 gh、ñ 由消隐替换。
upa+**labh**+a	yasmātpratyayavidhistadādi pratyaye ’ṅgam //（P.1.4.13）	其后安排了词缀的词，以此词为始，在词缀前叫词干。
upa+la**m**bh+a	upasargātkhalghañoḥ //（P.7.1.67）	在近置词后的 labh，遇 khal 或 ghañ 直接后缀时，插入鼻音。

upalambha	kṛttaddhitasamāsāśca //（P.1.2.46）	直接后缀 ghañ 为末的是名词词基。

小结：

若 upalambha 是依据“bhāve //（P.3.3.18）”而成的话，表行为的已成就状态，翻译为“得”。

若 upalambha 是依据经文“akartari ca kārake saṃjñāyām //（P.3.3.19）”加直接后缀 ghañ 而成的，可作为非主动者（akartṛ）的造者（kāraka），且是专有名词。若采用业（karman）这一造者，代表行为者最希望获得的果时，upalambha 指的是“所得”。本颂采用这种理解。该词为阳性。

’nupalambho

世俗拆分： avidyamāna upalambho yasya saḥ。

非世俗拆分： avidyamāna+su+upalambha+su。

名词词基： avidyamāna（不存在）；upalambha（所得）。

演变过程：

avidyamāna+su+ upalambha+su	anekamanyapadārthe //（P.2.2.24）	两个以上（以第一格收尾）的词，若以表达另一个词为目的，构成的是多财释复合词。
a+upalambha+su	naño ’styarthānām vācyo vā cottarapadalopaḥ //（Vārttika 1361）	《月光疏》经文 830 的《补释》经文：nañ 后面的表存在意义的后部字 vidyamāna 由消隐替换。
a+upalambha+su	kṛttaddhitasamāsāśca //（P.1.2.46）	有意义的复合词是名词词基。
a+upalambha	supo dhātuprātipadikayoḥ //（P.2.4.71） pratyayasya lukślulupaḥ //（P.1.1.61）	词根、名词词基中蕴含的格尾由消隐（luk）替换。 luk、ślu、lup 是词缀的消隐替换。消隐是不显现。
a+upalambha	saptamīviśeṣaṇe bahuvrīhau //（P.2.2.35）	于多财释复合词中，以第七格收尾的以及形容词是前部的。
a+**nuṭ**+upalambha	tasmānnuḍaci //（P.6.3.74）	在脱落了 n 音的 nañ 之后，在元音为首位的后部字之前加 nuṭ。
a+n+upalambha	tasya lopaḥ //（P.1.3.9）	nuṭ 的符号 ṭ 由消隐替换。 [u 是为了发音方便。]
a+**n**upalambha	ādyantau ṭakitau //（P.1.1.46）	以 ṭ 符号和 k 符号结尾的是首位音或末音。
anupalambha	kṛttaddhitasamāsāśca //（P.1.2.46）	有意义的复合词是名词词基。

anupalambha+**su**	ṅyāpprātipadikāt //（P.4.1.1） svaujasamauṭchaṣ…sup //（P.4.1.2）	在以 ṅī、āp 为末的词后，以及在名词词基后是 su 等格尾。 单数第一格加格尾 su。
anupalambha+s	tasya lopaḥ //（P.1.3.9）	su 的符号 u 由消隐替换。
anupalambhas	suptiṅantaṃ padam //（P.1.4.14）	以格尾为末的是字。
’nupalambhas	eṅaḥ padāntādati //（P.6.1.109）	字末的 e、o 音后，遇短元音 a 时，前面的元音形式是唯一的替代。
’nupalambha**r**	sasajuṣo ruḥ //（P.8.2.66）	r 音替换字末的 s 音。
’nupalambha+**u**	ato roraplutādaplute //（P.6.1.113）	在非引的 a 音之后，在非引的 a 音之前，r 被 u 音替换。
’nupalambh**o**	ādguṇaḥ //（P.6.1.87）	a 音后遇元音时，由一个二合元音替换前后两音位。

小结：

若 anupalambha 是依主释复合词的话，那么该词是形容词，是对 asau（其人）的简单地修饰。

而采用多财释复合词来理解 anupalambha 的话，则是对 asau（其人）的生命状态的总结。因此本颂的 anupalambha 采用这种理解。

anupalambhas 是阳性，单数，第一格，含义是“无所得者”。

’sau

名词词基：adas（彼）。

演变过程：

adas	arthavadadhāturapratyayaḥ prātipadikam //（P.1.2.45）	既非词根，亦非词缀，有意义的（词）是名词词基。 [adas 是不可拆分（avyutpanna）的名词词基。]
adas	sarvādīni sarvanāmāni //（P.1.1.27）	sarva 等词是代词。
adas+**su**	ṅyāpprātipadikāt //（P.4.1.1） svaujasamauṭchaṣ…sup //（P.4.1.2）	在以 ṅī、āp 为末的词后，以及在名词词基后是 su 等格尾。 单数第一格加格尾 su。

ada+**au**+（ ）	adas au sulopaśca //（P.7.2.107）	adas 的末音由 au 替换，并且单数第一格的格尾消隐。
ad+**au**+（ ）	vṛddhireci //（P.6.1.88）	a 后遇复合元音时，三合元音是前后两音位的唯一替代。
ad+au+（ ）	pratyayalope pratyayalakṣaṇam //（P.1.1.62）	词缀消隐后，词缀的因还在。
as+au+（ ）	tadoḥ saḥ sāvanantyayoḥ //（P.7.2.106）	遇到格尾 su 时，tyad 等词的非落尾的 t 和 d 音由 s 音替换。
as+au	adarśanaṃ lopaḥ //（P.1.1.60）	不显现的是消隐。
asau	suptiṅantaṃ padam //（P.1.4.14）	以格尾为末的是字。
vijñānapariṇāme 'sau	eṅaḥ padāntādati //（P.6.1.109）	字末的 e、o 音后，遇短元音 a 时，前面的元音形式是唯一的替代。

小结：

adas 是代词，含义是“彼”，有阳、阴、中三性。

asau 是代词，阳性，单数，第一格，意为“彼”，指的是“其人”。

此句对 asau 的不同理解，会影响到对 acitta、anupalambha 的理解。

jñānaṃ

词根：第九类动词词根（kryādigaṇa），9.36 jñā avabodhane（jñā 知晓）。[①]

直接后缀：lyuṭ。

演变过程：

jñā+**lyuṭ**	lyuṭ ca //（P.3.3.115） 或 karaṇādhikaraṇayośca //（P.3.3.117）	当作为中性名词表达词根意义的行动和行为时，加 lyuṭ 后缀。 加 lyuṭ 后缀的词可以表达作用具或场所这两种造者的含义。
jñā+**lyuṭ**	ārdhadhātukaṃ śeṣaḥ //（P.3.4.114）	全界词缀之外的（lyuṭ）是半界词缀。

① 同为第九类动词词根（kryādigaṇa）的 jñā 还有“1.849 jñā māraṇa-toṣaṇa-niśāna-niśāmaneṣu [jñā 消灭（māraṇa），满意（toṣaṇa），锐化（niśāna），看或听（niśāmana）]”。该词根 jñā 虽然放在第一类动词词根群（bhvādigaṇa）中，但实际是第九类动词词根。只是表“消灭”等含义的 jñā 属于 ghaṭādi 群中的词根，所以波你尼在《界读》中才把相关不同类别的 ghaṭādi 词根都收集在了一起，放在 bhvādigaṅa 中。也就是说，作为第九类动词词根的 jñā 实际有两大类含义：前一类为知晓的含义，后一类为非知晓的含义。

jñā+yu	tasya lopaḥ //（P.1.3.9）	lyuṭ 的符号 l、ṭ 由消隐替换。
jñā+**ana**	yuvoranākau //（P.7.1.1）	yu 和 vu 由 ana 和 aka 替换。
jñā+ana	yasmātpratyayavidhistadādi pratyaye 'ṅgam //（P.1.4.13）	其后安排了词缀的词，以此词为始，在词缀前叫词干。
jñ+**ā**+na	akaḥ savarṇe dīrghaḥ //（P.6.1.101）	以 ak 为对收的末音后遇同类音时，一长音替换前后两音位。
jñāna	kṛttaddhitasamāsāśca //（P.1.2.46）	直接后缀为末的是名词词基。
jñān**a**	hrasvo napuṃsake prātipadikasya //（P.1.2.47）	词为中性时，短元音替换名词词基的末音。
jñāna+**su**	ṅyāpprātipadikāt //（P.4.1.1） svaujasamauṭchaṣ…sup //（P.4.1.2）	在以 ṅī、āp 为末的词后，以及在名词词基后是 su 等格尾。 单数第一格加格尾 su。
jñāna+**am**	ato 'm //（P.7.1.24）	以 a 落尾的中性词后，am 替换格尾 su 和 am。
jñān+**a**+m	ami pūrvaḥ //（P.6.1.107）	在 a、ā 以及单元音后，遇到 am 的元音时，前面的元音形式是唯一的替代。
jñānam	suptiṅantaṃ padam //（P.1.4.14）	以格尾为末的是字。
jñāna**ṃ**	mo 'nusvāraḥ //（P.8.3.23）	字末的 m 音在辅音前由鼻腔音替代。
jñāna**n**	anusvārasya yayi parasavarṇaḥ //（P.8.4.58）	遇到除咝音和 h 音以外的辅音时，后面的同类音替换鼻腔音。
jñānaṃ	vā padāntasya //（P.8.4.59）	字末的同类鼻音的替换可做可不做。

小结：

加 lyuṭ 直接后缀依据两种情况。

一者，依据经文“lyuṭ ca //（P.3.3.115）”而得到 jñāna 一词，该词是表达词根含义的行为的中性动名词，可以翻译为“认知”。

二者，依据经文“karaṇādhikaraṇayośca //（P.3.3.117）”，jñāna 表达的是产生词根所代表的行为的作用具或场所这样的造者（kāraka）的含义。当 jñāna 作为作用具（karaṇa）时，指的是产生认知的工具、中介，即符号、名称、心相、智慧等；当 jñāna 作为场所（adhikaraṇa）时，指的是认知的主题（Subject）和领域（Field）。此时 vijñāna 可以翻译为“知识”（Knowledge）。本颂的 jñāna 采用“智慧”来理解。

jñānam 是中性，单数，第一格，含义是“智”。

loka

词根：第一类动词词根（bhvādigaṇa），1.76 lokṛ darśane（lok 看）。

直接后缀：ghañ。

演变过程（一）：

lok+**ghañ**	akartari ca kārake saṃjñāyām //（P.3.3.19）	当作术语时，（加 ghañ 词缀）也表示造者，但主动者除外。
lok+**ghañ**	ārdhadhātukaṃ śeṣaḥ //（P.3.4.114）	ghañ 是半界词缀。
lok+a	tasya lopaḥ //（P.1.3.9）	ghañ 的符号 gh、ñ 由消隐替换。
lok+a	yasmātpratyayavidhistadādi pratyaye 'ṅgam //（P.1.4.13）	其后安排了词缀的词，以此词为始，在词缀前叫词干。
loka	kṛttaddhitasamāsāśca //（P.1.2.46）	直接后缀 ghañ 为末的 loka 是名词词基。

词根：第十类动词词根（curādigaṇa），10.236 lokṛ bhāṣārthe（lok 言说）。

直接后缀：ac。

演变过程（二）：

lok+**ṇic**	satyāpa…cūrādibhyo ṇic //（P.3.1.25）	第十类动词词根本身必须加上 ṇic 词缀，表原义。
lok+**ṇic**	ārdhadhātukaṃ śeṣaḥ //（P.3.4.114）	ṇic 是半界词缀。
lok+ṇic	yasmātpratyayavidhistadādi pratyaye 'ṅgam //（P.1.4.13）	其后安排了词缀的词，以此词为始，在词缀前叫词干。
lok+ṇic	sanādyantā dhātavaḥ //（P.3.1.32）	以 ṇic 词缀落尾的"lok+ṇic"是新词根。
lok+ṇic+**ac**	erac //（P.3.3.56）	i、ī 音落尾的词根后加直接后缀 ac。（该经文在 P.3.3.19 控制之下）
lok+ṇic+**ac**	ārdhadhātukaṃ śeṣaḥ //（P.3.4.114）	ac 是半界词缀。
lok+ṇic+a	tasya lopaḥ //（P.1.3.9）	ac 的符号 c 由消隐替换。
lok+ṇic+**a**	ārdhadhātukasyeḍvalādeḥ //（P.7.2.35）	在以对收 val 为首位音的半界词缀前，插入联系元音 iṭ。[但 ac 不在其中，是 aniṭ 词缀。]
lok+（ ）+a	ṇeraniṭi //（P.6.4.51）	当遇到 aniṭ 半界词缀时，消隐（lopa）替换前面的 ṇic。
lok+（ ）+a	pratyayalope pratyayalakṣaṇam //（P.1.1.62）	ṇic 词缀消隐后，ṇic 词缀的因还在。

lok+（ ）+a	sanādyantā dhātavaḥ //（P.3.1.32）	“lok+（ ）”仍是新词根。
lok+（ ）+a	yasmātpratyayavidhistadādi pratyaye 'ṅgam //（P.1.4.13）	其后安排了词缀的词，以此词为始，在词缀前叫词干。
lok+a	adarśanaṃ lopaḥ //（P.1.1.60）	不显现的是消隐。
loka	kṛttaddhitasamāsāśca //（P.1.2.46）	直接后缀 ac 为末的 loka 是名词词基。

小结：

loka 是加直接后缀 ghañ 或 ac 构成的，当表达词根所代表的行为的业（karman）的含义时，是“所看的对象”“所言说的对象”的意思。作为术语可以翻译为“世界”。

uttara

词根：第一类动词词根（bhvādigaṇa），1.1018 tṝ plavanataraṇayoḥ（tṝ 跳跃，超越）。

近置词：ut（uccaistve 高）。[依据：upasargāḥ kriyāyoge //（P.1.4.59）。]

直接后缀：ap。

演变过程：

ut+tṝ+**ap**	ṝdorap //（P.3.3.57）	以 ṝ、u、ū 为末的词根之后加直接后缀 ap。
ut+tṝ+**ap**	ārdhadhātukaṃ śeṣaḥ //（P.3.4.114）	全界词缀之外的 ap 是半界词缀。
ut+tṝ+a	tasya lopaḥ //（P.1.3.9）	ap 的符号 p 由消隐替换。
ut+**tṝ**+a	yasmātpratyayavidhistadādi pratyaye 'ṅgam //（P.1.4.13）	其后安排了词缀的词，以此词为始，在词缀前叫词干。
ut+**tar**+a	sārvadhātukārdhadhātukayoḥ //（P.7.3.84） uraṇ raparaḥ //（P.1.1.51）	遇到全界、半界词缀，词干的末元音 ṝ 由二合元音替换。 ṛ、ṝ 音的替换，需由其后带 r 音的 a、i、u 及其长音来替换。
uttara	kṛttaddhitasamāsāśca //（P.1.2.46）	以直接后缀 ap 为末的是名词词基。

小结：

如果 uttara 是由 ut+tarap 构成的话，根据经文“dvivacanavibhajyopapade tarab-īyasunau //（P.5.3.57）”可知，加派生词缀 tarap 表比较级的含义，所以此时 uttara 指的是更高、后

者的意思。

而本颂的 uttara 是由词根 tṝ 加直接后缀 ap 构成的，其含义是“超越的”。如安慧的《唯识三十颂疏》对该颂的 loka-uttaraṃ 的诠释是：“lokād uttīrṇam”[①]，可见 uttara 的词根是 tṝ，含义是“超越的”。

loka-uttaraṃ

世俗拆分：lokāt uttaraḥ；或 lokād uttīrṇam。

非世俗拆分：loka+ṅasi+uttara+su。

名词词基：loka（世界）；uttara（超越）。

演变过程：

loka+**ṅasi**	dhruvamapāye 'pādānam//（P.1.4.24）	发生分离时，不动的叫做所从取者。
loka+ṅasi+uttara+su	saha supā //（P.2.1.4）	以格尾收尾的词可以与以格尾收尾的词构成复合词。
loka+ṅasi+uttara+su	tatpuruṣaḥ //（P.2.1.22）	此为依主释。
loka+ṅasi+uttara+su	kṛttaddhitasamāsāśca //（P.1.2.46）	有意义的复合词是名词词基。
loka+uttara	supo dhātuprātipadikayoḥ //（P.2.4.71） pratyayasya lukślulupaḥ //（P.1.1.61）	词根、名词词基中蕴含的格尾由消隐（luk）替换。 luk、ślu、lup 是词缀的消隐替换。消隐是不显现。
lok+**o**+ttara	ādguṇaḥ //（P.6.1.87）	a 音后遇元音时，由一个二合元音替换前后两音位。
lokottara	kṛttaddhitasamāsāśca //（P.1.2.46）	有意义的复合词是名词词基。
lokottara	tatpuruṣo 'nañkarmadhārayaḥ //（P.2.4.19）	非 nañ 起始的依主释复合词，非持业释的依主释复合词，可转作中性。
lokottar**a**	hrasvo napuṃsake prātipadikasya //（P.1.2.47）	词为中性时，短元音替换名词词基的末音。
lokottara+**su**	ṅyāpprātipadikāt //（P.4.1.1） svaujasamauṭchaṣ…sup //（P.4.1.2）	在以 ṅī、āp 为末的词后，以及在名词词基后是 su 等格尾。 单数第一格加格尾 su。
lokottara+**am**	ato 'm //（P.7.1.24）	以 a 落尾的中性词后，am 替换格尾 su 和 am。

① 霍韬晦：《安慧〈三十唯识释〉原典译注》，中文大学出版社 1980 年版，第 206 页。

lokottar+**a**+m	ami pūrvaḥ //（P.6.1.107）	在 a、ā 及单元音后，遇到 am 的元音时，前面的元音形式是唯一的替代。
lokottaram	suptiṅantaṃ padam //（P.1.4.14）	以格尾为末的是字。
lokottara**ṃ**	mo 'nusvāraḥ //（P.8.3.23）	字末的 m 音在辅音前由鼻腔音替代。
lokottara**ñ**	anusvārasya yayi parasavarṇaḥ //（P.8.4.58）	遇到除咝音和 h 音以外的辅音时，后面的同类音替换鼻腔音。
lokottaraṃ	vā padāntasya //（P.8.4.59）	字末的同类鼻音的替换可做可不做。

小结：

loka-uttara 是依主释复合词，前部字是第五格，含义是“从世间超越”。

lokottaram 是中性，单数，第一格，翻译为“出世间的”。

ca

名词词基： ca（和）。

演变过程：

ca	arthavadadhāturapratyayaḥ prātipadikam //（P.1.2.45）	既非词根，亦非词缀，有意义的（词）是名词词基。 [ca 是不可拆分（avyutpanna）的名词词基。]
ca+**sup**	ṅyāpprātipadikāt //（P.4.1.1） svaujasamauṭchaṣ…sup //（P.4.1.2）	在以 ṅī、āp 为末的词后，以及在名词词基后是 su 等格尾。 根据需要加某一 sup 格尾。
ca+sup	cādayo 'sattve //（P.1.4.57）	非实物意义的 ca 等词是投词（nipāta）。
ca+sup	svarādinipātamavyayam //（P.1.1.37）	投词 ca 是不变词。
ca+（ ）	avyayādāpsupaḥ //（P.2.4.82）	消隐（luk）替换不变词后的格尾。
ca	pratyayasya lukślulupaḥ //（P.1.1.61）	luk、ślu、lup 是词缀的消隐替换。消隐是不显现。
ca	pratyayalope pratyayalakṣaṇam //（P.1.1.62）	词缀消隐后，词缀的因还在。
ca	suptiṅantaṃ padam //（P.1.4.14）	以格尾为末的 ca 是字。

小结：

ca 是投词，不变词，意为“和”。也可表递进，翻译为“则”。

tat

词根：第八类动词词根（tanādigaṇa），8.1 tanu vistāre（tan 扩展）。

直接后缀：adi。

演变过程：

tan+**adi**	tyajitaniyajbhyo ḍit //（Uṇādisūtra 1.132）	在词根 tyaj、tan、yaj 后加直接后缀 adi。该词缀如同带 ḍ 符号。
tan+**adi**	ārdhadhātukaṃ śeṣaḥ //（P.3.4.114）	全界之外的（adi）是半界词缀。
tan+ad	tasya lopaḥ //（P.1.3.9）	adi 的符号 i 由消隐替换。
tan+ad	yasmātpratyayavidhistadādi pratyaye ’ṅgam //（P.1.4.13）	其后安排了词缀的词，以此词为始，在词缀前叫词干。
t+ad	ṭeḥ //（P.6.4.143）	遇到 ḍ 符号时，词干末音节由消隐替换。
tad	kṛttaddhitasamāsāśca //（P.1.2.46）	以直接后缀为末的是名词词基。
tad	sarvādīni sarvanāmāni //（P.1.1.27）	sarva 等词是代词。
tad+**su**	ṅyāpprātipadikāt //（P.4.1.1） svaujasamauṭchaṣ…sup //（P.4.1.2）	在以 ṅī、āp 为末的词后，以及在名词词基后是 su 等格尾。 单数第一格加格尾 su。
tad+（ ）	svamornapuṃsakāt //（P.7.1.23）	中性词后，su 和 am 由消隐（luk）替换。
tad	pratyayasya lukślulupaḥ //（P.1.1.61）	luk、ślu、lup 是词缀的消隐替换。消隐是不显现。
tad	pratyayalope pratyayalakṣaṇam //（P.1.1.62）	词缀消隐后，词缀的因还在。
tad	suptiṅantaṃ padam //（P.1.4.14）	以格尾为末的 tad 是字。
tat	vāvasāne //（P.8.4.56）	在停顿时，以 jhal 为对收的辅音可以由清辅音替换。

小结：

tad 是代词，中性，单数，第一格，意为“彼”。

āśrayasya

词根：第一类动词词根（bhvādigaṇa），1.945 śriñ sevāyām（śri 支持）。

近置词：ā（sthāne 位置）。[依据：upasargāḥ kriyāyoge //（P.1.4.59）。]

直接后缀：ac。

演变过程：

ā+śri+**ac**	erac // （P.3.3.56）	i、ī 音落尾的词根后加直接后缀 ac。
ā+śri+**ac**	ārdhadhātukaṃ śeṣaḥ // （P.3.4.114）	全界词缀之外的 ac 是半界词缀。
ā+śri+a	tasya lopaḥ // （P.1.3.9）	ac 的符号 c 由消隐替换。
ā+**śri**+a	yasmātpratyayavidhistadādi pratyaye 'ṅgam //（P.1.4.13）	其后安排了词缀的词，以此词为始，在词缀前叫词干。
ā+ś**re**+a	sārvadhātukārdhadhātukayoḥ // （P.7.3.84）	遇到半界词缀，词干的末元音 i 由二合元音 e 替换。
ā+ś**ray**+a	eco 'yavāyāvaḥ // （P.6.1.78）	遇到元音时，复合元音由 ay、av、āy、āv 替换。
āśraya	kṛttaddhitasamāsāśca // （P.1.2.46）	以直接后缀为末的是名词词基。
āśraya+**ṅas**	ṅyāpprātipadikāt // （P.4.1.1） svaujasamauṭchaṣ…sup // （P.4.1.2）	在以 ṅī、āp 为末的词后，以及在名词词基后是 su 等格尾。 单数第六格加格尾 ṅas。
āśraya+**sya**	ṭāṅasiṅasāminātsyāḥ // （P.7.1.12）	替换 ṭā、ṅasi、ṅas 的是 ina、āt、sya。
āśrayasya	suptiṅantaṃ padam // （P.1.4.14）	以格尾为末的是字。

小结：

加直接后缀 ac 的经文“erac //（P.3.3.56）”在领句经文“akartari ca kārake saṃjñāyām //（P.3.3.19）”的控制之下。在这种情况下，āśraya 可以作为非主动者（akartṛ）的造者（kāraka），且是专有名词。如果采用的是场所（adhikaraṇa）这一造者时，翻译为“依处”。对于 āśraya，安慧的《唯识三十颂疏》中解释道，“āśrayo 'tra sarvabījakam ālayavijñānam /”[①] [其中“依”者，是指一切种者——阿赖耶识]。

āśrayasya 是阳性，单数，第六格，含义是“依处的”。

① 韩廷杰：《梵文佛典研究（一）》，宗教文化出版社 2012 年版，第 446 页。

parāvṛttir

词根：第一类动词词根（bhvādigaṇa），1.795 vṛtu vartane（vṛt 存在、运转）。

近置词：parā（anābhimukhye 背向）。[依据：upasargāḥ kriyāyoge //（P.1.4.59）。]

直接后缀：ktin。

演变过程：

parā+vṛt+**ktin**	striyāṃ ktin //（P.3.3.94）	要表阴性时，加直接后缀 ktin，表行为等含义。
parā+vṛt+**ktin**	ārdhadhātukaṃ śeṣaḥ //（P.3.4.114）	ktin 是半界词缀。
parā+vṛt+ti	tasya lopaḥ //（P.1.3.9）	ktin 的符号 k、n 由消隐替换。
parā+vṛt+**iṭ**+ti	ārdhadhātukasyeḍvalādeḥ //（P.7.2.35）	在以对收 val 为首位音的半界词缀前，插入联系元音 iṭ。
parā+vṛt+**ti**	titutratathasisusarakaseṣu ca //（P.7.2.9）	直接后缀 ti 前不加联系元音 iṭ。[ktin 是 aniṭ 词缀。]
parā+**vṛt**+ti	yasmātpratyayavidhistadādi pratyaye 'ṅgam //（P.1.4.13）	其后安排了词缀的词，以此词为始，在词缀前叫词干。
parā+v**ar**t+**ti**	pugantalaghūpadhasya ca //（P.7.3.86） uraṇ raparaḥ //（P.1.1.51）	遇到半界和全界词缀时，轻音节词干的排列倒数第二的短元音 i、u、ṛ、ḷ 由二合元音替换。 ṛ、ṝ 音的替换，需由其后带 r 音的 a、i、u 及其长音来替换。
parā+v**ṛ**t+ti	kṅiti ca //（P.1.1.5）	受 g、k、ṅ 符号的影响，二合、三合元音的替换被禁止。
parāvṛtti	kṛttaddhitasamāsāśca //（P.1.2.46）	直接后缀 ktin 为末的 parāvṛtti 是名词词基。
parāvṛtti+**su**	ṅyāpprātipadikāt //（P.4.1.1） svaujasamauṭchaṣ…sup //（P.4.1.2）	在以 ṅī、āp 为末的词后，以及在名词词基后是 su 等格尾。 单数第一格加格尾 su。
parāvṛtti+s	tasya lopaḥ //（P.1.3.9）	su 的符号 u 由消隐替换。
parāvṛttis	suptiṅantaṃ padam //（P.1.4.14）	以格尾为末的是字。
parāvṛtti**r**	sasajuṣo ruḥ //（P.8.2.66）	r 音替换字末的 s 音。

小结：

解释直接后缀 ktin 的经文 P.3.3.94 在领句经文“bhāve //（P.3.3.18）”的控制之下表

达行为的已成就状态。所以 parāvṛtti 可以作为阴性的动名词，表达“转变”的含义。

parāvṛttis 是阴性，单数，第一格，含义是“转变状态”。

dvidhā

世俗拆分： dvābhyāṃ prakārābhyām，或 dviprakāram。

非世俗拆分： dvi+bhyām+dhā。

名词词基： dvi（二）。

派生词缀： dhā。

演变过程（一）：

dvi	arthavadadhāturapratyayaḥ prātipadikam //（P.1.2.45）	既非词根，亦非词缀，有意义的（词）是名词词基。 [dvi 是不可拆分（avyutpanna）的名词词基。]
dvi+bhyām+**dhā**	saṃkhyāyā vidhārthe dhā //（P.5.3.42）	表行为的方式、方法时，数字后加 dhā 这一派生词缀。
dvi+bhyām+dhā	kṛttaddhitasamāsāśca //（P.1.2.46）	以派生词缀为尾的是名词词基。
dvi+dhā	supo dhātuprātipadikayoḥ //（P.2.4.71） pratyayasya lukślulupaḥ //（P.1.1.61）	词根、名词词基中蕴含的格尾由消隐（luk）替换。 luk、ślu、lup 是词缀的消隐替换。消隐是不显现。
dvidhā	kṛttaddhitasamāsāśca //（P.1.2.46）	以派生词缀为尾的是名词词基。
dvidhā+**os**	ṅyāpprātipadikāt //（P.4.1.1） svaujasamauṭchaṣ…sup //（P.4.1.2）	在以 ṅī、āp 为末的词后，以及在名词词基后是 su 等格尾。 双数第六格加格尾 os。
dvidhā+os	svarādinipātamavyayam //（P.1.1.37）	svar 为首的群中（254.89）tasilādi 等派生词缀为尾的是不变词。 [经文 P.5.3.7 至 P.5.3.47 涉及形成不变词的派生词缀。]
dvidhā+（ ）	avyayādāpsupaḥ //（P.2.4.82）	消隐（luk）替换不变词后的格尾。
dvidhā	pratyayasya lukślulupaḥ //（P.1.1.61）	luk、ślu、lup 是词缀的消隐替换。消隐是不显现。
dvidhā	pratyayalope pratyayalakṣaṇam //（P.1.1.62）	词缀消隐后，词缀的因还在。
dvidhā	suptiṅantaṃ padam //（P.1.4.14）	以格尾为末的 dvidhā 是字。

世俗拆分：dvitvasaṃkhyaviśiṣṭam（被“二”这个数字分割）。

非世俗拆分：dvi+bhyām+dhā。

名词词基：dvi（二）。

派生词缀：dhā。

演变过程（二）：

dvi	arthavadadhāturapratyayaḥ prātipadikam //（P.1.2.45）	既非词根，亦非词缀，有意义的（词）是名词词基。 [dvi 是不可拆分（avyutpanna）的名词词基。]
dvi+bhyām+**dhā**	adhikaraṇavicāle ca //（P.5.3.43）	对一物体作分割、分配时，在数量后加 dhā 这一派生词缀。
dvi+bhyām+dhā	kṛttaddhitasamāsāśca //（P.1.2.46）	以派生词缀为尾的是名词词基。
dvi+dhā	supo dhātuprātipadikayoḥ //（P.2.4.71） pratyayasya lukślulupaḥ //（P.1.1.61）	词根、名词词基中蕴含的格尾由消隐（luk）替换。 luk、ślu、lup 是词缀的消隐替换。消隐是不显现。
dvidhā	kṛttaddhitasamāsāśca //（P.1.2.46）	以派生词缀为尾的是名词词基。
dvidhā+**os**	ṅyāpprātipadikāt //（P.4.1.1） svaujasamauṭchaṣ…sup //（P.4.1.2）	在以 ṅī、āp 为末的词后，以及在名词词基后是 su 等格尾。 双数第六格加格尾 os。
dvidhā+os	svarādinipātamavyayam //（P.1.1.37）	svar 为首的群中（254.89）tasilādi 等派生词缀为尾的是不变词。 [经文 P.5.3.7 至 P.5.3.47 涉及形成不变词的派生词缀。]
dvidhā+（ ）	avyayādāpsupaḥ //（P.2.4.82）	消隐（luk）替换不变词后的格尾。
dvidhā	pratyayasya lukślulupaḥ //（P.1.1.61）	luk、ślu、lup 是词缀的消隐替换。消隐是不显现。
dvidhā	pratyayalope pratyayalakṣaṇam //（P.1.1.62）	词缀消隐后，词缀的因还在。
dvidhā	suptiṅantaṃ padam //（P.1.4.14）	以格尾为末的 dvidhā 是字。

小结：

dvidhā 有两种拆分方式。演变过程（一）中的含义是：两种、两类、两重、两次；演变过程（二）中的含义是：两部分、两份、两小堆。

此颂 dvidhā 应该选择演变过程（一）中的拆分方式，含义为“两种”。作为格尾消隐的不变词，根据上下文理解为第六格，可翻译为“两种的”。

duṣṭhula

世俗拆分：duṣṭaṃ sthulaṃ。

非世俗拆分：dursthula+su。

名词词基：sthula（长）；dur（坏）。

演变过程：

sthula	arthavadadhāturapratyayaḥ prātipadikam //（P.1.2.45）	既非词根，亦非词缀，有意义的（词）是名词词基。 [sthula 是不可拆分的（avyutpanna）的名词词基。]
dur+sthula+su	kugatiprādayaḥ //（P.2.2.18）	ku、gati 以及 pra 等与能够合意搭配的词构成必然复合词。 [dur 是 prādi 群中的词。]
dur+sthula+su	kṛttaddhitasamāsāśca //（P.1.2.46）	有意义的复合词是名词词基。
dur+sthula	supo dhātuprātipadikayoḥ //（P.2.4.71） pratyayasya lukślulupaḥ //（P.1.1.61）	词根、名词词基中蕴含的格尾由消隐（luk）替换。 luk、ślu、lup 是词缀的消隐替换。消隐是不显现。
dur+sthula	prathamānirdiṣṭaṃ samāsa upasarjanam //（P.1.2.43）	在复合词一节中，第一格所指示的是附属词。[P.2.2.18 中 prādi 是第一格。]
dur+sthula	upasarjanaṃ pūrvam //（P.2.2.30）	附属词是前部的。
du**ḥ**+sthula	kharavasānayorvisarjanīyaḥ //（P.8.3.15）	在清辅音和停顿前，送气音替换字末的 r 音。
du**s**+sthula	visarjanīyasya saḥ //（P.8.3.34）	在清辅音前，s 音替换送气音。
du+sthula	jharo jhari savarṇe //（P.8.4.65）	遇到除半元音、鼻音和 h 音以外的同类辅音时，可以由消隐取代。
du+**ṣ**thula	iṇaḥ ṣaḥ //（P.8.3.39）	i、u 音后的 s 音由 ṣ 音替换。
du+**ṣṭ**hula	ṣṭunā ṣṭuḥ //（P.8.4.41）	与 ṣ 和顶音族（结合的）由 ṣ 和顶音族替换。
duṣṭhula	kṛttaddhitasamāsāśca //（P.1.2.46）	以直接后缀为末的是名词词基。

小结：

duṣṭhula 是 prādi 类依主释复合词。该复合词属于受经文“kugatiprādaya//（P.2.2.18）”定义的必然复合词，不存在原形的世俗拆分。dur 是经文“prādayaḥ //（P.1.4.58）”提到的以 pra 为首的群中的投词，故是不变词。duṣṭhula 表达的含义是“duṣṭaṃ sthulaṃ”，即“不好的长”，翻译为“粗重”。

dauṣṭhulya

世俗拆分： duṣṭhulasya bhāvaḥ karma vā。

非世俗拆分： duṣṭhula+ṅas+ṇyañ。

名词词基： duṣṭhula（粗重）。

派生词缀： ṇyañ。

演变过程：

duṣṭhula+ṇas+ṇyañ	guṇavacanabrāhmaṇādibhyaḥ karmaṇi ca //（P.5.1.124）	于表性质的词后加派生词缀 ṇyañ，以表状态或行为的含义。
duṣṭhula+ṇas+ṇyañ	kṛttaddhitasamāsāśca //（P.1.2.46）	以派生词缀为尾的是名词词基。
duṣṭhula+ṇyañ	supo dhātuprātipadikayoḥ //（P.2.4.71） pratyayasya lukślulupaḥ //（P.1.1.61）	词根、名词词基中蕴含的格尾由消隐（luk）替换。 luk、ślu、lup 是词缀的消隐替换。消隐是不显现。
duṣṭhula+ṇyañ	yasmātpratyayavidhistadādi pratyaye 'ṅgam //（P.1.4.13）	其后安排了词缀的词，以此词为始，在词缀前叫词干。
d**au**ṣṭhula+ṇyañ	taddhiteṣvacāmādeḥ //（P.7.2.117）	在带有 ñ、ṇ 符号的派生词缀前，首位元音由三合元音替换。
dauṣṭhula+ya	tasya lopaḥ //（P.1.3.9）	ṇyañ 的符号 ṇ、ñ 由消隐替换。
dauṣṭhula+ya	yaci bham //（P.1.4.18）	以 y 音或元音为首位音的格尾以及部分派生词缀前的词干，称作 bha 词干。
dauṣṭhul+ya	yasyeti ca //（P.6.4.148）	遇到派生词缀或 ī 音时，替换 bha 词干末尾的 i、ī 和 a、ā 的是消隐（lopa）。
dauṣṭhulya	kṛttaddhitasamāsāśca //（P.1.2.46）	派生词缀为末的是名词词基。

小结：

dauṣṭhulya 一词源自《入楞伽经》，该词在此经中多次出现。如“dauṣṭhulya-vicitravāsana”[①]这个复合词，实叉难陀翻译为“种种恶习”，即把 dauṣṭhulya 理解为“恶”。也就是说此词源自于 duṣthu（恶）。duṣthu 依据于 *Uṇādisūtra* 的“apaduḥ suṣu sthaḥ //（1.25）”经文而成，但没有派生词缀加在 duṣthu 后可形成 dauṣṭhulya。

duṣṭhula 加派生词缀 ṇyañ 构成 dauṣṭhulya 表达状态和行为的含义。dauṣṭhulya 应译作“粗重态”。

hāni

词根：第三类动词词根（juhotyādigaṇa），3.8 ohāk tyāge（hā 离弃）。

直接后缀：ktin。

演变过程：

hā+**ktin**	striyāṃ ktin //（P.3.3.94）	要表阴性时，加直接后缀 ktin，表行为等含义。
hā+**ni**	glāmlājyāhābhyo niḥ //（Vārttika）[②]	《迦湿伽》P.3.3.94 经文的《补释》经文：glai、mlai、jyā、hā 词根后 ni 替换 ktin。
hā+**ni**	ārdhadhātukaṃ śeṣaḥ //（P.3.4.114）	ni 是半界词缀。
hā+**iṭ**+ni	ārdhadhātukasyeḍvalādeḥ //（P.7.2.35）	在以对收 val 为首位音的半界词缀前，插入联系元音 iṭ。
hā+ni	ekāca upadeśe ’nudāttāt //（P.7.2.10） neḍvaśi kṛti //（P.7.2.8）	于原始发音状态的非高音的单音节词根后，不加联系元音 iṭ。 在以 vaś 为对收的浊辅音起始的直接后缀前，不加联系元音 iṭ。
hā+ni	yasmātpratyayavidhistadādi pratyaye ’ṅgam //（P.1.4.13）	其后安排了词缀的词，以此词为始，在词缀前叫词干。
hāni	kṛttaddhitasamāsāśca //（P.1.2.46）	直接后缀为末的是名词词基。

小结：

解释直接后缀 ktin 的经文 P.3.3.94 在领句经文“bhāve //（P.3.3.18）”的控制之下表达行为的已成就状态。根据经文“sthānivadādeśo ’nalvidhau //（P.1.1.56）”可知，替换音 ni 如同本位音 ktin 变化，所以 hāni 也作为阴性的动名词，表达“捨弃”的含义。

① 黄宝生译注：《梵汉对勘入楞伽经》，中国社会科学出版社 2011 年版，第 152 页。

② Śrīśa Chandra Vasu, *The Aṣṭādhyāyī of Pāṇini interpreted according to The Kāśikāvṛtti of Jayāditya and Vāmana*, Vol.III, Allahabad: Satyajnan Chaterji, 1894, p.515.

dauṣṭhulya-hāni

世俗拆分：dauṣṭhulyāt hāniḥ。

非世俗拆分：dauṣṭhulya+ṅasi+hāni+su。

名词词基：dauṣṭhulya（粗重态）；hāni（舍弃）。

演变过程：

dauṣṭhulya+ṅasi+ hāni+su 或 **dauṣṭhulya+ṅas+ hāni+su**	pañcamī bhayena //（P.2.1.37）或 ṣaṣṭhī //（P.2.2.8）	一个第五格收尾的词可构成依主释复合词。 一个第六格收尾的词可构成依主释复合词。
dauṣṭhulya+ṅasi+ hāni+su 或 **dauṣṭhulya+ṅasi+ hāni+su**	kṛttaddhitasamāsāśca //（P.1.2.46）	有意义的复合词是名词词基。
dauṣṭhulya+hāni	supo dhātuprātipadikayoḥ //（P.2.4.71） pratyayasya lukślulupaḥ //（P.1.1.61）	词根、名词词基中蕴含的格尾由消隐（luk）替换。 luk、ślu、lup 是词缀的消隐替换。消隐是不显现。
dauṣṭhulya+hāni	prathamānirdiṣṭaṃ samāsa upasarjanam //（P.1.2.43）	于复合词一节中，第一格所指示的是附属词。[针对经文 P.2.1.37、P.2.2.8]。
dauṣṭhulya+hāni	upasarjanaṃ pūrvam //（P.2.2.30）	附属词是前部字。
dauṣṭhulyahāni	kṛttaddhitasamāsāśca //（P.1.2.46）	有意义的复合词是名词词基。

小结：

dauṣṭhulyahāni 作为依主释复合词。前部字作第五格理解，翻译为“从粗重态舍离”；前部字作第六格理解，翻译为“粗重态的舍离”。本颂采用第二种理解。

dauṣṭhulya-hānitaḥ

世俗拆分：dauṣṭhulyahāneḥ。

非世俗拆分：dauṣṭhulyahāni+ṇasi+tasi。

名词词基：dauṣṭhulya-hāni（粗重态的舍离）。

派生词缀：tasi

演变过程：

dauṣṭhulyahāni+ṇasi+**tasi**	apādāne cāhīyaruhoḥ //（P.5.4.45）	派生词缀 tasi 加在表所从取者意义的格尾后。
dauṣṭhulyahāni+ṇasi+tasi	kṛttaddhitasamāsāśca //（P.1.2.46）	以派生词缀为尾的是名词词基。
dauṣṭhulyahāni+tasi	supo dhātuprātipadikayoḥ //（P.2.4.71） pratyayasya lukślulupaḥ //（P.1.1.61）	词根、名词词基中蕴含的格尾由消隐（luk）替换。 luk、ślu、lup 是词缀的消隐替换。消隐是不显现。
dauṣṭhulyahāni+tas	tasya lopaḥ //（P.1.3.9）	tasi 的符号 i 由消隐替换。
dauṣṭhulyahānitas	kṛttaddhitasamāsāśca //（P.1.2.46）	以派生词缀为尾的是名词词基。
dauṣṭhulyahānitas+**ṇasi**	ṅyāpprātipadikāt //（P.4.1.1） svaujasamauṭchaṣ…sup //（P.4.1.2）	在以 ṅī、āp 为末的词后，以及在名词词基后是 su 等格尾。 单数第五格加格尾 ṅasi。
dauṣṭhulyahānitas+ṇasi	taddhitaścāsarvavibhaktiḥ //（P.1.1.38）	某些派生词缀构成的词，其后并非可加所有格尾，其为不变词。
dauṣṭhulyahānitas+（ ）	avyayādāpsupaḥ //（P.2.4.82）	消隐（luk）替换不变词后的格尾。
dauṣṭhulyahānitas	pratyayasya lukślulupaḥ //（P.1.1.61）	luk、ślu、lup 是词缀的消隐替换。消隐是不显现。
dauṣṭhulyahānitas	pratyayalope pratyayalakṣaṇam //（P.1.1.62）	词缀消隐后，词缀的因还在。
dauṣṭhulyahānitas	suptiṅantaṃ padam //（P.1.4.14）	以格尾为末的是字。
dauṣṭhulyahānita**r**	sasajuṣo ruḥ //（P.8.2.66）	r 音替换字末的 s 音。
dauṣṭhulyahānitaḥ	kharavasānayorvisarjanīyaḥ //（P.8.3.15）	在停顿前，送气音替换字末的 r 音。

小结：

dauṣṭhulyahānitas 的派生词缀 tasi 表所从取者，译为“从粗重态的舍离的角度来说”。

第三十颂

स एवानास्रवो धातुरचिन्त्यः कुशलो ध्रुवः ।
सुखो विमुक्तिकायोऽसौ धर्माख्योऽयं महामुनेः ॥ ३० ॥

sa eva anāsravo[①] dhātur acintyaḥ kuśalo dhruvaḥ /
sukho vimukti-kāyo ’sau dharma-ākhyo ’yaṃ mahā-muneḥ //30//

玄奘译：此即无漏界，不思议善常，安乐解脱身，大牟尼名法。

真谛译《转识论》：是名无流界，是名不可思惟，是名真实善，是名常住果，是名出世间乐，是名解脱身，于三身中即法身。

霍韬晦译：此即无漏界，不思议、善、常、安乐、解脱身；名大牟尼法。

现译：大牟尼的法号是“解脱身”，其（身）是乐是常是善，即为不可被思议的无漏界。

tat

词根：第八类动词词根（tanādigaṇa），8.1 tanu vistāre（tan 扩展）。

直接后缀：adi。

演变过程：

tan+**adi**	tyajitaniyajbhyo ḍit //（Uṇādisūtra 1.132）	在词根 tyaj、tan、yaj 后加直接后缀 adi。该词缀如同带 ḍ 符号。
tan+**adi**	ārdhadhātukaṃ śeṣaḥ //（P.3.4.114）	全界之外的（adi）是半界词缀。
tan+ad	tasya lopaḥ //（P.1.3.9）	adi 的符号 i 由消隐替换。
tan+ad	yasmātpratyayavidhistadādi pratyaye ’ṅgam //（P.1.4.13）	其后安排了词缀的词，以此词为始，在词缀前叫词干。
t+ad	ṭeḥ //（P.6.4.143）	遇到 ḍ 符号时，词干末音节由消隐替换。

① 参考安慧《唯识三十颂疏》改为 anāsravo。引自韩廷杰《梵文佛典研究（一）》，宗教文化出版社 2012 年版，第 448 页。

tad	kṛttaddhitasamāsāśca //（P.1.2.46）	以直接后缀为末的是名词词基。
tad	sarvādīni sarvanāmāni //（P.1.1.27）	sarva 等词是代词。

小结：

tad 是代词，有阳、阴、中三性，意为“彼”。

sa

名词词基：tad（彼）。

演变过程：

tad	kṛttaddhitasamāsāśca //（P.1.2.46）	以直接后缀为末的是名词词基。
tad	sarvādīni sarvanāmāni //（P.1.1.27）	sarva 等词是代词。
tad+**su**	ṅyāpprātipadikāt //（P.4.1.1） svaujasamauṭchaṣ…sup //（P.4.1.2）	在以 ṅī、āp 为末的词后，以及在名词词基后是 su 等格尾。 单数第一格加格尾 su。
ta+**a**+su	tyadādīnāmaḥ //（P.7.2.102）	遇到词尾时，tyad 等代词的末音的替换是 a 音。
t+**a**+su	āto guṇe //（P.6.1.97）	非字末的 a 音遇到二合元音时，前后两者的音位由后者的元音形式作唯一替换。
s+a+su	tadoḥ saḥ sāvanantyayoḥ //（P.7.2.106）	遇到格尾 su 时，tyad 等词的非落尾的 t 和 d 音由 s 音替换。
s+a+s	tasya lopaḥ //（P.1.3.9）	su 的符号 u 由消隐替换。
sas	suptiṅantaṃ padam //（P.1.4.14）	以格尾为末的 atas 是字。
sa**r**	sasajuṣo ruḥ //（P.8.2.66）	r 音替换字末的 s 音。
sa**y**	bho-bhago-agho-apūrvasya yo 'śi //（P.8.3.17）	在浊音前，a、ā 在前的 r 音由 y 音替换。
sa	lopaḥ śākalyasya //（P.8.3.19）	根据沙迦略的观点，当遇到以 aś 为对收的浊音随后时，有 a 字符在其前的字末的 y 和 v 可以发生消隐替换。

小结：

sas 是代词，阳性，单数，第一格，意为“彼”。

eva

词根：第二类动词词根（adādigaṇa），2.36 iṇ gatau（i 行）。

直接后缀：van。

演变过程：

i+van	iṇ iṇaśībhyāṃ van //（Uṇādisūtra 1.153）	词根 i（行走）、śī（睡）后加直接后缀 van。
i+**van**	ārdhadhātukaṃ śeṣaḥ //（P.3.4.114）	全界之外的（van）是半界词缀。
i+va	tasya lopaḥ //（P.1.3.9）	van 的符号 n 由消隐替换。
i+**iṭ**+va	ārdhadhātukasyeḍvalādeḥ //（P.7.2.35）	在以对收 val 为首位音的半界词缀前，插入联系元音 iṭ。
i+va	ekāca upadeśe 'nudāttāt //（P.7.2.10） neḍvaśi kṛti //（P.7.2.8）	于原始发音状态的非高音的单音节词根后，不加联系元音 iṭ。 在以 vaś 为对收的浊辅音起始的直接后缀前，不加联系元音 iṭ。
i+va	yasmātpratyayavidhistadādi pratyaye 'ṅgam //（P.1.4.13）	其后安排了词缀的词，以此词为始，在词缀前叫词干。
e+va	sārvadhātukārdhadhātukayoḥ //（P.7.3.84）	遇到半界词缀，词干的末元音 i 由二合元音（guṇa）替换。
eva	kṛttaddhitasamāsāśca //（P.1.2.46）	以直接后缀为末的是名词词基。
eva+**sup**	ṅyāpprātipadikāt //（P.4.1.1） svaujasamauṭchaṣ…sup //（P.4.1.2）	在以 ṅī、āp 为末的词后，以及在名词词基后是 su 等格尾。 根据需要加某一 sup 格尾。
eva+sup	cādayo 'sattve //（P.1.4.57）	非实物意义的 ca 等词是投词（nipāta）。
eva+sup	svarādinipātamavyayam //（P.1.1.37）	投词 eva 是不变词。
eva+（ ）	avyayādāpsupaḥ //（P.2.4.82）	消隐（luk）替换不变词后的格尾。
eva	pratyayasya lukślulupaḥ //（P.1.1.61）	luk、ślu、lup 是词缀的消隐替换。消隐是不显现。
eva	pratyayalope pratyayalakṣaṇam //（P.1.1.62）	词缀消隐后，词缀的因还在。
eva	suptiṅantaṃ padam //（P.1.4.14）	以格尾为末的 eva 是字。

小结：

eva 是加直接后缀 van 而成的，表达的含义是“行走”“快速”。

但非实物意义的 eva 是不变词，其含义是“正是”“只有”等。本颂采用“正是”这种理解。

āsrava

词根：第一类动词词根（bhvādigaṇa），1.987 sru gatau（sru 行）。

近置词：ā（ābhimukhye 朝向，karaṇe 造作）。[依据：upasargāḥ kriyāyoge //（P.1.4.59）。]

直接后缀：ap。

演变过程：

ā+sru+**ap**	ṛdorap //（P.3.3.57）	词根末元音是 ṛ、u、ū 的可加 ap 直接后缀。
ā+sru+**ap**	ārdhadhātukaṃ śeṣaḥ //（P.3.4.114）	全界之外的（ap）是半界词缀。
ā+sru+a	tasya lopaḥ //（P.1.3.9）	ap 的符号 p 由消隐替换。
ā+**sru**+a	yasmātpratyayavidhistadādi pratyaye ’ṅgam //（P.1.4.13）	其后安排了词缀的词，以此词为始，在词缀前叫词干。
ā+sr**o**+a	sārvadhātukārdhadhātukayoḥ //（P.7.3.84）	遇到半界词缀，词干的末元音 u 由二合元音（guṇa）替换。
ā+sr**av**+a	eco ’yavāyāvaḥ //（P.6.1.78）	遇到元音时，复合元音应由 ay、av、āy、āv 替换。
āsrava	kṛttaddhitasamāsāśca //（P.1.2.46）	直接后缀为末的是名词词基。

小结：

解释直接后缀 ap 的经文 P.3.3.57 在领句经文“bhāve //（P.3.3.18）”的控制之下，表达行为的已成就状态。所以 āsrava 表达“流”“漏”的状态。

anāsravo

世俗拆分：na āsravaḥ。

非世俗拆分：na+āsrava+su。

名词词基：na（非，无）；āsrava（漏）。

演变过程：

na+āsrava+su	nañ // （P.2.2.6）	nañ 与以格尾收尾的词组成依主释复合词。[nañ 的 ñ 是符号。]
na+āsrava+su	kṛttaddhitasamāsāśca // （P.1.2.46）	有意义的复合词是名词词基。
na+āsrava	supo dhātuprātipadikayoḥ // （P.2.4.71） pratyayasya lukślulupaḥ // （P.1.1.61）	词根、名词词基中蕴含的格尾由消隐（luk）替换。 luk、ślu、lup 是词缀的消隐替换。消隐是不显现。
na+āsrava	prathamānirdiṣṭaṃ samāsa upasarjanam //（P.1.2.43）	在复合词一节中，第一格所指示的是附属词。[P.2.2.6 中 nañ 是第一格。]
na+āsrava	upasarjanaṃ pūrvam // （P.2.2.30）	附属词是前部的。
a+āsrava	nalopo nañaḥ // （P.6.3.73）	在后部字前，nañ 的 n 音由消隐替换。
a+**n**+āsrava	tasmānnuḍaci // （P.6.3.74）	在 nañ 的 n 音消隐替换之后，在其后的元音前插入 n 音。
anāsrava	kṛttaddhitasamāsāśca // （P.1.2.46）	有意义的复合词是名词词基。
anāsrava	paravalliṅgaṃ dvaṃdva-tatpuruṣayoḥ //（P.2.4.26）	相违释和依主释复合词的性如后部字。[该复合词为阳性。]
anāsrava+**su**	ṅyāpprātipadikāt // （P.4.1.1） svaujasamauṭchaṣ…sup // （P.4.1.2）	在以 ṅī、āp 为末的词后，以及在名词词基后是 su 等格尾。 单数第一格加格尾 su。
anāsrava+s	tasya lopaḥ // （P.1.3.9）	su 的符号 u 由消隐替换。
anāsravas	suptiṅantaṃ padam // （P.1.4.14）	以格尾为末的是字。
anāsrava**r**	sasajuṣo ruḥ // （P.8.2.66）	r 音替换字末的 s 音。
anāsrava+**u**	haśi ca // （P.6.1.114）	在非引的 a 音之后，在后一词的浊辅音之前，r 音由 u 音替换。
anāsrav**o**	ādguṇaḥ // （P.6.1.87）	a 音后遇元音时，由一个二合元音替换前后两音位。

小结：

anāsrava 是依主释复合词。前部字是 nañ 有六种含义：相似、无实在、与此物异、缺乏此物、不值得赞扬、相矛盾。此处应该采用“无实在”的含义，anāsrava 翻译为“无漏”。该复合词的性如后部字，为阳性。

anāsravas 是阳性，单数，第一格，含义是“无漏”。

dhātur

词根：第三类动词词根（juhotyādigaṇa），3.10 ḍudhāñ dhāraṇa-poṣaṇayoḥ（dhā 保持，支持）。

直接后缀：tun。

演变过程：

dhā+**tun**	sitanigamimasisacyavidhāñ-kruśibhyastun// （Uṇādisūtra 1.70）	在 si、tani、gamḷ、masī、sac、avi、dhāñ、kruś 这些词根后加直接后缀 tun。
dhā+**tun**	ārdhadhātukaṃ śeṣaḥ // （P.3.4.114）	tun 是半界词缀。
dhā+tu	tasya lopaḥ // （P.1.3.9）	tun 的符号 n 由消隐替换。
dhā+**iṭ**+tu	ārdhadhātukasyeḍvalādeḥ // （P.7.2.35）	在以对收 val 为首位音的半界词缀前，插入联系元音 iṭ。
dhā+tu	ekāc upadeśe 'nudāttāt // （P.7.2.10） titutratathasisusarakaseṣu ca // （P.7.2.9）	于原始发音状态的非高音的单音节词根后，不加联系元音 iṭ。 直接后缀 tu 前不加联系元音 iṭ。 [tun 是 aniṭ 词缀。]
dhā+tu	yasmātpratyayavidhistadādi pratyaye 'ṅgam //（P.1.4.13）	其后安排了词缀的词，以此词为始，在词缀前叫词干。
dhātu	kṛttaddhitasamāsāśca // （P.1.2.46）	直接后缀为末的是名词词基。
dhātu+**su**	ṅyāpprātipadikāt // （P.4.1.1） svaujasamauṭchaṣ…sup // （P.4.1.2）	在以 ṅī、āp 为末的词后，以及在名词词基后是 su 等格尾。 单数第一格加格尾 su。
dhātu+s	tasya lopaḥ // （P.1.3.9）	su 的符号 u 由消隐替换。
dhātus	suptiṅantaṃ padam // （P.1.4.14）	以格尾为末的是字。
dhātu**r**	sasajuṣo ruḥ // （P.8.2.66）	r 音替换字末的 s 音。

小结：

dhātu 的含义是“元素”“原因”。佛教中翻译为“界”。

dhātus 是阳性，单数，第一格，含义是“界”。

cintya

词根：第十类动词词根（curādigaṇa），10.135 citi smṛtyām（cint 思念）。

直接后缀：yat。

演变过程：

citi	bhūvādayo dhātavaḥ //（P.1.3.1）	bhū 等是动词词根。
cit	tasya lopaḥ //（P.1.3.9）	citi 的符号 i 由消隐替换。
ci**n**t	idito num dhātoḥ //（P.7.1.58）	携带符号 i 的词根要在元音后插入 n 音。
cint+**ṇic**	satyāpa…cūrādibhyo ṇic //（P.3.1.25）	第十类动词词根本身必须加上 ṇic 词缀，表原义。
cint+**ṇic**	ārdhadhātukaṃ śeṣaḥ //（P.3.4.114）	全界词缀之外的 ṇic 是半界词缀。
cint+ṇic	yasmātpratyayavidhistadādi pratyaye 'ṅgam //（P.1.4.13）	其后安排了词缀的词，以此词为始，在词缀前叫词干。
cint+i	tasya lopaḥ //（P.1.3.9）	ṇic 的符号 ṇ、c 由消隐替换。
cint+i	sanādyantā dhātavaḥ //（P.3.1.32）	以 ṇic 词缀落尾的"cint+i"是新词根。
cint+i+**yat**	aco yat //（P.3.1.97）	在元音之后是 yat。
cint+i+**yat**	ārdhadhātukaṃ śeṣaḥ //（P.3.4.114）	全界词缀之外的（yat）是半界词缀。
cint+i+ya	tasya lopaḥ //（P.1.3.9）	yat 的符号 t 由消隐替换。
cint+i+**ya**	ārdhadhātukasyeḍvalādeḥ //（P.7.2.35）	在以对收 val 为首位音的半界词缀前，插入联系元音 iṭ。[yat 不在其中，是 aniṭ 词缀。]
cint+（ ）+ya	ṇeraniṭi //（P.6.4.51）	当遇到 aniṭ 半界词缀时，消隐（lopa）替换前面的 ṇic。
cint+（ ）+ya	pratyayalope pratyayalakṣaṇam //（P.1.1.62）	ṇic 词缀消隐后，ṇic 词缀的因还在。
cint+（ ）+ya	sanādyantā dhātavaḥ //（P.3.1.32）	"cint+（ ）"仍是新词根。
cint+（ ）+ya	yasmātpratyayavidhistadādi pratyaye 'ṅgam //（P.1.4.13）	其后安排了词缀的词，以此词为始，在词缀前叫词干。
cint+ya	adarśanaṃ lopaḥ //（P.1.1.60）	不显现的是消隐。
cintya	kṛttaddhitasamāsāśca //（P.1.2.46）	直接后缀为末的是名词词基。

小结：

解释直接后缀 yat 的经文 P.3.1.97 在领句经文“kṛtyāḥ //（P.3.1.95）”的控制之下，所以 yat 属于 kṛtya 类词缀。kṛtya 可翻译为“原始被动词缀”或“直接被动词缀”。再根据经文“tayoreva kṛtyaktakhalarthāḥ //（P.3.4.70）”可知，kṛtya 词缀可以强调被动的行为和业。所以 cintya 表示被动的行为时，可以翻译作“可被思议”，此词为阳性。

acintyaḥ

世俗拆分： na cintyaḥ。

非世俗拆分： na+cintya+su。

名词词基： na（非，无）；cintya（可被思议）。

演变过程：

na+cintya+su	nañ // （P.2.2.6）	nañ 与以格尾收尾的词组成依主释复合词。[nañ 的 ñ 是符号。]
na+cintya+su	kṛttaddhitasamāsāśca // （P.1.2.46）	有意义的复合词是名词词基。
na+cintya	supo dhātuprātipadikayoḥ // （P.2.4.71） pratyayasya lukślulupaḥ // （P.1.1.61）	词根、名词词基中蕴含的格尾由消隐（luk）替换。 luk、ślu、lup 是词缀的消隐替换。消隐是不显现。
na+cintya	prathamānirdiṣṭaṃ samāsa upasarjanam //（P.1.2.43）	在复合词一节中，第一格所指示的是附属词。[P.2.2.6 中 nañ 是第一格。]
na+cintya	upasarjanaṃ pūrvam // （P.2.2.30）	附属词是前部的。
a+cintya	nalopo nañaḥ // （P.6.3.73）	在后部字前，nañ 的 n 音由消隐替换。
acintya	kṛttaddhitasamāsāśca // （P.1.2.46）	有意义的复合词是名词词基。
acintya	paravalliṅgaṃ dvaṃdva-tatpuruṣayoḥ //（P.2.4.26）	相违释和依主释复合词的性如后部字。[该词为阳性。]
acintya+**su**	ṅyāpprātipadikāt // （P.4.1.1） svaujasamauṭchaṣ…sup // （P.4.1.2）	在以 ṅī、āp 为末的词后，以及在名词词基后是 su 等格尾。 单数第一格加格尾 su。
acintya+s	tasya lopaḥ // （P.1.3.9）	su 的符号 u 由消隐替换。
acintyas	suptiṅantaṃ padam // （P.1.4.14）	以格尾为末的是字。

acintya**r**	sasajuṣo ruḥ //（P.8.2.66）	r 音替换字末的 s 音。
acintya**ḥ**	kharavasānayorvisarjanīyaḥ //（P.8.3.15）	在清辅音和停顿前，送气音替换字末的 r 音。
acintyas	visarjanīyasya saḥ //（P.8.3.34）	在清辅音前，s 音替换送气音。
acintya**ḥ**	kupvoḥ=ka=pau ca //（P.8.3.37）	在喉音和唇音前，送气音替换送气音也是一种选择。

小结：

acintya 是依主释复合词。前部字是 nañ 有六种含义：相似、无实在、与此物异、缺乏此物、不值得赞扬、相矛盾。此处应该采用“矛盾”的含义，故 acintya 指的是“不可被思议”。该复合词的性如后部字，故为阳性。

acintyas 是阳性，单数，第一格，含义是“不可被思议的”。

kuśalo

词根：第四类动词词根（divādigaṇa），4.109 kuśa saṃśleṣaṇe（kuś 拥抱）。

直接后缀：kala。

演变过程：

kuś+**kala**	kuṭikaśikauti bhyaḥ pratyasya muṭ //（Uṇādisūtra 1.109）	直接后缀 kala 加在词根 kuṭa、kaś、ku 后。[kuśala 也是由此词缀 kala 构成。]
kuś+**kala**	ārdhadhātukaṃ śeṣaḥ //（P.3.4.114）	全界之外的（kala）是半界词缀。
kuś+ala	tasya lopaḥ //（P.1.3.9）	kala 的符号 k 由消隐替换。
kuś+ala	yasmātpratyayavidhistadādi pratyaye 'ṅgam //（P.1.4.13）	其后安排了词缀的词，以此词为始，在词缀前叫词干。
koś+ala	pugantalaghūpadhasya ca //（P.7.3.86）	遇到半界和全界词缀时，轻音节词干的排列倒数第二的短元音 i、u、ṛ、ḷ 由二合元音替换。
kuś+ala	kṅiti ca //（P.1.1.5）	受 g、k、ṅ 符号的影响，二合、三合元音的替换被禁止。
kuśala	kṛttaddhitasamāsāśca //（P.1.2.46）	以直接后缀为末的是名词词基。
kuśala+**su**	ṅyāpprātipadikāt //（P.4.1.1） svaujasamauṭchaṣ…sup //（P.4.1.2）	在以 ṅī、āp 为末的词后，以及在名词词基后是 su 等格尾。 单数第一格加格尾 su。

kuśala+s	tasya lopaḥ // （P.1.3.9）	su 的符号 u 由消隐替换。
kuśalas	suptiṅantaṃ padam // （P.1.4.14）	以格尾为末的是字。
kuśala**r**	sasajuṣo ruḥ // （P.8.2.66）	r 音替换字末的 s 音。
kuśala+**u**	haśi ca // （P.6.1.114）	在非引的 a 音之后，在后一词的浊辅音之前，r 音由 u 音替换。
kuśal**o**	ādguṇaḥ // （P.6.1.87）	a 音后遇元音时，由一个二合元音替换前后两音位。

小结：

kuśalas 是阳性，单数，第一格，含义是“善”“善的”。

dhruvaḥ

词根：第一类动词词根（bhvādigaṇa），1.990 dhru sthairya（dhru 固定）；第六类动词词根（tudādigaṇa），6.107 dhru gatisthairyayoḥ（dhru 行，固定）。

直接后缀：ap。

演变过程：

dhru+**ap**	ṝdorap // （P.3.3.57）	词根末元音是 ṝ、u、ū 的可加 ap 直接后缀。
dhru+**ap**	ārdhadhātukaṃ śeṣaḥ // （P.3.4.114）	全界之外的（ap）是半界词缀。
dhru+a	tasya lopaḥ // （P.1.3.9）	ap 的符号 p 由消隐替换。
dhru+a	yasmātpratyayavidhistadādi pratyaye 'ṅgam //（P.1.4.13）	其后安排了词缀的词，以此词为始，在词缀前叫词干。
dhr**o**+a	sārvadhātukārdhadhātukayoḥ // （P.7.3.84）	遇到半界词缀，词干的末元音 u 由二合元音（guṇa）替换。
dhru+a	gāṅkuṭādibhyo 'ñṇinnit // （P.1.2.1） kṅiti ca // （P.1.1.5）	在词根 gāṅ 以及 kuṭ 等词根后的词缀，若为不带有 ñ、ṇ 符号的，都如带 ṅ 符号的词缀看待。 [dhru 是 kuṭ 群中的词根。] 受 g、k、ṅ 符号的影响，二合、三合元音的替换被禁止。
dhr+**uv**+a	aci śnudhātubhruvāṃ yvoriyaṅuvaṅau //（6.4.77）	在元音为首的词缀前，词干中的词根末音 i、ī、u、ū 由 iy、uv 替换。
dhruva	kṛttaddhitasamāsāśca // （P.1.2.46）	直接后缀为末的是名词词基。

dhruva+**su**	ṅyāpprātipadikāt //（P.4.1.1） svaujasamauṭchaṣ…sup //（P.4.1.2）	在以 ṅī、āp 为末的词后，以及在名词词基后是 su 等格尾。 单数第一格加格尾 su。
dhruva+s	tasya lopaḥ //（P.1.3.9）	su 的符号 u 由消隐替换。
dhruvas	suptiṅantaṃ padam //（P.1.4.14）	以格尾为末的是字。
dhruva**r**	sasajuṣo ruḥ //（P.8.2.66）	r 音替换字末的 s 音。
dhruva**ḥ**	kharavasānayorvisarjanīyaḥ //（P.8.3.15）	在停顿前，送气音替换字末的 r 音。

小结：

解释直接后缀 ap 的经文 P.3.3.57 在领句经文“bhāve //（P.3.3.18）”的控制之下，表达行为的已成就状态。所以 dhruva 表达“固定”“永恒”的含义。

dhruvas 是阳性，单数，第一格，含义是“永恒的”。

sukho

词根：第十类动词词根（curādigaṇa），10.383 sukha tatkriyāyām（sukha 娱乐）。

直接后缀：ac。

演变过程：

sukha+**ṇic**	satyāpa…cūrādibhyo ṇic //（P.3.1.25）	第十类动词词根本身必须加上 ṇic 词缀，表原义。
sukha+**ṇic**	ārdhadhātukaṃ śeṣaḥ //（P.3.4.114）	全界之外的（ṇic）是半界词缀。
sukh+（ ）+ṇic	ato lopaḥ //（P.6.4.48）	于半界词缀前，原始发音状态中的落尾 a 音由消隐替换。
sukh+（ ）+ṇic	yasmātpratyayavidhistadādi pratyaye 'ṅgam //（P.1.4.13）	其后安排了词缀的词，以此词为始，在词缀前叫词干。
s**o**kh+（ ）+ṇic	pugantalaghūpadhasya ca //（P.7.3.86）	遇到半界和全界词缀时，轻音节词干的排列倒数第二的短元音 i、u、ṛ、ḷ 由二合元音替换。
sukh+（ ）+ṇic	acaḥ parasminpūrvavidhau //（P.1.1.57）	因随后音的缘故而发生的对元音的替换，依照之前的规则。 [消隐的 a 音如本位音看待，故以上的二合元音替换不能成立。]

sukh+（ ）+i	tasya lopaḥ //（P.1.3.9）	ṇic 的符号 ṇ、c 由消隐替换。
sukh+（ ）+i	sanādyantā dhātavaḥ //（P.3.1.32）	以 ṇic 词缀落尾 “sukh+（ ）+i” 的是新词根。
sukh+（ ）+i+**ac**	erac //（P.3.3.56）	i、ī 音落尾的词根后加直接后缀 ac。
sukh+（ ）+i+**ac**	ārdhadhātukaṃ śeṣaḥ //（P.3.4.114）	全界词缀之外的（ac）是半界词缀。
sukh+（ ）+i+a	tasya lopaḥ //（P.1.3.9）	ac 的符号 c 由消隐替换。
sukh+（ ）+i+**a**	ārdhadhātukasyeḍvalādeḥ //（P.7.2.35）	在以对收 val 为首位音的半界词缀前，插入联系元音 iṭ。 [但 ac 不在其中，是 aniṭ 词缀。]
sukh+（ ）+（ ）+a	ṇeraniṭi //（P.6.4.51）	当遇到 aniṭ 半界词缀时，消隐（lopa）替换前面的 ṇic。
sukh+（ ）+（ ）+a	pratyayalope pratyayalakṣaṇam //（P.1.1.62）	ṇic 词缀消隐后，词缀的因还在。
sukh+（ ）+（ ）+a	sanādyantā dhātavaḥ //（P.3.1.32）	以 “sukh+（ ）+（ ）” 词缀落尾的是新词根。
sukh+（ ）+（ ）+a	yasmātpratyayavidhistadādi pratyaye ’ṅgam //（P.1.4.13）	其后安排了词缀的词，以此词为始，在词缀前叫词干。
s**o**kh+（ ）+（ ）+a	pugantalaghūpadhasya ca //（P.7.3.86）	遇到半界和全界词缀时，轻音节词干的排列倒数第二的短元音 i、u、ṛ、ḷ 由二合元音替换。
sukh+（ ）+（ ）+a	acaḥ parasminpūrvavidhau //（P.1.1.57）	因随后音的缘故而发生的对元音的替换，依照之前的规则。 [消隐的 ṇic 的 i 音如本位音看待，故以上的二合元音替换不能成立。]
sukh+a	adarśanaṃ lopaḥ //（P.1.1.60）	不显现的是消隐。
sukha	kṛttaddhitasamāsāśca //（P.1.2.46）	直接后缀为末的是名词词基。
sukha+**su**	ṅyāpprātipadikāt //（P.4.1.1） svaujasamauṭchaṣ…sup //（P.4.1.2）	在以 ṅī、āp 为末的词后，以及在名词词基后是 su 等格尾。 单数第一格加格尾 su。
sukha+s	tasya lopaḥ //（P.1.3.9）	su 的符号 u 由消隐替换。
sukhas	suptiṅantaṃ padam //（P.1.4.14）	以格尾为末的是字。
sukha**r**	sasajuṣo ruḥ //（P.8.2.66）	r 音替换字末的 s 音。

sukha+**u**	haśi ca // （P.6.1.114）	在非引的 a 音之后，在后一词浊辅音（h）之前，r 音由 u 音替换。
sukh**o**	ādguṇaḥ // （P.6.1.87）	a 音后遇元音时，由一个二合元音替换前后两音位。

小结：

解释直接后缀 ac 的经文 P.3.3.56 在领句经文“bhāve //（P.3.3.18）”的控制之下，表达行为的已成就状态。

sukhas 是阳性，单数，第一格，含义是“乐”。

vimukti

词根：第六类动词词根（tudādigaṇa），6.136 mucḷ mokṣaṇe（muc 解放）。

近置词：vi（viśleṣe 分离，mukhye 解脱）。[依据：upasargāḥ kriyāyoge //（P.1.4.59）。]

直接后缀：ktin。

演变过程：

vi+muc+**ktin**	striyāṃ ktin // （P.3.3.94）	要表阴性时，加直接后缀 ktin，表行为等含义。
vi+muc+**ktin**	ārdhadhātukaṃ śeṣaḥ // （P.3.4.114）	ktin 是半界词缀。
vi+muc+ti	tasya lopaḥ // （P.1.3.9）	ktin 的符号 k、n 由消隐替换。
vi+muc+**iṭ**+ti	ārdhadhātukasyeḍvalādeḥ // （P.7.2.35）	在以对收 val 为首位音的半界词缀前，插入联系元音 iṭ。
vi+muc+**ti**	titutratathasisusarakaseṣu ca // （P.7.2.9）	直接后缀 ti 前不加联系元音 iṭ。 [ktin 是 aniṭ 词缀。]
vi+**muc**+ti	yasmātpratyayavidhistadādi pratyaye 'ṅgam //（P.1.4.13）	其后安排了词缀的词，以此词为始，在词缀前叫词干。
vi+m**o**c+ti	pugantalaghūpadhasya ca // （P.7.3.86）	遇到半界和全界词缀时，轻音节词干的排列倒数第二的短元音 i、u、ṛ、ḷ 由二合元音替换。
vi+muc+ti	kṅiti ca // （P.1.1.5）	受 g、k、ṅ 符号的影响，二合、三合元音的替换被禁止。
vi+mu**k**+ti	coḥ kuḥ // （P.8.2.30）	当遇到以辅音为首位音的词缀时，或在字末时，ka 一族替换 ca 一族。
vimukti	kṛttaddhitasamāsāśca // （P.1.2.46）	直接后缀为末的是名词词基。

小结：

解释直接后缀 ktin 的经文 P.3.3.94 在领句经文“bhāve //（P.3.3.18）”的控制之下，表达行为的已成就状态。所以 vimukti 可以作为阴性的动名词，表达“解脱”的含义。

kāya

词根：第五类动词词根（svādigaṇa），5.5 ciñ cayane（ci 聚集）。

直接后缀：ghañ。

演变过程：

ciñ	bhūvādayo dhātavaḥ //（P.1.3.1）	bhū 等是动词词根。
ci	tasya lopaḥ //（P.1.3.9）	ciñ 的符号 ñ 由消隐替换。
ki+**ghañ**	nivāsa-citi-śarīropasamā-dhāneṣvādeśca kaḥ //（P.3.3.41）	当表达居住、收集、身体、堆含义时，直接后缀 ghañ 加在词根 ci 后，c 音由 k 音替换。
ki+**ghañ**	ārdhadhātukaṃ śeṣaḥ //（P.3.4.114）	全界词缀之外的（ghañ）是半界词缀。
ki+a	tasya lopaḥ //（P.1.3.9）	ghañ 的符号 gh、ñ 由消隐替换。
ki+a	yasmātpratyayavidhistadādi pratyaye 'ṅgam //（P.1.4.13）	其后安排了词缀的词，以此词为始，在词缀前叫词干。
kai+a	aco ñṇiti //（P.7.2.115）	遇到 ñ、ṇ 符号时，发生三合元音对词干末元音的替换。
kāy+a	eco 'yavāyāvaḥ //（P.6.1.78）	遇到元音时，复合元音应由 ay、av、āy、āv 替换。
kāya	kṛttaddhitasamāsāśca //（P.1.2.46）	直接后缀为末的是名词词基。

小结：

经文 P.3.3.41 在“bhāve //（P.3.3.18）”控制之下，故加直接后缀 ghañ，表达的是行为达到的已成就状态。因此 kāya 翻译为“居住”“收集”。

另外，经文 P.3.3.41 在“akartari ca kārake saṃjñāyām //（P.3.3.19）”控制之下，加直接后缀 ghañ，kāya 可以作为非主动者（akartṛ）的造者（kāraka），且是专有名词。此时 kāya 翻译为“身体”“堆”。

本颂 kāya 采用“身体”的含义，是阳性名词。

vimukti-kāyo

世俗拆分： vimukteḥ kāyaḥ。

非世俗拆分： vimukti+ṅas+kāya+su。

名词词基： vimukti（解脱）；kāya（身体）。

演变过程（一）：

vimukti+ṅas+ kāya+su	ṣaṣṭhī // （P.2.2.8）	第六格与以格尾收尾的词构成依主释复合词。
vimukti+ṅas+ kāya+su	kṛttaddhitasamāsāśca // （P.1.2.46）	有意义的复合词是名词词基。
vimukti+kāya	supo dhātuprātipadikayoḥ // （P.2.4.71） pratyayasya lukślulupaḥ // （P.1.1.61）	词根、名词词基中蕴含的格尾由消隐（luk）替换。 luk、ślu、lup 是词缀的消隐替换。消隐是不显现。
vimukti+kāya	prathamānirdiṣṭaṃ samāsa upasarjanam // （P.1.2.43）	在复合词一节中，第一格所指示的是附属词。 [P.2.2.8 中 ṣaṣṭhī 是第一格。]
vimukti+kāya	upasarjanaṃ pūrvam // （P.2.2.30）	附属词是前部的。
vimuktikāya	kṛttaddhitasamāsāśca // （P.1.2.46）	有意义的复合词是名词词基。
vimuktikāya+**su**	ṅyāpprātipadikāt // （P.4.1.1） svaujasamauṭchaṣ…sup // （P.4.1.2）	在以 ṅī、āp 为末的词后，以及在名词词基后是 su 等格尾。 单数第一格加格尾 su。
vimuktikāya+s	tasya lopaḥ // （P.1.3.9）	su 的符号 u 由消隐替换。
vimuktikāyas	suptiṅantaṃ padam // （P.1.4.14）	以格尾为末的是字。
vimuktikāya**r**	sasajuṣo ruḥ // （P.8.2.66）	r 音替换字末的 s 音。
vimuktikāya+**u**	ato roraplutādaplute // （P.6.1.113）	在非引的 a 音之后，在非引的 a 音之前，r 被 u 音替换。
vimuktikāy**o**	ādguṇaḥ // （P.6.1.87）	a 音后遇元音时，由一个二合元音替换前后两音位。

世俗拆分： vimuktiḥ kāyaḥ。

非世俗拆分： vimukti+su+kāya+su。

名词词基： vimukti（解脱）；kāya（身体）。

演变过程（二）：

vimukti+su+kāya+su	tatpuruṣaḥ samānādhikaraṇaḥ karmadhārayaḥ //（P.1.2.42）	具有一致的语法关系的依主释（复合词）是持业释（复合词）。
vimukti+su+kāya+su	kṛttaddhitasamāsāśca //（P.1.2.46）	有意义的复合词是名词词基。
vimukti+kāya	supo dhātuprātipadikayoḥ //（P.2.4.71） pratyayasya lukślulupaḥ //（P.1.1.61）	词根、名词词基中蕴含的格尾由消隐（luk）替换。 luk、ślu、lup 是词缀的消隐替换。消隐是不显现。
vimuktikāya	kṛttaddhitasamāsāśca //（P.1.2.46）	有意义的复合词是名词词基。
vimuktikāya+**su**	ṅyāpprātipadikāt //（P.4.1.1） svaujasamauṭchaṣ…sup //（P.4.1.2）	在以 ṅī、āp 为末的词后，以及在名词词基后是 su 等格尾。 单数第一格加格尾 su。
vimuktikāya+s	tasya lopaḥ //（P.1.3.9）	su 的符号 u 由消隐替换。
vimuktikāyas	suptiṅantaṃ padam //（P.1.4.14）	以格尾为末的是字。
vimuktikāya**r**	sasajuṣo ruḥ //（P.8.2.66）	r 音替换字末的 s 音。
vimuktikāya+**u**	ato roraplutādaplute //（P.6.1.113）	在非引的 a 音之后，在非引的 a 音之前，r 被 u 音替换。
vimuktikāy**o**	ādguṇaḥ //（P.6.1.87）	a 音后遇元音时，由一个二合元音替换前后两音位。

小结：

演变过程（一）中，vimuktikāya 是依主释复合词，含义是“解脱的身体”。

演变过程（二）中，vimuktikāya 是持业释复合词，前部字 vimukti 与后部字 kāya 是同一个事物，其含义是“身体即解脱”。此种解释的可能性更大。

综合了以上二种含义，vimuktikāya 统一翻译为“解脱身”。

vimuktikāyas 是阳性，单数，第一格，含义是“解脱身”。

’sau

名词词基：adas（彼）。

演变过程：

adas	arthavadadhāturapratyayaḥ	既非词根，亦非词缀，有意义的（词）是名

	prātipadikam // （P.1.2.45）	词词基。 [adas 是不可拆分(avyutpanna)的名词词基。]
adas	sarvādīni sarvanāmāni // （P.1.1.27）	sarva 等词是代词。
adas+**su**	ṅyāpprātipadikāt // （P.4.1.1） svaujasamauṭchaṣ…sup // （P.4.1.2）	在以 ṅī、āp 为末的词后，以及在名词词基后是 su 等格尾。 单数第一格加格尾 su。
ada+**au**+（ ）	adas au sulopaśca // （P.7.2.107）	adas 的末音由 au 替换，并且单数第一格的格尾消隐（lopa）。
ad+**au**+（ ）	vṛddhireci // （P.6.1.88）	a 后遇复合元音时，三合元音是前后两音位的唯一替代。
ad+au+（ ）	pratyayalope pratyayalakṣaṇam // （P.1.1.62）	词缀消隐后，词缀的因还在。
a**s**+au+（ ）	tadoḥ saḥ sāvanantyayoḥ // （P.7.2.106）	遇到格尾 su 时，tyad 等词的非落尾的 t 和 d 音由 s 音替换。
as+au	adarśanaṃ lopaḥ // （P.1.1.60）	不显现的是消隐。
asau	suptiṅantaṃ padam // （P.1.4.14）	以格尾为末的是字。
vijñānapariṇāme 'sau	eṅaḥ padāntādati // （P.6.1.109）	字末的 e、o 音后，遇短元音 a 时，前面的元音形式是唯一的替代。

小结：

adas 是代词，含义是“彼”，有阳、阴、中三性。

asau 是代词，阳性，单数，第一格，意为“彼”。

dharma

词根：第一类动词词根（bhvādigaṇa），1.948 dhṛñ dhāraṇe（dhṛ 执持）。

直接后缀：man。

演变过程：

dhṛ+**man**	artistusuhusṛdhukṣi… man // （Uṇādisūtra 1.140）	词根 dhṛ 加直接后缀 man。
dhṛ+**man**	ārdhadhātukaṃ śeṣaḥ // （P.3.4.114）	直接后缀 man 是半界词缀。
dhṛ+ma	tasya lopaḥ // （P.1.3.9）	man 的符号 n 由消隐替换。

dhṛ+**iṭ**+ma	ārdhadhātukasyeḍvalādeḥ //（P.7.2.35）	在以对收 val 为首位音的半界词缀前，插入联系元音 iṭ。
dhṛ+ma	ekāca upadeśe ’nudāttāt //（P.7.2.10） neḍvaśi kṛti //（P.7.2.8）	于原始发音状态的非高音的单音节词根后，不加联系元音 iṭ。 在 vaś 为对收的浊辅音起始的直接后缀前，不加联系元音 iṭ。
dhṛ+ma	yasmātpratyayavidhistadādi pratyaye ’ṅgam //（P.1.4.13）	其后安排了词缀的词，以此词为始，在词缀前叫词干。
dh**ar**+ma	sārvadhātukārdhadhātukayoḥ //（P.7.3.84） uraṇ raparaḥ //（P.1.1.51）	遇到全界、半界词缀，词干的末元音 ṛ 由二合元音替换。 ṛ、ṝ 音的替换，需由其后带 r 音的 a、i、u 及其长音来替换。
dharma	kṛttaddhitasamāsāśca //（P.1.2.46）	直接后缀为末的 dharma 是名词词基。

小结：

dharma 的基本含义是保持，在《杂阿毗昙心论》卷第一中说道："法者持也。持自性故名法。"[①]因此 dharma 翻译为"法"。

根据 *Uṇādisūtra* 可知，dharma 是由词根 dhṛ 和直接后缀 man 构成的。dharma 的含义是"法"。

法的含义很多，有规则、特性、义务、事物等含义。本颂中 dharma 的含义主要是"特性"，即根据特性来立称号。

ākhyā

词根：第二类动词词根（adādigaṇa），2.51 khyā prakathane（khyā 宣告）。

近置词：ā（nirdeśe 指出）。[依据：upasargāḥ kriyāyoge //（P.1.4.59）。]

直接后缀：aṅ。

演变过程：

ā+khyā+**aṅ**	ātaścopasarge //（P.3.3.106）	当有近置词时，直接后缀 aṅ 加在 ā 为末的词根后，且构成阴性词。
ā+khyā+**aṅ**	ārdhadhātukaṃ śeṣaḥ //（P.3.4.114）	全界词缀之外的（aṅ）是半界词缀。
ā+khyā+a	tasya lopaḥ //（P.1.3.9）	aṅ 的符号 ṅ 由消隐替换。

① 法救造，僧伽跋摩等译：《杂阿毗昙心论》，大正新修大藏经，第 28 册，第 870 页下。

ā+**khyā**+a	yasmātpratyayavidhistadādi pratyaye 'ṅgam //（P.1.4.13）	其后安排了词缀的词，以此词为始，在词缀前叫词干。
ā+khy+a	āto lopa iṭi ca //（P.6.4.64）	当遇到带 k、ṅ 符号的词缀，或带联系元音 iṭ 的半界词缀时，词干收尾的 ā 音由消隐替换。
ākhya	kṛttaddhitasamāsāśca //（P.1.2.46）	以直接后缀 aṅ 为末的是名词词基。
ākhya+**ṭāp**	ajādyataṣṭāp //（P.4.1.4）	aja 等以及以 a 为末的，于阴性时，加 ṭāp。
ākhya+ā	tasya lopaḥ //（P.1.3.9）	ṭāp 的符号 ṭ、p 由消隐替换。
ākhy**ā**	akaḥ savarṇe dīrghaḥ //（P.6.1.101）	以 ak 为对收的末音后遇同类音时，一长音替换前后两音位。

小结：

"ātaścopasarge //"（P.3.3.106）是被领句经文"bhāve //（P.3.3.18）"控制的经文，故加直接后缀 aṅ 可以表达行为达到的已成就状态（bhāva），故阴性名词 ākhyā 可以表达"命名""得名"的含义。

另一方面，"ātaścopasarge //"（P.3.3.106）也是被领句经文"akartari ca kārake saṃjñāyām //"（P.3.3.19）控制的经文，故加直接后缀 aṅ 可以表达作为非主动者（akartṛ）的造者（kāraka）含义。因此 ākhyā 作为作用具（karaṇa）可以表达"名称"的意思。本颂采用这种理解。

dharma-ākhyo

世俗拆分： dharma ākhyā yasya saḥ。

非世俗拆分： dharma+su+ākhyā+su。

名词词基： dharma（特质，法）；ākhyā（名称）。

演变过程：

dharma+su+ ākhyā+su	anekamanyapadārthe //（P.2.2.24）	两个以上（以第一格收尾）的词，若以表达另一个词为目的，构成的是多财释复合词。
manana+su+ ākhyā+su	kṛttaddhitasamāsāśca //（P.1.2.46）	有意义的复合词是名词词基。
dharma +ākhyā	supo dhātuprātipadikayoḥ //（P.2.4.71） pratyayasya lukślulupaḥ //（P.1.1.61）	词根、名词词基中蕴含的格尾由消隐（luk）替换。 luk、ślu、lup 是词缀的消隐替换。消隐是不显现。
dharm+**ā**+khyā	akaḥ savarṇe dīrghaḥ //	以 ak 为对收的末音后遇同类音时，一长音

	（P.6.1.101）	替换前后两音位。
dharmākhyā	kṛttaddhitasamāsāśca // （P.1.2.46）	有意义的复合词是名词词基。
dharmākhy**a**	striyāḥ puṃvad-bhāṣitapuṃskādanūṅ… // （P.6.3.34）	当遇到一致的语法关系时，其词义如阳性的，阴性的词采用如阳性的词的形式。 [该多财释复合词应如 vimukti-kāyo 采用阳性的形式。]
dharmākhya+**su**	ṅyāpprātipadikāt // （P.4.1.1） svaujasamauṭchaṣ…sup // （P.4.1.2）	在以 ṅī、āp 为末的词后，以及在名词词基后是 su 等格尾。 单数第一格加格尾 su。
dharmākhya+s	tasya lopaḥ // （P.1.3.9）	su 的符号 u 由消隐替换。
dharmākhyas	suptiṅantaṃ padam // （P.1.4.14）	以格尾为末的是字。
dharmākhya**r**	sasajuṣo ruḥ // （P.8.2.66）	r 音替换字末的 s 音。
dharmākhya+**u**	ato roraplutādaplute // （P.6.1.113）	在非引的 a 音之后，在非引的 a 音之前，r 被 u 音替换。
dharmākhy**o**	ādguṇaḥ // （P.6.1.87）	a 音后遇元音时，由一个二合元音替换前后两音位。

小结：

dharmākhya 是多财释复合词，含义是“名号是其特征者”，指向的是阳性词汇 vimukti-kāya。

dharmākhyas 是阳性，单数，第一格，翻译为“法号”。

idam

词根：第一类动词词根（bhvādigaṇa），1.64 idi paramaiśvarye（ind 变得有超能力）。

直接后缀：kami。

演变过程：

idi	bhūvādayo dhātavaḥ // （P.1.3.1）	bhū 等是词根。
id	tasya lopaḥ // （P.1.3.9）	idi 的符号 i 由消隐替换。
i**n**d	idito num dhātoḥ // （P.7.1.58）	携带符号 i 的词根要在元音后插入 n 音。
id+**kami**	indeḥ kamirnalopaśca//	直接后缀 kami 加在词根 ind 后，且词根的 n

	（Uṇādisūtra 4.156）	音消失。
id+**kami**	ārdhadhātukaṃ śeṣaḥ //（P.3.4.114）	kami 是半界词缀。
id+am	tasya lopaḥ //（P.1.3.9）	kami 的符号 k、i 由消隐替换。
id+am	yasmātpratyayavidhistadādi pratyaye 'ṅgam //（P.1.4.13）	其后安排了词缀的词，以此词为始，在词缀前叫词干。
ed+am	pugantalaghūpadhasya ca//（P.7.3.86）	遇到半界和全界词缀时，轻音节词干的排列倒数第二的短元音 i、u、ṛ、ḷ 由二合元音替换。
id+am	kṅiti ca //（P.1.1.5）	受 g、k、ṅ 符号的影响，二合、三合元音的替换被禁止。
idam	kṛttaddhitasamāsāśca //（P.1.2.46）	直接后缀为末的是名词词基。
idam	sarvādīni sarvanāmāni //（P.1.1.27）	sarva 等词是代词。

小结：

idam 是代词， 阳、阴、中三性。含义是“此”。

'yaṃ

名词词基：idam（此）。

演变过程：

idam	kṛttaddhitasamāsāśca //（P.1.2.46）	直接后缀为末的是名词词基。
idam	sarvādīni sarvanāmāni //（P.1.1.27）	sarva 等词是代词。
idam+**su**	ṅyāpprātipadikāt //（P.4.1.1） svaujasamauṭchaṣ…sup //（P.4.1.2）	在以 ṅī、āp 为末的词后，以及在名词词基后是 su 等格尾。 单数第一格加格尾 su。
idam+su	yasmātpratyayavidhistadādi pratyaye 'ṅgam //（P.1.4.13）	其后安排了词缀的词，以此词为始，在词缀前叫词干。
ida+**m**+su	idamo maḥ //（P.7.2.108）	遇到格尾时，特别是 su 格尾，m 音替换词干 idam 的末音。
ay+a+m+su	ido 'y puṃsi //（P.7.2.111）	遇到阳性格尾时，词干 idam 的 id 由 ay 替换。
ay+a+m+s	tasya lopaḥ //（P.1.3.9）	su 的符号 u 由消隐替换。

ayam+（ ）	halṅyābbhyo dīrghāt sutisy-apṛktaṃ hal //（P.6.1.68）	在辅音后，在保留长音的 ṅī、āp 后，格尾 su、语尾 tip、sip 的单辅音词缀由消隐（lopa）替换。
ayam	adarśanaṃ lopaḥ //（P.1.1.60）	不显现的是消隐。
ayam	pratyayalope pratyayalakṣaṇam //（P.1.1.62）	词缀消隐后，词缀的因还在。
ayam	suptiṅantaṃ padam //（P.1.4.14）	以格尾为末的 ayam 是字。
'yam	eṅaḥ padāntādati //（P.6.1.109）	字末的 e、o 音后，遇短元音 a 时，前面的元音形式是唯一的替代。

小结：

名词词基 idam 是代词，指“此”。

ayam 是阳性，单数，第一格，意为“此”。

mahat

词根：第一类动词词根（bhvādigaṇa），1.766 maha pūjāyām（mah 尊敬）。

直接后缀：ati。

演变过程（一）：

mah+ati	vartamāne pṛṣadvṛhan-mahajjagacchatṛvacca//（Uṇādisūtra 2.84）	pṛṣad、vṛhat、mahat、jagat 由直接后缀 ati 构成，该词缀如同 śatṛ 词缀，表达现在的含义。
mah+**ati**	ārdhadhātukaṃ śeṣaḥ //（P.3.4.114）	ati 是半界词缀。
mah+at	tasya lopaḥ //（P.1.3.9）	ati 的符号 i 由消隐替换。
mah+at	yasmātpratyayavidhistadādi pratyaye 'ṅgam //（P.1.4.13）	其后安排了词缀的词，以此词为始，在词缀前叫词干。
mahat	kṛttaddhitasamāsāśca //（P.1.2.46）	直接后缀为末的是名词词基。

词根：第十类动词词根（curādigaṇa），10.321 maha pūjāyām（maha 尊敬）。

直接后缀：ati。

演变过程（二）：

maha+**ṇic**	satyāpa…cūrādibhyo ṇic //（P.3.1.25）	第十类动词词根本身必须加上 ṇic 词缀，表原义。
maha+**ṇic**	ārdhadhātukaṃ śeṣaḥ //（P.3.4.114）	全界之外的（ṇic）是半界词缀。

mah+（ ）+ṇic	ato lopaḥ // （P.6.4.48）	于半界词缀前，原始发音状态中的落尾 a 音由消隐替换。
mah+（ ）+ṇic	yasmātpratyayavidhistadādi pratyaye 'ṅgam //（P.1.4.13）	其后安排了词缀的词，以此词为始，在词缀前叫词干。
m**ā**h+（ ）+ṇic	ata upadhāyāḥ // （P.7.2.116）	遇 ñ、ṇ 符号的后缀时，词干倒数第二的 a 音由三合元音替换。
mah+（ ）+ṇic	acaḥ parasminpūrvavidhau // （P.1.1.57）	因随后音的缘故而发生的对元音的替换，依照之前的规则。 [消隐的 a 音如本位音看待，故以上的三合元音替换不能成立。]
mah+（ ）+ṇic	sanādyantā dhātavaḥ // （P.3.1.32）	以 ṇic 词缀落尾的“mah+（ ）+ṇic”是新词根。
mah+（ ）+ṇic+**ati**	vartamāne pṛṣadvṛhan-mahajjagacchatṛvacca// （Uṇādisūtra 2.84）	pṛṣad、vṛhat、mahat、jagat 由直接后缀 ati 构成，该词缀如同 śatṛ 词缀，表达现在的含义。
mah+（ ）+ṇic+**ati**	ārdhadhātukaṃ śeṣaḥ // （P.3.4.114）	ati 是半界词缀。
mah+（ ）+ṇic+at	tasya lopaḥ // （P.1.3.9）	ati 的符号 i 由消隐替换。
mah+（ ）+ṇic+**at**	ārdhadhātukasyeḍvalādeḥ // （P.7.2.35）	在以对收 val 为首位音的半界词缀前，插入联系元音 iṭ。 [但 ati 不在其中，是 aniṭ 词缀。]
mah+（ ）+（ ）+at	ṇeraniṭi // （P.6.4.51）	当遇到 aniṭ 半界词缀时，消隐（lopa）替换前面的 ṇic。
mah+（ ）+（ ）+at	pratyayalope pratyayalakṣaṇam // （P.1.1.62）	ṇic 词缀消隐后，ṇic 词缀的因还在。
mah+（ ）+（ ）+at	sanādyantā dhātavaḥ // （P.3.1.32）	“mah+（ ）+（ ）”仍是新词根。
mah+（ ）+（ ）+at	yasmātpratyayavidhistadādi pratyaye 'ṅgam //（P.1.4.13）	其后安排了词缀的词，以此词为始，在词缀前叫词干。
mahat	adarśanaṃ lopaḥ // （P.1.1.60）	不显现的是消隐。
mahat	kṛttaddhitasamāsāśca // （P.1.2.46）	以直接后缀 kta 为末的是名词词基。

小结：

mahat 是“大”“重大”的意思，有阳性、中性。

muni

词根：第四类动词词根（divādigaṇa），4.67 mana jñāne（man 思考）。

直接后缀：in。

演变过程：

mana	bhūvādayo dhātavaḥ // （P.1.3.1）	bhū 等是动词词根。
man	tasya lopaḥ // （P.1.3.9）	mana 的符号 a 由消隐替换。
mun+**in**	manerucca // （Uṇādisūtra 4.122）	直接后缀 in 加在词根 man 后，且词根中的 a 音由 u 音替换。该词缀视同带 kit 符号看待。
mun+**in**	ārdhadhātukaṃ śeṣaḥ // （P.3.4.114）	in 是半界词缀。
mun+i	tasya lopaḥ // （P.1.3.9）	in 的符号 n 由消隐替换。
mun+i	yasmātpratyayavidhistadādi pratyaye 'ṅgam // （P.1.4.13）	其后安排了词缀的词，以此词为始，在词缀前叫词干。
mon+i	pugantalaghūpadhasya ca // （P.7.3.86）	遇到半界和全界词缀时，轻音节词干的排列倒数第二的短元音 i、u、ṛ、ḷ 由二合元音替换。
mun+i	kṅiti ca // （P.1.1.5）	受 g、k、ṅ 符号的影响，二合、三合元音的替换被禁止。
muni	kṛttaddhitasamāsāśca // （P.1.2.46）	直接后缀为末的是名词词基。

小结：

muni 的含义是“思考者”“圣者”，音译为“牟尼”。

mahā-muneḥ

世俗拆分：mahān ca asau muniś ca。

非世俗拆分：mahat+su+muni+su。

名词词基：mahat（大）；muni（圣者）。

演变过程：

mahat+su+muni+su	sanmahatparamottamotkṛṣṭāḥ pūjyamānaiḥ // （P.2.1.61）	sat、mahat、parama、uttara、utkṛṣṭa 构成依主释复合词，表示值得尊敬的人。
mahat+su+muni+su	tatpuruṣaḥ samānādhikaraṇaḥ karmadhārayaḥ // （P.1.2.42）	具有一致的语法关系的依主释（复合词）是持业释（复合词）。
mahat+su+muni+su	kṛttaddhitasamāsāśca // （P.1.2.46）	有意义的复合词是名词词基。
mahat+muni	supo dhātuprātipadikayoḥ // （P.2.4.71）	词根、名词词基中蕴含的格尾由消隐（luk）替换。

	pratyayasya lukślulupaḥ //（P.1.1.61）	luk、ślu、lup 是词缀的消隐替换。消隐是不显现。
mahat+muni	prathamānirdiṣṭaṃ samāsa upasarjanam //（P.1.2.43）	于复合词一节中，第一格所指示的是附属词。 [针对经文 P.2.1.61。]
mahat+muni	upasarjanaṃ pūrvam //（P.2.2.30）	附属词是前部字。
maha+**ā**+muni	ānmahataḥ samānādhikaraṇa-jātīyayoḥ //（P.6.3.46）	在同格的词前，及在 jātīta 前，mahat 的末音由 ā 音替换。
mah+**ā**+muni	akaḥ savarṇe dīrghaḥ //（P.6.1.101）	以 ak 为对收的末音后遇同类音时，一长音替换前后两音位。
mahāmuni	kṛttaddhitasamāsāśca //（P.1.2.46）	有意义的复合词是名词词基。
mahāmun**i**	śeṣo ghyasakhi //（P.1.4.7）	不包括 sakhi，余下以短元音 i、u 为末的，不照 nadī 变化的是 ghi。
mahāmuni+**ṅas**	ṅyāpprātipadikāt //（P.4.1.1） svaujasamauṭchaṣ…sup //（P.4.1.2）	在以 ṅī、āp 为末的词后，以及在名词词基后是 su 等格尾。 单数第六格加格尾 ṅas。
mahāmun**e**+ṅas	gherṅiti //（P.7.3.111）	所遇是带 ṅ 符号的，ghi 的变化是发生二合元音的替换。
mahāmune+**as**	tasya lopaḥ //（P.1.3.9）	ṅas 的符号 ṅ 由消隐替换。
mahāmun+**e**+s	ṅasiṅasośca //（P.6.1.110）	二合元音后，所遇的是第五、第六格的 a 音时，前面的元音形式是唯一的替代。
mahāmunes	suptiṅantaṃ padam //（P.1.4.14）	以格尾为末的是字。
mahāmune**r**	sasajuṣo ruḥ //（P.8.2.66）	r 音替换字末的 s 音。
mahāmune**ḥ**	kharavasānayorvisarjanīyaḥ //（P.8.3.15）	在停顿前，送气音替换字末的 r 音。

小结：

根据经文 P.2.1.61 可知，加 mahat 成为复合词是表值得尊敬的人的意思，因此持业释复合词 mahāmuni 翻译为“伟大的牟尼”。

mahāmunes 是阳性，单数，第六格，含义是“伟大的牟尼的”。